四庫全書總目彙訂

修訂本

7

子部

魏小虎 編撰

上海古籍出版社

卷一二九

子部三十九

雜家類存目六

蔣說二卷（兩淮鹽政採進本）

國朝蔣超撰。超有《峨嵋山志》，已著錄。《蔣説》者，蓋因其姓以名書，如僧肇著書名曰《肇論》之類也。而觀其自序，乃轉讀"菰蔣"之蔣，已為詭僻。其書雜記聞見，別類分門，附以議論。大旨明鬼而尚儉，尤尊佛氏，至以儒童菩薩化生孔子為實。然其論時政三十餘條，欲復封建一説，尤迂謬難行。惟卷末記節烈數十條，或可備志乘採擇耳。

雲谷臥餘二十卷續八卷（浙江巡撫採進本）

國朝張習孔撰。習孔字念難，歙縣人。順治己丑進士，官至山東提學僉事。其書喜議論而不甚考證，多以私臆斷古人。又果於自信，如杜甫之詩皆為改定，左丘明之《傳》亦為刪削[①]。此自有詩文以來無人敢為之事也。

【彙訂】

① "丘"，殿本作"邱"。

蒿菴閒話二卷（桂林府同知李文藻刊本）

國朝張爾岐撰。爾岐有《周易說略》，已著錄。是編乃其劄記之文，凡二百九十六條。顧炎武《與汪琬書》自稱精於《三禮》，卓然經師，不及爾岐。故原跋以是編為《日知錄》之亞。然《日知錄》元元本本，一事務窮其始末，一字務核其異同。是編特偶有所得，隨文生義，本無意於著書，謂之零璣碎璧則可。至於網羅四部，鎔鑄羣言，則實非《日知錄》之比。如"曾子易簀"一條，稱"嘗見一書，說楚國曾聘曾子為相。是當時亦曾作大夫，故季孫得以此為遺"云云。案《韓詩外傳》稱："曾子仕於莒，得粟三秉，方是之時，曾子重其祿而輕其身；親沒之後，齊迎以相，楚迎以令尹，晉迎以上卿，方是之時，曾子重其身而輕其祿。"又稱："曾子仕齊為吏，後南遊於楚，得尊官。"爾岐所謂嘗見一書，當即指此。然韓嬰採掇雜說，前後已自相違異，豈可引以詁經？顧炎武必無是語矣。其論吳澄《三禮考註》出於依託，極為精核。蓋爾岐本長於禮，故剖析鑿鑿。使盡如斯，則方駕《日知錄》可也。

暑窗臆說二卷（山東巡撫採進本）

國朝王鉞撰。鉞有《粵遊日記》，已著錄。是編則《世德堂遺書》之第四種也[①]。前有自序，稱："三伏酷毒，揮汗之餘，取架上書，得明人小說百餘種。遂巡讀之，隨讀隨筆。"今核其名目，似所讀乃陶珽《續說郛》也。如辨《莘野纂聞》記劉球事，《涉異編》勦《太平廣記》所載慕容垂詩，《春風堂隨筆》誤記元韶娶魏孝武后事之類，亦閒有可採。而體例不善，賓主混淆，不辨孰為原文，孰為鉞語。是則排纂之過耳。

【彙訂】

① "之"，殿本無。

聽潮居存業十卷（江西巡撫採進本）

國朝原良撰。良字鳴喜，江西樂安人。順治中貢生，官寧都縣訓導。是書分十編，各立四字標目。一曰《明宗正學》，前多講學之語，後亦雜論經義。如謂孔子學問源於契及成湯、武丁；謂刪《詩》存《車鄰》為預知秦有趙高之禍，皆失之附會。二曰《身世要則》，多論世故。如"陰德"一條既云"陰德非惟不求人知，亦不可求天知"，"報應緩急"一條又稱"天不急性，却有記性，吾輩於善念善事須忍耐為之"，隔半頁而自相矛盾。附以讀書、作文十六則，亦殊不倫。三曰《史會大綱》，四曰《友古特評》，五曰《羣古對觀》，六曰《左國補議》，皆史論也。但《大綱》多論世運盛衰，《特評》則品藻人物，《對觀》則摭古之相類者論之，《補議》則仿呂祖謙《左氏博議》、柳宗元《非國語》而斟酌其説耳。七曰《讀餘志略》，大致如王世貞《讀書後》而彌為膚淺。如以《考工記》為三代以上之書，不宜附之於周，是併"鄭之削"、"宋之斤"、"吳越之劍"諸句亦未讀也。八曰《元〔玄〕圃餘珍》，剽掇舊事，略加評斷，亦史論之旁支。九曰《韻林隨筆》，皆所作詩話。如謂庾信詩為梁之特出，唐之先鞭，而《文選》少載，又謂劉禹錫、元稹、白居易與宗楚客同賦《金陵懷古》詩，則其他可以概見矣。十曰《山野瘑言》，皆私撰經世之策，尤多迂闊之談。大抵好為議論，而所學則未能淹貫者也。

匡林二卷（浙江汪汝瑮家藏本）

國朝毛先舒撰。先舒有《聲韻叢説》，已著錄。是編皆其議論之文,裒為一集。自序稱讀蘇軾《志林》,"稽諸事理,時或戾焉。因偶為駁正數段,更取他作之類似者併錄之,得若干篇,名曰《匡林》"。則是書立名,當為匡正《志林》之義。而與軾辨者僅二三條,其餘皆自錄集中雜文與近人辨者。然則以裒聚眾作謂之"林",以力排俗論謂之"匡"。觀其《〈小匡文鈔〉序》以小有所匡為説,可互證也。先舒嘗與毛奇齡書,戒其詆訶太甚,故持論不似奇齡之獷,然習尚實似奇齡。但奇齡喜談經,先舒喜談史;奇齡好蔓引典籍,先舒好推究事理;奇齡好與古人爭,先舒好與今人爭耳。其中如謂《春秋》不書隱公即位,所以誅平王;鄭伯克段之事,罪在段,不在鄭伯;齊桓首止之盟,定王世子為大惡,皆故為高論。牽引夢與九齡之文以駁艾南英,亦頗附會。使盡如其《題杜詩註》之類則善矣。

庸言錄無卷數(浙江吳玉墀家藏本)

國朝姚際恒撰。際恒字善夫,徽州人。是編乃其隨筆劄記。或立標題,或不立標題,蓋猶草創未竟之本。際恒生於國朝初,多從諸耆宿游,故往往剽其緒論。其說經也,如闢圖、書之偽則本之黃宗羲;闢《古文尚書》之偽則本之閻若璩[①];闢《周禮》之偽則本之萬斯同;論小學之為書數則本之毛奇齡,而持論彌加恣肆。至祖歐陽修、趙汝楳之説[②],以《周易·十翼》為偽書,則尤橫矣。其論學也,謂周、張、程、朱皆出於禪,亦本同時顏元之論。至謂程、朱之學不息,孔、孟之道不著,則益悖矣。他如詆楊漣、左光斗為深文居功,則《三朝要典》之説也;謂曾銑為無故啟邊釁,則嚴嵩之説也;謂明世宗當考興獻,則張、桂之説也。亦可謂好為異論者矣。

【彙訂】

① 閻若璩《尚書古文疏證》卷八第一二一條載康熙三年，姚際恒將所著《古文尚書通論》出示於閻，閻氏手自繕寫，散見於《疏證》各條中。其中明引姚説者近二十條。所謂"闢《古文尚書》之偽則本之閻若璩"實屬本末倒置。（楊緒敏：《評"清初最勇於疑古的"學者——姚際恒》）

② "趙汝楳"，殿本作"趙汝禖"，誤。《總目》卷三著錄宋趙汝楳撰《周易輯聞》六卷附《易雅》一卷《筮宗》一卷。

筠廊偶筆二卷二筆二卷（內府藏本）

國朝宋犖撰。犖有《滄浪小志》，已著錄。是書皆雜記耳目見聞之事。其中如"回雁峯考"之類，亦閒資考證。然如"風風雨雨送春歸"一詩，向謂乃無名道士詩①，此獨載為鬼詩。劉廷璣《在園雜志》又考校字句，辨其是非。實則明人所刊《醒世恒言》傳奇中詩②，不知何以譌傳至是也。亦足徵小説之不足憑矣。

【彙訂】

① "詩"，殿本作"所作"。

② 此詩實出於《警世通言》第八卷《崔待詔生死冤家》（原名《碾玉觀音》），據説作者是王巖叟。（程毅中：《〈送春詩〉與〈四庫全書總目〉的考證》）

二樓紀略四卷（浙江巡撫採進本）

國朝佟賦偉撰。賦偉字青士，襄平人，官寧國府知府。寧國舊有北樓，即南齊謝朓之高齋。明嘉靖中，知府朱大器又起文昌臺，設書院其下。賦偉更為修治，題曰南樓。每乘暇遊宴其閒，因雜錄見聞為此書。多自述其政績及旁涉他事，不盡有關於二樓。既非地志，又非説部，九流之内無類可歸，姑附之"雜家類"焉。

介軒遺筆二卷（江西巡撫採進本）

國朝史既濟撰。既濟字若川，鄱陽人。是編皆隨筆記錄，多誌其家世本末及江右近事。閒及經史，亦罕所考據發明。

復堂雜説一卷（江西巡撫採進本）

國朝史白撰。白字堅又，鄱陽人。書中皆雜論經史之語。其解《易》卦，多尚互體，頗能復古，其餘皆習見之語。首尾僅四十餘則，蓋其隨筆劄記，而後人鈔撮成帙者也。

竹村雜記二卷（江西巡撫採進本）

國朝史白撰。亦《復堂雜説》之類，而條目稍多。其中謂《左傳》、《國語》非一人所作，引黃池之會《左氏》作"先晉人"、《國語》作"吳公先歃"為證，頗能得閒。解"壹發五豝"，以"中必疊雙"為誤；解"朝隮于西"，以朱註作"雨止"為誤，亦頗見疏剔。至謂"桎梏而死"為桎梏於人欲，則殊失之穿鑿。其他亦不能一一精確也。

山志六卷（江蘇周厚堉家藏本）

國朝王宏〔弘〕撰撰。宏撰有《周易筮述》，已著錄。是編乃其筆記之文。議論多而考證少，亦頗及見聞雜事。其論曾子字子輿，孟子受業子思之門人，不應亦字子輿。不知古不諱字，即弟子亦不避師名。董仲舒弟子有呂步舒，漢人最重師承，當時不以為非也。其論古詩"東城高且長"與"燕趙多佳人"當從《文選註》分為二篇，不知李善、五臣並無此語，此語起於明張鳳翼之

《纂註》，不足為據。陸機所擬及徐陵《玉臺新咏》亦均作一首，鳳翼何從知為二也？其載明世宗論《書·武成篇》有引用歐陽修語，指為有功於《六經》，楊一清對以修之解經僅見《武成》，宏撰以一清之對為是，是均未知修自有《詩本義》也。其載郭正域所刻《韻經》為沈約故本，詆屠隆未見其書，是韻書原委全未尋檢也。其載簡紹芳之説，辨揚雄未嘗仕王莽，是未核李善《文選註·王儉集序》所引劉歆《七略》也。其為楊嗣昌辨冤，亦恩怨之見，不足為憑。至於紀孫傳庭之死，謂得於其至戚孔滌儒[①]，與史小異，可資參考。其講學諸條，亦皆醇正平允。與孫承澤雖友善，而無所曲徇，頗能去門户之見為可取云。

【彙訂】

[①]“孔滌儒”，殿本作“孔濼儒”。清初刻本此書卷一“孫督師”條作“孔念心，字傑儒”。

尚論持平二卷析疑待正二卷事文標異一卷（浙江吳玉墀家藏本）

國朝陸次雲撰。次雲有《八紘譯史》，已著錄[①]。三書皆辨證經史疑義，體例相同。特隨得一二卷即以付梓，遂各立名目，實則一書而再續耳。《尚論持平》上卷論《五經》，下卷論《四書》及子史，多掇拾瑣説，而參以臆斷。如水流濕，火就燥，濕自為卑濕，燥自為乾燥。而取秦觀之説，謂：“濕者土之氣，土者水之妻，夫從妻好，故水流濕；燥者金之氣，火者金之夫，妻從夫令，故火就燥。”殊穿鑿無理。謂《周南》、《召南》即舜歌之《南風》；謂《詩》以邶、鄘、衛並列，存三監也，存三監所以存殷也，殷祀之絕，有未愜於聖人之心者；謂夫子錄《秦風》寺人之令為預見趙高之禍；謂

《泰誓》、《武成》皆稱紂為商,證殷為地名,非國號,皆杜撰無稽。至《春秋》未嘗擯楚,《論語》"不語怪力亂神"為指《春秋》,皆郝敬之謬談;孟子論"貴戚之卿"為陰指田文之將篡,乃于慎行之妄說;管、蔡為殷之忠臣、文王之孝子,尤郭子章之悖語。一概錄之,殊失裁斷。謂《尚書》逸篇乃逸於孔子之時,不逸於秦火之後;謂《忠經》真出馬融,其註真出鄭元,更漫無考證矣。《析疑待正》於《豳風・七月》、《孟子》"十一月徒杠成,十二月輿梁成",皆力主周用夏正,與《尚論持平》中"春王正月"一條自相矛盾。其推崇偽撰《三墳》為古書,蓋陰剿鄭樵之說,而諱其所出。《癸辛雜識》辨《詩序》"后妃之德"句,謂后指文王,妃指太姒。以是例之,則《葛覃》序稱后妃所自作,將文王與太姒聯句乎?《螽斯》序稱后妃不妒忌,將以不妒忌加文王乎?其說至為無理,而次雲取之,殊不可解。《事文標異》稱《黃帝素問》引古《月令》,案《素問》無引《月令》之文,其註中所言乃宋林億等《校正》引《唐月令》,與黃帝無關。又稱《大學》石經本,案《石經》出自豐坊,其政和年號之舛迕,合兩賈逵為一人之謬誤,前人已辨之。尤侗《艮齋雜說》不暇致詳,次雲又述之,亦為失考。惟其稱《緇衣》所載葉公之顧命,註家以為沈諸梁者,其文實在《汲冢周書・祭公解》內,"葉"字為"祭"字之譌。其言有據,可以備一解耳。

【彙訂】

① 依《總目》體例,當作"次雲有《湖壖雜記》,已著錄"。(胡露:《〈四庫全書總目〉子部存目補正》)

在園雜志四卷(浙江巡撫採進本)

國朝劉廷璣撰。廷璣字玉衡,號在園,鑲紅旗漢軍。由廕生官至江西按察使，後降補分巡淮徐道。是編雜記見聞，亦閒有考證。頗好譽己詩，似張表臣《珊瑚鉤詩話》。四卷錄乩仙詩至十五六頁，亦太近《夷堅》諸志。所記邊大綬伐李自成祖墓事甚詳，然與大綬自序不甚合，疑傳聞異詞也。

妙貫堂餘譚六卷（江西巡撫採進本）

國朝裘君宏〔弘〕撰①。君宏字任遠，新建人，康熙丙子舉人。是書多記舊聞，隨事論斷，或意所未盡，則本條之下更綴餘論以申之。凡分五類，一曰譚史，二曰譚學，三曰譚詩文，四曰清譚，五曰雜譚。記其鄉人之事為多。

【彙訂】

① "裘君宏"，底本作"裘若宏"，下同，據殿本改。清康熙刻本此書卷一、二、四題"新建裘君弘任遠甫著"。（杜澤遜：《四庫存目標注》）

東山草堂邇言六卷（戶部尚書王際華家藏本）

國朝邱嘉穗撰。嘉穗有《考定石經大學經傳解》，已著錄。是編乃其劄記之文，分經史、性命、學問、政教、見聞、詩文六門。大抵好為論辨，而考據甚疏。其"有婦人焉"一條，以"婦"字為"媯"字之譌，指為陳胡公滿，絕無典據。其"古文韻語"一條，謂《中庸》"仲尼祖述堯舜"一章為隔句用韻，乃孔子贊。如"武"字、"土"字已見今韻上聲"七麌"，他如"幬"字、"悖"字、"化"字、"大"字音皆相近，想古韻可通用。惟"如日月之代明"，"明"字乃平聲，不可假借，或當叶作"暮"字，其說乖謬。託之夢中神授，尤為怪誕。其"三年喪辨"一條，謂古禮實三十六月，不知唐王元〔玄〕感已有此說，為先儒所駁。至謂此說出《魯詩世學》，係宋本，今坊中無之，是併豐坊不知為何代人也。“哀梨”一條，謂“哀”字非姓非地，殊不可解，當作“袁”字，是併《世説新語》未考也。至“魚符”一條謂我朝因前明之制，凡朝參官給牙牌懸於腰間，以通禁門，更為草野傳聞之語。蓋其著書大旨在於講學，而又好奇嗜博，雜及他事，違才易務，故踳駁如斯。至五卷“見聞”一門，全類小説，六卷“詩文”一門，多論八比，尤與全書不類也。

蓉槎蠡説十二卷（浙江孫仰曾家藏本）

國朝程哲撰。哲字聖跂，歙縣人。此編前有王士禎序，稱其“抱博辨之才，具論斷之識”，無雷同剿説之弊。然其書雜掇瑣聞，不甚考證。大抵皆才士聰明語耳。

道驛集四卷（浙江巡撫採進本）

國朝張祖年撰。祖年字申伯，湯溪人。是集其所自編，凡再易刊版乃定。卷一曰《正學闡微》，泛論《四書》、性理諸書。卷二曰《正史闡微》，大致似胡寅《讀史管見》。卷三曰《雜文提要》，卷四曰《雜著提要》，大抵多講學之語。祖年自稱張栻二十世孫，故力辨張浚殺曲端事，説《論語》、《孟子》皆主栻説。而於明英宗免聖賢後裔差役一事，尤頌美不置云。

讀書隨記一卷續記一卷剩語一卷（編修汪如藻家藏本）

不著撰人名氏，自題曰湖上逸人。又署“上章攝提格”，為庚寅歲。相其版式，蓋康熙中所刊也[1]。其書皆摘錄經史中語，而以己意論斷之，然無所發明。《剩語》為詩賦小詞數十首，於句下各加箋註，亦無可採。

【彙訂】

[1] 光緒《無錫金匱縣志‧藝文志》卷三九收有此書，書名下

題王邦采名，卷二二有其傳，《大雅堂集》亦有其傳。乃康熙中人，又號逸人。（曹正元：《〈四庫全書總目提要〉偶證三十例》）

卮壇對問六卷（江蘇巡撫採進本）

國朝江德中撰。德中有《西粵對問》，已著錄。是書首卷論支干及日月星雲之事，二卷以下則雜論經史。其自序云：“斯編紀事，初詳甲子，譜年也，閒存姓氏，慎交也。”今覆審是書所載，與二語絕不相應，疑已經他人刪訂，非其原本矣。

經史慧解六卷（浙江巡撫採進本）

國朝蔡含生撰。含生字天度，蕭山人。其自署稱“固陵”者，即今蕭山縣西興地也。是書雜取經史事蹟、人物，各著論一篇，凡二百二十一首①。其文縱橫辨難，頗似毛奇齡。好為異說亦似之，然博贍不及也。末一篇論孟子，謂孟子之徒如萬章、公孫丑輩，其言鄙悖淺俚，而惜己不遇孟子。謂：“僕無從受，孟子無可授，其為不遇則均。”其高自位置，又甚於奇齡。二人生同邑里，或亦聞風而興，變本加厲歟？

【彙訂】

① “二百二十一首”，殿本作“二百二十有一”。

任菴語略無卷數（直隸總督採進本）

國朝王建衡撰。建衡有《讀史辨惑》，已著錄。是編乃其筆記之文，不分卷數，但錄為上下二冊。自述性喜讀書，儲藏甚富。今觀其上冊所論，皆商濬《稗海》所載①，下冊所論，皆陶宗儀《説郛》所載也。

【彙訂】

① “商濬”，殿本作“商維濬”。

嶺西雜錄二卷（江西巡撫採進本）

國朝王孝咏撰。孝咏字慧音，吳縣人。自序題"强圉大荒
落之歲"，當為乾隆二年丁巳，其時《舊唐書》猶未刊刻頒行，故
孝咏有重刊之議也。是書乃孝咏客遊廣西時作，其中頗紀粵
事。而所考證議論，無關於粵者甚多。蓋以成於嶺西而名，非
記其風土也。孝咏猶及與朱彝尊等遊，故耳目擩染，所言往往
有根柢。其中如評李贄、屠隆、祝允明，皆極確當。其論徐炯
註《李商隱文集》，程嬰、公孫杵臼事未詳。《左氏》記趙武事[①]，
與《史記》全殊，失之不考。其欲以《山海經》、《老子》、《莊子》、
《楚詞》、《水經》為《十三經》羽翼，則文人好異之談，又墮明人
習氣矣。

【彙訂】

① 殿本"事"上有"此"字。

後海堂雜錄二卷（江蘇巡撫採進本）

國朝王孝咏撰。是書成於乾隆甲申，年已七十五矣。多評
論古人，亦閒及近事。其學多本毛奇齡，故欲以奇齡配孔子廟，
未免偏私。其"文人相輕"一條，載王士禎獎拔趙執信惟恐不及，
而執信薄行負心，於其死後作《談龍錄》云云。案執信為士禎之
甥壻，其相失結釁在士禎生前。故《居易錄》中論二馮擬《才調
集》有"鑄金呼佛"之誚[①]，《〈談龍錄〉序》亦有年月可稽。孝咏以
為士禎没後始著書，非其實也。

【彙訂】

① "擬"，殿本作"批"。《居易錄》中無論二馮評《才調集》之
文，實見於《古夫于亭雜錄》卷五。

南村隨筆六卷(浙江巡撫採進本)

國朝陸廷燦撰。廷燦有《續茶經》,已著錄。此其居家時取平日所見聞雜錄之,而於新城王士禎、商邱宋犖兩家說部採取尤多。蓋廷燦為士禎與犖之門人,故其議論皆本之《池北偶談》、《筠廊隨筆》諸書而略推擴之。其中如辨古人之登高不獨重九、開元寺紙籤勝於磁籤諸條,亦頗見新意。至其載漢設官七千五百餘員,乃後漢之制,不知前漢則其數較倍;推梁蕭子顯之《同姓名錄》,不知子顯書世已無傳。考據亦時有未密也。

枝語二卷(浙江巡撫採進本)

國朝孫之騄撰。之騄所輯《尚書大傳》,已著錄。是書取花木蔬果之類,各為詮釋。略於形色性味,而詳於名義。或穿鑿其偏旁,或附會其音聲,偏旁、音聲皆不可通,則宛轉假借,牽合故實,以寓議論。大抵以陸佃《埤雅》為鼻祖。然《埤雅》之失在於好引《字說》,而所長在於考據經典。之騄不效其考據,而效其《字說》,亦可謂不善學矣。古來著錄之例,草木種植當附"農家",名物訓詁當附"小學",是書皆近之而皆不類,姑附之於"雜家"焉。

諤崖脞説五卷(浙江巡撫採進本)

國朝章楹撰。楹字柱天,浙江新城人。雍正癸丑進士,官青田縣教諭。是書皆其隨意鈔撮之語,初名《噩捱脞説》[①],後更今名。一卷曰《詩話》,多錄同時諸人贈答詩篇,而己作亦附見一二。二卷曰《昔遊》,乃述平生經歷山水佳勝。三卷曰《詫異》,則記近世異聞而間證以古事。四卷、五卷曰《摭軼》,則諸書紀載非世所習見者,節錄大略,而以己見發明之,略似史論之體。

【彙訂】

①"噩摭脞説"，殿本作"噩崖脞説"，誤，參乾隆三十六年刻本此書章楹自序。

書隱叢説十九卷（浙江巡撫採進本）

國朝袁棟撰。棟號漫恬，吳江人。是書雜鈔小説家言，參以己之議論，亦頗及當代見聞。原序擬以洪邁《容齋隨筆》、顧炎武《日知錄》，棟自序亦云摹仿二書，然究非前人之比也。

然疑錄六卷（江蘇巡撫採進本）

國朝顧奎光撰。奎光有《春秋隨筆》，已著錄。是編乃其筆記之文。其中説《春秋》者十之五六，説《四書》者十之二三，其他論史、論詩、論文及雜論事理者僅十之一二。所徵引不甚博，而立説大抵中理。其論《四書》，取毛奇齡之淹洽而不取其巧辯；論《春秋》，駁胡安國諸人之苛刻，而一一原情準勢，皆為可取。論嘉靖大禮一事，歷駁張璁、桂萼、方獻夫之説，而謂楊廷和特操之已蹙，遂相激彌甚，可為持平之議。其論文、論詩亦具有所見。惟力駁《公羊傳》為尊者諱之文，則似持平而實乖理。夫褒貶者是非之公義，聖人不得私也；忠孝者臣子之大分，聖人亦不得越也。董狐之於趙盾，《南史》之於崔杼，特同為齊、晉之臣耳。若《春秋》則魯史，孔子則魯人也。其被弑之主若隱公、閔公，皆魯之先君，其與弑之人若桓公、宣公，亦魯之先君也。書薨而不地，其實固不没矣。如儼然立其子孫之朝，而奮筆大書以惡逆之名加祖宗，是豈天理之所宜而人情之所安哉！奎光所論，是證父攘羊之直，非聖人之義也。

瀟湘聽雨錄八卷（編修程晉芳家藏本）

國朝江昱撰。昱有《尚書私學》，已著錄。是編乃其弟官常寧知縣時,昱奉母就養,因摭見聞,考訂故實,著為一編。曰"聽雨"者,取蘇軾兄弟對牀語也。其中如辨轄神祠即軫宿旁之左轄、右轄,長沙翼軫分野,乃土人祀其分星。又如引《幽明錄》證渣江為查江;引《玉篇》、《北史》及歐陽詢書《溫彥博碑》,證案牘以"準"作"准",非宋時院吏避寇準名,其言頗有根據。其辨衡山《岣嶁碑》一篇,考究詳明,知確出近時偽撰,尤足祛千古之惑。惟讕言瑣語,頗傷泛濫,不免失之貪多耳。

經史筆記無卷數(兩江總督採進本)

國朝潘繼善撰。繼善有《音律節略考》,已著錄。是書皆偶拈經史之文,為之論說。其論經,如《堯典》、《月令》中星不同;合朔置閏測算《南陔》無辭;《周禮》闕冬官;周改時月。論史,如呂后喪心無恥,不得祔於高祖;孫權、呂蒙為漢賊;王守仁不說良知,其所積自能有用,但其心中恍惚,若有所見,遂忘前此學問之力,而歸功於良知。其立論亦頗準於理,但皆人人所共知耳。

毛氏殘書三種無卷數(江蘇巡撫採進本)

國朝毛羽宸撰。原本不題書名,亦無序跋目錄。凡分三部;曰理學部,多談心性;曰儒學部,多考證名物典制;曰史學部,則史評也。似全書不止於此,此其殘棄耳。書中頗詆斥朱子,如謂"性與天道,晦菴以詞章晦之,而晚更以與季通所言者與眾共言,雖欲使禪宗不寄我籬下不可得",其說頗悖。檢書中有《閔陶不退〈閩園集〉序說》一篇,甚推李贄,知其學所由來,源流未正矣。

榴園管測五卷(湖南巡撫採進本)

國朝王元復撰。元復字能愚,號醒齋,里籍未詳。是編採永樂《性理大全》所列周子《太極圖說》、邵子《皇極經世書》、朱子

《易學啟蒙》、蔡元定《律吕新書》、蔡沈《洪範數》諸書，而引伸其說，大抵因襲舊文，而參以臆斷。所附天度、月度及雜論數條，亦皆掇拾性理之緒餘。其《經書質疑》中一條云：“童年夢人以書授余，内云‘惟卧龍無頃刻須臾之悔’。”又云：“八月苦雨，偶看榴花落瓣，於河圖之數有會。”是皆非篤實之言也。

　　數馬堂答問二十卷（福建巡撫採進本）

　　國朝黄名甌撰。名甌字馭卜，福州人。是書九類，一天文，二地輿，三人物，四經書，五史鑑，六人事，七釋老，八飛植，九數學，凡二百六十餘條，而“飛植類”止一條為最少。其體皆設為問答，而大抵掇拾陳因，時多舛誤。如“牽牛織女”一條曰：“問：《淮南子》云‘七月七夕織女會牛郎’，《齊諧記》謂‘天河東有織女，天帝之女。因機杼勞苦，天帝憐其獨居，使嫁與河西牽牛之夫。嫁後廢女工，天帝怒，責令歸河東，一年只會一度。’事果可信歟”云云。考烏鵲填河以渡織女，白居易《六帖》引《淮南子》，而《淮南子》無此文，安得有七月七夕之説？吴均《續齊諧記》“成武丁”條下有“織女嫁牽牛”五字，何嘗有河東、河西之語？其剿撮無稽，大抵此類。卷首引用書目二百四十種，下至《快書》、《藏書》、《焚書》、《綱鑑補》、《唐類函》、《閒情偶寄》、《一家言》、《唐詩選》、《歷朝捷錄》、《五車韻瑞》、《韻府羣玉》、《古文析義》、《性理大全》、《六才子書》、《詩經娜嬛》之類，皆據為典要。而《二十一史》之外別有《史記》，《十三經》之外別有《五經》、三《傳》、《孝經》、《爾雅》，知其書由雜綴而成也。

　　鈍根雜著四卷（編修周厚轅家藏本）

　　國朝周池撰。池有《讀史偶評》，已著錄①。是書卷一曰《理氣圖説》，明盈虛消息，以漸而至窮極必返之義。卷二凡二篇[2]，一曰《莊子身生性命子孫説》，因《莊子・知北游篇》之語而推廣之；一曰《損人利己説》，因史夔《願體集》所論但言利害，不言是非，故以儒理正之。卷三曰《諸凡視白七解詞》[3]，則書一"自"字而闕其中一橫畫，因而推闡其説，凡得七解。自序謂如啞謎隱語，蓋游戲之筆也。卷四凡三篇，一曰《論〈詩經〉叶韻有誤》，一曰《卷耳篇辨解》，一曰《邶風柏舟篇辨解》。

【彙訂】

①《總目》卷九〇著錄周池撰《唐鑑偶評》四卷，卷一三九《駢語類鑑》條不誤。（江慶柏：《四庫全書私人呈送本中的家族本》）

②"二篇"，底本作"一篇"，據殿本及下文文意改。

③"白"，殿本作"白"，誤。

右雜家類"雜説"之屬，一百六十八部，一千一百零一卷，內七部無卷數[1]。皆附存目。

【彙訂】

①"一千一百零一卷內七部無卷數"，殿本作"一千一百十六卷內六部無卷數"。實際著錄一千一百零三卷，內七部無卷數。

卷一三〇

子 部 四 十

雜家類存目七

感應類從志一卷（浙江巡撫採進本）

舊本題晉張華撰。隋、唐以來《經籍》、《藝文》諸志皆所不載，諸家書目亦不著錄①。書中語多俚陋，且皆妖妄魘制之法，其為依託無疑也。

【彙訂】

① 今存四庫進呈原本明鈔本此書有陳星南跋云，《宋史·藝文志》子部雜家有狐剛子《感應類從譜》一卷，蓋即此書。（杜澤遜：《四庫存目標注》）

物類相感志十八卷（浙江巡撫採進本）

舊本題東坡先生撰，然蘇軾不聞有此書。又題僧贊寧編次。按晁公武《讀書志》及鄭樵《通志·藝文略》皆載《物類相感志》十卷，僧贊寧撰①。是書分十八卷，既不相符，又贊寧為宋初人，軾為熙寧、元祐間人，豈有軾著此書，而贊寧編次之理。其為不通坊賈偽撰售欺審矣②。且書以"物類相感"為名，自應載琥珀拾芥、磁石引鍼之屬，而分天、地、人、鬼、鳥、獸、草、木、竹、蟲、魚、寶器十二門隸事,全似類書,名實乖舛,尤徵其妄也。

【彙訂】

① 陳振孫《直齋書錄解題》卷十、馬端臨《文獻通考·經籍考》卷二百十四、《宋史·藝文志》雜家類、小說類亦載贊寧撰,當係贊寧所作。(昌彼得:《說郛考》;蘇瑩輝:《論〈物類相感志〉之作成年代——四庫存目偽書考之一》)

②《埤雅》等宋人著作中引用或節錄《物類相感志》十卷本的内容,大都見於今傳的十八卷本,則十八卷本尚是北宋末年以來相傳之舊,當係後人據十卷本擴編而成。(同上)

物類相感志一卷(浙江巡撫採進本)

舊本題宋蘇軾撰。凡分身體、衣服、飲食、器用、藥品、疾病、文房、果子、蔬菜、花竹、禽魚、雜著十二門,共四百四十八條,皆療治及禁忌之事。疑十八卷之本即因此本而衍之也①。

【彙訂】

① 今傳一卷本始刻於陳繼儒《寶顏堂祕笈》,與十八卷内容不同,乃取元人纂輯《居家必用事類全集》等書而成。十八卷本是由十卷本演繹而來,絕非由一卷本而衍生。(昌彼得:《說郛考》;蘇瑩輝:《論〈物類相感志〉之作成年代——四庫存目偽書考之一》)

格物麤談二卷(編修程晉芳家藏本)

舊本亦題蘇軾撰。分天時、地理等二十門,與世所傳軾《物類相感志》大略相似。後有元范梈識,斷為後人假託。他書亦罕見著錄,惟曹溶收入《學海類編》中。蓋《物類相感志》已出偽作,此更偽書之重儓也①。

【彙訂】

①《格物麤談》中許多内容，實際上是截取《居家必用事類全集》的原文，加以删節或概括。范椁卒於 1330 年，而《居家必用事類全集》初刊於 1339 年，可知范氏題跋不足憑信。《格物麤談》之内容雖有不少出自《物類相感志》一卷本，但也不乏《居家必用事類全集》、《多能鄙事》、《田家五行書》等書的内容。

居家必用事類全集十卷（内府藏本）

不著撰人名氏。載歷代名賢格訓及居家日用事宜，以十干分集，體例頗爲簡潔。辛集中有大德五年吳郡徐元瑞《吏學指南》序，"聖朝"字俱跳行，又《永樂大典》屢引用之，其爲元人書無疑。黃虞稷《千頃堂書目》云"或謂熊宗立撰"，恐未必然也①。

【彙訂】

① 此書乃至元己卯（1339）友于書堂初刻。《永樂大典》卷九六四一、卷一三三四一皆引。據《潭陽熊氏宗譜》，宗立生年爲明永樂七年己丑（1409），卒年爲成化十八年辛丑（1482）。則此書斷非宗立所撰。據明隆慶二年刻本卷前飛來山人（即熊宗立）《居家必用事類》敍，宗立乃此書的刊刻者和出版者，而非編撰者。（顧歆藝：《〈居家必用事類全集〉及相關問題研究》；李裕民：《四庫提要訂誤（續）》）

多能鄙事十二卷（浙江汪啟淑家藏本）

舊本題明劉基撰。基有《清類天文分野》之書，已著錄①。是書凡飲食、器用、方藥、農圃、牧養、陰陽、占卜之法無不備載，頗適於用。然體近瑣碎，若"小兒四季關"、"百日關"之類俱見臚列，殊失雅馴。立名取孔子之言，亦屬僭妄。殆託名於基者也。

【彙訂】

① 依《總目》體例，當作"基有《國初禮賢錄》，已著錄"。

都氏鐵網珊瑚二十卷（浙江范懋柱家天一閣藏本）

明都穆撰。穆有《壬午功臣爵賞錄》，已著錄。是書與世傳朱存理《鐵網珊瑚》同名_案，_{存理之書非存理所撰，辨詳本條下。此姑從世俗刊本稱之。}然存理之書分書品、畫品二門，備錄題跋印記，為張丑、郁逢慶諸書所宗。是書則前四卷皆穆所為諸書序跋及書畫題跋，卷五以下即穆所作《寓意編》。蓋穆嘗以所見書畫別為一書，此又以類相從，附於書目之後。然其中忽雜入《書畫銘心錄》，乃何良俊所撰。第七卷內"鶺鴒"一條，又忽標"爾雅"二字之目，皆不可解。至第九卷雜錄研銘，皆採自諸家文集，非親見拓本。第十卷以下則鈔偽本張掄《紹興古器評》，十二卷以下則鈔湯垕《畫鑒》，十五卷後半以下則鈔趙希鵠《洞天清錄》，十八卷以下則鈔周密《雲烟過眼錄》，皆非所自著。蓋姦黠書賈雜裒成編，借穆之名以行也①。

【彙訂】

① 此書原無刻本，乃清乾隆間都氏七世孫肇斌所刊，非書賈偽託謀利。（余紹宋：《書畫書錄解題》）

水雲錄二卷（兩淮鹽政採進本）

明楊溥撰。溥，長沙人，自號水雲居士。《千頃堂書目》列於劉基《多能鄙事》後，即以為永樂中石首楊溥。然考書中自述有"戎務之暇"語，則其人乃嘗為武職者，又所撰有《用藥珍珠囊》，其書成於宏治中。蓋名姓偶同，非一人也。是編上卷載十二月種植花果飲饌及文房雜用①，下卷分衛生、養生、器用、牧養四門，所記多農圃種畜法，頗為瑣屑。

【彙訂】

①"是編"，殿本無。

李氏居室記五卷（浙江范懋柱家天一閣藏本）

明李濂撰。濂有《祥符先賢傳》，已著錄。是編乃其退老居鄉，築別墅於郊外。有堂有序①，各為撰記。室中器物，悉製箴銘，以寓規警。蓋林居放志之作，故隨所欲言，不以修詞為意云。

【彙訂】

①"序"，殿本作"亭"。明嘉靖十二年李氏家刻本此書卷首自序云："城中敝廬暨郊外別墅，有堂，有塾有樓，有亭有閣，有精舍有書院……乃一一為之撰記。"似當從殿本。

便民圖纂十六卷（安徽巡撫採進本）

不著撰人名氏①。第一卷為農務圖十五，第二卷為女紅圖十六，每圖皆係以竹枝詞一首，第三卷以下分十一類，曰耕獲，曰桑蠶，曰樹藝，曰雜占，曰月占，曰祈禳，曰涓吉，曰起居，曰調攝，曰牧養，曰製造。嘉靖壬子刻於貴州。前有左布政使李涵序，稱："鄺廷瑞始刻於吳中，呂經又刻於滇省，其中利民用者甚多。"然意求全備，往往冗瑣。如末卷載"關鬼魅法"，用桃枝灑雄黃水。蓋據《本草》桃枝殺鬼，雄黃殺精魅之說，已為迂闊。又有"祛狐狸法"，云："妖狸能變形，惟千百年枯木能照之②。可尋得年久枯木擊之，其形自見。"則據張華然華表照斑狸事，衍為此法，殆於兒戲矣。其書本農家者流，然旁及祈福擇日及諸格言，不名一家，故附之"雜家類"焉。

【彙訂】

①《天一閣書目》著錄是書云："明陳維一編。"（劉遠遊：《四

庫提要補正》)

②“千百年”，殿本作“千年”，脱“百”字，參明嘉靖二十三年王貞吉刻本此書卷十六末“祛狐狸法”條原文。

鼉采館清課二卷(兩江總督採進本)

明費元祿撰。元祿字學卿，鉛山人。鉛山之河口有五湖，其一曰官湖，即鼉采湖也。元祿構館其上，因以為名。是書皆記其館中景物及游賞閒適之事。

蕉窗九錄無卷數(江蘇巡撫採進本)

舊本題明項元汴撰。元汴字子京，秀水人。家藏書畫之富，甲於天下。今賞鑒家所稱“項墨林”者是也。是書首《紙錄》，次《墨錄》，次《筆錄》，次《研錄》，次《帖錄》，次《書錄》，次《琴錄》，次《香錄》[①]。前有文彭序，稱：“大半採自吳文定《鑒古彙編》，閒有刪潤。”今考其書，陋略殊甚，彭序亦弇鄙不文，二人皆萬萬不至此。殆稍知字義之書賈，以二人有博雅名，依託之以炫俗也[②]。

【彙訂】

①《總目》所列僅八錄，《書錄》後尚有《畫錄》。(謝巍：《中國畫學著作考錄》)

②項元汴本不善文墨，故無詩文可輯集傳世。文彭詩作亦平平，而無文集傳世，所作題跋，直敘而已。既明言“大半採自吳文定《鑒古彙編》，閒有刪潤”，足見無心作偽欺世。(同上)

考槃餘事四卷(通行本)

明屠隆撰。隆有《篇海類編》，已著錄。是書雜論文房清玩之事。一卷言書版碑帖，二卷評書畫琴紙，三卷、四卷則筆硯鑪瓶，以至一切器用服御之物皆詳載之，列目頗為瑣碎。其論明一代書家,以祝允明為第一,而文徵明次之,軒輊亦未盡平允。

游具雅編一卷(編修程晉芳家藏本)

明屠隆撰。所載笠杖漁竿之屬,皆便於遊覽之具,故以為名。卷末附圖四式,一曰太極樽,一曰葫蘆樽,一曰山遊提盒,一曰提鑪。雖書中所已具,以其形製皆須圖乃明,故復附繪於末。

筠軒清祕錄三卷(兩淮鹽政採進本)

舊本題董其昌撰。其昌有《學科考略》,已著錄。是書凡列目二十有九,皆論玉、石、銅、磁諸古器及法書名畫之類。前有陳繼儒序,謂可與項元汴《蕉林清課》並稱。今考其書,即張應文所撰《清祕藏》,但析二卷為三卷。蓋應文之書,近日始有鮑氏知不足齋刊版,附其子丑《真蹟日錄》後。從前鈔本,流傳不甚顯著。書賈以其昌名重,故偽造繼儒之序以炫俗射利耳。

墨林快事十二卷(兩淮馬裕家藏本)

明安世鳳撰。世鳳有《燕居功課》,已著錄。此書以所見古器、古刻、古書畫各為跋語,凡六百九十五則,多涉議論,頗乏考據之功。

飛鳧語略一卷(編修程晉芳家藏本)

明沈德符撰。德符字虎臣,又字景伯,又字景倩,秀水人。萬曆戊午舉人[1]。此書論字墨法帖及古器真贗之別,皆舉生平所聞見者,凡十八條。其中多與所著《敝帚軒剩語》相同,疑即從《剩語》中鈔出者[2]。曹溶《學海類編》乃兩收之,未免失於詳檢也。

【彙訂】

① 依《總目》體例，當作"德符有《秦璽始末》，已著錄"。

② 此書十八條，實即《萬曆野獲編》卷二六之"玩具"一門。

（胡玉縉：《四庫全書總目提要補正》）

華夷花木鳥獸珍玩考十卷（浙江巡撫採進本）

明慎懋官撰。懋官字汝學，湖州人。是書凡《花木考》六卷，《鳥獸考》一卷，《珍玩考》一卷，《續考》二卷。或剽取舊説，或參以己語，或標出典，或不標出典，真偽雜糅，餖飣無緒。如"楓樹"一條稱"謨按"云云，似著此書者名謨。又"木蓮樹"一條稱："元和十四年夏命道士毌邱〔丘〕元志寫，因題絕句"云云，似著此書者在唐代。至"衛懿公好鶴"一條不引《左傳》而引傳奇俚詞，尤為不考。卷首自序一篇，詞極誇大，過矣。

妮古錄四卷（通行本）

明陳繼儒撰。繼儒有《邵康節外紀》，已著錄①。是書多評論字畫古玩，蓋仿趙希鵠《洞天清錄》②、周密《雲煙過眼錄》而作，然議論殊為淺陋。

【彙訂】

① 依《總目》體例，當作"繼儒有《建文史待》，已著錄"。

② 趙希鵠所著書名當為《洞天清祿集》，説詳卷一二三《洞天清錄》條注。

巖棲幽事一卷（通行本）

明陳繼儒撰。所載皆山居瑣事，如接花藝木以及於焚香點茶之類，詞意佻纖，不出明季山人之習。自跋稱陳仲子為"家於陵"，尤可嗤鄙。此沿楊修"家子雲"之誤也①。

【彙訂】

① 殿本"家"上重"修"字。

博物要覽十六卷(兩淮馬裕家藏本)

明谷泰撰。泰字寧宇,官蜀王府長史。其書一卷紀碑刻,二卷紀書,三卷紀畫,四卷紀銅器,五卷紀窯器,六卷紀硯,七卷紀黃金,八卷紀銀,九卷紀珠,十卷紀寶石,十一卷紀玉,十二卷紀瑪瑙、珊瑚,十三卷紀琥珀、蜜蠟、玻璃等物,十四卷紀水晶、玳瑁、犀角、象等物①,十五卷紀香,十六卷紀漆器、奇石。皆隨所見聞,摭錄成帙,未能該備。所論碑版書畫,尤為簡陋。書成於天啟中,而中有稱"明太祖"者,殆後人傳寫所改歟?

【彙訂】

① 據南京圖書館藏清鈔本卷十四,"象"乃"象牙"之誤。

廣社無卷數(內府藏本)

明張雲龍撰。雲龍字爾陽,華亭人。是書成於崇禎末年,乃因陶邦彥所作《燈謎》而廣之①。前載作謎諸格,取字義相似者配合一句,暗射成語。後借詩韻平仄分註②,以備採用。然語多鈍置,頗乏巧思。

【彙訂】

① 書中張雲龍自序未言"因陶邦彥所作《燈謎》而廣之"。凡例僅云:"舊譜原分門類,前譌後舛",而《社壇偉雋》題名第一名即陶邦彥,同社人不至醜詆若是。(王重民:《中國善本書提要》)

② "註",殿本作"補",誤。上海圖書館藏清初鈔本卷前凡例云:"茲以韻語開注,平仄相稽。"

蓺錄三卷（浙江范懋柱家天一閣藏本）

不著撰人名氏。卷首題"鈔自袁陶齋"，亦不知陶齋何人也。所載凡十一類。文房通用至養育禽獸，皆載其名義與一切新法。大旨倣《多能鄙事》諸書為之，而瑣屑彌甚。

研山齋珍玩集覽無卷數（編修勵守謙家藏本）

國朝孫炯撰。炯字挈菴，大興人，吏部侍郎承澤之孫也。是書取《退谷隨筆》中所論銅、玉、磁器及筆、墨、硯、紙、印章、文玩與刻版、繡繪、刻絲之屬，益以炯所見聞，編成此帙。炯自為序。其中論刻版一條，稱其家有宋版《本草綱目》四函。考《本草綱目》乃明萬曆中李時珍所作，安得有宋版也。

老老恒言五卷（浙江巡撫採進本）

國朝曹庭棟撰。庭棟有《易準》，已著錄。是書皆言衰年頤養之法。前二卷詳晨昏動定之宜，次二卷列居處備用之要。末附《粥譜》一卷，借為調養之需。蓋庭棟年七十五時作也。

初學藝引二十三卷（浙江巡撫採進本）

國朝李仕學撰。仕學字亨敏，號遜齋，揭陽人。是編本為初學游藝而作。首冠以《格言》一卷，其餘分六引，曰《文引》，曰《詩引》，曰《書引》，曰《畫引》，曰《琴引》，曰《棋引》。其《文引》凡五卷，首論文，次《左傳》選，次《莊子》選，次《史記》選，次韓文選。其《詩引》凡三卷，首卷分《論詩》、《詩體》、《詩學》三篇，次卷選漢魏、六朝、唐詩，末卷專論樂府，分《總論》、《訂律》、《審音》、《宮調》、《歌法》、《題解》諸目。其《書引》凡四卷，分《論書》、《書體》、《書法》、《書學》等目①，《畫引》四卷亦如之。其《琴引》四卷則倣《史記》之例，編為琴史。首以古帝王始制琴及善琴者為十二本紀,而孔子與焉。又表古今人物及七弦十三徽與手勢、指法等為十表,又撰《禮書》、《樂書》、《天官書》、《定制書》、《擇材書》、《操縵書》、《正音書》為八書。其三十世家則能以琴世其家者,其七十列傳則古今善琴之人也。編末《棋引》二卷,則自出新意,取邵子之《易》數以為棋局。其凡例謂:"以堯夫為弈秋,四大為枰,分野為罫,日月為子,晦明為黑白,嬗遞升降為劫數輸贏。名曰《棋局新書》,示與舊譜不同也。"其書分八目。一曰《說局》,總說大意。二曰《先天成局》,即邵子之日月星辰水火土石也。三曰《方圓正局》,即先天方、圓二圖合而圖之,象天包地外,地處天中也。四曰《奇偶變局》,即日月星辰水火土石八卦,八而重之為六十四卦,六而變之為三百八十四卦也。五曰《得數定算》,則以元會運世歲月日時為經,而以十二、三十之數反覆相乘也。六曰《爛柯甲子》,蓋一元十二會全圖也。七曰《長安舊聞》,則自巳會第三十運至午會第十一運之圖[②]。蓋邵子嘗推數起唐堯甲辰,迄宋之熙寧,仕學此書復增而益之,至於本朝也。八曰《棋閣測議》,蓋引黄氏《管窺》之說,以總古今全局也。其名書之意,不過以一元有三百六十運,一會有三百六十世,推之年月日時,其三百六十之數,皆與棋合,故以"棋局"名焉。其亦妄作聰明,弊精神於無用之地矣。

【彙訂】

①"等",殿本作"諸"。

②"午",殿本作"五",誤,參清乾隆漱芳居刻本此書《棋引》卷二。

右雜家類"雜品"之屬,二十六部,一百七十二卷,內三部無卷數。皆附存目。

子部四十一

雜家類存目八

帝皇龜鑑三十四卷（兩淮馬裕家藏本）

舊本題宋王欽若撰，欽若事蹟具《宋史》本傳。是書考宋以來史志書目皆不著錄。詳檢其文，即《册府元龜》中"帝王"一部。卷首欽若序，即原書之《總類》也。偽妄剽竊之書，本不足辨。而既有傳本，恐滋疑誤，是以存而論之焉。

徽言一卷（浙江范懋柱家天一閣藏本）

宋司馬光編。光手鈔諸子史集精語，置諸座右以自警。自題其首云"迁叟年六十八"，蓋元祐初為相時也。後有陳振孫跋，載光自題其末云："余此書類舉人鈔書。然舉子所鈔獵其辭，余所鈔覈其意。舉人志科名，余志道德。"今是編已失其題末，未知陳氏所載為全文否。又陳氏稱"自《國語》以下六書"，今惟《國語》、《家語》、《韓詩外傳》、《孟子》、《荀子》五書，疑有佚闕。又每條下閒有題識數字者，卷末又列所欲取書名二十二種。蓋未完之稾，後人以光手書重之耳。

卧遊錄一卷（江蘇巡撫採進本）

舊本題宋吕祖謙撰。祖謙有《古周易》，已著錄。是書前有嘉定九年王深源序，後有嘉靖壬午顧元慶跋。凡四十五則。前二十一則全錄劉義慶《世說新語》，次十八則全錄蘇軾雜著及《陶潛集》，惟後二則不知為誰語。其言參差不倫，了無取義，祖謙必不如是之陋。此本出陳繼儒《普祕笈》中，殆明人依託也①。

【彙訂】

① 宋人筆記中原有專輯舊文一體。據卷首呂氏門人王深源《臥遊錄》敘："太史東萊先生，晚歲臥家……因有感於宗少文臥遊之語，每遇昔人記載人境之勝，輒命門人隨手筆之，而目之《臥遊錄》……此書未及成編而已迫夢奠，後二十餘年……深源……因請刻之祠中，以惠同志。"宋陳振孫《直齋書錄解題》卷七已著錄："《臥遊錄》一卷，呂祖謙撰。"嘉泰年間呂氏之弟呂祖儉與姪子呂喬年編《呂祖謙年譜》亦載："……又有《臥遊錄》。"明代《菉竹堂書目》卷三、《徐氏家藏書目》卷四、《澹生堂藏書目》、《國史經籍志》卷四等均載錄呂祖謙撰《臥遊錄》。清代《絳雲樓書目》卷二、《也是園藏書目錄》、《述古堂藏書目錄》、《傳是樓書目》卷三、《稽瑞樓書目》、《八千卷樓書目》卷十三、《鐵琴銅劍樓藏書目錄》卷一七等著錄亦同。（譚鍾琪：《〈四庫總目·臥遊錄提要〉辨正》）

經子法語二十四卷（浙江巡撫採進本）

宋洪邁撰。邁有《史記法語》，已著錄。邁兄弟並以詞科起家，此書蓋即摘經子新穎字句以備程試之用者。凡《易》一卷，《書》二卷，《詩》三卷，《周禮》二卷，《禮記》四卷，《儀禮》、《公羊傳》、《穀梁傳》、《孟子》、《荀子》、《列子》、《國語》、《太元經》各一卷，《莊子》四卷。體例略如類書，但不分門目，與經義絕不相涉。朱彝尊以《易法語》一卷、《詩法語》一卷之類散入《經義考》各門之中，題曰"未見"，未免失考矣[1]。

【彙訂】

[1]《經義考》卷一百八十六"春秋類"有洪邁《春秋左氏傳法語》條，卷二百四十三有《經子法語》條（作者誤題為洪适），未著錄《易法語》、《詩法語》。又所列細目，除《列子》、《莊子》，皆不得謂"與經義絕不相涉"。（張宗友：《〈四庫全書總目〉誤引〈經義考〉訂正》）

文苑英華鈔四卷（浙江巡撫採進本）[1]

宋高似孫編。似孫有《剡錄》，已著錄。是編乃採摘《文苑英華》中典雅字句可供文章之用者，仿洪邁《經子法語》之例，鈔合成帙。刻本仍以原目為次，不分卷數。以似孫原序考之，當時實分四卷也。其中以諸本參校，如呂令開《蓮峯賦》，別本皆作"氣開秋爽"，此本作"氣涵秋爽"；賈至《早朝》詩，別本皆作"共沐恩波鳳池上，朝朝染翰侍君王"，此本作"共沐恩波鳳池裏，終朝默默侍君王"；李羣玉《黃陵廟》詩，別本皆作"回風日暮吹芳芷"，此本作"東風日暮吹香芷"，皆小有異同。韓愈《汴州東西水門記》，別本俱作"請紀成績"，此本作"皆請紀其成績"，又"遂極其危"句，此本作"遂持危"[2]，亦皆《韓集舉正》、《韓文考異》所未載[3]，其蒐羅亦頗該洽。自序謂周必大奉敕校《文苑英華》，是書有助焉。然摘錄不具首尾，僅為詞科餖飣之學爾。

【彙訂】

[1] 宋刻本此書為四集八十四卷，前有高似孫自序，稱此書"四帙"，《總目》即誤作四卷。（杜澤遜：《四庫存目標注》）

[2] 據明刊本《文苑英華》卷二十八收《掌上蓮峯賦》，"呂令

開”當作“呂令問”，“氣開秋爽”當作“氣涵金爽”。同本卷一百九十收賈至《早朝》，作“共沐恩波鳳池裏，終朝默默侍君王”。卷三百二十收李羣玉《黃陵廟二首》，作“東風日暮吹香芷”。卷八百十二收韓愈《汴州東西水門記》，作“請紀其成績”、“遂持其危”。文淵閣《四庫》本《文苑英華》五處文字皆同。宋刻元修本高似孫輯《文苑英華纂要》卷一“文甲”第三篇亦引作“氣涵金爽”，卷四“文丁”第六十七篇亦引作“遂持其危”。

③“遂極其危”應為“遂拯其危”之誤，朱熹《韓文考異》卷四《汴州東西水門記》條云“拯，或作持”。

養生雜纂二十二卷附月覽二卷（兩淮鹽政採進本）①

宋周守忠撰。守忠號柰菴，案，“柰”，古文“松”字。不知何許人。初以養生宜忌之事按月編錄，名曰《月覽》。後於嘉定壬午又廣為《雜纂》。首為總敘三篇，次以事類分為十三部。後人以《月覽》附刻於後，共為一書，總題曰《養生雜類》，非其本名也。

【彙訂】

①《兩淮鹽政李續呈送書目》著錄書名為《養生類纂》，與明成化十年刻本合。（杜澤遜：《四庫存目標注》）

石屏新語二卷（浙江吳玉墀家藏本）

舊題宋戴復古撰。復古字式之，天台黃巖人。居南塘石屏山，因以自號。是編以《石屏新語》為名，則當為復古所手著。乃編中惟錄張詢古《五代新說》、陳郁《藏一話腴》二種，而多所刪節。當是後人依託其名，鈔撮成帙也。

補妬記八卷（浙江鄭大節家藏本）

舊本題曰京兆王績編，不著時代。案晁公武《讀書志》載有

此書一卷,謂不知何人所輯。陳振孫《書錄解題》亦有此書,稱
"王績撰。因古有宋虞之《妒記》①,今不傳,故補之"②。其題名
與此相合,當即振孫所見之本。其書自一卷至六卷紀商、周迄五
季妒婦之事,第七卷曰《雜妒》,謂淫亂而妒及事涉神怪者,第八
卷曰《總敘》,乃雜説文章。自涼張續《妒婦賦》以下並闕③,故振
孫所稱"治妒二方"已無之。然振孫既云古《妒記》不傳,而書中
又有採自《妒記》者,不知何據,殆於類書剽取之。至第七卷內宋
仁宗尚、楊二美人事,乃註云"見《宋史》"。則明人已有所附益,
非復宋代原書矣。

【彙訂】

①"之",殿本作"氏"。

②《妒記》著錄於《隋書·經籍志》史部雜傳類,撰人為虞通
之。《宋書·后妃·孝武文穆王皇后傳》云:"宋世諸主,莫不嚴
妒,太宗每疾之。湖熟令袁慆妻,以妒忌賜死,使近臣虞通之撰
《妒婦記》。"《妒記》當即《妒婦記》,其書已佚。《妒記》撰人為虞
通之,《直齋書錄解題》偶脱"通"字,《總目》復踵其誤。(楊武泉:
《四庫全書總目辨誤》)

③《藝文類聚》卷三十五載梁張纘《妒婦賦》,"涼張續"
疑誤。

古今藝苑談概上集六卷下集六卷(兩江總督採進本)

舊本題俞文豹撰。案文豹宋人,所著《吹劍錄外集》,已著
錄。此編多引明代諸書,蓋偽託也。書中雜採故實,無所辨論,
每條下各列書名,而疏舛特甚。如鄒忌妻妾事出《戰國策》,而註
曰《十二國春秋》";列子攫金於市事,末增"吏大笑之"四字。當

為無知書賈鈔撮説部,偽立新名也。

澄懷錄二卷(兩淮鹽政採進本)

宋周密撰。密有《志雅堂雜鈔》,已著錄①。是書採唐宋諸人所紀登涉之勝與曠達之語,彙為一編。皆節載原文,而註書名其下,亦《世説新語》之流別,而稍變其體例者也。明人喜摘錄清談,目為小品。濫觴所自,蓋在此書矣。

【彙訂】

① 依《總目》體例,當作"密有《武林舊事》,已著錄"。

女教書四卷(永樂大典本)

元許熙載撰。熙載字獻臣,彰德相州人,參知政事有壬之父也。是編集經書及先儒之言,凡有關於女教者,分為六篇,曰《内訓》,曰《昏禮》,曰《婦道》,曰《母儀》,曰《孝行》,曰《貞節》。

景行錄一卷(浙江范懋柱家天一閣藏本)

舊本題元史弼編。弼字君佐,自號紫微老人,博野人。官至福建行省平章政事,封鄂國公。事蹟具《元史》本傳。是編成於至元丁亥,所錄格言百餘條,多剽綴《省心錄》之語。前有弼自序,其詞潦倒可笑,似出妄人所依託①。復有明瞿佑序,稱:"宣德戊申侍太師英國公坐,因問經史中警句可資觀覽而切於修省者,謹寫一編拜獻,以供清暇之一顧。"末題"門下士瞿佑手錄,時年八十有二"。詞亦庸劣,佑似不應至此。考成化丙戌木訥作佑《歸田詩話》序,雖有"太師英國張公延為西賓"之語②,然佑自序作於洪熙乙巳,稱"老與農圃為徒,亦竊歸田之號",又稱"輟耕隴上,箕踞桑陰",則洪熙時已返江南矣,安得宣德戊申尚作客張輔家哉? 其為假名於佑,尤顯然矣。

後又有正德乙亥鎮遠侯顧士隆重刊序、嘉靖甲午衡王重刊序。蓋皆因仍偽本，不及考核耳。

【彙訂】

①《説郛》本史弼自序署"大德辛丑上巳前榮祿大夫江西等處行中書省平章政事史弼"，其年份、官職與《元史》本傳所載相合。（昌彼得：《説郛考》）

②"西賓"，殿本作"西席"，誤，參《歷代詩話續編》本《歸田詩話》卷首木訥序原文。

有官龜鑑十九卷（永樂大典本）

元蘇霖撰。霖有《書法鉤元〔玄〕》，已著錄。是編採前人服官事蹟，彙為一書。凡分四十類，皆以四字標題，如"輔相君王"、"贊翼皇儲"之類，頗涉於俗。且既有"陳善閉邪"，又有"繩愆糾謬"、"直言極諫"之類，亦病於複。體例殊為猥雜。所引諸書，惟有元諸人言行採自家傳、墓誌者，閒為他書所未載，其餘經史子集皆人所習見。論斷尤罕所發明，殊無可採也。

忍經一卷（永樂大典本）

元吳亮撰。亮字明卿，錢塘人。前有馮寅序，稱："吳君精於經術史事。至元癸巳，解海運元幕之任，恬淡自居。於纂述歷代帝王世系之暇，思其平生行己惟一'忍'字。會集羣書中格言大訓，以為一編。"所採皆習見之書，蓋姑以見意云爾。

聞博錄一卷（浙江巡撫採進本）①

不著撰人名氏，諸家書目亦不著錄，大都述先正格言及達觀保生之事。卷中有一條，稱"吾鄉沈持要詹事今年已八十有三，耳目聰明"云云。持要乃沈樞之字。樞，德清人。則此書似當為宋南渡後湖州人所撰。然書末復有二條，一稱"皇朝修《經世大典》"云云，一稱"聖朝郊祀祝文，天子以下止右丞相得預名"云云。《經世大典》成於元文宗至順二年，據《元史·百官志》，專任右丞相亦自至順元年始[2]，則此書之成又當在至順以後矣。觀卷中採摘舊事，往往直錄原文。"沈持要"一條，疑亦從他書鈔撮，未及改正。其實乃元末人所作也。

【彙訂】

① 此書在《各省進呈書目》中僅著錄於《浙江省第九次進呈書目》與《浙江採集遺書總錄》，又見於《二老閣進呈書》，"浙江巡撫採進本"應為"浙江鄭大節家藏本"之誤。（江慶柏：《四庫全書私人呈送本中的鄭大節家藏本》）

② "元年"，殿本作"二年"，誤，參《元史》卷八十五《百官一》："文宗至順元年，專任右相，其一或置或不置。"

女紅餘志二卷（浙江巡撫採進本）

舊本題龍輔撰。據原序所稱，乃武康常陽之妻。序不題年月，不知何許人也。上卷皆採掇新豔字句。陽序稱"外父為蘭陵守元度公後，家多異書。細君女紅中饋之暇輒閱之，擇其當意者編成四十卷。屬余游宦京師，細君精差其最佳者手錄之，僅四十之一"云云。然皆不著出典，又無一語為諸書所經見，殆《雲仙散錄》之流。下卷皆輔所作小詩，亦淺弱不足採錄。錢希言《戲瑕》稱為好事者所依託，則明人已灼知其偽。毛晉乃刻之《詩詞雜俎》中，失考甚矣。

誠齋雜記二卷（內府藏本）

舊本題元林坤撰。前有永嘉周達卿序①，稱坤字載卿，會稽人。曾官翰林,所著書凡十二種,此乃其一。誠齋,坤所自號也。作序年月題"丙戌嘉平",不署紀元。書中引聶碧窗詩,與古人並列。聶為元初道士,則是書在後矣。中皆剽掇各家小説,餖飣割裂,而不著出典。如"崑崙奴磨勒"一事,分於五處載之,其弇陋可知也。

【彙訂】

① 明崇禎《津逮祕書》本此集前《誠齋雜記敍》末署"丙戌嘉平望日永嘉周達觀撰"。(胡露:《〈四庫全書總目〉子部存目補正》)

琅嬛記三卷(兩江總督採進本)

舊本題元伊世珍撰,語皆荒誕猥瑣。書首載張華為建安從事,遇仙人引至石室,多奇書。問其地,曰琅嬛福地也。註出《元〔玄〕觀手鈔》,其命名之義蓋取乎此①。然《元觀手鈔》竟亦不知為何書。其餘所引書名,大抵真偽相雜,蓋亦《雲仙散錄》之類。錢希言《戲瑕》以為明桑懌所偽託,其必有所據矣。

【彙訂】

① "蓋取乎此",殿本作"當取此"。

勸善書二十卷(永樂大典本)

明仁孝皇后撰。書成於永樂三年。其所採輯兼及三教,蓋意主勸戒下愚,不及所作《內訓》之純粹也。

臣鑒三十七卷(內府藏本)

明宣宗皇帝撰,有宣德元年四月御製序。取春秋迄金、元人臣事蹟,分善可為法、惡可為戒二類。而宋之張俊亦在"善可為法"類,品第似未盡允也。

外戚事鑒二卷(浙江范懋柱家天一閣藏本)

不著撰人名氏。《千頃堂書目》有明宣宗《御製外戚事鑒》五卷。於漢以下歷代戚里之臣,舉其善惡之蹟,併其終所得吉凶,類而列之,得七十九人。宣德元年四月書成,皇親各賜一本。此本所載,大略相符。然所列止五十六人,而書亦祇二卷。殆後人有所竄改合併[1],非其原書矣。

【彙訂】

[1]"有所竄改合併",殿本作"有竄改"。

君鑒五十卷(內府藏本)

明景皇帝撰。景泰四年成書,有御製序。亦分善可為法、惡可為戒二類,與宣宗《臣鑒》相同。而自二十九卷及三十五卷皆紀明祖宗之事,則用范祖禹《帝學》例也。

昭鑒錄十一卷(浙江范懋柱家天一閣藏本)

明洪武初奉敕撰。案《千頃堂書目》曰:"太祖嘗命禮部尚書陶凱等採錄漢、唐以下藩王善惡以為鑒戒,編輯未竟,復詔秦王傅文原吉、翰林編修王僎、國子博士李叔元、助教朱復、錄事蔣子傑等續修之。洪武六年書成,太子贊善宋濂為序。"即此編也。然虞稷稱其書五卷,又稱"一作二卷"。此本十一卷,而"善可為法"止於元,其後又有"先善後惡"一門[1],而"惡可為戒"僅止於宋,似尚闕一卷。不知虞稷何以云然也。

【彙訂】

[1]"又",殿本無。

永鑑錄二卷(永樂大典本)

明洪武中奉敕撰。凡分六目:一曰《篤親親之義》,一曰《失

親親之義》,訓朝廷也;一曰《善可為法》,一曰《惡可為戒》,一曰
《立功國家》,一曰《被姦陷害》,訓諸王也。每條各舉古事,而以
俗語演之,取其易通曉也。

歷代駙馬錄二卷(永樂大典本)

明洪武中奉敕撰。其書取自漢至宋尚主之人,各敘其善惡
事蹟,以示法戒。亦演以俗語。

公子書三卷(永樂大典本)

明洪武中熊鼎等奉敕撰。採摭古事,分為三類。一《良臣》
門,一《忠臣》門,一《姦臣》門。其詞較《永鑑錄》尤俚淺。蓋以訓
開國武臣之子弟,故務取通俗云。

帝王寶範三卷(永樂大典本)

明馬順孫撰。順孫,江南人。洪武中布衣。是書雜採經史,
分類編輯,其目二十有三①。當太祖開創之初,嘗進於朝,冀採
以定制作,興禮樂。然擇焉不精,語焉不詳,徒為老生之常談而
已。《千頃堂書目》載此書作六十卷,今考《永樂大典》所載,實止
三卷。雖編錄時或有合併,不應懸絕至此,殆黃虞稷未見原
書也。

【彙訂】

① "有",殿本無。

使規一卷(浙江汪啟淑家藏本)

明張洪撰。永樂四年洪以行人司行人奉使往諭緬甸,著
有《南夷書》,已著錄。此書亦是時所作,採古人奉使事蹟,勒
為一編。分十有六類,曰忠信,曰節義,曰廉介,曰謙德,曰博

古，曰文學，曰識量，曰智慮①，曰威儀，曰説辭，曰舉賢，曰咨訪，曰服善，曰詳慎，曰勇略，曰警戒。各列事實於前，而斷以己意。末為《使緬附錄》，紀當日往返情形，並載所與緬酋書六篇。

【彙訂】

① "智慮"，殿本作"智愚"，疑誤。

景仰撮書一卷（江蘇巡撫採進本）

明王達撰。達有《筆疇》，已著錄。是書一名《尚論篇》，取古人可為師法者凡五十二事。皆前列舊文，後系以論。率膚淺無意義，又出《筆疇》之下矣。

學范二卷（浙江巡撫採進本）

明趙撝謙撰。撝謙有《六書本義》，已著錄。是書分六門。一曰教范，言訓導子弟之法。二曰讀范，列所應讀之書。三曰點范，皆批點經書凡例。四曰作范，論作文。五曰書范，論筆法。六曰雜范，論琴硯、鼎彝、字畫、印章之類。撝謙頗以小學名，而此書所述，至為夐陋。"雜范"一門，尤為不倫。蓋家塾訓蒙之式，用以私課子弟耳。懸以為學者定范，則謬矣。

綱常懿範十卷（江西巡撫採進本）

明周是修撰。是修初名德，以字行，泰和人。洪武中舉明經，由霍邱〔丘〕訓導改衡府紀善。燕王兵入死之。事蹟具《明史》本傳①。乾隆四十一年賜諡節愍②。是編前有自序，稱因閒居，感其母彭氏教以忠孝大端，因採輯前言往行，凡十六門，曰明王、良相、名將、循吏、忠烈、純孝、女德、友悌、交契、儒宗、才傑、世昌、清隱、聯芳、德報、同居，通一千三百九十有六條。解縉作

《是修墓誌》，楊士奇作《是修傳》，亦皆稱其嘗撰是書，與此本合。史稱其"嘗輯古今忠節事為《觀感錄》"，與此不同，或一書而二名歟？案是修授命成仁，爭光日月。作此書以培植綱常，行不愧言，尤足以風動百世，自宜錄之，以傳久遠。然核其所述，大抵荒陋傖鄙，類村塾野老稍知字義者所為，殊不似是修之筆。殆原書久佚，而其後人贋補之，如張九齡《千秋金鑑錄》類也。故今惟錄其文集，而是書則附存目焉。

【彙訂】

①《明史》卷一四三本傳載："洪武中，舉明經，為霍丘訓導……太祖喜，擢為周府奉祀正。踰年……遷紀善。建文元年……改衡府紀善。"則非直接由霍丘訓導改衡府紀善。（胡露：《〈四庫全書總目〉子部存目補正》）

②《欽定勝朝殉節諸臣錄》卷十二"通謚'忠節'諸臣"中有周是修，《大清一統志》卷二百五十其傳亦云"賜謚忠節"。（同上）

為善陰騭十卷（內府藏本）

明永樂十三年官撰頒行①，前有成祖自製序。所採共百六十五條，各以四字標題，加之論斷，并系以詩。

【彙訂】

①"十三年"為"十七年"之誤。今存永樂十七年內府刻本。（胡玉縉：《四庫全書總目提要補正》）

政訓二卷（兩江總督採進本）

明彭韶編。韶字鳳儀，莆田人。天順丁丑進士，官至刑部尚書，謚惠安。事蹟具《明史》本傳。是編凡《文公政訓》一卷，皆採掇《朱子語類》中論政之語。《西山政訓》，則真德秀《西山

集》中所載帥長沙及知泉州日告諭官僚之文也。《西山政訓》
之末，舊附《心》、《政》二經，見張悅序中。此本乃陳繼儒刻入
《寶顏堂祕笈》者，因《心》、《政》二經有別本自行，故所存僅此
二卷云。

聞見類纂小史十四卷（浙江范懋柱家天一閣藏本）

明魏偰撰。偰字達卿，鄞縣人，官石城縣訓導。是書內篇十
七，皆記人倫、文行之足為世法者。外篇七，記神鬼、外國諸事。
續篇一，皆雜說。篇各有序有論。大抵據所見聞載之。雖採摭
頗繁，而多傷於俚。

食色紳言二卷（兩江總督採進本）

舊本題明皆春居士撰，不著名氏。考明本《瀛奎律髓》有成
化丁亥新安守龍遵敘[①]，自稱皆春居士，疑即遵作也。其書凡
《飲食紳言》一卷，勉人戒殺；《男女紳言》一卷，勉人節慾。皆摭
取前人成語及佛經、《道藏》諸書。

【彙訂】

①《瀛奎律髓》明本序後有題識云：“右龍君遵敘後序一首，
原本中所載也。”則作序人名遵敘，非單名遵。弘治《徽州府志》
（徽州，隋時稱新安郡）卷四《名宦志》云：“龍晉，字遵序，江西吉
水人……天順八年擢知本府……成化三年丁內艱去。”丁亥為成
化三年，可知《瀛奎律髓》所載作序之“新安守”，為龍晉，遵敘（序
與敘通）乃其字也。（楊武泉：《四庫全書總目辨誤》）

奚囊手鏡十三卷（安徽巡撫採進本）

明楊循吉撰。循吉有《蘇州府纂修識異》，已著錄[①]。循吉
好蓄異書，聞有祕本，必購求繕寫。是編薈粹諸類書，頗稱博贍，

而門目未分,茫無體例。劉鳳、王世貞曾分得其稾,後遂散佚。《明史·藝文志》作二十卷。此止十三卷,不知為鳳家之半部,抑世貞家之半部也。

【彙訂】

①《總目》卷五三著錄楊循吉撰《蘇州府纂修識略》六卷。

諸子纂要八卷(內府藏本)

明黎堯卿編。堯卿,忠州人,宏治癸丑進士。其書雜鈔諸子之文,以備科舉之用。仿高棅《唐詩品彙》例,分正宗、接武、餘響之類,尤為效顰。棅之品詩,論者已多異議,況以其例品諸子乎?

儼山外紀一卷(編修程晉芳家藏本)

舊本題明陸深撰。深有《南巡日錄》,已著錄。此書載《學海類編》中,乃曹溶於深《儼山堂外集》之中隨意摘錄數十條,改題此名,非深自著之書也①。

【彙訂】

① 清道光本《學海類編》書名作《儼山外纂》,且明嘉靖三十三年鄭梓刻《明世學山》、明萬曆刻《百陵學山》已收入此書,非曹溶摘錄。(杜澤遜:《四庫存目標注》)

續觀感錄六卷(浙江巡撫採進本)

明方鵬撰。鵬有《崑山人物志》,已著錄。自序謂:"明初周是修嘗作《觀感錄》,紀古今孝義之事,其書不傳,因復為此以續之。凡事蹟顯著者不錄,其人微而事隱,非世所恒見者則錄之,欲使愚夫愚婦皆知觀感而興起焉。"然僅據所見摘錄,故搜羅未為該博云。

物異考一卷（兩江總督採進本）

明方鳳撰。鳳有《方改亭奏草》，已著錄。是書載水異、火異、眚異、木異、金石異、人異、蟲異凡七條。歷代災異見於正史、雜史者不可勝紀，鳳於每條舉二三事，真所謂挂一漏萬矣。

禱雨錄一卷（兩江總督採進本）

明錢琦撰。琦有《錢子測語》，已著錄。是書因嘉靖乙巳歲旱，乃輯錄古來修德致雨之事，以告守土之官，意在規諷，其持論未為不正。然自"桑林之禱"至"馬璘之撤土龍"，皆歸本人事，而自"鬱林石牛"以下乃徵引小說，侈談神怪，蕩然全失其本旨。非惟自亂其例，實亦自穢其書矣。

欣賞編無卷數（浙江巡撫採進本）

不著撰人名氏。徐中行序但稱沈潤卿。以《千頃堂書目》考之，乃沈津所編，潤卿其字也。所著《鄧尉山志》，已著錄。序中所云"茅子康伯續"者，亦不著其名。卷中有"茅一相補閱"字，蓋即其人矣。序稱書十卷，然實止八冊，不分卷數。序稱"始於詩法，終於修真"，而書中詩品、詞評乃在第三冊，尤顛舛無緒。所載書出陶宗儀《說郛》者十之八九，皆移易其名。其《說郛》所無一二種，亦皆妄增姓氏，別立標目，非其本書。至於改竄屠隆《碑帖考》，尤多舛戾[1]。《說郛》一百卷，名見孫作所撰《陶宗儀傳》，世所行本已非其舊。此更剽竊而變亂之，風益下矣。

【彙訂】

[1] 沈津乃正德間人，焉能改竄屠隆所著書？（王重民：《中國善本書提要》）

諸子品節五十卷(通行本)

明陳深編。深有《周禮訓雋》,已著錄。是書雜鈔諸子,分内品、外品、小品。内品為《老子》、《莊子》、《荀子》、《商子》、《鬼谷子》、《管子》、《韓子》、《墨子》。外品為《晏子》、《子華子》、《孔叢子》、《尹文子》、《文子》、《桓子》、《關尹子》、《列子》、屈原、司馬相如、《揚子》、《吕覽》、《孫子》、《尉繚子》、陸賈《新語》、賈誼《新書》、《淮南子》。小品為《説苑》、《論衡》、《中論》。又以桓譚《陳時政疏》、崔寔《政論》、班彪《王命論》、竇融《奉光武》及《責隗囂》二書、賈誼《弔屈原賦》、司馬相如、揚雄諸賦及《喻巴蜀檄》、《難蜀父老》、《劇秦美新》諸文,錯列其中,尤為龐雜。蓋書肆陋本也。

翼學編十三卷(内府藏本)

明朱應奎撰。應奎字麗明,廣漢人。考《太學進士題名碑》,嘉靖辛丑科有朱應奎,錦衣衛籍,不知即其人否也①。其書以《大學》格致、誠正、修齊、治平分類,而雜載碎事,名實殊為乖迕。如"格致"類所載"花九錫"、"四香閣"之屬,猥瑣至極,而謂足翼《大學》乎?

【彙訂】

① 明中進士者有兩朱應奎,一為錦衣衛籍(直隸丹陽人),嘉靖二十年辛丑進士;一為四川潼川州人,《四川通志》卷三十四《選舉》萬曆二十三年乙未進士有朱應奎。《潼川府志》謂朱應奎為遂寧人,遂寧古廣漢也。此書萬曆刻本卷首題"廣漢朱應奎麗明父編述"。廣漢、潼川皆綿州古地名。書前有序,末署"年弟劉一爌撰",劉氏正為萬曆二十三年乙未朱之蕃榜進士。其他撰敘

之林堯俞、畢懋康、胡國鑑皆為萬曆間進士。（王重民：《中國善本書提要》；胡露：《〈四庫全書總目〉子部存目補正》）

談資三卷（兩江總督採進本）

明秦鳴雷撰。鳴雷字子豫，臨海人。嘉靖甲辰進士第一，官至南京吏部尚書。其書採錄古事，不分門類，亦不次時代，不註出典，龐雜參錯，莫喻其去取之意。如"齊王木履"一事，乃蘇軾《艾子》之戲言，亦據為實事錄之，其無所別擇可知矣。

廣仁類編四卷（江西巡撫採進本）①

明王時槐撰。時槐字子植，號塘南，安福人。嘉靖丁未進士，官至太僕寺少卿，出為陝西布政使參政，中察典罷歸。後起為太常寺卿，不赴，卒於家。事蹟具《明史·儒林傳》。是書分篤倫、德政、惠濟、活物四類，各摭故實配隸之，時亦及因果報應之說。蓋神道設教，以勸喻顓蒙，故不盡為儒者之言也。

【彙訂】

① "江西巡撫採進本"，殿本作"江蘇巡撫採進本"，誤。《四庫採進書目》中僅"江西巡撫海第四次進呈書目"著錄此書。作者王時槐乃江西安福人。（江慶柏：《殿本、浙本〈四庫全書總目〉著錄圖書進獻者主名異同考》）

學圃蕙蘇六卷（浙江朱彝尊家曝書亭藏本）

明陳耀文編。耀文有《經典稽疑》，已著錄。是編雜錄諸書新異之語，不立門目，亦無所考訂，蓋隨閱隨鈔，自備談資而已。初耀文官陝西時，纂此書。以署後亭有雙檜，題曰《檜林雜志》。歸里後補輯成帙，取"蕙草忘憂，皋蘇釋勞"之義，改題此名云。

初潭集十二卷（內府藏本）

明李贄撰。贄有《九正易因》，已著錄。此乃所集說部，分類凡五，曰《夫婦》，曰《父子》，曰《兄弟》，曰《君臣》，曰《朋友》[1]。每類之中又各有子目，皆雜採古人事蹟，加以評語。其名曰“初潭”者，言落髮龍潭時即纂此書，故以為名。大抵主儒、釋合一之說，狂誕謬戾。雖粗識字義者皆知其妄，而明季乃盛行其書。當時人心風俗之敗壞，亦大概可睹矣。

【彙訂】

① 此書末二卷為《師友》。（李裕民：《四庫提要訂誤》）

讀升菴集二十卷（副都御史黃登賢家藏本）

明李贄編。是編裒集楊慎諸書，分類編次。凡採錄詩文三卷，節錄十七卷，去取毫無義例。且贄為狂縱之禪徒，慎則博洽之文士，道不相同，亦未必為之編輯。序文淺陋，尤不類贄筆。殆萬曆閒贄名正盛之時，坊人假以射利者耳。

續自警編八卷（兩江總督採進本）

明黃希憲撰。希憲字毅所，金谿人。嘉靖癸丑進士，官至應天巡撫[1]。是書續宋趙善璙《自警編》而作，雜採自宋至明格言善事，分類記載。然編次叢脞，綱目混淆。目列十六卷，而書止八卷，檢其所載門目，又一一無差。至以“修身”、“修己”分為二門，又以“考正祀典”、“考復古禮”入之“將帥門”中。而末一卷乃全錄山林放曠之詞，非復儒者修省語，尤為龐雜。

【彙訂】

①《江西通志》卷五四《選舉六》嘉靖三十二年癸丑陳謹榜有黃希憲，云：“金谿人，副使。”卷八二《人物十七》有傳，謂所著有《自警

編》等。《湖廣通志》卷二八"副使"有金谿人黃希憲,則其應官至湖北提刑按察司副使。《江西通志》卷五五《選舉七》天啟五年余煌榜又有黃希憲,云:"分宜人,總督河道,兵部侍郎。"卷七二《人物七》有傳,謂曾任應天巡撫。(胡露:《〈四庫全書總目〉子部存目補正》)

牧鑑十卷(浙江巡撫採進本)

明楊昱撰。昱字子晦,別號東溪,汀州人。是書以經史百家之言有關政治者,裒輯成帙。為類凡四,曰《治本》、《治體》、《應事》、《接人》。類各有目,凡三十有五。目又各分上、中、下,上述經傳,中紀古人政蹟,下摭儒先議論。每類首綴小序一篇,其餘別無論斷。嘉靖乙卯,汀州府同知李仲僎序而刊之。所徵引甚略,大抵隨意摭拾,無關體要。意其為書帕本也。

芸心識餘七卷續一卷(兩淮鹽政採進本)

明陳其力撰。其力字克相,號芸心子,通海人。官南京戶部司務。其書成於嘉靖辛酉。凡禽鳥、獸畜、龍蛇、蟲鼠、魚鱉五部,分門隸事。每事標題於前,雜列故實而附以論斷,龐雜割裂,殊無可觀,持論尤多猥鄙。觀所列引用書目,以《明道集》、《讀書錄》列之經傳,以《爾雅》與《真仙寶誥》同列之圖註,以《說文》、《續文章正宗》入之類書,甚至《漢書》之外又有《漢史》,《開元遺事》之外又有《天寶遺事》。如斯之類,指不勝屈,殆不足與辨。

煙霞小說二十二卷(江蘇巡撫採進本)[①]

明陸貽孫編[②]。貽孫,蘇州人。是書仿曾慥《類說》之例,刪取稗官雜記凡十二種。中如楊循吉《吳中故語》、黃暐《蓬軒記》[③]、馬愈《日鈔》、杜瓊《紀善錄》、王凝齋《名臣錄》[④]、陸延枝《說聽》六種,逸事瑣聞,尚資考論。至陸粲《庚巳編》、徐禎卿《異林》、祝允明《語怪編》、《猥談》、楊儀《異纂》、陸灼《艾子後語》六種,則神怪不經之事矣。

【彙訂】

① "二十二卷",殿本作"三十二卷"。今存明萬曆十八年刻本十三種二十三卷。《總目》所列缺《紀周文襄公見鬼事》一種。

② 貽孫乃表字,陸氏本名延枝。(潘樹廣:《煙霞小說考》)

③ "曄",底本缺末筆,殿本作"暭",均避康熙諱。明萬曆十八年刻本此書卷一《吳中故語》後為《蓬軒吳記》,前有王鏊題詞云:"故友刑部正郎黃君諱曄,字日昇。"(胡露:《〈四庫全書總目〉子部存目補正》)

④ 《掾曹名臣錄》作者名王鴻儒,號凝齋。《明儒學案·河東學案》有小傳。(潘樹廣:《煙霞小說考》)

閱古隨筆續二卷(江蘇周厚堉家藏本)

明穆文熙撰。文熙有《七雄策纂》,已著錄。是編雜採諸子之文,而又不著其所出。惟卷首總列其所採書目,體例殊謬。所錄亦皆習見。首頁題《正續閱古隨筆》,而書中題《閱古隨筆續》。蓋尚有正集,今未之見。

諸子彙函二十六卷(內府藏本)

舊本題明歸有光編。有光有《易經淵旨》,已著錄。是編以自周至明子書每人採錄數條,多有本非子書而摘錄他書數語稱以子書者,且改易名目,詭怪不經。如屈原謂之玉虛子,宋玉謂之鹿溪子,江乙謂之囂囂子,魯仲連謂之三柱子,淳于髡謂之波弄子,孔求謂之子家子,張孟談謂之歲寒子,頓弱謂之首山子,甘羅謂之潼山子,貌辨謂之雲幌子,陸賈謂之雲陽子,賈誼謂之金門子,董仲舒謂之桂巖子,韓嬰謂之封龍子,東方朔謂之吉雲子,劉向謂之青藜子,崔寔謂之嵫岈子,桓譚謂之荊山子,王充謂之委宛子,黃憲謂之慎陽子,仲長統謂之贊山子,王符謂之回中子,桓寬謂之貞山子,曹植謂之鏡機子,束晳謂之白雲子,嵇康謂之靈源子,劉勰謂之雲門子,陸機謂之于山子,劉晝謂之石匏子,李翱謂之協律子,羅隱謂之靈犫子,石介謂之長春子。皆荒唐鄙誕,莫可究詰。有光亦何至於是也[①]。

【彙訂】

①　此書還有《評點百二十子》一名,兩者板式、內容完全相同,前者卷首冠有文震孟《諸子彙函序》一文,後者則有姚希孟《評點百二十子序》一文。姚希孟《響玉集卷餘》中有一篇《刻諸子彙函序》,序文與他的《評百二十子序》完全相同。據兩序,此書原本並非歸有光手編,乃是文、姚二人收集了歸有光諸多評閱本後編合而成。(楊峯:《歸有光研究》)

困學纂言六卷(浙江巡撫採進本)

明李栻撰。栻字孟敬,豐城人。嘉靖乙丑進士,官至浙江按察司副使。是編乃隆慶庚午栻為肥鄉知縣時所刊。分十二門,曰《學問》,曰《立志》,曰《存心》,曰《精思》,曰《實踐》,曰《謹言》,曰《敬事》,曰《求師》,曰《取友》,曰《讀書》,曰《作文》,曰《舉業》。皆採摭古人議論近於講學者,分類次敘。然講學及於作文,抑已末矣,"作文"之外又別立"舉業"一門,其說尤未免於雜也。

灼艾集八卷(浙江巡撫採進本)

不著撰人名氏,書前亦無序例。據高儒《百川書志》云,九沙山人萬表灼艾時所集也。表有《海寇議》,已著錄。是編凡分正、續、餘、別四集，每集各分上、下卷。採輯唐、宋以來説部，每書祇載一二條，或四五條，略似曾慥《類説》，而詳博則不及之也。

百家類纂四十卷（内府藏本）

明沈津編。案明有兩沈津，其正德中作《鄧尉山志》及《欣賞編》者，乃蘇州人。此沈津慈谿人，嘉靖中官含山縣教諭。是書所錄，自周、秦諸子下逮於明，殊為冗濫。同時尚書張時徹所作《説林》亦與焉，殆未聞《昭明文選》不錄何遜之義也。

警心類編四卷（江蘇巡撫採進本）

明張位撰。位有《問奇集》，已著錄。是書乃其罷相後所輯，故多老氏謙退之旨、佛氏因果之談。

天池祕集十二卷（直隸總督採進本）

舊本題明徐渭編，武林孫　觀校。案渭，嘉靖中人，有《筆元要旨》，已著錄。是編所載如葉向高、陳繼儒之類皆在其後，渭安得見其詩文？蓋即一觀所輯，偽託於渭也。其書體例駁雜，標目詭異。前六卷為總集，一曰《韻萃》，諸體詩也；二曰《調雋》，詞也；三曰《籟叶》，樂府歌行也；四曰《麗華》，賦也；五曰《筆華》，雜文也；六曰《志林》，傳也。後六卷為小説，一曰《談芬》，清言也；二曰《曠述》，雜事也；三曰《諧史》，詼嘲語也；四曰《別紀》，志怪也；五曰《致品》，分良辰、美景、賞心、樂事四子目；六曰《清則》，分花典、香禪、茗談、觴政四子目，皆明季山人強作雅態之語。四庫之中無類可入，以其雜出不倫，附之"雜家類"焉。

六鑑舉要六卷（江西巡撫採進本）

明劉元卿撰。元卿有《大象觀》，已著錄。是編成於萬曆丙午。取《帝鑑》、《相鑑》、《言鑑》、《牧鑑》、《璫鑑》、《閨鑑》六書，各撮取其文，合為一帙。漏略殊甚，不足以言著作。

古今名賢説海二十二卷（直隸總督採進本）

不著編輯者名氏。前有隆慶辛未自序一首，題曰飛來山人。所錄皆明人説部，分為十集，以十干標目。自陸粲《庚巳編》以下凡二十二種，種各一卷，皆刪節之本，非其完書。考明陸楫有《古今説海》一百四十二卷，此似得其殘闕之板，偽刻序目以售欺者也[1]。

【彙訂】

[1]《古今説海》收明人之書總計不足十種，而明刻《類編古今名賢彙語》收明人説部二十二種，以陸粲《庚巳編》一卷為首，種各一卷。（杜澤遜：《四庫存目標注》）

名賢彙語二十卷（浙江巡撫採進本）

不著編輯者名氏。前亦有隆慶辛未自序，亦稱飛來山人。序詞鄙陋，疑為坊賈之筆。其書節錄明人小説二十種，種為一卷，皆題曰某地某人言，尤為杜撰。殆又從《古今名賢説海》而變幻之耳。

歷代小史一百五卷（內府藏本）

不著編輯者名氏。首有沔陽陳文燭序，稱侍御李公所集，而中丞趙公刻之。皆不著其名字里籍，不知為何許人也[1]。其書蓋欲仿曾慥《類説》之例，雜採野史，每書刪存數條，凡一百五種，以一種為一卷。中閒時代顛倒，漫無端緒[2]。蓋當時書帕之本，以校刊付之吏胥者也。

【彙訂】

[1] 此書乃《總目》同卷著錄之《困學纂言》的作者李栻所編。

（李裕民：《四庫提要訂誤》增訂本）

　　② 所收各書，如《國老談苑》，《百川學海》本八十八條，此錄八十二條，占原書十分之九。《自警編》、《世説新語》凡百餘頁，七萬多字。"每書刪存數條"，與事實不符。其編排方式乃以書中所記最早年代爲序，非"漫無端緒"。（同上）

子部四十二

雜家類存目九

羣書摘草五卷（左都御史張若澦家藏本）

明王國賓編。國賓號養默，武進人，萬曆甲戌進士。其作此書時，方監榷杭州北新關，未詳其終於何官也。其書仿庾仲容《子鈔》、馬總《意林》之例，摘取《家語》以下至明張時徹《説林》三十二種，附以兵書七種。每種各摘數段，無所持擇，蓋亦當時書帕之本。

閨範四卷（浙江巡撫採進本）

明吕坤撰。坤有《四禮疑》，已著錄。此編乃其為山西按察使時所作。前一卷為嘉言，皆採《六經》及《女誡》、《女訓》諸文為之訓釋。後三卷為善行，分女子、婦人、母道各一卷①。敍其本事而繪圖上方，並附以贊。文頗淺近，取易通俗也。當時嘗傳入禁中，神宗以賜鄭貴妃，妃重刻之。後妖書案起，遂以是書為口實。朱國楨《湧幢小品》曰："吕新吾司寇廉察山西，纂《閨範》一書。焦弱侯以使事至，吕索序刊行，弱侯亦取數部入京。鄭貴妃之姪國泰乞取添入'后妃'一門，而貴妃與焉②。衆大嘩，謂鄭氏

著書,弱侯交結為序,將有他志。"云云。所紀與史小異。然國楨
與焦竑為友,目睹刊本,所記似得其真。此本無鄭貴妃序,當為
坤之原本也。

【彙訂】

①　實計女子、夫婦為一卷,婦人為一卷,母道及姊妹、姒娣、
姑嫂、嫡妾、婢子之道等共一卷。(鄭涵:《呂坤年譜》)

②　《明史》之楊天民、沈一貫、張問達、王之寀等傳,均謂國
泰為貴妃之弟。《明史·恭恪貴妃鄭氏傳》、沈德符《萬曆野獲編
補遺》卷三"戊戌謗書"條,則謂為兄。《明史·鄭承憲傳》云:"鄭
承憲,神宗貴妃父也。"又云:"承憲累官至都督同知,卒,子國泰
請襲,帝命授都指揮使。"國泰於貴妃為兄弟行,決非貴妃之姪。
(楊武泉:《四庫全書總目辨誤》)

百子咀華十四卷(兩江總督採進本)

明胡效臣編。效臣字鍾衡,黃州人。萬曆丙子舉人,官旌德
縣知縣。是書取諸子之文而割裂之,或摘其一段,或拾其數語,
或撮其數字,以供時文獺祭之用。首列《左傳》,次六子,次子彙,
次則以儒家、道家、法家、兵家分類,又以明人所著參錯於古人之
中,不知其體例何在。又題曰"焦竑批評"。竑之陋何至於此,其
依託可不問而知也。

琅邪代醉編四十卷(編修汪如藻家藏本)

明張鼎思撰。鼎思有《琅邪曼衍》,已著錄。是編乃其自給
事中謫滁州驛丞時,雜鈔諸史百家之言,臚次成書。名曰《代醉
編》者,歐陽修在滁州時有醉翁亭,鼎思適宦其地,以著書代飲酒
也。其書體例龐雜,無所折衷考訂,特藉以消閒遣日而已。

蘭芳錄二卷（江蘇巡撫採進本）

明徐三重撰。三重有《餘言》，已著錄。是編皆錄古人輕世遺榮之事，分内、外二篇。自序謂：“内篇近自得，外篇稍假物緣，亦不入世累。”然曾點之“沂水春風”置之外篇，葉夢得之“讀書飲酒”置之内篇，殊不曉其優劣之旨。首冠以《論語》“飯疏食”一章、“賢哉回也”一章，別題曰《孔顏樂事》，又不在内、外篇之數，則恐失講學本色耳。

警語類鈔八卷（安徽巡撫採進本）

明程達撰。達字順甫，清江人。萬曆丁丑進士，官至漳泉兵備道①。是編取先哲格言善行，分類編次。其目六十，割裂冗雜，殊無倫次。凡例云：“是編重理學，故諸儒要語獨詳。”然於仙則信淮南之上昇、王母之降漢，於釋則言滅佛之報應、談禪之超悟，均不免自亂其例也。

【彙訂】

①《江西通志》卷七四有程達本傳，云“歷浙江、貴州布政使，加太僕卿致仕”。然《浙江通志》、《貴州通志》所載布政使皆無程達。而《福建通志》卷二一載程達曾官福建按察司按察使。（胡露：《〈四庫全書總目〉子部存目補正》）

諸經品節二十卷（通行本）

明楊起元編。起元有《證學編》，已著錄。是編删纂道、釋二家之書。道家凡《陰符經》、《道德經》、《南華經》、《太元經》、《文始經》、《洞古經》、《大通經》、《定觀經》、《玉樞經》、《心印經》、《五廚經》、《護命經》、《胎息經》、《龍虎經》、《洞靈經》、《黄庭經》十六種，釋家凡《楞嚴經》、《維摩經》、《心經》、《金剛經》、《六祖壇經》、

《圓覺經》、《楞伽經》、《藥師經》、《法華經》、《無量經》、《彌陀經》、《盂蘭經》十二種。揚雄《太元》本為擬《易》，諸史皆著錄於儒家，此引之道家，殆晉人《老》、《易》歸一之旨。至《列子沖虛經》刪而不載，又不明其故矣。起元傳良知之學，遂浸淫入於二氏，已不可訓。至平生讀書為儒，登會試第一，官躋九列，所謂國之大臣，民之表也。而是書卷首乃自題曰比丘①，尤可駭怪矣。

【彙訂】

① "丘"，殿本作"邱"。

沈氏學弢十六卷（浙江巡撫採進本）

明沈堯中撰。堯中字執甫，嘉興人。萬曆庚辰進士，官至刑部尚書①。其自序曰："為綱二十有四，為目三百五十有八，皆宇宙內鴻鉅之事，非草木鳥獸之類。"然雜採舊文，無所考訂，亦無所別擇。如《日月星宿諸占》，全錄《天官書》，而不知太初之法最為疏漏；論《周官》則過信俞庭椿之説，以為《冬官》不亡②，散見五官③，而不知割裂五官，有乖經義。蓋雜駁之學也。

【彙訂】

① 《浙江通志》卷一三三《選舉十一·明進士》，萬曆八年庚辰科有沈堯中，云"嘉興人，刑部郎中"。卷一七九本傳亦未言"官至刑部尚書"。（胡露：《〈四庫全書總目〉子部存目補正》）

② "亡"，殿本作"缺"。

③ "五官"，殿本作"六官"，誤。《周禮》"冬官"之外為天官、地官、春官、夏官、秋官五官。

霞外塵談十卷（浙江巡撫採進本）

明周應治編。應治字君衡，鄞縣人，萬曆庚辰進士。楊德周序稱為觀察,不知官何省何道也。是書輯隱逸高尚之事,分霞想、鴻冥、恬尚、曠覽、幽賞、清鑒、達生、博雅、寓因①、感適十類。大抵以《世説新語》為藍本,而稍以諸書附益之。至於《雲仙散録》、師古偽杜詩註之類,影撰故實,亦皆捃拾,殊無別裁。又多不見原書,輾轉裨販。如披裘公不取遺金、王摩詰詩中有畫、《列子》鄭人蕉鹿諸條,尤割裂不成文理。至於宗慤乘風破浪、鮑生愛妾換馬,全與高隱無關,不過雜湊以盈卷帙耳。

【彙訂】

① 據明崇禎刻本此書,"寓因"當作"寄因"。

宋賢事彙二卷(浙江汪啟淑家藏本)

明李廷機撰。廷機有《漢唐宋名臣録》,已著録。是編雜採史書、説部所載宋人行事,分為四十三類。首有自序,謂"宋之世風人材,頗類今日,言論行事,往往有可用者"云云。宋、明之季,儒者如出一轍,此類亦可以觀矣。

説類六十二卷(安徽巡撫採進本)

明葉向高編,林茂槐增删。向高字進卿,號臺山,福清人。萬曆癸未進士,官至東閣大學士,諡文忠。事蹟具《明史》本傳。茂槐有《諸書字考》,已著録。是書摘唐、宋説部之文,分類編次。每類之下,各分子目,每條下悉註原書。然皆習見之典,別無新異。其上細書評語,體例尤為近俗。

避世編十四卷(兩淮鹽政採進本)

明錢一本撰。一本有《像象管見》,已著録。是編紀古來隱逸之士,自唐虞至元,分神隱、真隱、儒隱、節隱、俠隱、哲隱、達隱、高隱、別隱九類。蕪雜殊甚,疏漏尤多。如不知姓名謂之"真隱”，然所謂阮籍遇蘇門山人即是孫登，不得曰無姓名也。又顧阿瑛以晚年祝髮，入之“別隱”；褚伯秀本為黃冠，乃入之“高隱”；梁鴻無排難解紛之事，乃入之“俠隱”；林靈素詭譎羽流，亦目曰“別隱”，皆未為允協。其他亦多科配未確、簡擇未當者。一本研心經學，所著《易解》，能自成一家之言，不應此書獨乖剌如是。蓋一本以建言罷歸，姑借此以抒忘情仕宦之志，考據則非其所留意也。

廉平錄五卷（江蘇巡撫採進本）

明傅履禮、高為表同撰。履禮題長蘆鹽運司知事，為表題滄州學正，其始末均未詳也。是書採前代至明事蹟，分類編輯。凡《廉錄》三卷，曰卿相，曰館閣，曰憲臺，曰省郎，曰監司，曰守令，曰武臣；《平錄》二卷，曰畿內，曰外藩，曰郡州，曰列縣。廉者操守，平者聽斷也。每類之中，各以時代為次。萬曆戊子，長蘆巡鹽御史東莞譚耀刻之。蓋耀命二人編輯[1]，以充書帕者耳。

【彙訂】

① 殿本“蓋”下有“即”字。

焦氏類林八卷（江西巡撫採進本）

明焦竑撰。竑有《易筌》，已著錄。是編前有自序，謂：“庚辰讀書，有感葛稚川語，遇會心處輒以片紙記之。殘槀委於篋笥，李君士龍見之，乃手自整理，取《世說》篇目括之，其不盡者括以他目。譬之溝中之斷，文以青黃，則士龍之為也。”士龍為上元李登字。然則竑特偶為標出，而成此書者則登也。凡分五十有九類，皆非奇祕之文。

二十九子品彙釋評二十卷（江蘇周厚塏家藏本）

題曰"翰林三狀元會選"，前列焦竑、翁正春、朱之蕃三人名。其書雜錄諸子，毫無倫次，評語亦皆託名，謬陋不可言狀。蓋坊賈射利之本，不足以當指摘者也。

田居乙記四卷（浙江巡撫採進本）

明方大鎮撰。大鎮有《荷薪義》，已著錄。是編乃其家居讀書時所作。自序謂："遇有賞心，輒乙其處，命兒子錄之，故名《乙記》。"分四門：一曰《潛見》，分記學、記仕二子目；二曰《筌宰》，分記君、記臣二子目；三曰《伐閱》，分記操持、記作用二子目；四曰《居息》，分記家倫①、記性命二子目。所錄雖皆前人格言善事，然條綴原文，無所闡發。其出處或註或否，體例亦不畫一。

【彙訂】

① "記家倫"，底本作"記家論"，據明萬曆《寶顏堂祕笈》本此書卷四及殿本改。

省括編二十三卷（編修勵守謙家藏本）

明姚文蔚撰。文蔚有《周易旁註會通》，已著錄。是編採史傳中先機應變之蹟，自春秋至元季，彙為一書，分言、事、兵為三類。以"省括"名編，蓋取太甲"若虞機張，往省括於度則釋"之義。然兵亦事也，分類未允。閒有論斷，亦未見特識，特書生好談作用者耳。

智品十三卷（安徽巡撫採進本）

明樊玉衡撰①，於倫補葺。玉衡字元〔玄〕之，萬曆乙未進士，官崑山縣知縣。倫字惇之，萬曆辛丑進士，官至右通政。皆黃岡人。是編蒐輯古初至明代用智之事，分為七門。一曰

《神品》，察兆於未萌者也；二曰《妙品》，知幾於將至者也；三曰《能品》，救敗於已然者也；四曰《雅品》，端士之善應變者也；五曰《具品》，小才之偶見長者也；六曰《譎品》，純任術者也；七曰《盜品》，陰賊害正者也。雜隸古事，而皆不著其所出。如趙簡子欲殺孔子之事，出宋人偽《子華子》，管仲諸事出《管子·輕重》諸篇，詞皆依託，而信為實然，未免失於考證。又輔過、絺疵得列"神品"，與大禹同科，而文王、周公乃僅入"妙品"，殊為倒置。至竇良女蠟書滅賊，厥志可尚，而乃列之"盜品"中，尤乖剌矣。

【彙訂】

① 明萬曆刻本此書題"楚黃樊玉沖玄之父評品"。（王重民：《中國善本書提要》）

再廣曆子品粹十二卷（江蘇周厚堉家藏本）

舊本題明湯賓尹編。賓尹字嘉賓，宣城人。萬曆乙未進士，官南京國子監祭酒。考《明史·藝文志》及《江南通志》皆無此書名。卷前題為"百大家批評，會元湯賓尹輯，諸名筆錄註，書林余象斗梓"。前有賓尹序，稱："雙峯堂余君鋟正《曆子》行矣，爰授以《廣曆子》"云云。卷端稱《再廣曆子》①，中縫又稱《續廣曆子》，已參錯無緒。而所列二十四家子書，又多杜撰名目。如《六韜》謂之尚父子，《詩外傳》謂之韓詩子，《潛夫論》謂之王符子，《忠經》謂之馬融子，劉晝《新論》謂之孔昭子，《論衡》謂之王充子，前、後《出師表》謂之孔明子，陸贄《奏議》謂之陸宣子，《駱賓王集》謂之賓王子，殆於一字不通。賓尹雖僅工時文，原非讀書稽古之士，亦不荒謬至此，疑或託名歟？

【彙訂】

① "卷端稱"，殿本作"而卷端又稱"。

續説郛四十六卷（通行本）

明陶珽編。珽，姚安人，萬曆庚戌進士。是編增輯陶宗儀《説郛》，迄於元代，復雜鈔明人説部五百二十七種以續之，其删節一如宗儀之例。然正、嘉以上，淳朴未漓，猶頗存宋、元説部遺意。隆、萬以後，運趨末造，風氣日偷。道學侈稱卓老，務講禪宗；山人競述眉公，矯言幽尚。或清談誕放，學晉、宋而不成；或綺語浮華，沿齊、梁而加甚。著書既易，人競操觚，小品日增，卮言疊煽。求其卓然蟬蜕於流俗者，十不二三。珽乃不别而漫收之，白葦黄茅，殊為冗濫。至其失於考證，時代不明，車若水之《腳氣集》以宋人而見收，鮮于樞之《箋紙譜》以元人而闌入，又其小疵矣。

智囊二十八卷（内府藏本）

明馮夢龍編。夢龍有《春秋衡庫》，已著錄。是編取古人智術計謀之事，分為十部。亦閒係以評語，佻薄殊甚。

智囊補二十八卷（内府藏本）

明馮夢龍撰。夢龍先於天啟丙寅成《智囊》一書，以其未備，復輯此編。其初刻補遺一卷，亦散入各類。

譚概三十六卷（内府藏本）

明馮夢龍撰。是編分類彙輯古事，以供談資。然體近俳諧，無關大雅。

知非錄二卷（浙江巡撫採進本）

明黄時煒編。時煒字德韜，號我素，新都人。是書成於萬曆庚子，雜鈔諸書，分為内、外二篇。内篇之目凡六，首《立志》，次《為學》，次《存心》，次《檢身》，次《處家》，次《應世》。外篇之目凡三，曰《聞適》，曰《攝養》，曰《禪觀》。各目之中又自分子目，頗為糅雜。其内篇勦取《近思錄》、《自警編》、《讀書錄》、《白沙集》、《傳習錄》、《居業錄》、《擊壤集》等書彙合而成，端緒已多岐出，外篇則竟涉異學矣。蓋心學盛行之時，無不講三教歸一者也。

學古適用篇九十一卷（浙江巡撫採進本）[①]

明吕純如撰。純如字孟諧，一字益軒，吴江人。萬曆辛丑進士，官至兵部侍郎[②]。是編採前代至明凡前事之可為後法者，分類編次為九十一門，亦間附以論斷。前有自序，謂：“馮慕岡《經世實用》義在憲章當世，而明以前存而不論；馮琢菴《經濟類編》羅列雖多，間或不適於用；萬思默《經世要略》，其揚榷者止於就人彙事，未嘗就事求人。”兹編人意仿三書之體，而所列事蹟則以適於用者為主。然事變靡常，情勢各異，譬之古方今病，貴於臨證詳求，亦未可執以一定之法，遽謂之適於用也。

【彙訂】

① 明崇禎刻本書名作《學古適用編》，《浙江省第六次呈送書目》、《浙江採集遺書總錄》、《江蘇省第一次書目》等著錄亦同。（杜澤遜：《四庫存目標注》）

② 谷應泰編《明史紀事本末》卷七十一《魏忠賢亂政》條“（天啟元年）九月協理京營兵部尚書吕純如免”，可知其曾官兵部尚書。（胡露：《〈四庫全書總目〉子部存目補正》）

經史典奥六十七卷（浙江巡撫採進本）

明來斯行編。斯行，蕭山人。萬曆丁未進士，官至福建右布政使。是編於經取《易》、《詩》、《書》、《春秋左傳》、《禮記》、《周禮》，於史取《史記》、前、後《漢書》，各摘其字句，標題於前，而以經史原文及註詳列於後。蓋以備詞章採擇之用，不為考證設也。斯行自序云昉蹟於《漢雋》諸篇。然考林鉞《漢雋》，隨事輯類。此則不分門目，逐卷鈔撮，專採字句之可用者。蓋近司馬光《徽語》之例，非《漢雋》例也。書凡六十七卷，而序云八十六卷。豈其後有所歸併，未及追改前序歟？

宗藩訓典十二卷（江蘇周厚堉家藏本）

明馮柯撰。柯字貞白，慈谿人，以薦舉侍襄靖王書堂。是編即奉襄王令所作。取史書中諸藩封行事可為勸戒者，摘錄其略，各係以評。起秦、漢，迄金、元，得宗屬七百二十三，附與事之臣八十六，共為評一千一百三十八。萬曆壬寅，其子瑛進之王府，命工刊刻。

清寤齋欣賞編一卷（江蘇巡撫採進本）①

明王象晉撰。象晉有《羣芳譜》，已著錄。是書分六類，曰《葆生要覽》，曰《儆身懿訓》，曰《佚老成說》，曰《涉世善術》，曰《書室清供》，曰《林泉樂事》。皆摭明人說部為之，猶陳繼儒諸人之習氣也。

【彙訂】

① 明崇禎刻本書名作《清寤齋心賞編》。（杜澤遜：《四庫存目標注》）

稗史彙編一百七十五卷（浙江吳玉墀家藏本）

明王圻撰。圻有《東吳水利考》，已著錄。是書搜採說部，分類編次。為綱者二十八，為目者三百二十，所載引用書目凡八百八種，而輾轉裨販，虛列其名者居多。如《三輔決錄》、《吳錄》、《三齊略記》、《太原記》、《湘中記》、《雞林志》、《申子》、《尸子》之類。圻雖博洽，何由得見全帙？又卷首雖列書名，卷中乃皆不註出處。是直割裂說部諸編，苟盈卷帙耳。

增定玉壺冰二卷（浙江巡撫採進本）

明閔元衢編。元衢有《羅江東外紀》，已著錄。初，都穆採古來高逸之事，題曰《玉壺冰》。寧波張孺愿稍刪補之，題曰《廣玉壺冰》。元衢以為未盡，復增定此編。分《紀事》、《紀言》為二卷，仍列穆之原書，於所加者則註“增”字以別之。山人墨客，莫盛於明之末年，刺取清言，以誇高致，亦一時風尚如是也。據《浙江通志》，此二卷外尚有《補玉壺冰》一卷，亦元衢所著。此本不載，殆偶佚歟？

古今長者錄八卷（兩江總督採進本）

明黃文焴撰①。文焴字季彂，晉江人，萬曆中諸生。是編輯周、秦以迄明代忠厚長者之事，大抵皆取其一節，故人品不甚別擇。末附“別品”六則，則似薄而實厚者。其導俗之心甚善，書則不免蕪雜也。

【彙訂】

① 明天啟二年原刻本此書題“秣陵澹客丁明登蓮侶輯”，有丁明登自序。（杜澤遜：《四庫存目標注》）

洹詞記事鈔一卷附明良記四卷（江蘇巡撫採進本）

明李鶚翀編。鶚翀字如一，江陰人。《洹詞》本崔銑所著文集，鶚翀摘其論宋事及明初事蹟者六十一則為書，其不涉記事者皆不錄。續鈔三十六則，皆前所挂漏也。鶚翀自題云：“前鈔成於庚子秋,備閱七載。今春裒諸説部梓行之,發篋得前鈔,因同楊憲副二記附為一帙。"今二鈔之後惟楊儀《明良記》四卷,前有鶡翀小引,稱與《保孤》一記皆係祕本。則所謂"二記"者,乃合《保孤記》言之,而此本佚其一耳。

清賞錄十二卷(浙江鮑士恭家藏本)

明張翼、包衡同撰。翼字二星,餘杭人。衡字彥平,秀水人。二人皆久困場屋,棄去制義,因共購閱古書,採摭雋語僻事,積而成帙。一刻之秀州,一刻之武林。翼遊盤谷,又重刻焉。然多習見之詞,特劘劚成書,無裨考據。

十可篇十卷(浙江巡撫採進本)

明馬嘉松編。嘉松字曼生,平湖人。萬曆末諸生。是書摘錄子史及諸家小説,分為十篇,曰《可景》、《可味》、《可快》、《可鄙》、《可泯》、《可坦》、《可遠》、《可諧》、《可嘉》、《可册》[①]。前有陳繼儒序及自序。其《可景》、《可味》、《可嘉》三編多取古人嘉言善行以為法,餘七編多取古人醜行敗德以為戒。然徵引錯雜,絕無體例,評語尤多傷輕薄。

【彙訂】

①"可册",底本作"可删",據殿本改。明崇禎刻本此書卷十卷首、版心皆作"可册"。前有序,云:"宇宙大矣!書史夥矣!縱心思無窮,目力有限,人品不齊,破壞狼藉,盈屋充棟,非指觸如新,則塵凝如故。趙季仁謂羅景綸曰:'某平生有三願,一願識盡世間好人,二願讀盡世間好書,三願看盡世間好山水。'羅曰:'盡則安能?但身到處莫放過耳。'集《可册》。"可册者,可以編為一册也。(胡露:《〈四庫全書總目〉子部存目補正》)

舌華錄九卷（浙江巡撫採進本）

明曹臣撰。臣字蓋之，歙縣人。是書取前人問答雋語，分類編輯，凡十八門，《世說新語》之餘波也。所錄皆取面談，凡筆劄之詞不載，故曰“舌華”，取佛經“舌本蓮華”之意。上起漢、魏，下逮明人，頗為猥雜。原序亦自言“近時之事，多所潤飾”，則非盡實錄可知矣。

元壺雜俎八卷（安徽巡撫採進本）

明趙爾昌撰。爾昌字慶叔，錢塘人[1]，官宣城縣知縣。是書雜採史傳說部，鈔合成編。分《勝事》、《名言》二紀，各為四卷，大致欲仿沈括《清夜錄》、周密《澄懷錄》之體，而採掇蕪雜，或註所出，或不註所出，亦無定例，不過陳繼儒之流耳。前有萬曆辛亥筀繼良序，稱“採之古者什七，裁之今者什三”。則其隨意成書，不盡有典據可知矣。

【彙訂】

①《浙江通志》卷一百四十《選舉十八·明舉人》萬曆二十五年丁酉科有趙爾昌，云“仁和人”。仁和與錢塘皆為杭州府屬縣。（胡露：《〈四庫全書總目〉子部存目補正》）

教家類纂八卷（編修勵守謙家藏本）

明薛夢李編。夢李字近泉，嘉興人。是書成於萬曆壬子。摭取前人家訓及勸善諸書薈萃成編，附以議論。分四門，首《圖說》，次《敦倫》，次《治家》，次《省身》。其言淺近，蓋專為愚蒙而說[1]。圖說捃拾湊合，深者為心學諸圖，非常人所解；俚者至於繪畫故事，係之以說，如云“這一箇門內站的人是某朝某人”云云，又失之太鄙。亦殊蕪雜不倫也。

【彙訂】

①“説”,殿本作“設”。

益智編四十一卷（浙江巡撫採進本）

明孫能傳撰。能傳有《謚法纂》,已著錄。是書成於萬曆甲寅①,凡分十有二類,曰帝王,曰宮掖,曰政事,曰職官,曰財賦,曰兵戎,曰刑獄,曰説詞,曰人事,曰邊塞,曰工作,曰雜事。每類各為子目,凡七十有四,俱雜採古來設奇應變之事,閒附評語。其凡例有曰：“期於盡事而止,不復註所出書。”又曰：“所採事多斷章取義,其始末應述,不及致詳。”又曰：“是編雅俗並收,事多踳駁,但取益人意智,真贋勿問之矣。”云云。是其書之不足據,能傳已自言之矣。

【彙訂】

① 明萬曆孫能正刻本鄔鳴雷萬曆甲寅（1614）序後有《刻〈益智篇〉小引》,云：“余仲水衡氏之手是編也……無何天奪予仲,遺此一編。”末署“萬曆癸丑長夏,四明孫能正書於臨溪澤宮之文昌樓”。則萬曆癸丑（1613）孫能傳已卒,此書之草成必早於此。（胡露：《〈四庫全書總目〉子部存目補正》）

法教佩珠二卷（山西巡撫採進本）

明林有麟撰。有麟有《青蓮舫琴雅》,已著錄。是書成於萬曆甲寅,雜採儒先格言及二氏因果之語。前有許樂善序,稱其“擷菁華於三教,漱芳潤於百家”。則固明言其雜以釋道,非純然儒者之書矣。

經世環應編八卷（內府藏本）

明錢繼登撰。繼登字爾先,又字龍門,嘉善人。萬曆丙辰進士,官至僉都御史。是書所採皆史籍權變之術,亦《省括編》之流也。

愧林漫錄十卷(浙江巡撫採進本)

明瞿式耜撰。式耜字起田,常熟人。萬曆丙辰進士,官至右僉都御史,巡撫廣西。晉文淵閣大學士,兼兵部尚書。大兵下廣西,抗節死之。事蹟具《明史》本傳。乾隆四十一年賜諡忠節。是編成於崇禎丙子。雜鈔諸儒之言,分為《學問》、《居心》、《規家》、《酬世》、《在位》、《積德》、《讀書》、《究竟》、《攝生》、《依隱》十篇。儒、墨兼陳,蓋林居時錄以自警。大旨歸於為善而已,非辯別學術之書也。

掌錄無卷數(安徽巡撫採進本)

舊本題繡雲居士撰,不著姓名時代。其鈔書格紙邊頁刊"繡雲居"字①,蓋猶其手槀。卷首小序之末有私印曰"李輅",而卷中"天台陳剛中"一條下有自註,亦稱"輅少失怙恃",則李輅所作。又上闌有一條云:"吾邑顧升伯入丁未會場,特落一人名而登所善門生李光元。"考文秉《定陵註略》載萬曆丁未,湯賓尹為同考官,有陰毀申時行子砵卷,而改中江西李光元事,非顧升伯,所記為誤。然可知輅為萬曆以後人也。其書雜鈔說部②,漫無體例,多取之於《說郛》③,亦無異聞。其曰《掌錄》,意其取《拾遺記》蘇秦、張儀錄書掌中事也④。

【彙訂】

①"繡雲居字",底本作"繡雲居士",據殿本改。

②"說部",殿本作"故實"。

③"說郛",殿本作"說部"。據清嘉慶二十年福申鈔本,此書內容確有不少與《說郛》雷同。

④"錄書掌中",殿本無。

檢蠹隨筆三十卷(兩江總督採進本)

明楊宗吾撰。宗吾字伯相,成都人,官錦衣衛指揮。大學士廷和之曾孫,修撰慎之孫也。是書為類二十有四,採掇瑣碎,分條編載,體近類書,而當時邸報及其祖父遺事亦閒附焉。又有數條乃駁陳耀文《正楊》之非及陳建《通紀》載楊廷和事之誤。又《麗句》、《瑣語》二門,專取詩文詞藻,與全書體例皆不相類,殊為猥雜。自序稱:"不問人之棄取,惟意是採。今古駁雜,積成數卷。"蓋亦道其實也。

厚語四卷(浙江巡撫採進本)

明錢裒撰。裒字懋登,海鹽人。萬曆中由貢生官於潛縣訓導。是編皆錄長厚之事可為世法者,故曰《厚語》。分十六類,皆以明人居前,而古事以類列於後。其凡例謂"耳目所逮,尤易信從"云。

偶得紺珠一卷(內府藏本)

明黃秉石撰。秉石字復子,江寧人。萬曆中以薦為推官,官至嚴州府同知。是編雜採諸書,餖飣少緒,又多不註出典。蓋隨手筆記,未有詮次體例也。

培塿居雜錄四卷(浙江巡撫採進本)

明鄭端允編。端允字思孟,海鹽人,鄭曉之曾孫也。是書雜採諸書勸戒之言,至《太上感應篇》亦所不遺。雖意主訓誨①,而其言不盡出於儒者,蓋雜家流也。

【彙訂】

①"訓誨",殿本作"誨訓"。

廣百川學海無卷數（兩江總督採進本）

舊本題明馮可賓編。可賓，益都人，天啟壬戌進士。是編於正、續《百川學海》之外，捃拾説部以廣之，分為十集，以十干標目。然核其所載，皆正、續《説郛》所有，版亦相同。蓋姦巧書賈於《説郛》印版中抽取此一百三十種，別刊序文目錄，改題此名，託言出於可賓也。

湘煙錄十六卷（浙江吳玉墀家藏本）

明閔元京、凌義渠同編。元京字子京，烏程人，義渠之舅也。未詳其所終。義渠字駿甫，此書亦題為烏程人，而《太學題名碑》作歸安人，蓋二縣同為湖州倚郭也。天啟乙丑進士，官至大理寺卿。崇禎甲申殉國難，世祖章皇帝賜諡忠介。事蹟具《明史》本傳。其人自足不朽，而其書乃不出明末山人之習。所分咠聞、清檢、蘭訊、鼎書、奩史、談咽、金釜補、革志、諸目、偏記十門[①]，標名詭異，大致欲仿段成式《酉陽雜俎》。其雜採新事，各註所出之書，則欲仿馮贄《雲仙雜記》，意在標舉幽異，而不免於剽竊類書。如杜甫“舊雨”、“今雨”之語見於本集，原非僻書，而註曰《六帖》。不知白居易《六帖》無唐事，有唐事者乃宋孔傳《續六帖》。是既已疏漏，且復舛誤。又卷首參訂姓名列董斯張為第二，而書中多引《廣博物志》，即斯張所纂類書。既非其所自撰，何不出斯張所著書名乎？捃拾無根，斯亦顯證矣。

【彙訂】

①“偏”，殿本脱，參明天啟刻本此書。

雲薖淡墨六卷（浙江吳玉墀家藏本）

明木增撰。增字生白，雲南麗江土司，世襲土知府。以助餉征蠻功，晉秩左布政使。年甫三十，即謝職。天啟五年，特給誥命，以旌其忠。增好讀書，多與文士往還。是書蓋其隨筆摘鈔之本，大抵直錄諸書原文，無所闡發。又多參以釋典、《道藏》之語，未免糅雜失倫。特以其出自蠻陬，故當時頗傳之云。

子史碎語二十四卷（浙江巡撫採進本）

明胡尚洪編。尚洪字叔開，宣城人。是編成於天啟丙寅，《明史‧藝文志》著錄。然皆採摭諸書，餖飣而成。分造化、人事、君道、臣術四門，又分子目三百八十有三，煩碎冗雜，無復條理。《三墳》、《天祿閣外史》、《心書》之類，皆偽妄顯然者，亦皆採錄。至如割裂郭象《莊子註》，謂之“郭子”，亦自我作古，前此未聞也。

諸子拔萃八卷（內府藏本）

明李雲翔編。雲翔字為霖，江都人。是書成於天啟丁卯，取坊本《諸子彙函》割裂其文，分為二十六類。其杜撰諸子名目，則一仍其舊。古今荒誕鄙陋之書，至《諸子彙函》而極，此書又為之重儓。天下之大，亦何事靡有也。

倘湖樵書十二卷（安徽巡撫採進本）

明來集之撰。集之有《讀易隅通》，已著錄。是書初編六卷，二編六卷，皆採摭唐、宋、元、明諸家之說，以類相從，排纂其文，而總括立一標目。或雜引古書而論之，或先立論而以古書證之，徵摭繁富，頗有考證之處。而細大不捐，蕪雜特甚，亦多有迂僻可笑者。如《論經篇》中引《名賢錄》所載宋章樵遇李全之亂，率諸生盛服坐堂上講誦，寇至斂刃而退事。又引《宋濂集》所紀宋鄭霖講《中庸》一篇，使寇退不敢攻城事。以為讀經之效，勝於修齋。其他引讀經却鬼治病事，不一而足。然則以孔門聖籍為二氏之符籙經懺矣。

博學彙書十二卷（内府藏本）

明來集之撰。凡讀書所得，隨筆記錄，不分門目，惟以類相從，鱗次櫛比，俾可互證。視他書叢雜無次者，較為過之。然所採多小説家言，如《拾遺》、《洞冥》諸記，是豈足取以為據乎？

堯山堂外紀一百卷（浙江鮑士恭家藏本）

明蔣一葵撰。一葵字仲舒，常州人。“堯山”其讀書堂名也。是書取記傳所載軼聞瑣事，擇其稍僻者，輯為一編。上起古初，下迄明代，每代俱以人名標目。雅俗並陳，真偽並列，殊乏簡汰之功。至以明諸帝分編入各卷之中，尤非體例矣。

家規輯要無卷數（江西巡撫採進本）

明胡爌撰。爌有《拾遺錄》，已著錄①。是書仿温公《家範》、呂氏《鄉約》之意，採輯舊文，排纂成編。大概為中人以下設也。

【彙訂】

①《總目》卷一一九著錄胡爌撰《拾遺錄》，未述胡爌身世。（楊武泉：《四庫全書總目辨誤》）

筆記二卷（浙江孫仰曾家藏本）

明陳繼儒撰。繼儒有《邵康節外紀》，已著錄①。此書取雜事碎語，鈔錄成帙，略無倫次。惟所載陸完跋顏書《朱巨川告身》一篇，為《鐵網珊瑚》、《清河書畫舫》諸書所未收，亦可以備參考。然已載所著《見聞錄》中，此亦複出也。

【彙訂】

① 依《總目》體例，當作“繼儒有《建文史待》，已著錄”。

讀書十六觀一卷（浙江孫仰曾家藏本）

明陳繼儒撰。採古人成語，自呂獻可以下凡十六條，聯綴成編，以為讀書之法。命名之義，蓋擬浮屠氏之《十六觀經》也。後有跋云“寫前觀畢，夢有老人自稱斫輪翁”云云。雖本寓言，究涉荒渺。此編嘗刻入《祕笈》中，與《書畫史》誤合為一，今析出別著於錄焉。

羣碎錄一卷（內府藏本）

明陳繼儒撰。其書隨筆紀錄，不暇考辨，故以“羣碎”為名。前有自跋，謂“讀書者一字一語不忍棄之”。然不應瑣雜如是也。

珍珠船四卷（內府藏本）

明陳繼儒撰。是書雜採小說家言，湊集成編，而不著所出①。既病冗蕪，亦有譌舛。蓋明人好剽襲前人之書而割裂之，以掩其面目。萬曆以後，往往皆然，繼儒其尤著者也②。

【彙訂】

① 檢其所取諸書注出處者約占一半。（寧稼雨：《中國文言小說總目提要》）

②“繼儒其尤著者”，殿本無。

銷夏四卷（內府藏本）

明陳繼儒撰。其書雜錄清勝之事，取其可以銷夏，如“冰荷玉帳”見於諸小說家者，靡不採錄。纖仄瑣碎，亦可謂徒費心力矣①。

【彙訂】

① "心力"，殿本作"日力"。

辟寒四卷（內府藏本）

明陳繼儒撰。繼儒既作《銷夏》四卷，又成此書，義例與《銷夏》相類。如"狨座"、"蹲鴟"之類，皆泛載之，尤為拉雜。

古今韻史十二卷（副都御史黃登賢家藏本）

明陳繼儒撰。是書摭拾諸書雋語，分類編次。凡《韻人》二卷，《韻事》二卷，《韻語》三卷，《韻詩》二卷，《韻詞》二卷，《韻物》一卷。皆以古事與明人事參錄，亦《世說新語》之支流，而纖佻彌甚。

福壽全書無卷數（內府藏本）

明陳繼儒撰。皆錄前賢格言遺事，自"惜福"以至"好還"，凡分二十類。多以因果為說，蓋意在懲惡勸善。而徵引糅雜，遂近於小說家言。

廣銷夏一卷廣辟寒一卷銷夏補一卷辟寒補一卷銷夏再一卷辟寒再一卷寒夏合再一卷（編修勵守謙家藏本）

明周詩雅撰。詩雅有《南北史鈔》，已著錄。是編本陳繼儒《銷夏》、《辟寒》二書，更著此以推衍之。編拾叢雜，較之繼儒原書，風更下矣。

可如六卷（浙江巡撫採進本）

明董德鏞撰。德鏞字孔昭，鄞縣人。其書取禽獸魚蟲之事，合於忠孝節義者，分類摘錄，共六十三門。每門又各為標目，皆冠以"可如"二字，如云可如鴨、可如鵝之類，頗為近俚。自序謂：

"諸書所載，散見而不聚，隱而義未顯，故特表以出之。其名禽獸魚蟲，其事則人也。"其曰"可如"者，蓋心存乎勸戒也。逐條之下，附以評語。大抵憤世嫉俗之詞，有所激而然也。昔開封阮漢聞嫉明末將帥之怯懦，因輯古來婦人行兵制勝之事，編為二卷，題曰《女雲臺》，以深愧之。德鏞此編，其用意與之相類。蓋明之末造，人心世道無不極敝，故士大夫發憤著書，往往如是云。

枕函小史 無卷數（内府藏本）

明閔于忱編。于忱始末未詳。是編凡分二種，一曰《譚史》，採蘇、米《志林》議論，二曰《癖史》，雜記古人癖事，各加評點。總不出明季佻纖之習。

擣堅錄二十四卷（兩淮鹽政採進本）

明朱廷旦撰。廷旦字爾兼，一號旋菴子，嘉善人，天啟中貢生。是書分一百類，每類各為小序，陳勸戒之旨，而徵引故實列於後，其末又綴以評論。其凡例謂："主於破疑埽疾，故刺惡之條溢於獎善。"稱"擣堅"者，謂如病之刺其堅也。所言多主禍福，蓋欲世俗易省耳。

萃古名言四卷（浙江巡撫採進本）

明趙民獻編。民獻，雲南人。其書刻於崇禎初年。康熙中交河王瑄官迤西道時，得之於其子孫，已殘闕失次，瑄復增損其文。後任湖廣學政時，以授胡之太刊之。瑄任滿攜版北歸，楚士子復為重刻。故是書有南、北二本，此即南本也。其書舉先儒嘉言懿行分類編輯，凡四十六門，多不載所出。其凡例云或趙氏所自言，或他書所常見，故不復細加分別，然體例殊不盡一。各門之後，之太又添綴評語，尤為蛇足。瑄字昭玉，交河人。康熙癸丑進士，官湖廣提學副使。此本皆題王瑄，蓋傳刻之誤。之太字聽巖，黃州人，其仕履未詳。

昨非齋日纂二十卷（江蘇巡撫採進本）

明鄭瑄撰①。瑄字漢奉，閩縣人。崇禎辛未進士②，官至應天巡撫。此書皆記古人格言懿行，區為二十類，每類各為小引。然議論佻淺，徵引亦多雜糅。“冥果”一類，皆出小說家言③，尤不可為典要④。

【彙訂】

① 此書與《總目》本卷著錄之《福壽全書》內容完全相同，《福壽全書》之書版乃剜改《昨非菴日纂》原版而成。（王重民、屈萬里：《普林斯頓大學葛思德東方圖書館中文善本書志》；王次澄：《〈四庫全書總目提要〉正補二十五則》）

②《福建通志》卷三十六《選舉四·明進士》，崇禎四年辛未陳於泰榜有鄭瑄，然為侯官人。《浙江通志》卷一一九“嘉興知府”亦云：“字鴻逵，侯官人。”（胡露：《〈四庫全書總目〉子部存目補正》）

③ 殿本“言”下有“往往荒誕不足信”一句。

④ 殿本“要”下有“也”字。

迪吉錄九卷（內府藏本）①

明顏茂猷撰。茂猷字壯其，又字仰子，平湖人。崇禎甲戌特賜進士②。是編分《官鑑》、《公鑑》二門，皆雜錄諸書因果之事。

【彙訂】

① 明崇禎刻本為八卷首一卷，依“一心普度兆世太平”分卷。（王重民：《中國善本書提要》）

② 檢光緒《平湖縣志》並無此人。康熙《平和縣志》卷八《選舉上》，崇禎七年甲戌科劉理順榜有進士顏茂猷。注云：“五經，欽取禮部主事。”雍正《福建通志》卷三六《選舉志·進士篇》所載同。康熙《平和縣志》卷八《舉人欄》天啟四年甲子榜有“顏茂猷，龍溪籍，甲戌進士”。乾隆《龍溪縣志》卷一三《選舉志·進士欄》，有崇禎七年甲戌“顏茂猷，特旨五經中式”。又同書同卷天啟四年甲子舉人榜：“顏茂猷，平和學甲戌進士。”可知顏茂猷為龍溪籍，在平和就試，故為平和人。（楊武泉：《四庫全書總目辨誤》）

明百家小説一百九卷（浙江巡撫採進本）

舊本題明沈廷松編。廷松號石閭，未詳其爵里。前有自序，題“甲戌小寒日”，當為崇禎七年。而其書乃全與國朝陶珽《續説郛》同①，蓋坊賈以不全《説郛》偽鐫序目售欺也②。

【彙訂】

① “國朝”，殿本無。

② 此書原名《皇明百家小説》，其編印顯在明亡之前。（程毅中：《〈五朝小説〉與〈説郛〉》）

讀書止觀錄五卷（浙江巡撫採進本）

明吳應箕撰。應箕字次尾，貴池人。崇禎壬午副榜貢生。順治元年大兵破南京，殉節死。事蹟附見《明史·邱祖德傳》。明末稱“復社五秀才”，應箕為首。其克全晚節，尤不愧完人。然是書乃襲陳繼儒《讀書十六觀》之餘緒，推而衍之，雜引古人論讀書作文之語，而稍以己意為論斷。語意儇佻，頗類明末山人之派。又每條之末必終以“讀書者當觀此”六字，五卷皆然。蓋仿

《十六觀》中"讀書者當作是觀"之例，尤病於效顰。

韋弦自佩錄十二卷（浙江巡撫採進本）

明朱輔撰。輔號杲菴，建德人，官至簡州知州。此書取唐、宋以來議論事實可為法戒者，分類摘載，分十二門。頗雜以禪門，宗旨未為精粹。嘗再刻於壺關。及桂林兵燹，散佚。康熙四十一年，其子雯重刻於江寧。前有王士禎序，稱倣白、孔《六帖》而作。然《六帖》乃類書，無所不備，此祇錄前言往行，實趙善璙《自警編》之流，士禎所言非也。

廣仁品二集無卷數（副都御史黃登賢家藏本）

明李長科編。長科字小有，揚州興化人①。此書闡明佛家戒殺之說，皆雜舉故實以明因果。題曰《二集》，當尚有初集。今未之見。

【彙訂】

①《江蘇藝文志·揚州卷》云："改名盤。字根大，號小有，又號廣仁居士。清興化人。"《總目》卷一百著錄有《殘本金湯十二籌》八卷，云："明李盤撰。盤字小有，揚州人。"實即一人。（胡露：《〈四庫全書總目〉子部存目補正》）

今古鈞元〔玄〕四十卷（山東巡撫採進本）

明諸茂卿撰。茂卿字子茂，諸城人。是編所取，大都小說為多，雜糅不倫，又不分門類，引證亦往往疏舛。如第二十一卷"吞舟之魚"一條，云出劉向《談叢》，向無是書也。

山樵暇語十卷（浙江范懋柱家天一閣藏本）

明俞弁撰。弁始末未詳。是書雜錄古今瑣事及詞章典故，閒加考據，亦有全錄舊文者。蓋偶隨所得而錄之，故編次皆無倫序，亦多疏舛。如稱唐韋莊上書浙帥之類，不一而足①。

【彙訂】

① 韋莊《浣花集》卷四有《觀浙西相府畋遊》詩，同卷又有《宮莊》詩，自注："江南富民，悉以犯酒没家產，因以此詩諷之，浙帥遂改酒法，不入財產。"其《秦婦吟》末云："願君舉棹東復東，咏此長歌獻相公。"相公即指浙帥。浙帥者，鎮海軍節度使同平章事周寶也。寶和裕，喜接士，見《新唐書》本傳。韋莊趨附周寶，上書此浙帥必有之，不得謂稱韋莊有此事為"疏舛"。（楊武泉：《四庫全書總目辨誤》）

楊氏塾訓六卷（江蘇巡撫採進本）

明楊兆坊撰。兆坊字思説，杭州人。其書分門編次，自居家至交友、服官，每類各引經史成語以為法式，蓋家塾童蒙之訓。然較《少儀外傳》諸書，不及遠矣。

著疑錄九卷（江西巡撫採進本）

明戴有孚撰。有孚字聖山，永新人。是書分十六門，皆鈔撮諸書而成，體例頗為叢脞。如第一門曰儒，次之以藝文①，又次以士，次以老佛仙術。儒即士也，乃分而為二。又七卷父子祖孫為一門，附以奴僕，君臣、夫婦、兄弟乃皆不及。其中舛謬不可殫述。所隸之事與門目不相應者，十之五六，更不解其何説也。

【彙訂】

① "藝文"，殿本作"文藝"，誤，參明嘉靖刻本此書。

布粟集八卷（浙江范懋柱家天一閣藏本）

不著撰人名氏。但自題曰布粟子，又自題其號曰鳳臺，不知何許人也。其書採《管子》至《郁離子》，凡八十餘家，各摘數語。自序稱："雖不足於連篇大觀，然終身玩之，愈覺有餘味，故曰《布粟》。"然詮次殊無意義，蓋欲仿馬總《意林》而不及其去取之精也。

九朝談纂無卷數（浙江范懋柱家天一閣藏本）

不著撰人名氏。輯明太祖至武宗九朝說部雜事，共為一書。分太祖為三册，成祖以下為七册。前列所採書目凡五十餘種，而卷內所輯書名尚有在所列之外者，蓋江少虞《事實類苑》之類。然採摭未備，去取亦未精也。

觀生手鏡一卷（浙江巡撫採進本）

舊本題蘋川布衣編，不著名氏。書中摘載古事，每事綴以評語，所徵引至明代而止。其持論不甚謬，而詞氣儇薄，皆明末山人之習，必萬曆以後人作也。

枕中祕無卷數（浙江汪啟淑家藏本）

明衛泳編。泳字永叔，蘇州人。王晫《今世說》曰："吳門之有永叔兄弟，猶建安之有二丁，平原之有二陸，時人號稱雙珠。"其弟著作今未見。是編仿馬總《意林》之體，採掇明人雜說凡二十五種。曰閒賞，曰二六時令，曰國士譜，曰書憲，曰讀書觀，曰護書，曰悅容編，曰勝境，曰園史，曰瓶史，曰盆史，曰茶寮記，曰酒緣，曰香禪，曰棋經，曰詩訣，曰書譜，曰繪鈔，曰琴論，曰曲調，曰拇陣，曰俗砭，曰清供，曰食譜，曰儒禪，皆隆、萬以來纖巧輕佻之詞。前列凡例二十五則，題曰《致語》。考宋代教坊乃有致語，而泳取以自名，尤可異之甚矣。

百子金丹十卷（内府藏本）

明郭偉編。偉字士俊，泉州人。其書分文編、武編、内編、外編、奇編、正編六門。所採上自周、秦，下迄明代，詭立名號，不可究詰。如曹植《七啟》設為鏡機子問答，即割其一段，題曰“鏡機子”。其大略可知矣。

諸子褒異十六卷（江蘇周厚堉家藏本）

明汪定國編。定國字蒼舒，海寧人。是書採錄諸子，俱取其文字之奧僻者，於佛氏為尤多，而邵子、張子、蔡季通諸儒之説，亦一概摘入，純駁互見，頗為糅雜。且所標書名，大半今世所未見，率以意為之，尤明季錮習也。

子部四十三

雜家類存目十

豐暇觀頤四卷（安徽巡撫採進本）

不著撰人名氏。有序三首，一稱懶散道人，一稱見廬主人，一稱醉醒逸叟，而卷首復題“醉醒逸叟偶閱”字。詳其詞氣，當是一人。一題己丑，一題辛卯，一題癸巳，皆不著年號。中引湯賓尹《睡菴集》。考《睡菴集》序題萬曆庚戌，則此書在是集之後。己丑為順治六年，辛卯為順治八年，癸巳為順治十一年，是國朝人矣①。其曰“豐暇”，蓋取謝靈運詩“卧疾豐暇豫”之意。皆雜引文集、說部，不分門目。多放曠之言，出入於佛、老之閒。至於元帝垂訓之類亦登簡牘，孰聞之而孰錄之乎？

【彙訂】

① 清初刻本前第二敍末署“辛卯初冬八日，息廬主人新有喪耦之戚，筆於鳳里閣中”。“見廬主人”誤。又順治十一年為甲午，癸巳為順治十年。（胡露：《〈四庫全書總目〉子部存目補正》）

懿行編八卷（浙江巡撫採進本）

國朝李瀅撰。瀅字鏡石，揚州興化人①。其書取諸史中嘉言懿行可為法程者，分類標題。紀事之後，閒為論斷。遠自上古，近至明代，凡二十九門。每條皆載所採書名，而於前人論斷亦節取其一二焉②。

【彙訂】

① 李桓《國朝耆獻類徵初稿》卷四二三載吳德旋《聞見錄·李沛傳》云：“李平子名沛，興化人……與從弟艾山、鏡月，並以能詩名……鏡月名澂，順治乙酉舉人……著《敦好堂詩文集》三十卷……又博採古聖君賢臣懿士淑嬡之事，附以論斷，為《懿行編》八卷。”嘉慶重修《揚州府志》卷五一《人物志·文苑·李澂傳》亦云：“字鏡月，興化人，移居高郵。順治二年舉人……著有《敦好堂詩文集》三十卷、《懿行編》八卷……”咸豐《興化縣志》卷八《文苑傳》引“舊志”亦云：“李澂，字鏡月，年十五補諸生……順治二年舉於鄉。”皆言李澂字鏡月。（楊武泉：《四庫全書總目辨誤》）

② “其一二焉”，殿本作“一二”。

無事編二卷（兩淮鹽政採進本）

國朝項真撰。真字不損，秀水人。前明諸生，入國朝官景陵縣知縣。是書摭拾成文，漫無風旨。雜引故實，皆仍其原文，今古不辨。甚至以喬知之為晉人，疏陋可知矣。

葉書一卷（安徽巡撫採進本）

國朝黃生撰。生有《字詁》，已著錄。是編皆錄載籍中新雋字句，然所採多不倫，蓋亦從類書摘鈔，以備文字之用，非以是為著述也。

倫史五十卷（直隸總督採進本）

國朝成克鞏撰。克鞏字清壇，大名人。前明崇禎癸未進士，

國朝補選庶吉士，官至保和殿大學士。是編以五倫分五門，各有
子目。君臣為數四十五，父子為數二十二，夫婦為數十一，兄弟
為數十六，朋友為數三十三。考克鞏休致在康熙三年，此書成於
康熙十六年。蓋晚歲田居，借編摩以送老。採摭蕪雜，固非所
計也。

多識集十二卷（直隸總督採進本）

國朝魏裔介編。裔介有《孝經註義》，已著錄。是書凡八種，
一曰《快書祕錄》，二曰《廣快祕錄》，三曰《明百家説》，皆雜錄前
人之説。四曰《耕餘雜語》，為寧陽張攀龍撰。五曰《譚韻新書》，
摘王元禎《湖海搜奇》等書而成者。六曰《遺詩碎金》，則皆詩話
也。七曰《三國問答》，為陳繼儒撰。八曰《梨雲尺牘》，為袁宏道
撰。皆取各家原本節錄之，不足以言著書也。

雅説集十九卷（直隸總督採進本）

國朝魏裔介編。是書採雜記小品凡十九種：一曰《劄記内
外篇》，二曰《閒居擇言》，三曰《小心齋劄記》，四曰《南牖日箋》，
五曰《忠節語錄》，六曰《歲寒居答問》，七曰《大中》，八曰《述古自
警》，九曰《居學錄》，十曰《庸言》，十一曰《好善編》、《身世言》，十
二曰《荆園小語》，十三曰《野語》，十四曰《知至編》，十五曰《芝在
堂語》，十六曰《管言》，十七曰《剩言》，十八曰《中語》，十九曰《退
居瑣言》。皆明季及國初人作，亦裔介隨意摘錄，刻為一集。

佳言玉屑一卷（直隸總督採進本）

國朝魏裔介編。其體例與《多識集》、《雅説集》相同。所採
凡陳繼儒《讀書十六觀》十六條，《安得長者言》四十二條，《巖栖
幽事》二十九條，徐太室《歸有園麈談》十一條，屠隆《娑羅館清

言》四十六條，皆取之眉公《祕笈》中也。

　　牛戒續鈔三卷（直隸總督採進本）

　　國朝魏裔介撰。裔介因世祖章皇帝刊印《牛戒彙鈔》，乃哀集諸書所載有關於牛戒者，列為三篇。自序謂"發明《彙鈔》之本旨，而推廣皇上好生之德"云。

　　希賢錄十卷（直隸總督採進本）

　　國朝魏裔介編。分為學、敦倫、致治、教家、涉世五門，每門又各分子目，以嘉言善行分註，乃康熙辛酉裔介致仕後所作。其嘉言多採諸家語錄，善行則兼採雜說，不甚簡汰云。

　　資塵新聞七卷（直隸總督採進本）

　　舊本題國朝魏裔介撰。其書亦鈔撮雜說而成。卷一曰《鬼神類》，皆記幽冥因果，還魂託生之事。遇仙佛名號，必跳行出格書之，已決非裔介所為。至附冒襄《鑴經靈驗》四則，其中"先大夫"字乃襄自稱其父，亦空一字書之，裔介亦未必如此之憒憒。卷二曰《陰陽類》，皆方術家言，云出《神樞經》、《洞元〔玄〕經》、《人元〔玄〕祕樞經》，次以楊光先《陽宅闢謬》，次以《星野》諸圖。卷三曰《詞賦類》，皆鈔錄優伶戲文小曲。卷四曰《韻學類》，全鈔顧炎武《唐宋韻譜》舊文。卷五無門目，其子目一曰《南中遺事》，記福王時軼聞。所記黃道周用兵必繫其兩手以防肆掠，殆非事實。一曰《都門三子傳》，乃王崇簡作。卷六曰《盜賊類》，記李自成始末，頗稱楊嗣昌之功，而以蔡懋德與李建泰同稱，皆斥為庸鄙，亦非公論。卷七曰《方域類》，前為琉球圖，後全錄張學禮《使琉球記》。全書皆體例猥雜，謬陋百出，與裔介他書如出二手。又裔介以講學為事，而此書推尊二氏如恐不及，亦與其生平言行如出兩人。疑或妄人所託名歟？

　　嗜退菴語存十卷（浙江巡撫採進本）

　　國朝嚴有穀撰。有穀字既方，歸安人。是書為其子我斯所刊。稱其"晚年結菴城東隅，顏曰嗜退。網羅古名儒碩輔嘉言懿行及陰陽圖緯、兵農禮樂、百家眾流之書，採綜研究，成一家言，用以娛老。名曰《語存》，析為內、外編。外篇卷帙稍多，故先梓內篇以問世"。其書凡分三十類，分隸古事，閒附論斷。蓋亦格言之類。我斯所謂"陰陽圖緯、兵農禮樂"者，則未覯焉，豈皆在外編乎？

　　勝飲編一卷（編修程晉芳家藏本）

　　國朝郎廷極撰。廷極有《文廟從祀先賢先儒考》，已著錄。是書雜採經史中以酒為喻之語，彙輯成編。自序謂不飲而勝於飲，故名之曰"勝飲"。然所錄僅數十條，簡略太甚。如引祭酒、挈壺氏之類，亦多牽率。

　　經世名言十二卷（江蘇巡撫採進本）

　　國朝蘇宏〔弘〕祖撰。宏祖字光啟，湯陰人。順治丙戌進士，官知縣①。是編多採宋人格言及明人語錄，分志學、明倫、修己、窒欲、慎言、待人、涉世、治家、訓後、治道、當官、用人十二類。其曰《經世名言》者，自序謂"關乎身心之學，所謂名言；裨乎出處之微，所謂經世"云。

　　【彙訂】

　　①《河南通志》卷四十五《選舉二》順治丙戌科傅以漸榜有蘇弘祖，云："湯陰人，知縣。"然清順治十六年刻本此集前有自序，末署"順治己亥孟冬襄平蘇弘祖光啟氏題"。《總目》卷五〇

著錄有《尚史》，云："卷首自署曰襄平。考襄平為漢遼東郡治，今為盛京遼陽州地。"則此蘇弘祖非湯陰人。《清史稿》卷二四〇《列傳第二七》有其傳，云："蘇宏祖，漢軍正紅旗人，初籍遼陽。崇德三年，以舉人授戶部啟心郎。賜朝衣一襲，免丁四。八年，考滿，授世職牛錄章京。順治初，授河南河北道。累遷陝西布政使……十五年，授南贛巡撫……"《欽定盛京通志》卷七十八、《欽定八旗通志》卷二百、《江西通志》卷五十八、《福建通志》卷三十亦有其傳。(胡露：《〈四庫全書總目〉子部存目補正》)

寄園寄所寄十二卷(江西巡撫採進本)

國朝趙吉士撰。吉士有《續表忠記》，已著錄。是編採掇諸家說部，分十二門。曰《囊底寄》，皆智數事也；曰《鏡中寄》，皆忠孝節義事也；曰《倚杖寄》，述山川名勝也；曰《撚鬚寄》，詩話也；曰《滅燭寄》，談神怪也；曰《焚麈寄》，格言也；曰《獺祭寄》，雜錄故實也；曰《豕渡寄》，考訂謬誤也；曰《裂眥寄》，記明末寇亂及殉寇諸人也；曰《驅睡寄》，遺事之可為談助者也；曰《泛葉寄》，皆徽州佚聞也；曰《插菊寄》，皆諧謔事也，所載古事十之二三，明季事十之七八。採掇頗富而雅俗並陳，真偽互見，第成為小說家言而已。

擇執錄十二卷(直隸總督採進本)

國朝王家啟撰。家啟字誠菴，蔚縣人。順治辛卯舉人，官廣東新會縣知縣。是書雜採嘉言善事，分三十四門。蓋鄉閭勸善之書，趙善璙《自警編》之類也。以"擇執"為名，過其實矣。

壽世祕典十八卷(兩江總督採進本)

國朝丁其譽撰。其譽字蜚公，如皋人。順治乙未進士，官行人司行人。是書專為養生而作，凡分十二門：曰月覽，曰調攝，曰類物,曰集方,曰嗣育,曰種德,曰訓紀,曰法鑒,曰佚考,曰典略,曰清賞,曰瑣綴。所引各條,俱各註書名於其下,大抵撮《月令廣義》《玉燭寶典》諸書為之。其法鑒、典略二門有錄無書,註云"嗣刻",則未成之本也。

同歸集十六卷（內府藏本）

國朝吳調元撰。調元字雨蒼,石城人[1]。據卷首胡世安序,蓋嘗以舉人官教諭者也。是書成於順治丁酉,雜採前古至明末國初故實,分孝順、忠愛、孝行、世德、義門、女範、放生、佛果八門。每條附以論斷,大旨主因果之説。故其自序稱"願以是集告天下之讀孔、孟書而存菩提心者"云。

【彙訂】

[1] 此書卷首題"石城吳調元",《總目》或即以之著錄。《江南通志》卷一百三十一《選舉志·舉人七》順治二年丙戌科有吳調元,云上元人。上元即今南京,所謂石頭城也。（胡露:《〈四庫全書總目〉子部存目補正》）

聞鐘集無卷數（浙江巡撫採進本）

國朝勞大輿撰。大輿有《甌江逸志》,已著錄[1]。是編分為五集,每集前俱有自序,後附其子嵥跋。其三集序中稱"順治戊戌榜發,落拓如故",蓋嘗舉於鄉而不第者也。所載皆前人格言懿行,末附《儒門功過格》《當官功過格》二篇,乃取袁黃、顏光衷舊本刪補之。其意在勸善規過,而皆主於積德積福因緣果報之説,則亦為下等人説法者也。

【彙訂】

[1] "勞大輿"乃"勞大與"之誤,説詳卷七七《甌江逸志》

條注。

　　遂生集十二卷（兩江總督採進本）

　　國朝王晫撰。晫字丹麓，仁和人。是書前有順治庚子晫自序曰：“予所纂輯，中善惡果報，捷於影響，無非欲使天下之人不失好生之意，天下之物得遂樂生之情，故以‘遂生’為名。”書中盛陳因果，多參以神怪之說。如文昌化書之類，皆據為實事，蓋為悚動下愚設也。晫所作《今世說》曰：“曹顧菴目《遂生集》為鷺苑杠梁，《文津》為藝林餕脯。”《文津》今未見，此集則了不異人耳。

　　畜德錄二十卷（江蘇巡撫採進本）

　　國朝席啟圖撰。啟圖字文興，震澤人，官內閣中書舍人。是集取周、秦以來迄於元、明嘉言善行，分為二十一類，亦間附批評。取《大畜象傳》“君子多識前言往行，以畜其德”之義，故以名書。

　　四本堂座右編二十四卷（江西巡撫採進本）

　　國朝朱潮遠編。潮遠字卓月，揚州人。其序自稱朱子之後，當有所考也。是書成於康熙甲辰，分四門，一曰起家，二曰治家，三曰齊家，四曰保家。每門又各分六子目，每目為一卷。皆雜採前言往行，因舊文而稍刪潤之。

　　敦行錄二卷（浙江巡撫採進本）

　　國朝張鵬翮撰。鵬翮有《忠武志》，已著錄。是書輯古來嘉言善行，以敦本、適用分上、下卷，中閒又分二十一門。書成於康熙丁巳。後十年丁卯，慈谿縣知縣方允獻為之註，蓋鵬翮官浙江巡撫時也。所紀皆厚德之事，而以《徵驗》一篇終之，則近乎因果之説，涉於有為而為矣。故列之"雜家類"焉。

學仕要箴五卷（江蘇巡撫採進本）

國朝張圻編。圻字邑翼，崑山人。卷首徐元文序謂莘田侍御始集仕學格言，圻續為纂輯。凡分十類，曰存心，曰省身，曰型家，曰處物，曰養蒙，曰舉業，曰居官，曰臨民，曰仕宦，曰慎刑。首標"蔣伊鑒定"，伊即序所稱莘田侍御。是此書實伊所作，而圻稍增益之。其標曰"鑒定"者，蓋讓其名於圻耳。

秦氏閨訓新編十二卷（江蘇巡撫採進本）

國朝秦雲爽撰。雲爽有《紫陽大旨》，已著錄。是書成於康熙丙寅，因呂氏《閨範》而增損之，而分為后妃、女主①、女道、兄弟、婦道、妯娌、嫡庶、母道、後母、雜錄、處變十一目，則體例略殊。

【彙訂】

① 清康熙二十五年徐樹屏刻本此集卷二為"公主"，所謂"天下無生而貴者也。生而貴，惟帝女矣"（卷二前《小序》），所載為隋蘭陵公主至明瑞安大長公主等八人之事。作"女主"誤。（胡露：《〈四庫全書總目〉子部存目補正》）

庸行篇八卷（浙江巡撫採進本）①

國朝牟允中撰。允中字叔庸，天津衛人②。是書因揚州史典《願體集》而參補之。皆先正格言，分門編輯，自"達觀"以至"警醒"，凡三十三類。每類採輯數十則，大都取其明白顯易，可以訓俗化愚。其"立教類"有允中自著讀書之法，兼論及於時文，並引八股講論數條，蓋以訓其家塾子弟者也。

【彙訂】

① 清康熙三十年尚朝柱澹寧堂刻本書名作《庸行編》,《浙江省第十二次呈送書目》、《浙江採集遺書總錄》著錄亦同。(杜澤遜:《四庫存目標注》)

② "衛",殿本無。

人道譜無卷數(浙江巡撫採進本)

國朝閔忠撰。忠,歸安人。是書仿劉宗周《人譜》之意,以孝、弟、忠、信、禮、義、廉、恥為人之要,分為八集,各為標目,雜採史事,而各引先儒之説以發明之。

讀書樂趣八卷(內府藏本)

國朝伍涵芬撰。涵芬字芝軒,於潛人,康熙丁卯舉人。是書首載朱子《四時讀書樂歌》,以見命名之意。然四詩《晦菴集》不載,據《仙居縣志》,載此四詩題為縣人翁森作。稱"森字秀卿,號一瓢。宋亡後隱居不仕,著有《一瓢集》"云云,則涵芬題為朱子者誤也。書中分盪胸、澄心、澹緣、怡情、論文、勵業、品詩七類。而"怡情類"半載花譜,"品詩類"附入己作,亦龐雜之甚。

硯北雜錄無卷數(編修勵守謙家藏本)

國朝黃叔琳編。叔琳有《硯北易鈔》,已著錄。是書上至天文、地理,下至昆蟲、草木,凡經史所載,旁及稗官小説,據其所見,各為採錄,亦閒附以己意。大抵主於由博返約,以為考據之資。中多籤題黏補之處,皆叔琳晚年手自删改,蓋猶未定之本也。

孝史類編十卷(浙江巡撫採進本)

國朝黃齊賢編。齊賢字敬思,嘉興人。是編前列《孝經》,次述歷代帝王孝行,次述歷代孝子,各以事蹟相似者分類紀之,凡二十有二門。孝為百行之原,發於至性,各不相師,未可冗陳條目。至於"修道度親"一門,尤為二氏之言,非儒者之道矣。

經術要義四卷(浙江巡撫採進本)

國朝高元標撰。元標字琴山,嘉興人。其書雜採舊文,分門排纂,自"孝行"至"閨範",凡二十五目。末附"報應"一門,所徵引尤涉荒誕。標曰《經術要義》,未免名實不符矣。

查浦輯聞二卷(浙江巡撫採進本)

國朝查嗣瑮撰。嗣瑮字德尹,海寧人。康熙庚辰進士,官至翰林院侍講。是書乃鈔撮雜家之言可資博覽者,大抵皆節錄原文,無所考據,閒有自附新語,不過數條。下卷內有西湖事蹟十餘則,乃以補吳焯《錢塘志》所未及者①。其以《鶴林玉露》為葛立方作,未免筆誤。至以楊瑀為楊㟁,以葉子奇為葉子才,則校刊者之疏也。

【彙訂】

①"吳焯",底本作"吳煒",據殿本改。清刻本此書卷下云:"康熙五十六年,錢唐令魏□□修《錢唐志》,聘致總裁者為慈谿裘璉殷玉庶常,而分任詞苑、人物、古蹟者為吳焯赤凫……余既激賞之,復閒考西湖事蹟,或前人所已載,或後人所未詳,就所見聞略記一二。自貯所得,未必有裨於赤凫也。"

會心錄四卷(衍聖公孔昭煥家藏本)

國朝孔尚任撰。尚任有《節序同風錄》,已著錄①。是編雜採古人清言佳事,略如沈括《清夜錄》、周密《志雅堂雜鈔》之例。自序云:"不考出處,不次前後,不分體例。閒有複謁者,亦懶於删。"蓋林居多暇,姑以寄意而已,非有意於著書也。

【彙訂】

① 依《總目》體例,當作"尚任有《人瑞錄》,已著錄"。

範家集略六卷(原任工部右侍郎李友棠家藏本)

國朝秦坊撰。坊字表行,號儼塵,無錫人。是編分身範、程範、文範、言範、說範、閨範。自周、秦以及明代,凡前賢格言懿行,彙為一帙。然頗冗雜,如宋太祖誓碑一事,既以帝王之事雜於臣庶中,而不殺柴氏子孫,亦無預於身範也。

範身集略八卷(浙江巡撫採進本)

國朝秦坊編。坊《範家集略》以《身範》為先,然僅書中之一門,未為賅備,故繼為此編,專明範身之義。分為八部,曰成部、應部、容部、貞部、慎部、坦部、辨部、誠部。每一部為一卷,各有子目,共二十六目。《範家集略》皆不載所出之典,而此所徵引,必註某人某文,體例較善。然掇摭既富,亦不免儒、墨兼陳。

閑家編八卷(浙江巡撫採進本)

國朝王士俊撰。士俊字犀川,平越人。康熙辛丑進士,官至河東總督。是編分家訓、家禮、家政、家壺四門,又各立子目。皆雜引古書,閒參以己見,大抵習見之詞。其"家壺"之名又頗嫌杜撰,於古無稽也。

訓俗遺規五卷(江蘇巡撫採進本)

國朝陳宏謀編。宏謀有《大學衍義輯要》,已著錄。此書乃其為江蘇按察使時以獄訟繁多,因集古今名言人人易曉者,勒成四卷,刊布宣諭。後無錫華希閔為之重刻,又益以邵寶《手帖》、顧憲成《示兒帖》、高攀龍《家訓》及國朝張英《聰訓齋語》及其先世悰韠所著《家勸》，共為一編云。

學統存二十四卷（江西巡撫採進本）

國朝宋士宗撰。士宗有《史學正藏》，已著錄。是書分二十四門，各為一卷，多摘錄前人之說。其自序謂：“周有老、莊，宋有象山，明有文成，兼之宗杲、大鑑輩日與吾黨爭理，即濂、洛、關、閩復生，不能驟起而勝也。”大抵攻陸、王之學以尊程、朱。然書名《學統》，而中多雜引史事及說部諸書，龐雜不可枚舉。至“志異”一門，尤多怪誕不經之語。如《清異錄》所載繾綣司氤氳大使之類，豈亦有關於道學之統乎？

權衡一書四十一卷（直隸總督採進本）

國朝王植撰。植有《四書參註》，已著錄。是編雜採諸書之言，而閒斷以己意，分類四十，子目一百四十九，每一類為一卷，惟“制勝”分二子卷，故為四十一卷。其曰《權衡一書》者，自序謂王充有《論衡》，蘇洵有《權書衡論》[①]，皆為一家之私意，而此一書則合古今之嘉言而為之權衡也。然惟其為一家之言，故其析理有定說，雖偏而不雜。植乃聚百家之言連篇累牘，繁而無章，忽似類書，忽似說部，其病正在不主一家也。

【彙訂】

① “權書衡論”，底本作“權書論衡權書”，據殿本改。清乾隆元年崇雅堂刻本此書卷首《書意》云：“昔人有作書曰《論衡》，又有曰《權書衡論》者，余初其悅之。及讀其書，猶惜其一家私言……”蘇洵《嘉祐集》卷十《上皇帝十事書》稱所著《權書衡論機策》二十二篇。

多識類編二卷（兵部侍郎紀昀家藏本）

國朝曹昌言撰。昌言字禹拜，新建人。是編乃其劄記之文。分動物、植物二門，雜採諸書所載物性、物理，以儷語聯綴成文，頗為博洽。前有南城陶成序，稱雍正丁未仲夏，昌言以疾卒，年二十有八。其兄以所著《格物類纂》二卷付梓，乞成為序。所稱書名與此本不符。末有其兄茂先所作《行狀》，則稱昌言聞名山勝蹟、異卉奇葩，必周歷遊覽，考究本末①，閒從野老農夫詢動植情形，得其實，歸即筆之於書。所著有《玉隆紀游》、《多識類編》、《輿圖輯略》、《四書薈言》諸書。今仍名《多識類編》，殆初名《格物類纂》，後改今名歟？

【彙訂】

①“考究”，殿本作“究其”。

養知錄八卷（編修曹錫齡家藏本）

國朝紀昭撰。昭有《毛詩廣義》，已著錄。是編乃其訓課家庭之作，雜引諸書所載嘉言懿行，而以己意發明之。分為八門，一曰論事父母舅姑，二曰論別夫婦內外，三曰論處兄弟姒娌，四曰論教子孫，五曰論厚宗族，六曰論御奴僕，七曰論制財用，八曰通論，大旨皆為家庭以內而設，故不及涉世之事。其曰《養知錄》者，自序謂“人為利欲所昏，習俗所染，於是盡失其本心之明，豈人本無知哉！蓋所以喪其良心者有由然耳。特為指其大義，以養其良知良能”①，故曰“養知”云。

【彙訂】

①“良知”，殿本作“良心”，誤，參清乾隆紀汝倫刻本此書自序原文。

閑家類纂二卷（侍講學士彭紹觀家藏本）

國朝彭紹謙撰。紹謙字濟光，長洲人。乾隆丁卯舉人，官至曹州府桃源同知。是編裒輯治家格言，分為十類，曰敦倫，曰培本，曰學術，曰閑邪，曰慎交，曰壼教，曰貽謀，曰治生，曰馭下，曰廣愛。"貽謀門"後附《家塾課約》一篇，則紹謙所自述也。大旨為啟導下愚而作，故多涉於計較利害。然不談因果，亦不談神怪，在勸善書中，猶為不詭於正云。

課業餘談三卷（編修程晉芳家藏本）

國朝陶煒撰。煒字賓玉，秀水人。其書仿《釋名》、《廣雅》之體，採輯經史中淺近而易解者，以類編載。自天、地至古音轉注，分二十有一篇。大概人所習知，稍加裒綴，別無考訂之處。甚至採《昭明文選》之註，連行累牘而没所自來，尤非著書之體。

福壽陽秋無卷數（内府藏本）

國朝魏博編。博字約之，江寧人。其書凡分五集，首集為《勸善篇》，二集為《省克編》[①]，三集為《修齊錄》，四集為《秦庭鏡》，五集為《清涼散》。皆取前人格言，編次成書。大旨勸人修福延壽，故以為名。然多主於因果報應，故不免闌入二氏之説。

【彙訂】

①"省克編"，殿本作"省克篇"。《中國叢書目錄及子目索引彙編》著錄清康熙三十九年金陵劉瑞生刻本，子目作《省克編》。

言行彙纂十卷（江蘇巡撫採進本）

國朝王之鈇撰。之鈇號朗川，湘陰人。是編分四十門，皆雜採古人嘉言懿行，以己意潤飾之，皆不著所出，亦不盡原文所有。蓋通俗勸善之書，為下里愚民而設者。故語多鄙俚，且多參以禍福之説云。

諸儒檢身錄一卷(鴻臚寺少卿曹學閔家藏本)

國朝令狐亦岱撰。亦岱字太峯,猗氏人。由左翼宗學教習官緒雲縣知縣。是編即其官緒雲時所刻。雜採諸儒格言,分為八門,曰讀書,曰講學,曰治心,曰持躬,曰處事,曰接物,曰理家,曰居官,共一百六十二條,各以己意發明之。詞旨淺近,蓋為初學設也。

心鏡編十卷(浙江巡撫採進本)

國朝譚文光撰。皆裒輯前言往行之可為法戒者,故以"心鏡"為名。分敦倫、修身、勤學、積德、治家、居官、涉世、愛物、樂天、養生十類,每一類為一卷。取格言舊本鈔撮而成,亦《自警編》、《厚德錄》之類。

子苑一百卷(衍聖公孔昭煥家藏本)

不著撰人名氏。鈔本之首有"籍圃主人"、"麥溪張氏"二小印,不知為著書之人、為藏書之人也。其書雜採諸子,分人倫、性行、學業、政事、人事五門,每門之中又各分子目。於一事而彼此異同,或字句有增損者,皆參校分註,其用意頗不苟。而所載泛濫太甚,如《博物志》舊列小説家,謂之子可也,《水經注》則史部地理之書,《檀弓》亦經部《禮記》之文,總曰《子苑》,名與實不相應也。是亦愛博之過矣。

　　右雜家類"雜纂"之屬,一百九十六部,二千七百二十三卷[①],内十三部無卷數。皆附存目。

【彙訂】

①"一百九十六部,二千七百二十三卷",殿本作"一百九十八部,二千七百三十七卷"。實著錄一百九十六部,二千七百七卷。

子部四十四

雜家類存目十一

五子纂圖互註四十二卷（浙江巡撫採進本）

宋龔士卨編。士卨爵里無考。前有自序，題“景定改元”，蓋理宗時人。又有三私印，一曰“龔氏”，一曰“子質”，一曰“石盧子”，蓋其字與號也。是書於《老子》用河上公註，凡二卷；於《莊子》用郭象註，附以陸德明《音義》，凡十卷；於《荀子》用楊倞註，凡十卷；於《揚子法言》用李軌、柳宗元、宋咸、吳祕、司馬光五家註，凡十卷；於《文中子中說》用阮逸註，凡十卷。每種前各有圖，而於原註之中增以互註，多引《五經》、《四書》及諸子習見之語，未能有所發明。其於《文中子》則並無互註，體例殊未畫一。至《老子》之首列三圖，一曰《混元三寶》，一曰《初真內觀靜令》，一曰《金丹》；《莊子》之首惟列周子太極圖；《荀子》之首列三圖，一曰《欹器》，一曰《天子大路》，一曰《龍旂九斿》；《揚子》之首列二圖，一曰《渾儀》，一曰《五聲十二律》；《文中子》之首列二圖，一曰《世系》，一曰《年表》，無一足資考證者。而《莊子》因《大宗師》篇有“太極”二字，遂附會以周子之圖，尤為無理。核其紙色版式，乃宋末建陽麻沙本，蓋無知書賈苟且射利者所為。因其宋人舊刻，姑存其目，以備考耳。

　　藝圃蒐奇十八卷補闕二卷（編修汪如藻家藏本）

　　舊本題明徐一夔編。一夔字大章，天台人，僑寓嘉興。元末嘗官建寧教授。案，一夔官建寧教授，見其《始豐稿》與危素書，《明史》本傳不載，蓋偶未考其文集。洪武初徵修禮書，王禕又薦修《元史》①，辭不至。後起為杭州教授。又召修《大明日曆》，特授以翰林官，以足病辭歸。事蹟具《明史・文苑傳》。《翦勝野聞》稱其官杭州教授時，以表文忤旨，收捕斬之，殊為妄誕。《野聞》託名徐禎卿，多齊東之語，此亦其一也。是書前有至正戊申自序，稱“錢塘陳子彥高避兵檇李，惠子之五車，茂先之三十乘，攜以俱來。適余亦棲止是邦，嘗得借觀。茲編皆古今名人雜著之小者，從無刊版。彥高檢有副本，悉以贈余，裝成若干册，名之曰《藝圃蒐奇》”云云。彥高，陳世隆字也。故是書或亦題世隆所編，凡一百三種。其中舛謬顛倒，不可縷舉。其最甚者，如褚少孫補《史記》，自前代即附刊《史記》中，並非祕笈，而取為壓卷，名曰《史記外編》，又佚其《平津侯列傳》、《建元以來侯年表》二篇。摯虞《文章流別論》，乃鈔《藝文類聚》、《太平御覽》之文，猶有所本也。至《谷神子》即《博異記》，《醴泉筆錄》即江休復《嘉祐雜志》，蘇軾《格物粗談》即偽本《物類相感志》②，俞琬〔琰〕《月下偶談》即《席上腐談》③，楊萬里《誠齋揮麈錄》即王明清《揮麈錄》，晁說之《墨經》即晁子一《墨經》④，大抵改易書名、人名，以售其欺。至鎦績雖元、明間人，而《霏雪錄》成於洪武中。此編既輯於至正戊申，猶順帝之末年，何以預載其書？且所錄《灌畦暇語》與李東陽重編殘闕之本一字不易，豈元人所及見邪？其為近時所贗託，不問可知矣⑤。

原本有錄無書者凡十三種，國朝曹寅為補錄之，釐為二卷，蓋寅亦為姦黠書賈所紿也。

【彙訂】

①"王禕"，殿本作"王褘"，誤，說詳卷四六《元史》條注文。

②"蘇軾格物粗談即偽本物類相感志"，殿本刪，為是。參卷一百三十《格物粗談》條注。

③"俞琬"，當作"俞琰"，乃避嘉慶諱改。殿本作"俞琰"。

④晁貫之字季一，見《宋詩紀事》卷四二貫之小傳。其人字"季一"，非"子一"。（楊武泉：《四庫全書總目辨誤》）

⑤錢大昕《潛研堂文集》卷三十《藝圃蒐奇跋》云："曹子清巡鹽揚州時嘗抄以進御……書成於至正末，而所收鎦績《霏雪錄》，多言洪武中事，蓋大章仕明之後別有增入矣。"則曹溶曾擁有《藝圃蒐奇》，其所編刊《棟亭藏書十二種》收有《藝圃蒐奇》本《墨經》，所編輯《學海類編》叢書收有《醴泉筆錄》、《格物粗談》、《月下偶談》、《誠齋揮麈錄》，皆可為證。若《霏雪錄》確係徐一夔後增入，《藝圃蒐奇》當成書於明初，《灌畦暇語》或係後人增入。即便為贗託，也只可斷在李東陽之後，不得謂近時。（李祚唐：《司空圖〈二十四詩品〉辨偽獻疑》）

柏齋三書三卷（浙江范懋柱家天一閣藏本）

明何瑭撰。瑭有《醫學管見》，已著錄。是書一為《陰陽管見》，一為《樂律管見》，一為《儒學管見》，大都好為異說以自高。如論陰陽則以周子相生之說為不可信，於張子《正蒙》、邵子《經世》諸書皆排詆其失；論樂律則以蔡元定《律呂新書》為不可行，並譏《禮經》之《樂記》為過當而失實；論儒學則以朱子為欠明切,而真德秀《大學衍義》於大學之道實亦不知,皆所謂一知半解也。末有崔銑跋。銑學頗醇正,而極稱所論之超卓,殊不可解。

六詔紀聞二卷(戶部尚書王際華家藏本)

上卷曰《會勘夷情錄》,乃嘉靖十四年建昌道兵備副使俞夔處置四川鹽井衛土千戶與雲南麗、永二府土舍爭界事公移案牘。下卷曰《南荒振玉》,乃乩仙方海何真人與夔等唱和之詩。南京吏科給事中彭汝嘉合刻傳之,夔門人李應元為之序。二卷一記邊防,一談神怪,殊為不倫,殆於無類可歸。姑隸之雜編,附存其目。夔,建德人,正德丁丑進士。汝嘉,嘉定州人,正德辛巳進士[①]。

【彙訂】

[①] 此書編者,《明史·藝文志》史部地理類著錄為彭汝實,僅一卷,當指下卷,即《南荒振玉》。彭汝實字子充,嘉定州人,《明史》有傳。其名為"汝實",雍正《四川通志》卷三四選舉志、同治《嘉定府志》卷二五選舉志所載並同。(楊武泉:《四庫全書總目辨誤》)

木鐘臺集無卷數(副都御史黃登賢家藏本)

明唐樞撰。樞有《易修墨守》,已著錄。此編凡分二十九種,曰《禮元剩語》,曰《真談》,曰《語錄》,曰《遊錄》,曰《周禮因論》,曰《因領錄》,曰《三十測》[①],曰《咨言》,曰《感學編》,曰《答言》,曰《轄圜窩雜著》,曰《證道》,曰《偶客談》,曰《疑誼》,曰《海議》,曰《國琛集》,曰《未學學》[②],曰《館論》,曰《易修墨守》,曰《法綴》,曰《列流測》,曰《宋學商求》,曰《枝辭》,曰《積承錄》,曰《政問》，曰《冀越通》，曰《嘉禾問錄》，曰《春秋讀意》，曰《激衷小擬》。析門分類，俱各冠以序文。其別行之本，已各存目，此其總彙之本也。

【彙訂】

① 明嘉靖萬曆間刻本此集"三十測"作"三一測"。有《三一測敘》，云："《三一測》者，一菴唐先生之微言也……'三一'者，天地自然之數也。《老子》曰：'道生一，一生三，三生萬物。'……析之三才，合之一理。"可證《總目》作"三十測"誤。（胡露：《〈四庫全書總目〉子部存目補正》）

② "未學學"，底本作"未信編"，據殿本改。門人金某《未學序》云："名曰'未學學'，若曰'孔子未學而吾人之學'云爾。"又有唐樞《〈未學學〉引》，云："孔子答衛靈公：'軍旅之事，未之學也。'"是編所載，乃行軍作戰之事，是以名之曰"未學"。（同上）

邱〔丘〕陵學山無卷數（浙江吳玉墀家藏本）

明王文祿編。文祿有《廉矩》，已著錄。此本乃其彙刻諸書，以擬宋左圭《百川學海》，故以《邱陵學山》為名。所載以《千字文》編次，自"天"字至"師"字，凡七十四種。然欲矜繁富而考訂未精，故類多刪節原文，不能全錄。又以前人文集所已載者析出而附益之，強立名目，牽率殊甚。至《海沂子》以下數種，皆文祿自著之書，而亦闌入其中，尤不出明人積習。非但遠遜左圭，即視商維濬、吳琯輩，相去亦懸絕矣。

陸學士雜著十一卷（浙江巡撫採進本）

明陸樹聲撰。樹聲有《平泉題跋》，已著錄。是編皆其所著雜說。曰《汲古叢語》一卷，曰《適園雜著》一卷，曰《陸學士題跋》

二卷,曰《耄餘雜識》一卷,曰《禪林餘藻》一卷,曰《陸氏家訓》一卷,曰《善俗裨議》一卷,曰《病榻寱言》一卷,曰《清暑筆談》一卷,曰《長水日鈔》一卷。其中亦有別本單行者,此則其門人子弟所合刊成帙者也。

陸文定公書無卷數(江蘇巡撫採進本)

明陸樹聲撰。是集首列《適園雜著》,次《清暑筆談》,次《善俗裨議》,次《鄉會公約》,次《題跋》,皆其罷官家居時所作。較《陸學士雜著》所刊少五種,而多《鄉會公約》一種,蓋其刻在《雜著》前也。

兩京遺編五十七卷(内府藏本)

明胡維新編。維新,餘姚人。嘉靖己未進士,官監察御史。是刻凡《新語》二卷,《賈子》十卷,《鹽鐵論》十卷,《白虎通》二卷,《潛夫論》二卷,《仲長統論》一卷,《風俗通》十卷,《中論》二卷,《人物志》三卷,《申鑒》五卷,《文心雕龍》十卷,共十一種①。以所採皆漢文,故以"兩京"名書。其中如徐幹雖名附《魏志》,然卒於建安二十二年,附之漢末可也。至於劉邵為魏人,劉勰為梁人,序乃稱以其文似漢而進之;王充《論衡》、劉向《説苑》實皆漢人之文,又以其卷帙之多而棄之,去取殊無義例。且《文心雕龍》純為四六駢體,而云其文似漢,尤乖謬之甚矣。

【彙訂】

① 按序凡十二種,明萬曆刊本亦為十二種,《總目》所列缺《春秋繁露》八卷一種。(《元明善本叢書十種提要》)

紀錄彙編二百十六卷(浙江鮑士恭家藏本)

明沈節甫編。節甫,烏程人。嘉靖己未進士,官至工部左侍郎,謚端靖。是書採嘉靖以前諸家雜記,裒為一集,凡一百一十九種①。其中有關典故者多已別本自行。其餘如王世貞《明詩評》之類②,則文士之餘談,祝允明《志怪》之類,又小說之末派,一概闌入,未免務博好奇,傷於冗雜。且諸書有全載者,有摘鈔者,甚或有一書而全錄其半,摘鈔其半者,為例亦復不純。卷帙雖富,不足取也。

【彙訂】

① 明萬曆丁巳陳于廷刊本共一百二十三種。(《元明善本叢書十種提要》)

② "王世貞",殿本作"王貞",脫"世"字。陳于廷刊本此書收有王世貞撰《明詩評》四卷。

左傳國語國策評苑六十一卷(江蘇巡撫採進本)

明穆文熙編。文熙有《七雄策纂》,已著錄。是編凡《左傳》三十卷,《國語》二十一卷,《戰國策》十卷。《左傳》用杜預註、陸德明《釋文》,而標預名不標德明之名。《國語》用韋昭註、宋庠《補音》。《戰國策》用鮑彪註,參以吳師道之補正。均略有所刪補,非其原文。蓋明人凡刻古書,例皆如是。謂必如是,然後見其有所改定,非徒翻刻舊文也。其曰"評苑"者,蓋於簡端雜採諸家之論云。

中都四子集六十四卷(江蘇巡撫採進本)

明朱東光編。東光字元曦,浦城人。隆慶戊辰進士,官分巡淮徐道①。以老子在亳,莊子在濠梁,管子在潁,淮南子在壽春,皆中都所轄地,因與鳳陽府知府張雲登裒而刊之。《老子》二卷,用河上公註。《莊子》十卷,用郭象註。《管子》二十四卷,用房元齡註及劉績增註。《淮南子》二十六卷,用高誘註。時郭子章奉使鳳陽,每書各為之題詞。其書刊版頗拙,校讎亦略,又於古註之後時時妄有附益,殆類續貂。遂全失古本之面目,書帕本之最下者也。

【彙訂】

①《江西通志》卷五十四《選舉六》,隆慶二年戊辰羅萬化榜進士有朱東光,云:"臨川人,建寧籍,廣東參政。"卷八十二有其傳,謂臨川人,官至廣東參政。《廣東通志》卷二十七《職官志二》,布政司左參政有朱東光,亦作江西臨川人。《福建通志》卷四十七亦有其傳,云建安人。建安、浦城皆為福建建寧府屬縣。言臨川人、建安人、建寧人皆可,言浦城人則誤。(胡露:《〈四庫全書總目〉子部存目補正》)

明小史八十九卷(浙江巡撫採進本)

不著編輯者名氏。彙輯明人傳記說部,凡四十六種,皆習見之本。所錄迄於嘉靖中,殆隆慶、萬曆閒人所刊也。

山居清賞二十八卷(內府藏本)

明程榮編。榮字伯仁,歙縣人。是編列《南方草木狀》至《禽蟲述》凡十五種,多農圃家言。中惟《茶譜》一種為榮所自著。採撍簡漏,亦罕所考據。

今獻彙言八卷(浙江巡撫採進本)

明高鳴鳳編。案《明史·藝文志》,高鳴鳳《今獻彙言》二十八卷,此本止八卷。據其目錄所列,凡為書二十五種,乃首尾完具,不似有闕。蓋其版已散佚不全,坊賈掇拾殘剩,刻八卷之目冠於卷首①,詭為完書也。

【彙訂】

① "刻"，殿本作"別刊"。

呂公實政錄七卷（山西巡撫採進本）

明呂坤撰。坤有《四禮疑》，已著錄。是書皆其歷官條約之類。第一卷為《明職》，第二至第四卷曰《民務》，第五卷曰《鄉甲約》，皆巡撫山西時所作①。第六卷曰《獄政》，第七卷曰《憲約》②，則為山西按察使時所作。其門生趙文炳巡按湖廣時校刊之，總題此名。中《憲約》前有陳登雲重刊一序，題"萬曆癸巳"，而文炳序作於萬曆戊戌，反在其後。蓋諸書各有單行之本，文炳特彙而刻之，存其原序也。

【彙訂】

① "皆"，殿本作"亦"。

② 第七卷應為《風憲約》。（鄭涵：《呂坤年譜》）

天學初函五十二卷（兩江總督採進本）

明李之藻編。之藻有《頖宮禮樂疏》，已著錄。初，西洋人利瑪竇入中國，士大夫喜其博辯，翕然趨附，而之藻與徐光啟信之尤篤。其書多二人所傳錄，因裒為此集。書凡十九種，分理、器二編。《理編》九種，曰《西學凡》一卷，曰《畸人十論》二卷①，曰《交友論》一卷，曰《二十五言》一卷，曰《天主實義》二卷，曰《辨學遺牘》一卷，曰《七克》七卷，曰《靈言蠡勺》二卷，曰《職方外紀》五卷。《器編》十種，曰《泰西水法》六卷，曰《渾蓋通憲圖說》二卷，曰《幾何原本》六卷，曰《表度說》一卷，曰《天問略》一卷，曰《簡平儀說》一卷，曰《同文算指前編》二卷《通編》八卷，曰《圜容較義》一卷，曰《測量法義》一卷，《測量異同》一卷，《句股義》一卷。其

《理編》之《職方外紀》實非言理，蓋以無類可歸而綴之於末。《器編》之《測量異同》實自為卷帙，而目錄不列，蓋附於《測量法義》也。西學所長在於測算，其短則在於崇奉天主以炫惑人心。所謂自天地之大以至蠕動之細，無一非天主所手造，悠謬姑不深辨。即欲人舍其父母而以天主為至親，後其君長而以傳天主之教者執國命，悖亂綱常，莫斯為甚，豈可行於中國者哉！之藻等傳其測算之術，原不失為節取。乃併其惑誣之說刊而布之，以顯與《六經》相齟齬，則傎之甚矣。今擇其《器編》十種可資測算者，別著於錄。其《理編》則惟錄《職方外紀》，以廣異聞，其餘概從屏斥，以示放絕。併存之藻總編之目，以著左袒異端之罪焉。

【彙訂】

①《畸人十論》乃《畸人十篇》之誤。《總目》卷一二五著錄有《畸人十篇》二卷附《西琴曲意》一卷。（陳東輝：《〈四庫全書〉及其存目書收錄外國人著作種數考辨》）

合刻五家言_{無卷數}（安徽巡撫採進本）

明鍾惺編。惺有《詩經圖史合考》，已著錄。是書一曰《道言》，凡十二卷，即《文子》也；二曰《德言》，分上、下二卷，即劉晝《新論》也；三曰《術言》，即《鬼谷子》也；四曰《辨言》，即《公孫龍子》也；五曰《文心雕龍》，凡十卷①。各書俱有專行之本，不可強合。而別立標題，務為詭異，可謂杜撰無稽矣。

【彙訂】

① 據明刻本此書，第五家為《文心雕龍文言》，即《文心雕龍》。（王昕：《〈四庫提要〉竟陵派條目辨證》）

夷門廣牘一百二十六卷（通行本）

明周履靖編。履靖字逸之，嘉興人。是編廣集歷代以來小種之書，并及其所自著，蓋亦陳繼儒《祕笈》之類。夷門者，自寓隱居之意也。書凡八十六種，分門有十，曰藝苑，曰博雅，曰食品，曰娛志，曰雜占①，曰禽獸，曰草木，曰招隱，曰閒適，曰觴咏。觀其自序，藝苑、博雅之下有尊生、書法、畫藪三牘，而皆未刊入②。所收各書，真偽雜出，漫無區別。如郭橐駝《種樹書》之類，殆於戲劇，其中閒有一二古書，又刪削不完。如《釋名》惟存《書契》一篇，而乃題曰“《釋名》全帙”，尤為乖舛。其所自著，亦皆明季山人之窠臼。卷帙雖富，實無可採錄也。

【彙訂】

① “雜占”，殿本作“雜古”，誤，參明萬曆二十五年金陵荆山書林刻木。

② 明萬曆刊本尊生、書法、畫藪三牘俱存，凡一百七種，一百六十五卷。

鹽邑志林六十二卷（浙江巡撫採進本）①

明樊維城編。維城，黃岡人。萬曆丙辰進士，崇禎中以福建按察司副使家居②。張獻忠陷黃州，抗節死。事蹟附見《明史·樊玉衡傳》③。是編乃維城官海鹽縣知縣時，輯海鹽歷朝著作，共為一集，凡三國三種，晉二種，陳一種，唐一種，五代一種，宋三種④，元一種，明二十九種。其中如陸績《易解》之類，多出鈔合，明人所著，又頗刪節，大抵近《説郛》之例。其最舛誤者，莫如顧野王之《玉篇廣韻直音》。《玉篇》自唐上元中經孫強增加，宋人又有《大廣益會》之本，久非原帙。舉今本歸諸野王，已為失考。

又《玉篇》自《玉篇》,《廣韻》自《廣韻》,乃併為一書,尤為舛謬。且《玉篇》音用翻切,並無"直音"之説。忽以"直音"加之野王,更不知其何説。考首卷訂閱姓名,列姚士粦、鄭端允〔胤〕、劉祖鍾三人。士粦固當時勝流,號為博洽者也,何其誤乃至於是哉!

【彙訂】

① 明天啓刊本為六十五卷。(《元明善本叢書十種提要》)

② "司",殿本作"使",誤。

③ 丙辰為萬曆四十四年,然《明史》本傳作萬曆四十七年(己未)進士。《明史稿‧樊玉衡傳附子維城傳》、雍正《湖廣通志》卷三二《選舉志》進士篇所載並同。(楊武泉:《四庫全書總目辨誤》)

④ "宋三種",殿本作"宋二種",誤。明天啓三年樊維城刻本此書收入宋人著作三種:許棐《許梅屋樵談》一卷、魯應龍《魯應龍閑牕括異志》一卷、常棠《常竹牕修海鹽澉水志》二卷。

張氏藏書四卷(浙江鮑士恭家藏本)

明張應文撰。凡十種,曰《篔瓢樂》,曰《老圃一得》,曰《蘭譜》,曰《菊書》,曰《先天換骨新譜》,曰《焚香略》,曰《清閟藏》,曰《山房四友譜》,曰《茶經》,曰《瓶花譜》。其《清閟藏》尚可資賞鑒考訂,別有刊本,附其子丑《清河書畫舫》後,已著於錄。其餘九種,大抵不出明人小品之習氣。其《山房四友譜》中所稱以《史記》真本刊今本之譌者,詭誕無稽,不足與辨。《篔瓢樂》中《粥經》一篇,摹仿《論語》,託諸孔子之言,尤可駭怪。一條云:"小子何莫喫夫粥。粥可以補,可以宣,可以腥,可以素,暑之代茶,寒之代酒,通行於富貴貧賤之人。"一條云:"子謂伯魚曰:'汝喫朝粥、夜粥矣乎？人而不喫朝粥、夜粥，其猶抱空腹而立也與’。”如斯之類，殆於侮聖言矣。明之末年，國政壞而士風亦壞，掉弄聰明，決裂防檢，遂至於如此。屠隆、陳繼儒諸人不得不任其咎也。

格致叢書無卷數（江蘇巡撫採進本）

明胡文煥編。文煥有《文會堂琴譜》，已著錄。是編為萬曆、天啟閒坊賈射利之本，雜採諸書，更易名目。古書一經其點竄，並庸惡陋劣，使人厭觀。且所列諸書，亦無定數。隨印數十種，即隨刻一目錄，意在變幻，以新耳目，冀其多售。故世閒所行之本，部部各殊，究不知其全書凡幾種。此本所列，凡經翼十五種，史外二十一種，居官十二種，法家十二種，訓誡十四種，子餘八種，尊生十八種，時令農事八種，藝術十種，清賞十七種，説類十一種，藝苑三十五種，較他本稍備，或其全帙歟[①]？如《經翼》中壓卷三種，摭王應麟《困學紀聞》論詩之語，即名曰《困學紀詩》；又摭其《玉海》中詩類一門，即名曰《玉海紀詩》；又摭馬端臨《經籍考》論詩數段，即名曰《文獻詩考》，已極可鄙。末三種，一曰張華《博物志》，一曰李石《續博物志》，一曰《釋常談》，皆以小説家言謂之“經翼”，不亦傎乎？《史外》列《禽經》、《獸經》，又列戴埴《鼠璞》、龔頤正《芥隱筆記》，是於史居何等也。《居官》列《儀註便覽》、《新官軌範》、《官級由陞》，《法家》列《行移體式》、《告示活套》，《訓誡》列《梓潼帝君救劫寶章》，如斯之類，不可枚舉。是尤不足與議矣。

【彙訂】

① 除山東圖書館藏原刻本有萬曆己酉（1609）胡氏自撰序和《格致叢書總目》，據之可知共收一百四十種，不分類（“隨得隨

刻，不加銓次"）。中、日館藏《格致叢書》皆無此目錄，館臣所見本恐亦係後人抄配。（王寶平：《胡文煥叢書考辨》）

學易堂筆記一卷二筆一卷三筆一卷四筆一卷五筆一卷（浙江巡撫採進本）

明項皋謨撰。皋謨字懋功，自稱西山居士，嘉興人。鄭履淳之壻也。是書乃所作劄記，分為五編。蓋竊襲洪邁《容齋隨筆》之例。《筆記》之後，附《生生閣學易》三章。《二筆》之後，附同時人贈言一卷。《三筆》之後，附《滴露軒雜著》一卷。《四筆》之後無所附，但有自跋一篇。《五筆》之後附《明歷年圖》一卷，自吳元年丁未至天啟四年，皆紀干支，別無所載。惟吳元年下註一條曰"嘉興府鼓樓匾吳元年建"十字而已。其《四筆》自跋曰："余年三十三之前，不白相，不讀書。四十六之後，又讀書，又白相。自今以往，不知讀書之為白相，白相之為讀書。"云云。則其書可不必問矣。

天都閣藏書二十五卷（兩江總督採進本）

明程允〔胤〕兆編①。允兆字天民，歙縣人，故取天都山以名其閣。是書序稱"丁卯長至"，不著年號。相其版式，全仿閔景賢《快書》，確為萬曆以後之本。所謂丁卯，蓋天啟七年也。所錄自鍾嶸《詩品》以下凡十四種。中嚴羽《滄浪詩話》題曰《滄浪吟卷》。蓋羽詩集本名《滄浪吟卷》，明人所刻以《詩話》冠首。允兆從集中剽出，而不辨其為全集之名也。《雜評》一卷，不著名氏，皆論書之語。中忽云"幞帽興於國朝"，此唐張彥遠之語也；又稱"我朝王孟端及沈周、陳道復"，則明人語也。參錯無章，殆不知文義人所為。袁昂《書評》之後贅以《筆陣圖》，張懷瓘《書斷》改其名曰《書斷列傳》，敖陶孫《詩評》僅一頁有餘，蓋自《丹鉛錄》鈔出，而併評末楊慎之論連為陶孫之評。蓋坊賈射利之本耳。

【彙訂】

① 據程胤兆序，編刊此書者實為其弟好之。（杜澤遜：《四庫存目標注》）

眉公十集四卷（兩江總督採進本）

明陳繼儒撰。繼儒有《邵康節外紀》，已著錄①。是書名為十集，實十一種，曰《讀書鏡》，曰《狂夫之言》，曰《續狂夫之言》，曰《安得長者言》，曰《筆記》，曰《書蕉》，曰《香案牘》，曰《讀書十六觀》，曰《羣碎錄》，曰《巖栖幽事》，曰《槐談》②。皆在《寶顏堂祕笈》之內，惟《讀書十六觀》一種為《祕笈》所未收。簡端各綴以評，其評每卷分屬一人。而相其詞氣，實出一手。刊版亦粗惡無比。蓋繼儒名盛一時，坊賈於《祕笈》中摘出翻刻，又妄加批點也。

【彙訂】

① 依《總目》體例，當作“繼儒有《建文史待》，已著錄”。

②《槐談》乃《枕談》之誤。（杜澤遜：《四庫存目標注》）

津逮祕書無卷數（內府藏本）

明毛晉編。晉有《毛詩陸疏廣義》。已著錄。此為所纂叢書。分十五集。凡一百三十九種。中《金石錄》、《墨池篇》有錄無書，實一百三十七種。卷首有胡震亨序①。震亨初刻所藏古笈為《祕冊彙函》②，未成而毀於火。因以殘版歸晉，晉增為此編。凡版心書名在魚尾下，用宋本舊式者，皆震亨之舊；書名在魚尾上，而下刻“汲古閣”字者，皆晉所增也。晉家富藏書，又所與遊者多博雅之士，故較他家叢書去取頗有條理。而所收近時偽本，如《詩傳》、《詩説》、《歲華紀麗》、《瑯嬛記》、《漢雜事祕辛》之類，尚有數種。又《經典釋文》割裂《周易》一卷，尤不可解。其題跋二十家，皆鈔撮於全集之中，亦屬無謂。今仍分著於錄，而存其總名於此，以不没其蒐輯刊刻之功焉。

【彙訂】

①　明崇禎本《津逮祕書》卷首為胡震亨《小引》。（李祚唐：《〈司空圖二十四詩品辨偽〉獻疑》）

②　"祕册彙函"，殿本作"祕册函"。

漢魏別解十六卷（内府藏本）

明黄澍、葉紹泰同編。自《吳越春秋》訖於薛收《元經傳》，凡四十六種。其凡例云："六朝諸家文集，一篇不載。"而編中收江淹、任昉諸集，不一而足。又云"皆錄全文"，而節錄者亦復不少。至近代偽書，如《天禄閣外史》之類，亦一概濫收，殊失鑒別。

快書五十卷（兩淮鹽政採進本）

明閔景賢、何偉然同編。景賢字士行，烏程人。偉然字仙臞，仁和人。是編割裂諸家小品五十種，彙為一集。大抵儇薄纖佻之言，又多竄易名目。如《會心編》改名《秋濤》，《醒言》改名《光明藏》之類，不一而足。甚至周守忠之《姬侍類偶》改名《姝聯》，姝即姬侍，聯即類偶也。亦可謂拙陋矣。

廣快書五十卷（安徽巡撫採進本）

明何偉然編。偉然初刻《快書》五十種，與閔景賢同訂，兹又以五十種廣之，同訂者吳從先也。所採皆取明人説部，每一書為一卷，卷帙多者則删剟其文。立名詭異，有曰《一聲鶯》者，有曰

《有情癡》者,有曰《照心犀》者,有曰《嘔絲》者。所謂萬病可醫,俗不可醫者歟?從先嘗選明一代布衣之詩,名《布衣權》,惟紫淀老人張文峙家藏有寫本。明季兵燹,遂亡佚。而《快書》百種,最下最傳。蓋其輕儇佻薄,與當時士習相宜耳。

皇書帝佚無卷數(江蘇巡撫採進本)

明蔣軼凡編。軼凡字季超,諸暨人。首載偽《三墳》及《乾坤鑿度》,謂之"皇書"。次載《中天佚典》,託名五帝之言,謂之"帝佚"。前有自序,稱:"遇遼陽韓友於燕都,得五帝佚典,乃是箕子所贈,漢初重購不得者。"其說極荒誕不經。軼凡乃曲為註釋,並加評點以附會之,真可謂不善作偽矣。

覆古介書無卷數(安徽巡撫採進本)

題東海黃禹金定①,邵闓生編,不知為何許人。分前、後二集。前集載豐坊偽《大學古本》,《大學石經古本》,偽《三墳》,《穆天子傳》,孔鮒《小爾雅》,汪若海《麟書》,郭璞《山海經圖贊》,衛元嵩《元包經傳》,魏伯陽《參同契》,胡文煥《逸詩》、《論語會心詩》,《南華逸》,《楚衡嶽神禹碑文》,《漢滕公石槨銘》、《吳季札碑》。後集曰《史匋》、《史遺》、《左逸》、《小易》、《窩凡》②、《譏訷》、《握奇經》、《奇門專征賦》、《勝義諦》③。均叢脞無緒。蓋書肆粗識字義之人刊以射利者也。

【彙訂】

①　明天啟七年刻本此書題"東海黃禹金耳鉉氏定"。(杜澤遜:《四庫存目標注》)

②　"窩凡",殿本作"窩几"。據明天啟七年刻本此書,當作"窩几"。

③ 據明天啟七年刻本此書,孔鮒《小爾雅》當作郭璞註《爾雅》,《南華逸》當作《南華逸篇》,《奇門專征賦》當作《奇門賦專征》。另前集有《天官書》一卷,後集有《奇門數略》一卷。

羣芳清玩無卷數(江西巡撫採進本)

明李璵編。璵字惠時,蘇州人。是刻為叢書十有二種,曰《鼎錄》,曰《刀劍錄》①,曰《研史》,曰《畫鑒》,曰《石譜》,曰《瓶史》,曰《弈律》②,曰《蘭譜》,曰《茗笈》,曰《香國》,曰《採菊雜咏》,曰《蝶几譜》。並題曰毛晉訂。其書踳駁不倫,蓋亦坊賈射利之本也。

【彙訂】

① "曰刀劍錄",殿本脫,參汲古閣刻本此書。

② "弈律",殿本作"奕律",誤。

溪堂麗宿集無卷數(浙江范懋柱家天一閣藏本)

不著撰人名氏,亦不著時代,無序跋,無目錄,其名亦不甚可解。首曰《昭明遺事》,則撮取《南史》、《梁書》數條。次曰《程氏家訓》,宋程若庸所纂。次曰《聖傳要旨》,題曰"宋本心、岷隴二先生著,嗣孫輔之望集"。次曰《文會燕語》,題曰束正鐸。次曰《巴山夜語》,題曰戚璞。次曰《林下常談》,題曰孔嚴化。次曰《山村雜言》,題曰齊邇莊。次曰《漁艇野說》,題曰武惠孫。次曰《林泉村話》,題曰孟德厚。次曰《蓮幕燕談》,不題撰人。龐雜冗瑣,茫無端緒,蓋庸陋書賈鈔合說部,偽立名目以售欺。范欽為其所紿,遂著錄於天一閣耳。

翰苑叢鈔十四卷(浙江范懋柱家天一閣藏本)

不著撰人名氏。取左圭《百川學海》所載諸書,刪其書名、卷數與撰人，顛倒次序，連綴鈔為一編。偽書之最拙者也。

學海類篇_{無卷數}（編修程晉芳家藏本）

舊本題國朝曹溶編。溶有《崇禎五十宰相傳》，已著錄。此編裒輯唐、宋以至國初諸書零篇散帙，統為正、續二集，各分經翼、史參、子類、集餘四類。而集餘之中又分行誼、事功、文詞、紀述、考據、藝能、保攝、遊覽八子目，為書四百二十二種。而真本僅十之一，偽本乃十之九。或改頭換面，別立書名，或移甲為乙，偽題作者，顛倒謬妄，不可殫述。以徐乾學《教習堂條約》、項維貞《燕臺筆錄》二書考之，一成於溶卒之年，一成於溶卒之後，溶安得採入斯集？或無賴書賈以溶家富圖籍，遂託名於溶歟？

莊屈合詁_{無卷數}（安徽巡撫採進本）

國朝錢澄之撰。澄之有《田間易學》，已著錄。是編合《莊子》、《楚辭》二書為之訓釋。《莊子》止詁內篇，先列郭象註，次及諸家。《楚辭》則止詁屈原所作，以朱子《集註》為主，而以己意論斷於後。其自序云：“著《易學》、《詩學》成，思所以翊二經者，而得《莊子》、屈原。以《莊》繼《易》，以屈繼《詩》，足以轉相發明。”然屈原之賦固足繼風、雅之蹤，至於以《老》、《莊》解《易》，則晉人附會之失。澄之經學篤實，斷不沿其謬種。蓋澄之丁明末造，發憤著書，以《離騷》寓其幽憂，而以《莊子》寓其解脫，不欲明言，託於翼經焉耳。

楊園全書三十四卷（浙江巡撫採進本）

國朝張履祥撰。履祥有《沈氏農書》，已著錄。是編為寧化雷鋐所刊①，凡十二種。《願學記》一卷，共一百十九條，皆其劄記講學之語。《問目》一卷，共三十八條，皆其受業劉宗周時錄以就正之詞。中載"山陰劉先生批"者,即宗周也。《初學備忘》二卷,皆訓導後進之言,意在兼啟童蒙,故詞多淺近。《經正錄》一卷,輯朱子《訓學齋規》、《白鹿洞學規》,司馬光《居家雜儀》及朱子《增損呂氏鄉約》,合為一編。《近古錄》四卷,採明陳良謨《見聞記訓》、耿定向《先進遺風》、李樂《見聞雜記》、錢襄《厚語》,各採其所記嘉言善行,分立身、居家、居鄉、居官四門。《見聞錄》二卷,記近時之嘉言善行。《喪祭雜説》一卷,皆糾時俗違禮之失。《學規》一卷,凡《澂湖塾約》十四條,《東莊約語》五條。《答問》一卷,皆其門人張嘉珍問而履祥答。前為答張佩璁別楮,皆論喪祭之禮,後為答張佩璁所問,皆雜考經史疑義。佩璁即嘉珍字也。《門人所記》一卷,則嘉珍與姚瑚、姚璉錄履祥之語。《訓子語》二卷,凡分十二綱,一百四十五條。蓋履祥晚始得子,懼弗及教誨,故留以訓之。《農書》二卷,多就桐鄉物土言之[②]。履祥初講蕺山慎獨之學,晚乃專意於程、朱,立身端直,鄉黨稱之。其書多儒家之言。而《近古錄》、《見聞錄》等率傳記之流,《農書》又農家之流,言非一致,難以概目曰儒家,故著錄於"雜家類"焉。

【彙訂】

① 清乾隆二十一年秀水朱芬刻本此書有雷鋐序,可知提要誤序者為刻書人。(杜澤遜:《四庫存目標注》)

② 據提要所列子目,實為十二種十九卷,著錄為三十四卷,恐誤。《浙江省第一次書目》、《浙江採集遺書總錄》亦著錄作十九卷。(同上)

張考夫遺書五卷(兩江總督採進本)

國朝張履祥撰。是編書凡四種,曰《訓子語》二卷,曰《經正錄》一卷,曰《備忘錄》一卷,曰《書簡》一卷。張蘭皋序云:"《訓子》一册,先得我心,因合數種授之梓人。"蓋刻於《楊園全書》之前,故卷帙不及其富也。

竹裕園筆語十二卷(禮部尚書曹秀先家藏本)

國朝李曰滫撰。曰滫字亦白,臨川人,前明歲貢生。是編裒其平生雜著為之。一曰《邇言》一卷,皆辨析事理之談。二曰《蚤草》一卷,三曰《梅草》一卷,皆戊子秋冬避兵山居所劄記。三書識趣議論,出入於屠隆、袁宏道、陳繼儒之閒,蓋明末風氣如是也。四曰《驅暑草》一卷,皆其客楚時作。前為《或問》十章,綴以《無富》、《無分》、《無過》、《無不過》四論,皆借以發抒心蹟。五曰《餘草》一卷,皆所作雜文。六曰《四書筆語》六卷,依經生義,自抒所懷,與章世純《雷書》相類。二人本同時,又相善也。

昭代叢書一百五十卷(編修勵守謙家藏本)

國朝張潮編。潮字山來,徽州人[①]。是編凡甲、乙、丙三集,每集各五十卷,每卷為書一種,皆國初人雜著。或從文集中摘錄一篇,或從全書中割取數頁,亦有偶書數紙,並非著述,而亦强以書名者。中亦時有竄改。如徐懷祖之《海賦》,去其賦而存其自註,改名《臺灣隨筆》;黄百家之《征南先生傳》,芟其首尾,改名《内家拳法》。猶是明季書賈改頭換面之積習,不足採也。

【彙訂】

① 依《總目》體例,當作"潮有《焦山古鼎考》,已著錄"。

丹麓雜著十種十卷(浙江巡撫採進本)

國朝王晫撰。晫有《遂生集》,已著錄。是編皆所著雜文。一曰《龍經》,擬《禽經》而作。二曰《孤子吟》,皆哭父之詩。三曰

《松溪子》,皆筆記小品。四曰《連珠》,擬陸機體。五曰《寓言》,假禽蟲以示勸戒。六曰《看花述異記》,自記夢遇古來諸美女事。七曰《行役日記》,乃康熙甲寅為其父乞銘於宜興,述往返所經。八曰《快説續紀》,因金人瑞《西廂記評》所説快事而演之。九曰《禽言》,效梅堯臣體。十曰《北墅竹枝詞》,咏其鄉之軼事。每種有同時諸人序跋評語①,毛際可又總為之序,大抵皆明末山人之派。而《看花述異記》摹仿牛僧孺《周秦行記》,聚歷代妃主,備諸冶蕩,尤非所宜。贊皇之黨託名誣奇章可也,晫乃無端自誣乎?

【彙訂】

① 殿本“有”上有“皆”字。

檀几叢書五十卷（浙江吳玉墀家藏本）

國朝王晫、張潮同編。是書所錄皆國朝諸家雜著,凡五十種。大半採自文集中,其餘則多沿明季山人才子之習,務為纖佻之詞。如張芳之《黛史》、丁雄飛之《小星譜》,已為猥鄙。至程羽文之《鴛鴦牒》,取古來男女不得其偶者,以意判斷,更為匹配。其序文引譚元春之説,謂:“古來多少才子佳人,被愚拗父母板住,不能成對,齎情而死。乃悟文君奔相如,是上上妙策。”其語已傷風化。書中以王昭君配蘇武,以班昭配鄭康成,以王婉儀配文天祥之類,雖古之賢人,不免侮弄。至於以魏甄后配曹植,以遼蕭后配李煜,以漢班婕妤、晉左貴嬪配梁簡文帝、梁元帝,則帝王妃后亦遭輕薄矣。其書可燒,奈何以穢簡牘也。

政學合一集無卷數（副都御史黃登賢家藏本）

國朝許三禮撰。三禮有《讀禮偶見》,已著錄。是集正編三十三種,乃其宰海寧時所作。其《讀禮偶見》一種,為作於家居

時,亦編入其中。續編十三種,則其為御史以後所作。而其後人
又錄諭祭文、行述、誌銘附焉。正編自《讀禮偶見》外,所自著不
過數篇,篇不過數頁。若會講之語,雜錄羣言,政績詩頌,俱出他
手。《合律全書》、《樂只集》、《登高唱和詩》三種,乃併有錄而無
書。蓋餖飣湊合,摹印時有佚脱也。續編自《帝王甲子表》、《聖
孝廣義》、《聖廟崇祀圖》三種外,多與正編相出入。大抵皆有意
近名,失於夸詡。在海寧嘗建告天樓,官京師時亦然。所定告天
工課,儼然釋、道家懺誦章咒之屬,非儒者立言之道也。

祕書廿一種一百五卷(江西巡撫採進本)

國朝汪士漢編。二十一種者,其中《三墳》為宋人偽書,《楚
史檮杌》、《晉史乘》為元人偽書,《劍俠傳》、《竹書紀年》為明人偽
書[1],《續博物志》雖不偽,而以南宋人為晉人,亦為疏舛。今已
皆辨證於本書之下。此因士漢裒輯刊刻[2],別立總名,姑存其目
備考焉。

【彙訂】

[1] 今本《竹書紀年》二卷乃明嘉靖閒范欽根據古書引證輯
錄的,其中雖有刪削、偽造,但實為真偽相雜。(劉尚恒:《七十
五種綜合性古籍叢書簡介》)

[2] 清康熙七年汪士漢刻本此書實據明吳琯刻《古今逸史》
版重編。(杜澤遜:《四庫存目標注》)

檢心集十四卷(湖北巡撫採進本)

國朝閔則哲撰。則哲字睿先,應山人。是集為其子衍所編,
以語錄、講義、雜著與雜文參錯成書,頗無條理。其有書名者,為
《説書管見》四卷,又《説書》一卷,《訂學膚言》二卷。其不能以一

卷者，曰《寬酌篇》、《敢問篇》、《偶及篇》、《經説略》、《史説略》、《子説略》、《仕語節錄》、《論兵摘略》、《遷議存稿》、《惕愆質語》、《節錄內則續言》、《蕉窗筆談》，餘皆雜文。其中論説既繁，不免小有牴牾。如《史説略》中引《史記》"桀觀炮烙於瑤臺"云云，乃《符子》之寓言，《史記》實無此文也。

　　右雜家類"雜編"之屬，四十五部，一千三百九十六卷，內十三部無卷數。皆附存目。

子部四十五

類　書　類　一

　　類事之書，兼收四部。而非經非史，非子非集。四部之內，乃無類可歸。《皇覽》始於魏文，晉荀勖《中經部》分隸何門①，今無所考②。《隋志》載入子部，當有所受之。歷代相承，莫之或易。明胡應麟作《筆叢》，始議改入集部③。然無所取義，徒事紛更，則不如仍舊貫矣。此體一興，而操觚者易於檢尋，註書者利於剽竊，轉輾裨販，實學頗荒。然古籍散亡，十不存一，遺文舊事，往往託以得存。《藝文類聚》、《初學記》、《太平御覽》諸編，殘璣斷璧，至捃拾不窮，要不可謂之無補也。其專考一事，如《同姓名錄》之類者，別無可附，舊皆入之類書，今亦仍其例④。

【彙訂】

　　①"中經部"乃"中經簿"之誤。（張舜徽：《四庫提要敍講疏》）

　　②《隋書·經籍志》總敍曰："魏祕書鄭默，始制《中經》，祕書監荀勖，又因《中經》，更著《新簿》，分為四部，總括羣書……三曰丙部，有史記、舊事、皇覽簿、雜事。"姚振宗《隋書經籍志考證》注云："案'皇覽簿'者，載《皇覽》之目錄也。魏《中經》以次為丙

部中之一類,晉《新簿》仍之。"則《皇覽》在《中經新簿》中的歸類非無所考。(呂友仁、李正輝:《〈四庫全書總目〉補正十六則》)

③ 胡應麟《少室山房筆叢》主張類書獨立為一部,"附於四大部之末",而此議也非胡氏首倡。(胡道靜:《中國古代的類書》)

④ "今亦",底本作"亦今",據殿本乙。

古今同姓名錄二卷(永樂大典本)

梁孝元皇帝撰。是書見於《梁書》本紀及《隋書·經籍志》者皆作一卷。唐陸善經續而廣之,故《讀書志》、《書錄解題》皆作三卷①,其本皆不傳。此本為《永樂大典》所載,又元人葉森所增補者也。雖輾轉附益,已非其舊,然幸其體例分明,不相淆雜。凡善經及森所綴入者,皆一一標註,尚可考見元帝之原本。則類事之書,莫古於是編矣。《史記·淮陰侯列傳》贊稱兩韓信,此辨同姓名之始。然劉知幾《史通》猶譏司馬遷全然不別,班固曾無更張。至遷不知有兩子我,故以宰予為預田恒之亂;不知有兩公孫龍,故以堅白同異之論傅合於孔門之弟子。其人相混,其事俱淆,更至於語皆失實。則辨析異同,殊別時代,亦未嘗非讀書之要務,非但綴瑣聞,供談資也。明萬曆中,余寅別撰《同姓名錄》十二卷,周應賓又補一卷,國朝王廷燦又補八卷,所錄比此本加詳。然發凡起例,終以此本為椎輪之始焉。

【彙訂】

①《直齋書錄解題》卷一一著錄《古今同姓名錄》一卷。(黃嬿婉:《〈四庫全書總目〉誤引〈直齋書錄解題〉訂正十七則》)

編珠二卷補遺二卷續編珠二卷(內府藏本)

《編珠》二卷,舊本題隋杜公瞻撰。《補遺》二卷,《續編珠》二卷，則國朝康熙戊寅詹事府詹事錢塘高士奇所輯也。案《編珠》，《隋志》不載，《唐志》但有杜公瞻《荊楚歲時紀》一卷，而無此書。《宋志》始著於錄①。然世無傳本，始出於士奇家。其序稱於內庫廢紙中得之，"原目凡四卷，佚其半。遍覓不可得，輒因原目補為四卷。又廣其類之未具者為二卷"。首載大業七年公瞻自序，稱奉敕撰進，其結銜題"著作佐郎兼散騎侍郎"。又有徐乾學序，稱："杜公瞻無所表著，《談藪》載隋京兆杜公瞻嘗邀楊玠過宅，酒酣嘲謔者，即此公瞻無疑。"今觀其書，隸事為對，略如徐堅《初學記》之體，但前無序事，後無詩文。原目分天地、山川、居處、儀衛、音樂、器玩、珍寶、繒綵、酒膳、黍稷、菜蔬、果實、車馬、舟楫，所存者"音樂"以上五門而已。顧煬帝諱廣，故"廣川"改"長河"，《廣雅》改《博雅》。而此書"桂林水"條下引《廣州山川記》；"治雞水"條下引《廣州記》；"柏心桂"條下引伏滔《北征記》，稱"廣陵縣城南門"；"三條路"條下引班固《西都賦》"披三條之廣路"。隋高祖之父諱忠，故《隋書》"忠節"改"誠節"，而此書"斬馬劍"條下引《漢書》王莽斬董忠事。此猶可曰臨文不諱，未必盡拘。又"菖蒲海"一條本與"茱萸江"為對，"菖"字從草無疑矣。而條下所註乃引《漢書·西域傳》"于闐河與蔥嶺合，東流注菖蒲海"。今檢《漢書》乃"蒲昌"，非"菖蒲"也。唐以前書不應荒謬至此。此尚可曰一時失記。至於音樂門"南城鼓"一條引《樂府解題》曰："鼓吹曲有《巫山高》、《戰城南》。"則非惟文理未安，且《樂府解題》一書古不著錄，始見於《崇文總目》，云不知撰人名氏，列於吳兢《樂府古題要解》之後。郭茂倩《樂府詩集》漢鐃歌《上之回》篇引之，直題曰吳兢。雖未必確，然其書晚出，必非六朝舊籍無疑也。公瞻安得而見之？或明人所依託，士奇偶未審歟②？楊士奇《文淵閣書目》、張萱《內閣書目》俱不著錄。《永樂大典》於前代類書如《四六叢珠》、《截江網》之類無不具採，亦不登其一字。知其出明中葉以後矣。以其採擷詞華，頗為鮮豔，士奇所續，亦皆取唐以前事，較他類書為近古，故疑以傳疑，姑存以備參考焉[3]。

【彙訂】

①《通志·藝文略》、《遂初堂書目》皆先於《宋史·藝文志》著錄此書。（余嘉錫：《四庫提要辨證》）

② 隋唐間解樂府之書數出，郭茂倩《樂府詩集》引唐吳兢《樂府解題》只於《巫山高》有解，《戰城南》則付闕如，安知公瞻所引者非另一《樂府解題》？（胡道靜：《中國古代的類書》）

③ 據朱彝尊《曝書亭集》卷三五《杜氏編珠補序》，朱氏亦曾見此書於內庫中，並鈔錄一本以歸。則不得謂獨出於士奇之家，必非士奇所杜撰。（余嘉錫：《四庫提要辨證》）

藝文類聚一百卷（內府藏本）

唐歐陽詢撰。詢字信本，潭州臨湘人。仕隋為太常博士。入唐官至太子率更令，宏〔弘〕文館學士。事蹟具《唐書》本傳。是書據其自序，蓋亦奉詔所作。《唐書·藝文志》註：“令狐德棻、袁朗、趙宏〔弘〕智同修。”《唐書》詢本傳又稱武德七年，詔與裴矩、陳叔達同修。殆以詢董其成，故相傳但署詢名歟？葉大慶《考古質疑》論其“正月十五日”有蘇味道《夜遊》詩，“洛水”門有李嶠《游洛》詩[1]，“寒食”門有沈佺期、宋之問詩，四子皆後人，歐陽安得預編之？則傳寫又有所竄亂，非盡詢等之舊也。序稱《流別》、《文選》專取其文。《皇覽》、《徧略》直書其事，文義既殊，尋檢難一。是書比類相從，事居於前，文列於後，俾覽者易為功，作者資其用，於諸類書中，體例最善。凡為類四十有八②。其中門目，頗有繁簡失宜，分合未當。如山水部五岳存三，四瀆闕一；帝王部三國不錄蜀漢，北朝惟載高齊；儲宮部公主附太子而諸王別入職官；雜文部附紙、筆、硯；而武部外又別出刀、匕首等為軍器一門；道路宜入地部，壇宜入禮部，而列之居處；鍼宜入器物，錢宜入寶玉，而列之產業；案几、杖、扇、麈、尾、如意之類宜入器物，而列之服飾；疾病宜入人部，而列之方術；夢、魂魄亦宜入人部，而列之靈異；以及茱萸、黃連入木部，芙蓉、菱、藤入草部，鴻之外又別出鴈，蚌之外又別出蛤，鶴之外別出黃鶴③，馬之外別出騊駼，如斯之類，皆不免叢脞少緒④。唐覿《延州筆記》嘗摘其所載徐陵《〈玉臺新咏〉序》，謂以“誄德”為“累德”，傳譌自此書始。考劉熙《釋名》：“誄者累也，累其德行而述之也。”則詢書不誤，誤乃在覿。至王楙《野客叢書》摘其以《漢書》“長陵一抔土”事誤“抔”為“杯”，收入“杯”門⑤；又摘其“蒲柳”門中收趙高束蒲為脯事，云出《史記》，《史記》無此文；彭叔夏《文苑英華辨證》亦摘其引梁君射白雁事，云出《莊子》，《莊子》無其語，則皆中其失⑥。然隋以前遺文祕籍，迄今十九不存，得此一書，尚略資考證。宋周必大校《文苑英華》，多引是集，而近代馮惟訥《詩紀》、梅鼎祚《文紀》、張溥《百三家集》從此採出者尤多。亦所謂殘膏剩馥，沾溉百代者矣。

【彙訂】

①《藝文類聚》卷八“洛水”門載李嶠《和拜洛》詩，《考古質疑》卷一亦作《拜洛》詩。（陳尚君、張金耀主撰：《四庫提要精讀》）

②此書分為四十六部，卷八十一《藥香草部上》和卷八十二《藥香草部下》應算作一部，《總目》或以藥、香、草各計一部。（胡道靜：《藝文類聚前言》）

③ 殿本"別"上有"又"字。

④ 此書卷七五"疾"下即為"醫"，古代巫、醫一家，《漢書·藝文志》方技略下有醫經類，《隋書·經籍志》列醫方於五行之後，亦謂之曰"術"，故"醫"自然列於方術部，"疾"與"醫"連類，故同置於方術部中。卷七九"夢"與"魂魄"門或載占夢靈驗事，或載魂魄復歸事，皆與靈異有關，列入靈異部並無不妥。鳿類指鵝，與鴻雁有別。又書中有白鶴、黃鵠，無黃鶴。（陳尚君、張金耀主撰：《四庫提要精讀》）

⑤ 王楙《野客叢書》三十卷本卷第十七（又見十二卷本卷之七）"一抔土事"條曰："駱賓王《代李敬業檄》斥武后云'一抔之土未乾，六尺之孤安在？''一抔'字正用《前漢書》張釋之所謂'盜長陵一抔土'事。據註步侯切，乃哀字，今人不曉者讀為杯盞之杯。僕觀《歐陽行周集》有'或掬一抔土焉，或翦一枝材焉'；劉禹錫詩'血污城西一抔土'；歐陽詢《藝文類聚》於杯門編入'長陵一抔土'事，是知明以抔字為杯盞字用矣。僕又考之古詞中有以酒杯字作抔土字押者，如《隴西行》是也，因知古人嘗以此二字通用。"則王楙本意非指摘《藝文類聚》，而是證明此為唐初"考之未真"的一個錯誤。（胡道靜：《藝文類聚前言》）

⑥ 所引《莊子》梁君射白雁事，與《新序·雜事篇二》所載大略相同，《太平御覽》卷三百九十人事部引此亦作《莊子》，《困學紀聞》卷十載《莊子逸篇》三十九條，此事亦據《類聚》、《御覽》諸書輯入，是本不誤。（李慈銘：《桃花聖解盦日記》）

北堂書鈔一百六十卷（內府藏本）

唐虞世南撰。世南字伯施，餘姚人。官至銀青光祿大夫，宏文館學士,謚文懿。事蹟具《唐書》本傳。北堂者,祕書省之後堂。此書蓋世南在隋為祕書郎時所作。劉禹錫《嘉話錄》曰"虞公之為祕書,於省後堂集羣書中事可為文用者,號為《北堂書鈔》。今北堂猶存,而《書鈔》盛行於世"云云,是其事也。分八十卷,八百一類。《唐志》作一百七十三卷,晁公武《讀書志》因之①。《中興書目》作一百六十卷,《宋史·藝文志》因之。今本卷帙與《中興書目》同。其地部至泥、沙、石而畢,度非完帙,豈原書在宋已有亡佚耶? 王應麟《玉海》云:"二館舊闕《書鈔》,惟趙安仁家有本。真宗命內侍取之,手詔褒美。"蓋已甚珍其書矣。此本為明萬曆間常熟陳禹謨所校刻。錢曾《讀書敏求記》云:"世行《北堂書鈔》,攪亂增改,無從訂正。向聞嘉禾收藏家有原本②,尋訪十餘年而始得。翻閱之,令人心目朗然。"朱彝尊《曝書亭集》亦稱"曾見《大唐類要》百六十卷,反覆觀之,即虞氏《北堂書鈔》。今世所行者出陳禹謨刪補,至以貞觀後事及五代十五國之書雜入其中③,盡失其舊。《類要》大略出於原書,世未易得"云云。蓋明人好增删古書,逞臆私改,其庸妄無識,誠有如錢、朱二氏所譏。然今嘉禾舊本及《大唐類要》均已不可得見④,獨禹謨此本猶存⑤。其增加各條,幸皆註明"補"字,猶有蹤蹟可尋。存什一於千百,亦未始非唐人舊籍所藉以留貽者也。惟其所改所删,遂竟不可考,是則刊刻之功不贖其竄亂之過矣。

【彙訂】

　　①"分八十部,八百一類"乃晁公武《郡齋讀書志》之文,四庫本分十九部,八百五十二類。(楊琳:《古典文獻及其利用》)

　　②"本",《讀書敏求記》卷三《北堂書鈔》條原文及殿本作"書"。

③“五代十五國之書”，文淵閣本《北堂書鈔》書前提要與《曝書亭集》原文均作“五代十國之書”。（楊琳：《古典文獻及其利用》）

④ 國家圖書館藏有《大唐類要》的四種抄本。（楊琳：《〈大唐類要〉失傳了嗎》）

⑤“猶”，殿本作“獨”。

龍筋鳳髓判四卷（浙江鄭大節家藏本）①

唐張鷟撰。鷟字文成，自號浮休子，深州陸梁人②。調露初登進士第③。授襄陽尉④，累官四門員外郎，終於龔州長史。事蹟具莫休符《桂林風土記》，《唐書》附其孫張薦《傳》中。稱其“兒時夢紫文大鳥止其庭。大父曰：‘吾聞紫文，鷟鷟也。若壯，當以文章瑞朝廷乎？’遂命以名。員半千稱其文詞猶青銅錢，萬簡萬中⑤，時號‘青錢學士’。日本、新羅使至，必出金帛購其文”。然所著作不概見，存於今者惟《朝野僉載》及此書。《僉載》已竄亂失真，惟此書尚為原帙。其文臚比官曹，條分件繫，組織頗工。蓋唐制以身、言、書、判銓試選人，今見於《文苑英華》者頗多，大抵不著名氏。惟白居易編入文集，與鷟此編之自為一書者，最傳於世。居易判主流利，此則縟麗，各一時之文體耳。洪邁《容齋隨筆》嘗譏其堆垛故事，不切於蔽罪議法。然鷟作是編，取備程試之用，則本為隸事而作，不為定律而作，自以徵引賅洽為主。言各有當，固不得指為鷟病也。原本附有註文，為明劉允鵬所輯，採撮頗詳而稍傷冗漫。以別無他註，姑仍其舊錄之。允鵬本名繼先，字敬虛，武定人。嘉靖辛卯舉人。嘗著有《續事類賦》，今未見傳本。惟此註附鷟之書，尚存於世云。

【彙訂】

① 此書未著錄於《浙江省第五次鄭大節呈送書目》及《二老閣呈送書》，"浙江鄭大節家藏本"誤。（江慶柏：《四庫全書私人呈送本中的鄭大節家藏本》）

② 唐深州轄縣無陸梁。據兩《唐書·張鷟傳》，鷟乃深州陸澤人。《史記·秦始皇本紀》"略取陸梁地"，《正義》釋云："嶺南之人，多處山陸，其性強梁，故曰陸梁。"（楊武泉：《四庫全書總目辨誤》）

③ "調露"，殿本作"甘露"，誤，參《新唐書》卷一七四《張薦傳》。

④ 唐莫休符《桂林風土記》"張鷟"條云："特授襄樂尉。"襄樂為關內道寧州所轄縣，見《新唐書·地理志》，在今甘肅省寧縣附近。（楊武泉：《四庫全書總目辨誤》）

⑤ "猶青銅錢萬簡萬中"，殿本作"猶青錢萬選萬中"。《新唐書》原文作："鷟文辭猶青銅錢，萬選萬中。"

初學記三十卷（內府刊本）

唐徐堅等奉敕撰。案《唐書·藝文志》載《元宗事類》一百三十卷，又《初學記》三十卷。註曰："張說類集要事，以教諸王，徐堅、韋述、余欽、施敬本、張烜、李銳、孫季良等分撰。"似乎二書皆說總其事，而堅等分修。晁公武《讀書志》則曰："《初學記》三十卷，唐徐堅等撰。初，張說類集事要，以教諸王。開元中，詔堅與韋述等分門撰次。"又似乎《事類》為說撰，而堅等又奉詔擇其精粹，編為此書。考《南部新書》載："開元十三年五月，集賢學士徐堅等纂經史文章之要，以類相從，上制曰《初學記》。"則晁氏所言,當得其實。《唐志》所註,敍述未明,偶合兩書為一耳[①]。其書分二十三部,三百一十三子目,大致與諸類書相同。惟地部五岳之外載終南山,四瀆之外載洛水、渭水、涇水。又驪山湯泉、昆明池別出二條,則唐代兩都之故也。其例前為敍事,次為事對,末為詩文。其敍事雖雜取羣書,而次第若相連屬,與他類書獨殊。其詩文兼錄初唐,於諸臣附前代後,於太宗御製則升冠前代之首。較《玉臺新咏》以梁武帝詩雜置諸臣之中者,亦特有體例。其所採摭,皆隋以前古書,而去取謹嚴,多可應用。在唐人類書中,博不及《藝文類聚》,而精則勝之。若《北堂書鈔》及《六帖》,則出此書下遠矣。《春明退朝錄》及《溫公詩話》並稱中山劉子儀愛其書,曰:"非止初學,可為終身記。"李匡乂《資暇集》則曰:"《初學記》月門以'吳牛'對'魏鵲'。'魏鵲'者引曹公歌行'月明星稀,烏鵲南飛'為據,斯其疏闊。漢武《秋風辭》云'草木黃落兮雁南歸',今月門既云'魏鵲',則風事亦可用'漢雁'矣。若是採掇文字,何所不可。東海徐公碩儒也,何乖之甚。"云云。其説頗是。後李商隱詩因鮑照《代白頭吟》有"清如玉壺冰"句,遂以"鮑壺"對"王佩",實沿堅之失。然不以一眚掩其全書也。

【彙訂】

① 此書與《玄宗事類》皆是張説奉敕撰集,説雖總其事,而徐堅以下分修,書實成於其手。故題堅等之名,以著其實耳。(余嘉錫:《四庫提要辨證》)

元和姓纂十八卷(永樂大典本)

唐林寶撰。寶,濟南人。官朝議郎,太常博士。序稱元和壬辰歲,蓋憲宗七年也。寶,《唐書》無傳,其名見於《藝文志》[①],諸家書目所載並同。惟《唐會要》稱王涯撰，蓋以涯曾作序而譌。鄭樵《通志》又稱李林寶撰，則因李吉甫命寶作是書，當日二名連書，傳寫脫去“吉甫”字，遂併為一人。觀樵《姓氏略》中譏寶作《姓纂》，而不知林姓所自出，則《藝文略》中本作林寶可知也。焦竑《國史經籍志》亦因之作李林寶，誤之甚矣。其論得姓受氏之初，多原本於《世本》、《風俗通》。其他如《世本》、《族姓記》,《三輔決錄》以及《百家譜》、《英賢傳》、《姓源韻譜》、《姓苑》諸書，不傳於今者，賴其徵引，亦皆班班可見。鄭樵氏作《族略》，全祖其文，蓋亦服其該博也。但寶以二十句而成書，援引閒有譌謬。且當矜尚門第之時，各據其譜牒所陳，附會攀援，均所不免。觀《白居易集》自敍家世，以白乙丙為祖，而云出自白公勝。顛倒時代，悖謬顯然，其他可知。洪邁《容齋隨筆》稱《元和姓纂》誕妄最多，蓋有由也。然於唐人世系則詳且核矣。書至宋，已頗散佚。故黃伯思《東觀餘論》稱得富弼家本，已闕數卷。陳振孫《書錄解題》亦稱絕無善本，僅存七八。此本在《永樂大典》中，皆割裂其文，分載於太祖御製《千家姓》下，又非其舊第。幸原序猶存，可以考見其體例。今仍依唐韻，以四聲二百六部次其後先，又以宋鄧名世《古今姓氏辨證》所引各條補其闕佚，仍釐為一十八卷[②]。其字句之譌謬，則參校諸書，詳加訂正，各附案語於下方。至原序稱皇族之外各以四聲類集，則李姓必居首卷。今獨無一字之存，殆修《永樂大典》時已佚其第一冊歟？然殘編斷簡，究為文獻之所徵也。

【彙訂】

①　林寶《新唐書》雖無傳，然其名見於《舊唐書·裴遵慶傳》，不獨載於《新唐書·藝文志》。（余嘉錫：《四庫提要辨證》）

②　文淵閣、文溯閣《四庫》本均作十卷,文淵閣本書前提要亦作十卷。(司馬朝軍:《〈四庫全書總目〉研究》)

白孔六帖一百卷(内府藏本)

案《文獻通考》①:"《六帖》三十卷,唐白居易撰。《後六帖》三十卷,宋知撫州孔傳撰。"合兩書計之,總為六十卷。此本編兩書為一書,不知何人之所合。又作一百卷,亦不知何人之所分。考胡仔《苕溪漁隱叢話》稱:"《六帖新書》出於東魯兵燹之餘,南北隔絕,其本不傳於江左,使學者弗獲增益聞見。"則南渡之初尚無傳本。王應麟《玉海》始稱:"孔傳亦有《六帖》,今合為一書。"則併於南宋之末矣。黃朝英《靖康緗素雜記》載白氏《六帖》有元祐五年博平王安世序,此本佚之。卷首所冠韓駒序,則專為孔傳續書作也②。楊億《談苑》曰:"白居易作《六帖》,以陶家瓶數十,各題門目,作七層架列齋中。命諸生採集其事類,投瓶中,倒取鈔錄成書③。故所記時代多無次序。"《唐志》稱其書為《白氏經史事類六帖》,蓋其別名④。程大昌《演繁露》稱:"唐開元中舉行科試之法,帖經者以所習經掩其兩端,中間惟開一行,裁紙為帖。凡帖三字,視時增損,可否不一,或得四、得五、得六者為通。《六帖》之名所由起,取中帖多者名其書也。"然此書雜採成語故實,備詞藻之用,與進士帖經絕不相涉,莫詳其取義之所在。大昌所說,殆亦以意附會歟?其體例與《北堂書鈔》同,而割裂餖飣,又出其下。《資暇集》摘其誤引朱博烏集事,《南部新書》摘其誤引陶潛五柳事,《東皋雜錄》摘其誤引"鳥鳴嚶嚶"事,《學林就正》摘其誤引毛寶放龜事。然所徵引,究皆唐以前書,墜簡遺文,往往而在,要未為無裨考證也。《容齋隨筆》又稱:"俗傳淺妄書如《雲仙散錄》之類，皆絕可笑。孔傳《續六帖》悉載其中事，自穢其書。"然《復齋漫錄》案，《復齋漫錄》今已佚，此條見胡仔《苕溪漁隱叢話》所引。稱"東魯孔傳字聖傳，先聖之裔，而中丞道輔之孫也。為人博學多聞。取唐以來至於吾宋，詩頌銘贊，奇編奧錄，窮力討論，纖芥不遺。撮其樞要，區分彙聚有益於世者，續唐白居易《六帖》，謂之《六帖新書》。韓子蒼為篇引，以為'孔侯之書，如富家之儲材，榱棟桴栱，雲委山積。匠者得之，應手不窮，其用豈小'"云云。則宋人亦頗重其書矣。《玉海》引《中興書目》稱："居易採經傳百家之語，摘其英華，以類分門，悉註所出卷帙名氏於其下。"晁公武《讀書志》則稱："居易原本不載所出書，曾祖父祕閣公為之註，行於世。"其說不同。然公武述其家事，當必不誤。且《玉海》又引《中興書目》稱："白居易以天地事分門類為聲偶，而不載所出。"其說亦自相矛盾。蓋當代所行，原有已註出處之本，又有未註出處之本，應麟各隨所見書之耳。此本註頗簡略，亦不題註者姓名。其即晁公所註與否⑤，不可復考。今亦仍原本錄之，不更增題名氏焉。居易始末具《唐書》本傳。傳有《東家雜記》，已著錄。

【彙訂】

① 殿本"考"下有"載"字。

② 殿本"作"下有"者"字。

③ 千餘子目非數十隻陶瓶所能容，數十隻也不必作七層架裝置，"數十"當為"數千"之誤。《楊文公談苑》卷一六、《郡齋讀書志》也作"以陶家瓶數千"。（胡道靜：《中國古代的類書》）

④ 《新唐書·藝文志》著錄作"唐《白氏經史事類》三十卷，白居易"，注云"一名《六帖》"。（劉葉秋：《略談〈白氏六帖事類

集〉、〈白孔六帖〉和〈六帖補〉》》

⑤ "晁公"，殿本作"晁氏"。

小名錄二卷（兩江總督採進本）

唐陸龜蒙撰。龜蒙有《耒耜經》，已著錄。是書所載皆古人小名，始於秦，終於南北朝。趙希弁《郡齋讀書後志》作三卷，此本僅二卷。希弁稱其"神仙、玉女之名，婦人、臧獲之字，亦無棄焉"。此本亦但有婦人、臧獲之字，而無神仙、玉女之名。又稱其自秦至隋，而此本無隋人。殆非完書矣。所記頗為叢脞，如秦二世名胡亥、漢光武帝名秀之類，皆非小名。王戎稱阿戎，王僧謙稱阿謙，不過如呂蒙之稱阿蒙、崔鴻之稱阿鴻、王平子之稱阿平、米元章之稱阿章①，皆即其名字以示親暱，均不當在小名之列。至於匡衡小名為鼎，出自《西京雜記》，顏師古註《漢書》已深駁之。龜蒙仍祖其說，殊為不考。又此書本旨為記小名，因小名而引及事實，已為支蔓。如謝朗、王恭、王修之類，至於疊出不已，於體例亦頗有乖。王楙《野客叢書》稱："《唐藝文志》、《崇文總目》皆有陸龜蒙《小名錄》五卷，恨不得見之。"楙博極羣書，而其言如此。或原本散佚，後人以意補綴，託之龜蒙歟？然唐人著述，傳世日稀。龜蒙此編，雖未能信其必真，亦無以斷其必偽。相承已久，備古書之一種可矣。

【彙訂】

① 殿本"米"上有"亦不過如"四字。

蒙求集註二卷（江蘇蔣曾塋家藏本）

晉李瀚撰。瀚始末未詳。考李匡乂《資暇集》稱"宗人瀚作《蒙求》"，則亦李勉之族。又《五代史·桑維翰傳》稱"初，李瀚為

翰林學士,好飲而多酒過,晉高祖以為浮薄",當即其人也^①。其
註不著撰人名氏。案陳振孫《書錄解題》曰:"《補註蒙求》八卷,
徐子光撰。以李瀚《蒙求》句為之註,本句之外,兼及他人事。"所
言與此書相合,惟八卷之數與此本二卷不同。然此本卷帙頗重,
蓋後人以八卷合併也。其書以《蒙求》原文冠於卷首,後以每二
句為一節,各為之註。註雖稍嫌冗漫,而頗為精核。如"吕望非
熊"句,以《六韜》原文無"非熊"字,則引崔駰《達旨》註始用"非
熊"以明之;"周嵩狼抗"句,以《晉書》嵩傳作"抗直",則引《世説
新語》本作"狼抗"以明之;"賈誼忌鵩"句,以《鵩賦》無"忌"字,則
引孔臧《鴞賦》"賈生有識之士,忌前鵩焉"以明之;"燕昭築臺"
句,以《史記》乃"築宫"非"築臺",則引孔融《與曹操書》、鮑昭《樂
府》皆稱"築臺"以明之;"胡昭投簪"句,以本傳無"投簪"字,則引
摰虞所作《昭贊》以明之。如斯之類,皆為不苟。凡其事未詳,而
舊註所説莫知何據者,如"趙孟疵面"^②、"子建八斗"、"蘇章負
笈"、"申屠斷鞅"、"龍逢版出"、"何謙焚詞"之類,皆疑以傳疑,亦
不失詳慎。其中偶爾失檢者,朱翌《猗覺寮雜記》嘗摘其毛寶、韓
壽二事^③。今考"紀瞻出妓"句,事見《世説新語》,舊註所引不
誤,而云今本不載;"江革忠孝"句,事見《南史》,乃以為後漢之江
革,改"忠孝"為"巨孝";"顔叔秉燭"句,云事出毛公《詩傳》,今
《詩傳》實無此文。皆不免小舛^④。又如"劉惔傾釀"句,乃誤讀
《世説》,以"傾家"之傾為"傾酒"之傾,亦失於糾正。然大致淹
通,實初學之津筏也。

【彙訂】

①《蒙求》乃唐人李瀚撰,説詳卷一一八《資暇集》條訂誤。

②"趙孟疵面",殿本作"趙孟疵句",誤。此書卷下有"趙孟

疵面”條。

③《猗覺寮雜記》乃駁李瀚《蒙求》之誤，非謂徐子光《補註蒙求》。（余嘉錫：《四庫提要辨證》）

④“呂望非熊”句，《六韜》作“非虎非羆”者，此宋以下之本也。李善注劉琨《贈盧諶》詩引《六韜》正作“非熊非羆”。“周嵩狼抗”句，徐氏既知“狼抗”出自《世說新語》，乃先引《晉書》已改之文，而以《世說新語》證之，正其好改舊文之失。“燕昭築臺”句，日本藏卷子改裝古鈔本《蒙求》引《春秋後語》本作“築臺”，舊注引《史記》亦作“築臺”。“胡昭投簪”句，古鈔本與李瀚舊注本皆引昭《贊》，非徐氏所補。“趙孟疵面”出王隱《晉書》（《太平御覽》卷三百六十五引），“子建八斗”出《南史·謝靈運傳》，“龍逢版出”原注引《論語陰嬉讖》，然亦見《文選》任彥昇《百辟勸進箋》注文。“江革忠孝”句，古鈔本原注引《東觀漢記》：“江革字次翁，忠臣孝子之稱行天下”云云，則本有“忠孝”二字。“顏叔秉燭”句，《小雅·巷伯》“哆兮哆兮”下，《毛傳》載顏叔子獨處於室，使鄰婦執燭達旦事，其文甚詳。“何謙焚詞”乃“何謙焚祠”之誤。（楊守敬：《日本訪書志》）

事類賦三十卷（內府藏本）

宋吳淑撰併自註。淑字正儀，丹陽人。仕南唐為內史。歸宋薦試學士院，授大理評事。後官至起居舍人，職方員外郎。事蹟具《宋史·文苑傳》。是編乃所作類事之書。卷首結銜稱博士，蓋其進書時官也。前有淑進書狀，稱：“先進所著一字題賦百首①。退惟蕪累，方積兢憂。遽奉訓詞，俾加註釋。”又稱：“前所進二十卷，加以註解，卷帙差大。今廣為三十卷，目之曰《事類賦》。"云云。是淑初進此賦二十卷,尚無書名。及奉敕自註,乃增益卷數,定著今稱也。凡《天部》三卷,《歲時部》二卷,《地部》三卷,《寶貨部》二卷,《樂部》一卷,《服用部》三卷,《什物部》二卷,《飲食部》一卷,《禽部》二卷,《獸部》四卷,《草木部》、《果部》、《鱗介部》各二卷,《蟲部》一卷。分子目一百,與進狀數合。類書始於《皇覽》。六朝以前舊笈,據《隋書·經籍志》所載,有朱澹《遠語對》十卷,又有《對要》三卷,《羣書事對》三卷,是為偶句隸事之始。然今盡不傳,不能知其體例。高士奇所刻《編珠》,稱隋杜公瞻撰者,偽書也。今所見者,唐以來諸本駢青妃白,排比對偶者,自徐堅《初學記》始;鎔鑄故實,諧以聲律者,自李嶠《單題詩》始。其聯而為賦者,則自淑始②。嶠詩一卷今尚存,然已佚其註。如《桂》詩中"俠客條為馬,仙人葉作舟"之類,古書散亡,今皆不知為何語,故世不行用。淑本徐鉉之壻,學有淵源,又預修《太平御覽》、《文苑英華》兩大書,見聞尤博。故賦既工雅,又註與賦出自一手,事無舛誤,故傳誦至今。觀其進書狀稱"凡讖緯之書及謝承《後漢書》、張璠《漢記》、《續漢書》、《帝系譜》、徐整《長曆》、《元〔玄〕中記》、《物理論》,皆今所遺逸,而著述之家相承為用。不忍棄去,亦復存之"云云,則自此逸書數種外,皆採自本書,非輾轉捃撦者比。其精審益為可貴,不得以習見忽之矣③。

【彙訂】

①　"賦",殿本作"詞",誤,參書前進書狀原文。

②　據紹興十六年刻本邊惇德序,此書成於淳化(990—994)年間。而《玉海》卷五九與《文獻通考·經籍考》卷五五皆著錄《魯史分門屬類賦》:"楊鈞,三卷。以左氏事類分十門,各為律賦一篇,乾德四年(966)奏御,詔褒之。"

③ 此書注文幾乎全係照抄自《太平御覽》,往往《御覽》有誤處亦因襲未改,絕非"採自本書"。

太平御覽一千卷(侍講張燾家藏本)

宋李昉等奉敕撰。以太平興國二年受詔,至八年書成,初名《太平編類》,後改為《太平御覽》①。宋敏求《春明退朝錄》謂書成之後,"太宗日覽三卷,一歲而讀周",故賜是名也。凡分五十五門,徵引至為浩博,故洪邁《容齋隨筆》稱:"太平興國中編次《御覽》,引用書一千六百九十種②。其《綱目》並載於首卷,案,此則今本前列舊目,乃宋時官本之舊。而雜書、古詩賦又不能具錄。以今考之,不傳者十之七八。"胡應麟《經籍會通》則以為是編所引,大抵採自類書,非其書宋初尚存。力駁邁說之誤,所言良是。然考陳振孫《書錄解題》曰:"或言國初古書多未亡,以《御覽》所引用書名故也。其實不然,特因諸家類書之舊耳。以《三朝國史》考之,館閣及禁中書總三萬六千餘卷,而《御覽》所引書多不著錄,蓋可見矣。"是邁所云云,振孫已先駁之矣,應麟特剿襲其說耳。應麟又曰:"《御覽》向行鈔本,十年來始有刻,而譌謬特甚。非老師宿儒,即一篇半簡莫能句讀。至姓名顛舛,世代魯魚,初學之士讀之,或取為詩文用,誤人不尠。"案此本前有萬曆元年黄正色序曰:"太平興國迄今幾六百載,宋世刻本俱已湮滅。近世雲開朱氏僅存者,亦殘闕過半。海內鈔本雖多,輾轉傳寫,譌舛益甚。吾錫士大夫有好文者,因閩省梓人,用活字校刊③,始事於隆慶二年。至五年,才印其十之一二,閩人散去。於是浙人倪炳伯文謀於郡邑二三大夫,協力鳩工,鋟諸梨棗。孫國子虞允一元力任校讎,忽於隆慶六年捐館,弗克終事。今復苦於舛譌,薛憲副應登有校得善本，藏諸家塾。其仲子名逢者，俾倪氏繕寫付梓。"云云。所言刊本譌謬之故，大概與應麟合。然此書行世，實有二本。一為活字印本，其版心稱共印五百部④，則正色所云印十之一二散去者，其說不確。一即倪氏此本。二本同出一稿，脫誤相類，而校手各別，字句亦小有異同。今以二本參校，併證以他書，正其所可知，而仍其所不可知。古書義奧，文句與後世多殊，闕疑猶愈於妄改也。宋初去古未遠，即所採類書，亦皆具有淵源，與後來餖飣者迥別。故雖蠹蝕斷爛之餘，尚可據為出典。世所傳宋以前書，可考見古籍佚文者，僅六七種，曰裴松之《三國志注》，曰酈道元《水經注》，曰劉孝標《世說新語注》，曰李善《文選注》，曰歐陽詢《藝文類聚》，曰徐堅《初學記》，其一即此書也⑤。殘碑斷碣，剝蝕不完，歐陽、趙、洪諸家尚藉之以訂史傳。況四庫菁華，彙於巨帙，獵山漁海，採摭靡窮，又烏可以難讀廢哉！

【彙訂】

① 據《國朝會要》，初名《太平總類》。（胡道靜：《中國古代的類書》）

②《御覽經史圖書綱目》所列之書為一千六百八十九種，複出者九十八種，實際為一千五百九十一種。（李裕民：《四庫提要訂誤》）

③ "校刊"，殿本作"校刻"。此書黃正色序原文作"校刊"。

④ 此本版心下方記云："宋版校正閭游氏同版活字印一百餘部。"卷十一記云："宋版校正饒氏同版活字印一百餘部。"嘉慶丙寅揚州汪昌序活字本載周堂序亦謂"今所得活版僅百餘部"。（夏定域：《四庫全書提要補正》）

⑤《北堂書鈔》、《六帖》所引古籍甚多，亦不在諸書之下。

（李裕民：《四庫提要訂誤》）

册府元龜一千卷（内府藏本）

宋王欽若、楊億等奉敕撰。真宗景德二年，詔編修歷代君臣事蹟，以欽若提總，同修者十五人。至祥符六年書成，賜名製序。周必大《〈文苑英華〉跋》、王明清《揮麈錄》並稱太宗太平興國中修者，誤也。其書分三十一部，部有總序。又子目一千一百四門①，門有小序。皆撰自李維等六人，而竄定於楊億。又命孫奭為之音釋。其閒義例，多出真宗親定。惟取《六經》子史，不錄小說。於悖逆非禮之事，亦多所刊削，裁斷極為精審。考洪邁《容齋隨筆》謂其時編修官上言②，凡臣僚自述及子孫追敍家世，如《鄴侯傳》之類，並不採取。遺棄既多，故亦不能賅備。袁氏《楓窗小牘》亦謂：“開卷皆目所常見，無罕覯異聞，不為藝林所重。”夫典籍至繁，勢不能遍為掇拾，去誣存實，未可概以挂漏相繩③。況纂輯諸臣皆一時淹貫之士，雖卷帙繁富，難免牴牾，而考訂明晰，亦多可資覽古之助。張耒《明道雜志》稱：“楊億修《册府元龜》，數卷成輒奏之。每進本到，真宗即降付陳彭年。彭年博洽，不可欺毫髮，故謬誤處皆簽貼。有小差誤必見，至有數十簽。億心頗自愧，乃盛薦彭年文字，請與同修。”其言雖不可盡信④，然亦足見當時校核討論，務臻詳慎。故能甄綜貫串，使數千年事無不條理秩然也。據《玉海》所載，此書凡目錄十卷，音義十卷。今有目錄而無音義，蓋傳寫者久佚之矣。

【彙訂】

① 實為一千一百一十五門。（許振興：《〈册府元龜〉門數考》）

② 殿本"謂"上有"乃"字。

③ "概以挂漏相繩"，殿本作"概以為挂漏"。

④ "雖"，殿本無。

事物紀原十卷（編修嚴福家藏本）

明正統閒南昌簡敬所刊①。前有敬序云："作者佚其姓名。"
考趙希弁《讀書附志》云："《事物紀原》十卷，高承撰。承，開封
人。自博弈嬉戲之微，魚蟲飛走之類，無不考其所自來。雙溪項
彬為之序。"陳振孫《書錄解題》亦云："《中興書目》作十卷，高承
撰。元豐中人。凡二百十七事②。今此書多十卷，且多數百事，
當是後人廣之耳。"云云。則此書實出高承，敬序蓋未詳考。惟
檢此本所載凡一千七百六十五事③，較振孫所見更數倍之。而
仍作十卷，又無項彬原序，與陳、趙兩家之言俱不合。蓋後來又
有所增益④，非復宋本之舊⑤。書凡分五十五部，名目頗為冗碎。
其所考論事始，亦閒有未確。如引《秦本紀》，謂名縣始自秦孝
公，而不知《左傳・宣公十一年》"楚子縣陳"，杜註已明言滅陳以
為縣⑥。又謂"諸葛亮始造木牛，即今小車之有前轅者，流馬即
今獨推者，是民閒謂之江州車子"，不知《三國志註》引亮文集，載
所作木牛流馬之法甚詳，與今之獨輪車制度絕不相類。又如"袯
襫"一條，不引《晉書・束晳傳》所云周公洛邑、秦昭王河曲之事，
亦失之眉睫之前。然其他類多排比詳贍，足資核證。在宋代類
書中，固猶有體要矣。

【彙訂】

① 諸本皆作"閤敬"，"簡敬"乃傳寫之譌。（胡玉縉：《四庫
全書總目提要補正》）

②《直齋書錄解題》卷十原文作"二百七十事",《玉海》卷五五所載同。(李裕民:《四庫提要訂誤(續)》)

③ 美國普林斯頓大學葛思德東方圖書館藏明成化八年李果刻本(據明正統十三年閻敬本重刻)有楊守敬跋,謂此本所載凡一千八百四十一事。(沈津:《中國珍稀古籍善本書錄》)

④ "增益",殿本作"增併"。

⑤ 殿本"舊"下有"耳"字。今日本静嘉堂文庫藏《事物紀原集》二十卷,係宋慶元三年建安余氏刊本,後來如明刊本皆有所刪節。《總目》所言與此書流傳的實際正好相反。(嚴紹璗:《日本藏漢籍珍本追蹤紀實——嚴紹璗海外訪書志》)

⑥《左傳》哀公十七年載子穀曰:"彭仲爽,申俘也,文王以為令尹,實縣申、息。"杜註:"楚文王滅申、息以為縣。"楚文王比魯宣公早五六十年。則名縣之始,非《總目》所舉"楚子縣陳"。且《史記·秦本紀》云:"(秦武公)十年,伐邽冀戎,初縣之。"秦武公十年,當西元前 688 年,即楚文王即位之次年。其時,楚文王必尚未"實縣申、息",故秦武公滅邽冀戎置縣,實為名縣之始。(楊武泉:《四庫全書總目辨誤》)

實賓錄十四卷(永樂大典本)

宋馬永易撰。永易字明叟,揚州人。徽宗時嘗官池州石埭尉,其事蹟無可考見。惟《文獻通考》、《宋史·藝文志》載所著有《唐職林》、《元和朋黨錄》、《壽春雜志》諸書,蓋亦博洽之士也。是書見於晁公武《讀書志》者稱《異號錄》二十卷,而陳振孫《書錄解題》作《實賓錄》,謂永易所撰,蜀人句龍材校正,文彪增廣。凡本書三十卷,後集三十卷①。《宋史·藝文志》又分《實賓錄》、

《異號錄》各三十卷，皆題永易所撰。諸家紀載，頗舛錯不合。今以其説互相參證，疑陳氏所稱"本書"，乃永易原撰，本名《異號錄》。陳氏所稱"後集"，即文彪所續，始取"名為實賓"之義，併本書亦改題今名。《宋志》蓋誤分為兩書，而晁公武所見則為未經增廣之本，故尚題為《異號錄》也。自元以來其書久佚，陶宗儀收入《説郛》者，僅寥寥數條。近浙江所進范氏天一閣藏本，亦即從《説郛》鈔出，一字不殊。今從《永樂大典》蒐輯，共得六百餘條，皆《説郛》之所未載。惟原帙既湮，其體例已無可考[②]。即永易原本與文彪所增，亦錯雜不可復辨。謹裒輯編綴，芟除重複，訂正舛譌，各以類相從，釐為一十四卷。仍從《書錄解題》，統標曰《實賓錄》，以存宋時傳本之舊。其書皆取古人殊名別號，以廣見聞，領異標新，頗資採掇。至於搜羅既廣，偶涉舛譌。如沈傳師之推為顏子，乃比擬之空言；劉長卿之五言長城，乃品題之泛論。皆非標目，不應闌入其閒。又如吉茂言侍中執虎子，語本詼諧；白居易賦《新豐折臂翁》，詞由徵實。凡此之類，尤與稱謂無關，一概濫收，殊失別擇。是則嗜異貪多，為千古著書之通病，不獨永易為然，固不以累其全書矣。

【彙訂】

① 輯本《直齋書錄解題》無《實賓錄》，《總目》當是據《文獻通考》卷二百二十八："陳氏曰：馬永易撰，蜀人句龍材校正，文彪增廣。本書三十卷，後集三十卷，義取'名者，實之賓'為名。"（陳樂素：《宋史藝文志考證》）

② 《總目》所據乃重編《説郛》本，僅錄六十餘條。陶宗儀《説郛》原本凡錄二百八十八條，頗多《永樂大典》輯本所未載者，而原書編次尚略可藉以窺見。（昌彼得：《説郛考》）

書敘指南二十卷（兩淮鹽政採進本）

宋任廣撰。廣字德倹，浚儀人。今本《文獻通考》作任廣浚，蓋傳刻譌脫，以人名①、地名誤連為一也。尤袤《遂初堂書目》載有此書，然袤《書目》無註文，無由考其始末。惟據陳振孫《書錄解題》，知為崇寧中人耳。其書初刊於靖康中，版旋被毀。有俞氏者，攜舊本南渡，其後輾轉傳寫，多非完帙。至國朝康熙初，金券得韓氏所藏本，繕錄未竟而券没，反併原本第十卷佚之。雍正三年，金彙得不全宋本，適尚存第十卷，乃重為鈔補刊刻，而此書復完。蓋若隱若顯幾五六百年，其不亡者幸也。其書皆採錄經傳成語，以備尺牘之用，故以"書敘"為名。明浦南金嘗取是書與《爾雅》、《左腴》、《漢雋》合為一編，改題曰《修辭指南》，瞀亂糅雜，殊不足取。此本猶金氏原刻，尚不失其舊。其閒徵引既繁，複冗蓋所不免。然每句標註出處，猶從原書採撥而來，終較南宋書肆俗本為有根據，固未可與《啟劄青錢》之類一例視之矣。

【彙訂】

①"名"，殿本無。

海錄碎事二十二卷（内府藏本）

宋葉廷珪撰。廷珪字嗣忠，崇安人①。政和五年進士，出知德興縣。紹興中為太常寺丞，與秦檜忤，以左朝請大夫出知泉州軍州事。王之望《漢濱集》有所作廷珪除官制，頗稱其學問之富。蓋當時亦以博洽著也。是編乃其類事之書。《閩書》稱"廷珪性喜讀書②，每聞士大夫家有異書，無不借讀，讀即無不終卷。常恨無資，不能盡寫。因作數十大册，擇其可用者手鈔之，名曰《海錄》。既知泉州，公餘無事，因取類之。為門七十五，為卷二十有二。事多新奇，未經前人引用”，即指此本。然廷珪自序稱百七十五門，與《閩書》所言已不合。檢其書，實為部十六，為門五百八十四，與自序亦不合。又《宋史·藝文志》載此書作二十三卷，《文獻通考》又作三十三卷，卷數亦有異同。或後人有所竄改，非其舊本歟？其書每條僅標三數字，其註亦不過三數語③。蓋義存約取，故以“碎事”為名。其中如分守令、縣令為兩門，而太守事實乃入留守門；又如韓偓稱玉山樵人，賀知章稱四明狂客，張志和稱元〔玄〕真子之類，皆其自號，而載入私諡門；趙至《與嵇茂齊書》所云“雞鳴戒旦，飄爾晨征，日薄西山，馬首靡託”者，乃自敍行役之詞，而入於軍旅門，於分隸多為未協。蓋隨筆記錄，不免編次偶疏。然其簡而有要，終較他本為善也。

【彙訂】

①《寰宇通志》卷四八、《八閩通志》卷六五本傳均稱甌寧人。（李裕民：《四庫提要訂誤》）

②“喜”，殿本作“善”，誤，參《閩書》卷九四《英舊志·縉紳》“建寧府甌寧縣”葉廷珪傳原文。

③ 其注以十幾至二十幾字為主，百字以上者有十一條。（李裕民：《四庫提要訂誤》增訂本）

古今姓氏書辨證四十卷（永樂大典本）

宋鄧名世撰，而其子椿裒次之。名世字元亞，臨川人。祖孝甫，見《宋史·隱逸傳》，即原序所稱“文昌先生”者是也。椿有《書繼》，已著錄①。李心傳《繫年要錄》稱紹興三年十月，詔撫州進士鄧名世赴行在，以御史劉大中薦也。四年三月乙亥，上此書。時吏部尚書胡松年以其貫穿羣書，用心刻苦，遂引對，命為右迪功郎。王應麟《玉海》所載亦同,惟言名世初以草澤得召[2],上書後始詔賜出身,充史館校勘。《朱子語類》又謂其以趙汝愚薦,以白衣起為著作郎,後忤秦檜勒停。均與心傳所記不同,則未詳孰是耳[3]。《文獻通考》、《宋藝文志》俱作四十卷,惟《宋會要》作十四卷,《中興書目》作十二卷,殆傳寫之誤[4]。其書長於辨論,大抵以《左傳》、《國語》為主,自《風俗通》以下各採其是者從之,而於《元和姓纂》抉摘獨詳,又以《熙寧姓纂》、《宋百官公卿家譜》二書互為參校,亦往往足補史傳之闕。蓋始於政、宣而成於紹興之中年,父子相繼,以就是編,故較他姓氏書特為精核。《朱子語類》謂"名世學甚博,姓氏一部,考證甚詳",蓋不虛也[5]。後椿作《畫繼》,亦號賅洽,殆承其討論之餘緒乎? 宋時紹興有刊本[6],今已散佚。《永樂大典》散附《千家姓》下,已非舊第。惟考王應麟所引原序,稱"始於國姓,餘分四聲",則其體例與《元和姓纂》相同。今亦以韻隸姓,重為編輯,仍釐為四十卷,目錄二卷。其複姓則以首字為主,附見於各韻之後。閒有徵引譌謬者,併附著案語,各為糾正焉。

【彙訂】

① 鄧名世之子名椿年,與雙流人鄧椿字公壽撰《畫繼》者非一人。(陸心源:《儀顧堂題跋》;余嘉錫:《四庫提要辨證》)

② "召",殿本作"名",誤。《玉海》卷五十《紹興姓氏書辨證·春秋譜·百族譜》條載"四年三月乙亥,撫州鄧名世以所著《春秋四譜》六卷、《辨論譜說》十篇、《古今姓氏書辨證》四十卷來上。吏部尚書胡松年看詳,學有淵源,辭亦簡古,考訂明切,多所按據。詔引見殿上(二十五日)。九月六日賜進士出身,充史館校勘"。

③鄧名世乃撫州之鄉貢進士，故《建炎以來繫年要錄》稱進士，《玉海》稱草澤，《朱子語類》稱白衣，其實一也。（余嘉錫：《四庫提要辨證》）

④《玉海》及《永樂大典》所引《宋會要》皆作十四卷，則非傳寫之譌。本書卷首鄧椿年序明言當時獻於行在者只十四卷，後來名世自以他書參訂而未成，椿年據其遺稿補輯重編為四十卷。《玉海》乃誤以進獻者為四十卷。（同上）

⑤"蓋"，殿本無。

⑥鄧椿年序題乾道四年。謂紹興時有刊本，不知何據。（余嘉錫：《四庫提要辨證》）

帝王經世圖譜十六卷（永樂大典本）

宋唐仲友撰。仲友字與政，金華人。紹興中登進士第，復中宏詞科。後守台州，與朱子相忤，為朱子所論罷，故《宋史》不為立傳。惟王象之《輿地紀勝》稱其博聞洽識，尤尚經制之學。又朱右《白雲稿》有題宋濂所作《仲友補傳》，云在台州發粟賑饑，抑姦拊弱，創浮梁以濟艱涉，民利賴焉。則仲友立身自有本末。其與朱子相軋，蓋以陳亮之誣構。觀周密《齊東野語》所載"唐朱交奏始末"一條、"臺妓嚴蕊"一條，其事蹟甚明，未可以是病仲友也。是書原本十卷，《永樂大典》所載以圖譜數繁，析為一十五卷。然但均其篇頁，而不復分別其門目，割裂舛混，原次遂不可尋。今詳為釐正，依類排比，分為一十六卷。體例之淆，句字之誤，則各為考核更定，而附註案語於下方。其書分類纂言，大要以《周禮》為綱，而諸經史傳以類相附。於先聖大經大法，咸縱橫貫串，曲暢旁通，故以"帝王經世"為目。其所繪畫，州居部分，經緯詳明，具有條理。其所辨訂，不甚主註疏舊説，而引據博贍，亦非杜撰空談。蓋考證之學，議論易而圖譜難，圖譜之學，陰陽奇偶推無形之理易，名物制度考有據之典難。仲友此編，可徵其學有根柢矣。自宋以來，儒者拘門戶之私，罕相稱引，沈埋蠹簡垂數百年。一旦自發其光，仰邀宸翰，且特命剞劂，以廣其傳。豈非真是真非待聖人而後定哉！臣等編次之餘，既仰欽睿鑑高深，且以慶是書之遭遇也。

職官分紀五十卷（江蘇巡撫採進本）①

宋孫逢吉撰。逢吉字彥同，富春人。事蹟具《宋史》本傳。前有元祐七年秦觀序，陳振孫《書錄解題》亦載之。考逢吉舉宋隆興元年進士，距元祐七年凡七十二年。又考朱子罷經筵直講，逢吉代講《詩・權輿》篇，事在紹熙五年，距元祐七年凡一百三年。逢吉至寧宗朝，尚官祕書監，吏部侍郎，知太平州，距元祐七年則一百幾十年矣。謂元祐時秦觀序之，殆謬誤也②。其書每官先列《周官》典章，次敘歷代制度沿革，名姓故事，根據經註，沿考史傳，搜採頗為繁富。若其引《易緯》黃帝與司馬容光觀於元扈，引《論語緯》孔子為素王、顏子為司徒之類，則無關典要，徒以愛博而存之。然類事之書與考典之書體例各殊，取材亦異，固未可執引緯解經之説，責以泛濫也。

【彙訂】

① 乾隆《御製詩四集》卷二七《題職官分紀》詩注云"蔣曾瑩家藏本"。（黃愛平：《四庫全書纂修研究》）

②《宋史》卷四〇四有傳，舉隆興元年進士之孫逢吉字從之，吉州龍泉人，顯係另一同姓名之人。（李裕民：《四庫提

要訂誤》》

歷代制度詳説十二卷（兩淮馬裕家藏本）

宋呂祖謙撰。祖謙有《古周易》，已著錄。此書凡分十三門，一曰《科目》，二曰《學校》，第三門原本闕頁，佚其標題，所言乃考課之事，四曰《賦役》，五曰《漕運》，六曰《鹽法》，七曰《酒禁》，八曰《錢幣》，九曰《荒政》，十曰《田制》，十一曰《屯田》，十二曰《兵制》，十三曰《馬政》。皆前列制度，敍述簡賅，後為詳説，議論明切。元泰定三年刊行[1]，前有廬陵彭飛序，稱為祖謙未竟之書，故止於此，其或然歟？刊本久佚。此本輾轉傳寫，又多譌闕。其《錢幣門》中脱二頁，《荒政門》中脱二頁，今悉據《通考》所引補足。中間誤字，亦考核校正。惟第二卷脱去標題之數頁，則無可檢補，姑仍其舊。飛序稱"紫陽浙學功利之論，其意蓋有所指，永嘉諸君子未免致疵議焉。祖謙以中原文獻之舊，巋然為渡江後大宗。紫陽倡道東南，祖謙實羽翼之。性命道德之原，講之已洽，而尤潛心於史學，仍欲合永嘉、紫陽而一之"云云。蓋有元中葉，新安之學盛行，飛恐人執朱子之論薄視此書，故作是言也。考祖謙《年譜》不載此書，蓋採輯事類以備答策，本家塾私課之本。其後轉相傳錄，遂以付梓。原非特著一編，欲以立教。與講學別為一事，各不相蒙，所謂言豈一端，各有當也。飛必牽合調停，與葉盛《水東日記》必謂《文章關鍵》亦為講學之一端者[2]，同一迂陋。《參同契》、《陰符經》朱子皆有論註[3]，飛亦將謂欲合孔、孟、黃、老而一之乎？

【彙訂】

① 殿本"刊"上有"嘗"字。

② "亦為"，殿本作"為亦"。

③ "論註"，殿本作"論著"，誤。朱熹著有《周易參同契考異》、《陰符經註》。

永嘉八面鋒十三卷（浙江鮑士恭家藏本）

不著撰人名氏。卷末有明宏治癸亥都穆跋，謂"宋時常有版刻，第云'永嘉先生'。考陳傅良、葉適當時皆稱永嘉先生，相傳此為傅良所撰，或曰葉氏為之。今觀其閒，多傅良平日之語，其為陳氏無疑"云云。案《宋史》傅良本傳載所撰有《詩解詁》、《周禮說》、《春秋傳左氏章指》行於世，不載此書。其為果出傅良與否，別無顯證。然觀其第二卷中稱："今之勸農，不必責於江浙，而當責於兩淮。大江以北，黃茅白葦，薈蔚盈目。"又稱："太上皇朝隅官為民害，太上皇毅然罷之。"第三卷稱"國朝熙寧中"，則固確然為南宋書。其"魯桓"不作"魯威"，犯欽宗諱；"魏徵"不作"魏證"，犯仁宗嫌名，蓋明人重刻所改也。其書凡提綱八十有八，每綱又各有子目①。皆預擬程試答策之用，非欲著書，故不署名耳。宋人好持議論，亦一代之風尚，而要其大旨不失醇正。永嘉之學，倡自呂祖謙，和以葉適及傅良，遂於南宋諸儒別為一派②，朱子頗以涉於事功為疑。然事功主於經世，功利主於自私，二者似一而實二，未可盡斥永嘉為霸術。且聖人之道，有體有用，天下之勢，有緩有急。陳亮上孝宗疏所謂"風痺不知痛癢"者，未嘗不中薄視事功之病，亦未可盡斥永嘉為俗學也。是編雖科舉之書，專言時務，亦何嘗涉申、韓、商、孔之術哉！

【彙訂】

① 陳春湖海樓刻本此書提綱實九十有四段，則是提要所云尚非完帙。（葉德輝：《郋園讀書志》）

②呂祖謙為金華人，而陳傅良之師薛季宣，永嘉人，為此學派之鉅子。葉適《水心集》卷一〇《溫州新修學記》謂周行己、鄭伯熊之後，其學派趨向於治世云，"故永嘉之學，必彌綸以世變者，薛（季宣）經其始，陳（傅良）緯其終也"。可知"倡自呂祖謙"乃"倡自薛季宣"之誤。（楊武泉：《四庫全書總目辨誤》）

錦繡萬花谷前集四十卷後集四十卷續集四十卷（兩江總督採進本）

不著撰人名氏。前有自序，題淳熙十五年十月一日，蓋宋孝宗時人。陳振孫《書錄解題》載此書，作《錦繡萬花谷》四十卷，《續》四十卷，而無《後集》。黃虞稷《千頃堂書目》所載，則《前集》、《後集》、《續集》外，又有《別集》三十卷。今案序中明言："自九華之歸，粗編成為三集，每集析為四十卷。"可知《後集》為陳氏偶遺，《別集》為後人所續增，不在原編之數①。故明人刊本，亦祇三集也②。序中稱命名者為烏江蕭恭父、案，尤侗《明藝文志》註此書為蕭恭父作，蓋因此語而誤。河南胡恪，皆不知何許人。《前集》之末獨附載衢州盧襄《西征記》一篇，於體例殊不相類。或撰此書者亦衢人，故附載其鄉先輩之書歟？又其書既成於淳熙中，而"紀年"類載理宗紹定、端平年號，"帝后誕節"類載寧宗瑞慶節、理宗天基節諸名，並稱理宗為"今上"。是當時書肆已有所附益，並非淳熙原本之舊矣③。《前集》凡二百四十二類，《後集》凡三百二十六類，《續集》自一卷至十四卷凡四十六類，自十五卷至四十卷則皆類姓也。所錄大抵瑣屑叢碎，參錯失倫，故頗為陳振孫所譏。其"地理"一門，止列偏安州郡，"類姓"一門，徵事僅及數條。而古人稱號之類，又創立名目，博引繁稱。俱不免榛楛雜陳，有乖體要。特其中久經散佚之書，如《職林》、《郡閣雅談》、《雅言系述》、《雲林異景記》之類，頗賴此以存崖略。又每類後用《藝文類聚》例，附錄詩篇，亦頗多逸章賸什，為他本所不載。略其煩蕪，擷其精粹，未嘗不足為考證之資也。

【彙訂】

① 此書宋刻見於著錄者，《述古堂書目》載四十卷，《季滄葦藏書目》、《天祿琳琅目》載八十卷，率非完本。蓋振孫所見亦已佚去《後集》，非偶遺也。葉德輝《郋園讀書志》卷六云："（《別集》）引宋人事稱國朝或本朝，可見其書出宋人所撰。"（徐鵬、劉遠遊：《四庫提要補正》）

② 秦汧除校刻《前》、《後》、《續》三集，亦嘗校刻家藏抄本《別集》三十卷。除黃虞稷《千頃堂書目》，明徐𤊶《紅雨樓書目》卷三載《萬花谷》一百五十卷，計其卷數，當包括《別集》三十卷在內。清祁理孫《奕慶樓藏書目》卷三載《錦繡萬花谷別集》三十卷，馬瀛《唫香仙館書目》、倪燦《宋史藝文志補》、《郋園讀書志》卷六皆載（嘉靖間繡石書堂秦汧）四集刊本。（同上）

③ 若果淳熙中其書即成三集，何以前集所分之類，後集、續集、別集亦大半同之？比勘之，實是前集有不盡者復載於後集、續集、別集。疑其初成此書只前集四十卷，厥後屢增屢續，遂有四集。初集之成在淳熙，至續、別集之成，已至端平之代。（楊守敬：《日本訪書志》）

事文類聚前集六十卷後集五十卷續集二十八卷別集三十二卷新集三十六卷外集十五卷遺集十五卷（江西巡撫採進本）

案此書為元代麻沙版，前、後、續、別四集皆宋祝穆撰。《新集》、《外集》元富大用撰,《遺集》元祝淵撰。其合為一編,則不知始自何人,疑即建陽書賈所為也。穆有《方輿勝覽》,已著錄。此書《後集》第十卷內有呂午《跋祝公遺事後》一首,載穆事蹟尤詳。大用字時可,不知何許人。淵與作《古賦辨體》之祝淵名姓並同。其書中所載制度沿革,俱至元初而止,時代亦相符合①。然彼祝淵字君澤,而此祝淵字宗禮,則截然迥異。疑其名姓偶同,實非一人也。前集之首有淳祐丙午穆自序,每集各分總部,而附以子目,條列件繫,頗為賅備。每類始以羣書要語,次古今事實,次古今文集,蓋沿用《藝文類聚》、《初學記》之體,而略變其例。其中如“雙南金”字初見張載《擬四愁詩》,再見杜甫詩,而註其下曰“《淮南子》”,《淮南子》實無其文。又如羅鄴《咏草》詩“閒門要路一時生”句,譌為“侯門要路一時生”,亦為葉盛《水東日記》所譏②。蓋輾轉販鬻,迷其本始,殊不及前人之精審。然《錦繡萬花谷》之類所收古人著作,大抵删摘不完。獨是書所載必舉全文,故前賢遺佚之篇,閒有籍以足徵者。如束晳《餅賦》,張溥《百三家集》僅採數語,而此備載其文,是亦其體裁之一善。在宋代類書之中,固猶為可資檢閱者矣。其《新集》、《外集》、《遺集》均踵穆書而作,但補其門類所未及,而體例則一無所更,頗嫌其採引雜糅,不及原本。然作於元代,古籍多存,連類收之,亦可以備參考。惟穆書成於淳祐閒,而書中有稱理宗廟號者,殆大用等有所追改,非盡原文。是則竄亂古書③,開明人一代之惡習,為可憎耳④。

【彙訂】

① 海內外今存元刻本十餘部皆無《遺集》,則館臣所見是否元代麻沙版、祝淵是否元人頗為可疑。(沈乃文:《關於〈事文類

聚〉》、《〈事文類聚〉的成書與版本》）

　　②"葉盛"，殿本無。

　　③作增改者實為祝穆之子祝洙，不宜以竄亂古書論之。（沈乃文：《關於〈事文類聚〉》、《〈事文類聚〉的成書與版本》）

　　④"憎"，殿本作"疾惡"。

記纂淵海一百卷（兩淮馬裕家藏本）

　　宋潘自牧撰。據《浙江通志》，自牧，金華人。慶元元年進士[①]，官龍游令。此本題曰"教授"，蓋其著書時官也。是書分門隸事與諸家略同。惟一百卷中敘天道者五卷，敘地理者二十卷，敘人事者六十四卷，敘物類者僅十一卷。詳其大而略其細，與他類書小異。其郡縣一部，以臨安為首，蓋據南渡割裂之餘。而五嶺兩川之後，更及開封諸府，存東京全盛之舊，亦與《方輿勝覽》諸書刪淮以北不載者，體例有殊。其中性行議論，諸部子目，未免瑣碎，然亦不失為賅備也。此本刻於萬曆己卯，卷首於自牧名後題"中憲大夫，大名府知府[②]，前監察御史東魯王嘉賓補遺"字。則亦如陳禹謨之改《北堂書鈔》，已非自牧之舊。又陳文燧序稱其"先世求之閩蜀，得其前編，周流吳越，復購後編"[③]。此本不分前、後編，蓋復經合併，益失其真。序又稱"中葉零替，蠹魚殘闕。戊寅冬，承乏畿南，公暇謬為補註。剝落太甚者，屬別駕蔡公、司理顧公、學博吳君採輯諸書，補闕序次。一日，示諸太守越峯王公、邑令吳君，願捐俸梓之"云云。以其卷首列名考之，"別駕蔡公"為大名府通判蔡之奇，"司理顧公"為推官顧爾行，"學博吳君"則有府學訓導吳騰龍、魏縣教諭吳嶙二人，不知誰指。"邑令吳君"為南樂縣知縣吳定，"太守王公"當即嘉賓。是補此書者為文燧及蔡之奇等三人，嘉賓特為刊版，未嘗操筆，與題名亦互相牴牾。蓋明人書帕之本稱"校"、稱"補"，率隨意填刻姓名，不足為憑，亦不足為異。其出自誰手，無庸究詰。要其根柢，則固宋人之舊帙耳。

【彙訂】

①《寰宇通志》卷三二載潘自牧乃慶元二年進士。（李裕民：《四庫提要訂誤》增訂本）

②"大名府"，殿本脫"府"字，參卷首《刻〈記纂淵海〉名氏》。

③陳序無此內容，實出自萬曆七年胡維新序。（李裕民：《四庫提要訂誤》增訂本）

名賢氏族言行類稿六十卷（江蘇巡撫採進本）

宋章定撰。定，建安人，仕履無考。惟此書二十六卷中載其曾祖元振，建炎中進士①，官廣東提舉常平。祖才邵，少年從楊時遊，嘗守臨賀、辰陽而已。此書作於嘉定己巳。以姓氏分韻排纂，各序源流於前，而以歷代名人之言行依姓分隸。蓋以譜牒、傳記合為一書者也。案《隋書·經籍志》有賈執《姓氏英賢譜》一百卷，其書久佚。據李善《文選註》所引，前列爵里，後詳事蹟，其體例同於此書。定殆仿之而作歟？所列凡一千一百八十九姓，內單姓一千一百二十一，複姓六十八。所錄前代諸人，時有顛倒漏略。如馮姓首春秋馮簡子，次馮唐，次馮驩。既以漢人居戰國人前，而上黨守馮亭事蹟章章，乃遺不載。又意主備箋啟之用，惟錄善而不紀惡，遂併楊再思之流掩其巨慝，書其小節，亦非實錄。然於有宋一代紀述頗詳，其人其事，往往為史傳所不載，頗足以補闕核異。故在宋時不過書肆刊本，而流傳既久，遂為考證者所資。此如漢碑、漢印，當時里胥工匠能為之，而一字之存，後世遂寶為古式也。

【彙訂】

①《寰宇通志》卷四八載章元振乃政和五年進士。《建炎以來繫年要錄》卷一六八亦稱與秦檜為同榜進士。（李裕民：《四庫提要訂誤》）

羣書會元截江網三十五卷（浙江巡撫採進本）

不著撰人名氏，首題太學增修。中有淳祐、端平年號，蓋理宗時程試策論之本也。元時麻沙刻本，前有至正七年東陽胡助序①。黃虞稷《千頃堂書目》遂指為助撰，誤矣。其書凡分六十五門，每門閒附子目。各類之中，以歷代事實、宋朝事實、經傳格言、名臣奏議②、諸儒至論分段標識。又有所謂主意、事證、時政、警段、結尾諸目。至於排偶成句，亦備載焉。考宋禮部條式，元祐舊制，第一場以經義詩賦分兩科。第二場則均試論一道，限五百字以上。第三場則均試策三道。御試亦均用策一道，限一千字以上。紹興六年改制，四場試士。其第三場仍試論一道。第四場減策二道。御試亦仍用策一道。故講科舉之學者，率輯舊文以備用。其出自士大夫者，則為《永嘉八面鋒》③、《東萊制度詳說》。其出自坊本者，則為是書之類。大抵意求廣絡，故叢冗日增。然其閒每事皆具首尾，頗便省覽，於宋代典故引用尤詳，閒可以裨史闕。蓋在當日為俗書，在後世則為古籍④。此亦言不一端，各有當矣。

【彙訂】

① 元後至元六年刊本《玉海》載至元四年龍集戊寅四月初吉前翰林國史館編修官東陽胡助序。明弘治刊本《羣書會元截江綱》胡助序末稱至正四年戊寅四月,其結銜正同,然至正四年為甲申,"正"字顯誤。《總目》"至正七年"亦應作"至元四年"。（胡玉縉:《四庫全書總目提要補正》)

② "奏議",底本作"議奏",據原書及殿本改。

③《永嘉八面鋒》係坊間編刻,其編者或是書坊中人,或是無名秀才,決非書名所偽託的"永嘉先生"。（辛更儒:《有關〈永嘉先生八面鋒〉的幾個問題》)

④ "古籍",殿本作"古簡"。

雞肋一卷(內府藏本)①

宋趙崇絢撰。崇絢字元素,據《宋史·宗室世系表》,蓋簡王元份之八世孫。作《諸蕃志》之趙汝适,即其父也。書首自稱汴人,不忘本耳。其書雜採古事,有名同而實異者,如玉環一為唐睿宗琵琶名,一為楊貴妃之類;有相似而相反者,如周亞夫縱理入口餓死,褚羅縱理入口壽終之類。有一事而數見者,如欒巴、郭憲、佛圖澄皆噀酒救火之類。有事相類者,如口吃有韓非等十三人,酒量有于定國等十一人之類。有姓名同者,如兩張禹、兩李光進之類。然如蕭誉惡婦人、劉邕嗜瘡痂之類,又各自為條,不相比附,則未詳其體例何取也。其曰《雞肋》,殆偶然記錄,成此一冊。而又未能博採諸書,勒成完帙,故有取於"食之無味,棄之可惜"之意歟? 明陳禹謨之《駢志》、國朝方中德之《古事比》,其體例實源於此。類事家之有此,猶史家之有紀事本末。皆於古式之外，別創一格，而後來竟不能廢者也。故錄存之，著其所自始焉。

【彙訂】

① 底本此條與文淵閣庫書次序不符。文淵閣庫書及殿本皆置"六帖補二十卷"條之前。

小字錄一卷①（兩淮鹽政採進本）②

宋陳思撰。思有《寶刻叢編》，已著錄。是書因陸龜蒙《侍兒小名錄》稍加推廣③，集史傳所載小字④，以為一編。明沈宏正為刊行之。思病龜蒙之書叢雜無緒，故條分縷析，先列歷代帝王，而自漢以後諸臣則案代臚載，較龜蒙書為有條理。然如北周晉公宇文護，小字薩保，見於本傳，而此顧遺之，則亦不免於漏略。特以其蒐羅舊籍，十得七八，亦足以備檢尋。故錄存之，為識小之一助焉。

【彙訂】

① 底本此條與文淵閣庫書次序不符。文淵閣庫書及殿本皆置"姓氏急就篇二卷"條之後。

② "兩淮鹽政採進本"，殿本作"江蘇巡撫採進本"。《四庫採進書目》中"江蘇省第一次書目"、"兩淮鹽政李續呈送書目"、"江蘇採輯遺書目錄簡目"皆著錄此書。（江慶柏：《殿本、浙本〈四庫全書總目〉著錄圖書進獻者主名異同考》）

③ 殿本"稍"上有"而"字。

④ 殿本"史"上有"歷代"二字。

全芳備祖前集二十七卷後集三十一卷（編修勵守謙家藏本）

宋陳景沂撰。景沂號肥遯，天台人，仕履未詳。是書前有寶

祐元年韓境序。據序所言，此書於理宗時嘗進於朝，其事亦無可
考。凡《前集》二十七卷，所記皆花。《後集》第一卷至八卷為果
部，十卷至十二卷為卉部，十三卷為草部①，十四卷至十九卷為
木部，二十卷至二十二卷為農桑部，二十三卷至二十七卷為蔬
部，二十八卷至三十一卷為藥部。其例每一物分事實祖、賦咏祖
二類②，蓋仿《藝文類聚》之體。事實祖中分碎錄、紀要、雜著三
子目，賦咏祖中分五言散句、七言散句、五言散聯、七言散聯、五
言古詩、七言古詩、五言八句、七言八句、五言絕句、七言絕句十
子目③，則條理較詳。明王象晉《羣芳譜》即以是書為藍本也④。
雖唐以前事實賦咏，紀錄寥寥。北宋以後則特為賅備，而南宋尤
詳，多有他書不載及其本集已佚者，皆可以資考證焉。

【彙訂】

① 此書《後集》第一至九卷果部，十、十一卷卉部，十二、十
三卷草部。（胡玉縉：《四庫全書總目提要補正》）

② 另有"樂府祖"專錄詞作，以詞牌標目。（楊忠：《讀日本
宮内廳書陵部藏宋元本漢籍劄記》）

③ "賦咏祖"實分十七目：五言散句、七言散句、五言古詩、
五言古詩散聯、七言古詩（七言古風）、七言古詩散聯（七言古風
散聯）、五言四句、七言四句、五言絕句、七言絕句、五言六句、五
言八句、七言八句、五言律詩、五言律詩散聯、七言律詩散聯、五
言排律。（李裕民：《四庫提要訂誤》）

④ "王象晉"，殿本作"王象之"，誤。《總目》卷一一六著錄
王象晉《羣芳譜》三十卷。王象之乃宋人，著《輿地紀勝》二
百卷。

　　山堂考索前集六十六卷後集六十五卷續集五十六卷別集二十五卷（內府藏本）

　　宋章如愚撰。如愚字俊卿，婺州金華人。慶元中登進士第。初授國子博士，改知貴州。開禧初，被召，疏陳時政，忤韓侂胄，罷歸。事蹟具《宋史·儒林傳》①。史稱所著有文集行世，今已散佚，惟此書猶存。凡分四集。《前集》六十六卷，分六經、諸子、百家、諸經、諸史、聖翰、書目、文章、禮樂、律呂、曆數、天文、地理十三門。《後集》六十五卷，分官制、學制、貢舉、兵制、食貨、財用、刑法七門。《續集》五十六卷，分經籍、諸史、文章、翰墨、律曆、五行、禮樂、封建、官制、兵制、財用、諸路、君道、臣道、聖賢十五門。《別集》二十五卷，分圖書、經籍、諸史、文章、律曆、人臣、經藝、財用、兵制、四裔、邊防十一門②。宋自南渡以後，通儒尊性命而薄事功，文士尚議論而尠考證。如愚是編獨以考索為名，言必有徵，事必有據，博採諸家而折衷以己意。不但淹通掌故，亦頗以經世為心。在講學之家，尚有實際。惟其書卷帙浩繁，又四集不作於一時，不免有重複牴牾之處③。如《前集》“六經”門外又立“諸經”一門，其文互相出入。“諸子百家”門中以晏子、荀子、揚子、文中子之類為諸子，以《管子》、《商子》、《韓非子》、《淮南子》之類為百家，亦不知何以分別。又如《前集》第三十五卷詳列六宗之說，無所專從，《續集》第十卷則主鄭康成說；《前集》第三十卷既主三年一祫，五年一禘，以為宋制合古，《別集》第十四卷又專主顏達龍三年一禘，五年一祫之說；《前集》第三十三卷專主鄭康成說，祫大禘小，《別集》第十四卷又專主顏達龍說，禘大祫小；《前集》第三十八卷既主天子五門，諸侯三門，《別集》第八卷則又謂天子六門，諸侯二門。皆前後牴牾，疏於決擇。然大致網羅繁富，考據亦多所心得。在宋人著述之中，較《通考》雖體例稍雜，而優於釋經；較《玉海》雖博贍不及，而詳於時政，較《黃氏日鈔》則條目獨明；較呂氏《制度詳說》則源流為備。前人稱蘇軾詩如武庫之兵，利鈍互陳。如愚是編，亦可以當斯目矣。

【彙訂】

①《宋史》無章如愚傳。（李裕民：《四庫提要訂誤》增訂本）

② 章氏原本為一百卷，以甲至癸分集，每集十卷，有宋刊殘本傳世。文淵閣四庫本前集目錄為十八門，即六經、諸子、諸經、諸子百家、韻學字學、諸史、聖翰、書目、文章、禮、儀衛、禮器、樂、律呂、曆數、律曆、天文、地理。而正文為六經（卷一至八）、諸子百家（卷八後半）、經史（卷九）、諸子百家（卷十）；字學、韻學類（卷十一後半）直接附於“諸子百家”門“百家類”之後，疑此處漏標“韻學字學”門；正史（卷十二至十七）、聖翰（卷十八，分為“歷代聖翰”類、“書目”類）、類書（卷十九）、文章（卷二十至二二）、禮（卷二三至三九）、儀衛（卷四十）、禮器（卷四一至四六）、樂（卷四七至五二）、律呂（卷五三）、曆數（卷五四至五六）、律曆（卷五七）、天文（卷五八）、地理（卷五九至六六）。後集正文實分八門，即官制、士、兵、民、財、賦稅、財用、刑。續集於律曆門之外，又有律門和曆門，共十七門，“諸路”作“輿地”。別集之“經藝”當作“士”，其下分科舉、經義、詞賦、論策四目，“四裔”當作“夷狄”。（李裕民：《四庫提要訂誤》增訂本；李紅英：《〈四庫全書總目·山堂考索〉條辨證——兼談〈山堂考索〉的版本源流》）

③ 前集、後集所分門目無重複，當是一次性設計的結果，編寫年代應相銜接。（李裕民：《四庫提要訂誤》增訂本）

古今合璧事類備要前集六十九卷後集八十一卷續集五十六卷別集九十四卷外集六十六卷（兩江總督採進本）

宋謝維新編。維新字去咎，建安人。其始末未詳。自署曰"膠庠進士"，蓋太學生也。是書成於寶祐丁巳，前有維新自序，後有莆田守黃叔度跋，稱維新應友劉德亨之託，蓋當時坊本。總目後又有跋云"昨刻《古今備要》四集，盛行於世，但門目未備，再刻《外集》"云云。不署名氏，當即德亨所題也。是書《前集》四十一門，子目四百九十一。《後集》四十八門，子目四百一十六。其"致仕"一目，有錄無書，註曰"已見《前集》"。《續集》分六門，子目五百七十。《別集》分六門，子目四百一十。《外集》分十六門，子目四百三十①。所引最為詳悉。惟郡縣山川名勝以祝穆《方輿勝覽》已備，不及更載②。每目前為事類，後為詩集，所收皆兼及宋代。雖不及《太平御覽》、《册府元龜》諸書皆根柢古籍，元元本本，而所採究皆宋以前書，多今日所未見。宋代遺事佚詩，如蘇軾咏雪詩，以富、貴、勢、力分四首，為本集所不錄者，亦往往見於此書，故厲鶚作《宋詩紀事》多採用之。又宋代官制至為冗雜，《宋史》不過僅存其名，當時詩文所稱，今多有不知為何官者。惟此書《後集》條列最明，尤可以資考證。在類事之家，尚為有所取材者矣。

【彙訂】

① 宋刊本、文淵閣《四庫》本各卷門目實際為《前集》三十九門，《後集》四十五門，《續集》十門，《別集》二十門，《外集》三十六門，皆與書前總目所列不同。《後集》亦無"致仕"目。（張元濟：《涵芬樓燼餘書錄》）

② 殿本"載"下有"焉"字。

源流至論前集十卷後集十卷續集十卷別集十卷（内府藏本）

《前集》十卷，《後集》十卷，《續集》十卷，宋林駧撰。《別集》十卷，宋黄履翁撰。駧字德頌，寧德人，嘗以《易》魁鄉薦。事蹟具《閩書》。考衛湜《禮記集説》引有林坰之語，其字從“土”，未審為一人二人。履翁字吉父。不知其里貫，疑亦閩人也①。宋自神宗罷詩賦，用策論取士，以博綜古今，參考典制相尚。而又苦其浩瀚，不可猝窮。於是類事之家，往往排比聯貫，薈粹成書，以供場屋採掇之用。其時麻沙書坊刊本最多，大抵出自鄉塾陋儒，剿襲陳因，多無足取，惟章俊卿《山堂羣書考索》最為精博。是編於經史百家之異同，歷代制度之沿革，條列件繫，亦尚有體要。雖其書亦專為科舉而設，然宋一代之朝章國典，分門別類，序述詳明，多有諸書不載者。實考證家所取資，未可以體例近俗廢也。

【彙訂】

①《閩書》前之弘治《八閩通志》卷七二已有林駧傳，為理宗時人。同書同卷有林坰傳，長溪人，高宗時人。同書卷五五有黄履翁傳，寧德人，紹定五年進士。（李裕民：《四庫提要訂誤》增訂本）

玉海二百卷附辭學指南四卷（兩江總督採進本）

宋王應麟撰。應麟有《鄭氏周易註》，已著錄。是書分天文、律憲〔曆〕①、地理、帝學、聖文②、藝文、詔令、禮儀、車服、器用、郊祀、音樂、學校、選舉、官制、兵制、朝貢、宮室、食貨、兵捷、祥瑞二十一門③。每門各分子目，凡二百四十餘類④。宋自紹聖置宏詞科，大觀改詞學兼茂科，至紹興而定為博學宏詞之名，重立試格。

於是南宋一代，通儒碩學多由是出，最號得人，而應麟尤為博洽。其作此書，即為詞科應用而設。故臚列條目，率鉅典鴻章，其採錄故實，亦皆吉祥善事，與他類書體例迥殊。然所引自經史子集、百家傳記，無不賅具。而宋一代之掌故，率本諸實錄、國史、日曆，尤多後來史志所未詳。其貫串奧博，唐、宋諸大類書未有能過之者。何焯評點《困學紀聞》，動以詞科詆應麟，特故為大言，不足信也。其書元時嘗刊於慶元路，版已久佚。今江寧有南京國子監刊本⑤，以應麟所著《詩考》、《詩地理考》、《漢藝文志考》、《通鑑地理通釋》、《王會篇解》、《漢制考》、《踐阼篇解》、《急就篇解》、《小學紺珠》、《姓氏急就篇》、《周易鄭註》、《六經天文編》、《通鑑答問》等書附梓於後⑥。案明貝瓊《清江集》有所作應麟孫王厚墓誌⑦，稱應麟著《玉海》，未脫稿而失，後復得之，中多闕誤。厚考究編次，請於閩帥鋟梓，并他書十二種以傳。據此，則諸書附梓，實始於元代。惟瓊稱慶元初刻之時，附書十二種，而今為十三種。慶元刊書原序亦言公書鋟於郡學者凡十有四，《玉海》其一。則十三種為不誤，或《清江集》傳寫之譌歟⑧？又卷首載浙東道宣慰司刊書牒文，稱《玉海》實二百卷，而今本乃合《辭學指南》為二百四卷。婺郡文學李桓序所列卷目，已與今同，疑即當時校刊者所附入。相沿已久，今亦仍之。至他書之附刻者，則各從其類，別著於錄焉。其曰《玉海》者，本於張融集名，實則仿梁武所集《金海》之例而變其稱也。

【彙訂】

①“律憲”，當作“律曆”，乃避乾隆諱改。《玉海》卷六至卷十三為“律曆”門。

②“聖文”，底本作“聖制”，據殿本改。此書卷二十八至三

十四為"聖文"門。

③"祥瑞"，殿本作"祥符"，誤。此書卷一百九十五至二百為"祥瑞"門。

④今存元至正十二年(1352)重刊慶元路本，子目二百三十三，下附三十二，合計為二百六十五類。（李裕民：《四庫提要訂誤》）

⑤"南京"，殿本作"前明"。

⑥《漢藝文志考》當作《漢藝文志考證》，《王會篇解》當作《周書王會補註》，《踐阼篇解》當作《踐阼篇集解》，《急就篇解》當作《急就篇補註》，《周易鄭註》當作《周易鄭康成註》。（李裕民：《四庫提要訂誤》）

⑦王應麟之孫名厚孫。（胡玉縉：《四庫全書總目提要補正》）

⑧"譌"，殿本作"誤"。

小學紺珠十卷（江西巡撫採進本）

宋王應麟撰。分門隸事，與諸類書略同。而每門之中，以數為綱，以所統之目系於下，則與諸類書迥異。蓋仿世傳陶潛《四八目》之例，以數目分隸故實，遂為類事者別創一格也。其間隨筆記錄，或有不及編次者。如"律曆"類首序六律、六呂，以至度、量、權衡，次序四時、八正、二氣、十二月之類，蓋由律及曆也[①]。而其後復序五音六十四聲[②]、八十四調，其後復序七閏、八會之類，前後殊無條理。又如五卜、三兆、四兆、九簭之類，應麟《玉海》系之"藝術"，而此書收入"律曆"，亦自亂其例。閒有採摭未備，失之耳目之前者。如"天文"類中既載《淮南·天文訓》之"八紘”、“八極”，而東西南北中之“五官”，子午、丑未、寅申、卯酉、辰戌、巳亥之“六府”，乃不見錄。“器用”類中既載《周官》之“八尊”，而賈疏之“十有六尊”乃不見錄。既載《春秋傳》“禘飫宴之三烝”，而《儀禮疏》之“牲有二十一體”乃不見錄。如斯之類，不一而足。閻若璩《潛邱劄記》僅摘其《九經》不分唐、宋，併漏《十三經》之名，尚為未盡也。然後來張九韶《羣書拾唾》、宮夢仁《讀書紀數略》，雖採掇編輯，較為明備，而實皆以是書為藍本。踵事者易，創始者難，篳路藍縷，又烏可沒應麟之功歟？

【彙訂】

① 殿本“蓋”上有“是”字。

② 據此書卷一，“五音六十四聲”之“六”字衍。“十四聲”乃開口聲、合口聲、蹴口聲、撮唇聲、開唇聲、隨鼻聲、舌根聲、蹴舌下卷聲、垂舌聲、齒聲、牙聲、齶聲、喉聲、牙齒齊呼開口送聲。

姓氏急就篇二卷（通行本）

宋王應麟撰。其書仿史游《急就篇》體，以姓氏諸字排纂成章，以便記誦。文詞古雅，不減游書。又雖以記錄姓氏為主，而臚列名物，組織典故，意義融貫，亦可為小學之資。篇中凡單姓皆無重字，篇末列二字三字諸姓，則不免複出。蓋義取兼載，勢難相避。其中稀僻之字，如《梁四公記》之類，雖託言沈約所撰，實詭立稱號，本無其人，未免失之稍雜。然載籍既有此姓，刪之反有挂漏之譏。過而存之，亦不足為累。每句之下，各註其受氏之源與歷代知名之士，必一一標所據之書，尤為詳密。篇末有自跋一章，以歐陽修《州名急就篇》自比。修書今載《居士集》中，字數無多，亦無註釋，實不及是書之善。其跋亦作韻語，舊本遂誤合於正文。考應麟所作《〈爾雅翼〉序》,即用此體。蓋馬融《〈廣成頌〉序》之支流,與本書實不相屬。今離析書之,庶不失應麟之意焉。

六帖補二十卷(江蘇巡撫採進本)

宋楊伯嵒撰。伯嵒有《九經補韻》,已著錄。是編以增補白居易《六帖》、孔傳《續六帖》所未備,凡二十類。中多割引宋人詩句,徵事頗不詳賅。蓋二書所有即不復見。又書中所載古事多不著出典,未免嫌於無徵。然虞世南《北堂書鈔》即已多如此,《六帖》復往往有之。蓋因仍舊例,未及改作,其失亦有由也。呂午序稱其能知“雲璈”字出《太平廣記》,然《廣記》實引《漢武內傳》。伯嵒不舉本書而但舉類書之名,知其學亦捃摭之功,故往往不得事始。特其於白、孔二家拾遺補闕,不為無功,而宋代逸事遺文亦頗藉以有考。視明代類書餖飣裨販者,固尚為近古矣。

韻府羣玉二十卷(兵部侍郎紀昀家藏本)

宋陰時夫撰,其弟中夫註。案黃虞稷《千頃堂書目》云:“陰幼遇一作陰時遇,字時夫,奉新人。數世同居。登宋寶祐九經科,入元不仕。其兄中夫,名幼達。”據此,則時夫乃幼遇之字,而中夫又時夫之兄,與世所傳不同,當必有據。然舊刻皆題其字,未詳何義也[①]。昔顏真卿編《韻海鏡源》,為以韻隸事之祖,然其書不傳。南宋人類書至多,亦罕躋其例。惟吳澄《支言集》有張壽翁《事韻擷英》序,稱荆公[②]、東坡、山谷始以用韻奇險為工。“蓋其胸中蟠萬卷書,隨取隨有,儻記誦之博不及前賢,則不能免於檢閱。於是乎有《詩韻》等書,然其中往往陳腐”云云。是押韻之書盛於元初，時夫是編蓋即作於是時。康熙中，河間府知府徐可先之婦謝瑛又取其書重輯之③，名《增刪韻玉定本》。今書肆所刊皆瑛改本。此本為大德中刊版，猶時夫原書也④。明成祖頗喜其書，故解縉《大庖西封事》稱“陛下好觀《韻府雜書》，鈔輯穢蕪，略無文彩。”曹安《讕言長語》亦曰：“《韻府羣玉》亦收之博矣，其中正要緊者漏之。如‘足’字欠‘管寧濯足’，‘柵’字欠‘青溪柵’：‘蘇峻攻青溪柵，卞壺拒之，高頻殺張麗華於青溪柵。’二字尚失之，則其他可知也。”云云。今以《欽定佩文韻府》考之，陰氏之所漏，寧止於是。安之所舉，如一葉一花，偶然掇拾，未睹夫鄧林之茂蔚也。然元代押韻之書，今皆不傳，傳者以此書為最古。又今韻稱劉淵所併，而淵書亦不傳世。所通行之韻，亦即從此書錄出，是《韻府》、《詩韻》皆以為大輅之椎輪。將有其末，必舉其本，此書亦曷可竟斥歟？

【彙訂】

① 元刊本題“晚學陰時夫勁弦編輯，新吳陰中夫復春編註”，則時夫、中夫當是其名。（胡玉縉：《四庫全書總目提要補正》）

② “荆公”，殿本作“荆國”。

③ “河間府知府徐可先之婦謝瑛又取其書重輯之”，殿本作“河間知府徐可先之妾謝瑛又取其書重輯之”。

④ 陰時夫之父陰竹野序為大德丁未，其兄陰中夫序為延祐甲寅，而其自序言其書成時，其父已沒。是大德間此書尚未成，安得有刊本？（楊守敬：《日本訪書志》）

翰苑新書前集七十卷後集上二十六卷後集下六卷別集十二卷續集四十二卷（編修勵守謙家藏本）①

不著撰人名氏。據明陳文燭序，亦但稱為宋人。今別有刊本，題宋謝枋得撰者，坊賈所贋託也。文燭序稱是書舊無傳本，慈谿袁煒為大學士時②，始從內閣錄出。而日久佚其首卷。後得華亭徐階所錄本，乃足成之。其書分前、後、別、續四集③，疑未必出一人之手。《前集》皆為書啟之用，自一卷至六十卷皆以職官分目，下至鹽官、酒官之類，亦皆備載。六十一卷至七十卷則以家世、閥閱、座主、門生之類分目。每門之中，皆冠以歷代事實，次以宋朝事實，次以自敍，次以旁引，次以羣書精語，次以前賢詩詞，次以四六警語。《後集》止備表牋之用，一卷至十九卷以大典禮分目，而附以謝恩陳乞，二十卷至二十六卷則錄宋代表牋之文。《後集下》一卷至五卷為類姓，六卷則惟列發舉、詞科、入學三目，蓋補《前集》之遺。《別集》皆錄宋人劄狀、致語、朱表、表文、青詞、疏語、冊文、祝文、祭文之屬，其劄子以五提頭、七提頭、九提頭分目，蓋當時之式，其朱表則青詞類也。《續集》錄宋人書啟，一卷至二十三卷以官分目，二十四卷至四十二卷以事分目，又以廣《別集》未備之體耳。其書本為應酬而作，惟取便檢用，不免傷於繁複。而於宋代典故事實，最為賅備，披沙揀金，往往見寶。較孔傳《續六帖》之類，反為有資考證也。

【彙訂】

① 底本此條與文淵閣庫書次序不符。文淵閣庫書及殿本皆置"六帖補二十卷"條之後。

② "慈谿"，殿本作"分宜"，誤。袁煒，《明史》卷一九三有傳，作慈谿人，《浙江通志・選舉志》亦同。而分宜明屬袁州府

（今江西境內）。然明萬曆十九年金陵仁壽堂刻本此書陳文燭序云:"《翰苑新書》,此宋人書也,原無梓本,分宜袁相公錄自內閣。"序中所謂"袁相公"疑非袁燁。

　　③《經籍訪古志》卷五著錄宋槧原刻本此書,復有《外集》一種,載地理類,略與《方輿勝覽》同。(徐鵬、劉遠遊:《四庫提要補正》)

子部四十六

類書類二

純正蒙求三卷（浙江鮑士恭家藏本）

元胡炳文撰。炳文有《周易本義通釋》，已著錄。《蒙求》自李瀚以下，仿其體者數家。大抵雜採經傳事實，隸以韻語，以便童子之記誦。然多以對偶求工，不盡有關於法戒。炳文是書則集古嘉言善行，各以四字屬對成文，而自註其出處於下。所載皆有裨幼學之事，以視餖飣割裂、僅供口耳者，於啟導較為切近。上卷敍立教明倫之事，中卷敍立身行己之事，下卷敍待人接物之事，略以《白鹿洞規》為準。每卷一百二十句，總為三百六十句。卷中又各有子目，每一目多者一二十句，少者不過四句。中閒以拘於駢儷，格於聲韻，故漏落甚多。又如"黃香暖席"宜入"父子之倫"，而反入"幼學見趣"條下；"陳子高讓田"宜入"長幼之倫"，而反入"處宗族"條下，其分隸亦未能悉允。然養蒙之教，取其顯明易曉，不貴以淹博相高。此書循諷吟哦，以資感發，與朱子《小學外篇》足相表裏，固未可以淺近廢也。

排韻增廣事類氏族大全二十二卷（浙江巡撫採進本）①

不著撰人名氏。書中所引事蹟，迄於南宋季年。蓋元人所編次。相其版式，亦建陽麻沙所刊，乃當時書肆本也。其例以十干分集，每一集為二卷。依廣韻次第，以四聲分隸各姓。末一卷為覆姓②，則以上一字為韻而排次之。每姓俱引史傳人物，摘敘大略，而採其中三四字為標題，大抵在擷取新穎，以供綴文之用。姓末多別附"女德婚姻"一門，歷敘古來淑媛及兩姓結婚故事。蓋宋、元之間，婚禮必有四六書啟，故載之獨詳，亦以便於剽掇也。葉盛《水東日記》曰："近代雜書，著述考據多不精。如《翰墨全書》以彭思永為明道母舅。所謂《氏族大全》者尤甚。如以趙明誠為趙抃之子；廣州十賢有李朝隱，一作李尚隱，因而譌為李商隱。"今考中間所列朝代先後，多顛倒失次。如王導妾雷氏干預政事，陳之張貴妃，龔、孔二嬪怙寵亡國，而併入之"女德"，深為不倫③。又如韋思廉、劉奉林諸人既別立仙之一目，而張果、姜識諸人亦以仙術顯名，乃仍混入人物之中，無所區別，體例亦殊疏舛。至每姓之末間附韻藻數語，如洪韻"龐洪"、"涵洪"，翁韻"仙翁"、"塞翁"之類，既與氏族不相關涉，且挂漏無取，徒滋蛇足。特捃摭尚為廣博，有其人為史傳志乘所不詳而獨見於此者，頗足以資旁證。至於王氏有臨沂、太原二派，句氏避宋高宗諱分作數姓，蘭亭會詩名氏諸本之不同，亦間附考訂。寸有所長，固未嘗無裨於藝苑也。

【彙訂】

①"二十二卷"，殿本作"二十卷"，誤。文淵閣《四庫》本為二十二卷，不分集。（曹亦冰：《論日本宮內廳書陵部藏珍稀本漢籍——〈新編排韻增廣事類氏族大全〉》）

② “一卷”，底本作“二卷”，據文淵閣《四庫》本及殿本改。

③ 殿本“深”上有“則”字。

名疑四卷（河南巡撫採進本）

明陳士元撰。士元有《易象鉤解》，已著録。是書上自三皇，下迄元代，博採史傳及百家雜説。凡古人姓名異字及更名、更字與同姓名者，皆彙萃之。其中如以司馬遷諱“談”為“同”，遂謂談、同一音；以童烏為揚雄小字①；以揚雄本姓楊，字譌為“揚”字之類，閒有譌誤。又神仙鬼怪之名如吳剛、姮娥、豐隆、屏翳、神荼、鬱壘等皆詳載之，體例亦頗冗雜。然其採摭繁富，頗廣見聞。如《洞神部》載三皇姓名②，《列仙傳》稱介子推姓王名光之類，皆指駁其謬。又據《史記·佞倖傳》辨《朱建傳》誤閎孺為閎籍孺，據顏延之《誄》辨陶徵士名淵明字元亮，亦皆有所根據。存以備考，固亦有資參證焉。

【彙訂】

① “小字”，底本作“子字”，據殿本改。此書卷三引《聽雨紀談》及後者原文皆作“小字”。

② “洞神部”，底本作“洞仙部”，據此書卷一原文及殿本改。洞神為道教“三洞”之一。

荆川稗編一百二十卷（内府藏本）

明唐順之編。順之有《廣右戰功録》，已著録。是編義例略仿章如愚《山堂考索》，薈萃羣言，區分類聚。其大旨欲使萬事萬物畢貫通於一書，故鉅細兼陳，門目浩博。始之以《六經》，終之以六官。《六經》所不能盡，則條次以九流諸家之學術，凡為類二十有七。六官所不能盡，則賅括以歷代之史傳，凡為類二十有五。其門人左烝先為之考校付梓，烝没而書多殘闕，茅一相復加釐正刊行。所引書名、人名原本錯互不合者，一相亦為訂正。然卷帙既繁，檢校難徧，牴牾舛駮，尚往往而有。如程大昌《詩議》在所撰《考古編》中，而乃以為出自《新安文獻志》。《正諫》本《說苑》篇名，而標之為"論"。《林泉高致集》所載荆浩《山水賦》、李成《山水訣》乃其人所自作，而概以為出郭思之手。敖陶孫字器之，而譌作孫器之。陶九成《輟耕錄》"天閣"之說與鑑戒無關，而濫引入"宦者門"中。褚淵、王儉雖身事二姓，然不可謂之佞臣，乃列其傳論於"倖門"。此類不知為原本之譌，為茅一相之竄亂。玉瑕珠纇，頗累全書。特以其網羅本富，涉獵攸資，當語錄盛行之時，尚不失為徵實之學。錄備多識之一助，固亦無不可焉。

萬姓統譜一百四十六卷附氏族博考十四卷（直隸總督採進本）[1]

明凌迪知撰。迪知有《左國腴詞》，已著錄。其書以古今姓氏分韻編次[2]，略仿林寶《元和姓纂》；以歷代名人履貫事蹟案次時代，分隸各姓下，又仿章定《名賢氏族言行類稿》。名為姓譜，實則合譜牒、傳記而共成一類事之書也。古者族系掌於官，故《周禮》小史定世系，辨昭穆。《南史·王僧虔傳》稱司馬遷仿《周譜》以作年表，其體皆傍行斜上，是其制也。《戰國策》稱智果別族於太史為輔氏，是周末法猶未改矣[3]。秦、漢以下，始私相記錄。自《世本》以下，纂述不一。其存於今者，惟林寶、鄧名世、鄭樵三家，餘皆散佚。然散見他書者尚可考見，不過明世系、辨流品而已。迨乎南宋，啟劄盛行，駢偶之文，務切姓氏。於是《錦繡

萬花谷》、《合璧事類》各有"類姓"一門。元人《排韻氏族大全》而
下,作者彌衆。其合諸家之書勒為一帙者,則迪知此編稱賅備
焉。其中龐雜牴牾,均所不免。至於《遼》、《金》、《元》三史姓氏,
音譯失真,舛謬尤甚。然蒐羅既廣,足備考訂,故世俗頗行用之,
亦未可盡廢也。書前別有《氏族博考》十四卷,大旨皆本之《氏族
略》,無大發明。以其與原本相附而行,今亦姑並錄之焉。

【彙訂】

①"一百四十六卷附氏族博考十四卷",殿本作"一百二十
六卷",誤。文淵閣《四庫》本所收為一百四十六卷(卷首六卷、正
文一百四十卷),附《氏族博考》十四卷。書前提要亦云一百四十
六卷,附《氏族博考》十四卷。(修世平:《〈四庫全書總目〉訂誤
十七則》,圖)

②"其書",殿本作"是書"。

③"矣",殿本無。

喻林一百二十卷(兩江總督採進本)

明徐元太撰。元太字汝賢,宣城人。嘉靖乙丑進士,官至刑
部尚書。是書採摭古人設譬之詞,彙為一編。分十門,每門又各
分子目,凡五百八十餘類。歷二十餘年而後成,用心頗為勤至。
其引書用程大昌《演繁露》之例,皆於條下註明出處,併篇目卷第
一一臚載,亦迥異明人剽竊揎拾之習。其自序稱閱書四百餘種,
而檢其所列書名,實不踰半。殆約舉其數,未及詳核歟? 其中隨
手摭拾,亦往往不得本始。如"兒説宋人善辨者"一條,本出《韓
非子》,"周人有仕不遇者"一條,本出王充《論衡》,皆引《藝文類
聚》;"懷金玉者至不生歸"一條,本出《後漢書·耿弇傳》,而引

《文選》李善註；"頭白可期，汗青無日"一條，本出劉知幾《史通》，而引《事文類聚》；"天寒即飛鳥走獸尚知相依"一條，本出沈約所作阮籍《咏懷詩》註，而亦以為李善。此類頗多。又如以杜預、何休、范寧為漢人①，以陳壽為魏人，以李善為隋人，皆時代舛迕。申培《詩説》、《天祿閣外史》、武侯《心書》之類皆明代偽書，不能辨別。《廣成子》本蘇軾從《莊子》摘出，偶題此名，乃別為一書；無能子云不知何代人，皆未免失於疏略。然自《六經》以來，即多以況譬達意，而自古未有彙為一書者。元太是編，實為創例。其蒐羅繁富，零璣斷璧，均足為綴文者沾匄之資，是亦不可無一之書矣。

【彙訂】

①《後漢書·何休傳》："年五十四，光和五年卒。"其時下距曹魏代漢，尚有三十八年。（楊武泉：《四庫全書總目辨誤》）

經濟類編一百卷（山東巡撫採進本）

明馮琦編。琦字琢菴，臨朐人。萬曆丁丑進士，官至禮部尚書，諡文敏。事蹟具《明史》本傳。是編為琦手錄之稿，粗分門類①。琦没之後，其弟瑗與其門人周家棟、吳光儀稍為排纂。且刪其重複，定為帝王、政治、儲宮、宮掖、臣、諫諍、銓衡、財賦、禮儀、樂、文學、武功、邊塞、刑罰、工虞、天、地、人倫、人品、人事、道術、物、雜言二十三類，大致與《册府元龜》互相出入。但《册府元龜》惟隸事蹟，此則兼錄文章；《册府元龜》惟以史傳為據，此則諸子百家靡不捃拾，體例少異耳。其中採摭繁富，頗為賅洽。史稱琦明習典故，學有根柢，此亦可見一斑。惟此書既非琦所手校，其閒所錄諸條，瑗等有所損而弗能益，故或詳或略，不盡均齊。

又離析合併，未必一一得琦本意，故分隸亦閒有參錯。然網羅繁富，大抵採自本書，究非明人類書輾轉裨販者比。惟編內所收皆義屬正大，而道術類中有神、妖諸瑣說，物類中有寶、鼎、琴、酒諸瑣事，概以體例，頗屬蕪雜。是則尺璧不免於微瑕，大木不免於寸朽，分別觀之可矣。

【彙訂】

① “門類”，底本作“四類”，據殿本改。

同姓名錄十二卷錄補一卷（浙江鮑士恭家藏本）

明余寅撰，周應賓補。寅有《乙未私志》，應賓有《九經考異》，皆已著錄。自梁元帝始著《古今同姓名錄》一卷，見於《隋書·經籍志》，唐陸善經、元葉森遞相增益，其後漸佚。惟《永樂大典》有此書，而庋置禁庭，世無傳本。寅因上據經史，旁摭稗官，起自洪荒，訖於元代，先成四卷。應賓以其未備，搜而廣之。後寅又自續八卷，凡應賓所不欲載者，悉掇拾無遺。二人閒有互異者。如丙吉，寅謂當姓邴；陳涉博士孔甲，寅謂當作孔鮒之類，其義以寅為較長。其他蒐採考核，訂譌辨異，殊見賅博。惟卷帙既多，不無疏謬。如知傅霖有二矣，而宋之撰《刑統賦》者不與焉；知周密有二矣，而宋之撰《齊東野語》者不與焉。秦徐市之“市”音“勿”，因譌為“福”，不與漢徐福同；孔門鄭邦，史諱“邦”，因改為“國”，不與韓水工同。漢之塞決河者王延世，而削去“世”字；宋之進《事類賦》者吳淑，而易“吳”為“李”。甚至同地名、同神名、同樂名、同鳥獸蟲名一概錄之，尤為紊雜。然梁元帝本書簡略，陸善經、葉森所續舛誤亦多。此書掊摭詳備，足裨考證，固未可以晚出廢之也。

説略三十卷（浙江巡撫採進本）

明顧起元撰。起元有《金陵古金石考》，已著錄。是編《明史·藝文志》作六十卷。考起元自序，全書實止三十卷，與此本相合，蓋《明史》偶誤也[①]。其書雜採説部，件繫條列，頗與曾慥《類説》、陶宗儀《説郛》相近，故《明史》收入「小説家」類。然詳考體例，其分門排比，編次之法實同類書，但類書隸事，此則纂言耳。雖其中旁及二氏，及參以怪異詭瑣之事，嗜奇愛博，不免駁雜。然明代類書大抵剽竊餖飣，無資實用。起元所作，頗有體裁。凡所採摭，大抵多出自本書，不由販鬻。其史別、典述諸門，尤為有益於考證。《江南通志》稱起元「學問賅博，凡古今成敗、人物賢否、諸曹掌故，無不通曉」。亦可見其梗概云。

【彙訂】

①《明史·藝文志》未誤，六十卷本萬曆刻，三十卷本天啟刻。（朱家濂：《讀〈四庫提要〉札記》）

天中記六十卷（直隸總督採進本）

明陳耀文撰。耀文有《經典稽疑》，已著錄。是編乃其類事之書。以所居近天中山，故題曰《天中記》。世所行本皆五十卷，卷端亦不題次第，草略殊甚，蓋初刻未竟之本。惟此本作六十卷，與《明史·藝文志》合，乃耀文之完書也。明人類書大都没其出處，至於憑臆增損，無可徵信。此書援引繁富，而皆能一一著所由來，體裁較善。惟所標書名，或在條首，或在條末，為例殊不畫一。又第一卷內篇目已畢，復綴以張衡《靈憲》一篇[①]，編次亦無條理。然有明一代稱博洽者推楊慎，後起而與之爭者則惟耀文。所學雖駁雜不純，而見聞終富。故所採自九流讖緯以逮僻典遺文,蒐羅頗廣,實可為多識之資。每條閒附案語。如《玉篇》、《廣韻》之解"誕"字為生,《水經注》之以"苗茨堂"為"茅茨堂",《世説註》以"錢唐"為"錢塘",《唐逸史》之記孫思邈年代舛錯,《新唐書》之載安祿山死日乖互,皆為抉摘其失。又向來類書之沿譌者,如《合璧事類》以狄兼謩為魏謩,《錦繡萬花谷》以浮圖泓為一行,《事文類聚》以劉溉為到溉,《萬卷菁華》以晉建元元年為漢武帝,孔氏《續六帖》以三陽宮為逭暑宮,皆一一辨證。尤能於隸事之中,兼資考據,為諸家之所未及。范守己《曲洧新聞》謂是書"鶴門"無浮邱翁、王子晉、丁令威、徐亞卿四事,"浦門"無青浦、黃浦等水,頗譏其漏。郭孔太《書傳正誤》亦謂其失載紫薇苑。夫天下事物無窮,一書卷帙有限,自有類書以來,未有兼括無遺者。《太平御覽》卷帙盈千,所未錄者尚不知凡幾,況此五六十卷之書乎? 是固不足為耀文病也。

【彙訂】

① 此書第一卷後所附乃張衡《周天大象賦》。(余嘉錫:《四庫提要辨證》)

圖書編一百二十七卷(河南巡撫採進本)①

明章潢撰。潢有《周易象義》,已著錄。是編取"左圖右書"之意,凡諸書有圖可考者皆彙輯而為之説。一卷至十五卷為經義,十六卷至二十八卷為象緯曆算,二十九卷至六十七卷為地理,六十八卷至一百二十五卷為人道。一百二十六卷為《易》象類編,一百二十七卷為學《詩》多識②,此二卷與圖譜無涉,別綴於末,蓋《玉海》附錄諸書例也。其門人萬尚前序稱是編肇於嘉靖壬戌,成於萬曆丁丑。考潢《年譜》,乃稱萬曆五年丁丑《論世編》成，又稱萬曆十三年乙酉出《圖書編》，與鄧元錫《函史》相證③。然則初名《論世編》，後乃改此名矣。明人圖譜之學，惟此編與王圻《三才圖會》號為巨帙。然圻書門目瑣屑，排纂冗雜，下至弈棋、牙牌之類，無所不收，不及潢書之體要。其所繫諸說，亦皆捃掇殘剩，未晰源流。甚至軍器類中所列鞭、鐗二圖，稱鞭為尉遲敬德所用，鐗為秦叔寶所用。雜採齊東之語，漫無考證。亦不及潢書之引據古今，詳賅本末。雖儒生之見，持論或涉迂拘，然採摭繁富，條理分明。浩博之中，取其精粹，於博物之資，經世之用，亦未嘗無百一之裨焉。

【彙訂】

① 文淵閣《四庫》本尚附《章斗津先生行狀》一卷，明萬尚烈撰。（沈治宏：《中國叢書綜錄訂誤》）

② "學詩多識"，殿本作"學語多識"，誤。此卷皆摘《詩經》中詞語。

③ 書中卷二十九引《輿地山海全圖》，則應在萬曆二十三年利瑪竇《地圖》在南昌刊行之後，蓋萬曆三十六年章潢辭世前續有增補。（王重民：《中國善本書提要》）

駢志二十卷（浙江巡撫採進本）

明陳禹謨撰。禹謨有《經籍異同》，已著錄。是書取古事之相類者比而錄之。對偶標題，而各註其所出於條下。不立門目，但以甲至癸十干為序，而大較以類相從。其中嗜博愛奇，務盈卷帙，如晏子宅、晏子冢、蘇秦宅、蘇秦冢之類，古來有宅有冢者豈能徧收？秦趙高為丞相，漢趙高為太守之類，古來同姓名者更難悉數。又如"平仲君遷"，乃《吳都賦》之本文；"橘不踰淮，貉不踰汶”，乃《考工記》之成語。因而採為駢句，名為隸事，實則鈔胥。
齊、梁來儷偶之文，亦恐罄竹難盡。至於癸部所載及於經典一字
之異同，如“浴乎沂、沿乎沂”，“咏而歸、咏而饋”，則《經典釋文》
且將全錄矣。然所採既繁，所儲遂富，或一言而出典各殊，或兩
事而行蹤相近，多可以考證異同，辨別疑似。其中閒有考證，如
漢高帝母溫姓，駁司馬貞依託《班固碑》之類，雖未必果確，亦可
存備一說。大抵簡核不及趙崇絢之《雞肋》，而博贍則勝方中德
之《古事比》也。

山堂肆考二百二十八卷補遺十二卷（江蘇巡撫採進本）

明彭大翼撰。大翼字雲翬，又字一鶴，揚州人。是書有萬曆
乙未廖自伸序，稱其“冠軍諸生者廿有餘年，竟不得一登賢書”。
其弟大翱序則稱其宦游百越，凌儒序亦稱其“浩然解組，杜門海
上”，則又嘗隸仕籍。其嘗為何官則不可得詳矣。據卷端凡例，
是書成於萬曆乙未，浸淫散佚。越二十餘年，至萬曆己未，其孫
塏張幼學乃尋繹舊聞，踵事增定，遂成完帙。則幼學又有所附
益，不盡大翼之舊本也。案，焦竑序作於乙未，已稱幼學增定，與凡例不符，
疑坊本翻刻，誤“己”為“乙”①。凡分宮、商、角、徵、羽五集，如趙璘《因
話錄》例。然璘書於五音之義各有所取，大翼此書則“臣職”一門
割隸宮、商二集，“親屬”一門割隸商、角二集，無所分別。特以紀
其部帙，如甲稿、乙稿之類而已。中分四十五門，門又各分子目，
大致與他類書相等。惟“卉”原訓“草”，而以“草卉”標題，似乎字
複。然考沈約詩有“勿言草卉賤，幸宅天地中”語，則自有出典，
未可議也。又道教、神仙分為二部，與他類書亦稍別。考《漢志》
道家、神仙家原自分別，則亦古義矣。所收雖多掇拾羣籍，不盡

採自本書。而網羅繁富,存之亦足備參考焉。

【彙訂】

① 文淵閣《四庫全書》本《山堂肆考》焦竑序乃以明萬曆四十七年(己未)張幼學重修本中馮任重序前半部分與焦竑序後半部分拼成,而非譌"己"為"乙"。(邱曉剛:《修補〈山堂肆考〉一得》)

古儷府十二卷(江蘇巡撫採進本)

明王志慶編。志慶字與游,崑山人,天啟丁卯舉人。是書以六朝、唐、宋駢體足供詞藻之用者,採摭英華,分類編輯。其漢、魏賦頌之類,雖非四六,而典實博麗,已開對偶之漸者,亦併取焉。分十八門,曰天文,曰地理,曰歲時,曰帝王,曰宮掖,曰儲宮,曰帝戚,曰人,曰職官,曰禮,曰樂,曰道術,曰文學,曰武功,曰居處,曰恩賚,曰物類。子目凡一百八十有二。大概仿歐陽詢《藝文類聚》之例,或載全篇,或存節本,與他類書割裂餖飣,僅存字句者不同。所引止於宋以前,又皆從各總集、別集採出,亦不似明人類書輾轉裨販,冗瑣舛譌。惟開收《玉海》所載偶句,稍為猥雜。以例推之,則吳淑《事類賦》將全部收入乎? 幸其偶一見之,故尚不甚為累也。

廣博物志五十卷(浙江汪啟淑家藏本)

明董斯張撰。斯張有《吳興備志》,已著錄。晉張華《博物志》世所傳本,真偽相淆,簡略亦甚。南宋李石嘗續其書,雖旁摭新文,尚因仍舊目。斯張從而廣之,遂全改華之體例,變為分門隸事之書。凡分大目二十有二,子目一百六十有七。所載始於《三墳》,迄於隋代,詳略互見,未能首尾賅貫。其徵引諸書,皆標列原名，綴於每條之末，體例較善。而中間亦有舛駁者。如《太平御覽》、《太平廣記》皆採摭古書，原名具在。乃斯張所引，凡出自二書者，往往但題《御覽》、《廣記》之名，而没所由來，殊為不明根據。又圖經不言某州，地志不言某代，隨意剽掇，亦頗近於裨販。《三墳》為毛漸偽撰，《漢雜事祕辛》為楊慎贋作，世所共知。乃好異喜新，雜然並載，更不免疏於持擇。至若孔疏、鄭箋，牽連滿幅；道經、釋典，採錄盈篇，愛博貪多，尤傷枝蔓。然其蒐羅既富，唐以前遺文墜簡，裒聚良多，在明代諸類書中，固猶為近古矣。

御定淵鑑類函四百五十卷

康熙四十九年聖祖仁皇帝御定。類書自《皇覽》以下，舊本皆佚。其存於今者，惟《北堂書鈔》、《藝文類聚》、《初學記》、《六帖》為最古。明俞安期删其重複，合併為一。又益以韓鄂《歲華紀麗》，而稍採杜佑《通典》，以補所闕，命曰《唐類函》。六朝以前之典籍，頗存梗概。至武德、貞觀以後，僅見題詠數篇[①]，故實則概不及焉。考《輟耕錄》載趙孟頫之言，謂作詩纔使唐以下事便不古，其言已稍過當。明李夢陽倡復古之説，遂戒學者無讀唐以後書。夢陽嘗作“黃河水繞漢宮牆”一篇，以末句用“郭汾陽”字，涉於唐事，遂自削其稿，不以入集。安期編次類書，以唐以前為斷。蓋明之季年，猶多持“七子”之餘論也。然詩文隸事在於比例精切，詞藻典雅，不必限以時代。漢去戰國不遠，而詞賦多用戰國事；六朝去漢不遠，而詞賦多用漢事；唐去六朝不遠，而詞賦多用六朝事。今距唐幾千年，距宋、元亦數百年，而曰唐以後事不可用，豈通論歟？況唐代類書原下括陳、隋之季，知事關勝國，即屬舊聞。既欲蒐羅，理宜賅備，又豈可橫生限斷，使文獻無徵。是以我聖祖仁皇帝特命儒臣，因安期所編，廣其條例，博採元、明以前文章事蹟，臚綱列目，薈為一編。務使遠有所稽，近有所考，源流本末，一一燦然。計其卷數，雖僅及《太平御覽》之半，然《御覽》以數頁為一卷，此則篇帙既繁，兼以密行細字，計其所載，實倍於《御覽》。自有類書以來②，如百川之歸巨海，九金之萃鴻鈞矣。與《佩文韻府》、《駢字類編》皆亙古所無之巨製，不數宋之"四大書"也。

【彙訂】

① 殿本"見"上有"附"字。

② 殿本"自"上有"蓋"字。

御定駢字類編二百四十卷

康熙五十八年聖祖仁皇帝敕撰。雍正四年告成，世宗憲皇帝製序頒行。謹案唐以來隸事之書，以韻為綱者，自顏真卿《韻海鏡源》而下，所採諸書，皆齊句尾之一字，而不齊句首之一字。惟林寶《元和姓纂》、鄧椿《古今姓氏書辨證》①、元人《排韻事類氏族大全》以四聲二百六部分隸諸姓，於覆姓齊其首一字，使以類從。然皆書中之變例，非書中之通例也。凌迪知《萬姓統譜》隨姓列名，體例略如《韻府》，然亦以首一字排比其人，非記事纂言之比也。我聖祖仁皇帝天裁獨運，始創造是編。俾與《佩文韻府》一齊尾字，一齊首字，互為經緯，相輔而行。凡分十有二門，曰天地，曰時令，曰山水，曰居處，曰珍寶，曰數目，曰方隅，曰采色，曰器物，曰草木，曰鳥獸，曰蟲魚。又補遺一門曰人事。所隸標首之字凡一千六百有四，每條所引以經史子集為次，與《佩文韻府》同。而引書必著其篇名，引詩文必著其原題。或一題而數首者，必著其為第幾首，體例更為精密。學者據是兩編以考索舊文，隨舉一字，應手可檢。較他類書門目紛繁，每考一事，往往可彼可此，猝不得其部分者，其披尋之難易，固迥不侔矣。

【彙訂】

①《古今姓氏書辨證》乃鄧名世所撰，其子鄧椿年增訂。鄧椿所撰乃《畫繼》。說詳卷一三五《古今姓氏書辨證》條訂誤。

御定分類字錦六十四卷

康熙六十一年聖祖仁皇帝御定。皆採掇成語，裁為駢偶，分類編輯。每類以二字、三字、四字為次，各詳引原書，註於條下。考類書全用對句，始於隋杜公瞻之《編珠》。然其書《隋志》、《唐志》皆不載，至《宋志》始著錄，而宋人無引用者，亦無舊刻、舊鈔流傳於世。至康熙中，乃有高士奇家刊本，頗疑依託。其灼然可徵者，當自《初學記》之事對始。然亦僅每門之內載有數條，非全部如是。其全部對句者，以楊慎《謝華啟秀》為稍博。然捃摭未富，篇帙無多，標新異則有餘，備採用則不足也。是編所錄，皆石渠、天祿之珍藏。既多未睹之祕，又仰遵訓示，體例詳明，翦裁皆得其菁華，配隸務權其銖兩。遇麗句可供文藻，而單詞不可駢連者，寧各依字數附綴於末，謂之備用，而不強為之湊泊。是以抽黃對白，巧若天成，合璧分璋，詞如己出。昔宋人四六喜綴成句，一篇之內不過數聯而已。宋人詩話又喜稱巧對，如帶眼、琴心，殺青、生白之類，一集之內亦不過數聯而已。至於累牘連篇，集為巨帙，無一字一句之不工，則自古以來，未有踰於此編者矣。

御定子史精華一百六十卷

康熙末聖祖仁皇帝敕修，雍正五年世宗憲皇帝御定頒行。四庫之中，惟子史最為浩博，亦最為蕪雜。蓋紀傳、編年以外，凡稗官野記，皆得自託於史；儒家以外，凡異學方技，皆得自命為子。學者雖病其冗濫，而資考證廣學問者，又錯出其中，不能竟廢，卷帙所以日繁也。或寒門細族，艱於購求，或僻壤窮鄉，限於耳目，則涉覽有所不能徧；或貪多務得，不別瑕瑜，或嗜異喜新，偏矜荒誕，則持擇有所不能精，於是刪纂之學興焉。然摘錄之本，如庾仲容之《子鈔》、案《子鈔》世無傳本，其文散見《永樂大典》中。馬總之《意林》，簡略不詳；錢端禮之《諸史提要》，疏陋寡緒；楊侃之《兩漢博聞》、林鉞之《漢雋》，偏舉不全。即洪邁之《經子法語》、《諸史精語》、呂祖謙之《十七史詳節》，亦未為善本。明人所輯，叢脞彌甚，益自鄶無譏。聖祖仁皇帝嘉惠藝林，特命纂輯此編，俾其知津逮。分三十類，子目二百八十。凡名言雋句，採掇靡遺。大書以標其精要，分註以詳其首尾，元元本本，條理秩然，繁簡得中，翦裁有法。守茲一帙，可以富擬百城。於子史兩家，誠所謂披沙而簡金，集腋而為裘矣。

御定佩文韻府四百四十四卷

康熙五十年聖祖仁皇帝御定。考《唐書·藝文志》載顏真卿《韻海鏡源》二百卷。釋皎然《陪顏使君修〈韻海〉畢東溪泛舟餞諸文士》詩，有"外史刊新韻，中郎定古文。菁華兼百氏，縑雅備《三墳》"句。其自註又有"魯公著書，依《切韻》起東字腳"語。然則分韻隸事，始自真卿。今其書不傳。宋、元間作者頗夥，謂之詩韻。語詳《韻府羣玉》條下。其傳於今者惟《韻府羣玉》為最古，至

明又有《五車韻瑞》。然皆疏漏不完,舛譌相踵。楊慎作《均藻》,
朱彝尊作《韻粹》,其子昆田又作《三體摭韻》①,皆欲補陰氏、凌
氏之闕,而仍未賅備。是以我聖祖仁皇帝特詔儒臣,蒐羅典籍,
輯為是編。每字皆先標音訓。所隸之事凡陰氏、凌氏書所已採
者,謂之“韻藻”,列於前。兩家所未採者,別標“增”字,列於後。
皆以兩字、三字、四字相從,而又各以經史子集為次。其一語而
諸書互見者,則先引最初之書,而其餘以次註於下,又別以事對
摘句附於其末。原本不標卷第,但依韻釐為一百六卷,而中分子
卷二十有四。今以篇頁繁重,編為四百四十四卷。自有《韻府》
以來,無更浩博於是者。俯視陰氏、凌氏之書,如滄海之於蠡勺
矣。考康熙五十九年大學士王掞等恭製《韻府拾遺》序,有曰:
“《佩文韻府》書成,卷帙一百有六。聞諸臣分纂之時,每繕初稿,
先呈御覽。我皇上丨行並下,點摘闕遺。舉凡《六經》奧義詁訓
之所難通,四部僻書棗梨之所未錄,莫不親加批乙,宣付諸臣,再
三稽考。雖諸臣眾手合作之書,實我皇上一心裁定之書也。”云
云。蓋由聖學高深,為千古帝王所未有,故是書博贍,亦千古著
述所未有也。

【彙訂】

①“三體摭韻”,殿本作“三體摭遺”,誤。《總目》卷一三九
著錄朱昆田撰《三體摭韻》十二卷,《清史稿·藝文志》類書類同。
今存稿本、鈔本或不分卷,或十二卷。

御定韻府拾遺一百十二卷

康熙五十五年聖祖仁皇帝御定,以拾《佩文韻府》之遺也。
《佩文韻府》凡一萬八千餘頁,藝林傳布,已浩若望洋。而睿慮周

詳,猶恐滄海之兼收,或有涓流之未會。故特命搜奇抉祕,續輯是書。其分韻悉準前編,其所補則為例有四:凡前編所有之字,則惟增韻書之音切。如一東之"東"字,註《唐韻》、《正韻》"德紅切",《集韻》、《韻會》"都籠切"是也。凡前編未收之字,從他韻增入者,則兼註音義。如二冬之"腜"字,註《廣韻》"丑凶切",《集韻》"癡凶切",並音"蹱",與"傭"同,《集韻》"均也,直也",又註"照《廣韻》增入"是也。其文句典故為前編所未載者,謂之"補藻","東"字下引《禹貢》"北東"諸條是也。前編已載而所註未備者,謂之"補註","東"字下引《周易折中集說》"居東"諸條是也。蒐羅賅備,體例詳明,大學士王掞等恭製序文所謂"舉大而及其細,則《拾遺》為《韻府》之支流;附少以成其多,則《拾遺》為《韻府》之全璧也"。聖人制事,精益求精,不留絲毫之欠闕,此亦一端矣。舊本不標卷第,與《佩文韻府》同。今以一韻為一卷,其篇頁稍多者,分六子卷。為一百十有二卷。

格致鏡原一百卷(江蘇巡撫採進本)

國朝陳元龍撰。元龍字廣陵,海寧人。康熙乙丑進士及第[①],歷官文淵閣大學士。謚文簡。是編乃其類事之書。其曰《格致鏡原》者,自昔類書,大抵縷陳舊蹟,與史傳相參,或臚列典章,與會要相佐。此所採輯,分三十類,曰乾象,曰坤輿,曰身體,曰冠服,曰宮室,曰飲食,曰布帛,曰舟車,曰朝制,曰珍寶,曰文具,曰武備,曰禮器,曰樂器,曰耕織器物,曰日用器物,曰居處器物,曰香奩器物,曰燕賞器物,曰玩戲器物,曰穀,曰蔬,曰木,曰草,曰花,曰果,曰鳥,曰獸,曰水族,曰昆蟲。皆博物之學,故曰"格致"。又每物必溯其本始,略如《事物紀原》,故曰"鏡原"也。

其採擷極博,而編次具有條理。又以明人類書多不載原書之名,攘古自益,因各考訂所出,必繫以原書之名。雖所據或閒出近代之本,不能盡泝其源,而體例秩然,首尾貫串,無諸家叢冗猥雜之病,亦庶幾乎稱精核矣。其書為康熙戊子、丁亥閒元龍歸養時所作②。後官廣西巡撫,乃刊行之於粵中云。

【彙訂】

① "及第",殿本無。

② 丁亥為康熙四十六年,戊子為康熙四十七年,年代不應顛倒排列。陳氏自序云:"乙酉、丙戌閒,余乞養旋里,循陔多暇,偶纂是書。"則纂書在康熙四十四、四十五年間。(楊武泉:《四庫全書總目辨誤》)

讀書紀數略五十四卷(內府藏本)

國朝宮夢仁編。夢仁字定山,泰州人。康熙戊戌進士,官至福建巡撫。康熙四十六年,聖駕南巡。夢仁方罷官里居,因恭迎六御,以此書奏呈御覽①。得旨刊行,遂併版繳進,至今存貯於內府。亦儒生之榮遇也。前奏摺二通②,摺稱五十二卷,此本實五十四卷,或鋟木時析其兩卷歟?其書分天、地、人、物四大綱。天部分子目四,地部分子目十,人部分子目二十九,物部分子目十一。凡諸書所載故實,有數可紀者,各以類從。大抵以王應麟《小學紺珠》、張九韶《羣書拾唾》為藍本,而稍摭宋、元、明事附益之,較二家之書頗為賅備。每類先標目錄,亦較二家之書為易檢尋。雖載籍極博,未能包括無遺,所載諸事,又或不註所出,然凡例稱"數之可紀,既數不勝數。而汗牛充棟之書,更難盡讀。茲不過就耳目所及見聞,懼其略而弗詳,故名之曰略",又稱"題下必註某書,示不忘本也。其閒多有不註者,大約世所習見之書,亦或鈔時偶忘。若原本所未註,則彼先失記,相沿已久,且難徧考"云云,則夢仁固已自言之,無庸執以相病矣。

謹案倪國璉《康濟錄》,仰蒙皇上敕內直諸臣重為刪潤,併賜嘉名,官為刊版,故列於官撰諸書之中。此書雖版貯內府,而既非官撰,亦非官刊,不過與馬驌《繹史》同例,故仍以作者時代為次。

【彙訂】

① 戊戌為康熙五十七年。若是年成進士,何以在前十一年已"罷官里居"?周中孚《鄭堂讀書記》卷六二《讀書記數略》條作"康熙癸丑進士",癸丑為康熙十二年。道光《泰州志》卷一五《選舉表》亦作康熙癸丑科韓菼榜進士。同書卷二三《仕績篇》宮夢仁傳云:"字宗袞,號定山,偉鏐子……舉順天庚戌會試第一……癸丑殿試,改庶吉士,授御史。"是宮夢仁於康熙九年庚戌會試得中,至康熙十二年癸丑參加殿試而成進士。(楊武泉:《四庫全書總目辨誤》)

② 殿本"前"下有"冠以"二字。

花木鳥獸集類三卷(兩淮馬裕家藏本)

國朝吳寶芝撰。寶芝,石門人。是書集花木鳥獸故實,分門臚列。原本卷端題"臣吳寶芝恭纂"字,當為經進之本也。上卷凡四十三目,中卷凡四十二目,下卷凡二十五目,皆採掇舊文,以供詞藻之運用。旁及稗官小說,下至詩詞佳句,無不博引。大旨主於滷涤陳因,蒐羅新穎,較諸家類書所載,蹊徑頗殊。中閒如《三國典略》、《瑞應圖》、《字說》等書,久已佚亡,亦不免輾轉裨販之弊。然搜奇抉異，出於獨得者居多，蓋《清異錄》之支流，而《全芳備祖》之餘派也。篇帙無多，而轉以少勝，固勝於連篇累牘，數見不鮮者矣。

別號錄九卷（浙江鮑士恭家藏本）

國朝葛萬里撰。萬里號夢航，崑山人。其書取宋、金、元、明人別號，以下一字分韻編輯。宋、金、元人共一卷，明人八卷，時彌近者彌易詳也[①]。考錢曾《讀書敏求記》載有宋淳祐間錢塘徐光浦《自號錄》一卷，載當代名公鉅卿騷人墨士之號，譚友聞序之。其本為元至正間華亭孫道明所鈔，今未之見。萬里此書，蓋仿其例而廣之者也。古人冠而稱字，年過五十稱伯仲而已。至《左傳》所載子產、子美，至於兩字並行，已難辨識，然猶無別號。《戰國策》有寒泉子，其為氏為號不可考。商山四皓，皆自有名姓，而又有黃、綺諸稱，其別號之所昉乎？自唐以後，名目彌繁。萬里序稱“盛於南宋，濫於明，見者莫知為誰”，誠為確論。惟其體例苟簡，每韻惟第一人標兩字，以下皆但標一字，驟觀殊不了了。又宋、金、元但註時代，明人則兼註爵里，而爵止兩字，里止一字，亦費推求。其中如坡韻收蘇軾之東坡，而翁韻乃遺歐陽修之醉翁，失之眉睫，亦多遺漏。要其採摭之勤，實足以資考據。雖似瑣屑，而於史學有補。楊萬里之於院吏，固時得一字師也。

【彙訂】

① 書中宋、金、元三朝凡一千八百人，明朝凡一千二百人。其卷數之懸殊者，一但注時代，一兼注爵里耳。（胡玉縉：《四庫全書總目提要補正》）

宋稗類鈔三十六卷（浙江巡撫採進本）①

國朝潘永因編②。永因有《讀史津逮》，已著錄③。是書以宋人詩話、說部分類纂輯，凡五十九門。末附《搜遺》一卷，以補諸門之所未備④。亦江少虞《事實類苑》之流。惟皆不著所出，是其一失。蓋明人編輯舊文，往往如是，永因尚沿其舊習也。又如“異數門”中盧延讓紅綾餅餡事，則上及唐末；“符命門”中庚申帝事、“武備門”中泰定閫鄧弼事，則下及元時；“諂媚門”中徐學詩劾嚴嵩，嘉定人有與同姓名者，遂改為學謨事，併闌入明代，皆失斷限。至“武備門”中載狄青不祖狄仁傑，不去黥文之類，分隸亦多未允。然宋代雜記之書，最為汗漫。是編掇集英華，網羅繁富，且分門別類，較易檢尋，存之亦可資考核也。

【彙訂】

① 此條殿本漏載，文淵閣庫書收入此書。

② 編於康熙朝的《寶翰堂藏書考》題為李宗孔撰。今存李氏康熙原刻本，自序述其編輯原委清楚。而題潘永因編之康熙、雍正刊本均為挖改，並刪去李氏原序。（葉樹仁：《〈宋稗類鈔〉編者辨》）

③《總目》卷五十著錄《讀史津逮》四卷，潘永圜撰。（胡玉縉：《四庫全書總目提要補正》）

④ 題潘永因編之乾隆刊本（四庫底本），共五十九門，《搜遺》排序第五十九。（葉樹仁：《〈宋稗類鈔〉編者辨》）

右類書類六十五部，七千零四十五卷①，皆文淵閣著錄。

【彙訂】

①“六十五部，七千零四十五卷”，殿本作“六十四部，六千九百七十三卷”。底本實際著錄六十五部，七千零四十三卷。

子部四十七

類書類存目一

聖賢羣輔錄二卷（山東巡撫採進本）

一名《四八目》，舊附載《陶潛集》中。唐宋以來相沿引用，承譌踵謬，莫悟其非。迨以編錄遺書，始蒙睿鑒高深，斷為偽託。臣等仰承聖訓，詳悉推求，乃知今本潛集為北齊僕射陽休之編。休之《序錄》稱："其集先有兩本，一本六卷，排比顛亂，兼復闕少。蕭統所撰八卷，又少《五孝傳》及《四八目》。今錄統所闕併序目等，合為十卷。"是《五孝傳》及《四八目》實休之所增，蕭統舊本無是也①。統序稱"深愛其文，故加蒐校"，則八卷以外不應更有佚篇。其為晚出偽書，已無疑義②。且集中《與子儼等疏》稱子夏為"孔子四友"，而此《錄》"四友"乃為顏回、子貢、子路、子張。又《五孝傳》引"孝乎惟孝友于兄弟"之文，句讀尚從包咸註，知未見《古文尚書》。而此《錄》"四岳"一條，乃引孔安國《傳》。其出兩手，尤自顯然③。至書以"聖賢羣輔"為名，而魯三桓、鄭七穆、晉六卿、魏四友以及仕莽之唐林、唐遵，叛晉之王敦，並列簡編，名實相迕，理乖風教，亦決非潛之所為④。昔宋庠校正斯集，僅知"八儒"、"三墨"二條為後人所竄入，而全書之贗，竟不能明。潛之受誣,已踰千載。今逢右文聖世,得以辨別而表章之,使白璧無瑕,流光奕葉,是亦潛之至幸矣。

【彙訂】

① 陽休之《序錄》曰:"其集先有兩本行於世,一本八卷,無序;一本六卷,并序目,編比顛亂,兼復闕少。蕭統所撰八卷,合序目誄傳,而少《五孝傳》及《四八目》。然編錄有體,次第可尋。余頗賞潛文,以為三本不同,恐終至亡失。今錄統所闕并序目等,合為一帙,十卷,以遺好事君子。"蕭統所編陶集雖無《五孝傳》及《四八目》,然休之所據乃梁以前二舊本,未可輕易斷為作偽。(袁行霈:《陶淵明集箋註》)

② 蕭統所撰《陶淵明傳》中載其《與子書》,而所編陶集即未登錄。(潘重規:《聖賢羣輔錄真偽辨》)

③《孔叢子・論書》載"孔子四友"亦為為顏淵、子貢、子張、子路,《與子儼等疏》或另有所據,或記憶之誤。《論語・為政》:"子曰:'《書》云:孝乎惟孝友于兄弟,施于有政。'"此句包咸註與孔安國傳《古文尚書・君陳》斷句雖不同,然皆可通,不得據以斷定《五孝傳》與《四八目》均係偽作。(潘重規:《聖賢羣輔錄真偽辨》;袁行霈:《陶淵明集箋注》)

④ 此書本名《四八目》,應是先作完了記先秦時期人物的三十二條,或其品評中並稱四佐、八士等四×、八×類條目最多,故名。北宋以前無人稱為《聖賢羣輔錄》。其書末結語曰:"凡書籍所載及故老所傳善惡聞於世者,蓋盡於此矣。"明言善惡兼載,可見原名決非《聖賢羣輔錄》,乃宋後刻本改題。(潘重規:《聖賢羣輔錄真偽辨》;胡祥雲:《〈四八目〉題意析疑》;陳尚君、張金耀主撰:《四庫提要精讀》)

錦帶一卷（兩江總督採進本）

舊本題梁昭明太子蕭統撰[1]，陳振孫《書錄解題》又云梁元帝撰。比事儷語，在法帖中《章草》、《月儀》之類。詳其每篇自敍之詞，皆山林之語，非帝冑所宜言。且詞氣不類六朝，亦復不類唐格。疑宋人案《月令》集爲駢句，以備箋啟之用，後來附會，題爲統作耳。今刻本《昭明集》中亦有之，題曰《十二月啟》。然《昭明集》乃後人所輯，非其原本，未可據以爲信也。

【彙訂】

①“蕭統”，殿本無。

錦帶補註一卷（浙江范懋柱家天一閣藏本）

舊本題宋杜開撰。其本較明人所刻多前序一篇，不著撰人名氏。詞旨頗鄙，註文尤謬，又出師古註杜詩之下。如開卷註“昭明太子”四字曰：“姓蕭，名普，字子施。昭明者，號也。”殆目未睹史書者。其他所引《論語》“德不孤，必有鄰，君子以文會友”、《詩》“中心藏之，何日忘之”等數條爲有根據，餘則無一不出杜撰。疑亦妄人依託也。

歲華紀麗四卷（內府藏本）

舊本題唐韓鄂撰。考《唐書·宰相世系表》載韓休之弟殿中丞倩，倩之子河南兵曹參軍滁，鄂乃滁之曾孫也[1]。其書以四時節候分門隸事，各編爲駢句，略如《北堂書鈔》、《六帖》之體。《唐志》、《宋志》皆列其名，陳振孫《書錄解題》亦載之，然久無傳本。此本爲胡震亨《祕冊函》中所刻，毛晉收其殘版，以入《津逮祕書》者。震亨跋稱得之鄭曉家，王士禎《居易錄》以爲即震亨偽造。案錢曾《讀書敏求記》云：“《歲華紀麗》舊鈔，卷終闕字數行，又失去末葉。後見章邱李中麓藏宋刻本，脫落正同。"是此書確出宋本，不由震亨之依託。然《書錄解題》稱其"採經史子傳歲時事類聚，而以儷句閒之"，此本乃全作儷句，已不相合②。又儷句拙陋殊甚，所引書不過數十種，而割裂餖飣，往往不成文句。且《杜陽雜編》，蘇鶚所作。鶚，僖宗光啟中進士，已屆唐末。《摭言》，王定保所作。定保，昭宗光化三年進士，已入五代。鄂安得引二人之書？至中引《四時纂要》一條，考之《唐志》，是書即鄂所作。鄂又何至自引己作？況鄂既唐人，不應稱"唐元宗"及"唐時"，均屬疑竇。曾所云云，正未可據為定論也③。

【彙訂】

①《新唐書·宰相世系表》河南兵曹參軍韓滉之曾孫名鍔，不名鄂。其名鄂者，韓休第三子邢州長史洪之曾孫也。（余嘉錫：《四庫提要辨證》）

②《直齋書錄解題》所謂採歲時事而以儷句閒之者，謂以所採經史子傳之事，與儷句相閒，即指其正文與自註言之耳，非駢散兼行之謂也。（同上）

③書中僅正月節內引《四時要》一條，無所謂《四時纂要》者。書中引用之事，頗有不經見者，即其現存之書，如《荊楚歲時記》之類，亦往往長於今本。縱令不出於韓鄂，亦決非宋以後人所能作。（同上）

標題補註蒙求三卷（浙江鮑士恭家藏本）

晉李瀚撰，宋徐子光註。《書錄解題》、《宋史·藝文志》皆作八卷。今所行者凡二本，一本二卷，乃子光之原註，已著於錄。此本又分三卷，凡子光註中陳振孫所謂"兼及他人事"者，皆為刪去。而每句之下俱有評識二字，如好賢、循吏、孝義、廉介之類，即所謂標題。蓋坊刻改竄之本，不足取也。

　　文選雙字類要三卷（浙江汪啟淑家藏本）

　　舊本題宋蘇易簡撰。易簡有《文房四譜》，已著錄，是編取《文選》中藻麗之語，分類纂輯。其中語出經史，偶為漢以來詞賦採用者，亦即以採用之篇，註為出典。易簡名臣，不應荒陋至此。陸游《老學菴筆記》稱：“宋初崇尚《文選》，草必稱王孫，梅必稱驛使，月必稱望舒，山水必稱清暉，方為合格。”疑其時科舉之徒輯為此書，託易簡之名以行也①。

　　【彙訂】

　　① 宋袁說友《東塘集》卷十九“題文選雙字”條：“此係本朝蘇公易簡所編也。池陽既鋟《文選》板矣，而《雙字》者又《文選》之英華與法，當並刊，同置郡學。”又“跋《昭明文集》”條：“池陽郡齋既刊《文選》與《雙字》二書，於以示敬事昭明之意，今又得《昭明文集》五卷而並刊焉。”時袁氏為池陽刺史，又嘗預其事，所說當不謬。（劉遠遊：《四庫提要補正》）

　　類要一百卷（浙江范懋柱家天一閣藏本）

　　宋晏殊撰。殊字同叔，撫州臨川人。景德初，張知白以神童薦，賜同進士出身，擢祕書省正字。官至集賢殿學士，同平章事兼樞密使。卒諡元獻。事蹟具《宋史》本傳。是編乃所作類事之書，體例略如《北堂書鈔》、《白氏六帖》，而詳贍則過之。葉夢得《避暑錄話》稱殊“平生未嘗棄一紙，雖封皮亦十百為沓。每讀書得一故事，則批一封皮。後批門類，命書吏傳寫，即今《類要》也”。故所載皆從原書採掇，不似他類書互相剽竊，輾轉傳譌。

然自宋代所傳名目，卷帙已多互異。歐陽修作殊神道碑，稱“類集古今，為《集選》二百卷”，曾鞏作序，則稱上、中下、帙七十四篇。惟《宋史》本傳稱一百卷，與今本合。據其四世孫知雅州袤進書原表，則南渡後已多闕佚，袤續加編錄，於開禧二年上進。故今書中有於篇目下題“四世孫袤補闕”者，皆袤所增，非殊之舊矣。自明以來，傳本甚罕。惟浙江范氏天一閣所藏尚從宋本鈔存，而中閒殘闕至四十三卷。別有兩淮所進本，僅存三十七卷。門類次序，尤多顛倒。且傳寫相沿，譌謬脫落，甚至不可句讀。蓋與《太平御覽》同為宋代類書之善本，而其不可校正則較《御覽》為更甚，故今惟附存其目焉。

　　春秋經傳類對賦一卷（兩江總督採進本）

　　宋徐晉卿撰。晉卿里貫未詳。自署稱將仕郎祕書省校書郎，亦不知其始末也。《左傳》文繁詞縟，學者往往緯以儷語，取便記誦。見於《宋史·藝文志》者有崔昇等十餘家，今並亡佚。惟此賦尚存，凡一百五十韻，一萬五千言。屬對雖工，而無當於義理，其徵引亦多舛漏。前有皇祐三年自序，云“首尾貫串，十得八九”，殊未然也。國朝高士奇嘗為之註，《通志堂經解》亦收之。末有元至大戊申長沙區斗英一跋，稱“江陰路總管太原趙嘉山得善本①，授郡庠，俾鋟梓”云。

　　【彙訂】

　　① 據《通志堂經解》本此書卷末區斗英跋原文，“江陰路”當作“江陵路”。

　　文選類林十八卷（浙江范懋柱家天一閣藏本）

　　舊本題宋劉攽撰。攽字貢父，新喻人，敞之弟也。與敞同舉慶曆六年進士。歷官祕書少監，出知蔡州，後終於中書舍人。事蹟具《宋史》本傳。是編取《文選》字句可供詞賦之用者，分門標目，共五百四十九類①。然攽兄弟以文章學問與歐陽修、蘇軾諸人馳騁上下，未必為此餖飣之學，疑亦南宋時業詞科者所依託也。

【彙訂】

① 據明嘉靖三十七年吳思賢刻本此書，實為五百四十二類。（汪習波：《宋代〈文選〉的流傳與〈文選〉學》）

記室新書七十卷（兩江總督採進本）

舊本題宋方龜年編。龜年，莆田人。景祐元年進士，官至屯田郎中。《宋史・藝文志》"事類門"載方龜年《羣書新語》十一卷。《福建通志》亦載之，作十卷。均無《記室新書》之名。考世傳鈔本《翰苑新書》有明沔陽陳文燭序，謂是宋人書，鈔自祕閣者。無撰人姓氏，凡分四集。其《別集》十二卷，即此書之前十二卷。其《前集》七十卷，此書割去前十二卷，以十三卷以下五十八卷續《別集》後，仍足七十卷之數。蓋坊賈得殘闕《翰苑新書》，併兩集為一集，改此名以售欺也。

別本實賓錄一卷（浙江范懋柱家天一閣藏本）

不著編輯者名氏。卷首題曰"蘇臺雲翁錄"，末誌"正德五年五月望後，蘇臺雲翁錄於西閣灣南之垂雲樓①，時年七十有七"，蓋明人鈔本也。核其所載，即節錄宋馬永易《實賓錄》，非所自著，亦非完書。今馬氏原本已於《永樂大典》內編次成帙，此為棄餘矣②。

【彙訂】

① 天一閣進呈原本乃明正德五年蘇臺雲翁黑格鈔本，末題

"皇明正德五年木星在庚午夏五月望後四日蘇臺雲翁錄於西閒濠南之垂雲樓時年七十有七"。(杜澤遜:《四庫存目標注》)

② 殿本此句下有"以世所行者皆此本姑存其目焉"一句。

詩律武庫前後集三十卷(江蘇巡撫採進本)

舊本題宋呂祖謙編,與《歷代制度詳說》皆《祖謙年譜》所不載。然《歷代制度詳說》具有條理,且刊自元人,亦有所授受。此書則徵引故實,大抵習見之事①,在類書中最為淺陋。斷非祖謙之所為,殆後人依託也。

【彙訂】

①"之事",殿本無。

補侍兒小名錄一卷(內府藏本)

宋王銍撰。銍字性之,汝陰人,自稱汝陰老民。紹興初,以薦詔視秩史官,給札奏御,為樞密院編修官。是書前有題詞,云以續洪适之書。考王楙《野客叢書》謂洪駒父作《侍兒小名錄》,或者又作《續侍兒錄》,則是洪芻非洪适。然考《侍兒小名錄拾遺》稱"少蓬洪公",則作适為是。或王楙偶誤記歟?銍本博洽,而此書所採猥鄙殊甚。錢希言《戲瑕》曰:"汝陰王銍著《補侍兒小名錄》,雜出不倫。所引《霍小玉傳》媒氏鮑十一娘一段,殊與侍兒小名無當。又載《李文公集》禽滑釐問於子墨子,'叔曰無恒,姪女曰數奇,妾曰善佞',皆寓言也。王丞相妾雷尚書,是嘲戲之詞,何預小名故事?"其抉摘頗當。今觀其書,如《左傳》蕭同叔子,杜預之註甚明。"唐進士段何"一條,雲髻、半髻,乃言其裝飾,均非小名。至唐人多呼婢為小玉,故元微之悼亡詩有"小玉上牀鋪夜衾"句。"寶果"一條以"小玉驚人踏破裙"句①,竟為小名②,亦殊舛誤。尚不止希言之所詆矣。

【彙訂】

①"以",殿本作"有"。

②"竟",殿本作"指"。

姬侍類偶二卷(浙江吳玉墀家藏本)

宋周守忠撰。守忠有《養生雜纂》,已著錄。是書成於嘉定庚辰,有朝奉大夫鄭域中序及守忠自序①。其意仿《侍兒小名錄》,其體則以四言隔句用韻,如李瀚之《蒙求》。凡八十有八聯,通附見註中者,共一百八十二人。其文屬對既拙,又多漏略。大抵以《太平廣記》為稿本,而《廣記》中春條、金釭之類,乃遺不載。亦兼採各家詩集,而《杜牧集》中收張好好定子,而遺其特作大篇之杜秋;《白居易集》收樊素、小蠻、紫綃、紅綃諸人,而遺其最所賞鑒之都子。以至《文選》、《玉臺新咏》本非僻書,而《奏彈劉整文》中之綠草、汝南王所歌之劉碧玉亦都失載。所註或有原委,或無始末,繁簡尤為失當,可謂簡陋之極。域中序尤極荒謬。如謂"《詩》有媵,《記》有妾,《禮》有嬪,《春秋》有姑",以《記》與《禮》分為二書,已為盲說。所謂"《春秋》有姑"者,更不知為何語,殆見他書引《左傳》"燕姞夢蘭"之事而影響剿說也。非是人不序是書,其斯為各從其類歟?

【彙訂】

①宋史彌寧《友林乙稿》載鄭域字中卿,非名域中。(繆荃孫:《藝風堂讀書記》)

璧水羣英待問會元選要八十二卷(浙江巡撫採進本)

宋建安劉達可編,元華亭沈子淮選①,寧州查仲孺、吳江徐玥批點，俱不知何許人。蓋麻沙書坊本也。其書為太學諸生答策而設，故有《璧水羣英待問》之名。分十六門，每門之外分二例。一曰《名流舉業》，又分立意發端、稽古偉議、法祖嘉猷、時文警段、綺語駢珠、當今猷策、生意收結等七子目。二曰《故事源流》，又分經傳格言、皇朝典章、歷代事實、先正建議、文集菁華等五子目。大抵當日時文活套，不足以資考證。前有淳祐乙巳建安陳子和序，亦極俚陋。南宋待太學之禮最重，而當時相率誦習者乃此剽竊腐爛之書，其亦大非養士之意矣。

【彙訂】

① 嘉靖壬辰慎獨齋刊八十二卷本乃正德四年王敕所序，沈淮所校。（丁丙：《善本書室藏書志》）

翰墨大全一百二十五卷（兩淮鹽政採進本）

宋劉應李撰①。應李自稱鄉貢進士，其里籍未詳。是書仿祝穆《事文類聚》之例，分二十五門，採摭頗博而踳駁亦甚。下至對聯套語，皆紛紛闌入，尤為穢瑣。

【彙訂】

① 元刊本此書一百二十七卷，首有大德十一年考亭熊禾序，有應李“與余講學武夷洪源山中者十有二年”一語，則應李顯為元人。（莫伯驥：《五十萬卷樓藏書目錄初編》）

四六膏馥七卷（永樂大典本）

舊本題宋楊萬里撰。其書割裂諸家四六字句，分類編次，以備捃摭。其曰“膏馥”者，蓋取元稹作《杜甫墓誌銘》“殘膏剩馥，沾溉無窮”語也。然萬里一代詞宗，謬陋不應至此，此必坊賈託名耳①。

【彙訂】

① 遼寧圖書館藏南宋理宗淳祐八年錢溪野人序《誠齋四六發遣膏馥》十卷,序云:"《四六膏馥》者,誠齋、梅亭先生之鉅筆也。"題"周公恕編類"、"余卓校刊",與坊賈託名迥異。日本宮內廳書陵部藏《四六發遣膏馥集》前集十卷續集十一卷後集十卷(卷五佚)別集十卷,亦為淳祐八年余卓刻本,其中二十四卷為江戶時期補抄。乃取楊萬里(誠齋)、李劉(梅亭)二人所作四六文,前集、續集亦周公恕編,後集、別集陳範編。(楊忠:《〈四六膏馥〉與南宋四六文的社會日用趨向》)

兩漢蒙求十一卷(永樂大典本)

宋劉班撰①。班字希范,吳興人,仕至同知三省樞密院事。是書仿唐李瀚《蒙求》之體,取兩漢之事,以韻語括之。取便鄉塾之誦習,於史學無所發明。

【彙訂】

① "劉班"為"劉玨"之誤。《宋史》卷二百七《藝文志六》著錄有劉玨《兩漢蒙求》十卷。《宋史》卷三七八有其傳,云:"劉玨,字希范,湖州長興人,登崇寧五年進士第……有《吳興集》二十卷、《集議》五卷、《兩漢蒙求》十卷。"(胡露:《〈四庫全書總目〉子部存目補正》)

續補侍兒小名錄一卷(內府藏本)

宋溫豫撰。豫字彥幾,晉陽人①。豫以王銍所補《侍兒小名錄》猶未詳備,乃續補此書,凡二十九事。其中"成風"一條,是謚非名。至《北夢瑣言》所載之歸秦,乃沈詢之奴名,非其妾名。豫改增"嬖妾"二字,其謬甚矣。

【彙訂】

①《八閩通志》卷六七載温豫乃泉州惠安縣人，晉陽當為其祖籍。（李裕民：《四庫提要訂誤》）

侍兒小名錄拾遺一卷（内府藏本）

舊本題宋晉陽張邦幾撰。前有邦幾自序曰："少蓬洪公作《侍兒小名錄》，好事者多傳焉。王性之補錄一卷，意語盡矣。余友温彦幾復得一卷以授余，曰：'他日觀書，有可採錄之。'乃作《拾遺》"，與晁公武《讀書志》合。然公武稱"舊本但題朋溪先生，不著名氏"，又稱"或云董彦遠家子弟為之"①。彦遠乃董逌之字，其子弟則不知為誰。此本為明商濬所刊②，獨題為邦幾，不知何據。考濬刻《稗海》③，此書與張邦基《墨莊漫錄》相連，豈因彼而誤作邦基，又譌"基"為"幾"耶？錢希言《戲瑕》引作張邦畿，則愈譌愈遠矣。《讀書志》謂此書多用古字，今不盡然，蓋後人所改。所載不甚簡擇，如江蓮、王魁二事，皆猥鄙不足道；又如大喬、小喬乃孫策、周瑜之妻，以為侍兒，尤舛謬也。

【彙訂】

① 所引二句皆陳振孫《直齋書錄解題》卷十一《侍兒小名錄》條中語。（胡玉縉：《四庫全書總目提要補正》）

② "商濬"，殿本作"商維濬"。

③ "濬"，殿本作"維濬"。

野服考一卷（編修程晉芳家藏本）

宋方鳳撰。鳳一名景山，字韶卿，浦陽人①。宋末授容州文學。國亡不仕，放浪山澤間，與謝翱、吳思齊友善。此書摭取經史及説部所記野服之制，自"臺笠緇撮"以下凡十六條。殆自託於宋之逸民②,故作此以見志歟?

【彙訂】

① 清《學海類編》本此書卷首題"宋東陽方鳳韶父纂"。《浙江通志》卷一百八十一有其傳,亦云:"方鳳,《浦陽人物記》:一名景山,字韶父。"(胡露:《〈四庫全書總目〉子部存目補正》)

② "逸民",殿本作"遺民"。

羣書類句二十七卷(永樂大典本)

宋詹光大撰。光大始末未詳。其書以場屋之中每艱於屬對,因每句必求其偶,亦鄉塾剽竊之學。前有蔡公亮序,乃謂"此書凡一千五百餘門,字字編珠,聯聯合璧。世間無書則已,有則必見於此書;無對則已,有則必萃於其類。經史之格言,文史之精語,包羅鋪敍,無一遺棄者"云云。其推許殊過當也。

古今詩材八卷(永樂大典本)

宋蕭元登撰。元登爵里未詳。是書取唐、宋人詩分類編輯,或錄全篇,或割取一二聯及數句,惟絕句則多全載。閒有評註,皆雜取諸家詩話而稍參以己意。取供剽竊,無所別裁,又出《詩律武庫》之下矣。

十二先生詩宗集韻二十卷(兩淮鹽政採進本)

宋裴良甫編。案趙希弁《讀書附志》曰:"《十二先生詩宗集韻》二十卷,裴良甫師聖編杜甫、李白、高適、韓愈、柳宗元、孟郊、歐陽修、曾鞏、蘇軾、王安石、黃庭堅、陳師道之詩韻。"所言與此書悉合。卷末有"淦川宋季用校正"字。書中"殷"改"欣"、"桓"改"歡",用宋《禮部韻》標目,蓋猶舊本。然採摘詩句,依韻分載,顛倒割裂,又削去原題,使覽者茫然。殊無義例,不足取也。

玉海纂二十二卷（内府藏本）

明劉鴻訓編。鴻訓字默成[1]，長山人。萬曆癸丑進士，官至文淵閣大學士。事蹟具《明史》本傳。是編以王應麟《玉海》卷帙浩繁，因節錄其要語，部分悉依原目，惟全删其《詞學指南》一類。《詞學指南》專為當時詞科而設，删之亦可。至其全書，正以典核詳贍為長。《鴻訓》删存十之一二，遂變為記誦剽竊之本，非著書之初指矣。

【彙訂】

[1]《明史》卷二百五十一鴻訓本傳、《東林列傳》卷十八其傳等，皆云“字默承”。（胡露：《〈四庫全書總目〉子部存目補正》）

訓女蒙求一卷（永樂大典本）

宋徐伯益撰。伯益爵里未詳。是書仿李瀚《蒙求》之體，類集婦女事蹟，為四言韻語以括之。皆習見之詞，無足採錄。

經學隊仗三卷（兩江總督採進本）

舊本題朱景元撰。景元不知何時人。考晁公武《讀書志》有唐太子諭德《朱景元集》[1]。然此書以道德、心性等字分類標目，而雜引經語以疏其義。因詞皆對偶，故以“隊仗”為名。實宋、元時科舉策料，決非唐人之書，蓋姓名偶同也。

【彙訂】

[1] 晁公武《郡齋讀書志》無唐太子諭德朱景元集，而《直齋書錄解題》卷十九著錄有《朱景元集》一卷，云唐太子諭德朱景元撰。（胡露：《〈四庫全書總目〉子部存目補正》）

八詩六帖二十九卷（永樂大典本）

舊本題宋王狀元撰，而不著其名。蓋坊賈所為之贋本。八詩者,李、杜、韓、柳、歐、王、蘇、黃之詩。六帖者,竊白居易之名也。分類猥瑣,摘句割裂。如標"懸高名"三字為題,註曰"安知天漢上,白日懸高名"。標"動千古"三字為題,註曰"芳名動千古"。甚至標"無窮"二字為題,註曰"清芳播無窮"。全書謬陋,大抵類此,真無一長可採也。

諸史偶論十卷(兩淮鹽政採進本)

舊本題進士柳州計宗道校。考《太學題名碑》,宏治己未科進士有計宗道,馬平人。馬平為柳州府屬,蓋即其人。然自題曰"校",則非其所著。觀書中所引史事,唐以前為多,五代僅桑維翰、敬翔諸人,寥寥數條,當為宋人作也。書中分三十五門,一百九十七子目。每目各引二事為案,或相似者,如孔光所奏削稿,戴冑亦所奏削稿之類。有相近而不同者,如劉行本置笏求退,周宣帝謝之,褚遂良置笏求退,唐高宗命引出之之類。有相反者,如婁敬以舌得官,賀若弼以舌死之之類。其體例在史評、類書之間,蓋以備程試答策之用者。其持論迂闊,亦確出南宋人云。

裁纂類函一百六十卷(浙江汪啟淑家藏本)

不著撰人名氏。其書雜錄《冊府元龜》之文,而刪易其篇目。前有虞集序,稱"相臺廬陵周宏道先生所著"。考《道園學古錄》不載此文,所謂"宏道先生"亦無所考。據其文意推之,蓋周必大《平園集》外尚有著述八十餘種不傳,姦黠書賈因偽造此書,以依託求售。既譌必大之字"洪道"為"宏道",又以必大先世鄭州人,而加"相臺"二字於廬陵之上。觀其序詞旨鄙俚,可資笑噱,正不足與辨真贗也。

萬卷菁華前集八十卷後集八十卷續集三十四卷（浙江范懋柱家天一閣藏本）

不著撰人名氏，亦無序跋。觀其體例，蓋宋人科舉之書也。前、後集皆分一百七十門，每門又分子目①。一目之中首以名君事要、名臣事要，亦閒有增入聖賢事要及君臣事要合編者。次事括，則雜錄也。次譬喻，次反説譬喻，皆借事寓意之文，反説者皆反覆申明之論也。次賦偶，次賦隔，皆摘錄程試之句，賦偶者兩句對，賦隔者四句對也。《續編》冠以歷代世系譜。前二十二卷為帝王，次九卷為名臣，後三卷為聖賢，亦各以事實議論隸於諸人之下。皆餖飣殘賸之學，殊無可取。

【彙訂】

①《天祿琳琅書目後編》卷七《宋版》題《太學新增合璧聯珠萬卷菁華》一百四十卷，蓋即是書。前有建炎二年連江李似之序，略云"《前編》六十卷，為鉅野李君樂静先生所著，僅成半璧，未剖全牛，愚故續以《後編》八十卷。"《前編》分門僅一百二十。似之為李彌遜字，樂静先生乃李昭玘。又明凌迪知《萬姓統譜》卷七二載二李氏事蹟尤詳。（劉遠遊：《四庫提要補正》）

三場通用引易活法九卷（永樂大典本）

不著撰人名氏。蓋南宋人取説《易》之詞，分類排比，以備場屋之用者也。其詞雖皆解《易》，而其體則全為類書。不可復列之經類，故改隸子部焉。

啟劄雲錦裳八卷（永樂大典本）

不著撰人名氏，亦不詳時代。其書以書劄泛詞分類編次。門目猥雜，字句庸腐，蓋至陋之俗書。然《永樂大典》全部收之，則猶元以前本矣。

啟劄錦語七卷（永樂大典本）

不著撰人名氏，亦不詳時代。與《啟劄錦裳》並載《永樂大典》中。其體例相同，其猥鄙亦如出一轍[①]。

【彙訂】

① 此書體例與《啟劄雲錦裳》並不相同。其卷七在字、詞下註詩文，略與《白孔六帖》相近。（李裕民：《四庫提要訂誤》增訂本）

啟劄淵海二卷（永樂大典本）

不著撰人名氏。首載四六體式，次曰四六名對，次曰四六警對，次曰全篇式，次曰時令類。又有起居、神祐、申訴、臺照、候問、頌德、敘官、自敘諸式，亦俗書也。

聚課瓊珠詩對九卷（永樂大典本）

不著撰人名氏，亦不詳時代。皆以淺俗對句分類編次。每類之中又分一字、二字、三字、四字等目，蓋村塾課蒙之作。

對屬發蒙二卷（永樂大典本）

不著撰人名氏。共八十一門，分類至為瑣屑。如“節候門”有云：“上數目下節候，如三春、三冬之類。”又云：“上虛字下節候，如新春、先春之類。”又云：“上節候下聲色，如春光、春容之類。”在俗書之中，亦至下者也。

賦學剖蒙二卷（永樂大典本）

不著撰人名氏。其書割裂舊文，分類編輯，字句陳因，更多牽湊。其標目尤為鄙陋，如將字類、必字類之屬，皆自為一門，是直剽竊之活套而已。

啟劄青錢十八卷（永樂大典本）

不著撰人名氏。所載手書正式，一曰具禮，二曰稱呼，三曰敍別，四曰瞻仰，五曰即日，六曰時令，七曰伏惟，八曰燕居，九曰神相，十曰尊候，十一曰託庇，十二曰入事，十三曰未見，十四曰祝頌，十五曰不宣。亦近日書柬活套之濫觴也。

敏求機要十六卷（編修汪如藻家藏本）

舊本題月梧劉實撰，鳳梧劉茂實註。而撰人於“劉”字之下、“實”字之上空一字。疑二人兄弟，本以“實”字連名，舊本模糊，傳寫者因於撰者之名空一字也。前有自序，不著時代。考書中“歷代帝王”條稱宋自庚申至丙子三百一十七年止，不數昰、昺二王，知為元人所作。書中尚往往稱“大宋”，則宋遺民也。其書以歷代故實編為歌括，以便記誦。卷一、二、三為歷代帝王，卷四、五為歷代聖賢羣輔，卷六為稱號相同，卷七為經書，卷八為諸子，卷九為史書，卷十為天文、律呂、節候，卷十一為地理、山澤，卷十二為官制沿革，卷十三為文武制度法禁，卷十四為綱常、德行、道藝，卷十五為人品、身體，卷十六為物產、服食、器用。蓋鄉塾課蒙之本。然其考證頗不苟。如《五德之運》篇中，稱“張倉水德說不主，土德賈誼嘗推明。公孫臣引黃龍見，從此漢運以土更。漢末方申火德說，赤伏符讖不虛設。東漢火德開中興，蜀雖正統竟微絕”云云，於王莽、劉歆始以漢為火德之事，考之最明。視《通鑑》誤載涼方成語，於成帝時即言火德者，轉為精核，是亦寸有所長矣。

古賦題十卷後集五卷（永樂大典本）

舊本題“天曆己巳古雍劉氏翠巖家塾識”。蓋元仁宗時所刊①，其劉氏名字則不可考矣。前有自序曰：“宇宙閒事物皆可賦，然羣書不能遍觀而歷考也。文場寸晷，未免有望洋之歎。今於經史子集類纂賦題十卷，各疏本末其下，鋟梓以行，又於庚午春續為《後集》五卷。”云云。考宋禮部貢舉條例，載出題必具其出處。所列如《周以宗强賦》，則註曰：“以‘周以同姓强固王室’為韻，依次用，限三百六十字以上成。”又大書其後曰：“出《史記》敘《管蔡世家》，曰：‘周公主盟，太任十子，周以宗强，嘉仲改過。’”云云。故宋人有備對策論經義之書，無備詩賦題之書。至元此制不行，故《錢惟善集》載有鄉試以《羅刹江賦》命題，鎖院三千人不知出處之事，此書之所以作歟？

【彙訂】

① 天曆為元文宗年號。（杜澤遜：《四庫存目標注》）

類編古今事林羣書一覽十卷（江西巡撫採進本）

舊本題宋祝穆撰。止有地理一門，體例亦與穆《方輿勝覽》相近。然卷首即為大興府，決非穆所作矣。以下僅有江南諸路，而江北諸路全闕。目錄後有“陸續梓行”之語，蓋元人未完之本也。

增修詩學集成押韻淵海二十卷（浙江巡撫採進本）

元嚴毅撰。毅字子仁，建安人。其始末未詳。惟卷首有後至元庚辰張復序，知為元人爾。其書體例與《韻府羣玉》相近，而更為簡略。每字之下首列活套，次為體字。體字者，如“東”字下列“青位震方”四字，“童”字列“兒曹”二字，即宋人所謂換字也。次為事類，次為詩料，則多採五言、七言詩句，而不著其姓名。所載惟有上、下平聲，而無仄聲。蓋尚為近體設。又止二十九部，其“三江”一部因韻窄字少，刪之不載。其猥陋可想見也。

　　羣書鉤元〔玄〕十二卷（浙江巡撫採進本）

　　元高耻傳撰。耻傳，臨邛人。是書雜採古事古語，以字數為標目次第，自一字起至七字止。其不能限以數者，別為《膾炙句》二卷。其一字類不能成句，則以古文奇字當之。龐雜殊甚。後附刪節《通鑑》一卷，題曰《建置沿革》。又附陳騤《文則》一卷，更無倫理。前有至正七年耻傳自序，乃盛自夸飾，過矣。

　　聲律發蒙五卷（內府藏本）

　　元祝明撰，潘瑛續，明劉節校補。據高儒《百川書志》云：“《聲律啟蒙》二卷，元博陵安平隱者祝明文卿撰。自一字、七字至隔句，各押一韻。對偶渾成，音響自合，共九十首。”則此編前二卷為明書，後三卷瑛所續也。瑛不知何許人。節有《春秋列傳》，已著錄。其書每一韻先列韻字與註，而後列雜言對屬之語。蓋為初學發蒙而作，無所當於著述。《百川書志》所云，未免過情之譽也。

　　別本聲律發蒙六卷（編修周永年家藏本）

　　元祝明撰。原書二卷，此本作五卷，蓋後人所分。末附歌一卷，題曰黃石居士撰，不知為誰。每卷又題馬崇儒重訂，亦不知何許人。據書中前後題識，蓋嘉靖中衡王府醫正也。

　　四六叢珠彙選十卷（浙江汪啟淑家藏本）

　　舊本題當塗縣學官晉江王明嶅、繁昌教諭黃金璽同校選，不著時代。前有明嶅序，稱“宋季葉氏採當代名家彙集成編，名曰《四六叢珠》。分門數百，成帙累千”云云，則即宋人《四六叢珠》

舊本而為之摘錄者也，故其職官、輿圖皆南宋之制。然止摘偶句，不列姓名，徒供剽掇之用，則亦村塾兔園册耳。

永樂大典二萬二千八百七十七卷目錄六十卷（翰林院藏本）

明永樂元年七月奉敕撰，二年十一月奏進，賜名《文獻大成》。總其事者為翰林院學士兼右春坊大學士解縉，與其事者凡一百四十七人。既而以所纂尚多未備，復命太子少保姚廣孝、刑部侍郎劉季箎與縉同監修，而以翰林學士王景、侍讀學士王達、國子祭酒胡儼、司經局洗馬楊博、儒士陳濟為總裁，以翰林侍讀鄒輯，修撰王褒、梁潛、吳溥、李貫、楊覯、曾棨，編修朱紘，檢討王洪、蔣驥、潘畿、王偁、蘇伯厚、張伯穎，典籍梁用行，庶吉士楊相，左春坊左中允尹昌隆，宗人府經歷高得暘，吏部郎中葉砥，山東按察使僉事晏璧為副總裁，與其事者凡二千一百六十九人。於永樂五年十一月奏進，改賜名曰《永樂大典》。案，以上俱見《明實錄》。併命復寫一部，鋟諸梓，以永樂七年十月訖工，案，事見明趙友同《存軒集·送禮部員外郎劉公復命序》。後以工費浩繁而罷。案，事見《舊京詞林志》。定都北京以後，移貯文樓。案，文樓即今之宏〔弘〕義閣①。嘉靖四十一年，選禮部儒士程道南等一百人重錄正、副二本，命高拱、張居正校理。案，事見《明實錄》。至隆慶初告成，仍歸原本於南京。案，事見《舊京詞林志》。其正本貯文淵閣，副本別貯皇史宬。案，事見《春明夢餘錄》②。明祚既傾，南京原本與皇史宬副本並毀。今貯翰林院庫者，即文淵閣正本，僅殘闕二千四百二十二卷③。顧炎武《日知錄》以為全部皆佚，蓋傳聞不確之説。書及目錄共二萬二千九百三十七卷，與原序、原表併合。《明實錄》作二萬二千二百一十一卷，《明史·藝文志》作二萬二千九百卷，亦字畫之誤也。考《明實錄》載成祖諭解縉等,稱"嘗觀《韻府》、《回溪》二書,案,《回溪》謂《回溪史韻》也。事雖有統,而採摘不廣,紀載太略。爾等其如朕意,凡書契以來,經史子集百家之書,至於天文、地志、陰陽、醫卜、僧道、技藝之言,備輯為一書,無厭浩繁"云云。故此書以《洪武正韻》為綱,全如《韻府》之體。其每字之下,詳列各種書體,亦用顏真卿《韻海鏡源》之例。惟其書割裂龐雜,漫無條理,或以一字一句分韻。或析取一篇,以篇名分韻。或全錄一書,以書名分韻,與卷首凡例多不相應,殊乖編纂之體。疑其始亦如《韻府》之體,但每條備具始末,比《韻府》加詳。今每韻前所載事韻,其初稿也。繼以急於成書,遂不暇逐條採掇,而分隸以篇名。既而求竣益迫,更不暇逐篇分析,而分隸以書名。故參差無緒,至於如此。然元以前佚文祕典,世所不傳者,轉賴其全部全篇收入,得以排纂校訂,復見於世。是殆天佑斯文,姑假手於解縉、姚廣孝等俾彙存古籍,以待聖朝之表章,有莫知其然而然者,正不必以潦草追咎矣。今仰蒙指授,裒輯成編者凡經部六十六種,史部四十一種,子部一百三種,集部一百七十五種,共四千九百四十六卷[4]。菁華已採,糟粕可捐,原可置不復道,然蒐羅編輯,亦不可沒其創始之功,故附存其目,併具載成書之始末,俾來者有考焉。

【彙訂】

① "宏",當作"弘",乃避乾隆諱改。殿本作"弘"。

② 據《世宗實錄》,僅重錄副本一部。隆慶元年完工後,乃將原本藏於文淵閣,副本藏於皇史宬。(李正奮:《永樂大典考》)

③ 所缺卷數實為二千四百一十七卷。(史廣超:《〈永樂大典〉輯佚研究》)

④《總目》著錄《永樂大典》本實為經部七十一種,史部四十

二種,子部一百零二種,集部一百七十五種。另有經部二種、史部一種為主要參校本。(曹書傑:《四庫全書採輯"永樂大典本"數量辨》;司馬朝軍:《〈四庫全書總目〉研究)》

原始祕書十卷(浙江范懋柱家天一閣藏本)

明寧王權撰。權有《漢唐祕史》,已著錄。是書體例與《事物紀原》相類,而荒謬特甚,如謂醜婦始嫫母、妒婦始尹吉甫妻、淫婦始柳宗元《河閒婦傳》者①,不一而足。甚謂自縊始申生、飲酖始叔牙、自刎始吳王夫差,其陋殆不足辨也。

【彙訂】

① "傳",據明刻本此書卷十"淫婦"條及殿本補。

羣書拾唾十二卷(浙江巡撫採進本)

明張九韶撰。九韶有《元史節要》,已著錄。其書仿王應麟《小學紺珠》之例,以數記事。分十二門,共一千一百二十五條①,頗便檢閱。然特餖飣之學。李登序謂其超出乎《類聚》、《通考》等書,則過論矣。

【彙訂】

① 此書目錄載一千三百二十五條,實有一千三百四十四條,如減去注明"續增"的二條,共一千三百四十二條。(李裕民:《四庫提要訂誤》增訂本)

羣書備數十二卷(內府藏本)

明張九韶撰。檢核其文,與《羣書拾唾》一字不異。蓋書肆重刊,改新名以炫俗也①。

【彙訂】

① 明凌迪知《萬姓統譜》已載張九韶著有《羣書備數》,則

《羣書捨唾》乃後坊肆改名。（葉德輝：《郋園讀書志》）

姓源珠璣六卷（左都御史張若溎家藏本）

明楊信民撰。信民，江陰人。永樂中，官日照縣知縣。是編以《洪武正韻》分隸諸姓，而各系古之名人於姓下。分為八十一類，各以四字標題，別為編目於卷首。書與錄絕不相符，體例極為叢脞，其中乖舛，尤不勝摘。如梁姓列梁武帝、梁簡文帝；黃姓列黃帝；舜姓列舜；唐姓列唐高祖、唐明皇、唐文宗；宋姓列宋明帝、宋武宗、宋徽宗、宋山陰公主，已為無理。至揚姓首列揚雄，次列一名曰揚州鶴，註其下曰："嘗有四客，各言志。一願為揚州刺史，一願有錢十萬，一願騎鶴上昇，一兼言腰纏十萬貫，騎鶴上揚州。"則殆於戲具矣。前有宣德七年王直序，稱太宗在位時，修《永樂大典》，徵天下文學之士集館閣，信民與焉。當時所用之人如是，宜二萬餘卷之書皆割裂龐雜，紛如亂絲也。考《明史》列傳，宣德中有楊信民，浙江新昌人，官至僉都御史，巡撫廣東，以循良稱。亦與王直同時。其擢廣東左參議，即直所薦。蓋名姓偶同，與著此書者非一人云。

羣書纂類十二卷（內府藏本）

明袁均哲撰。均哲字庶明，建昌人。正統中，官郴州知州。是編因臨江張九韶《羣書備數》補其闕遺，加以註釋。凡十三門，百二十三事，千四百三十四條。

韻府續編四十卷（內府藏本）

舊本題元青田包瑜撰。考《括蒼彙紀》[①]，包瑜字希賢，青田人。景泰庚午舉人，官教諭。著有《周易衍義》。黃虞稷《千頃堂書目》載包瑜《周易衍義》，註曰"成化中浮梁知縣"，則瑜實明人。

觀書中所列部分已用《洪武正韻》,是其明證②。蓋鬻書者以其版似麻沙,故割去原序,偽為元刻耳。其書補陰氏《韻府羣玉》之遺,叢脞龐雜,殊無可採。惟閒附考證案語,與《韻府羣玉》體例小有不同。

【彙訂】

①"括蒼彙紀",底本作"括蒼彙編",據殿本改。《總目》卷七四著錄明何鏜撰《括蒼彙紀》十五卷,今存明萬曆七年刻本。

②《浙江通志》卷一百七十七有其傳,云:"包瑜,《兩浙名賢錄》:字希賢,青田人……由舉人任教諭。淮王聞其賢,修書幣,聘進講,輒稱先生。著《通鑑事類》一百二十卷、《左傳事類》四十卷……七年告歸,撰述甚多。"不言其曾官知縣。《千頃堂書目》卷二著錄有包瑜《春秋講義》,又云:"青田人,成化中浮梁教諭。"與卷一《周易衍義》注不同。乾隆《浮梁縣志》卷六《官司上》明知縣無包瑜,而明成化閒教諭有包瑜。可證《千頃堂書目》卷一《周易衍義》注云"成化中浮梁知縣"乃"浮梁教諭"之誤。又據《福建通志》卷二十五《職官六》,包瑜又曾官建寧縣教諭。(胡露:《〈四庫全書總目〉子部存目補正》)

策府羣玉三卷(江西巡撫採進本)

明何喬新撰。喬新有《周禮集註》,已著錄。是編乃私備對策之用,捃拾補綴,不足以言著書。蓋康熙甲辰其裔孫在闉欲刊印《椒邱〔丘〕全書》①,而力不能及。謀之其友魏應桂,先刻此書。取其易於剽竊,可炫俗目,人必爭售。冀借紙墨之贏資,以助《全集》剞劂之功,其用心良苦。然以射利之故,使喬新以此等書傳,殊非喬新意也。

【彙訂】

① "全書"，殿本作"全集"。

典籍便覽八卷（安徽巡撫採進本）

明范泓撰。泓字本涵，婺源人。書前題"新安員一隱士"，蓋未仕者也。其書分天象、月令、地勢、經世、德行、言語、政事、文學、人類、物類十部，每部又各分子目。所採故實，不免蕪雜罣漏之譏。

羣書集事淵海四十七卷（浙江巡撫採進本）

不著撰人名氏。《明史・藝文志》以為宏治時人編，蓋據高儒《百川書志》所載也。考李東陽《懷麓堂集》有此書後序，稱："國初人所輯，內官監左少監賈性在司禮購而得之。捐貲鏤版，病其字太小，募善書者錄之，稍拓其式。"是此書本出自明初，《百川書志》特據賈性重刻之本，遂誤以為宏治間人耳。其書分門十，分子目五百七十二。集諸書事蹟自春秋迄戰國凡數千條，條下各註所出，皆陳因習見。又門目繁碎，配隸或多不當，引據亦多舛誤，殊無足採錄。即李東陽及劉健原序亦深致微詞云。

涉覽屬比四卷（兩淮鹽政採進本）

明朱文撰。文，睢州人。末有自跋，稱書成於正德乙巳。然正德紀年無乙巳，或"己巳"誤也。其書每條以古人二事相似者合而論之，事皆習見，議論亦膚淺。自跋謂"事之同異，未得以類而論；時之先後，弗克以次而序"，以是為歉。蓋欲為類書而未成云。

文安策略十卷（江西巡撫採進本）

明劉定之撰。定之有《易經圖釋》，已著錄。是書乃所擬場屋對策之作,分經、書、子、史、吏、户、禮、兵、刑、工各為一科。周榮作定之《年譜》,記此書成於宣德九年甲寅。時定之止二十六歲,尚未登第,蓋其揣摩程試之具。後正德癸酉刊所作《呆齋集》時,已編入集中,此其別行之本也。

　　謝華啟秀八卷(內府藏本)

　　明楊慎撰。慎有《檀弓叢訓》,已著錄。是書取諸書新豔字句裁為對偶,自二字以至八字,各為一卷。其八字以外者,自為一卷。其二字類中無對句者十五條,三字類中無對句者四條,四字類中無對句者三十二條,蓋未完之本。中閒或註出典,或不註出典,即註者亦不詳悉,尤非著書之法。蓋偶然劄記,以備駢體之用,後人得其殘槀刻之耳。其曰《謝華啟秀》,取陸機《文賦》中語也。然其中多全引舊文兩句、舊詩一聯者,殊乖其命名之義。又如"鋒蜹"、"斧蟷",柳宗元《平淮夷雅》之成句,即析為二字之對,已屬陳因,兼傷割裂,然猶列柳名也。至"巢父"、"壺公"為庾信《小園賦》舊對,則竟沒其名矣。"卉服"註曰《漢書》,竟忘《禹貢》。王世貞謂慎"求之六合之外,而失之目睫之前",其此類耶? 至於"吳牛、魏鵲",明載《初學記》中,鈔類書以為類書,何必慎始能之也? 四字以下對偶益不工整。如以"咸則三壤"對"畫為九州",以"作法於涼"對"誰能執熱",則虛實字顛倒;"便娟輕麗"對"犀角豐盈",銖兩全不相稱;以"季氏八佾舞庭"對"管仲三歸反坫",偏枯尤甚。甚乃以"胡燕胸斑聲大"對"越燕紅襟身小",則亘古四六無此複句;以"農為邦本,本固邦寧"對"民生於勤,勤則不匱",改竄經文,仍不配偶,則益拙矣。

均藻四卷（內府藏本）

明楊慎撰。其書乃《韻府羣玉》之流。案許慎《說文》無"韻"字，小學家以"均"字代之，引《鶡冠子》"五均"為證。慎之立名，蓋取於此，然亦太粉飾矣。假借通用之法，可行於古，不可行於今也。且全書不用古字，獨於書名用一古字，是亦何足為古乎？

哲匠金桴五卷（浙江吳玉墀家藏本）

明楊慎撰。採摘漢、魏以後詩雋句及賦頌之類，分韻編錄。然徵引龐雜，挂漏亦多，不足重也。

可知編八卷（浙江巡撫採進本）

舊本題明楊慎撰。亦隸事之書，然《升菴書目》不載此名。其書分天、地、人三部，又分子目三十八。援引踳駁，必坊賈所依託也。

王制考四卷（浙江朱彝尊家曝書亭藏本）

明李黼撰。黼，無錫人①。是書採經史中有關制度者，以《周禮》、《禮記》、《春秋左傳》、《國語》凡先王之法類聚於前，以《史記》、《漢書》以下凡後世之法類聚於後，統為七十四篇。自序謂"他日下陳場屋，上對明廷"，蓋為舉業對策設也。其書成於正德中，本四卷，朱彝尊《經義考》誤作一卷。且此書雜採經史，自分門類，非疏解《禮記》之《王制》。彝尊列之《禮記》，亦為失考。蓋彝尊原註"未見"，特循其名而錄之，故有此失也。然此本實出自曝書亭，或藏收浩繁，自不及檢歟？抑得此本時已在《經義考》後也？

【彙訂】

① 依《總目》體例，當作"黼有《二禮集解》，已著錄"。

經世格要二十八卷（浙江巡撫採進本）

明鄒泉撰。泉有《尚論編》，已著錄①。是書成於萬曆中。其例以故實分隸六官，六官之中又各立子目，附以諸儒之論。較坊本類書，頗有條理。然所採掇，大抵不出《文獻通考》、《大學衍義補》諸書。為程試之具則有餘，備考古之資則不足也。

【彙訂】

① 依《總目》體例，當作"泉有《宗聖譜》，已著錄"。

物原一卷（兩淮馬裕家藏本）

明羅頎撰。頎字儀甫，浙江山陰人。以宋高承《事物紀原》不能黜妄崇真，故更訂此編。分十八門，共二百三十有九條。然《紀原》猶著出典，頎乃溷衆說而一之，疏舛彌甚。如謂烏孫公主作琵琶，張華作苔紙，皆茫乎不知本事者也。

五車霏玉三十四卷（兩淮馬裕家藏本）

明吳昭明撰，汪道昆增訂。昭明始末未詳。道昆字伯玉，歙縣人。嘉靖丁未進士，官至兵部左侍郎。《明史·文苑傳》附見《王世貞傳》中。是編於諸類書中掇拾殘剩，割裂餖飣，又皆不著其出典，蓋兔園冊子之最陋者。道昆雖陋①，尚未必至是，疑坊刻託名也。

【彙訂】

① "雖陋"，殿本無。

修辭指南二十卷（江蘇巡撫採進本）

明浦南金編。南金，吳縣人。嘉靖壬午舉人，官國子監助教①。是編取《爾雅》、《左腴》、《漢雋》、《書敘指南》四書，彙為一編，分二十部，四十類。輾轉稗販，殊無可觀。

【彙訂】

①《江南通志》卷一百二十八《選舉志·舉人四》,嘉靖元年壬午科有浦南金,然云嘉定人。乾隆《嘉定縣志》卷八《科貢》,嘉靖元年舉人有浦南金,卷十一《藝文志·書籍》有《修辭指南》、《詩學正宗》,俱浦南金著。卷十中《文學》有其傳,云:"浦南金,字伯兼,居婁塘,嘉靖壬午舉人……由歸安教諭擢國子助教……出為唐邸教授……歲餘移疾歸……著有《修辭指南》、《詩學正宗》二書。"可證其為嘉定人,非吳縣人。明嘉靖三十六年浦氏五樂堂刻本《修辭指南》,卷首題"皇明國子監助教東海浦南金編次"。書末後序署"嘉靖丁巳臘月廿有四日海濱浦南金著"。"東海"、"海濱"者,嘉定濱海,吳縣則不然矣。(胡露:《〈四庫全書總目〉子部存目補正》)

左粹類纂十二卷(浙江吳玉墀家藏本)

明施仁撰。仁字宏濟,長洲人,嘉靖戊子舉人。茲編以《左傳》所紀之事,分十五門編載。變解經之書為類事之書,去《春秋》之義遠矣。

騷苑四卷(兩淮鹽政採進本)

前三卷明黃省曾撰,後一卷張所敬補。省曾有《西洋朝貢典議》①,已著錄。所敬字長興,自署曰清河,疑從郡望也②。是編摘《楚辭》字句以供剿剟之用,亦劉攽《文選雙字》之類。而併泯其篇題,則尤簡略。所敬所續乃併劉勰《辨騷篇》亦攟入之,蓋以《楚詞》刊本附載此篇也。亦可謂隨手捃拾,不核端末矣。

【彙訂】

①"議"當作"錄",說詳卷一二四《擬詩外傳》條注。

②《千頃堂書目》卷二六著錄有張所敬《張長輿詩》六卷，云上海人。王世貞《弇州續稿》卷十九有《秋日發黃浦朱氏三子與張長輿顧仲韓拏舟送別書此紀事》詩，卷二十又有《顧仲韓攜酒船相送傾倒尤深因贈仲韓並及張長輿朱氏三子》詩，詩題中"張長輿"即張所敬也。（胡露：《〈四庫全書總目〉子部存目補正》）

駢語雕龍四卷（浙江巡撫採進本）

明游日章撰。日章字學綱，莆田人。嘉靖乙未進士①，官至知府。是編以駢偶之詞，類隸古事，蓋合《初學記》、《事類賦》之體而一之。分十七門，一百五十八子目，內惟"官制"一門頗詳，其餘挂漏殊甚。如"天文"言星及老人星②，而不載日、月，有雲、露、雨、雪③，而不及風、雷，"地理"則止言河，"器用"亦止及扇、燭兩種，其棄取殊不可解。晉安林世勤為之註釋。自謂引書至六百七十餘種，而蕪雜亦多，皆無足取。陳繼儒嘗刻入《普祕笈》中，此其別行之本也④。

【彙訂】

① 乙未為嘉靖二十六年，然雍正《福建通志》卷三六《選舉志》及卷四四《人物志·游日章傳》、《千頃堂書目》卷一均謂游日章為嘉靖三十八年己未科進士。（曹正元：《〈四庫全書總目提要〉偶證三十例》；楊武泉：《四庫全書總目辨誤》）

② "言"，殿本作"有"。

③ "雲露雨雪"，殿本作"雲雨露雪"。《普祕笈》本此書卷一"天文"門中依次載雲、雨、露、雪。

④ 《總目》所據實即《普祕笈》本，另有八卷別行之本，題作《四六雕龍》。（王重民：《中國善本書提要》）

詩學事類二十四卷（內府藏本）

舊本題明李攀龍撰。攀龍字于鱗，歷城人。嘉靖甲辰進士，官至河南按察使。事蹟具《明史‧文苑傳》。是編纂輯故事，分二十四門。觀其所載，大都簡陋。攀龍與王世貞共倡古學，謂學者不當讀唐以後書，歸有光諸人排之甚力。然其學終有根柢，不應疏蕪至此，必託名也。

韻學事類十二卷（內府藏本）

舊本題明李攀龍撰。分韻隸事，惟有上、下平聲，蓋僅備律詩之用。龐雜弇陋，亦偽託也。

韻學淵海十二卷（內府藏本）

舊本題明李攀龍撰，唐順之校。其書前無序例，名曰《新刊增補古今名家韻學淵海大成》，蓋取坊閒偽託攀龍所著《韻學事類》、《詩學事類》二書合併成編。於偽書之中，又為重儓矣。

姓彙四卷（浙江汪啟淑家藏本）

明陳士元撰。士元有《易象鉤解》，已著錄。是編乃其《歸雲集》中之一種，故標曰"別集"。其說謂姓氏之源由來已久，因推本於五帝，分列世系，兼綜而條貫之。然大概鈔撮《氏族略》之文，鮮有考訂。夫自有天地，即有君民。據姓氏書所說，無不出自神明之後，即至微者如倉、庾之類，亦出世官。然則洪荒以後，秦、漢以前，其庶人皆後嗣殄絕乎？是正可姑妄言之，姑妄聽之耳。而士元又拾其餘唾，著為此書。是亦不可以已乎？

姓觿十卷（浙江汪啟淑家藏本）

明陳士元撰。是編亦其《歸雲別集》之一種。捃摭姓氏諸書,依韻編輯,略載源流支派。凡平聲一千七百一十四姓,上聲六百八十九姓,去聲六百一姓,入聲六百二十一姓,外蕃九十九姓,不入韻中,共三千七百二十四姓。徵引寡陋,且多疏舛,又在凌迪知《萬姓統譜》之下。

名物類考四卷(副都御史黃登賢家藏本)

明耿隨朝撰。隨朝號敬菴,滑縣人。嘉靖丁未進士,官至山西按察司副使①。是書詮釋名物,分十五門,蓋《爾雅》之支流。而往往闌入故實,已為自亂其例,又皆不著出典。如"春曰蒼天"云云,是《爾雅》之文也,"東曰變天"云云,是《呂氏春秋》之文也,而突接以"欲界六天,色界十八天"云云,是儒、異混為一説矣②。"天神曰昊天上帝"云云,突接以"風神曰封姨",是經典與小説聯為一例矣。至於所引故實,動輒舛謬。如程邈作飛白,蔡邕作章草之類,已為顛倒。甚至謂"古之善琵琶者曰昭君"③,是不亦齊東之語乎?

【彙訂】

① 據《湖廣通志》卷二十八《職官志》,耿隨朝曾任湖廣副使。《山西通志》卷七十九《職官七》:"耿隨朝,進士,嘉靖時任右參政,直隸滑縣人。"不言其曾官副使。同卷有"耿隨卿,進士,嘉靖時任副使,直隸滑縣人"。隨卿,隨朝弟也,官至順天巡撫。《總目》蓋誤弟為兄矣。據《明史》卷七五《職官志四》參政為從三品,提刑按察司副使為正四品,則耿隨朝應官至山西右參政。《河南通志》卷四十五亦云:"耿隨朝,滑縣人,明嘉靖丁未科,仕至參政。"《萬姓統譜》卷八十七有兄弟二人傳,云:"耿隨朝,字子衡,滑縣人,嘉靖丁未進士,歷參政。弟隨卿,字子承,同科進士,

歷巡撫順天都御史,有才名。"(胡露:《〈四庫全書總目〉子部存目補正》)

②"儒異",底本作"儒墨",據殿本改。"異"乃指佛教為異端。

③"曰",據明萬曆耿如瑾刻本此書卷一"人物"門原文及殿本補。

異物彙苑五卷(直隸總督採進本)

舊本題明王世貞撰。世貞有《弇山堂別集》,已著錄。是書分二十七門。大抵捃摭類書,冗碎無緒,且刪改原文,多失本意。世貞著述,牴牾失實或有之,亦何至陋劣如此乎? 其偽不待問矣。

彙苑詳註三十六卷(內府藏本)

一名《類苑詳註》,舊本題明王世貞撰,鄒善長重訂。善長不知何許人。其書成於萬曆乙亥,《明史・藝文志》亦著錄。凡二十七部。首列引用書目,似乎浩博,其實就唐、宋諸類書採掇而成。觀"官職門"中所列,皆用宋制,知為剽剟《事文類聚》、《合璧事類》而成矣。疑亦託名世貞者也。

古今類腴十八卷(江蘇巡撫採進本)

不著撰人名氏。前有吳一鵬序①,云是王麟洲所作。麟洲,王世懋別號也。所著《卻金傳》,已著錄。是書分十門,一百二十一子目,皆採掇成語以備舉業之用。殆坊刻陋本,必不出世懋之手②。

【彙訂】

① 明萬曆十九年舒石泉集賢書舍刊本前有吳之鵬序,作"吳一鵬"誤。(杜澤遜:《四庫存目標注》)

② 明萬曆九年刊本《新選古今類腋》十八卷，題陳世寶總訂。有萬曆九年王宗載序，據序可知乃世寶集諸學官弟子共同纂輯，而由世寶點定。其刪校人中有王世懋。（王重民、屈萬里：《普林斯頓大學葛思德東方圖書館中文善本書志》）

彊識略四十卷（内府藏本）

明吳夢材編①。夢材字國賢，崇陽人。其書分三十九類，類各一卷，惟"雜志"分上、下二卷。皆剽剟類書，略為聯貫成文，弇陋殊甚。卷端刻王世貞批二行云："《彊識略》，奇書也，梓之必傳。第入梓時不可不更詳慎。"則世貞已婉諷之矣，何夢材不悟，猶引以為重耶？

【彙訂】

① 明萬曆十七年吳氏陽春院自刻本題"崇陽吳楚材國賢編"，作"吳夢材"誤。（杜澤遜：《四庫存目標注》）

考古辭宗二十卷（浙江汪啟淑家藏本）

明況叔祺編。叔祺字吉甫，高安人。嘉靖庚戌進士，官至貴州提學僉事①。是書以浦南金所編《修辭指南》為藍本，而增鈔《文選雙字類要》於各類之下。一切分目體式及每類之前半，皆仍浦氏之舊。因人成事，不足尚也。

【彙訂】

①《江西通志》卷七十一有其傳。云："況叔祺，字吉夫，高安人。弱冠登進士，授刑部主事……歷禮部郎中、貴州提學副使。"《貴州通志》卷十七《秩官》，況淑祺嘉靖中官副使。明俞汝揖編《禮部志稿》卷四十四《歷官表·精膳司郎中》中亦有況淑祺，云："吉夫，江西高安縣人，嘉靖庚戌進士，升貴州提學副使。"

據《明史》卷七五《職官志四》，副使為正四品，僉事為正五品。（胡露：《〈四庫全書總目〉子部存目補正》）

雜俎十卷（兩淮馬裕家藏本）

明劉鳳撰。鳳有《續吳中先賢贊》，已著錄。是書分八類，曰元〔玄〕覽、稽度、地員、兵謀、藻覽、原化、問水、詞令。鳳為文，好刺取隱僻以為奇。故是編皆摘錄古書字句，以備剽剟。或註出典，或不註出典，亦漫無義例，不免為餖飣之學。

國憲家猷五十六卷（浙江巡撫採進本）

明王可大撰。可大字元簡，南京錦衣衛人。嘉靖癸丑進士，官至台州府知府。是書凡分十四部，曰憲典，曰象緯，曰機祥，曰輿圖，曰事理，曰文史，曰醫藥，曰滑稽，曰方技，曰詭異，曰權術，曰雅適，曰遺事，曰大統。皆雜採故事，依類排纂。然端緒錯雜，古今混糅。如《事理部》"會稽"一條，不入於"輿地"；"子午之年五月戊酉"一條，不入於"機祥"之類，則分部亦未允也。又如謂："人鬼設尸之外，天神、地祇之不見於經者，諸儒不必強為之說。"今考《周禮·大祝》云："凡大禋祀，則執明水火而號祝。隋釁、逆牲、逆尸。"註云："禋祀，祭天神也。"又《節服氏》云："郊祀裘冕，二人執戈，送逆尸。"《尚書大傳》"維十有三祀，帝乃稱王，而入唐郊"，猶以丹朱為尸。《國語》："晉祀夏郊，董伯為尸。"《周禮·士師》："若祭勝國之社稷，則為之尸。"《春秋傳》："周公祀太山，召公為尸。"何謂"天神、地祇用尸不見於經傳"耶？其考核之疏，往往類此，蓋徒取浩博之故也。

文選錦字二十一卷（浙江巡撫採進本）

明凌迪知撰。迪知有《左國腴詞》，已著錄。是書以《文選》

字句輯為二十七門。自謂合清江劉氏《類林》、眉山蘇氏《雙字類要》而增損之。然二家之書已涉餖飣，疊牀架屋，尤為無謂矣。

　　羣書纂粹八卷（浙江吳玉墀家藏本）

　　舊本題明徐時行編。案明申時行初寄養於徐氏，從其姓，此蓋其未復姓時作也。所著有《書經講義會編》，已著錄。是編掇摘諸家議論之文，分類纂輯，以備策論之用，不足以言著述。殆其應舉時所私鈔，而傳寫者授之梓歟？

子部四十八

類書類存目二

續文獻通考二百五十四卷（通行本）

明王圻撰。圻有《東吳水利考》，已著錄。是編續馬端臨之書，而稍更其門目。大旨欲於《通考》之外兼擅《通志》之長，遂致牽於多岐，轉成蹖駁。蓋《通考》踵《通典》而作，數典之書也；《通志》具列朝為紀傳，其略即志，其譜即表，通史之屬也。其體裁本不相同。圻既兼用鄭例，遂收及人物，已為泛濫，而分條標目，又復治絲而棼。如各史有不臣二姓之人，不過統以《忠義》，圻則別立《忠隱》一門；各史於忠孝節烈之婦女，不過統以《列女》，圻則別立忠婦、孝婦、節婦、烈婦諸門；各史於篤行畸節，不過統以《孝義》，圻則別立順孫、義夫、義女、義徒、義母、義妾、義僕諸門，均乖史法。至於《義物》一門、《孝釋》一門，尤為創見罕聞。各史但有《儒林》，《宋史》別出《道學傳》，已為門戶之私。圻更立《道統考》，而所收如楚元王之類，不過性喜聚書；范平、王接之類，不過隱居高尚，去取更為不倫。此皆牽於《通志》紀傳之故也。他如《田賦考》內所載免租，當列於《賑恤》門；貴州鹽引課，宜列於《鹽鐵》門；打青草餵養馬匹事例，宜列於《兵考》，而皆誤載於《田

賦》、《國用考》内。《漕運》門載金天興元年運餉汝州兵，此乃用
兵轉餉，非漕運也。又《海運》已自列一門，而雜出於《漕運》之
内，所載海道遠近，尤為不詳。運官選補屬選舉考績之事，更不
當列於《漕運》門。《土貢考》内所載明制，其時雖已歸折於一條
鞭之法，然尚有解赴內府之項，載於《明會典》者甚詳，乃皆脱略。
《選舉考》内所載邵元節、李孜省，乃一時恩倖，不當別立《方伎選
舉》一門。《學校考》内所載州縣書院，元制官置山長，猶屬學校
之支流，明則處處私置，志書尚不能悉登，此書乃泛載之，殊為冗
濫。《職官考》内載元職官僅本《元史》，其上京分署載於《析津
志》諸書甚詳，見元人集者尤夥，乃皆漏略。《謚法考》祇引史記，
餘多挂漏，即朱謀㙔所輯諸篇，萬曆初尚存，不容嘉靖末不見，亦
為挂漏。《經籍考》内所載南宋諸人文集，尚不及《文淵閣書目》
之半；金人文集載於《中州集》小傳者百有餘家，所載僅十之一
二，而《琵琶記》、《水滸傳》乃俱著錄，宜為後來論者之所議。《六
書考》全鈔鄭樵《六書略》，又錄《唐韻》及宋《禮部韻略》各序，毫
無斷制。所載法帖，僅明代所刻《寶賢堂帖》十數則。又既立《經
籍考》一門，復於《六書考》内復載字學、書法各書，更為舛雜。至
於《釋家》一門，本可不立，既已立之，而宗、律二門未能分晰。列
《釋家法嗣》一門，而二祖、六祖以下旁出法嗣又未能詳敘，殆進
退無據矣。自明以來，以馬氏書止於宋嘉定中，嘉定後事蹟典故
未有彙為一編者①，故多存圮書以備檢閲。今蒙睿鑒高懸，洞知
是編之舛陋②，特詔儒臣重為纂輯，業已勒有成書。圮之舊笈，
竟以覆瓿可也。

　　案，此書雖續《文獻通考》，而體例迥殊，故《文獻通考》
　　入故事，此則改隸類書。

【彙訂】

① "嘉定後事蹟典故未有彙為一編者"，殿本無。

② "今蒙睿鑒高懸洞知是編之舛陋"，殿本無。

三才圖會一百六卷（浙江巡撫採進本）

明王圻撰①。是書彙輯諸書圖譜，共為一編。凡天文四卷，地理十六卷，人物十四卷，時令四卷，宮室四卷，器用十二卷，身體七卷，衣服三卷，人事十卷，儀制八卷，珍寶二卷，文史四卷，鳥獸六卷，草木十二卷。採摭浩博，亦有足資考核者。而務廣貪多，冗雜特甚。其"人物"一門繪畫古來名人形像，某甲某乙，宛如目睹，殊非徵信之道。如據"倉頡四目"之說，即畫一面有四目之人，尤近兒戲也。

【彙訂】

① 據明萬曆刻本此書王圻自序與顧秉謙序，乃圻與其季子思義合纂。（向燕南：《王圻纂著考》）

正音攟言四卷（直隸總督採進本）

明王荔撰。荔字子巖，高陽人。嘉靖中舉人，官至青州府推官。是書以等韻分二十二部，而又非韻書。如"京字部"為第一，則云"天對地，日對星，曉燕對春鶯"云云，蓋鄉塾屬對之本。而首標葉向高選，鹿善繼閱，似乎必無其事。其李國楷序殆亦贗託也。

亙史鈔無卷數（兩江總督採進本）

明潘之恒撰，之恒有《黃海》，已著錄。是書《明史·藝文志》作九十一卷。編首顧起元序云："內紀內篇以內之，而忠孝節義、懿行名言之要舉；外紀外篇以外之，而豪傑奇偉、技術豔異、山川名勝之事彰；雜紀雜篇以雜之，而草木鳥獸、鬼怪瑣屑、恢諧隱僻之用別①。紀以類其事，篇以類其言。内之目十七，外之目三十，雜之目三十二。為目七十九，為卷九百九十有六。"今是編僅存内紀内篇，蓋殘闕不完之本。然體例糅雜，編次錯亂，其全書已可見一斑矣。

【彙訂】

①"別"，殿本作"列"。明刻殘本此書顧序原文作"列"。

楚騷綺語六卷（浙江巡撫採進本）

明張之象編。之象有《太史史例》，已著錄。是書摘《楚辭》字句以供撧撦，已為剽剟之學。又參差雜錄於二十五賦，不復著出自何篇，亦與黄省曾《騷苑》同一紕陋。

楮記室十五卷（浙江江汝㻞家藏本）

明潘塤撰。塤有《淮郡文獻志》，已著錄。是書分天、地、人三部，每部又各分子目。大抵鈔撮而成，冗雜特甚。又多附錄前明事實，閒以委巷之語，尤有乖雅馴也。

註釋啟蒙對偶續編四卷（内府藏本）

明孟綏撰，鄭以誠註。綏、以誠皆始末未詳。其書案韻屬對，自一二字至十餘字不等，每韻三則，蓋鄉塾啟蒙之本也。綏書成於嘉靖中，以誠註成於崇禎中。前有周燦序，謂"書稱《續編》，必原有初編而逸之"。是初刊之時已非完本矣。

三通政典無卷數（江蘇巡撫採進本）

不著撰人名氏，並不著書名。《江蘇採進遺書目錄》題曰《三通政典》，亦不知何據也。其書皆場屋策料，每題為論一篇。篇末或云為聖明獻，為執事獻。其稱明世宗曰今上，敘無錫山川人物曰"愚也幸生於斯"，蓋嘉靖閒無錫人所作也。

類雋三十卷（內府藏本）

明鄭若庸撰。若庸字虛舟，崑山人①。少為諸生，以任俠不羈見斥。客趙康王厚煜邸中。厚煜給以筆札，令其倣《初學記》、《藝文類聚》，越二十年而成此書，凡分二十門。《江南通志·文苑傳》謂若庸為趙王著書，採掇古文奇字累千卷，名曰《類雋》。蓋傳聞失實之詞②，不足據也。沈德符《敝帚軒剩語》稱其書與俞安期《唐類函》俱有功藝苑。安期亦雅慕鄭書，以不得見為恨。久之，而太學生汪珙者始為梓行。然徵引太簡，敘事多不得首尾，未足以為善本。

【彙訂】

①《江南通志》卷一百六十五："鄭若庸，字中伯，崑山人。"《千頃堂書目》卷二十四著錄有鄭若庸《蛣蜣集》，云："字中伯，崑山人，趙康王客。"《明詩綜》卷五十四錄其詩五首，云："若庸字中伯，崑山人，有《蛣蜣集》。"《別號錄》卷七云"虛舟鄭若庸中伯山人歷崑"，可知其字當為中伯，虛舟乃其號也。（胡露：《〈四庫全書總目〉子部存目補正》）

② 殿本"蓋"下有"未見其書"四字。

含元齋別編十卷（浙江朱彝尊家曝書亭藏本）

明趙樞生撰。樞生字彥材，徽州人。據其子頤光後跋①，樞生所著諸書，皆無錫顧治排纂成帙。有內編、外編、遺編、別編、廣編，案，"廣"，古文"續"字，廣編即續編也。通三十四卷。此《別編》十卷，則所纂輯故實也。跋稱分十八門，而書中實十九門，其次序

又與目錄不應。殆偶然劄記,以備遺忘,本無意於著書。故事無
始末,亦不詳其出典。後人强為編次,遂餖飣割裂,不堪卒讀。
其最無義理者,莫若《同仇考》一門。如云宋真宗時契丹耶律休
哥死,其年樞密使兼侍中曹彬亦卒;又云帝昺時陸秀夫、張世傑
負帝死於海,其年元西僧八思巴亦死。諸如此類,竟不解其何
意也。

【彙訂】

① 其子"頤光"乃"宦光"之誤。《千頃堂書目》卷十二著錄
有趙樞生《含玄子》十六卷,云:"吳人,趙宦光父。"同書卷二十
四又著錄有趙樞生《含玄集》四卷,云:"字彥材,長洲布衣。"
《總目》卷一百四十七《子部·道家類存目》著錄有《含玄子》十
二卷,云:"明趙樞生撰。樞生字彥材,太倉人。"即同一人也。
樞生本太倉人,居長洲縣,後移家吳市,其子趙宦光等遂為吳
縣人。作徽州人誤。(胡露:《〈四庫全書總目〉子部存目
補正》)

古雋考略六卷(内府藏本)

明顧充撰,充有《字義總略》,已著錄。是書摘錄古人雋語,
為類三十有四,附以註釋,亦閒有考證。末有重刻自跋,稱"始集
《古雋》於定海學宮,鏤版行之。而嫌其未備,更加增輯"云云。
然究亦未能精核也。

藝圃萃盤錄十卷(浙江巡撫採進本)①

是書分類標題,各繫以總論。蓋經生揣摩對策之本。卷首
題曰:"丁卯解元用齋周汝礪選,戊辰進士貞菴蔣以忠纂,丁卯同
年養菴蔣以化輯。"竟不知實出誰手也。

【彙訂】

① 明金陵徐小山書坊刻本此書爲六卷,《浙江省第十次呈送書目》、《浙江採集遺書總錄》亦著錄作六卷。(杜澤遜:《四庫存目標注》)

三才考略十二卷(江蘇巡撫採進本)

明莊元臣撰。元臣字忠原,歸安人,隆慶戊辰進士①。是書備科舉答策之用,分十二門,皆摭《通典》、《通考》諸書爲之。其目列"樂律"第九,書中乃第六;目列"漕河"第十二,書中乃第九;目列"學校"第八,書中乃第十一;目列"兵制"第十一,書中乃第十二。蓋卷帙之先後尚未及檢校矣。

【彙訂】

① 同治《湖州府志》及光緒《歸安縣志》均載莊元臣雖在歸安著籍,而實爲吳江人。同治《蘇州府志》卷一〇五《吳江人物·莊元臣傳》:"字忠甫,震澤鎮人,萬曆三十二年進士,授中書舍人,尋卒。"戊辰乃隆慶二年,然雍正《浙江通志》卷一三三選舉志是科進士無此人。實爲萬曆三十二年甲辰科進士,同治《湖州府志》卷一〇選舉表、光緒《歸安縣志》卷三一選舉志所載並同。(楊武泉:《四庫全書總目辨誤》)

翰林諸書選粹四卷(內府藏本)

明張元忭撰。元忭有《紹興府志》,已著錄。是書採掇諸子之語,分編二十五類。其第四卷"臣道類"外又分吏、戶、禮、兵、刑、工六科,門目殊嫌冗雜。

黔類十八卷(安徽巡撫採進本)

明郭子章撰。子章有《蠙衣生易解》,已著錄。是編爲其巡

撫貴州時所輯，故曰《黔類》。實隸事之書，非黔志也。凡分三十
六門。自序稱："取古今軼事僻事類之，經書人所共讀者略，類書
已載者略。"然皆耳目習見，殊罕異聞。且多引《玉海》、《太平御
覽》，輾轉裨販，割裂失真，並迷其本書之出處。而云"類書已載
者略"，豈其然乎？

祝氏事偶十五卷（浙江巡撫採進本）

明祝彥撰。彥字元美，山陰人，萬曆癸酉舉人。其書取史傳
所載古今事蹟之相同者，倣《世說新語》門目，分條徵引，以類相
從。舊目所不賅者，復分天、地、人三部以隸其後。自序稱因見
余寅《同姓名錄》而作。蓋彼以名同，而此以事同，義相仿而例則
各殊。大致與後來方中德《古事比》約略相似①，而不及其精密。
每條後閒綴評語，詞意儇薄，彌為畫蛇之足。

【彙訂】

①"後來方中德古事比"，殿本作"同時陳禹謨之駢志"。

廣修辭指南二十卷（浙江巡撫採進本）

明陳與郊撰。與郊有《檀弓集註》，已著錄。是書分二十部，
每部或分子目，或不分子目，各列浦南金《修辭指南》原文於前，
而增續於後。每類所補不過十數條，又不多著出典，殊無可取。

縹緗對類二十卷（內府藏本）

舊本題明屠隆撰。隆有《篇海類編》，已著錄。是編採對偶
字句自一字至四字，各區門類，皆市井幛軸之詞。其首載《習對
歌》之類，尤俚陋可資笑噱。隆雖佻蕩不檢，游談無根，然其謬尚
不至此，殆坊賈所託名也。

何氏類鎔三十五卷（兩江總督採進本）

明何三畏撰。三畏有《雲間志略》，已著錄①。是編取類書典故，以駢語聯絡成文，每類各為一篇，以便記誦。即宋吳淑《事類賦》之意，但不為韻語耳。然皆不著出典，事無源委，不便引用，亦不及淑所自註淹洽也②。

【彙訂】

①《總目》卷七六有明張元汴《雲門志略》，未著錄《雲間志略》。（李國慶：《〈四庫全書總目提要〉著錄失誤一則》）

②《事類賦》注文乃襲自《太平御覽》，非吳淑自注，説詳卷一三五《事類賦》條訂誤。

事詞類奇三十卷（兩江總督採進本）

明徐常吉撰。常吉字士彰，武進人。萬曆癸未進士，官浙江按察司僉事。是書為類二十有四。其序次，先經後子、史以及仙釋之屬，分門輯事，依類選詞。其條下註釋，則吳人陸伯元作也。

六經類聚四卷（江蘇周厚堉家藏本）

明徐常吉編，陶元良續增。元良字乃永，武進人。是書以《六經》之語分類為十八門，以備時文剽剟之用。

春秋內外傳類選八卷（江蘇巡撫採進本）

舊本題明進士楚潛樊王家撰。其始末無考。《太學進士題名碑》萬曆癸未有三甲進士樊王家，湖廣潛江人，當即其人也①。其書以《左傳》、《國語》各標題目，分編二十三門，以備時文之用。間旁註音訓一二字，亦皆淺陋，與經學毫無所關。而又非《文章正宗》選錄《左傳》之例，無類可附。姑從其本志，入之"類書類"焉。

【彙訂】

① 明代進士有二樊王家。其一為萬曆三十五年丁未科登第，廣東東莞人。又一為萬曆三十二年甲辰科登第，江陵人。二進士名錄，分別與雍正《廣東通志》卷三二選舉志、雍正《湖廣通志》三二選舉志所載同。萬曆癸未（十一年）第三甲第二二七名進士樊玉衡，為湖廣黃岡人，見雍正《湖廣通志》選舉志，是科無樊王家。（楊武泉：《四庫全書總目辨誤》）

奇姓通十四卷（浙江汪啟淑家藏本）

明夏樹芳撰。樹芳有《栖真志》，已著錄。是編以楊慎所輯《希姓紀錄》未備，因復考之上古，下迄於明，取姓氏之不經見者，分韻編次，複姓則另編於後。然引據未博，體例亦往往疏舛。如《廣韻》"東"字下所收古人至多，今止錄東不訾一人；又眉間尺引《吳越春秋》，而《吳越春秋》無此文；又凡慎書所已採者，則竟標《升菴集》云云，而不載引用書目，俱不免於蹖駁也。

異物彙苑十八卷（浙江巡撫採進本）

明閔文振撰。文振字道充，浮梁人。其書分二十七部，雜採傳記奇異之事。然亦多世所習見，無出人耳目之外者。如"蜆稱縊女"一條，註云出《爾雅》，而《爾雅》實無此文①。則其徵引亦不足盡據也。

【彙訂】

① "蜆，縊女"，見《爾雅·釋蟲》。（沈濂：《紀文達纂書有誤》）

廣蒙求三十七卷（浙江巡撫採進本）

明姚光祚撰。光祚字允昌，吳縣人。萬曆戊子舉人，官保定府同知。宋王逢原有《十七史蒙求》十六卷,光祚以其未備,從而廣之,分三十七類。然但有對偶而無韻,既不適童幼之誦讀,註又簡略,蓋無可取①。

【彙訂】

① "蓋",殿本作"益"。

男子雙名記一卷(編修程晉芳家藏本)

明陶涵中撰。涵中字雪凡,嘉興人。萬曆戊子舉人,官至建昌府同知。所記古今男子如殷七七、王保保之類凡二十一人。自敍謂友人過飲,以此為酒令,坐中各舉所知,遂筆記之。然如趙秉文之閑閑居士乃別號而非名,又以余闕為余闕闕,不知何所據也。

祕笈新書十三卷別集三卷(山西巡撫採進本)

明吳道南編。道南有《河渠志》,已著錄。是書自序以為本謝枋得未及付梓之書,為之增補。然所載皆職官故實,故標題有"簪纓必用"字。《別集》首卷為《君道》,二卷、三卷為《類姓》,割裂瑣碎,尤多挂漏,斷非枋得所作。蓋後人假其名以取重,道南未及詳考耳①。

【彙訂】

① 普林斯敦大學葛斯德東方圖書館藏有《新鍥簪纓必用增補祕笈新書》十六卷(正集十三卷別集三卷),題曰:"宋先賢謝疊山公編次,明翰林李九我增補。"有萬曆三十七年吳道南序。另藏有《新鍥簪纓必用翰苑新書》二十九卷(前集十二卷後集七卷別集二卷續集八卷),刊行於萬曆十九年,未題編著者,有萬曆十九年陳文燭序。《總目》卷一三五著錄"翰苑新書前集七十卷後

集上二十六卷後集下六卷別集十二卷續集四十二卷。不著撰人名氏。據明陳文燭序,亦但稱為宋人。今別有刊本,題宋謝枋得撰者,坊賈所贗託也。"二十九卷本或節錄此一百五十六卷本而成者。十六卷《祕笈新書》與二十九卷本《翰苑新書》內容極為接近,僅少後、續二集,而正集所多一卷乃割裂《翰苑新書》第十、十一、十二卷拼湊而成,且於各卷末尾間或增加"名公全啟"一目而已。可見《祕笈新書》非謝枋得作,李廷機增補,亦未必吳道南所編。(王次澄:《〈四庫全書總目提要〉正補二十五則》)

事物紺珠四十一卷(浙江巡撫採進本)

明黃一正編。一正字定父,揚州人。是編成於萬曆辛卯[1]。《明史·藝文志》著錄四十六卷。今考其目,自天文、地理至瑣言、瑣事,凡四十六目,非四十六卷也[2]。所錄典故,率割裂餖飣,又概不著原書之名。是雖杜撰以盈卷帙,亦莫得而稽矣。

【彙訂】

[1] 明萬曆吳勉學刻本此書張佳胤序云:"近得黃子定父《事物紺珠》四十六卷閱之。"末署"萬曆乙酉七月既望,銅梁居來山人張佳胤撰"。萬曆辛卯為萬曆十九年(1591),萬曆乙酉為萬曆十三年(1585)。則此書萬曆乙酉年已成。(胡露:《〈四庫全書總目〉子部存目補正》)

[2] 吳勉學刻本《瑣言》、《瑣事》在四十一卷,其後尚有《瑣物》至《退稽》八目,恰為四十六卷。蓋《總目》所據乃殘本。(王重民:《中國善本書提要》)

姓氏譜纂七卷(浙江巡撫採進本)

舊本題明李日華撰。日華有《梅墟先生別錄》,已著錄。是書稱所列姓氏①，一依《百家新箋》。《新箋》者，湘潭黃周星所編，以“朱王萬壽”為首句者也。然周星為崇禎庚辰進士②。《新箋》後有自跋，稱成於崇禎丁丑。日華為萬曆壬辰進士，没於崇禎初。其作是書，不應反用周星之《新箋》，殆出偽託。其書不詳譜牒世系，而廣引人物，非濫即漏。雖日華以書畫擅名，不長於考證，亦不應謬陋至此也。

【彙訂】

① “稱”，據殿本補。

② 庚辰為崇禎十三年，然雍正《湖廣通志》選舉志崇禎庚辰科進士並無黃周星，其他科亦無。（楊武泉：《四庫全書總目辨誤》）

時物典彙二卷（浙江巡撫採進本）

舊本題明李日華撰。是書僅一百三十九頁，雜剿類書故實，餖飣成帙，舛謬百出。卷首題魯重民補訂，錢蔚起校正，或即二人所託名歟？

對制談經十五卷（浙江吳玉墀家藏本）

明杜淫編。淫，西安人。其始末無考。是書成於萬曆甲午。因宋葉時《禮經會元》舊文百篇散出無緒，乃分類排纂，立十五門以統之。以其可資制科之用，故易今名。然葉書四卷，本有次第。淫以不便撿擔改為類書，且於原文頗有汰節，非古人著書本志也。

諸書考錄四卷（内府藏本）

明徐鑒撰。鑒字觀父，豐城人。萬曆辛丑進士，官監察御史，提督應天學政。是編採諸書新豔字句，分三十六門。而“地

理”一類又自分都邑、山水、雜錄三門，實三十八門。捃拾寒窘，
殊罕創睹。又多不註出典。其註出典者亦多删改原文，勘驗本
書，率不相應。蓋皆剽竊於類書之中，非根柢之學也。

諸經紀數十四卷（浙江巡撫採進本）[1]

明徐鑒撰。是書於《十三經》成語中摘取其數，以類相比，自
一數至萬數。其有一句兼諸數者，則別稱為“疊數”。而無數目
字者不錄。各標本語，略引上下文及註疏附於其下，蓋欲仿《小
學紺珠》之例。然雜事不妨類隸，豈容割裂聖經以供摛撦也。

【彙訂】

① 明萬曆刻本為《諸經紀數》十八卷《諸史紀數》十四卷，
《浙江省第六次呈送書目》著錄亦同。（杜澤遜：《四庫存目
標注》）

八經類集二卷（江蘇巡撫採進本）[1]

明許獬撰。獬字子遜，同安人。萬曆辛丑進士，官翰林院編
修。“八經”者，《易》、《書》、《詩》、《春秋》、《禮記》、《周禮》、《孝
經》、《小學》也。獬掇拾其詞，分天地、倫常、學術、君道、臣道、朝
政、禮樂、雜儀、世道九類。而其姪金礪又删補而註之。所採諸
經，於三《禮》獨不及《儀禮》；《小學》成於朱子，亦不當與《六經》
並列，皆為疏舛。獬以制藝名一時，而所恃為根柢者不過如此。
卷首題名之下夾註“辛丑會元”四字，尤不能免俗也。

【彙訂】

① “江蘇巡撫採進本”，底本作“江西巡撫採進本”，據殿本
改。《四庫採進書目》“江蘇省第一次書目”、“江蘇採輯遺書目錄
簡目”皆著錄此書，未見於“江西省呈送書目”。（江慶柏：《殿

本、浙本〈四庫全書總目〉著錄圖書進獻者主名異同考》)

藻軒閒錄補續詞叢類採八卷（兩江總督採進本）

明林瀗撰。瀗字元盛，福州人。官廣東三水、龍門二縣教諭，終於昌化縣知縣。是書成於萬曆庚戌。雜採古書之詞，分一百六十門，頗為繁碎。蓋為課龍門諸生而作。藻軒者，龍門學署齋名也。據其自序，尚有前集，故此曰"續採"云。

輿識隨筆一卷（兩淮鹽政採進本）

明楊德周撰。德周有《澹圃芋記》，已著錄。是書雜採經史奇字，鈔撮成帙。多引原註，發明甚少。

事言要元〔玄〕三十二卷（浙江巡撫採進本）

明陳懋學撰。懋學字希顏，福唐人。萬曆壬子舉人，官兵馬司指揮①。是編分類隸事，凡天部三卷，地部八卷，人部十四卷，事部四卷，物部三卷。取"提要鉤元"之義以名其書。然蕪雜太甚，不稱其名。

【彙訂】

① 福唐為福建福清縣古名。《福建通志》卷三十八《選舉六·明舉人》，萬曆十年壬午謝紳榜舉人有陳懋學，福清縣人，兵馬指揮，即此人也。（胡露：《〈四庫全書總目〉子部存目補正》）

獅山掌錄二十八卷（浙江吳玉墀家藏本）

明吳之俊撰。之俊字彥章，號芝房，歙縣人。萬曆癸丑進士，官武強縣知縣。是編纂輯故實，特取雋穎。其每卷標目亦喜為新異，曰甄元，曰控輿，曰挈壺，曰採真，曰測符，曰提靈，曰綜掖，曰緯閎，曰襄盒，曰延清，曰宣籟，曰緝章，曰簡棲，曰合雋，曰挹温,曰薈芳,曰循蜚,曰登脂,曰抽騎,曰犁潛,曰苑萌,曰連蠕,曰游環,曰折致,曰詮際,曰拾璅,凡二十六類①。然多不著出典,亦裨販之學而已。

【彙訂】

① 明萬曆四十五年黃正中等刻本此集,"簡棲"之後有"規象";"薈芳"之後有"疏蔭",共二十八類。又卷十六不作"挹温",而作"挹滋",有小序云:"味有五,齊有六,皆帝之所遺,以戬民穀,第飲者飲而遞為豪,吾請以七碗百觚聽達人之自卜,錄《挹滋》"。所謂挹滋者,酌取其味也,此卷所錄,自《名酒》至《桂醪》,皆為各色酒,可證。又卷二十六為"析致",不作"折致",有小序云:"灑灑之趣,如山出雲;娓娓之韻,如壺貯水,其知者曰此為吹蘭泛蕙,其不知者且囂囂然曰彼為蟬緩之音,錄《析致》第二十六"。析致者,辨析其中韻致趣味也,作"折致"則不辭。(胡露:《〈四庫全書總目〉子部存目補正》)

諸經纂註三十四卷(江蘇周厚堉家藏本)

明楊聯芳編。聯芳字懋賞,漳州人①。是書成於萬曆癸丑。以諸經割裂分類,而各註字義於旁,以便記誦。

【彙訂】

① 明萬曆刻本此集前有序,末署"萬曆癸丑歲六月立秋穀日,閩人後學楊聯芳懋實父序"。卷首亦題"閩漳後學楊聯芳懋實父纂",芳者,華也,華實相對,作"懋實"是。(胡露:《〈四庫全書總目〉子部存目補正》)

駢字憑霄二十四卷(江蘇巡撫採進本)

明徐應秋撰。應秋字君義,號雲林,浙江西安人。萬曆丙辰進士,官至福建布政使①。是書皆採掇經史駢連之字,備詞藻之用。凡《詮義》十卷,《釋名》十四卷。每卷又各分子目,皆略為註釋,而不盡著出典。大概剽諸朱謀㙔《駢雅》居多,殊餖飣不足依據。其名"憑霄"者,自註引"王嘉《拾遺記》曰:'蒼梧有鳥名憑霄,能吐五色氣,又吹珠如塵,積珠成壘。'名書之義取此"云云,非惟險僻無義理。且考之嘉書,是舜帝南巡葬於蒼梧之故實,尤非佳事。可謂迂怪不經矣。

【彙訂】

① 依《總目》體例,當作"應秋有《玉芝堂談薈》,已著錄"。又《福建通志》卷二十一《職官二》,福建左布政使無徐應秋,而崇禎年間按察副使有徐應秋。則其未曾官福建左布政使。《廣東通志》卷二十七《職官志二》布政司左參政有徐應秋,云"陝西西安人,進士,(崇禎)三年任"。陝西西安顯為浙江西安之誤。要之徐應秋當官至廣東布政司左參政。(胡露:《〈四庫全書總目〉子部存目補正》)

經濟言十二卷(兩江總督採進本)

明陳子壯編。子壯字集生,南海人。萬曆己未進士,官至禮部侍郎,晉尚書。明亡殉難。事蹟具《明史》本傳。是編掇輯諸子名言,自管、韓迄唐、宋,分類標題。以供程試之用,非真為經濟作也。

事文玉屑二十四卷(安徽巡撫採進本)

明楊淙撰。淙,不知何許人。是書《明史·藝文志》著錄。然二十六類之中,荒唐俚謬,罄竹難書。明人著述之陋,殆無出其右矣①。

【彙訂】

① "無出其右"意應為"無出其上"，此處其義却用作"無出其下"。(楊武泉：《四庫全書總目辨誤》)

朱翼無卷數(浙江巡撫採進本)

明江旭奇編。旭奇字舜升，歙縣人。萬曆中，官安岳縣縣丞。《江南通志》列之《儒林傳》，稱其在太學日，嘗奏上所著《孝經翼》、《孝經疏義》，併請敕儒臣補成《孝經大全》，命題取士。蓋亦講學之家。然是書則僅供場屋之用，故許成智序謂亦名《論策全書》，蓋為舉業而設。凡分六部，曰管窺，曰曝愚，曰調燭，曰完甌，曰委質，曰志林。每部之中又各分子目。皆擷摭諸書，以類排纂，而是非一斷以朱子，故名《朱翼》。中多引釋典、道書，殊乏別擇。甚至採及《水滸傳》，尤龐雜不倫。實與朱子之學南轅北轍也。

史説萱蘇一卷(兩淮鹽政採進本)

明黃以升撰。以升字孝義①，龍溪人。是書取史事之相類者，隨筆記載，間加評騭。自序謂"皋蘇釋勞，萱草忘憂"，故以"萱蘇"為名。然闕漏殊甚，尚在後來方氏《古事比》之下也。

【彙訂】

① 兩淮鹽政進呈原本舊鈔本題"閩漳黃以升孝翼輯"。(杜澤遜：《四庫存目標注》)

唐類函二百卷(內府藏本)

明俞安期編。安期初名策，字公臨，後改今名，字羨長。萬曆末布衣。此書取唐人類書，刪除重複，彙為一函，分四十三部。每部皆列《藝文類聚》於前，而《初學記》、《北堂書鈔》、《六帖》次之。取材不濫,於諸類書中為近古。惟時令兼取韓鄂《歲華紀麗》,未免非前四書之倫。又事關政典者既劚取杜佑《通典》補之,又寥寥數條,挂一漏萬,體例皆為未善。且顛倒補綴,譌舛亦多。同時吳允兆亦有是編,但無《六帖》。議者謂兩書並出,殊為無謂。允兆遂舉以讓安期。其中體例亦有兼採允兆書者,安期凡例嘗言之,不自諱也。又朱國禎《湧幢小品》曰:"俞羨長山人刻《類函》二百卷,盛行於時。然世廟時原有此書,乃鄭虛舟山人奉趙康王命纂之,累年書成而鄭卒於清源,其子獻之得厚賞。不知視今何如。"云云。然鄭若庸書與此書體例迥異。國禎殆未見其本,以臆揣之歟?

詩雋類函一百五十卷(內府藏本)

明俞安期撰。是書取皇古以迄唐代之詩,彙為一編。自盛唐以前删去者少,中晚以後則多所刊削。凡分三十六部,七百七十餘類。其凡例言"以材具為主,以掇拾為用"。故但分門摭錄,閒附以詩話、小説。又稱焦竑之語,以為《藝文類聚》、《初學記》諸書所採不載全文,因於長篇大什皆加删削。蓋類書之體,非總集之例也。

類苑瓊英十卷(兩淮鹽政採進本)

明俞安期編。分別事類,纂輯故實,每條止撮舉二字,而以原文細註其下,其體例前後頗無倫次。又"天文"一類盡皆闕如,疑為未成之書也。

劉氏類山十卷(浙江巡撫採進本)

明劉嗣〔胤〕昌撰。嗣昌字燕及,桐城人。萬曆中,官至興化府知府。是書為目七十。所載之事自唐而止,較明代類書泛載近事者差為近古。然大抵轉相裨販，未見賅洽。

卓氏藻林八卷（内府藏本）

明卓明卿撰。明卿字澂甫，錢唐人①。萬曆中由國子監生官光祿寺署正②。是編採摭類書，分門輯錄，頗有簡擇，而取材未當。談遷《棗林藝簣》謂是吳興王氏之本，明卿竊取之。考明卿嘗攘張之象《唐詩類苑》刊行，則是說似亦有據矣③。

【彙訂】

① 檢康熙《錢塘縣志》無此人。雍正《浙江通志》卷一七八《人物·文苑·卓明卿傳》，據《兩浙明賢錄》："字徵甫，仁和人……著有《卓氏藻林》。"民國《杭州府志》卷一四四《人物·文苑·卓明卿傳》所載同。《總目》卷八《易學殘本》條，載撰人卓爾康亦為仁和人，爾康即明卿之子，見《總目》卷一七九《卓光祿集》條。（楊武泉：《四庫全書總目辨誤》）

② 《御選宋金元明四朝詩·御選明詩·姓名爵里四》云："卓明卿，字徵甫（徵甫當為澂甫之譌），仁和人，以太學選授光祿寺署丞，有集。"《弇州四部稿·續稿》卷一百二十五有《恩例冠帶卓見齋翁墓表》，云："余與光祿署丞卓明卿遊。"可知其官至光祿寺丞。（胡露：《〈四庫全書總目〉子部存目補正》）

③ 此書確系剽竊嘉靖閒王良樞之《藻林》。（眭駿：《〈卓氏藻林〉辨偽》）

史學璧珠十八卷（浙江巡撫採進本）

明錢應充撰。應充字子美，紹興人，萬曆中貢生。是書分類隸事，以坊本《綱鑑》為主，而稍摭類書附益之。皆集為偶句，以便剽襲。冠以《歷代帝王歌括》，中分天地、災祥、君道、臣道、倫理、品論、吏部、戶部、禮部、兵部、刑部、工部、人身、德惡、人事、官職、物類十七門，又分子目二百三十五①。如以心學屬之禮部，不知其何取。又"品論"門中有"何如"一目，尤從古類書所未聞。自序言："書成之日，夢一神人，幞頭皂袍，自稱待制包某。以其褒貶合義，特來勞之。"又言："作序之日，五星聚奎。"語皆謬妄，即其書可知也。

【彙訂】

①"二百三十五"，底本作"三百二十五"，據明萬曆戊戌新安吳勉學刻本此書目錄及殿本改。

事典考略六卷（江蘇周厚埁家藏本）

明徐袍編。袍字仲章，婺源人①。是書採前代事蹟及先儒議論，分目凡八十有一。割裂經典，叢雜瑣碎，蓋兔園冊子也。

【彙訂】

①《千頃堂書目》卷十著錄有徐袍《金仁山年譜》，云："袍，蘭溪人。"《浙江通志》卷一百三十八《選舉十六·明舉人》嘉靖十三年甲午科有徐袍，蘭溪人。《蘭溪縣志》卷十三上《儒林》有其傳，云"著有《古訓私編》、《事典考略》等書"。可證其為蘭溪人，非婺源人。（胡露：《〈四庫全書總目〉子部存目補正》）

故事選要十四卷（浙江巡撫採進本）

明王思義撰。思義有《宋史纂要》，已著錄。是書採擇子史故事，分類編次，凡十五門。多不註所出，動輒舛誤。如"雪"門收絳雪丹事，已為不倫，又譌張雲容為趙容雲，則他可知矣。

劉氏鴻書一百八卷（浙江巡撫採進本）

明劉仲達編。仲達字九逵，宣城人。是書分二十四類，又分子目二百六十有奇①。事實、詞章相雜而載，每條皆註所出，較明人杜撰之書稍有依據。然大抵轉引類書，不盡出於本文，則亦裨販之學也。卷端題湯賓尹刪定，而李維楨序乃稱校讐與有力者為李成白、謝少連，賓尹序中亦無一字及刪定事。蓋坊賈刊是書時，以仲達諸生，恐不見重，借名於賓尹耳。

【彙訂】

①　明萬曆刻本此書分為二十四部，書前有目錄，每類下詳列其類之數，如天文部十六類、地理部三十五類、歲時部三十一類、世系部四十二類、三教部十五類、五倫部二十七類、人事部四十類、人品部三十類、官職部四十五類、文史部十七類、身體部二十類、宮室部六類、飲食部十五類、衣帛部十四類、珍寶部二十九類、器用部四十四類、音樂部十二類、方術部二十三類、花木部六十九類、鳥獸部六十類、鱗介部十類、昆蟲部十八類、錄異部四類、紀庶部十三類，凡六百零七類。（胡露：《〈四庫全書總目〉子部存目補正》）

儒函數類六十二卷（安徽巡撫採進本）

明汪宗姬撰。宗姬字肇邰，歙縣人。是書《明史·藝文志》作《儒數類函》，蓋刊本誤也。所錄故實皆以數統計，自一至萬，罔不畢具。然體例冗雜，如“二獻”條下乃列“二齊”等諡二十二條，如但據標目，於何尋檢？且名曰“儒函”，當詳於儒，而二氏之言仍復採入，甚至“萬善”二字引及《太上感應篇》，不亦俱乎？

蟫史十一卷（浙江巡撫採進本）

明穆希文撰。希文有《説原》，已著錄。是書專記鳥獸事實，故以“蟫”名。分為羽蟲、毛蟲、鱗蟲、甲蟲、諸蟲五類。然蟫乃蠹

魚之別目,非蟲之總名,制名殊謬。徵引亦多未賅。又中間所稱
"《蟫史》曰"者,即其本書。乃雜廁古書之閒,反若引用者然,於
體例亦乖也。

婦女雙名記一卷(編修程晉芳家藏本)

明李肇亨撰。肇亨字會泰,嘉興人[1],太僕卿日華之子也。
所錄古今婦女雙名凡六十七人。自序謂"王元美《弇州卮言》、張
睿父《琅琊代醉編》、陳無功《析酲漫錄》中皆有所載[2],而彼此未
備。暇日偶有所睹,即隨手錄出,又兼三書考其出處"云。

【彙訂】

[1] 清道光《學海類編》本此書題"明嘉興李肇亨會嘉纂",明
萬曆四十三年刻《廣諧史》前列校刻姓氏,有"李肇亨,字會嘉,號
珂雪,嘉興人"。(杜澤遜:《四庫存目標注》)

[2] "析酲漫錄",底本作"析醒漫錄",據《學海類編》本此書
自序原文及殿本改。《總目》卷一二六著錄陳懋仁撰《析酲漫錄》
六卷。

五侯鯖十二卷(兩江總督採進本)

明彭儼撰。儼字若思,江西人。其書分類隸事,凡十四門。
所載皆不著出典,摭拾叢雜,無可採錄。

文竽彙氏二十四卷(安徽巡撫採進本)

明傅作興撰。作興字廷用,建昌人。是書彙輯古來姓氏,兼
載人物,分君姓、臣姓、諸侯、大夫、公族、補遺、覆姓。各標目上
闌,而下附偶語一二聯,體例已陋。至所列系冑,皆妄以己意附
會之。如以皇姓為出於三皇氏,胥姓為出於赫胥氏,桑姓為出於
空桑氏,有若[1]、巢父為出於有、巢氏,鑿空牽合,不可枚舉。非

特昧於三代姓氏之辨，即後世譜牒諸家亦全未寓目，可謂不知而作者矣。自序云："文本於氏，正文者宜先正其氏以辨其文，而濫等是懼，故以二字為名。"其説亦支離無義理云。

【彙訂】

① "有若"，底本作"又若"，據殿本改。明崇禎刻本此書卷一"有巢氏"條云分二姓，"有"下舉有若等，"巢"下舉巢父等。

藝林纍百八卷（浙江吳玉墀家藏本）

明李紹文撰。紹文字節之，華亭人。是編成於天啟癸亥。因《小學紺珠》而變其體例，摭拾故實，不分門類，不詳出處。但以數目為標題，自一至百，故名曰"纍百"。大抵餖飣疏舛，不足以資考證也。

十三經類語十四卷（浙江巡撫採進本）

舊本題明羅萬藻編。萬藻字文止，江西人。天啟丁卯舉人，福王時官上杭縣知縣。唐王僭號於福建，擢為禮部主事，未幾卒。故至今時文家稱曰羅儀部。《明史·文苑傳》附見《艾南英傳》中。是書因坊本《五經類語》，更取《十三經》廣之，分一百三十四類。杭州魯民重又為之註①。按萬藻雖僅以時文名家，而所學具有原本，其時文幽渺湛深，純以意運，亦決不用此餖飣之功。況其時張溥與張采立復社，艾南英與章世純、陳際泰及萬藻立豫章社。會南英選刻時文，塗乙過當，為衆所訐。乃取己及三人之文亦分合作、摘謬二例，塗乙其半，刊以示公。溥等因以離閒其交，世純、際泰皆為所動，而萬藻恬於名譽，獨不從溥。今此書之首乃有溥序，與當日情事尤為乖刺。殆民重託稱萬藻，籍豫章社之名以行，又偽撰溥序，藉復社之名以取重。總之坊賈伎倆而已。

【彙訂】

① 明崇禎十三年刻本此書題“豫章羅萬藻文止類，西湖魯重民孔式纂註”。（杜澤遜：《四庫存目標注》）

庶物異名疏三十卷（浙江吳玉墀家藏本）

明陳懋仁撰。懋仁有《年號韻編》，已著錄①。是編彙輯物名之異者，為之箋疏。凡二千四百五十二名，分二十五部。然多捃拾雜說，轉相裨販。如“柔祇雪凝，圓靈水鏡”，謝莊《月賦》人人習讀，而其註稱“類書②：地曰柔祇”，是併《文選》未考也；“大瀛海”字出《騶衍傳》，而註曰：“大瀛，海之異名，見《楞嚴經》註。”是併《史記》未考也；“智井”字見《左傳》，而註曰：“韻書：井無水曰智。”是三《傳》亦未考也。其他可以例見矣。又“異名”者，名之異者也，如虹一名挈貳，電一名列缺是也。而所列雞彝、黃目、瑞節、玉瓚之類乃其本名，何以為異？至於沙喙、泥蟲乃是異物，並無別名。濫列簡牘，以充卷帙，體例亦乖舛之甚也。

【彙訂】

① 依《總目》體例，當作“懋仁有《泉南雜志》，已著錄”。

② “類書”，殿本作“中書”，誤，參明崇禎刻本此書卷二“柔祇”條原文。

尚友錄二十二卷（浙江巡撫採進本）

明廖用賢編。用賢字賓于，建寧人。是書成於天啟中。蒐採古人事實，以韻為綱，以姓為目，其例一如《萬姓統譜》。諸所紀載，詳略失宜，無所考證，蓋亦為應俗作也。

詩學彙選二卷（內府藏本）

明胡文煥編。文煥有《文會堂琴譜》，已著錄。是書即坊本

《詩學大成》中採輯重編，凡三十九門。所錄詩自六朝至於明代，妍媸並列，殊為猥雜。文煥自序文亦陋劣。《詩學大成》本依託於李攀龍，此更掇拾其殘膌，風益下矣。

文奇豹斑十二卷（浙江巡撫採進本）

明陳繼儒撰。繼儒有《邵康節外記》，已著錄[1]。是編分天文、地理、人物、文史、花木、鳥獸、器用、人事、釋教、字學十類，皆剽竊餖飣之文。末一卷分韻編古字，尤多舛謬。

【彙訂】

[1] 依《總目》體例，當作“繼儒有《建文史待》，已著錄”。

五車韻瑞一百六十卷（通行本）

明凌稚隆撰。稚隆有《春秋左傳評註測義》，已著錄[1]。是編因《韻府羣玉》而稍變其體例。每韻之下先列小篆一字，然後隨韻隸事。其排纂之序，曰經，曰史，曰子，曰集，曰雜。又以賦、頌、歌、詩之類分體標名，綴列於後。其曰“雜”者，蓋仙經、佛典之言。考梁阮孝緒作《七錄》，以釋道別為門目，不入子家。稚隆區而別之，猶為有說。至賦、頌、歌、詩諸體本皆集部之文，而別立諸名，殊無義例。昔陰氏《韻府羣玉》，前人病其龐雜無倫。然其時去宋未遠，多見舊本，故朱彝尊跋其書，尚以所引杜詩“老去詩篇渾漫與”句為足資考證。稚隆此書名為廣所未備，而舛謬彌滋，且往往杜撰增添，非本書所有。如《平淮西碑》下引“舊唐史”一條，併載入“千載斷碑人膾炙，不知世有段文昌”二句。此二句乃宋人之語，為蔡京改撰《儲祥觀碑》而作，《舊唐書》實無此文。如云別一《舊唐史》，則唐、宋以來著錄者實無此目。如斯之類，觸處皆然，又出陰氏書下。謝肇淛序乃謂《韻府羣玉》為耳食，獨盛推此編,可謂曲阿所好矣。

【彙訂】

①《春秋左傳評註測義》當作《春秋左傳註評測義》,説詳卷三〇《春秋左傳評註測義》條訂誤。

五經總類四十卷(內府藏本)

明張雲鸞撰。雲鸞字羽臣,號泰巖,無錫人。崇禎初,嘗以所輯《經書講義》獻之闕下。此編復取《五經》及《周禮》、《孝經》之語,分門排比,共為七十二類,釐上、下二集。自跋謂大要不外經濟、學術兩端。上集為經濟,下集為學術。今案其目次,以天道、地道、君德、臣德、聖學等為經濟,而以衣服、飲食、器用、宮室、草木、鳥獸等皆入之學術,未為允協。然雲鸞此書不過為舉業之用,本不為經義立言,亦無足深論。今退置"類書類"中,庶核其實焉。

茹古略集三十卷(浙江巡撫採進本)

明程良孺撰。良孺有《讀書考定》,已著錄。是書三十卷,凡三百九十四篇。每篇皆採擷藻麗之詞,聯為偶語,其體全同《事類賦》。自序稱:"不奇不已,不幽不已,不僻不已,不合其奇者、幽者、僻者以成一家言不已。"然觀所徵引,實了不異人也。

古今好議論十卷(編修勵守謙家藏本)①

明呂一經編。一經字子傳,號非菴,吳縣人。崇禎辛未進士,官至河南提學副使。是書輯漢、唐以下迄於明季諸儒議論,分經學、經濟二門。經學為類二十有二,經濟為類二十有四,共五百五十六則。蓋以備場屋策論之用者也。

【彙訂】

①"十卷",底本作"十五卷",據殿本改。傳世兩崇禎刻本

均作十卷。(杜澤遜:《四庫存目標注》)

名物考十卷(内府藏本)①

明劉侗撰②。侗有《帝京景物略》,已著錄。是書分二十三部,附《物理考》、《通微志》二篇,皆採輯類書而成。卷帙無多,蒐羅甚隘,不足以供考核也。

【彙訂】

① 明末王氏螯萬館刻本書名作《名物通》,《武英殿第一次書目》著錄亦同。(杜澤遜:《四庫存目標注》)

② 是書作者實為鍾惺,署劉侗者係挖改。(同上)

六經纂要無卷數(江蘇巡撫採進本)

明顏茂猷撰。茂猷有《迪吉錄》,已著錄。考顧炎武《日知錄》,茂猷鄉試、會試皆以全作《五經》題取旨中式,嗣後始立《五經》中額。今觀此書,凡分君臣、人倫、修治三門,割剝字句,無所發明,蓋即其揣摩之本也。自序謂"稽古之力,食報於諸聖人",所見亦云淺矣。

事物考八卷(浙江朱彝尊家曝書亭藏本)

明傅巖撰①。巖字野清,義烏人。崇禎甲戌進士,官至監察御史。其書大抵本高承《事物紀原》而稍為附益,兼增入明代地名、官制、禮儀,鈔合成書,不免挂漏。如"輿地"言舜分十二州,不著其名;幽、并、營,商、周異制,亦無剖辨。又謂漕運為起於秦之飛挽,不知《管子》所載"粟行三百里"諸條,即漕運之原始,載於《通典》者甚詳。謂唐始以上柱國為勳官,不知隋制勳官已先列上柱國,唐特沿隋之舊。謂後漢改常侍曹為吏部,不知後漢祇改為吏曹,至魏時始改為吏部。其舛略往往似此。

唯所載明初文臣無諡及五軍營制諸條，頗足參證《明會典》諸書之互異耳。

【彙訂】

① 今存明嘉靖四十二年何起鳴刻本《事物考》八卷，王三聘編，有王氏題識。此書有隆慶三年己巳刻本、萬曆間錢塘胡氏刻《格致叢書》本，亦題王三聘編。據《總目》所載卷數、內容及所列缺點，可見實為一書。《明史》卷九十八《藝文志三》、《千頃堂書目》卷十二皆著錄有王三聘《事物考》八卷，《陝西通志》卷七十四《經籍一》著錄有《子史錄》、《古今事物考》、《盩厔縣志》、《終南仙境志》，云：“俱僉事盩厔王三聘撰。”考《陝西通志》卷三十《選舉一》，王三聘為嘉靖十四年乙未韓應龍榜進士。（王重民、屈萬里：《普林斯頓大學葛思德東方圖書館中文善本書志》；何槐昌：《〈四庫全書總目〉著錄校正選輯》，圖；王次澄：《〈四庫全書總目提要〉正補二十五則》；胡露：《〈四庫全書總目〉子部存目補正》）

備吹錄首集二十卷次集二十一卷（副都御史黃登賢家藏本）

明文德翼撰。德翼有《宋史存》，已著錄。是書皆採集古人新巧字句，蓋沿楊慎《謝華啟秀》而廣之者。然多不著出典，時有譌誤。間作品題，亦皆儇佻之語。蓋又兼涉竟陵之習者也。

四六霞肆十六卷（內府藏本）

明何偉然撰，吳正炳、吳宗邵增刪。偉然有《廣快書》，已著錄①。正炳字訒齋，宗邵字敬齋，並休寧人。是編採掇故實，撰為駢偶之詞。分類編次，而總註於每門之後。詞既拙俗，註尤傖陋，殆無一長之可取。

【彙訂】

① 依《總目》體例，當作"偉然有《快書》，已著錄"。

廣韻藻六卷（內府藏本）

明方夏撰。夏字南明，自號養春子，長洲人。是編取楊慎《韻藻》，刪其繁複，而廣其未備，然挂漏仍多。惟慎書假借"均"字為"韻"字，夏獨改從今文，立心篤實，不涉炫俗釣名之習，為寸有所長耳。

麗句集六卷（內府藏本）

明許之吉撰。之吉爵里未詳。其書採前人儷偶之語，或一聯或數十聯，分門編次，亦楊慎《謝華啟秀》之類。

文苑彙雋二十四卷（浙江巡撫採進本）

明孫丕顯撰。丕顯字啟周，自稱閩人，未詳其邑里①。其書分二十九門，鈔撮類書，體例殊為猥雜。

【彙訂】

① 明萬曆三十六年刻本此集，各卷卷首有題"南閩孫丕顯彙纂"者，有題"西甌孫丕顯彙纂"者。南閩、西甌，皆指廣西鬱林。（胡露：《〈四庫全書總目〉子部存目補正》）

事類通考十卷（浙江巡撫採進本）

明劉葉撰。葉字芝華，饒州人。是書於古今事實分類纂輯，凡七十七門。隸事而閒以評論，或似劄記，或似語錄，或似對句，體例莫能名狀。觀其以"年少初登第，皇都得意回"十字分標十卷之號，則其書可知也。

策統綱目三十九卷（福建巡撫採進本）

明卓有見撰。有見，莆田人。其書以邱濬《大學衍義補》、湛若水《聖學格物通》二書為本，分立四門，曰《經傳格言》，曰《史鑑證義》，曰《諸儒論議》，曰《國朝事實》，頗略於古義而詳於時務。蓋亦林駉《源流至論》之類，專為射策而作者。

古今事物原始三十卷（浙江巡撫採進本）

明徐炬撰。炬有《酒譜》，已著錄。是書倣《事物紀原》之體，稍附益之，而蕪雜太甚。蓋制度器數，皆可考其淵源，至日月星辰、山川草木、鳥獸蟲魚，與天地而俱生，豈能確究其始？輾轉援引，彌見糾紛。至於鳥獸、花草諸門，每類之首或括以偶語一聯，或括以律詩二句，乃從而釋之，尤舛陋之甚矣。

古史彙編四卷（浙江巡撫採進本）

明韓孔贊撰。孔贊字義一，里貫未詳。是書摭諸史典故，分四十七門，起於唐虞，終於明代。大致仿《文獻通考》而敍述簡略，僅足供舉業對策之用。

子史彙纂二十四卷（浙江巡撫採進本）

明馮廷章撰。廷章字子建，常熟人。是書分二十四類，每類之中又別為子目，雖以“子史”為名，而亦兼採詞賦。自序謂“一尺之籛，方寸之木，無或遺棄”，又謂“上極天道，下該人事，六合之內，略在其閒”，其自譽甚力。卷首列徵引書目千餘種，唐、宋諸志不著錄者十之六七，明以來諸家書目不著錄者十之九，廷章何自得之乎？

類雅二十卷（浙江汪啟淑家藏本）

不著撰人名氏。書中“風雨”類引《蠡海集》[①]，乃明王逵撰；又“鳥”類引《埤雅廣要》，乃明牛衷撰，則明人作也。其書皆由鈔撮而成,亦往往不詳出典。如開卷"蔚藍天"一條,乃陸游《老學菴筆記》之語,而失註書名;又"日御"一條云:"天子有日官,諸侯有日御,陳子昂詩'還丹奔日御,卻老餌雲芽'。"註曰《律曆志》。何史《律曆志》中有此語乎? 其疏舛可知矣②。

【彙訂】

① "書",殿本無。

② "疏",殿本無。

萬年統紀十二卷(江蘇巡撫採進本)

不著撰人名氏。所引明代諸書,皆仍其"皇明"之稱,則明人矣。首紀歷代帝王,不以時代為次,而以年數為先後,由初生至四萬五千六百歲止為第一卷,次紀孔子誕生至七十二歲止為第二卷。以下載歷代臣民,自初生至一千百有餘歲,釐為七卷。末載佛氏、神仙二家,各為一卷,列女為一卷。採摭頗富。然所徵引,多出小説,不足為據也。

對類二十卷(兩江總督採進本)

不著撰人名氏,亦不詳時代。凡二十門,蓋村塾課蒙之本。驗其格式,猶明中葉所刊也。

大政管窺四卷(兩淮鹽政採進本)

不著撰人名氏,皆科舉之策略也。分敘吏、敘户、敘禮、敘經。六曹舉其三,而四部舉其一,體例無所取義,必非完書。蓋經生家偶存之殘槀耳。

汲古編四卷(江西巡撫採進本)

不著撰人名氏。其書雜鈔古事,分七十三門,名目冗瑣,時代顛舛。如"孔融在北海,為賊所攻,流矢雨集,矛戟内接,融憑几安坐"云云,此謂之鎮靜則可,而列之"智略"門中,是未見本傳下文城破融遁之事也。"伊尹耕有莘之野,樂堯、舜之道,三聘就湯,阿衡作相",此自名臣類中事,而列之"忠烈"門中,與程嬰、公孫杵臼相連,殆不可理解矣。每門之末必留空紙數頁,蓋隨意雜鈔,草創未定之本,故疏謬如是也。

天華山房祕藏玉杵臼三卷(浙江巡撫採進本)

原本無序錄。卷首一行題曰"西湖龘赫主人吳培鼎九牧父搗"。培鼎亦不知何許人。案《六書精蘊》:"龘音沓,震怖也。二龍並飛,威靈震赫,見者氣奪。"自號必取"龘"字,已極誕妄。其"搗"字之義,又因玉杵臼而附會之,更屬不經。觀卷中所載,即取《唐類函》鈔撮十之二三,去其總類,又於諸細目中前後亂其部分。蓋明季書賈作偽以欺人者也。

卷一三九

子部四十九

類書類存目三

類姓登科考六卷（浙江巡撫採進本）

不著撰人名氏，亦無序跋。其書取明一代登進士者以姓類從，而各註鄉貫、科分、甲第於名下。其仕宦顯達者，并註其官階、爵諡，或一家屢膺是選者，則註曰某為某子，某為某孫，某為某之兄弟。紀載頗為詳贍。所註下逮崇禎之末，則國朝人編也。考《唐書·藝文志》有崔氏《顯慶登科記》五卷①，姚康《科第錄》十六卷，李奕《登科錄》二卷。晁公武《讀書志》載樂史採唐武德迄天祐進士及諸科登名者為《登科記》三十卷，陳振孫《書錄解題》又載洪适《唐登科記》十五卷。是書詳列科名，蓋猶古例。又唐林罕《元和姓纂》以四聲分編②，宋謝維新《合璧事類》所列諸姓故實，則以鄉塾所誦之《百家姓》趙、錢、孫、李諸字為綱。此本蓋用維新之例。其《百家姓》所不載者，則附錄第六卷末焉。

【彙訂】

① "登"，殿本脫，參《新唐書》卷五八《藝文二》。

② 林罕"善文字之學，嘗著《說文》二十篇目，曰《林氏小說》，刻石蜀中"，見《宋史·句中正傳》。然其人五代時居蜀，非

唐代人。《元和姓纂》乃唐元和年間林寶所著,《總目》卷一三五《元和姓纂》提要言之甚明,與林罕無關。(楊武泉:《四庫全書總目辨誤》)

典制紀略無卷數(浙江巡撫採進本)

國朝孫承澤撰。承澤有《尚書集解》,已著錄。承澤熟於典故,是編廣徵博引,頗資考核。但中雖分官制、河道、漕運、鹽茶、錢鈔、禮樂諸門,而"河道"前後複見,"禮教"之後又雜入"學田"、"刻書"數條,"貢舉"之中又雜入"趙撝謙精於六書"一段,"田賦"之後復載"錢法"二則,"三司使"一條又不附於"官職"之內,顛倒龐雜,毫無次第。蓋偶得一二事,則隨筆書之,故中多空行,且閒有添補之處,亦有刪汰之處。蓋未定之書①,後人錄其殘槀耳。

【彙訂】

① "蓋",殿本作"實"。

經世篇十二卷(編修汪如藻家藏本)

舊本題崑山顧炎武撰。其書門類悉依場屋策目,每目一篇①,附以諸家雜說,頗為弇陋。蓋應科舉者鈔撮類書為之,而坊賈託名於炎武也。

【彙訂】

① "每目",底本作"每日",據殿本改。

考古類編十二卷(通行本)

國朝柴紹炳撰。紹炳有《古韻通》,已著錄。是書分三十三門,凡有關於典章制度者,皆摘其指要,貫串成篇。自序謂取便童蒙,比於《小學紺珠》之類,蓋為舉業後場設也。原名《通考纂要》,雍正甲辰,華亭姚培謙為之評註,改題今名①。

【彙訂】

① 清雍正四年澹成堂刻本此集卷首題:"華亭姚廷謙平山評",前有序,末署:"雍正甲辰花生日,華亭後學姚廷謙拜手書"。(胡露:《〈四庫全書總目〉子部存目補正》)

希姓補五卷(內府藏本)

國朝單隆周撰。隆周字昌其,蕭山人。初,明楊慎撰《希姓》二卷。隆周以其尚有闕誤,撰此補之。亦仍以四聲編次,每韻先列原編,次列補人、補姓以及訂誤。自唐以後,譜學失傳,譌異日增,紀載難遍。隆周是書亦但就所見錄之,未能無所舛漏也。

廣羣輔錄六卷(浙江鮑士恭家藏本)

國朝徐汾撰。汾字武令,錢塘人。是書補陶潛《聖賢羣輔錄》之闕,自西晉以前,陶氏所遺者補之,自東晉以迄明代則續之。案《羣輔錄》託名陶潛,實為偽本①。原書既不足據,續編亦病繁蕪。至所載明代七才子、十才子之類,皆末流標榜之目,尤為冗濫。王晫《今世說》載汾"喜著書,苦無由得錢易楮翰,常於破几上起草,束麻濡煤作字"。其編摩可謂苦心,書則未為善本也。

【彙訂】

①《聖賢羣輔錄》非偽作,說詳卷一三七《聖賢羣輔錄》條訂誤。

氏族箋釋八卷(浙江巡撫採進本)

國朝熊峻運撰。峻運字在湄,新建人。其書取百家姓氏,以文義別為纂次。凡四百六十八姓,每姓各綴以四六儷語,略註事狀,以備應酬尋檢之用。於氏族源流,未嘗有所考證也①。

【彙訂】

① "也",殿本無。

歷朝人物氏族會編十卷（江西巡撫採進本）

舊本題曰禾川南里松山逸叟穎侯氏撰。不著名姓。檢卷首名字二印,一曰尹敏,一曰穎侯,知此書即尹敏作。書中多載明末殉節諸臣,知為國初人,其始末則未之詳也。其書以《重編百家姓》"孔師東魯,孟席齊梁"諸句為綱,而雜引歷代人物列其下,然舛謬百出。如"孔氏"條云"出宋郯子之後","師氏"條云"師曠,晉樂師","孟氏"條云"孟蔑,字獻子"。如斯之類,觸目皆是,殊不足據為典要也。

二酉彙刪二十四卷（山東巡撫採進本）

國朝王訓撰。訓字敷彝,安邱人,順治丁亥進士①。是書分十六門,一百七十子目,大概為科舉答策而設。有採自本書者,亦有轉相裨販,迷其出典者。如《敬虒篇》中關龍逢"冕危石,履春冰"語,本出自《荀子》,乃漏去"關"字,但稱"龍逢曰",似一人姓龍名逢,而所註書名乃作"諫桀"二字,又似龍逢所著之書名曰《諫桀》也。知其鈔撮類書,非根柢之學矣。

【彙訂】

① 依《總目》體例,當作"訓有《續安邱志》,已著錄"。

古今疏十五卷（內府藏本）

國朝朱虛撰。虛字邵齋①,號可菴,又號介菴,曹州人。順治丁亥進士,官至紹興府知府②。其書倣《廣雅》、《釋名》之例,自天地日月至蟲魚草木,各自為篇,加以解釋。但徵引浩繁,不詳所出,使舊文新義,無自而分,縱有依託,末由考證。是則鈔撮著書之通病也。

【彙訂】

① 清順治萬卷樓刻本題"濟陽劭齋朱虛著",可知"字邵齋"誤。(杜澤遜:《四庫存目標注》)

②《浙江通志》卷一百二十二《職官十二》紹興府知府無朱虛。據同書卷一百二十一《職官十一》,朱虛曾任分守寧紹臺道。《山東通志》卷二十八之四有其傳,云:"朱虛,字若虛,荷澤人。順治丙戌進士,初知衡水縣,稱循良第一,擢監察御史……旋督學秦中……改授浙東參議,報最,擢肅州副使,未任,以疾致仕歸。"(胡露:《〈四庫全書總目〉子部存目補正》)

三才藻異三十三卷(江蘇巡撫採進本)

國朝屠粹忠撰。粹忠號芝巖,定海人。順治戊戌進士,官至兵部尚書。是編取故實可備題咏者,分類標題,其目盈萬,各括以四言二韻。蓋類書之支流,而《蒙求》之變體也①。然襞績成文,繁蕪無當。自序謂歷二十四載而成,亦勞而無補矣。

【彙訂】

① 清康熙二十八年栩園刻本此集,每目之內容皆為十六字。然句式各異,多數條目內容對仗(或部分對仗),如卷一"人日"條云:"顏易改,杯且嘗。妝點思梅額,推敲憶草堂。"為"三、三、五、五"句式。"造榜天"條云:"君造命,國進賢。天實為之,何貽譏乎木天?"為"三、三、四、六"句式。"酒色天"條云:"筆花吐半幅,松風落幾弦。愈杯傾,勝纏綿。"為"五、五、三、三"句式。"雨鹿"條云:"天女乘風至,角仙冒雨來,知赤帝之必災。"為"五、五、六"句式。"周生梯月"條云:"梯可架,宜上不宜下。光可借,

宜真不宜假。"為"三、五、三、五"句式。卷四"石鼓湖"條云："遠可格蜀桐,鳴吳石。近可識漁搊,應犢笛。"為"五、三、五、三"句式。卷六"鹿哭泉"條云："鹿哭子,水一方。子哭鹿,淚三行。痛殺鹿娘!"為"三、三、三、三、四"句式,等等。又有不對仗者,如卷一"孤延斗電"條云："帝曰:電爾掣,試較裴之手、晟之弓,孰優劣。""夏侯柱雷"條云："謝遷曰:此凝神定氣人也,必砥柱中流者。"要之,非皆如《總目》所謂"四言二韻"。(胡露:《〈四庫全書總目〉子部存目補正》)

三才彙編四卷(江蘇巡撫採進本)

國朝龔在升撰。在升字聞,嘉善人。順治己亥進士,官蘇州府推官。是書分類編纂,為科舉對策之用。閒附議論,如郊社主合祀、樂律用李文利之説,皆非確論也。

千家姓文一卷(兩江總督採進本)

國朝崔冕撰。冕字貢收,巢縣人。是編以村塾所傳《百家姓》語無文義,因就史傳詳加翻閱,得複姓三十四,單姓九百七十二,計千餘六姓[①],聯屬其文。較原書為雅馴,然不及王應麟《姓氏急就篇》典核有據也。前有康熙癸卯冕自序,又有如皋冒國柱序。其註即國柱所作,皆但云某代有某人,而不著所出,亦無徵不信矣。

【彙訂】

①"姓",殿本作"音"。

教養全書四十一卷(浙江汪啟淑家藏本)

國朝應撝謙撰。撝謙有《周易集解》,已著錄。是書分選舉、學校、治官、田賦、水利、國計、漕運、治河、師役、鹽法十考,節引史文,而取前人評論各參其下,體例略倣《文獻通考》,於明代事實所載尤詳。撝謙閒附斷語,議論亦多醇正。然以視馬端臨之精博,則猶未能遽相方駕矣。其中不載律算者,以徐光啟已有成書;不載輿地者,以顧炎武、顧祖禹二人方事纂輯故也。

姓氏譜六卷(浙江巡撫採進本)

國朝李繩遠撰。繩遠字斯年,嘉興人。其書雜鈔《萬姓統譜》而成,舛漏頗甚。疑其錄以備用,本非欲著書也。

李氏類纂五十卷(浙江巡撫採進本)

國朝李繩遠撰。是編蓋偶鈔諸家類書,以備自用。故"職官"首宗人府,用今制也,而云"國朝置大宗正院,改宗人府宗人令一人",乃前朝故事,而以為國朝。此沿襲鈔錄,而事同"未去葛龔"者矣。

韻粹一百七卷(兩淮鹽政採進本)

舊本題國朝朱彝尊撰。彝尊有《經義考》,已著錄。是書採古人新穎之語,分韻編次,韻為一卷,所摭不為不富。然惟摭詞賦,而不及經史。其詞賦引據他書者,亦即以詞賦為出典,其病與蘇頌《文選雙字類要》略同①。彝尊學有本原,著述最富,不應為此餕飣之學,其生平文字內未嘗言及此書。書中時有闕行闕字,亦似未完之本,疑為摭拾私記以備詞賦之用。後人重其淹博,轉相傳寫,遂漸至於流布耳②。

【彙訂】

①《總目》卷一三七《文選雙字類要》條云:"舊本題蘇易簡撰。"與蘇頌無涉。二蘇《宋史》均有傳,並不同時,不應混為一人。且鄒浩《道鄉集》卷三九《蘇公(頌)行狀》、曾肇《曲阜集》卷

三《蘇司空（頌）墓誌銘》，均不言頌撰此書。（楊武泉：《四庫全書總目辨誤》）

②今存清鈔本此集卷首題：「秀水朱昆田西峻抄撮」。前有序云：「竹垞翁有才子昆田，少承家學，又克自奮發，力追古作，尤精韻學……時人重之，呼為小朱十。惜年四十二，先乃翁卒。著有《笛漁小稿》，老人為之校訂，附刻集後，俾傳不朽，猶賴筆墨流傳人間。今晨訪友，以此《韻粹》二卷見示。余審是書確係手稿，而為前人所未見者，余何幸而得觀全書……丁未大暑少樵坐玉壺仙館揮汗書。」可知此書為朱彝尊子朱昆田撰。（胡露：《〈四庫全書總目〉子部存目補正》）

宮閨小名錄四卷後錄一卷（浙江巡撫採進本）

國朝尤侗撰。侗有《明史·藝文志》，已著錄。是編補陸龜蒙、洪适、王銍、溫豫、張邦幾諸錄之遺，上起於漢，下迄於明，凡女子以名傳者，皆分類編載。一曰后妃，附以公主、外戚。二曰列女，附以妓妾之有節行者。三曰妾婢，附以雜類。四曰妓女。五曰外傳①，附以寇盜。六曰仙鬼，附以劍俠。每類又有補遺。其補錄未盡者，閩縣余懷又續為《後錄》一卷②，侗併跋而刻之。其舊錄所已有者，亦列其名而不著事蹟，註曰「已見」。其蒐採頗勤。然侗本摘華捃藻，以詞賦為工，懷亦選伎徵歌，以風流自命，考證之學，皆非所長。如明代宮人瓊蓮、媚蘭之類皆收，而王滿堂、楊金英之類名在國史乃遺之③；據杜甫詩收其婢阿稽，而劉整之婢綠草載於《文選》乃遺之④；據魏文帝詩收劉勳妻王宋，據元積詩收其女小迎，而焦仲卿妻蘭芝、葛沙門妻郭小玉、左思女紈素、蕙芳並見《玉臺新咏》乃遺之；至《李波小妹歌》之雍容，《東

飛伯勞歌》之莫愁，喬知之詩之窈娘，李白詩之女平陽、伎金陵
子，李商隱詩之柳枝，杜牧詩之定子，白居易詩之都子，元稹詩之
念奴，秦觀詩之邊朝華，晏殊詩之劉蘇哥，歐陽修詩之嬌兒，以及
裴度之黃娥、司空圖之鸞臺，失之眉睫之前者，尤不可勝舉。他
如唐李冶乃女道士，元薛蘭英、蕙英乃富民之女，有《聯芳集》，而
列之妓女之中；石崇妾綠珠見於本傳，寶滔妾趙陽臺見於《〈璇璣
圖〉序》，而乃不入之婢妾，則門目顛倒。紫雲一人，既入仙鬼，又
入補遺，隔六頁而兩見；趙娟一人，既附王韞秀，又別為一條，越
一卷而重出，則排纂多疏。以錦瑟為令狐楚之青衣，猶據《劉攽
詩話》。至於段文昌家之膳祖，猶夜來之稱鍼神；鮑生之四絃，猶
蘇軾之胡琴婢，皆以藝稱，非其名字。一概列入，乖謬殊深。甚
至同時婦女，連篇累牘，益無體例矣。

【彙訂】

①　清康熙二十九年刻本此集卷五為外國，所列為"拓跋"、
"細君"、"解憂"、"相夫"、"沙壹"等，皆為外國或外族女子名，或
漢女子嫁與外國外族者。（胡露：《〈四庫全書總目〉子部存目
補正》）

②　余懷乃莆田人，說詳卷一四四《板橋雜記》條訂誤。

③　"楊金英"，殿本作"楊英"，誤。其事見《明史·世宗
本紀》。

④　據《文選》卷四〇任昉《奏彈劉整》，綠草乃整姪劉逡之
婢，整婢名"采音"，非綠草也。（楊武泉：《四庫全書總目辨誤》）

同姓名錄八卷（浙江鮑士恭家藏本）

國朝王廷燦撰。廷燦，錢塘人。康熙辛酉舉人，官崇明縣知

縣。是書蓋因梁元帝及明太常寺卿余寅兩《同姓名錄》而廣之。寅書止於金、元，廷燦則兼及明代。然如寧都魏禧，至康熙己未尚薦舉博學鴻詞，而取與崇禎末年之魏沖相配，題曰"兩魏叔子"。則取州縣户籍而閱之，同姓名者萬人可得，何止此八卷乎？又卷三全鈔梁元帝書，卷五亦全鈔余寅書，又何貴乎屋下屋也。

古事苑十二卷（內府藏本）

國朝鄧志謨撰。志謨字景南，饒安人。是書成於康熙丙寅[①]。捃摭古事，裁為儷偶，凡六十篇，其註釋則各附篇末。大致欲仿吳淑《事類賦》，而不能諧以聲韻，貫以脈絡，遂各為無首無尾，不相聯貫之四六云。

【彙訂】

[①] 鄧志謨乃明末人，此書今存萬曆四十五年金陵書林鄭大經四德堂刻本，而清蘭雪堂刻本有康熙丙寅戴璁序。（王重民：《中國善本書題跋》）

行年錄無卷數（禮部尚書曹秀先家藏本）

國朝魏方泰撰。方泰字日乾，號魯峯，江西廣昌人。康熙癸未進士，官至禮部右侍郎，翰林院學士。是書取古人事蹟有年可紀者，各以其年編之，每一歲為一篇。其但有"幾十歲"字而不得其畸零之數者，則各立"幾十餘"一篇；其併無"幾十"字可考者，則分立《初生》、《童幼》、《少壯》、《老年》四篇。而冠以各朝曆及制令，附以《生辰同生》、《孿生》、《遺腹》、《前後身》四篇。原本不分卷數，亦無目錄，次第頗為顛倒。如凡例稱冠以各朝曆，而此本以"前後身"為冠，知非方泰之舊矣。所列儒異兼陳，不免稍失於雜。又隨所見聞，即據其書載人，不復究其本源，亦稍失之疏略。

石樓臆編五卷(浙江巡撫採進本)

國朝周綸撰。綸字鷹垂①,松江華亭人。康熙中,官國子監學正。是書分吏、户、禮、兵、刑、工六門,中立五十九目。自漢、唐迄於本朝,凡關六曹政事者,俱類紀之,於國初以來章疏案牘亦頗有所徵引,大旨以為場屋對策之用。然書生局於里閈,凡官府故事未能明習,挂漏殊多,不足盡資考校也②。

【彙訂】

①"鷹垂",底本作"臅垂",據殿本改。清康熙刻本此書各卷卷首署"雲間周綸鷹垂輯"。清乾隆《江南通志》卷一四一《人物志・宦績・松江府》"周茂源"條載"子綸,字鷹垂,有文名"。(杜澤遜:《四庫存目標注》)

②"考校",殿本作"考核"。

五經類編二十八卷(通行本)

國朝周世樟編。世樟字章成,太倉人。是編摘取《五經》之語,分為十門,每門又分子目,皆以備時文之用。末附《諸經略説》、《經義辨譌》、《辨疑》各數條,亦皆無關考證。

同人傳四卷(兩淮鹽政採進本)

國朝陳祥裔撰。祥裔有《蜀都碎事》,已著録。是書自秦、漢以迄元、明,凡同姓名者,採集成册,末附父子同名字者數人。採撫頗詳,去取亦頗矜慎。如《太平廣記》中再生之王翰,與唐詩人王翰相同;《通幽記》神婚之李伯禽,與李白子伯禽相類,事既不經,人無可考,今概不録。知非漫無别擇,愛奇嗜瑣者也。惟皆不著所出,是其一短耳。

古事比五十三卷（浙江巡撫採進本）

國朝方中德撰。中德字田伯[①]，桐城人。其書以古事之相
類者，排比成編。然徵引雖博，挂漏實多。如"父子"一門中，分
世業、世經術為二。以世業屬之隨會、士匃、王羲之、獻之，以經
術屬之韋賢、劉向父子，古今豈僅此一二家耶？蓋四部之書，浩
如煙海，軼聞瑣記，僕數難窮。欲以數十卷書，一一比類而合之，
不免自為其難，宜其顧此失彼耳。

【彙訂】

①　"田伯"，底本作"用伯"，據殿本改。《清史稿》卷五百《方
以智傳》附"子中德，字田伯，著《古事比》"。清康熙四十五年書
種堂刻本此書各卷卷首署"桐山方中德田伯輯著"。

政典彙編八卷（江蘇巡撫採進本）

國朝王芝藻撰。芝藻有《大易疏義》，已著錄。是書以天下
之事統於六曹自《周官》始，後世或因或革，總不出其範圍。因分
曹排纂古事，刪繁提要，隨事附以論斷。其所取材，大抵《通典》、
《通考》二書為多，而元、明之事則多採自王圻《續通考》及邱濬
《大學衍義補》云。

典引輯要十八卷（浙江巡撫採進本）

國朝丁昌遂撰。昌遂字秀崖，懷寧人。是書成於康熙庚寅，
雜採舊文，各檃括大略而分類編之。其凡例謂："制藝一道，固發
自性靈，間亦取證於古典。是編所輯，足供舉業家之考證。"其宗
旨如是，書可知矣。

廣事類賦四十卷（內府藏本）

國朝華希閔撰。希閔字豫原，無錫人，康熙庚子舉人。希閔

因校刻吳淑《事類賦》，病其未備，乃廣為此編，附刻其後。凡二十七門，一百九十一子目。亦如淑例自註，然終不逮淑書也。

根黃集十卷（福建巡撫採進本）

國朝楊文源撰。文源，長泰人。是書以《三禮》之文，割裂排纂，分律呂、封建、井田、學校、祭祀為五門，每門之中又各為子目。其曰"根黃"者，取"黃鍾為萬事根本"意也。卷前則敬錄聖祖御製《黃鍾為萬事根本說》一篇與朱子《請修三禮劄子》一首，以志編輯所自。其訓釋辨論，一以欽定義疏為折衷，閒亦附以己見。其凡例云仿朱子《儀禮經傳通解》。然書中所錄，多與四子書典故相發明，仍不過舉業津梁而已。故今列之"類書類"焉。

三體摭韻十二卷（浙江朱彝尊家曝書亭藏本）

國朝朱昆田撰。昆田字西畯，秀水人，彝尊子也[1]。承其家學，亦以博涉為功。是編仿陰氏《韻府》之例，採前人新豔字句，排纂成編。所錄至元而止，惟取騷、賦、詩三體，故以為名。捃拾頗為繁富，然詞人琢語，葯甲新意者十之一，鎔鑄舊文者十之九，未可一字一句據為根柢。即以"一東韻"而論，阿童為王濬小字，見《三國志》註，乃云出蘇軾詩；"鶴氅氅而不舞"乃羊祜事，見《世說新語》，乃云本陸龜蒙詩，此猶云惟引詞賦，不及子史也。至於"椒風殿"名見《兩都賦》，乃引崔國輔詩；"唐弓"字見庾信《三月三日華林園馬射賦序》，乃引賀知章詩；"比紅兒"自有羅虬本詩，乃引陸游詩，是即詞賦之中已舍前取後。他如已引古詩之"魚戲蓮葉東"，又引岑德詩之"蓮東自可戲"，別出"蓮東"一條；已引衛象詩之"鵲血琱弓濕未乾"，又引梅堯臣詩之"休調鵲血弓"，別出"鵲血弓"一條，更繁複少緒。至梁簡文帝詩之"劍飾丹陽銅"，字本從"金"，乃譌收於"桐"字下，則校讎亦未精矣。蓋草創未定之本。後人以其名父之子，遂錄傳之，不知反為昆田累也。

【彙訂】

①《國朝耆獻類徵》卷四二六云："朱昆田字文盎，號西畯。"《總目》卷六五《南史識小錄》、《北史識小錄》條同。《碑傳集》卷一三九小傳亦作字文盎。

文獻通考節貫十卷（江蘇周厚堉家藏本）

國朝周宗濂撰。宗濂有《恥亭遺書》，已著錄。是書取馬端臨《文獻通考》、王圻《續通考》首尾編次，仍如二十四門之舊。惟帝系、象緯、物異、四裔、節義、方外六門，以難於節錄置之。其因文附見者，如《戶口考》之奴婢占役、《學校考》之祠祭褒贈諸條，亦多刊削。蓋意主便於記誦，為場屋對策之用，固不能以著書體例繩之耳。

考古略八卷（湖南巡撫採進本）

國朝王文清撰。文清有《周禮會要》，已著錄。文清初著有《考古源流》四百七十五卷，乃彙採《三通》、《玉海》、《册府元龜》、《通鑑》、《綱目》、《大事記》、《學海津逮》、性理諸書而成，未及刊布。此本乃先摘其淺近切要者，輯以成編，故名曰"略"。

考古原始六卷（湖南巡撫採進本）

國朝王文清編。初，明嘉靖中，桐城趙釴撰《古今原始》十四卷，以歷代帝王編年紀載，各著其事所自始。文清以趙書原本自天皇氏至陰康氏荒渺無稽，為之刊削。依聖經斷自伏羲，並補正譌闕，訖明神宗而止。考《世本》多載事始，其書久佚，馮贄《事始》亦無傳本。文清此書餖飣牽合，亦與趙氏書相等。又不著出典，益不足徵。至卷末補遺各條，尤如兔園冊子。文清嘗纂《考古略》一書，其凡例中自敍生平所著述，不及是書，殆坊賈所託名也。

春秋經傳類聯無卷數（浙江巡撫採進本）

國朝王繩曾撰。繩曾字武沂，無錫人。雍正庚戌進士，官揚州府教授。是書取《春秋》經傳之詞，稍加點竄鎔鑄，集為對偶，凡三十四類。自序有曰："宋徐晉卿《春秋類對賦》拘於聲韻，選詞難工，事弗類從，猶如野戰。乃猶列入經解，得與諸家炳如列星，並垂不朽。茲編分類彙集，聯為駢體，以便記誦。寧律不諧，不使句弱；寧句不工，毋使語俗。開府之長，庶幾有取乎？"其自命甚高。所稱"開府之長"，殆以倪璠註《庾信集》稱其善用《左傳》歟？然晉卿何足道，而殫竭心力爭此不足重輕之短長，是亦可已不已矣。

杜韓集韻三卷（編修汪如藻家藏本）

國朝汪文柏撰。文柏字秀青，號柯庭，嘉興人。官兵馬司指揮。其書取杜、韓二家詩句，案今韻摘出，編於字下，以為吟咏者取資。每卷各分上、中、下。凡杜、韓所未押者，則存其韻於部尾。所摘之句，不著原題。蓋宋人《十二先生詩宗》之類也。

古今記林二十九卷（安徽巡撫採進本）

國朝汪士漢撰。士漢有《祕書二十一種》，已著錄。是書分二十七類，自正史以迄百家，隨筆摘錄。自謂義例有二，一紀淑慝以示勸戒，一蒐瑰琦以資見聞。然大約從類書中鈔撮而成。

古學捷錄十卷（安徽巡撫採進本）

國朝陳應鏖撰。應鏖原名應明，字緝英，莆田人。其書為科舉答策而作，凡十篇，每篇各有子目。所採皆明人類書，殊多舛誤。

讀古紀源九卷（山東巡撫採進本）

國朝何懋永撰。懋永字念修，山陰人。其書分為二編，一曰《三才緯略》，一曰《六官綜制》，共分為九考。皆鈔撮類書，非根柢之學。

經濟宏詞十二卷（浙江巡撫採進本）

是書前有凡例，題“汪學信四如父編次”，卷首又題“新安太易父汪以時選輯”。無序無跋，未審果出誰手。凡分十二門，皆明人之文可以為場屋答策之用者。其凡例亦自稱“取便制舉業”云。

唐句分韻初集四卷二集四卷續集二卷四集五卷（兩淮鹽政採進本）

國朝馬瀚撰。瀚字炎洲，順天人。其書以唐人詩句分一百七韻，編次以為集句之用。《初集》、《二集》兼取五言、七言，《續集》、《四集》則惟取七言。

政譜十二卷（浙江巡撫採進本）

國朝朱栗夷撰。栗夷字心菴，山陰人。是編摘錄杜佑《通典》、馬端臨《文獻通考》及邱濬《大學衍義補》諸書，以類排纂，分十二門。雖以《政譜》為名，實則策略而已。篇首總名題曰《象山巖新書》，蓋其雜著中之一種也。

是菴日記十四卷（兩江總督採進本）

國朝楊擁編。擁字蔚芝，號是菴，爵里無考。卷首所列引用書目有李漁《閒情偶寄》，則近時人耳。卷中採輯諸書，分類排纂，凡為十四門。各註所引之書名，亦閒附以己意。其凡例自云："會心即錄，敍次不倫，挂漏孔多，體殊握要。"蓋亦隨意撮鈔之書也。

類書纂要三十三卷（内府藏本）

國朝周魯撰。魯字南林，無錫人。是編於類書之内裨販而成，譌舛相仍，皆不著其出典。流俗沿用，頗誤後來。

駢語類鑑四卷（編修周厚轅家藏本）

國朝周池撰。池有《唐鑑偶評》，已著錄。是書兼仿李瀚《蒙求》、吳淑《事類賦》之體，以故事可資法戒者，編為儷偶。不立門目，惟以韻部分篇。末一卷為《閨鑑》十二篇，《幼鑑》十篇，則婦人及童子事也。中有一篇僅一二韻者，意亦編纂未竟之槀歟？

右類書類二百一十七部，二萬七千五百零四卷[①]，内七部無卷數。皆附存目。

【彙訂】

① "二萬七千五百零四卷"，殿本作"二萬七千五百卷"。實際著錄二萬七千四百七十卷。

子 部 五 十

小 説 家 類 一

張衡《西京賦》曰：“小説九百，本自虞初。”《漢書·藝文志》載虞初《周説》九百四十三篇，註稱“武帝時方士”，則小説興於武帝時矣。故《伊尹説》以下九家，班固多註依託也。《漢書·藝文志》註，凡不著姓名者，皆班固自註。然屈原《天問》，雜陳神怪，多莫知所出，意即小説家言。而《漢志》所載《青史子》五十七篇，賈誼《新書·保傅篇》中先引之，則其來已久，特盛於虞初耳。蹟其流別，凡有三派，其一敍述雜事，其一記錄異聞，其一綴輯瑣語也。唐、宋而後，作者彌繁。中閒誣謾失真，妖妄熒聽者固為不少。然寓勸戒，廣見聞，資考證者亦錯出其中。班固稱“小説家流蓋出於稗官”，如淳註謂“王者欲知閭巷風俗，故立稗官，使稱説之”。然則博採旁蒐，是亦古制，固不必以冗雜廢矣。今甄錄其近雅馴者，以廣見聞，惟猥鄙荒誕，徒亂耳目者則黜不載焉。

西京雜記六卷（內府藏本）

舊本題晉葛洪撰，洪有《肘後備急方》，已著錄。黃伯思《東觀餘論》稱“此書中事皆劉歆所説，葛稚川採之。其稱余者，皆歆本文"云云。今檢書後有洪跋，稱其家有劉歆《漢書》一百卷。
"考校班固所作，殆是全取劉氏。有小異同固所不取，不過二萬
許言。今鈔出為二卷，名曰《西京雜記》，以補《漢書》之闕"云云。
伯思所説，蓋據其文①。案《隋書·經籍志》載此書二卷，不著撰
人名氏。《漢書·匡衡傳》顏師古註稱今有《西京雜記》者，出於
里巷，亦不言作者為何人。至段成式《酉陽雜俎·廣動植篇》始
載"葛稚川就上林令魚泉問草木名"，今在此書第一卷中。張彦
遠《歷代名畫記》載毛延壽畫王昭君事，亦引為葛洪《西京雜
記》②。則指為葛洪者實起於唐，故《舊唐書·經籍志》載此書，
遂註曰晉葛洪撰。然《酉陽雜俎·語資篇》別載庾信作詩用《西
京雜記》事，旋自追改，曰："此吳均語，恐不足用。"晁公武《讀書
志》亦稱"江左人或以為吳均依託"，蓋即據成式所載庾信語
也③。今考《晉書·葛洪傳》載洪所著有《抱朴子》、《神仙》、《良
吏》、《集異》等傳、《金匱要方》、《肘後備急方》並諸雜文，共五百
餘卷，並無《西京雜記》之名④，則作洪撰者自屬舛誤。特是向、
歆父子作《漢書》，史無明文，而以此書所紀與班書參校⑤，又往
往錯互不合。如《漢書》載文帝以代王即位，而此書乃云文帝為
太子。《漢書》載廣陵王胥⑥、淮南王安並謀逆自殺，而此書乃云
胥格猛獸陷胆死，安與方士俱去。《漢書·楊王孫傳》即以王孫
為名，而此書乃云名貴。似是故謬其事，以就洪跋中"小有異同"
之文。又歆始終臣莽，而此書載吳章被誅事，乃云章後為王莽所
殺，尤不類歆語。又《漢書·匡衡傳》"匡鼎來"句，服虔訓"鼎"為
"當"，應劭訓"鼎"為"方"，此書亦載是語，而以鼎為匡衡小名。
使歆先有此説，服虔、應劭皆後漢人，不容不見，至葛洪乃傳，是
以陳振孫等皆深以為疑。然庾信指為吳均，別無他證。段成式

所述信語,亦未見於他書,流傳既久,未可遽更。今姑從原跋,兼題劉歆、葛洪姓名,以存其舊。其書諸志皆作二卷,今作六卷。據《書錄解題》,蓋宋人所分,今亦仍之。其中所述雖多為小説家言,而擴採繁富取材不竭。李善註《文選》,徐堅作《初學記》,已引其文。杜甫詩用事謹嚴,亦多採其語,詞人沿用數百年,久成故實,固有不可遽廢者焉。

【彙訂】

① "其",殿本作"此"。

② "為",殿本無。

③ "成式",殿本作"段成式"。

④ "並",殿本無。

⑤ "而",殿本無。

⑥ 殿本"載"上有"又"字。

世説新語三卷(内府藏本)

宋臨川王劉義慶撰,梁劉孝標註。義慶事蹟具《宋書》。孝標名峻,以字行,事蹟具《梁書》。黄伯思《東觀餘論》謂:"《世説》之名肇於劉向,其書已亡,故義慶所集名《世説新書》。段成式《酉陽雜俎》引王敦澡豆事,尚作《世説新書》可證,不知何人改為《新語》,蓋近世所傳。"然相沿已久,不能復正矣①。所記分三十八門②,上起後漢,下迄東晉③,皆軼事瑣語,足為談助。《唐藝文志》稱劉義慶《世説》八卷,劉孝標續十卷,《崇文總目》惟載十卷。晁公武謂當是"孝標續義慶元本八卷,通成十卷"。又謂家有詳略二本,迥不相同。今其本皆不傳。惟陳振孫《書錄解題》作三卷,與今本合。其每卷析為上、下,則世傳陸游所刊本已然，蓋即舊本。至振孫載汪藻所云《敘錄》二卷，"首為考異，繼列人物世譜、姓字異同，末記所引書目"者，則佚之久矣。自明以來，世俗所行凡二本，一為王世貞所刊，註文多所刪節，殊乖其舊。一為袁褧所刊，蓋即從陸本翻雕者，雖版已刓敝，然猶屬完書④。義慶所述，劉知幾《史通》深以為譏。然義慶本小説家言，而知幾繩之以史法，儗不於倫，未為通論。孝標所註特為典贍，高似孫《緯略》亟推之。其糾正義慶之紕繆，尤為精核。所引諸書，今已佚其十之九，惟賴是註以傳。故與裴松之《三國志注》、酈道元《水經注》、李善《文選注》同為考證家所引據焉。

【彙訂】

① 唐初景龍四年(710)劉知幾《史通·外篇·雜説中》已稱《世説新語》。日本藏唐人寫本殘卷與《太平廣記》所引則作《世説新書》。汪藻《世説敘錄》"《世説新書》"條下注曰："顧野王撰顏氏本跋云：'諸卷中或曰《世説新書》，凡號《世説新書》者，第十卷皆分門。'"則其時有《世説新語》、《世説新書》二本。(昌彼得：《説郛考》；周本淳：《〈世説新語〉原名考略》)

② 明嘉靖袁褧翻刻南宋淳熙陸游本、文淵閣《四庫》本等皆分三十六門。(江慶柏等整理：《四庫全書薈要總目提要》)

③ 此書所記人物故事，上起於秦二世時陳嬰及其母，下至南朝宋文帝元嘉時謝靈運、孔淳之。(朱一玄：《世説新語彙校集註序言》)

④ 陸本實則已經陸游節刪，非復原書之舊。(葉德輝：《郎園讀書志》)

朝野僉載六卷（內府藏本）

舊本題唐張鷟撰。鷟有《龍筋鳳髓判》，已著錄。此書《新唐書・藝文志》作三十卷①，《宋史・藝文志》作《僉載》二十卷，又《僉載補遺》三卷，《文獻通考》則但有《僉載補遺》三卷。此本六卷，參考諸書皆不合。晁公武《讀書志》又謂其分三十五門，而今本乃逐條聯綴，不分門目，亦與晁氏所紀不同。考莫休符《桂林風土記》載鷟在開元中，"姚崇誣其奉使江南受遺，賜死。其子上表請代，減死流嶺南②。數年起為長史而卒"。計其時尚在天寶之前。而書中有寶曆元年資陽石走事，寶曆乃敬宗年號。又有孟宏微對宣宗事。時代皆不相及③。案尤袤《遂初堂書目》亦分《朝野僉載》及《僉載補遺》為二書，疑《僉載》乃鷟所作，《補遺》則為後人附益。凡闌入中唐後事者，皆應為《補遺》之文④。而陳振孫所謂"書本三十卷，此其節略"者，當即此本。蓋嘗經宋人摘錄，合《僉載》、《補遺》為一，刪併門類，已非原書。又不知何時析三卷為六卷也。其書皆紀唐代故事，而於諧噱荒怪，纖悉臚載，未免失於纖碎，故洪邁《容齋隨筆》譏其"記事瑣屑摘裂⑤，且多媟語"。然耳目所接，可據者多，故司馬光作《通鑑》亦引用之。兼收博採，固未嘗無裨於見聞也。

【彙訂】

①《新唐書・藝文志》雜傳記類實作二十卷。（余嘉錫：《四庫提要辨證》）

② 本書卷一記開元二年梁州道士梁虛州、安國觀道士李若虛為鷟推算事云："果被御史李全交致其罪，敕令處盡。而刑部尚書李知白，左丞張廷珪、崔玄昇，侍郎程行謀咸請之，乃免死，配流嶺南。"則其免死，乃由同僚論救，非由其子上表請代，與史

及《桂林風土記》所言皆不盡合，當以自敘為正。（同上）

③ 諸本皆無孟宏微對宣宗事，而見於《北夢瑣言》卷九，恐係誤記。（同上）

④ 應係《寶顏堂秘笈》之輯錄者誤抄《太平廣記》所引他書，或《太平廣記》所注出處有誤，為輯錄者沿襲。（趙守儼：《張鷟和〈朝野僉載〉》）

⑤ “瑣屑”，殿本作“瑣雜”。《容齋續筆》卷十二《龍筋鳳髓判》條原文作“瑣尾”。

唐國史補三卷（兩江總督採進本）①

唐李肇撰。肇有《翰林志》，已著錄。此書其官尚書左司郎中時所作也。書中皆載開元至長慶間事②，乃續劉餗《小説》而作。上卷、中卷各一百三條，下卷一百二條，每條以五字標題。所載如謂王維取李嘉祐“水田白鷺”之聯，今李集無之。又記《霓裳羽衣曲》一條，沈括亦辨其妄。又謂李德裕清直無黨，謂陸贄誣於公異，皆為曲筆。然論張巡則取李翰之《傳》，所記左震、李沔、李廙、顏真卿、陽城、歸登、鄭絪、孔戣、田布、鄒待徵妻、元載女諸事，皆有裨於風教。又如李舟天堂地獄之説，楊氏、穆氏兄弟賓客之辨，皆有名理。末卷説諸典故及“下馬陵”、“相府蓮”義，亦資考據。餘如“拷搏盧雉”之訓，可以解劉裕事；“劍南燒春”之名，可以解李商隱詩。可採者不一而足。自序謂：“言報應，敘鬼神，徵夢卜，近帷箔，則去之；紀事實，探物理，辨疑惑，示勸戒，採風俗，助談笑，則書之。”歐陽修作《歸田錄》，自稱以是書為式，蓋於其體例有取云。

【彙訂】

① 底本此條與文淵閣庫書次序不符。文淵閣庫書及殿本

皆置"次柳氏舊聞一卷"條之後。

② 此書自序雖稱撰於開元至長慶,然卷中"李氏公慚卿"條言及李德裕為相十年,則會昌六年或稍晚尚作過修改。(李裕民:《四庫提要訂誤》)

大唐新語十三卷(內府藏本)

唐劉肅撰。《唐書·藝文志》載此書三卷,註曰"元和中江都主簿",此本結銜乃題"登仕郎守江州潯陽縣主簿",未詳孰是也。所記起武德之初,迄大曆之末,凡分三十門,皆取軼文舊事有裨勸戒者。前有自序。後有《總論》一篇,稱"昔荀爽紀漢事可為鑒戒者以為《漢語》。今之所記,庶嗣前修"云云。故《唐志》列之"雜史類"中。然其中"諧謔"一門,繁蕪猥瑣,未免自穢其書,有乖史家之體例。今退置"小説家類",庶協其實①。是書本名《新語》,《唐志》以下諸家著錄並同。明馮夢禎、俞安期等因與李垕《續世説》偽本合刻②,遂改題曰《唐世説》,殊為臆撰。商濬刻入《稗海》③,併於肅自序中增入"世説"二字,益偽妄矣。《稗海》又佚其卷末《總論》一篇及《政能第八》之標題,亦較馮氏、姚氏之本更為疏舛。今合諸本參校,定為書三十篇,《總論》一篇,而復名為《大唐新語》,以復其舊焉④。

【彙訂】

① "諧謔"門十四條,大多寓莊於諧,從反面或側面提供教訓,並不偏離有裨鑒戒的主旨。(嚴傑:《唐五代筆記考論》)

② 李垕《續世説》非偽書,説詳卷一四三《續世説》條訂誤。

③ "商濬",殿本作"商維濬"。

④《稗海》本並無劉肅自序，蓋以馮氏本誤屬商氏。此本從《持法》分出《政能》一篇，實只二十九篇，合《總論》為三十篇。（楊守敬：《日本訪書志補》）

次柳氏舊聞一卷（江蘇巡撫採進本）

唐李德裕撰。德裕事蹟具《唐書》本傳。是書所記皆元宗遺事，凡十七則。前有德裕自序，大略謂史官柳芳，上元閒徙黔中。高力士時亦徙巫州，相與周旋。因得聞禁中事，記為一書，曰《問高力士》。太和中詔求其書，宰相王涯等向芳孫度支員外郎璟索之不獲。而德裕父吉甫及與芳子吏部郎中冕游，嘗聞其說，以告德裕，德裕因追憶錄進。《舊唐書·文宗本紀》載太和八年九月己未，宰臣李德裕進《御臣要略》及《柳氏舊聞》三卷，蓋即其事。惟卷數與今本不合，殆二書共為三卷歟？中如元獻皇后服藥、張果飲菫汁、無畏三藏祈雨、吳后夢金甲神、興慶池小龍、內道場素黃文事，皆涉神怪①。其姚崇、魏知古相傾軋及乳媼以他兒易代宗事，亦似非實錄。存以備異聞可也。柳珵《常侍言旨》案，此書無別行之本，此據陶宗儀《説郛》所載。首載李輔國逼脅元宗遷西內事，云："此事本在朱厓太尉所續《桯史》第十六條內，蓋以避時事，所以不書也。"考德裕所著別無所謂《桯史》者，知此書初名《桯史》，後改題今名。又知此書本十八條，删此一條，今存十七。至其名《桯史》之義與所以改名之故，則不可詳矣②。

【彙訂】

①"事皆"，殿本作"皆事"。

②《説郛》本《常侍言旨》原文作"朱厓太尉所續柳史"，即李德裕《次柳氏舊聞》。《總目》所據乃明末重編《説郛》本，誤"柳"

為“桯”，遂莫詳其義。（昌彼得：《說郛考》；劉浦江：《〈次柳氏舊聞〉無〈桯史〉之名》）

劉賓客嘉話錄一卷（內府藏本）

唐韋絢撰。絢字文明，京兆人。《唐書·藝文志》載韋絢《劉公嘉話錄》一卷。註曰：“絢，執誼子也。咸通義武軍節度使劉公禹錫也。”《宋史·藝文志》則載絢《劉公嘉話》一卷，又《賓客嘉話》一卷。《劉公嘉話》當即此書，《賓客佳話》則諸家著錄皆無之。當由諸書所引或稱《劉公嘉話》，或稱《劉賓客嘉話》，故分為二書，又誤脫“劉”字耳。諸史藝文志未有荒謬於《宋史》者，此亦一徵矣。此本載曹溶《學海類編》中。前有大中十年絢自序，稱為江陵少尹時，追述長慶元年在白帝城所聞於劉禹錫者。末有乾道癸巳卞圜跋，稱：“《新唐書》多採用之，而人罕見全錄。家有舊本，因鋟版於昌化。”則此本當從宋刻錄出。然趙明誠《金石錄》引此書中所載《武氏碑》失其龜首及滅去“武”字事，力辨其妄，而此本無此條。考《太平廣記》一百四十三卷引此事，云出《戎幕閒談》，或明誠以是書亦韋絢所作，偶然誤記。案，《續說郛》載《戎幕閒談》亦有此條，知為明誠誤記，非《太平廣記》之誤。至所載昭明太子脛骨一條，人臘一條，盧元公病疽一條，案此本刪去“盧”字，直作“元公”。蜀王琴一條，李勉百衲琴一條，《碧落碑》一條，狸骨方一條，張憬藏書臺字一條，張嘉祐改忻州一條，王廙書畫一條，戲場刺蝟一條，《汲冢書》一條，牡丹花一條，王僧虔書一條，陸暢《蜀道易》一條，《魏受禪碑》一條，張懷瓘《書斷》一條，灊山九井一條，虎頭致雨一條，五星浮圖一條，《寶章集》一條，紫芝殿一條，王次仲化鳥一條，李約葬商胡一條，楊汝士說項斯一條，蔡邕《石經》

一條,借船帖一條,飛白書一條,章仇兼瓊鎮蜀日女童為夜叉所掠一條,寒具一條,昌黎生改金根車一條,辨"遷鶯"字一條,《謝太傅碑》一條,《千字文》一條,鄭虔三絕一條,鄭承嘏遇鬼一條,堯女冢一條,白居易補銀佛像一條,謝真人上升一條,皆全與李綽《尚書故實》相同,閒改竄一二句,其文必拙陋不通。蓋《學海類編》所收諸書,大抵竄改舊本,以示新異,遂致真偽糅雜,炫惑視聽。幸所攙入者尚有蹤蹟可尋,今悉刊除,以存其舊。中"昌黎生改金根車"一條,王楙《野客叢書》引之;辨"遷鶯"字一條①,黃朝英《緗素雜記》引之,亦均作《劉禹錫嘉話》,或一事而兩書互見。疑以傳疑,姑並存之。雖殘闕之餘,非復舊帙,然大概亦十得八九矣。

【彙訂】

①"字",殿本無。

明皇雜錄二卷別錄一卷(兵部侍郎紀昀家藏本)①

唐鄭處誨撰。處誨字延美,滎陽人。宰相餘慶之孫。太和八年登進士第,官至檢校刑部尚書,宣武軍節度使。事蹟附見《舊唐書·鄭餘慶傳》。是書成於大中九年,有處誨自序。案,史稱處誨為校書郎時,撰次《明皇雜錄》三篇,行於世②。晁公武《讀書志》則載《明皇雜錄》二卷,然又曰:"《別錄》一卷,題補闕所載十二事。"則史併《別錄》數之,晁氏析《別錄》數之也③。葉夢得《避暑錄話》曰:"鄭處誨《明皇雜錄》記張曲江與李林甫爭牛仙客實封,'時方秋,上命高力士以白羽扇賜之。九齡惶恐,作賦以獻'。意若言明皇以忤旨將廢黜,故方秋賜扇以見意。《新書》取以載之本傳。據《曲江集·賦序》曰:'開元二十四年盛夏,奉敕大將軍高力士賜宰相白羽扇,九齡與焉。'則非秋賜。且通言宰相則林甫亦在,不獨為曲江而設也。乃知小說記事,苟非耳目親接,安可輕書耶。"云云。則處誨是書亦不盡實錄。然小說所記,真偽相參,自古已然,不獨處誨。在博考而慎取之,固不能以一二事之失實,遂廢此一書也。《避暑錄話》又曰:"盧懷慎好儉,家無珠玉錦繡之飾,此固善事。然史言'妻子至寒餓。宋璟等過之,門不施箔,風雨至,引席自障',則恐無此理。此事蓋出鄭處誨《明皇雜錄》,而史臣妄信之。"云云。今本無此一條。然則亦有所佚脫④,非完帙矣。

【彙訂】

① 文淵閣《四庫》本作《明皇雜錄》二卷《補遺》一卷。(沈治宏:《中國叢書綜錄訂誤》)

② 鄭處誨大和八年(834)登進士第後即授校書郎,任此職務應在大和末開成初。至大中九年(855)已二十載,則撰書時間在大中九年之說與撰書時為校書郎之說必有一誤。張宗祥輯明抄本《說郛》卷三十二引《明皇雜錄》,撰者鄭處誨下注曰"祕書省校書郎"。據兩《唐書·鄭餘慶傳》,鄭處誨因見李德裕《次柳氏舊聞》,"謂未詳",遂撰此書。而據《次柳氏舊聞》自序,李德裕乃因大和八年八月奉詔而錄,又據《舊唐書·文宗紀》,進書時間在大和八年九月。則"大中九年"當為"大和九年"之誤。(陶紹清:《〈唐摭言〉研究》;嚴傑:《唐五代筆記考論》)

③ 晁氏所謂"別錄"乃動詞,即另外寫錄之意,其名稱為"補闕",非《別錄》一卷。(黃永年:《唐史史料學》)

④ "然則亦有所",殿本作"蓋已有"。

因話錄六卷(內府藏本)①

唐趙璘撰。璘字澤章。據《唐書·宰相世系表》,稱南陽趙氏，後徙平原。璘即德宗時宰相宗儒之從孫，而昭應尉伉之子也。開成三年進士及第②。大中七年為左補闕，後為衢州刺史。並見本書及《唐書·藝文志》。明商濬刻此書入《稗海》③，題為員外郎，未詳所據也。其書凡分五部：一卷《宮部》，為君，記帝王；二卷、三卷《商部》，為臣，記公卿百僚；四卷《角部》，為人，凡不仕者咸隸之；五卷《徵部》，為事，多記典故，而附以諧戲；六卷《羽部》，為物，凡一時見聞雜事無所附麗者，亦並載焉。璘家世顯貴，又為西眷柳氏之外孫，能多識朝廷典故。《東觀奏記》載唐宣宗索《科名記》，鄭顥令璘採訪諸家《科目記》，撰成十三卷上進，是亦嫺於舊事之明徵。故其書雖體近小説，而往往足與史傳相參。其閒如記劉禹錫徙播州刺史一條，稱柳宗元請以柳易播，上不許，宰相裴度為言之，始改連州。司馬光《通鑑考異》以為《宗元墓誌》乃將拜疏而未上，非已上而不許。又禹錫除播州時，裴度未嘗入相。所記皆失事實。又記大中七年詔來年正月一日御含元殿，以太陽當虧，罷之。今考《通鑑》，是年文宗實以風疾不視朝，日食在二月朔，不應預罷朝賀。所載亦不免於緣飾④。然其他實多可資考證者，在唐人説部之中，猶為善本焉。

【彙訂】

① 底本此條與文淵閣庫書次序不符，文淵閣庫書及殿本皆置"劉賓客嘉話錄一卷"條之後。

②《因話錄》中所云"余座主李公"乃指李漢，於大和八年以禮部侍郎典貢舉，知趙璘進士登第在此年。（李一飛：《〈因話錄〉作者趙璘的生卒與仕履》）

③ "商濬"，殿本作"商維濬"。

④《因話錄》卷一末條記大中七年冬，詔罷來年正月一日朝

賀事,與《通鑑》大中七年十二月趙言事條吻合。次年春正月丙戌朔,《通鑑》即書:"日有食之,罷元會。"前後呼應,與《因話錄》所記,並無不合之處。《總目》乃因誤以"大中"為唐文宗年號,故謂"是年(指大中七年)文宗實以風疾不視朝"。其實大中乃唐宣宗年號,文宗年號為大和。大和七年末,文宗"始得風疾",次年正月一日未朝賀,二月朔,"日有食之",均見《通鑑》。此皆文宗朝事,而趙璘所記乃宣宗朝。(楊武泉:《四庫全書總目辨誤》)

大唐傳載一卷(江蘇巡撫採進本)

不著撰人名氏。記唐初至元和中雜事[1]。唐、宋《藝文志》俱不載[2]。前有自序,稱"八年夏,南行嶺嶠,暇日瀧舟傳所聞而載之"。考穆宗以後,惟太和、大中、咸通乃有八年,此書不著其紀元之號,所云八年者,亦不知其在何時也。所錄唐公卿事蹟言論頗詳,多為史所採用。閒及於詼諧談謔及朝野瑣事[3],亦往往與他說部相出入。惟稱貞元中鄭國、韓國二公主加謚為公主追謚之始,而不知高祖女平陽昭公主有謚已在前。又蕭穎士逢一老人,謂其似鄱陽王,據《集異記》乃發冢巨盜,而此紀之以為異人。如此之類,與諸書多不合[4]。蓋當時流傳互異,作者各承所聞而錄之,故不免牴牾也。

【彙訂】

① 書中壽安縣山水條有"大和初"字樣,亳州聖水條標明"寶曆中",河南馮氏連年進士條標明"大和初"。"記唐初至元和中雜事",誤。(嚴傑:《唐五代筆記考論》)

②《新唐書·藝文志》史部雜史類著錄有《傳載》一卷,不著撰人名氏,在林恩《補國史》之後,當即此書。《宋史·藝文志》子

部小説類亦有《傳載》一卷，在裴鉶《傳奇》之後。（曹汛：《淡然考》；吳楓：《隋唐歷史文獻集釋》）

③“閒”，殿本作“而”。

④“多”，殿本作“頗”。

教坊記一卷（內府藏本）

唐崔令欽撰。是書《唐書·藝文志》著錄，又“總集類”中載令欽註庾信《哀江南賦》一卷，然均不言令欽何許人，蓋修《唐書》時其始末已無考矣。所記多開元中猥雜之事，故陳振孫譏其鄙俗①。然其《後記》一篇，諄諄於聲色之亡國。雖禮為尊諱，無一語顯斥元宗，而歷引漢成帝、高緯、陳叔寶、慕容熙，其言剴切而著明。乃知令欽此書本以示戒，非以示勸。《唐志》列之於經部“樂類”，固為失當。然其風旨有足取者，雖謂曲終奏雅，亦無不可，不但所列曲調三百二十五名足為詞家考證也②。

【彙訂】

① 陳振孫《直齋書錄解題》未著錄此書，“鄙俗”語出自晁公武《郡齋讀書志》。（胡玉縉：《四庫全書總目提要補正》）

② 實列曲調名三百二十四個。（阿布都艾則孜·司馬義：《關於哈密十二木卡姆的歷史地位》）

幽閒鼓吹一卷（內府藏本）

唐張固撰。固始末未詳。是書末有明顧元慶跋，稱共二十五篇，與晁公武《讀書志》所言合。今檢此本乃二十六篇，蓋誤斷“元載及其子”一條為二耳①。元慶又稱固在懿、僖閒採摭宣宗遺事，則殊不然。書中元和、會昌閒事不一而足，非僅記宣宗事也②。又稱姚文公《唐詩鼓吹》序謂：“宋高宗退居德壽宮，嘗纂唐、宋遺事為《幽閒鼓吹》。”其言不知何據，元慶亦以為疑。今考《唐書·藝文志》“小說家”有張固《幽閒鼓吹》一卷，則出自唐人，更無疑義。縱高宗別有《幽閒鼓吹》，亦書名偶同，不得以此本當之矣。固所記雖篇帙寥寥，而其事多關法戒，非造作虛辭，無裨考證者。比唐人小說之中，猶差為切實可據焉。

【彙訂】

①“元載子伯和”一條，首冠有“元載”二字，自為一條甚明。而“潘炎子孟陽”一條當併入“潘炎避位”條。（昌彼得：《說郛考》）

②此書所記最早為唐玄宗時事，凡三條。次為肅宗、代宗時事一條，德宗時七條，憲宗時六條，穆宗時一條，武宗時二條，宣宗時五條。（李裕民：《四庫提要訂誤》）

松窗雜錄一卷（浙江范懋柱家天一閣藏本）

案此書書名、撰人諸本互異。《唐志》作《松窗錄》一卷，不著撰人。《宋志》作《松窗小錄》一卷，題李濬撰。《文獻通考》作《松窗雜錄》一卷，題韋濬撰。《歷代小史》則書名與《通考》同，人名與《宋志》同。蓋傳刻舛譌，未詳孰是。此本為范氏天一閣舊鈔，書名、人名並與《歷代小史》同，今姑從以著錄，亦“三占從二”之義也①。其文與《歷代小史》所刻大概相同②，惟多“中宗召宰相”一條及“姚崇姨母盧氏”一條③。以司馬光《通鑑考異》證之，其“中宗”一條實原書所有，知《小史》為佚脫矣。書中記唐明皇事頗詳整可觀，載李泌對德宗語論明皇得失亦瞭若指掌。《通鑑》所載泌事，多採取李繁《鄴侯家傳》，纖悉必錄，而獨不及此語，是亦足以補史闕。惟謂：“中宗召宰相蘇瓌、李嶠子進見。二子皆童年,因令奏所通書。頲應曰:'木從繩則正,后從諫則聖。'嶠子亦進曰:'斮朝涉之脛,剖賢人之心。'上曰:'蘇環有子,李嶠無兒。'"云云。案頲於則天長安二年已為御史。環為相時,頲為中書舍人,父子同掌樞密,並非童年。故司馬光深斥其説,頗不免於誣妄云。

【彙訂】

①　宋周南《山房集》卷五載是書跋,稱"《松窻雜錄》一十六條,唐人韋澣志玄宗、中宗、德宗、文宗、狄梁公、姚崇、李衛公遺事與物之異聞者十餘件"。與《文獻通考》所載書名、人名正合,當據以改正。《四庫》本所錄僅十二條,已非宋本流傳之舊。(劉遠遊:《四庫提要補正》)

②　"相同",殿本作"相合"。

③　盧氏實狄仁傑姨母,《總目》涉其下姚崇條而誤。(黃永年:《唐史史料學》)

雲溪友議三卷(内府藏本)

唐范攄撰。攄始末未詳。《唐書·藝文志》註稱為咸通時人。而書中"李涉贈盜詩"一條稱乾符己丑歲客於雪川,親見李博士手蹟①。考乾符元年為甲午,六年為己亥,次年庚子改元廣明,中閒無己丑。己丑實為咸通十年,疑書中或誤"咸通"為"乾符",否則誤"己亥"為"己丑",然總之僖宗時人矣②。攄自號五雲溪人,故以名書。五雲溪者,若耶溪之别名也。其書世有二本。一分上、中、下三卷,每條各以三字標題,前有攄自序。一為商濬《稗海》所刻③,作十二卷,而自序及標題則並佚之。案陳振孫《書錄解題》已稱《唐志》三卷,今本十二卷,則南宋已有兩本矣。《宋史・藝文志》作十一卷,則刊本誤"二"為"一"也。此為泰興季振宜家所藏三卷之本,較商氏所刻為完善,所錄皆中唐以後雜事。其中如記安祿山生於鄧州南陽,與姚汝能《祿山事蹟》所記生於營州阿軋犖山者不同,殆傳聞之誤。記李白《蜀道難》為房琯、杜甫厄於嚴武而作,宋蕭士贇《李詩補註》已駁之。他如陳子昂為射洪令段簡所殺在武后時,章仇兼瓊判梓州事在天寶以後,時代迥不相及④;殺王昌齡者閭邱〔丘〕曉,殺閭邱曉者張鎬,與高適亦不相關。乃云"章仇大夫兼瓊為陳拾遺雪獄,高適侍郎為王江寧申冤",殊不可解⑤。"陳拾遺"句下註曰:"陳冕字子昂。"亦與史不符。又周德華唱賀知章《楊柳枝》詞一篇,今本據韋縠《才調集》,《才調集》又據此書。然古詞但有《月節折楊柳歌》,其《楊柳枝》一調,實興自中唐白居易諸人,郭茂倩《樂府詩集》班班可考。知章時安有是題? 皆委巷流傳,失於考證⑥。至於頌於頓之寬仁,詆李紳之狂悖,毀譽不免失當⑦。而"李羣玉黃陵廟詩"一條,侮謔古聖,尤小人無忌之談,皆不足取。然六十五條之中,詩話居十之七八,大抵為孟棨《本事詩》所未載。逸篇瑣事,頗賴以傳。又以唐人說唐詩,耳目所接,終較後人為近。故考唐詩者如計有功《紀事》諸書,往往據之以為證焉。

【彙訂】

① 本書卷下"江客仁"條云:"番禺舉子李彙微……求宿韋氏之莊居……雲溪子以乾符己丑歲客於雪川,值李生細述其事。彙微於韋叟之居,觀李博士手翰,冀余導於文林。"則親見李涉手蹟者李彙微也,非范攄也。(余嘉錫:《四庫提要辨證》)

②《唐詩紀事》卷五六"李彙微"一條全採之《雲溪友議》,其文作乾符辛丑。然乾符六年之間無己丑,亦並無辛丑。其誤應

在干支,不在年號。(同上)

③ "商濬",殿本作"商維濬"。

④《舊唐書·玄宗紀》載開元二十七年十二月以益州司馬章仇兼瓊權劍南節度等使,何以天寶以後始判梓州?(余嘉錫:《四庫提要辨證》)

⑤ 高適與王昌齡本有交誼,昌齡被害不久,高適即以淮南節度使統兵。《新唐書》卷一九二《張巡傳》:"肅宗詔中書侍郎張鎬代(賀蘭)進明節度河南,率浙東李希言、浙西司空襲禮、淮南高適、青州鄧景山四節度特角救睢陽,巡亡三日而鎬至。"適既在鎬屬下,閭丘曉之被殺,或由適促成之,亦屬可能。(余嘉錫:《四庫提要辨證》;周紹良:《〈唐才子傳·王昌齡傳〉箋證》)

⑥ 賀知章詩不過泛詠楊柳,本非歌曲。及採詩入樂,以《楊柳枝》調歌之,則亦謂之《楊柳枝》詞,此固樂府中常有之事。《樂府詩集》所錄《折楊柳》、《折楊柳歌辭》等數十首,當以相和歌辭之《折楊柳行》古辭為最早,蓋出於後漢人手。其後變而為《折楊柳枝歌》等,劉禹錫、白居易等因之別翻新調。(余嘉錫:《四庫提要辨證》)

⑦ "失當",殿本作"過當"。

玉泉子一卷(內府藏本)

不著撰人名氏,所記皆唐代雜事,亦多採他小説為之。如開卷裴度一條,全同《因話錄》,韓昶"金根車"事,先載《尚書故實》,不盡其所自作也①。案《宋藝文志》載《玉泉子見聞真錄》五卷②,與此本卷數不符,似別一書。《書錄解題》作《玉泉筆端》三卷,稱前有中和三年序,末有跋稱出於淮海相公之孫扶風李昭德家,此本皆無之。然中和乃僖宗年號③，而書中有昭宗之文，時代不符，則亦決非此本。《書錄解題》又云：“別一本號《玉泉子》，比此本少數條，而多五十二條，無序跋，錄其所多者為一卷。”此本共八十二條，或即陳振孫所錄之一卷，而《書錄解題》譌“八”字為“五”字耶？三者之中，此猶約略近之矣④。

【彙訂】

① 按本書八十二條中，前三十五條中有三十一條見於《太平廣記》所引《玉泉子》，即第 2 至第 18 條，第 20 至第 24 條，第 26 條，第 28 至第 35 條。其餘五十一條分別引自十六種書，其實全係轉引自《太平廣記》。而《廣記》所引《玉泉子》中尚有三條不見於今本《玉泉子》，即《廣記》卷一三三“李詹”條、“孫季貞”條，卷一四四“封望卿”條。以上可證今本非原本，此本初見於《稗海》，當係明人自《太平廣記》摘抄三十一條，又自《廣記》及唐人筆記中雜抄入五十一條湊為一書，冠以《玉泉子》之名。或將所輯三十一條與《直齋書錄解題》所著錄之別本合而成之。既未將《廣記》所引悉數抄入，更未廣收他書所引。（李裕民：《四庫提要訂誤》；嚴傑：《唐五代筆記考論》）

② “案宋藝文志”，殿本作“宋史藝文志”。

③ “乃”，殿本作“為”。

④ 此書有三種本子，各有不同名稱，一、五卷本，全名《玉泉子見聞真錄》，見《新唐書·藝文志》子部小說類，《總目》作“宋志”，誤。簡稱《玉泉子聞見錄》，見《永樂大典》，何以知此即《太平廣記》所引之《玉泉子》？考《大典》所引五條，其中卷一八二四第五頁“杜公悰為小兒時”條，見《廣記》卷四〇；卷一四一二五第二五頁“皮日休”條，見《廣記》卷二六五，足證二者必為一書之

異稱。此書亦簡稱為《玉泉子見聞錄》，見《資治通鑑》卷二五〇、卷二五一、卷二五二《考異》所引。此書明初猶存。二、三卷本，名《玉泉筆端》，見尤袤《遂初堂書目》子部小説類、《直齋書錄解題》卷十一，《唐語林》所引即作此名，考《永樂大典》卷一八二〇八第七頁引《玉泉子聞見錄》"李公石在中書"條，正與《唐語林》卷三同。《唐語林》卷三"裴度在中書"條與《太平廣記》卷一七七所引《玉泉子》同。可見《玉泉筆端》即《玉泉子聞見錄》，其篇幅較後者少二卷，則應為節本無疑。三、《玉泉子》，《直齋書錄解題》卷一一"玉泉筆端"條云："別一本號《玉泉子》，比此本少數條，而多五十二條，無序跋，錄其所多者為一卷。"此"別本"，卷數不詳，疑與《玉泉筆端》卷數相同，是為《玉泉子見聞真錄》的另一種節本。四、一卷本，亦名《玉泉子》，見《直齋書錄解題》及《宋史·藝文志》，此係陳振孫將別本《玉泉子》中比《玉泉筆端》多出的五十二條輯錄而成。上述各本，今並不傳。（李裕民：《四庫提要訂誤》）

　　雲仙雜記十卷（兩淮馬裕家藏本）

　　舊本題唐金城馮贄撰。贄履貫無可考。其書雜載古人逸事①。如所稱"戴逵雙柑斗酒，往聽黃鸝"之類，詩家往往習用之，然實偽書也。無論所引書目，皆歷代史志所未載②。即其自序稱天復元年所作，而序中乃云："天祐元年退歸故里。書成於四年之秋，又數歲始得終篇。"年號先後，亦復顛倒③。其為後人依託，未及詳考明矣。案陳振孫《書錄解題》有馮贄《雲仙散錄》一卷，亦有天復元年序。振孫稱其"記事造語如出一手"，疑贄為子虛烏有之人。洪邁《容齋隨筆》、趙與峕《賓退錄》所説亦皆相類,然不能指為何人作。張邦基《墨莊漫錄》云:“近時傳一書,曰《龍城錄》,乃王銍之偽為之。又作《雲仙散錄》,尤為怪誕。又有李歜註杜甫詩、註東坡詩,皆銍之一手,殊可駭笑。”然則為王銍所作無疑矣。惟陳振孫稱《雲仙散錄》一卷,此乃作《雲仙雜記》十卷,頗為不同。然孔傳《續六帖》所引《散錄》,驗之皆在此書中,其為一書無疑。卷數則陳氏誤記,書名則後人追改也④。此本為葉盛菉竹堂所刊,較《説郛》諸書所載多原序一篇。其書未經刪削,較他本獨為完備,今據以著錄焉。

【彙訂】

① “古人”,殿本作“古今”。

② 此書引《纂異記》者四條,《金鑾密記》者亦四條。《新唐書·藝文志》小説家類有李玫《纂異記》一卷,雜史類有韓偓《金鑾密記》五卷。九、十兩卷所引之書,如《博異志》、《北里志》、《金樓子》、《抱朴子》、《淮南子》等,其書皆習見之書,其文皆習見之文,蓋又後人竄入。(余嘉錫:《四庫提要辨證》)

③ “亦復”,殿本作“皆不免”。

④ 宋開禧刊本《雲仙散錄》一卷,有天成元年十二月自序。《中興館閣書目》著錄者即一卷,非陳振孫誤記。(丁丙:《善本書室藏書志》;余嘉錫:《四庫提要辨證》)

唐摭言十五卷(副都御史黃登賢家藏本)

五代王定保撰。舊本不題其里貫。其序稱王溥為從翁,則溥之族也。陳振孫《書錄解題》謂定保為吳融之壻,光化三年進士,喪亂後入湖南。《五代史·南漢世家》稱定保為邕管巡官,遭亂不得還,劉隱辟置幕府,至劉龑僭號之時尚在。其所終則不得而詳矣。考定保登第之歲,距朱温篡唐僅六年。又序中稱溥為丞相,則是書成於周世宗顯德元年以後。故題唐國號,不復作內詞①。然定保生於咸通庚寅,至是年八十五矣,是書蓋其暮年所作也②。同時南唐鄉貢士何晦亦有《唐摭言》十五卷,與定保書同名。今晦書未見,而定保書刻於商氏《稗海》者刪削大半,殊失其真。此本為松江宋賓王所錄,末有跋語,稱以汪士鉉本校正,較《稗海》所載特為完備。近日揚州新刻,即從此本錄出。惟是晁公武《讀書志》稱是書分六十三門,而此本實一百有三門,數目差舛,不應至是,豈商濬之前已先有刪本耶③?是書述有唐一代貢舉之制特詳,多史志所未及。其一切雜事,亦足以覘名場之風氣,驗士習之淳澆,法戒兼陳,可為永鑒,不似他家雜錄但記異聞已也。據定保自述,蓋聞之陸扆、吳融、李渥、顏蕘、王溥、王渙、盧延讓、楊贊圖、崔籍若等所談云。

【彙訂】

①　稱"從翁丞相溥",在其書之第三卷散序篇,非全書之序。又"溥"字乃"搏"字之誤。唐宰相王搏,《新唐書》卷一八二有傳,為朱全忠所殺,其人未入五代。亦非曾任後周宰相,由五代入宋之王溥。書中言"國朝"者即指唐代,且有徑言"我唐"者。(劉毓崧:《唐摭言跋》;余嘉錫:《四庫提要辨證》)

②　書成之時,劉巖猶未建國,故書中不避巖字及其父、兄之名。劉巖建國在梁貞明三年八月。書中言及趙光逢再相,其事在貞明二年八月。則成書必在貞明二年九月與貞明三年七月之間。貞明三年(917)王定保不過四十八歲,顯然非其"暮年之作"。《資治通鑑》卷二八二後晉高祖天福五年(即南漢大有十三年,940)云:"是歲,漢門下侍郎,同平章事趙損卒,以寧遠節度使

南昌王定保為中書侍郎、同平章事,不踰年亦卒。"則當卒於 941
年,享年七十二歲。(劉毓崧:《唐摭言跋》;王素、李方:《〈唐摭
言〉作者王定保事蹟辨正》)

③"商濬",殿本作"商維濬"。

中朝故事二卷(浙江鮑士恭家藏本)

南唐尉遲偓撰。偓履貫未詳。書首舊題"朝議郎、守給事中、
修國史、驍騎、賜紫金魚袋、臣尉遲偓奉旨纂進",蓋李氏有國時偓
為史官,承命所作。李昇自以為出太宗之後,承唐統緒,故稱長安
為中朝也。其書皆記唐宣、懿、昭、哀四朝舊聞①。上卷多君臣事
蹟及朝廷制度,下卷則雜錄神異怪幻之事。中閒不可盡據者,如
宣宗為武宗所忌,請為僧,遊行江表一事,司馬光《通鑑考異》已斥
其鄙妄無稽。又路巖欲害劉瞻,賴幽州節度使張公素上疏申理一
事,考是時鎮幽州者乃張允伸,非張公素,所記殊誤。又鄭畋鬼胎一
事,與唐人所作《齊推女傳》首尾全同,而變其姓名,尤顯出蹈襲。然
其時去唐未遠,故家文獻所記,亦往往足徵。如崔彥昭、王凝相仇一
事,司馬光《考異》雖摘其以彥昭代凝領鹽鐵之誤,而其事則全取之。
與正史分別參觀,去譌存是,固未嘗不足以資參證也。

【彙訂】

① 四朝缺懿、昭之間的僖朝。其實此書未略僖朝事,全書
共二十七條,涉僖朝者在四條以上。如第五條有"時遇懿皇厭
代,僖皇初立,用元臣蕭仿,佐佑大政"云云;第八條"乾符中,僖
皇在蜀"云云,均記僖朝事。(楊武泉:《四庫全書總目辨誤》)

金華子二卷(永樂大典本)

南唐劉崇遠撰。崇遠家本河南,唐末避黃巢之亂,渡江南

徙。仕李氏為文林郎、大理司直。嘗慕皇初平之為人，自號金華子，因以為所著書名。崇遠有自序一篇，頗具梗概。序末題名具官稱臣，不署年月[1]。而書中所稱"烈祖高皇帝"者，乃南唐先主李昇廟號，又有"昇元受命"之語，亦南唐中主李景紀年。晁公武《讀書志》乃以為唐人，陳振孫《書錄解題》則泛指為五代人，宋濂《諸子辨》則並謂其人不可考。諸説紛紜，皆未核其自序而誤也。其書《宋藝文志》作三卷，世無傳本，惟散見《永樂大典》者蒐輯尚得六十餘條。核其所記，皆唐末朝野之故事，與晁氏所云"錄唐大中後事"者相合。其中於將相之賢否、藩鎮之强弱以及文章吟咏、神奇鬼怪之事，靡所不載，多足與正史相參證。觀《資治通鑑》所載宣宗對令狐綯、李景讓禀母訓、王師範拜縣令、王式馭亂卒諸事，皆本是書，則司馬光亦極取之。惟其紀劉鄩襲兗州一條，以兗帥為張姓，而考之五代歐、薛二《史》，則當時兗帥實葛從周，不免傳聞異詞。然要其大致，可信者多，與《大唐傳載》諸書摭拾委巷之談者，相去固懸絕矣。胡應麟《九流緒論》乃以鄙淺譏之。考應麟仍以崇遠為唐人，不糾晁氏之誤，知未見其自序。又取與劉基《郁離子》、蘇伯衡《空同子》相較，是並不知為記事之書，誤儕諸立言之列。明人詭薄，好為大言以售欺，不足信也。謹裒綴編次，分為二卷，而以崇遠原序冠之簡端，以存其略焉。

【彙訂】

① "署"，殿本作"著"。

開元天寶遺事四卷（兵部侍郎紀昀家藏本）

五代王仁裕撰。仁裕字德輦，天水人。唐末為秦州節度判官，後仕蜀為翰林學士。唐莊宗平蜀，復以為秦州節度判官。廢

帝時以都官郎中充翰林學士,晉高祖時為諫議大夫。漢高祖時
復為翰林學士承旨,遷戶部尚書,罷為兵部尚書、太子少保。周
顯德三年乃卒。事蹟具《五代史‧雜傳》。晁公武《讀書志》曰:
"蜀亡,仁裕至鎬京,採摭民言,得《開元天寶遺事》一百五十九
條,分為四卷。"洪邁《容齋隨筆》則以為託名仁裕,摘其中舛謬者
四事:一為姚崇在武后時已為宰相,而云開元初作翰林學士;一
為郭元振貶死後十年,張嘉貞乃為宰相,而云元振少時,宰相張
嘉貞納為壻;一為張九齡去位十年,楊國忠始得官,而云九齡不
肯及其門;一為蘇頲為宰相時,張九齡尚未達,而云九齡覽其文
卷,稱為文陣雄師。所駁詰皆為確當。然蘇軾集中有《讀〈開元
天寶遺事〉》四絕句,司馬光作《通鑑》亦採其中張象指楊國忠為
冰山語,則其書實在二人以前,非《雲仙散錄》之流,晚出於南宋
者可比。蓋委巷相傳,語多失實,仁裕採摭於遺民之口,不能證
以國史,是即其失。必以為依託其名,則事無顯證。劉義慶《世
說新語》,劉孝標註往往摘其牴牾,要不以是謂不出義慶手也。
故今仍從舊本[1],題為仁裕撰焉。

【彙訂】

[1] "今",殿本無。

鑑戒錄十卷(江西巡撫採進本)

　　蜀何光遠撰。光遠字輝夫,東海人。孟昶廣政初,官普州軍
事判官。其書多記唐及五代閒事,而蜀事為多,皆近俳諧之言。
各以三字標題,凡六十六則。趙希弁《讀書後志》以為"輯唐以來
君臣事蹟可為世鑑者",似未睹其書,因其名而臆説也[1]。舊本
前有劉曦度序,亦見希弁《志》。《宋史‧藝文志》遂以劉曦度《鑑

戒錄》三卷、何光遠《鑑戒錄》三卷分為二書，益舛誤矣。書中閒
有夾註。如"判木夾"一條云："此答木夾書，元是胡曾與路巖相
公鎮蜀日修之，非為高駢相公也。""何光遠誤述危亂黜"一條云：
"據《禪月詩集》中此詩自哭涪州張侍郎，非張拾遺，何光遠錯舉
證也。""四公會"一條云："此篇元在《本事詩》中[2]，敘説甚詳。
何光遠重取論説，又加改易，非也。"皆駁正光遠之説，不知出自
何人。此本析為十卷，有朱彝尊跋，稱從項元汴家宋本影寫[3]，
則猶宋人所分也。今觀所記，如"徐后事"一條所載王承旨詩，
《後山詩話》以為花蕊夫人作；"蜀門諷"一條所載向瓚嘲蔣鍊師
詩，《南唐近事》以為廬山道士，其語大同小異猶可曰傳聞異詞。
"鑒冤辱"一條，全剽襲《殷芸小説》東方朔辨怪哉蟲事，案，小説已
佚，此條見《太平廣記》四百七十三。已為附會，"鬼傳書"一條，不知《水
經注》有梁孝直事，更屬粗疏。至"逸上諫" 一條，稱昭宗何後荒
於從禽。考《新唐書·后妃列傳》，昭宗奔播岐、梁閒[4]，"后侍膳
服[5]，無須臾去"。《舊唐書》亦云："后於蒙塵薄狩之中，嘗膳禦
侮[6]，不離左右。"安得有畋遊之事？且昭宗寄命強藩，不能自
保，又安能縱后畋遊，恒至六十里外？殊為誣誕。"灌鐵汁"一
條，稱秦宗權本不欲叛，乃太山神追其魂，以酷刑逼之倡亂。是
為盜賊藉口，尤不可以訓。特以其為五代舊書，所載軼事遺文，
往往可資採掇，故仍錄之"小説家"焉。

【彙訂】

① 全書六十六則，其中除"四公會"等極少數事例，皆關乎
家國興亡、生死禍福。逸士諫、妖惑衆、亡國音、歸生刺等標題即
明示"鑒戒"之意。（湯華泉：《〈四庫提要〉訂正六則》；周勳初：
《唐代筆記小説敘錄》）

②《鑑戒錄》卷七"四公會"條原文為"此篇元在詩本事中"。
《本事詩》中也無此内容。（湯華泉：《〈四庫提要〉訂正六則》）

③"項元汴"，殿本作"項于汴"，誤。項元汴乃明季著名收藏家，號墨林。朱彝尊跋云："是册猶宋槧……吾鄉墨林項氏藏書也。"

④"閒"，殿本無。

⑤"服"，據《新唐書・后妃列傳》原文及殿本補。

⑥"嘗膳禦侮"，底本作"嘗侍膳御"，據《舊唐書・后妃列傳》原文及殿本改。

南唐近事一卷（江蘇巡撫採進本）①

宋鄭文寶撰。文寶有《江表志》，已著錄。是書前有自序，題"太平興國二年丁丑"，蓋猶未仕宋時所作。《宋史・藝文志》作《南唐近事集》，名目小異，未詳何據，然《宋史》多舛謬，"集"字蓋誤衍也。其體頗近小說。疑南唐亡後，文寶有志於國史，蒐採舊聞，排纂敘次，以朝廷大政入《江表志》，至大中祥符三年乃成。其餘叢談瑣事，別為緝綴，先成此編。一為史體，一為小說體也。中如"控鶴致斃"一詩，先見蜀何光遠《鑑戒錄》，乃女冠蔣鍊師事，而此以為廬山九空使者廟道士，似不免於牽合附會。又如韓偓依王審知以終，未見南唐之平閩。乃記其金蓮燭跋事，亦失斷限。然文寶世仕江南，得諸聞見，雖浮詞不免，而實錄終存。故馬令、陸游《南唐書》採用此書幾十之五六，則宋人固不廢其說矣。書中以慶王宏茂作王宏，嚴可求作嚴求，劉存中作劉存忠，所記姓名多與他書不合。又此書之杜業，《江表志》作杜光鄴，尤自相違異。殆傳鈔者有所譌漏，不盡舊本歟？

案，偏霸事蹟，例入"載記"。惟此書雖標南唐之名，而非其國記，故入之"小説家"。蓋以書之體例為斷，不以書名為斷，猶《開元天寶遺事》不可以入史部也。

【彙訂】

① 文淵閣《四庫》本為二卷附《鄭仲賢遺集》一卷。（沈治宏：《中國叢書綜錄訂誤》）

北夢瑣言二十卷（内府藏本）①

宋孫光憲撰。光憲字孟文，自號葆光子。《十國春秋》作貴平人，而自題仍稱富春。考光憲自序言"生自岷峨"，則當為蜀人。其曰富春，蓋舉郡望也。仕唐為陵州判官②，旋依荊南高季興為從事。後勸高繼沖以三州歸宋，太祖嘉之，授黃州刺史以終。《五代史·荊南世家》載之甚明③。舊以為五代人者，誤矣。所著有《荊臺集》、《橘齋集》、《筆傭集》④、《鞏湖編玩》⑤、《蠶書》、《續通曆》等書，自宋代已散佚，惟是書獨傳於後。其曰《北夢瑣言》者，以《左傳》稱"田於江南之夢"，而荊州在江北，故以命名。蓋仕高氏時作也。所載皆唐及五代士大夫逸事，每條多載某人所說，以示有徵，蓋用《杜陽雜編》之例。其記載頗猥雜，敘次亦頗冗沓，而遺文瑣語，往往可資考證。故宋李昉等編《太平廣記》，多採其文。晁公武《讀書志》載光憲《續通曆》十卷，輯唐及五代事以續馬總之書，參以黃巢、李茂貞、劉守光、按巴堅、案，按巴堅原作阿保機，今改正。吳、唐、閩廣、吳越、兩蜀事蹟⑥。太祖以所記多不實，詔毀其書⑦。而此書未嘗議及，則語不甚誣可知矣。世所行者凡二本，一為明商濬《稗海》所刻⑧，脫誤殆不可讀。近時揚州新刻，乃元華亭孫道明所藏，猶宋時陝西刊版，差完整有緒。故今以揚州本著錄，不用商氏本云。

【彙訂】

① 孫光憲《北夢瑣言》序、《崇文總目》卷四《傳記類》、《郡齋讀書志》（袁本）卷三下"小説類"、《直齋書錄解題》卷一一"小説家類"、《通志》卷六五《藝文略第三·史類第五·雜史》、《宋史》卷四八三《孫光憲傳》、《國史經籍志》卷三"史類·雜史"等均作三十卷。《崇文總目》是著錄孫光憲著作最早的書目，其言與孫光憲《北夢瑣言》序相符合，可信原書確為三十卷。《北夢瑣言》嘗為後人所刪，故現存僅二十卷。（房銳：《孫光憲著述考》）

② 唐亡時孫光憲尚未成年，何能為郡倅？必在王氏前蜀時始任陵州判官。（孔凡禮：《孫光憲與〈北夢瑣言〉瑣考》；賈二強點校：《北夢瑣言》）

③《五代史·荆南世家》乃《宋史·荆南世家》之誤。（昌彼得：《説郛考》）

④ "筆傭集"，殿本作"玩筆傭集"，誤。參《崇文總目》卷一二、《宋史·藝文志七》及《荆南世家》等。《十國春秋》本傳亦誤作"《玩筆傭集》"。（江慶柏等：《四庫全書薈要總目提要》）

⑤ "鞏湖編翫"，底本誤作"鞏湖集翫"，據《崇文總目》卷五、《郡齋讀書志》（袁本）卷四、《宋史·藝文志》及《荆南世家》、《十國春秋》本傳及殿本改。

⑥《郡齋讀書志》卷五史部編年類著錄《續通曆》十卷，其解題原文作"參以黄巢、李茂貞、劉守光、阿保機，吳、唐、閩、廣、湖、越、兩蜀事蹟。"可知"吳越"乃"湖、越"之誤。（楊大忠：《〈四庫全書總目提要〉訂誤十則》）

⑦ 據《十國春秋》本傳、《宋史·荆南世家》、《直齋書錄解題》、《鞏湖編玩》南宋尚傳於世，後始佚。《續通曆》則至今尚存，

凡五卷。《宋史》卷四八三《孫光憲傳》:"又撰《續通曆》,紀事頗失實,太平興國初,詔毁之。"太平興國乃太宗年號。(中華書局上海編輯所編輯:《北夢瑣言》)

⑧ "商濬",殿本作"商維濬"。

賈氏談錄一卷(永樂大典本)

宋張洎撰。洎字思黯,改字偕仁,全椒人。初仕南唐為知制誥、中書舍人,入宋為史館修撰、翰林學士,淳化中官至參知政事。事蹟具《宋史》本傳①。是書乃洎為李煜使宋時錄所聞於賈黃中者,故曰《賈氏談錄》。前有自序,題"庚午歲",為宋太祖開寶三年。《宋史·賈黃中傳》載黃中官左補闕在開寶初,與此序合,蓋其時為洎館伴也。又序末稱"貽諸好事",而晁公武《讀書志》乃稱"南唐張洎奉使來朝,錄賈黃中所談,歸獻其主",殆偶未檢此序歟? 史稱黃中"多知臺閣故事,談論亹亹,聽者忘倦",故此《錄》所述皆唐代軼聞。晁氏稱原書凡三十餘事。明陶宗儀《說郛》所載僅九事,宋曾慥《類說》所載亦僅十七事,惟《永樂大典》所載較曾、陶二本為詳。今從各韻蒐輯,參以《類說》,共得二十六事。視洎原目,蓋已及十之九矣。原敘一篇,《類說》及《永樂大典》皆佚之,惟《說郛》有其全文。今仍錄冠卷首,以補其闕。是書雖篇帙無多,然如牛、李之黨,其初肇釁於口語,為史所未及。而《周秦行紀》一書,晁公武亦嘗據此《錄》以辨韋瓘之誣②。他如興慶宮、華清宮、含元殿之制,淡墨題榜之始,以及院體書、百衲琴、澄泥研之類,皆足以資考核,較他小說固猶為切實近正也。

【彙訂】

①《宋史·張洎傳》稱蘇易簡罷參政即以張洎為給事中、參

知政事。據《續資治通鑑長編》、《宋史·太宗紀》、《宋史·宰附表一》，其事在至道元年四月。（莊劍：《〈四庫全書總目提要〉訂誤二則》）

②趙希弁《郡齋讀書後志》卷二《周秦行紀》條云：“右唐牛僧孺自敍所遇異事，賈黄中以為韋瓘所撰。瓘，李德裕門人，以此誣僧孺。”則晁公武乃趙希弁之誤。（司馬朝軍：《〈四庫全書總目〉精華錄》）

洛陽縉紳舊聞記五卷（浙江巡撫採進本）

宋張齊賢撰。齊賢字師亮，曹州人，徙居洛陽。太平興國二年進士，累官同中書門下平章事，以司空致仕。卒諡文定。事蹟具《宋史》本傳。是書前題“乙巳歲”，乃真宗景德二年齊賢以兵部尚書知青州時所作。皆述梁、唐以還洛城舊事，凡二十一篇，分為五卷。《書錄解題》目次與此本合，獨晁氏《讀書志》作十卷。今按自序明言五卷，而檢《永樂大典》所載此書之文，亦無出此本外者，則《讀書志》字誤明矣①。書中多據傳說之詞，約載事實，以為勸戒。自稱凡“與正史差異者，並存而錄之，亦別傳、外傳之比”。然如“衡陽周令妻報應”、“洛陽染工見冤鬼”、“焦生見亡妻”諸條，俱不免涉於語怪。又如“李少師賢妻”一條，稱契丹降王東丹，朝廷密害之，非命而死，契丹已知之。李肅奉命護喪柩送歸，“憂沮不知其計”云云。案《通鑑》、《五代史》，東丹即遼太祖長子、太宗之兄，奔唐為昭信節度使，賜名贊華。因太宗助石晉起兵，潞王遣宦者秦繼旻、皇城使李彦紳殺之於其第。是東丹之死，實緣潞王以兵敗遑忿，旋即滅亡。晉高祖後為之備禮送歸，時隔兩朝。在晉人本無密害之事，又何所疑嫌而遽形憂沮？

此事殆出傳聞之譌，殊不可信。至如紀張全義治洛之功，極為詳備，則舊史多採用之。其他佚事，亦頗有足資博覽者，固可與《五代史闕文》諸書同備讀史之考證也。

【彙訂】

① 晁公武《郡齋讀書志》未載此書，《直齋書錄解題》卷十一及《文獻通考・經籍考》作十卷。（昌彼得：《説郛考》）

南部新書十卷（浙江鮑士恭家藏本）

宋錢易撰。舊本卷首題籛後人，蓋以《姓譜》載錢氏出籛鏗也。易字希白，吳越王俶之子，真宗朝官至翰林學士①。是書乃其大中祥符間知開封縣時所作。皆記唐時故事，閒及五代②，多錄軼聞瑣語。而朝章國典，因革損益，亦雜載其中。故雖小說家言，而不似他書之侈談迂怪，於考證尚屬有裨。晁公武《讀書志》作五卷，焦竑《國史經籍志》作十卷。今考其標題，自甲至癸，以十干為記，則作十卷為是。公武所記，殆別一合併之本也。世所行本，傳寫者以意去取，多寡不一。別有一本，從曾慥《類說》中摘錄成帙，半經刪削，闕漏尤甚。此本共八百餘條，首尾完具，以諸本兼校，皆不及其全備，當為足本矣③。

【彙訂】

①《宋史》本傳云“為翰林學士，儤直未滿，卒”，儤直即初任學士時額外當班之意。《皇朝事實類苑》卷二四引錢惟演《金坡遺事》云：“錢希白於予為從父兄也。天聖三年（1025）十二月，予忝鈞衡之命，時希白當制，世稱弟拜相，兄草麻，自古未有。”《咸淳臨安志》卷六五載《錢易傳》所記略同，惟續云：“儤直未滿而卒。”《宋會要輯稿》職官三之一四、六之六八俱在仁宗天聖三年

下載"會擢錢易為學士",則其卒當在天聖三年十二月或其後不久。而據宋代佚名《學士年表》天聖四年下載"錢易,正月卒",其卒年正與"儤直未滿"之説契合,則其卒年當為天聖四年(1026)。天聖為仁宗年號。(虞雲國:《南部新書考》(上))

②　書中亦記宋代事,考其乙集所記楊侃仕職,當作於天禧五年(1021)至天聖三年(1025)間,"大中祥符間(1008—1016)"不確。(李裕民:《四庫提要訂誤》增訂本)

③　明崇禎中高承埏刻《稽古堂日鈔》曾收入《南部新書》十卷,非僅有傳寫之抄本,《四庫》底本疑乃從高本出。(柏克萊加州大學東亞圖書館編:《柏克萊加州大學東亞圖書館中文古籍善本書志》)

王文正筆錄一卷(江蘇巡撫採進本)

宋王曾撰。曾字孝先,青州益都人。咸平五年鄉貢、試禮部、廷對皆第一。官至右僕射、兼門下侍郎平章事、集賢殿大學士,封沂國公。諡文正。事蹟具《宋史》本傳。此乃所記朝廷舊聞,凡三十餘條,皆太祖、太宗、真宗時事,其下及仁宗初者,僅一二條而已。曾練習掌故,所言多確鑿可據①。故李燾作《通鑑長編》,往往全採其文。如記:"李沆為相,王旦參知政事。羽書邊奏無虛日,旦以為憂。沆謂'他日天下寧晏,未必端拱無事'。及北鄙和好,登封行慶,旦疲於贊導,始服李之深識。"云云。司馬光《涑水紀聞》亦載其事,則謂和好既成,而沆獨憂之。李燾《考異》謂沆卒於景德元年七月,至十二月和議始成。光蓋偶未及考,當以曾説為長。此類皆為能得其實。惟景德改元在其年正月,而曾於"王繼忠"一條乃謂兵罷改元,亦未免有誤。又繼忠兵敗降遼，不能死國，反為所任用，殊虧臣節。雖有啟導和好之力，殊不足自贖。曾乃以盡忠兩國許之，襃貶尤為失當矣。

【彙訂】

① "可據"，殿本作"有據"。

儒林公議二卷（內府藏本）①

宋田況撰。況字元均，其先京兆人，徙居信都②。舉進士，又舉賢良方正。為太常丞，辟陝西經略判官，入為右正言。歷帥秦、蜀，擢樞密使，以觀文殿學士提舉景靈宮，卒。事蹟具《宋史》本傳。所著有《奏議》三十卷，久佚不傳③。是編記建隆以迄慶曆朝廷政事及士大夫行履得失甚詳④，五代十國時事亦閒附以一二條。蓋雜錄而成，故前後多未詮次。其記入閣會議諸條，明悉掌故，皆足備讀史之參稽。其持論亦皆平允。《東都事略》稱況嘗作《好名》、《朋黨》二論，極以為戒。而是編內范仲淹、歐陽修諸條亦拳拳於黨禍所自起，無標榜門户之私。"公議"之名，可云無忝矣。又況曾為夏竦幕僚，好水川之役，況上疏極論之。竦不出師，蓋用況之策。書中雖於竦多恕詞，而於富弼諸人竦所深嫉者，仍揄揚其美，絕無黨同伐異之見。其心術醇正，亦不可及。蓋北宋盛時，去古未遠，儒者猶存直道，不以愛憎為是非也。此本末有嘉靖庚戌陽里子柄一跋，不知何許人，論此書頗詳，今仍錄存之。商濬刻《稗海》⑤，以此跋為宋無名氏作，殊為疏舛。今據舊本改正焉⑥。

【彙訂】

① 文淵閣《四庫》本為一卷，書前提要不誤。（沈治宏：《〈四庫全書總目〉子部著錄訂誤》）

②《宋史》卷二九二本傳云"其先冀州信都人"，父延昭南遷，徙居何地則不詳。（昌彼得：《説郛考》）

③《宋史》本傳云："有《奏議》二十卷。"《藝文志》作《田況文集》三十卷。（李裕民：《四庫提要訂誤》增訂本）

④ 是編最晚記至皇祐初（1049），見卷下"武侯祠柏"條。（同上）

⑤ "商瀋"，殿本作"商維瀋"。

⑥《四庫》本此書無"陽里子柄"之跋，《稗海》本無前言、後記，亦無一語涉及"陽里子柄"。據胡梃跋明抄本，"陽里子柄"實為"雁里子柄"之誤，雁里子乃明無錫人秦柄之號。（張其凡：《關於〈儒林公議〉的版本》）

涑水記聞十六卷（兵部侍郎紀昀家藏本）

宋司馬光撰。光有《易説》，已著錄。是編雜錄宋代舊事，起於太祖，訖於神宗。每條皆註其述説之人，故曰"記聞"。或如張詠請斬丁謂之類，偶忘名姓者，則註曰"不記所傳"，明其他皆有證驗也。閒有數條不註者，或總註於最後一條，以括上文，或後來傳寫不免有所佚脱也。其中所記國家大政為多，而亦閒涉瑣事。案《文獻通考》"温公日記"條下引李燾之言曰："文正公初與劉道原共議取實錄、國史，旁採異聞，作《資治通鑑後紀》。今所傳《記聞》及《日記》、《朔記》，皆《後紀》之具也。"光集有與范夢得論修《通鑑長編》書，稱"妖異有所警戒，詼諧有所補益，並告存之。大抵《長編》寧失於繁，毋失於略"云云。此書殆亦是志歟？至於記太祖時宋白知舉一事，自註云"疑作陶穀"。記李迪、丁謂鬮閲一事，前一條稱："上命翰林學士錢惟演草制，罷謂政事，惟

演乃出迪而留謂。"後一條稱："詔二人俱罷相，迪知鄆州，明日謂
復留為相。"种世衡遣王嵩反閒一事，前一條云閒旺榮，後一條云
閒剛朗。凌招撫保州亂兵一事，前一條云田況，後一條云郭逵。
聞見異詞，即兩存其説，亦仍《通鑑考異》之義也。王明清《玉照
新志》曰："元祐初修《神宗實録》，秉筆者極天下之文人，如黃、
秦、晁、張是也。紹聖初，鄧聖求、蔡元長上章指為謗史，乞行重
修。蓋舊文多取司馬文正公《涑水記聞》，如韓、富、歐陽諸公傳
及敘劉永年家世，載徐德占母事，王文公之詆永年、常山，呂正獻
之評曾南豐，安簡借書多不還，陳秀公母賤之類，取引甚多。於
是《裕陵實録》皆以朱筆抹之，盡取王荆公《日録》以刪修焉，號朱
墨本。"是光此書實當日是非之所繫，故紹述之黨務欲排之。然
明清所舉諸條，今乃不見於書中，殆避而刪除歟[①]？陳振孫《書
録解題》亦曰："此書行世久矣，其閒記呂文靖數事，呂氏子孫頗
以為諱。蓋常辨之為非温公全書，而公之曾孫侍郎伋遂從而實
之，上章乞毀版。識者以為譏。"知當時公論所在，不能以私憾抑
矣。其書《宋史·藝文志》作三十卷[②]，《書録解題》作十卷。今
所傳者凡三本。其文無大同異，而分卷則多寡不齊。一本十卷，
與陳氏目録合。一本二卷，不知何人所併。一本十六卷，又《補
遺》一卷，而自九卷至十三卷所載往往重出，失於刊削。蓋本光
未成之槁，傳寫者隨意編録。故自宋以來，即無一定之卷數也。
今參稽釐訂，凡一事而詳略不同，可以互證者，仍存備考。凡兩
條複見，徒滋冗贅者，則竟從刪定。著為一十五卷。其《補遺》一
卷，或疑即李燾所謂《日記》。案《書録解題》載《温公日記》一卷：
"司馬光熙寧在朝所記。凡朝廷政事、臣僚遷除及前後奏對、上
所宣諭之語，以及聞見雜事皆記之。起熙寧元年正月，至三年十

月出知永興而止。"此書雖皆記熙寧之事,然無奏對、宣諭之語,且所記至熙寧十年,與止於三年亦不符,其非《日記》明甚。今仍併入此書,共為一十六卷。以較舊本卷數雖殊,要於光之原書無所闕佚也。

【彙訂】

①《文獻通考》卷二九七《溫公日記》條引李燾言:"今世所傳《記聞》及《日記》並《朔記》,皆《(資治通鑑)後紀》之具也……始,文正子孫藏其書祖廟,謹甚。黨禍既解,乃稍出之。"則元祐初年初修《神宗實錄》之日,黃、秦、晁、張諸人不可能看到《記聞》其書,如何從中取引資料?(鄧廣銘:《略論有關〈涑水記聞〉的幾個問題》)

②《宋史‧藝文志》作三十二卷。(孫猛:《郡齋讀書志校正》)

澠水燕談錄十卷(內府藏本)

舊本題宋齊國王闢之撰。《宋藝文志》作王關之,蓋以"闢"、"關"形近而誤。《通考》引晁、陳二家書目並作王闢。案魏野《東觀集》有贈王衢、王闢同登第詩,則北宋實有其人。然野當真宗之時,與此書年不相及,蓋傳寫脫"之"字也。《山東通志》載闢之字聖塗,青州人。《書錄解題》稱其為治平四年進士。《讀書志》稱其"從仕四方,與賢士大夫燕談,有可取者輒記,久而得三百六十餘事"。今考此書皆記紹聖以前雜事,分十五類。《帝德》十七條,《讜論》十一條,《名臣》五十條,《知人》四條,《奇節》十二條,《忠孝》八條,《才識》十二條,《高逸》二十條,《官制》二十條,《貢舉》二十一條,《先兆》十七條,《歌咏》十八條,《書畫》八條,《事

誌》三十二條,《雜錄》三十五條,共二百八十五條,與《讀書志》所
載之數不合。蓋此本為商濬《稗海》所刻①,明人庸妄,已有所删
削矣。所記諸條,多與史傳相出入。其閒如"誰傳佳句到幽都"
一詩,乃蘇轍使遼時寄其兄軾之作,而誤以為張舜民。又如柳永
以夤緣中官,獻《醉蓬萊》詞,為仁宗所斥,而以為仁宗大悦之類,
亦閒有舛譌。然野史傳聞,不能盡確,非獨此書為然。取其大致
之近實可也。

【彙訂】

①"商濬",殿本作"商維濬"。

歸田錄二卷(兵部侍郎紀昀家藏本)

宋歐陽修撰①。多記朝廷軼事及士大夫談諧之言。自序謂
以唐李肇《國史補》為法,而小異於肇者不書人之過惡。陳氏《書
錄解題》曰:"或言公為此錄未成,而序先出,裕陵索之。其中本
載時事及所經歷見聞,不敢以進,旋為此本,而初本竟不復出。"
王明清《揮麈三錄》則曰:"歐陽公《歸田錄》初成未出,而序先傳。
神宗見之,遽命中使宣取。時公已致仕在潁州,因其閒所記有未
欲廣布者,因盡删去之。又惡其太少,則雜記戲笑不急之事,以
充滿其卷帙。既繕寫進入,而舊本亦不敢存。"②二説小異。周
煇《清波雜志》所記,與明清之説同。惟云"原本亦嘗出"③,與明
清説又不合。大抵初稿為一本,宣進者又一本,實有此事④。其
旋為之説與删除之説,則傳聞異詞耳。惟修歸潁上在神宗時,而
《錄》中稱"仁宗立今上為皇子",則似英宗時語。或平時剳記,歸
田後乃排纂成之,偶忘追改歟⑤?其中"不試而知制誥"一條,稱
宋惟楊億、陳堯叟及修三人。費袞《梁谿漫志》舉真宗至道三年

四月以梁周翰夙負詞名，令加獎擢，亦不試而知制誥，實在楊億之前，糾修誤記。是偶然疏舛，亦所不免。然大致可資考據，亦《國史補》之亞也。

【彙訂】

①　依《總目》體例，當補"修有《詩本義》，已著錄"。

②　引文實見於王明清《揮塵後錄》卷一。（陳尚君：《歐陽修著述考》）

③　《四部叢刊續編》影宋本《清波雜志》此句作"元本未嘗出"。（同上）

④　歐陽修本人與北宋公私文獻皆未言及進本、原本之事。（同上）

⑤　書中記事止於治平三年，稱英宗為"今上"、"上"，當成於四年初神宗即位前。其序明言為"錄之以備閒居之覽也"，則非致仕在潁州時所作。（同上）

嘉祐雜志一卷（內府藏本）①

宋江休復撰。休復字鄰幾，開封陳留人。舉進士，充集賢校理，謫監蔡州稅。復官歷刑部郎中，修起居注。事蹟具《宋史·文苑傳》。休復有文集二十卷，今佚不傳，惟此書存。《文獻通考》及《宋史·藝文志》皆作三卷，而《稗海》、《唐宋叢書》皆不分卷。明胡應麟《筆叢》云："《江鄰幾雜志》宋人極推之，今不傳，略見《說郛》。"然《說郛》所載止十頁，而《稗海》、《唐宋叢書》與此鈔本皆三倍於《說郛》，應麟殆偶未見也。歐陽修作《休復墓誌》，云休復歿於嘉祐五年。而是書屢記己亥秋冬之事，即休復未歿之前一年，年月亦皆相應。惟書中記其奉使事，《宋史》本傳與《墓誌》皆不載，又刻本皆題云“臨川江休復”，而史與《墓誌》皆云陳留人，頗為舛異。然諸家引用其說，無不稱“江鄰幾”者，而晁公武《讀書志》亦以為《嘉祐雜志》即《江鄰幾雜志》。蓋休復奉使雄州未嘗出境，不過館伴之常事，故《墓誌》、本傳皆不書，而刻本標題又後人所妄加爾。其書皆記雜事，故《宋志》列之“小說家”。姚寬《西溪叢語》摘其“象膽隨四時”一條誤以《酉陽雜俎》為《山海經》，朱翌《猗覺寮雜記》摘其“壓角”一條誤以丞相為直閣，以“坐於榻”為“立於褥”，是誠偶誤。然休復所與交遊，率皆勝流，耳擩目染，具有端緒，究非委巷俗談可比也。

【彙訂】

①“一卷”，底本作“二卷”，據文淵閣庫書、書前提要及殿本改。（沈治宏：《中國叢書綜錄訂誤》）

東齋記事六卷（永樂大典本）

宋范鎮撰。鎮字景仁，華陽人①。事蹟具《宋史》本傳。是書據其自序，乃元豐中作。《宋藝文志》作十二卷，《文獻通考》作十卷。舊本久佚，未能考其孰是。今採輯《永樂大典》所收，以類編次，釐為五卷。又江少虞《事實類苑》、曾慥《類說》亦多引之。今刪除重複，續為《補遺》一卷。雖未必鎮之完書，然以《宋志》及《通志》所載卷數計之，幾於得其強半矣。王得臣《麈史》載是書為鎮退居時作，故所記蜀事較夥，晁公武《讀書志》稱“崇、觀間以其多及先朝故事，禁之”。今觀其書，多宋代祖宗美政，無所謂誹訕君父，得罪名教之語。特以所記諸事皆與熙寧新法隱然相反，殆有寓意於其間。故鎮入黨籍，而是書亦與蘇、黃文字同時禁絕。迨南渡以後，黨禁既解，其書復行。是直蔡京以王安石之故,惡其異議耳,非真得罪於朝廷也。今所存諸條句下,如"張繪"註曰"京版作'張綸'"之類,凡有數處,是當時刊本且不一而足矣。鎮與司馬光相善,惟論樂不合,此書所記尚斷斷相爭。而於胡瑗、阮逸,詞氣尤不能平。蓋始終自執所見者。他如記蔡襄為蛇精之類,頗涉語怪;記室韋人三眼、突厥人牛蹄之類,亦極不經,皆不免稗官之習。故《通考》列之"小說家"。然核其大綱,終非《碧雲騢》、《東軒筆錄》諸書所能並論也。

【彙訂】

① "字景仁華陽人",殿本無。

青箱雜記十卷(內府藏本)

宋吳處厚撰。處厚字伯固,邵武人。皇祐五年進士,初為將作丞。以王珪薦,授館職①,出知漢陽軍。後擢知衛州,卒。其書皆記當代雜事,亦多詩話。晁公武《讀書志》謂所記多失實,又譏其記成都置交子務,誤以寇瑊為張詠②。案處厚以干進不遂,挾怨羅織蔡確《車蓋亭》詩,驟得遷擢,為論者所薄。故公武惡其人併惡其書。今觀所記,如以馮道為大人之類,頗乖風教,不但記錄之譌。然處厚本工吟詠,《宣和畫譜》載其《題王正升灃景亭》詩一首,《剡史》載其《自諸暨抵剡》詩二首,皆綽有唐人格意。故其論詩往往可取,亦不必盡以人廢也。

【彙訂】

①《宋史》本傳謂王珪請除處厚館職,蔡確沮之。史書未載處厚曾任館職。(鄧國軍、王發國:《〈郭思詩話·解題〉等誤漏舉正》)

② 今本《青箱雜記》已殘,無"記成都置交子務"一條。據

《宋史·食貨志》:"交子之法,蓋有取於唐之飛錢。真宗時張詠鎮蜀,患蜀人鐵錢重,不便貿易,設質劑之法,一交一緡,以三年為一界而換之,六十五年為二十二界,謂之交子。"則置交子務者正是張詠。(張旭東:《〈四庫總目提要〉辨證一則》)

錢氏私志一卷(浙江范懋柱家天一閣藏本)

舊本或題錢彦遠撰,或題錢愐撰,或題錢世昭撰。錢曾《讀書敏求記》定為錢愐。其説曰:"愐為彭城王第三子,昭陵之甥,故記熙寧尚主玉仙求嗣事獨詳。其稱'大父寶謨閣、知台州回'者,乃冀國公諱暄,字載陽,以父蔭累官駕部郎中,知撫州,移台州進少府監,權鹽鐵副使時也。彭城王諱景臻,字道邃,冀國公第九子,建炎二年追封,故稱'先王'。俗子以為起居舍人彦遠之筆。不知彦遠乃忠遜之孫,翰林學士易之子,與彭城為再從叔姪。世次犁然,安得反有'先王'之稱?"所辨良是。然此書末有錢世昭序[①],謂:"叔父太尉,昭陵之甥。凡耳目之所接,事出一時,語流千載者,皆廣記而備言之。世昭敬請其説,得數萬言,敘而集之,名曰《錢氏私志》。"據此,則是書固非彦遠所為,亦非盡愐所纂。蓋愐嘗記所聞見,而世昭序而集之爾。序稱"叔父太尉",則世昭愐之猶子也。《宋史》秦、魯國大長公主本傳,主為仁宗第十四女,以景祐五年封慶壽[②],即是書中所云"錢某可尚慶壽公主"。而《通考》前列秦魯國大長公主適錢景臻,後列慶壽公主而不言所適,則以慶壽公主與秦、魯國大長公主分為二人。證以是書,與《宋史》相合,可知《通考》之誤。惟其以《五代史·吴越世家》及《歸田錄》貶斥錢氏之嫌,詆歐陽修甚力,似非公論。然其末自稱"皆報東門之役",則亦不自諱其挾怨矣。

【彙訂】

①“序”,殿本作“跋”,誤。

②“景祐”,殿本作“延祐”,皆誤。《宋史》卷二四八《公主列傳》,應作仁宗第十女,嘉祐五年封慶壽。

龍川略志十卷別志八卷（内府藏本）

宋蘇轍撰。轍有《詩傳》,已著錄。案晁公武《讀書志》載《龍川略志》六卷,《別志》四卷。稱轍“元符二年夏,居循州。杜門閉目,追惟平昔,使其子遠書之於紙。凡四十事,其秋復紀四十七事”。此本《龍川略志》作十卷,《別志》作八卷。《略志》凡三十九事,較晁公武所記少一事。《別志》則四十八事,較晁公武所記又多一事。蓋商維濬刻本離析卷帙,已非其舊,又誤竄《略志》中一事入《別志》中①,並轍序所稱“十卷”之文亦維濬所追改也②。《略志》惟首尾兩卷紀雜事十四條,餘二十五條皆論朝政,蓋是非彼我之見,至謫居時猶不忘也。然惟記衆議之異同,而不似王安石、曾布諸《日錄》動輒歸怨於君父。此轍之所以為轍歟？《別志》所述,多耆舊之餘聞。朱子生平以程子之故,追修洛、蜀之舊怨,極不滿於二蘇。而所作《名臣言行錄》,引轍此《志》幾及其半。則其説信而有徵,亦可以見矣。

【彙訂】

① 文淵閣《四庫》本《略志》三十九則,《別志》五十一則。據傅增湘《校影宋本〈龍川略志〉、〈別志〉跋》附錄,宋本《略志》“與王介甫論青苗、鹽法鑄錢”為二則,故為四十事。宋本《別志》“丁謂逐李迪”與“王沂公傾丁謂”為一則、“章獻皇后崩”與“發章懿喪”、“元昊既叛”與“元昊久叛邊兵屢屈”、“元祐中蔡確坐弟碩

事”與“秦州之禍”皆同，故為四十七事。並無誤竄。（曾棗莊、舒
大剛等：《三蘇全書敍錄》；徐鵬、劉遠遊：《四庫提要補正》）

　　②“維濬”，殿本作“濬”。

後山談叢四卷（內府藏本）

　　宋陳師道撰。師道字無己，後山其別號也，彭城人。以薦為
棣州教授，徽宗時官至祕書省正字。事蹟具《宋史·文苑傳》。
陸游《老學菴筆記》頗疑此書之偽，又以為或其少時作①。然師
道《後山集》前有其門人魏衍附記，稱“《談叢》、《詩話》別自為
卷”，則是書實出師道手。又第四卷中記蘇軾卒時太學諸生為飯
僧。考軾卒於徽宗建中靖國元年六月，師道亦以是年十一月二
十九日從祀南郊，感寒疾卒。則末年所作，非少年所作審矣。洪
邁《容齋隨筆》議其載“呂許公惡韓、范、富”一條，“丁文簡陷蘇子
美以撼杜祁公”一條，“丁晉公賂中使沮張乖厓”一條，“張乖厓買
田宅自污”一條，皆爽其實。今考之良信。然邁稱其“筆力高簡，
必傳於後世”，不云他人所贗託。邁去師道不遠，且其考證不草
草，知陸游之言未免失之臆斷也。

【彙訂】

　　①“時”，殿本脫。今本《老學菴筆記》無此語，唯《渭南文
集》卷二十六“跋後山居士詩話”條云：“《談叢》、《詩話》皆可疑，《談
叢》尚恐少時所作，《詩話》決非也。”（李偉國校點：《後山談叢》）

孫公談圃三卷（內府藏本）

　　宋臨江劉延世錄所聞於孫升之語也。升字君孚，高郵人。
元祐中官中書舍人，紹聖初謫汀州①。延世父時知長汀，得從升
游，因錄為此書。升為元祐黨籍，多述時事。觀其記王安石見王

雾冥中受報事,則不滿於安石。記蘇軾以司馬光薦將登政府,升言軾為翰林學士,其任已極,不可以加。如用文章為執政,則趙普、王旦、韓琦未嘗以文稱。王安石在翰林為稱職,及居相位,天下多事。若以軾為輔佐,願以安石為戒。又記軾試館職策題,論漢文帝、宣帝及仁宗、神宗。升率傅堯俞、王嵒叟言,以文帝有弊,則仁宗不為無弊;以宣帝有失,則神宗不為無失。則又不滿於軾。記爭弔司馬光事,亦不滿程子。殆於黨籍之中,又自行一意者歟②?王楙《野客叢書》曰:"臨汀刊《孫公談圃》三卷,近時高沙用臨汀本復刊於郡齋。余得山陽吳氏建炎初錄本校之,多三段。其後二段,乃公之甥朱穋所記。並著於此,庶幾異時好事者取而附之卷末。"云云。今考此本,亦無此三條。蓋楙雖有是說,而刊版迄未補入。謹據楙所錄增入卷末,成完書焉。案,三段載《野客叢書》第五卷第十五條。

【彙訂】

① 依《總目》體例,當補"事蹟具《宋史》本傳"。

② 孫升乃洛、蜀、朔三黨之朔黨中人。(余嘉錫:《四庫提要辨證》)

孔氏談苑四卷(浙江鮑士恭家藏本)

舊本題宋孔平仲撰。平仲有《珩璜新論》,已著錄。是書多錄當時瑣事,而頗病叢雜。趙與旹《賓退錄》嘗駁其記呂夷節、張士遜事,謂以宰相押麻,不合當時體制,疑為不知典故者所為,必非孔氏真本。今考其所載,往往與他書相出入。如"梁灝八十二為狀元"一條,見於《遯齋閒覽》;"錢俶進寶帶"一條、"王禹玉上元應制"一條,見於《錢氏私志》;"宰相早朝上殿"一條,見於《王文正筆錄》；“上元燃燈”一條、“詔救用黃殿”一條，見於《春明退朝錄》；“寇萊公守北門”一條，見於《國老談苑》。其書或在平仲前，或與平仲同時，似亦摭拾成編之一證。至於王雱才辨傲很，新法之行，雱實有力，而稱之為“不慧”，殊非事實。至張士遜死入地獄等事，尤誕幻無稽，不可為訓。與晉所論，未可謂之無因。姑以宋人舊本，存備參稽云爾。

畫墁錄一卷（內府藏本）

宋張舜民撰。舜民字芸叟，自號浮休居士，又號矼齋，邠州人。中進士第，為襄樂令。累官龍圖閣待制[①]、知定州。坐元祐黨籍，謫商州。復集賢殿修撰，卒。事蹟具《宋史》本傳。舜民所著詩文名《畫墁集》，是書乃所作筆記，亦以“畫墁”為名。中多載宋時雜事，於《新唐書》、《五代史》均屢致不滿之詞。蓋各有所見，不足為異，其說不妨並存。至徐禧於永樂死事，朝廷贈卹之典，見於史冊甚詳。而舜民乃云：“徐禧不知所歸，人無道者。或曰有人見之夏國，疑亦有之。”是直以禧為屈節偷生，殊為誣妄。舜民嘗從高遵裕西征，喜談兵事，殆因惡禧之失策，故醜其詞歟？其他載錄亦頗涉瑣屑。以一時典故，頗有藉以考見者，姑存以備宋人小説之一種云爾[②]。

【彙訂】

① “待制”，殿本作“學士”，誤，參《宋史》卷三四七本傳。

② “云爾”，殿本作“焉”。

甲申雜記一卷聞見近錄一卷隨手雜錄一卷（兩淮馬裕家藏本）[①]

並宋王鞏撰。鞏字定國，自號清虛先生，莘縣人。同平章事旦之孫，工部尚書素之子。嘗倅揚州，坐與蘇軾遊，謫監筠州鹽稅，後官至宗正丞。所記雜事三卷，皆紀東都舊聞。《甲申雜記》凡四十二條，甲申者，徽宗崇寧三年也。故所記上起仁宗，下訖崇寧②，隨筆記載，不以時代為先後。《聞見近錄》凡一百四條，所記上起周世宗，下訖宋神宗，而太祖、太宗、真宗、仁宗事為多。《隨手雜錄》凡三十三條，中惟周世宗事一條，南唐事一條，吳越事一條，餘皆宋事，止於英宗之初。二書事蹟在崇寧甲申前，而原本次《甲申雜記》後，蓋成書在後也③。卷末有其從曾孫從謹跋，稱先世著書散佚，隆興元年乃得此三編於向氏，鈔錄合為一帙。前有張邦基序，言得其本於張由儀，由儀則少從其父得於鞏家敝篋中。末題“甲寅五月”，為高宗紹興三年，蓋向氏之本又出於張氏。當時親傳手蹟，知確為鞏撰，非依託矣。三書皆間涉神怪，稍近稗官，故列之“小說類”中。然而所記朝廷大事為多，一切賢姦進退、典故沿革，多為史傳所未詳，實非盡小說家言也。《甲申雜記》中李定稱蘇軾一條，費袞《梁谿漫志》駁其失實。今考袞謂軾詩自熙寧初始多論新法不便，至元豐二年有烏臺詩案，前後不過十年。定云二三十年所作，文字殊不相合。其說是也。至謂“能記二三十年作文之因，則人皆能之，似不足為東坡道”，則其說未然。書中所載定語，乃云“所作文字詩句引證經傳④，隨問即答，無一字差舛”，則是指其所引之書，非指其作詩之故。袞殆未審其語歟？

【彙訂】

　　① 文淵閣《四庫》本尚附《甲申聞見二錄補遺》一卷。（沈治宏：《中國叢書綜錄訂誤》）

　　②《甲申雜記》所記有大觀元年（1107）事，在甲申後三年。

（李裕民：《四庫提要訂誤》）

③《聞見近錄》言及元祐末修玉牒事，則所記下至哲宗，而非神宗。又稱“自予罷丞，今十餘年”，應在崇寧三年甲申（1104）之前，其成書早於《甲申雜記》。《隨手雜錄》所記頗多英宗以後事。（同上）

④“所”，殿本脫，據《甲申雜記》原文。

湘山野錄三卷續錄一卷（左都御史張若淮家藏本）

宋僧文瑩撰。文瑩字道温，錢唐人。《文獻通考》引晁公武《讀書志》以為吳僧，今案《讀書志》實無“吳”字，《通考》誤也。其書成於熙寧中，多記北宋雜事。以作於荆州之金鑾寺，故以“湘山”為名。《讀書志》作四卷，《通考》則《續錄》亦作三卷，皆與今本不同，未詳孰是。厲鶚《宋詩紀事》稱文瑩及識蘇舜欽，欲挽致於歐陽修，文瑩辭不往。今考《錄》中“歐陽公謫滁州”一條，稱“文瑩頃持蘇子美書薦謁之，迨還吳蒙見送”云云，與鶚所言正相反。豈別據他説，未及考此書耶？《續錄》中“太宗即位”一條，李燾引入《長編》，啟千古之論端，程敏政《宋紀受終考》詆之尤力。然觀其始末，並無指斥逆節之事，特後人誤會其詞，致生疑竇。是非作者本意，未可以為是書病也。吳开《優古堂詩話》論其以陽郇伯《妓人入道》詩誤為陳彭年《送申國長公主為尼》詩①；朱翌《猗覺寮雜記》論其載“琴曲賀若”一條，誤賀若夷為賀若弼；姚寬《西溪叢語》論其記宋齊邱事失實。蓋考證偶疏，未為大失。王士禎《古夫于亭雜錄》論其載王欽若遇唐裴度事，小説習徑，亦不足深求。惟朱弁《曲洧舊聞》曰：“宇文大資言，文瑩嘗游丁晉公門，晉公遇之厚。《野錄》中凡記晉公事，多佐佑之。人無董狐之公,未有不為愛憎所奪者。然後世豈可盡欺哉②?"是則誠其一瑕耳。

【彙訂】

①《優古堂詩話》全書皆抄自他書,託名吳幵,説詳卷一九五《優古堂詩話》條訂誤。此條亦錄自《能改齋漫錄》。

②"哉",據《曲洧舊聞》卷四原文及殿本補。

玉壺野史十卷(兩淮鹽政採進本)

宋僧文瑩撰。據晁公武《讀書志》,文瑩《湘山野錄》作於熙寧中。此書則作於元豐中,在《野錄》之後。前有自序云:"收國初至熙寧閒文集數千卷,其閒神道、墓誌、行狀、實錄、奏議之類,輯其事成一家。"蓋與《野錄》相輔而行。玉壺者,其隱居之地也。《文獻通考》載文瑩《玉壺清話》十卷,諸書所引亦多作《玉壺清話》,此本獨作《野史》,疑後人所改題。然元人《南溪詩話》已引為《玉壺野史》,則其來已久矣①。若曹溶《學海類編》摘其中論詩之語,別名曰《玉壺詩話》,則杜撰無稽,非古人所有也。周必大《二老堂詩話》嘗駁其記王禹偁事之譌,趙與旹《賓退錄》亦詆其誤以梁固之弟為固之子,王楙《野客叢書》又摘其誤以龐籍對仁宗事為梁適,蓋不無傳聞失實者。然大致則多可考證云。

【彙訂】

① 李燾《續資治通鑑長編》卷五、卷二一、卷二七所引均作《玉壺野史》,則宋孝宗時已有《野史》之稱。(李裕民:《四庫提要訂誤》)

東軒筆錄十五卷(内府藏本)①

宋魏泰撰。泰字道輔,襄陽人,曾布之婦弟也。《桐江詩話》

載其"試院中,因上請忿爭,毆主文幾死,坐是不得取應"。《潘子真詩話》稱其"博極羣書,尤能談朝野可喜事"。王銍跋《范仲尹墓誌》,稱其"場屋不得志,喜偽作他人著書,如《志怪集》、《括異志》、《倦遊錄》,盡假名武人張師正。又不能自抑,作《東軒筆錄》,用私喜怒誣衊前人。最後作《碧雲騢》,假作梅堯臣,毀及范仲淹"②。晁公武《讀書志》稱其"元祐中,記少時所聞,成此書,是非多不可信。心喜章惇,數稱其長,則大概已可見"。又摘王曾登甲科,劉摯為翰林學士相戲事,歲月差舛,相去幾二十年。則泰是書宋人無不詆諆之。而流傳至今,則以其書自報復恩怨以外,所記雜事亦多可採錄也③。

【彙訂】

① 文淵閣庫書及殿本此條皆置下卷之首。

②《文獻通考·經籍考·碧雲騢》引李燾云:"今以魏泰《東軒筆錄》考之,然後知泰之嫁名於堯臣者,不特此書也……其載堯臣作《唐介書竄》詩,則句語狂肆,非若堯臣平日所作簡古純粹,平淡深遠……況堯臣平日為人仁厚樂易,未嘗忤於物,歐陽修嘗以此而銘其墓。使堯臣怨懟,果為此詩以厚誣名臣,則所養可知矣!今市井輕浮之子未必為之,而謂堯臣為之哉!"考梅堯臣《靈烏後賦》公開責備范仲淹隨著地位的改變,為羣小包圍,任人惟私,而對他的勸告"既不我德,又反我怒",又《諭烏》詩云:"咸用所附己,欲同助翺翔……養子頗似父,又貪噪豺狼。為烏烏不伏,獸肯為爾戕!莫如且斂翮,休用苦不量。吉凶豈自了,人事亦交相。"葉夢得《石林燕語》卷九:"范文正公始以獻《百官圖》譏切呂許公,坐貶饒州。梅聖俞時官旁郡,作《靈烏賦》以寄……及公秉政,聖俞久困,意公必援己,而漠然無意,所薦乃孫

明復、李泰伯。聖俞有違言,遂作《靈烏後賦》以責之……世頗以聖俞為隘。"可知二人雖曾交誼匪淺,但後期因梅堯臣未得范仲淹舉薦,嫌怨甚深,《碧雲騢》詆毀范氏,與其言行並無不符。而魏泰《東軒筆錄》、《臨漢隱居詩話》均對范氏推崇有加。且《碧雲騢》其他記事,或有宋人記載可證,或與《宋史》所載相同。如文彥博進燈籠錦以結張貴妃事(《書竄》詩即言此),邵伯温《邵氏聞見錄》卷二、魏泰《東軒筆錄》卷七、高晦叟《珍席放談》卷下及《宋史》卷三一三《文彥博傳》、卷三一六《唐介傳》、卷三二〇均載之。(孫雲清:《碧雲騢新考》)

　　③"錄",殿本作"故"。

卷一四一

子部五十一

小説家類二

侯鯖錄八卷（內府藏本）①

宋趙令時撰。令時字德麟，燕王德昭元孫。元祐中簽書潁州公事。坐與蘇軾交通，罰金入黨籍。紹興初襲封安定郡王，同知行在人宗正事。是書採錄故事、詩話，頗為精贍。然如第五卷辨《傳奇》鶯鶯事凡數十條，每條綴之以詞，未免失之冶蕩。歐陽修以豔曲數闋被誣，釋文瑩著《湘山野錄》尚辨其枉。而令時此書乃著其居汝陰時挾妓事②，載其詩於卷中，未免近誣③。朱翌《猗覺寮雜記》亦稱上元放燈增十七、十八兩夜，為建隆五年詔書以時和歲豐之故④，見《太祖實錄》、《三朝國史》諸書。令時乃云錢氏納土進錢買兩夜，亦屬妄傳。翌又稱令時雖因蘇軾入黨籍，而後附內侍譚稹以進，頗違清議⑤。此書乃稱"余為元祐黨人牽復過陳，舉王叡《昭君怨》詩示張文潛，文潛云：'此真先生所謂篤行而剛者。'"云云，尤不免愧詞。然令時所與遊處皆元祐勝流，諸所記錄多尚有典型，是固不以人廢言矣。

【彙訂】

① 底本此條與文淵閣庫書次序不符。文淵閣庫書及殿本

皆置上卷之末。

②"汝陰",殿本作"洄陰",誤,參此書卷一原文。

③當時風尚如此,未必即誣。(鍾克豪:《宋代小説考證》)

④"為",殿本作"乃"。據《猗覺寮雜記》卷下原文,"建隆五年"乃"乾德五年"之誤。

⑤此所引朱翌語,不見於《猗覺寮雜記》。(余嘉錫:《四庫提要辨證》)

泊宅編三卷(内府藏本)

宋方勺撰。勺有《青溪寇軌》,已著錄。勺家本婺州,後徙居湖州之西溪。湖有張志和泊舟處,後人以志和有"泛宅浮家"之語,謂之泊宅村。勺寓其閒,因自號泊宅村翁。是編蓋即是時所作也。《宋史·藝文志》載勺《泊宅編》十卷,此本僅三卷,乃商濬載入《稗海》者①。明人傳刻古書,每多臆為竄亂。今無別本可校,不知其為原帙否矣。所載皆元祐迄政和閒朝野舊事②,於王安石、張商英輩皆有不滿之詞,蓋亦公論。至宗澤乃其鄉里,而徽宗時功名未盛,故勺頗譏其好殺,則是非未必盡允。又袁文《甕牖閒評》據《欽宗實錄》,知欽宗即位之日,王黼入賀,已敕閣門使勿納,即貶崇信軍節度使,賜死於路。而勺乃記其有從幸龍德宮獻詩,識者指以為讖事,則記載亦或失實。然其閒遺聞軼事,摭拾甚多,亦考古者所不廢。書中閒有附註,如"教授誤據建版'坤為金'"一條,言"不欲顯其姓名",而條下註曰"姚祐尚書也";又"秦觀贈妓陶心詞"一條,條下註曰"此乃誤記東坡詞"云云,皆似非勺之自註。然詳其詞氣,當亦宋人筆也。

【彙訂】

① "商濬"，殿本作"商維濬"。

② 此書有三卷本與十卷本兩種。三卷本所載宣和事共八條，十卷本載有紹興十二年壬戌遊徑山事。"所載皆元祐迄政和閒朝野舊事"不確。（吳泰：《〈泊宅編〉的成書年代及其版本》）

珍席放談二卷（永樂大典本）

宋高晦叟撰。晦叟仕履無可考。所紀上自太祖，下及哲宗時事，則崇寧以後人也。是書《宋史‧藝文志》不著錄，惟《文淵閣書目》載有一册，世無傳本。今散見於《永樂大典》者，尚可裒輯成編。謹採集排綴，釐為上、下二卷。書中於朝廷典章制度沿革損益及士大夫言行可為法鑒者，隨所聞見，分條錄載。如王旦之友悌、呂夷簡之識度、富弼之避嫌、韓琦之折佞，其事皆本傳所未詳，可補史文之闕。特閒加評論，是非軒輊，往往不能持平。又當王氏學術盛行之時，於安石多曲加迴護，頗乖公議。然一代掌故，猶藉以考見大凡。所謂識小之流，於史學固不無裨助也。

鐵圍山叢談六卷（浙江鮑士恭家藏本）

宋蔡絛撰。絛字約之，自號百衲居士，興化仙遊人，蔡京之季子也。官至徽猷閣待制。京敗，流白州以死。《宋史》附載京傳末，稱："宣和六年，京再起領三省。目昏眊不能視事，悉決於絛。凡京所判，皆絛為之，且代京入奏。由是恣為姦利，竊弄威柄。宰臣白時中、李邦彥惟奉行文書。"其罪蓋與京等。曾敏行《獨醒雜志》則載絛作《西清詩話》，多稱引蘇、黃諸人，竟以崇尚元祐之學，為言者論列。蓋雖盜權怙勢，而知博風雅之名者。陳振孫《書錄解題》稱《西清詩話》乃絛使其客為之。殆以蔡攸領袖書局，憒不知學，為物論所不歸，故疑修所著作亦出假手。然此書作於竄逐之後，黨與解散，誰與捉刀？而敍述舊聞，具有文采，則謂之驕恣紈袴則可，不能謂之不知書也。書中稱高宗為“今上”。“謝石相字”一條，稱“中原傾覆後二十一年”，為紹興十七年。“徽宗買茴香”一條，稱“中興歲戊辰”，為紹興十八年。又趙鼎亦卒於紹興十七年，而此書記鼎卒後，王趯坐調護鼎被劾罷官，過白州見修之事。是南渡後二十餘年尚謫居無恙，亦可云倖逃顯戮矣。修所作《北征紀實》二卷，述伐燕之事，陳振孫謂其歸罪童貫、蔡攸，為蔡京文飾。此書所敍京事，亦往往如是。如史稱：“京患言者議己，作御筆密進，乞徽宗親書以降①。”修則稱：“政和三四年上自攬權綱，政歸九重，皆以御筆從事。”史稱京由童貫以進，又稱宦官、宮妾合詞譽京，修則稱京力遏宦官，“遏之不得，更反折角”。史稱范祖禹、劉安世皆因京遠竄，修則謂京欲援復安世及陳瓘而不能，已則與祖禹子溫最相契。其巧為彌縫，大抵類此②。惟於其兄攸無怨詞。蓋以攸嘗劾修，又請京殺修故也。至於元祐黨籍，不置一語，詞氣之間頗與其父異趣。於三蘇尤極意推崇，而“丁仙現”一條乃深詆王安石新法，則仍其《西清詩話》之旨也。他如述九璽之源流、元〔玄〕圭之形製、九鼎之鑄造、三館之建置、大晟樂之宮律，及徽宗五改年號之義，公主初改帝嬴、後改帝姬之故，《宣和書譜》、《畫譜》、《博古圖》之緣起，記所目睹，皆較他書為詳核。以及辨禁中無六更之例、宮花有三等之別、俗諺“包彈”之始、粵人雞卜之法、諸葛氏筆、張滋墨、米芾研山、大觀端研、玻璃母、龍涎香、薔薇水、沈水香、合浦珠、鎮庫帶、藕絲燈、百衲琴、建溪茶、姚黃花諸條，皆足以資考證，廣異聞。又如陳師道《後山詩話》稱蘇軾詞“如教坊雷大使舞”，諸家引為故實，而不知雷為何人。觀此書，乃知為雷中慶，宣和中以善舞隸教坊。《三經新義》，宋人皆稱王安石，觀此書，乃知惟《周禮》為安石親筆，《詩》《書》二經實出王雱。又徽宗繪事，世稱絕藝，觀此書，乃知皆畫院供奉代為染寫，非真自作，尤歷來賞鑒家所未言③。其人雖不足道，以其書論之，亦說部中之佳本矣。《文獻通考》作五卷，此本實六卷，或《通考》為傳寫之誤歟？

【彙訂】

① "乞"，《宋史》卷四七二蔡京本傳原文及殿本作"丐"。

② 此三條《叢談》所記皆事實，並非文飾。（李裕民：《四庫提要訂誤》）

③ 書中僅卷六云："獨丹青以上皇自擅其神逸，故凡名手，多入內供奉，代御染寫，是以無聞焉耳。"非謂徽宗不能渲染，全恃捉刀，絕不自作。（余嘉錫：《四庫提要辨證》）

國老談苑二卷（浙江鮑士恭家藏本）

舊本題夷門隱叟王君玉撰。考陳振孫《書錄解題》、《宋史·藝文志》作《國老閒談》，卷數與此相合，而註稱夷門君玉撰，不著其姓。然則此名後人所改，"王"字亦後人所增也。是編所紀乃宋太祖、太宗、真宗三朝雜事①，於當時士大夫頗有所毀譽，尤推重田錫而貶斥陶穀②，其餘如馮拯諸人，俱不免於微詞。雖閒或抑揚過情，而大致猶據實可信。如"范質不受賂遺"、"竇儀議令皇弟開封尹署敕"③、"趙普請從征上黨"、"曹彬平蜀回，囊中惟圖書"諸條，《宋史》皆採入本傳中。他亦多敘述詳贍，足與史文相參考。惟記太祖清流關之戰，謂臨陣親斬偽驍將皇甫暉，不知暉兵敗見擒，送壽州行在，周世宗尚賜以金帶鞍馬，因創其不肯治而死,並非戮之陣前。又謂是時環滁僧寺皆鳴鐘,遂為定制。案滁人一日五時鳴鐘,乃後人感暉之義,以資追薦,亦非為太祖助戰而起。此則傳聞之譌異,未可概從。至謂太宗嚮用老成,寇準欲求速進,遂餌地黃、蘆菔以求白髮。恐準亦未必至是也。

【彙訂】

①《國老談苑》二卷,共八十八條。周中孚《鄭堂讀書記》卷六四《國老談苑》條云:"(是書)專記宋太祖、太宗、真宗、仁宗四朝遺事,而不及英宗朝,當即作於是時。"則不僅記三朝雜事也。考其書第十八條謂"仁宗在儲宮"云云,第十九條謂"仁宗既即位"云云,六十八條謂"魯宗道為參政"云云,第六十七條謂"天聖初,朝廷清明,賞罰必信"云云,皆係仁宗朝事,可知《鄭堂讀書記》所言乃確,乃四朝而非三朝也。(楊武泉:《四庫全書總目辨誤》)

② 書中記田錫僅三條,而記范質、魯宗道、查道各四條。(李裕民:《四庫提要訂誤》增訂本)

③ "令皇弟",殿本作"今皇帝"。此書卷一載:"趙普自樞密副使授集賢殿大學士。是時范質等皆罷相,中書絕曹,普授官敕,無人署字。太祖在資福殿,普因入奏其事。太祖曰:'卿但進來,朕為卿署字可乎?'普曰:'此有所行,非帝王所親之。'太祖俄曰:'卿問陶穀、竇儀,必有所說。'普乃召問之,儀曰:'唐文宗時,甘露事後,中書無宰相。然當時冊命輔相,即不知何人。今皇帝京尹官是中書令,此正宰相任也,署勅宜矣。'普入奏,遂命太宗署敕焉。"《宋史》卷二五六趙普本傳作"今皇弟",應據改。

道山清話一卷(內府藏本)

不著撰人名氏。《説郛》摘其數條刻之,題曰宋王暐。案書末有暐跋語云：“先大父國史在館閣最久，多識前輩，嘗以聞見著《館祕錄》、《曝書記》，並此書為三。仍歲兵火，散失不存。近方得此書於南豐曾仲存家，因手鈔藏示子孫。”後題“建炎四年庚戌，孫朝奉大夫、主管亳州明道宮、賜紫金魚袋暐書”。則撰此書者，乃暐之祖，非暐也。周輝《清波雜志》稱《成都富春坊火》詩乃洛中名德之後號道山公子者所作，亦不言其姓氏①。書中記元祐五年其父為賀遼國正旦使，論范純仁、呂公著事，歸奏哲宗。哲宗命寄書純仁。後純仁再相，哲宗問“曾見李某書否”。則撰此書者李姓，非王姓也。然考李燾《通鑑長編》，是年八月庚戌，命吏部郎中蘇注、户部郎中劉昱為正旦使，供備庫使郭宗顏、西京左藏庫副使畢可濟副之。後郭宗顏病，改遣西頭供奉官閤門陸孝立。無李姓者在其閒。而所稱去年范純仁出守潁昌，呂公著卒於位事。考二人本傳，實均在元祐四年，則“五年”字又不誤。不審其何故也，或“蘇”字、“劉”字傳寫譌為“李”歟？所記終於崇寧五年，則成書當在徽宗時。書中頗詆王安石之姦，於伊川程子及劉摯亦不甚滿。惟記蘇、黄、晁、張交際議論特詳。其為蜀黨中人，固灼然可見矣。其書皆記當代雜事。王士禎《居易錄》嘗譏其誤以兩張先為一。今考《歐陽修集·張子野墓誌銘》、《蘇軾集·張子野詩集跋》及《〈定風波〉引》，士禎之説信然。又所記陳彭年對真宗墨智、墨允出《春秋少陽》事，稱“上令祕閣取此書。既至，彭年令於第幾版尋檢，果得之”云云，其説頗誣。案《春秋少陽篇》，隋、唐《志》已不著錄，彭年安得見之？宋祕閣又何自有之？今考皇侃《論語疏》、陸德明《經典釋文》、邢昺《論語疏》皆引《春秋少陽》此條。其時尚未有昺疏，彭年所舉非陸氏書，則皇氏書耳。是則傳聞者失實，此書因而誤載也。

【彙訂】

①《清波雜志》卷八所記道山公子實為邵雍之曾孫，邵伯溫之孫。其父輩時代事蹟與此書所載不合，可知此書必非道山公子所著。（余嘉錫：《四庫提要辨證》）

墨客揮犀十卷（兵部侍郎紀昀家藏本）

宋彭乘撰。案北宋有兩彭乘，一為華陽人。真宗時進士，官至翰林學士。《宋史》有傳。其作此書者則筠州高安人，史不載其仕履，故始末無可考見。書中稱嘗為中書檢正。又稱至和中赴任邕州，而不言其為何官。又自稱嘗至儋耳。其所議論，大抵推重蘇、黃，疑亦蜀黨中人也。陳振孫《書錄解題》載此書十卷，續十卷，稱不知撰人名氏。今本為商濬刻入《稗海》者①，卷首直題彭乘姓名，蓋以書中所自稱名為據。而止有十卷，則已佚其續集矣②。書中如"陳瑩中言後苑牧貑豭"、"潘大臨作'滿城風雨近重陽'詩"、"彭淵材遊興國寺"諸條，惠洪所作《冷齋夜話》亦載之，皆全同其文，不易一字。惠洪本高安彭氏子，與乘同族同時，不應顯相蹈襲若此③。又如"魏舒詣野店"、"張華博物"、"傅融有三子"諸條，皆全錄《晉書》、《北魏書》原文，別無考證，亦不相類。疑原本殘闕，後人又有所竄入④。然於宋代遺聞軼事以及詩話、文評，徵引詳洽，存之亦頗資參考焉。

【彙訂】

①"商濬"，殿本作"商維濬"。

② 此書續集未佚，有傳鈔本。（余嘉錫：《四庫提要辨證》）

③《稗海》本此書卷六"淵材開井禁蛇"條注文曰："淵材姓彭名幾，即乘之叔也。"此條實出自惠洪《冷齋夜話》卷九，其《石

門文字禪》卷二八《又幾大祥看經》稱協律郎彭幾為亡叔，自稱姪苾芻，則惠洪與彭乘當為同一人。（周裕鍇：《宋僧惠洪交遊人物考舉隅》）

④ 全書實皆由採輯而成。主要出自《夢溪筆談》、《倦遊雜錄》、《遁齋閑覽》、《冷齋夜話》四書。（余嘉錫：《四庫提要辨證》；孔凡禮：《〈墨客揮犀〉點校說明》）

唐語林八卷（永樂大典本）

宋王讜撰。陳振孫《書錄解題》云："長安王讜正甫，以唐小說五十家，仿《世說》分三十五門，又益十七門為五十二門。"晁公武《郡齋讀書志》云："未詳撰人。效《世說》體，分門記唐世名言，新增《嗜好》等十七門，餘皆仍舊。"馬端臨《經籍考》引陳氏之言，入小說家，又引晁氏之言，入雜家。兩門互見，實一書也。惟陳氏作八卷，晁氏作十卷，其數不合。然陳氏又云《館閣書目》十一卷，闕《記事》以下十五門，另一本亦止八卷，而門目皆不闕。蓋傳寫分併，故兩本不同耳。讜之名不見史傳。考書中"裴佶"一條，"佶"字空格，註云"御名"。宋惟徽宗諱佶，則讜為崇寧、大觀間人矣①。是書雖倣《世說》，而所紀典章故實、嘉言懿行多與正史相發明，視劉義慶之專尚清談者不同。且所採諸書，存者亦少②，其裒集之功尤不可沒。明以來刊本久佚，故明謝肇淛《五雜俎》引楊慎語，謂"《語林》罕傳，人亦鮮知"。惟武英殿書庫所藏有明嘉靖初桐城齊之鸞所刻殘本，分為上、下二卷，自《德行》至《賢媛》止十八門。前有之鸞自序，稱："所得非善本。其字畫漫漶，篇次錯亂，幾不可讀。"今以《永樂大典》所載，參互校訂，刪其重複，增多四百餘條。又得原序目一篇，載所採書名及門類總目，當日體例尚可考見其梗概。惟是《永樂大典》各條散於逐韻之下，其本來門目難以臆求。謹略以時代為次，補於刻本之後，無時代者又後之，共為四卷。又刻本上、下二卷，篇頁過繁，今每卷各析為二。仍為八卷，以還其舊。此書久無校本，譌脫甚衆，文義往往難通。謹取新、舊《唐書》及諸家説部，一一詳為勘正。其必不可知者，則姑仍原本，庶不失闕疑之義焉。

【彙訂】

① 據《續資治通鑑長編》、《二程遺書·張繹師説》等，王讜為呂大防之壻，主要活動於熙寧至元祐間，應為神、哲時期人。若此書徽宗時刻印，也會將"佶"字空格。（李裕民：《四庫提要訂誤》）

②"亦"，殿本作"巳"。

楓窗小牘二卷（內府藏本）

不著撰人名氏。前有明海鹽姚士粦序，以書中所載"先三老"一條，證以洪适《隸釋》《袁良碑》，知其姓袁。又有"少長大梁"及"僑寓臨安"語，可知其鄉貫。其名則終莫得詳。查慎行註蘇軾《來鶴亭》詩，引為袁褧，未詳何據。褧實明人，疑慎行誤也。上卷記見崇寧間作大鬢方額，下卷言嘉泰二年月食事①。即以崇寧末年而計，亦相距九十七年。舊本題百歲老人，不誣也。所記多汴京故事，如艮嶽、京城、河渠、宮闕、戶口之類，多可與史傳相參，其是非亦皆平允。惟洪芻以搜括金銀之日，勢劫內人，徵歌佐酒，其罪不可勝誅。長流海島，宋法已為寬縱。此乃力辨其無辜，則紕繆之甚，不足徵據矣。

【彙訂】

①"月食"乃"日食"之誤。嘉泰乃寧宗年號，然書中兩稱孝

宗為今上,則此條當為後人所補。(李裕民:《四庫提要訂誤》)

南窗記談一卷(編修程晉芳家藏本)

不著撰人名氏。多記北宋盛時事。淳熙中袁文作《甕牖閒評》,已引其書,則作於孝宗以前。而中有"葉夢得問章惇濟"一條①,又有"近傅崧卿給事餽冰"云云。夢得為紹聖四年進士,高宗時終於知福州。崧卿為政和五年進士,高宗時終於中書舍人給事中。則是書當在南、北宋閒也②。中載葉景修述延祐戊午開元宮立虞集碑一條,乃元仁宗五年事③,殊不可解。檢核別本,此條獨低二格書之。乃知上一條記蔡寬夫在金陵,鑿地丈餘,得竈灰及朱漆匕箸事。元人讀是書者,因記王眉叟掘地丈餘,得花臺魚池事,批於其旁,故稱"與此事相同"云云。此事即指蔡寬夫事也。曹溶所藏之本,因傳寫者不究文義,一概錄作正文,故致是譌異耳。其書凡二十三條。袁文所引"衛大夫"一條,此本不載,蓋已非完書。然所記多名臣言行及訂正典故,頗足以資考證。惟"袁州女子登仙"一條、"龐籍見天書"一條,頗涉語怪。然籍見天書一事,《曲洧舊聞》已載之④。蓋宋人說部之通例,固無庸深詰者矣。

【彙訂】

① 書中此條作"葉石林問徐惇濟",徐惇濟即作者徐度之兄徐康,"章惇濟"誤。(岑仲勉:《跋〈南窗記談〉》)

② 崧卿既以高宗時所終給事中見稱,則其書最早不過高宗時完成,"當在南、北宋閒"云云,殊犯語病。(同上)

③ 元仁宗在位九年。先是建元皇慶,共二年。再為延祐共七年。若謂元仁宗五年時事,應是延祐三年。今卻謂延祐戊午,

乃延祐五年，元仁宗之第七年也。據《南窗記談》第二條述葉景修之語，乃是延祐戊午，王眉叟真人於清湖開元宮殿前立虞伯生所撰碑。今作"立虞集（即伯生）碑"，殊欠確切。應作"立虞集所撰碑"。（楊武泉：《四庫全書總目辨誤》）

④ "已"，殿本作"亦"。"葉石林問徐惇濟"、"傅崧卿饋冰"、"蔡寬夫鑿地"三條亦載於《曲洧舊聞》。（余嘉錫：《四庫提要辨證》）

過庭錄一卷（內府藏本）

宋范公偁撰。公偁仕履未詳。據其所言，乃仲淹之元孫，而不言其曾祖為誰。觀其稱純禮為右丞，純粹為五侍郎，則必非純禮、純粹二人之後。純祐惟一子曰正臣，官太常寺太祝，與所言祖光祿者不合，則亦非純祐之後。考《純仁傳》末稱二子正平、正思，此書皆稱為伯祖，則併似非純仁後。惟《純仁傳》中有"沒之日，幼子、五孫皆未官"語。《正平傳》中亦稱"以遺澤官推與幼弟"。後蔡京興偽造純仁行狀之獄，正思與正平爭承。則純仁沒時，正思已不年幼。知純仁尚有一幼子，光祿即所蔭之官。公偁之父蓋即其子。書中稱其於純仁沒後，未及釋服而卒，故後來不預行狀事，而史遂但稱純仁子二人耳。以是推之，知為純仁之曾孫也①。其書多述祖德，皆紹興丁卯、戊辰間聞之其父，故命曰"過庭"。語不溢美，猶有淳實之遺風。惟純禮自政府出守潁昌，史以為王詵之譖，此則以為中官閻守忠之譖。則未知孰是也。中亦閒及詩文雜事，如記宋祁論杜詩"實下虛成"語，記蘇軾論中岳畫壁似韓愈《南海碑》語，皆深有理解。其他蘇、黃集外文及燕照鄰、崔鷗諸人詩詞，亦多可觀。獨《黃鬚翁傳》即李靖、虬髯客事，而稱為已佚之異書，則偶誤記耳。

【彙訂】

①曾肇《范忠宣公世濟忠直之碑》載純仁五子，長正明，次正平，次正思，次正路，次正國，正明、正路皆前卒。公偁自言為光祿之孫，"忠宣捐館許下，服中先光祿卒"，則其祖當卒於建中、崇寧中之間，不得至南宋尚存，決非紹興中為官之正國可知。又稱子正為六伯祖，子夷為七伯祖，而於其祖則述忠宣語稱為八郎。子正，正明字也，子夷，正平字也，則八郎為正思可知。史、碑不言其官位，略也。則公偁之祖乃正思。（陸心源：《儀顧堂題跋》）

　　萍洲可談三卷（永樂大典本）

　　宋朱彧撰。彧字無惑，烏程人。是書《文獻通考》著錄三卷，而左圭刻入《百川學海》①、陳繼儒刻入《祕笈》者，均止五十餘條，不盈一卷。陶宗儀《説郛》所錄更屬寥寥。蓋其本久佚，圭等特於諸書所引②，掇拾殘文，以存其概，皆未及睹三卷之本也。惟《永樂大典》徵引頗繁，哀而輯之，尚可復得三卷。謹排纂成編，以還其舊。雖散佚之餘，重為綴緝，未必毫髮無遺。然較左、陳諸家所刊③，幾贏四倍。約略核計，已得其十之八九矣。彧之父服，元豐中以直龍圖閣歷知萊、潤諸州，紹聖中嘗奉命使遼，後又為廣州帥。故彧是書多述其父之所見聞，而於廣州蕃坊市舶言之尤詳。考之《宋史》，服雖坐與蘇軾交遊貶官，然實非元祐之黨。嘗有隙於蘇轍，而比附於舒亶、呂惠卿。故彧作是書，於二蘇頗有微詞，而於亶與惠卿則往往曲為解釋。甚至元祐垂簾，有"政由帷箔"之語。蓋欲回護其父，不得不回護其父黨,既回護其父黨,遂不得不尊紹聖之政而薄元祐之人。與蔡絛《鐵圍山叢談》同一用意,殊乖是非之公。然自此數條以外,所記土俗民風、朝章國典,皆頗足以資考證。即軼聞瑣事,亦往往有裨勸戒。較他小説之侈神怪、肆詼嘲,徒供談噱之用者,猶有取焉。

【彙訂】

①"左圭刻入百川學海",殿本作"明代商維濬刻入稗海",誤。《稗海》未收《萍洲可談》。

②"圭",殿本作"維濬",誤。

③"左陳",殿本作"明代"。

高齋漫錄一卷(永樂大典本)

宋曾慥撰。慥有《類説》,已著錄。《類説》自序以為小道可觀,而歸之於資治體,助名教,供談笑,廣見聞。其撰述是書,亦即本是意。上自朝廷典章,下及士大夫事蹟,以至文評、詩話,詼諧、嘲笑之屬,隨所見聞,咸登記錄。中如給舍之當服緋帶,不歷轉運使之不得為知制誥,皆可補史志所未備。其徵引叢雜,不無瑣屑,要其可取者多,固遠勝於游談無根者也。陳振孫《書錄解題》載此書二卷①,世尟流傳。近時曹溶嘗採入《學海類編》,而祇存五頁。蓋自他書鈔撮而成,姑以備數,遺漏宏多。今從《永樂大典》各韻中捃摭裒輯,視溶所收多踰什之三四。其或溶本有之,而《永樂大典》失載者,亦參校補入。略用時代銓次,合為一卷。雖未必慥之完帙,然大略亦可睹矣。

【彙訂】

① 輯本《直齋書錄解題》未錄此書。(昌彼得:《説郛考》)

默記三卷（兩淮馬裕家藏本）

宋王銍撰。銍有《補侍兒小名錄》，已著錄。此編多載汴都朝野遺聞，末一條乃考正陳思王《感甄賦》事。周煇《清波雜志》嘗疑其記尹洙扼吭之妄。又其中所引《江南野史》李後主、小周后事，參校馬、陸二家《南唐書》無此文，則亦不能無誤[1]。然銍熟於掌故，所言可據者居多。如宋太祖以周世宗幼子賜潘美為子事[2]，似不近理，而證以王鞏所記，乃併其子孫世系一一有徵。則尹洙事或傳者已甚，鞏未察而書之，小周后事則今本《江南野史》已非完書，其文在佚篇之內，均未可知[3]，未必盡構虛詞也。惟所記王朴引周世宗夜至五文河旁，見火輪小兒，知宋將代周一事，涉於語怪，頗近小說家言，不可據為實錄耳。

【彙訂】

① "又其中所引江南野史李後主"至"則亦不能無誤"一段，殿本無。此書卷下所記小周后事為隨後主入宋後例隨命婦入宮，明言引自龍袞《江南錄》，而《江南野史》與馬、陸二家《南唐書》所記為後主納小周后事。殿本刪之有理。（馬斗全：《〈四庫全書總目提要〉訂誤二則》）

② 殿本"事"上有"一"字。

③ "小周后事則今本江南野史已非完書"至"均未可知"一段，殿本無。

揮麈前錄四卷後錄十一卷第三錄三卷餘話二卷（河南巡撫採進本）

宋王明清撰。明清字仲言，汝陰人。慶元中，寓居嘉興。《書錄解題》稱其官曰朝請大夫，《宋詩紀事》則曰泰州倅，未詳孰是也[①]。是編皆其劄記之文。《前錄》為乾道丙戌，奉親會稽時所紀，多國史中未見事。自跋謂“記憶殘闕，以補册府之遺”是也。末附沙隨程迥、臨汝郭九惠二跋，李壐一簡，及慶元元年實錄院移取《揮麈錄》牒文二道[②]。《後錄》為紹熙甲寅，武林官舍中所紀，有海陵王禹錫跋。《第三錄》為慶元初請外時所紀，於高宗東狩事獨詳。《餘話》兼及詩文、碑銘，補前三《錄》所未備，有浚儀趙不譾跋。晁公武《讀書志》云“總二十三卷”，今止二十卷；《文獻通考》云“《前錄》三卷”，今四卷；《後錄》自跋云“釐為六卷”，今多五卷。蓋久經後人分併，故卷帙不齊如此。明清為王銍之子，曾紆之外孫，紆為曾布第十子，故是《錄》於布多溢美。其記王安石没，有神人幢蓋來迎，而於米芾極其醜詆，尤不免軒輊之詞。趙彥衛《雲麓漫鈔》嘗議其載張耆宴侍從諸臣事，為不近事理；王士禎《古夫于亭雜錄》亦議其載歲祀黃巢墓事，為不經之談。然明清為中原舊族，多識舊聞。要其所載，較委巷流傳之小説終有依據也。

【彙訂】

①《津逮祕書》本《揮麈前錄》有自跋，謂“淳熙乙巳中元日朝請大夫主管台州崇道觀汝陰王明清書”，又附刻實錄院牒中稱“泰州通判王明清”云云，則《直齋書錄解題》與《宋詩紀事》所云各有所本。（余嘉錫：《四庫提要辨證》）

②“元年”，底本作“二年”，據汲古閣影宋抄本此書卷首牒文及殿本改。

玉照新志六卷（內府藏本）

宋王明清撰。此書多談神怪及瑣事，亦閒及朝野舊聞及前人逸作①。所載胡舜申《己酉避亂錄》②,頗詆諆韓世忠,明清不為置辨。蓋當時相去甚近,毀譽糾紛,尚未論定。"宋齊愈獄牘"一條,深不滿於李綱,則《朱子語類》亦有是語,非好詆諆正人。他如王堯臣《諫取燕雲疏》、李長民《廣汴都賦》、姚平仲《擬劫寨破敵露布》,皆載其全文,足資參證③。又如載曾布《馮燕·水調歌頭排遍》七章,為詞譜之所未載,亦足以見宋時大曲之式。蓋明清博物洽聞,兼嫻掌故,故隨筆記錄,皆有裨見聞也。其曰《玉照新志》者,自序謂"得一玉照於永嘉鮑子正,又獲米南宮書'玉照'二字,揭之寓舍",因以名其所著書云。

【彙訂】

① 全書九十四條,以述朝野舊聞為主,且均言之有據,涉及神怪者僅數條。(李裕民:《四庫提要訂誤》增訂本)

② "己酉避亂錄",殿本作"己酉避亂記",誤。此書卷四引作《己酉避亂錄》,《總目》卷六四著錄亦同。

③ 王堯臣没於仁宗朝,而伐燕、雲是徽宗朝事,前後相懸。《三朝北盟會編》卷二具載其疏,又云:"政和八年五月二十七日戊申,廣安軍草澤臣安堯臣上書,乞寢燕、雲兵事。"《宋史·鄭居中傳》、《輿地紀勝》卷一六五等皆記其事,足證堯臣之姓是安而非王。(葉廷琯:《吹網錄》;余嘉錫:《四庫提要辨證》)

投轄錄一卷(內府藏本)

宋王明清撰。是書乃其晚年所作①。見於《書錄解題》者一卷,與此本相同。其以"投轄"為名者,陳振孫謂:"所記皆奇聞異事,客所樂聽,不待投轄而留也。"所列凡四十四事,大都掇拾叢碎,隨筆登載,不能及《揮塵錄》之援據賅洽,有資考證。然故家文獻，所言多信而有徵，在小説家中，猶為不失之荒誕者。惟第六條之首原闕四行，乃傳寫者所脱佚，今已不可考矣②。書中於每條之下多註所聞之人。今考其"江彦文"一條，下註"聞之陸務觀"；"任蓋臣"、"虹縣良家子"二條，下註"聞之僧祖秀"。祖秀乃宣和舊人，即作《艮嶽記》者，明清猶及見之，而又下見陸游。其稱"己未歲，金人歸我河南地"者，為高宗紹興九年；又稱"甲戌歲"者，乃寧宗嘉定七年。則明清之老壽，可以概見③。宜其於軼聞舊事，多所諳悉也。

【彙訂】

①《説郛》卷三九有《投轄錄》四條，前有明清自序，末題紹興己卯（1159）十月。其時年甫三十有三。平生著作，此為最早。（余嘉錫：《四庫提要辨證》）

② 據書前自序，共四十九事，《四庫》本缺《張宗顏》、《鄔志完》、《衡洲老人》、《李氏女》四事，《尼法悟》（第七條）前亦有缺。（余嘉錫：《四庫提要辨證》；李劍國：《宋代志怪傳奇敍錄》）

③ 據自序，此書成於紹興二十九年，不宜有嘉定七年之事。書中所謂"甲戌歲"者，蓋紹興二十四年。僧祖秀《艮嶽記》作於靖康間，下距紹興不久，陸游長於王明清二歲，則著此書時不害其上見祖秀下見陸游也。（余嘉錫：《四庫提要辨證》）

張氏可書一卷（永樂大典本）

案《張氏可書》，《宋史·藝文志》、陳振孫《書錄解題》、晁公武《讀書志》皆不著錄。《文淵閣書目》載有一册，亦不詳撰人名氏。惟《愛日齋叢鈔》引其中司馬光、文彦博論僧換道流一事，稱為"張知甫《可書》"。知甫不知何許人。今考書中所紀，有"僕頃在京師,因幹出南薰門"事,又有見海賈鬻龍涎香於明節皇后閤事。是在宣和之初,嘗官汴京。中閒復有紹興丁巳、戊午紀年,及劉豫僭號中原事,則入南渡後二十餘年矣[1]。蓋其人生於北宋末年,猶及見汴梁全盛之日,故都遺事,目擊頗詳。迨其晚歲,追述為書,不無滄桑今昔之感。故於徽宗時朝廷故實紀錄尤多,往往意存鑒戒。其餘瑣聞佚事,為他說家所不載者,亦多有益談資。雖詼諧神怪之說雜廁其閒,不免失於冗雜,而案其本旨,實亦孟元老《東京夢華錄》之流,未嘗不可存備考覈也。其書原本已佚,今據《永樂大典》收入各韻內者,採掇裒輯,共得五十條[2],謹編為一卷,以存其概云。

【彙訂】

[1] 紹興戊午(1138)距南渡十二年,劉豫至紹興七年丁巳廢,皆不得謂"南渡後二十餘年"。(李裕民:《四庫提要訂誤》)

[2] 此書今存明穴硯齋抄本,一百一十四則。文淵閣《四庫》本實為五十一則。(孔凡禮:《〈可書〉點校說明》)

聞見前錄二十卷(內府藏本)

宋邵伯溫撰。伯溫有《易學辨惑》,已著錄。伯溫藉邵子之緒,猶及見元祐諸耆舊,故於當時朝政具悉端委。是書成於紹興二年。前十六卷記太祖以來故事,而於王安石新法始末及一時同異之論,載之尤詳。其論洛、蜀、朔三黨相攻,惜其各立門戶,授小人以閒。又引程子之言,以為變法由於激成,皆平心之論。其記燈籠錦事出文彥博之妻,於事理較近。其記韓、富之隙由撤簾不由定策,亦足以訂強至《家傳》之譌。周必大跋《呂獻可墓誌》,謂伯溫是書"頗多荒唐,凡所書人及其歲月,鮮不差誤"。殆好惡已甚之詞，不盡然也。十七卷多記雜事，其洛陽、永樂諸條，皆寓麥秀黍離之感。十八卷至二十卷皆記邵子之言行，而殤女轉生、黑猿感孕，意欲神奇其父，轉涉妖誣。又記邵子之言，謂老子得《易》之體，孟子得《易》之用，文中子以佛為西方聖人，亦不以為非，似乎附會。至投壺一事，益猥瑣不足紀。蓋亦擇焉不精者，取其大旨可耳。

清波雜志十二卷別志三卷（內府藏本）

宋周煇撰。煇字昭禮，邦彥之子[①]。厲鶚《宋詩紀事》附載馬曰琯之言曰：“舊本《清波雜志》有張貴謨序，書中‘煇’俱作‘輝’，應從之。”案是編為影宋精本，書中俱作“煇”，張貴謨序亦存。恐曰琯所見者，或轉是譌本。煇自題曰淮海人，而《兩浙名賢錄》載之。書中有“祖居錢塘後洋街”語，則煇實自浙遷淮也[②]。是書之末有張斯中、張訢、陳晦、楊寅、張巖、龔頤正、徐似道等七跋[③]，皆同時人。似道稱煇為處士。然煇曾試宏詞，奏名見之書中，或當時未就官耶[④]？《別志》又自稱嘗至金國，益不可解，或隨出使者行也。清波為杭州城門之名，紹興中煇寓其地，因以名書[⑤]。所記皆宋人雜事。方回《桐江續集》力詆其尊王安石之非。考書中稱煇之曾祖與安石為中表，蓋親串之間，不無回護，猶之王明清《揮麈》諸錄，曲為曾布解耳[⑥]。知其私意所在則可，以此盡廢其書，則又門戶之見矣。是書原本十二卷，商濬《稗海》作三卷[⑦]。蓋明人刊本多好合併刪削，不足為異。諸跋並稱二志，惟龔頤正跋作三志。考宋人著書，率以前、後、別、續、新分為五集，則《別志》之前似乎當有《後志》。然《別志》中但稱《前志》，不及《後志》。嘉靖戊申姚舜牧跋亦但稱《雜志》十二卷，《別志》三卷。則自明以來，惟此兩集，或頤正跋"三"字誤歟？

【彙訂】

①《宋詩紀事》卷五八云："邦之子，樞密麟之之族姪。"同書卷四一有周邦小傳，而周邦彥別見於卷二八。（余嘉錫：《四庫提要辨證》）

② 周氏之先，自鄆遷海陵，見《臨川集》卷九六《尚書屯田員外郎周君墓誌銘》。煇自言祖居錢塘，蓋僑寓也。（同上）

③ "張斯中"乃"章斯才"之誤。（同上）

④ 書中未記周煇曾試博學宏詞，提要或誤以周麟之事當之。且縱以布衣試宏詞入下等，於例亦應賜同進士出身。宋制，凡賜出身，無不授官，尚得稱處士乎？（同上）

⑤ 周煇自序題紹熙壬子，張貴謨序、陳晦跋題紹熙癸丑，則"紹興"乃"紹熙"之誤。（同上）

⑥ 書中於王安石殊不見有推尊之處，反多不滿之辭。如卷二謂其《日錄》"凡舊德大臣不附己者，皆遭詆毀。論法度有不便於民者，皆歸於上；可以垂耀後世者，悉己有之"。（同上）

⑦ "商濬"，殿本作"商維濬"。

雞肋編三卷（江西巡撫採進本）

宋莊季裕撰。季裕名綽，以字行①，清源人。其始末未詳。惟呂居仁《軒渠錄》記其狀貌清癯，人目為細腰宮院子。又薛季宣《浪語集》有季裕《筮法新儀》序，亦皆不著其生平。據書中年月，始於紹聖，終於紹興，蓋在南、北宋之間。又"尹孝子"一條自稱嘗攝襄陽尉，又"原州棠樹"一條稱"作倅臨涇"，"李健食糟蟹"一條稱官於順昌，"瑞香亭"一條稱官於澧州，其為何官，則莫可考矣。此書前有自序，題"紹興三年二月五日"，而所記有紹興九年事②。疑書成之後，又續有所增。世無刊本，陶宗儀《説郛》僅錄其二三十條。此本較《説郛》所載約多五倍，後有至元乙卯仲春月觀陳孝先跋曰③："此書莊綽季裕手集也。綽博物洽聞，有《杜集援證》、《灸膏肓法》、《筮法新儀》行於世。聞其他著述尚多，惜未之見。此書經秋壑點定，取以為《悦生隨鈔》，而譌謬最多，因為是正如右。然塙之如塵，尚多有疑誤。"云云。蓋猶季裕之完本也。季裕之父在元祐中與黃庭堅、蘇軾、米芾諸人游④，季裕猶及識芾及晁補之，故學問頗有淵源，亦多識軼聞舊事。書中如不知《龍城錄》為同時王銍所作⑤，反據以駁《金華圖經》之類，閒失考證。然可取者多。其記遼、宋誓書一條，大旨以和議為主，亦各抒所見⑥。季裕方浮沈郡縣，與當時朝士附合秦檜者固自有殊。統觀其書，可與後來周密《齊東野語》相埒，非《輟耕錄》諸書所及也。

【彙訂】

① 莊氏自撰詩文結銜及宋人記事之書，稱其姓名皆曰莊綽，無稱季裕者，則未嘗以字行也。（余嘉錫：《四庫提要辨證》）

② 本書卷上云元祐中，則記事始於元祐，不始於紹聖。卷下言廖剛為秦檜所逐，據《建炎以來繫年要錄》卷一三六，事在紹興十年六月，則亦不止於紹興九年。（同上）

③ "至元乙卯"當為"至元己卯"之訛。（同上）

④ 莊綽之父名公岳，蘇、黃二家集中曾無一語及其姓名，雖有簡札往還，不過人事酬應之常，其文並不見於本集。即米芾之於公岳，亦因身為僚屬，職事所關，不能不相見耳。遽據之以為與黃、蘇、米諸人遊，非也。（同上）

⑤《龍城錄》非王銍所撰，説詳卷一四四《龍城錄》條訂誤。

⑥ 遼、宋誓書一條，乃目覩汴都之破，麥秀黍離，痛定思痛，追原禍始，由於與遼、金先後失信，以致四海之人肝膽塗地。故有慨乎其言之，本不為南渡後和議而發。（余嘉錫：《四庫提要辨證》；司馬朝軍：《〈四庫全書總目〉精華錄》）

聞見後錄三十卷（江西巡撫採進本）

宋邵博撰。博字公濟，伯温子也。是編蓋續其父書，故曰《後錄》。其中"論復孟后"諸條，亦有與《前錄》重出者。然伯温所記多朝廷大政，可裨史傳。是書兼及經義、史論、詩話，又參以神怪俳諧，較《前錄》頗為瑣雜。又伯温書盛推二程，博乃排程氏而宗蘇軾。觀所記游酢、謝良佐之事，知康節没後，程氏之徒欲尊其師而抑邵，故博有激以報之。蓋怙權者務爭利，必先合力以攻異黨，異黨既盡，病利之不獨擅，則同類復相攻；講學者務爭名，亦先合力以攻異黨，異黨既盡，病名之不獨擅，則同類亦相攻。固勢之必然，不足怪也。至其彙輯疑孟諸説至盈三卷，證《碧雲騢》真出梅堯臣手，記王子飛事稱佛法之靈，記湯保衡事推道教之驗，論晏殊薄葬之非，詆趙鼎宗洛學之謬，皆有乖邵子之家法。他若以元稹詩作黄巢之類，引據亦頗疏略。惟其辨宣仁之誣、載司馬光集外章疏之類，可資考訂。議《通鑑》削屈原之非，駁王安石取馮道之謬，辨《伊川易傳》非詆垂簾，證紹興玉璽實非和璧，論皆有見。談詩亦多可採。宋人説部，完美者稀，節取焉可矣①。

【彙訂】

① "矣"，殿本作"耳"。

北窗炙輠錄一卷（浙江鮑士恭家藏本）[1]

宋施德操撰。德操有《孟子發題》，已著錄。是書"炙輠"之名，蓋取義淳于髡事。然所記多當時前輩盛德可為士大夫觀法者，實不以滑稽嘲弄為主，未審何以命此名也[2]。德操與張九成友善，故《孟子發題》附刻於《橫浦集》末。其學問則九成純耽禪悅，德操多稱道二程，雖閒一及蘇氏，而不甚鄭重。其第一條即言王氏新法由於激成，以闡明程子之意，則宗洛而不宗蜀，其微意固可概見。惟林靈素妖妄蠱惑，實方士中桀黠之雄，而德操稱其有活人之心，未免好為異論。又解《孟子》"萬物皆備"一條，尤近荀卿性惡之旨。其橫浦之學偶相漸染，故立是異說歟？瑕瑜不掩，分別觀之可也。德操病廢終身，行事無所表見，志乘至不載其姓名[3]，其書明以來傳本亦稀。朱彝尊始得是本於海鹽，乃稍稍傳鈔流播。殘編蠹蝕，幾佚幸存，亦可云希覯之祕笈矣。

【彙訂】

① 文淵閣《四庫》本為上、下二卷。（沈治宏：《中國叢書綜錄訂誤》）

②《史記·孟荀列傳》載淳于髡久與處，時有得善言。故比作炙輠器，炙之雖久，其膏不盡。取為書名乃高臥北窗下，與賓客談論，時復得其善言，遂援筆記錄之意。（余嘉錫：《四庫提要辨證》）

③《咸淳臨安志》卷七十六有施德操傳。（同上）

步里客談二卷（永樂大典本）

宋陳長方撰。長方字齊之，侯官人[1]。紹興戊午進士第，官江陰縣學教授[2]。初，長方父俁為洪州錄事，卒於官。長方奉母

居吳，依其外祖太僕寺卿林旦，家於步里，遂以名書。《宋史·藝
文志》載陳唯室《步里客談》一卷。唯室即長方之別號，蓋《宋史》
荒謬，未考其名。胡伯能作《長方行狀》，稱所著有《步里談録》二
卷，亦即此書。蓋初名《談録》，後乃改今名也。所記多嘉祐以來
名臣言行，而於熙寧、元豐之閒邪正是非，尤三致意。其論元祐
黨人不皆君子，足破假借標牓之習。其引陳瓘與楊時書，譏欲裂
白麻之非禮，亦深明大體，所見迥在宋人之上。至於評論文章，
頗多可採。如謂陳師道“李杜齊名吾豈敢，晚風無樹不鳴蟬”句
與黃庭堅“坐對真成被花惱，出門一笑大江横”句，皆學杜甫《縛
雞行》，而陳為不類。又引王剛中語，謂“文字使人擊節賞嘆，不
如使人肅然起敬”，又謂“文章態度如風雲變滅，水波成文，直因
勢而然”，以議蘇軾數擬《盤谷序》之非，皆為有見。至謂“月自有
光，非受日之光”一條，由不知推步之術；謂“腎無左右”一條，由
不知診候之方，置之不論可矣。此書《宋志》作一卷，與胡伯能
《狀》不合③，蓋傳寫之誤。今散見《永樂大典》者，裒而輯之，尚
得五十八條④。謹以類排纂，從胡伯能所記，仍釐為二卷。

【彙訂】

①　陳長方之原籍有三説：《總目》謂為侯官人；朱彝尊《經義
考》卷一八六“陳氏長方《春秋傳》”條引張昶曰：“其先長樂人，居
吳中步里。”《寰宇通志》卷四五福州府人物科甲條，以陳佚、長方
父子均為閩縣人。宋梁克家《淳熙三山志》卷二六至二七《人
物·科名篇》載長方、長方父佚、佚之曾祖清、清之弟易則，均為
閩縣人。《三山志》時代，極近陳長方。梁克家為泉州晉江人，地
近福州。陳長方為紹興八年進士，梁為紹興三十年狀元，時代相
接，所記必確。萬曆《福州府志》卷一六《選舉志》、陸心源《宋史

翼》卷二三《陳長方傳》引《福建通志》，均以為閩縣人。蓋其人原籍福建閩縣，後移居吳中步里也。（楊武泉：《四庫全書總目辨誤》）

②"江陰縣學教授"，殿本作"江州軍學教授"。據胡伯能《陳唯室先生行狀》（陳長方《唯室集》附錄），實授江陰軍學教授。《淳熙三山志》卷二八《人物類三·科名》紹興八年戊午黃公度榜有陳長方，"侁之子，字齊之，終宣教郎、江陰軍教授"。

③"狀"，殿本作"行狀"。

④《四庫》輯本實為六十條。（李裕民：《四庫提要訂誤》）

桯史十五卷（浙江鮑士恭家藏本）

宋岳珂撰。珂有《九經三傳沿革例》，已著錄。是編載南、北宋雜事，凡一百四十餘條。其閒雖多俳優詼謔之詞，然惟"金華士人"、"看命司"諸條不出小說習氣①，為自穢其書耳。餘則大旨主於寓褒刺，明是非，借物論以明時事，非他書所載徒資嘲戲者比。所記遺事，惟張邦昌、劉豫二冊文可以不存。又"康與之題徽宗畫"一條為張端義《貴耳集》所駁，"敖陶孫譏韓侂胄詩"一條與葉紹翁《四朝聞見錄》互異，亦偶然失實。至於石城堡塞、汴京故城諸條，皆有關於攻取形勢。他如湯岐公罷相、施宜生、趙希先節概②、葉少蘊內制、乾道受書禮、范石湖一言悟主、紫宸廊食、燕山先見、大散論賞書、秦檜死報、鄭少融遷除、任元受啟、陳了翁始末、開禧北征、二將失律、愛莫助之圖、慶元公議、黃潛善諸條，皆比正史為詳備。所錄詩文，亦多足以旁資考證。在宋人說部中③，亦王明清之亞也。惟其以《桯史》為名，不甚可解。考《說郛》載柳珵《常侍言旨》，其第一條記明皇遷西內事，末云"此事本在朱崖太尉所續《桯史》第十六條内",則李德裕先有此名,案,此書《唐志》不著錄,疑即德裕《次柳氏舊聞》之別名也。珂蓋襲而用之④。然《考工記》曰:"輪人為蓋,達常為圍三寸,桯圍倍之。"註曰:"桯,車杠也。"《説文解字》曰:"桯,牀前几也。"皆與著書之義不合。至《廣韻》訓為碓桯,《集韻》訓與"楹"同,義更相遠。疑以傳疑,闕所不知可矣⑤。毛晉刻本末有附錄一卷,前為《岳飛傳》及飛遺文⑥,併珂詩文各一首,已與此書無關。又附明劉瑞《孝娥井銘》、《王公祠記》各一篇,尤足驗非此書所舊有。今併删之,庶不淆簡牘焉。

【彙訂】

① "看",底本作"著",據殿本改。此書卷五有"看命司"條。

② 此書卷三有"趙希光節概"條,"趙希先"誤。

③ 殿本"中"上有"之"字。

④ 《常侍言旨》原文作"柳史",非"桯史",説詳卷一四〇《次柳氏舊聞》條訂誤。

⑤ 嘉定七年岳珂自序云:"亦齋有桯焉,介几間,髹表可書,余或從搢紳間聞聞見見歸,倦理鉛槧,輒記其上。編已,則命小史錄藏去,月率三五以為常。每竊自恕,以為公是公非,古之人莫之廢也,見睫者不若身歷,滕口者不若目擊,史之不可已也審矣。"敍其取義甚明。(胡玉縉:《四庫全書總目提要補正》)

⑥ "為",殿本作"有"。

獨醒雜志十卷(兩淮鹽政採進本)

宋曾敏行撰。敏行字達臣,自號浮雲居士,又曰獨醒道人,又曰歸愚老人,吉水人。吉水屬廬陵郡,故又自題曰廬陵。曾祖孝先,祖君彥,皆當熙寧之時不肯以新學干科第。故敏行守其家法,多與正士游,胡銓、楊萬里、謝諤皆其友也①。年甫二十,以病廢不能仕進,遂專意學問,積所聞見成此書。其子三聘編為十卷,以樊仁遠所作《行狀》及銓所作《哀詞》附後,萬里序之,諤跋之。後趙汝愚、周必大、樓鑰亦皆為之跋②。書中多紀兩宋軼聞,可補史傳之闕。閒及雜事,亦足廣見聞。於南渡後劉、岳諸將皆深相推挹,而於秦檜則惟記與翟汝文訐爭一事,亦不甚置是非。於秦熺登第一事,亦僅借崔頎以寓之。考敏行卒於淳熙二年,去檜未遠,殆猶有所避歟③?書中稱風鳶造自韓信,而不言所據。案唐李尤《獨異志》載有是說,小說妄談,於古無徵。又唐改正月晦日為中和節,載於《鄴侯家傳》。當時嘗以命題試士,其詩載於《文苑英華》,本非僻事。而試官謬舉清明寒食之說,敏行亦不能糾正,蓋以記錄為主,不以考證為主也。他如仁宗朝二衛士論貴賤事④,乃因《朝野僉載》唐魏徵事而影撰;案,此事先載《能改齋漫錄》中,《賓退錄》嘗辨之。京師知術者埋金事,乃因《國史補遺》晉隗炤事影撰,見《太平廣記》二百十六卷。敏行皆不辨而述之。又蔡絛勒停,乃為其兄攸所軋,見《宋史·蔡京傳》,而云以《西清詩話》為言者所劾;偽呂洞賓詩乃福州黃待聘所撰,當時已捕斬於馬行街,見耿延禧《林靈素傳》,案,此傳載《賓退錄》第一卷。而云真有洞賓現化事,尤失之不考。至於欲以人挽獨輪車為陣,尤如兒戲,其謬更甚於房琯。楊萬里序乃盛稱之,可謂舍所長而譽所短矣。

【彙訂】

① 此書末附胡銓《曾達臣哀詞》云:"予聞龍溪浮雲居士曾達臣義方之訓舊矣,恨不識其面。"可知胡氏與之並不相識。(李裕民:《四庫提要訂誤》增訂本)

② 此書所附尚有陳傅良、尤袤所作跋。（同上）

③ 書中卷七記紹興和議後，“據要途者皆阿附時宰以為悦”，時宰顯指秦檜。其所避當為退位太上皇後，至淳熙十四年才去世的高宗。（同上）

④ “他”，底本作“但”，據殿本改。

耆舊續聞十卷（浙江鮑士恭家藏本）

案此書世有二本。一本題曰“南陽陳鵠錄正”，似乎舊有此書，鵠特繕寫校勘之，一本題曰“陳鵠西塘撰”，則又為鵠所自作，疑不能明。然諸書援引，並稱陳鵠《耆舊續聞》，或題鵠撰者近之歟？鵠始末無考。書中載陸游、辛棄疾諸人遺事，又自記嘗與知辰州陸子逸遊，則開禧以後人也。所錄自汴京故事及南渡後名人言行，捃拾頗多。閒或於條下夾註書名及所說人名字，蓋亦雜採而成。其閒如“政和三年與外弟趙承國論學”數條，乃出呂好問手帖，而雜置諸條之中①，無所辨別，竟似承國為鵠之外弟。又稱朱翌為待制公，陸軫為太傅公，沿用其家傳舊文，不復追改，亦類於“不去葛龔”。然所據皆南渡以後故家遺老之舊聞，故所載多元祐諸人緒論，於詩文宗旨具有淵源。又如駁《苕溪漁隱叢話》議東坡《卜算子》詞之非，據宋祁奏議摘歐陽修撰《薛參政墓誌》之誤，亦頗有考據。雖叢談瑣語，閒傷猥雜，其可採者要不少也。

【彙訂】

① “置”，殿本作“記”。

四朝聞見錄五卷（江蘇巡撫採進本）

宋葉紹翁撰。紹翁自署龍泉人。又書中載程公許與論真德秀諡議手柬，字之曰靖逸。而厲鶚《宋詩紀事》稱其字嗣宗，建安人，與自述互異。考所載"高宗航海"一條自稱本生祖曰李穎士，建之浦城人，則建安其祖籍歟？其歷官始末無考。觀所記"庚辰京城災，周端朝諷其論事"一條，及與"真德秀私校殿試卷"一條，則似亦嘗為朝官。其所居何職則不可詳矣。所錄分甲、乙、丙、丁、戊五集，凡二百有七條。甲、乙、丙、戊四集皆雜敍高、孝、光、寧四朝軼事，各有標題，不以時代為先後。惟丁集所記僅寧宗受禪、慶元黨禁二事，不及其他。紹翁與真德秀遊，故其學一以朱子為宗。然"賣武夷山"一條乃深惜朱在之隳其家聲，案，在，朱子之子，時官戶部侍郎。無所隱諱。則非攀援門戶者比，故所論頗屬持平。南渡以後，諸野史足補史傳之闕者，惟李心傳之《建炎以來朝野雜記》號為精核，次則紹翁是書。陳郁《藏一話腴》嘗摘其"誤以劉禹錫《題壽安甘棠驛》詩為趙仲湜《遊天竺》詩"一條。周密《齊東野語》嘗摘其"光宗內禪，慈懿於卧內取璽"一條；又摘其"函韓侂胄首求和，誤稱由章良能建議"一條；又摘其"南園香山"一條。蓋小小譌異，記載家均所不免，不以是廢其書也。惟王士禎《居易錄》謂其頗涉煩碎，不及李心傳書。今核其體裁，所評良允。故心傳書入史部，而此書則列"小說家"焉。

癸辛雜識前集一卷後集一卷續集二卷別集二卷（兩江總督採進本）

宋周密撰。密有《武林舊事》，已著錄。是編以作於杭州之癸辛街，因以為名。與所作《齊東野語》大致相近。然《野語》兼考證舊文，此則辨訂者無多，亦皆非要義；《野語》多記朝廷大政，此則瑣事雜言居十之九，體例殊不相同，故退而列之"小說家"，從其類也。明商濬《稗海》所刻①，以《齊東野語》之半誤作《前集》，以《別集》誤作《後集》，而《後集》、《續集》則全闕，又併其自序佚之。後烏程閔元衢於金閶小肆中購得鈔本，毛晉為刻入《津逮祕書》，始還其原帙。書中"楊凝式僧淨端"一條與《野語》重出，蓋刪除未盡。"彌陀入冥"、"劉朔齋再娶"二條，並附註"衢案"云云，蓋閔氏所加。"海鰌兆火"一條，附註不題名字，核其語意，殆亦閔語也。書中所記頗猥雜，如"姨夫眼眶"諸條，皆不足以登記載。而遺文佚事，可資考據者實多，究在《輟耕錄》之上。所記羅椅、董敬菴、韓秋巖諸人，於宋末講學之弊，言之最悉。其引沈仲固語一條、周平原語一條，尤言言炯戒，有關於世道人心，正未可以小説忽之矣。都穆《南濠詩話》曰："吳興唐廣嘗手錄《癸辛雜識》，見其中載方萬里穢行之事，意頗不平。是夜夢方來曰：'吾舊與周生有隙，故謗我至此，幸為我暴之。'"云云。夫是非之公，人心具在。使密果誣衊方回，不應有元一代無一人為回訟冤，至明而其鬼忽靈者。其説荒唐，殆不足辨。且密為忠臣，回實叛賊，即使兩人面質，人終信密不信回也，況恍惚夢語乎②？

【彙訂】

①"明商濬"，殿本作"商維濬"。

②《癸辛雜識》所載方回之事不足憑信，元代推崇其詩名人品者甚多，説詳卷一六六《桐江續集》條訂誤。

隨隱漫錄五卷（兵部侍郎紀昀家藏本）

舊本題宋臨川陳隨隱撰。蓋後人以書中自稱隨隱，而稱陳郁為先君，知為臨川陳姓，故題此名，實則隨隱非名也。據所載錢舜選詩，其人嘗於理宗景定四年以布衣官東宮掌書。又載"辛巳八月己丑",為元世祖至元十八年,則其人蓋已入元。案劉壎《水雲村泯稿》載宋度宗御批一道云:"令旨付藏一,所有陳世崇詩文稿都好,可再揀幾篇來。在來日定要,千萬千萬。四月五日辰初付陳藏一。"壎跋其後,以為"度宗在春宮時,盛年潛躍,汲汲斯文。惜不遇園、綺羽翼,乃下訪藏一父子之卑陋。"藏一為郁字,則其子當即世崇。證以書中所記,與此批一一脗合,知隨隱即世崇號也[①]。其書多記同時人詩話,而於南宋故事言之尤詳。如"紫宸殿上壽儀"、"賜太子玉食批"、"直書閤夫人名數"、"孩兒班服飾"、"孟享駕出儀"、"太子問安"、"展書儀帶格三十二種"諸條,頗有史傳所未及者。他所記詩話雜事,亦多可採。其第二卷內論漢平帝后、晉愍懷太子妃以下五條,皆假借古事,以寓南宋臣降君辱之慘與所以致敗之由。而終無一言之顯斥,猶有《黍離》詩人惟惻忠厚之遺,尤非他説部所及也。

【彙訂】

①《臨川陳氏族譜》載元至大二年周端禮作《故宮講陳公隨隱先生行狀》:"公諱世崇,字伯仁……念四海一家,自放山水閒。家塾刻藏一公詩文,及所著《漫錄》,乃效藏一公取舊號為名,與之遊者皆曰隨隱先生。"可知隨隱乃入元後以舊號改名。"隨隱非名"不確。(余嘉錫:《四庫提要辨證》)

東南紀聞三卷(永樂大典本)

不著撰人名氏,諸家書目亦不載,考書中有"丙子之事,非復庚申之役"語[①]。丙子為至元十三年,前一年巴顏渡江[②],臨安失守矣,當為元人所作,故稱宋為東南。而其中"鄭紳"一條稱外戚生封王爵者,宋蓋自紳始;論乘箬一條稱宋朝渡江以前,無今之

簨；論三、五、九月一條，稱宋朝於此三月不支羊肉錢，亦皆屬元
人之語。然於宋之諸帝，稱陵名，稱廟號、年號，往往多内詞。殆
江左遺民所追記歟？所載惟論蚍醢、論揖兩條偶涉古事，餘皆
南、北宋之軼聞，閒與他書相出入，疑亦雜採說部為之。至於韓
滮之清節、何自之伉直、張惟孝之任俠、單煒之書法、趙執中之木
箭、史嵩之之忮忍以及徽宗時瑞禽迎駕出市儈之智術、紹興中韋
后欲觀石塔得寺僧之譎諫，則皆史傳所佚，足補紀載之闕③。惟
楊談耗用茶局官錢一事，足見宋政之不綱，乃載之以為豪舉，殊
不可訓。又汪勃調官一事，稱張浚、韓世忠迎合秦檜。浚之心術
不可知，世忠當萬萬不至此，恐未免傳聞失真④。而南嶽夫人一
事尤為猥褻，亦未免墮小說窠臼，自穢其書。然大旨記述近實，
持論近正，在說部之中猶為善本。原書久佚，卷帙無考。今以
《永樂大典》分載於各韻下者，裒合排纂，勒為三卷。

【彙訂】

①　“役”，殿本作“後”，誤，參此書卷一原文。

②　“巴顏”，殿本作“巴延”。

③　徽宗之瑞禽迎駕，出於岳珂《桯史》，石塔院僧之譎諫，出
於曾敏行《獨醒雜志》，則非不見於他書。（余嘉錫：《四庫提要
辨證》）

④　此書卷一稱汪勃“試干秦檜，求一近闕……於是遣人導
之往謁張、韓。時二公皆以前執政奉朝請，聞有秦命，倒屣出迎，
執禮甚至”。據《建炎以來繫年要錄》卷一四八，紹興十三年三月
丙辰，左宣教郎汪勃為太常寺主簿。蓋其自州縣改京秩，實始於
此。而張浚自十一年十一月辛酉罷知福州後，直至紹興之末，未
嘗入國門。此所謂前執政張公，蓋張俊也。俊於十二年十一月

癸巳，自樞密使罷為醴泉觀使奉朝請，進封清河郡王。韓世忠其時於秦檜則不過虛與委蛇，保身避禍。（同上）

歸潛志十四卷（浙江范懋柱家天一閣藏本）

元劉祁撰。祁字京叔，渾源人，御史從益之子。為太學生，舉進士不第。元兵入汴，遁還鄉里。戊戌復出就試，魁南京，選充山西東路考試官。後征南行省辟置幕府，凡七年而歿。舊以《金史》載之《文藝傳》，遂題曰金人，殊非其實。是書名曰"歸潛"，蓋祁於壬辰北還，以此二字榜其室，因以題其所著①。然晚年再出，西山之節不終，亦非其實也。卷首有祁乙未自序，謂"昔所聞見，暇日記憶，隨得隨書"。第一卷至六卷悉為金末諸人小傳，第七卷至十卷雜記遺事②。第十一卷題曰《錄大梁事》，紀哀宗亡國始末。第十二卷題曰《錄崔立碑事》③，紀立作亂時廷臣立碑以媚之，劫祁使撰文事。又一篇題曰《辨亡》，敘金前代之所以治平，末造之所以亂亡。自此二篇以下至十三卷，悉為雜說，略如語錄之體，殊不相類。疑此二篇本自為一卷，殿全書之末。別以語錄為第十三卷，詩文為第十四卷，附綴於後。後人因篇頁不均，割語錄之半移綴此卷，故體例參差也。壬辰之變，祁在汴京目擊事狀，記載胥得其實。故《金史》本傳稱祁此《志》於金末之事多有足徵，《哀宗本紀》全以所言為據。又若《大金國志》稱樞密使伊喇蒲阿出降於元，此《志》不書出降，與《金史》相合，可證《大金國志》之誤；《元史》稱壬辰正月太宗自白坡濟河而南，睿宗由峭石灘涉漢而北，以渡河、涉漢同在一時，而此《志》則載睿宗涉漢在辛卯十一月，太宗渡河乃在壬辰，與《金史》及姚燧《牧菴集》、蘇天爵《名臣事略》所紀相合，可證《元史》之誤。又如載

天興元年劉元規使北朝，不知所終，而《金史》本紀不書其事；載
薩克蘇媒孽李元妃，本紀不著其名；載大定十七年三月朔，諸國
使臣朝見，遇雨放朝，與周煇《北轅錄》合，而本紀但載十六年三
月朔日蝕放朝一條；載金代鈔法凡八易其名，而《金史·食貨志》
失載通貨改為通寶，通寶又改為通貨一條，皆足以補正史之闕。
至於《金史·交聘表》稱大定十六年，宋湯邦彥充申請使，此《志》
作祈請使；《圖克坦烏登傳》稱天興元年正月，朝廷聞大兵入饒風
關，移烏登行省閿鄉以備潼關，此《志》書其事於正大八年；《完顏
思烈傳》載王渥從思烈戰歿，此《志》作從持嘉哈希；《李英傳》稱
與元兵遇於霸州敗死，此《志》作遇於潞州；《郭阿林傳》稱宋兵大
至，遂戰歿，此《志》作馬倒被擒，不知存歿；《師安石傳贊》稱以論
列侍從，觸怒而死，此《志》則云既居位，人望頗減。皆有異詞。
其他年月先後、姓名官階，與史不同者甚多，皆足以資互考。談
金源遺事者，以此《志》與元好問《壬辰雜編》為最，《金史》亦並稱
之。《壬辰雜編》已佚④，則此《志》尤足珍貴矣。世所行本皆八
卷，雖傳是樓藏本亦然。國朝郭朝釪編纂《金詩》⑤，所採錄僅及
前七卷，知其未見全帙。此本一十四卷，與王惲《渾源世德碑》相
合，當猶從元本傳錄。錢曾《讀書敏求記》稱陸孟鳧家鈔本《歸潛
志》凡十四卷，蓋即此本也。

【彙訂】

　　① 元王惲《秋澗集》卷五八《渾源劉氏世德碑銘》云：“（劉
祁）壬辰北還鄉里，躬耕自給，築室曰歸潛。”此即《總目》所本。
壬辰為金天興元年，劉祁時正在金南京（今開封市）為太學生，並
未北還。《歸潛志》卷一一云：“金正大八年辛卯冬十一月余在淮
陽，北兵由襄漢東下，時老祖母、老母在南京，趨往省焉。既至京

師，邊聲益急。"此下即敘天興元年壬辰京城被圍及天興二年癸巳崔立叛降並脅元好問、劉祁等立"功德碑"事。末云："（癸巳四月）余時同諸生復入居八仙館中，五月二十有二日，會使者召三教人從以北。嗟乎，此生何屬，親見國亡！"可知劉祁北還，乃在癸巳被掠北徙後遁回。自序云："一旦遭值金亡，干戈淪落，由魏過齊入燕，凡二千里。甲午歲，復於鄉，蓋年三十二矣。"又卷一四《歸潛堂記》云："由銅壺過燕山，入武川，幾一載，始得還鄉里。"還鄉里在甲午歲，其前"幾一載"，則為癸巳。可知北還為癸巳，非壬辰也。（楊武泉：《四庫全書總目辨誤》）

②殿本"十"上有"三"字，衍。

③"十"，殿本脫。

④《壬辰雜編》乾隆間尚未失傳，說詳卷一二六《續古今考》條訂誤。

⑤《總目》卷一九〇《御定全金詩》條載其編者名郭元釪。（胡玉縉：《四庫全書總目提要補正》）

山房隨筆一卷（兵部侍郎紀昀家藏本）

元蔣子正撰①。子正不知何許人。惟書中"杜善甫"一條內有"余分教溧陽"語，知嘗為溧陽學官。又有"穆陵在御"語，知為宋人入元者也。所記多宋末元初之事，而於賈似道事尤再三深著其罪。於鄭虎臣木棉菴事，敘述始末，亦比他書為最詳。惟所記陸秀夫挽張世傑詩，似出附會。厓山舟覆，鯨海沸騰，烏有吟咏之暇。且詩中"曾聞海上鐵斗膽"句，亦不似同時之語。朱國楨《湧幢小品》謂世傑溺死在秀夫赴海之後，亦以此詩為疑，所言良允。殆好事者欲褒忠義，故造斯言歟？至於以夏貴之降歸咎似道,未為無理。而反復解釋,反似於貴有恕詞,未免有乖大義。
觀者不以詞害意可矣。

【彙訂】

①"蔣子正"乃"蔣正子"之訛。(瞿鏞:《鐵琴銅劍樓藏書
目錄》)

山居新語四卷(浙江鮑士恭家藏本)①

元楊瑀撰。瑀《元史》無傳。《楊維楨集》有《瑀墓碑》曰:"瑀
字元誠,杭州人。天曆閒,擢中瑞司典簿。帝愛其廉慎,超授奉
議大夫、太史院判官。至正乙未,江東浙西盜羣嘯,乃改建德路
總管。瑀涖郡,視之如家,民亦視之如父母,其像而祠者凡十有
四所。行省最其功,進階中奉大夫。"云云。是書卷末有至正庚
子三月瑀自跋,結銜題"中奉大夫浙東道宣慰使都元帥",當成於
進階以後。而卷首又有維楨序,作於是年四月,乃稱為歸田後
作,殆是年即已致仕歟? 其書皆記所見聞,多參以神怪之事,蓋
小説家言。然如記處州砂糖、竹箭,記至元六年增糶官米,記高
克恭弛火禁,記托克托開舊河,則有關於民事。記敕令格式四者
之別,記八府宰相職掌,記奎章閣始末,記儀鳳司、教坊司班次,
則有資於典故。記朱夫人、陳才人之殉節,記高麗女之守義,記
樊時中之死事,則有裨於風教。其他嘉言懿行,可資勸戒者頗
多。至於辨正薩都剌《元宮詞》,謂宮車無夜出之例,不得云"深
夜宮車出建章";擎執宮人紫衣,大朝賀則於侍儀司法物庫關用,
平日則無有,不得云"紫衣小隊兩三行";北地無芙蓉,宮中無石
欄,不得云"石欄杆畔銀燈過,照見芙蓉葉上霜";又辨其《京城春
日》詩,謂元制御溝不得洗手飲馬,留守司差人巡視,犯者有罪,

不得云"御溝飲馬不回首,貪看柳花飛過牆",則亦頗有助於考證。雖亦《輟耕錄》之流,而視陶宗儀所記之猥雜,則勝之遠矣。

【彙訂】

①"山居新語",殿本作"山居新話"。傳世抄本兩題名皆有。然楊維楨所作《神道碑》、序及楊瑀自序皆作《山居新話》。

遂昌雜錄一卷(內府藏本)

元鄭元祐撰。元祐字明德。至正丁酉,除平江路儒學教授,移疾去。後七年,復擢浙江儒學提舉,卒於官。本遂昌人,其父希遠徙錢塘,元祐又流寓平江。其集以"僑吳"名,而是錄仍題曰"遂昌",不忘本也。元祐以至正二十四年卒,年七十一,則當生於前至元二十九年①。故書中所列人名,上猶及見宋諸遺老,下及見泰哈布哈、倪瓚、杜本,併見杜本之卒。多記宋末軼聞及元代高士名臣軼事,而遭逢世亂,亦閒有憂世之言。其言皆篤厚質實,非《輟耕錄》諸書捃拾冗雜者可比。其記葬高、孝二陵遺骨事,作林景熙,與《輟耕錄》異。蓋各據所聞。其稱南宋和議由於高宗,不由於秦檜,宋既亡矣,可不必更為高宗諱。亦誅心之論也。

【彙訂】

① 前至元二十九年(1292)至至正二十四年(1364)已七十三年。光緒《遂昌縣志》卷八《人物·文學》鄭元祐傳及同治《蘇州府志》卷一一一《人物·流寓》鄭元祐傳均作"終(卒)年七十三"。(楊武泉:《四庫全書總目辨誤》)

樂郊私語一卷(兩淮馬裕家藏本)

元姚桐壽撰。桐壽字樂年,睦州人。順帝後至元中嘗為餘

干教授。解官歸里,自號桐江釣叟。至正中,流寓海鹽。時江南
擾亂,惟海鹽未被兵火,尚得以閉戶安居,從容論述,故以《樂郊
私語》為名。雖若幸之,實則傷亂之詞也。所記軼聞瑣事,多近
小説家言。然其中如楊額哲武林之捷①、張士誠杉青之敗,頗足
與史傳相參。所辨"六里山天册碑"、"泰檜像贊"、"魯訔註杜甫
詩"諸條②,亦足資考證。末載楊維楨撰其兄椿壽墓誌一篇,頗
為不倫。桐壽欲表章其兄,何不敍之書內③,而乃別載於末④。
核以體例,深屬有乖。今削除不載,惟錄桐壽之本書焉。

【彙訂】

①"楊額哲武林之捷",殿本作"楊完者武陵之捷",誤。書
中載"楊參政諤勒哲以數萬衆屯嘉興……張兵遂不敢取道嘉禾,
乃自平望、烏墩直搗武林。"楊諤勒哲、楊額哲、楊完者皆音譯名
不同。

②"甫",殿本無。

③殿本"之"下有"於"字。

④"而",殿本無。

輟耕錄三十卷(內府藏本)

明陶宗儀撰。宗儀有《國風尊經》,已著錄。此書乃雜記聞
見瑣事。前有至正丙午孫作序。書中稱明兵曰集慶軍,或曰江
南游軍,蓋丙午為至正二十七年①,猶未入明時所作也。郎瑛
《七修類稿》謂宗儀多錄舊書,如《廣客談》、《通本錄》之類,皆攘
為己作②。今其書未見傳本,無由證瑛説之確否。但就此書而
論,則於有元一代法令制度及至正末東南兵亂之事,紀錄頗詳。
所考訂書畫文藝,亦多足備參證。惟多雜以俚俗戲謔之語、閭里

鄙穢之事，頗乖著作之體。葉盛《水東日記》深病其所載猥褻，良非苛論。然其首尾賅貫，要為能留心於掌故。故朱彝尊《靜志居詩話》謂：“宗儀練習舊章，元代朝野舊事，實借此書以存。”而許其有裨史學。則雖瑜不掩瑕，固亦論古者所不廢矣。

【彙訂】

①　丙午為元至正二十六年。（楊武泉：《四庫全書總目辨誤》）

②《七修類稿》卷十八云：“但《輟耕》多抄舊書，如《廣客談》通本錄為己作。”《總目》誤以“通本錄”為書名。（寧稼雨：《中國志人小說史》）

水東日記三十八卷（兩淮鹽政採進本）

明葉盛撰。盛有《葉文莊奏草》，已著錄。是書記明代制度及一時遺文逸事，多可與史傳相參。其閒徵引既繁，亦不免時有牴牾。又好自敍居官事蹟，殆不免露才揚己之病。王士禎作《居易錄》，多自記言行，有如家傳，其源濫觴於此，古人無是體例也。至於辨請禁官舍家人操習一疏，謂人誣其子與官舍鬭鵪鶉不勝，因有是奏。深自剖析，連篇不已，抑又淺之甚者矣。然盛留心掌故，於朝廷舊典考究最詳。又家富圖籍，其《菉竹堂書目》今尚有傳本，頗多罕覯之笈。故引據諸書，亦較他家裨販成編者特為博洽。雖榛楛之勿翦，亦蒙茸於集翠，取長棄短，固未嘗不可資考證也。

菽園雜記十五卷（浙江鮑士恭家藏本）

明陸容撰。容字文量，號式齋，太倉州人。成化丙戌進士，官至浙江右參政。事蹟具《明史·文苑傳》。史稱容與張泰、陸釴齊名，時號“婁東三鳳”。其詩才不及泰、釴，而博學過之。是編乃其劄錄之文，於明代朝野故實敍述頗詳，多可與史相考證。旁及談諧雜事，皆並列簡編。蓋自唐、宋以來説部之體如是也。中間頗有考辨[①]。如元王柏作《二南相配圖》，棄《甘棠》、《何彼穠矣》、《野有死麕》三篇，於經義極為乖剌，而容獨嘆為卓識[②]。又文廟别作寢殿祀啟聖公，而配以四配之父，其議發於熊禾。而容謂叔梁紇為主，出於無謂，孟孫激非聖賢之徒，不當從祀，尤昧於崇功報本之義。皆不足為據。然核其大致，可採者較多。王鏊嘗語其門人曰：“本朝紀事之書，當以陸文量為第一。”即指此書也。雖無雙之譽獎借過深，要其所以取之者，必有在矣。

【彙訂】

① “中間頗有”，殿本作“其中間有”。

② 此書卷一〇云：“嘗讀《召南》，至《野有死麕》一詩，以其類淫奔而疑之。然以晦菴先生之所傳註，不敢妄生異疑也。近觀王魯齋《二南相配圖》，乃知古人先得我心之所同然矣。蓋魯齋以二《南》篇名各十一篇，《召南》之《甘棠》為後人思召伯而作，《何彼穠矣》為《王風》之錯簡，《野有死麕》為淫詩，皆不足以與此。其大意以為今詩三百五篇，豈盡定於夫子之手，其所删者，容或有存於里巷浮薄之口，漢儒取以補亡耳。於是配以為圖，其見亦卓矣。使魯齋生於晦菴之時，得與商榷，能不是言乎？《甘棠》、《何彼穠矣》二篇，則非予識所能到也。”由可知，陸容所稱讚者，乃王魯齋之説。按魯齋即王柏，《宋史·儒林·王柏傳》云：“乃定二《南》各十有一篇，兩兩相配，退《何彼穠矣》、《甘棠》歸之《王風》，削去《野有死麕》。”可知王柏實有此説。王柏卒於宋咸淳十年，未嘗入元，見《總目》卷一三《書疑》條。（楊武泉：《四庫

全書總目辨誤》）

先進遺風二卷（兩江總督採進本）

明耿定向撰，毛在增補。定向有《碩輔寶鑑要覽》，已著錄。在自署太倉人，其始末則未詳也。是書略仿宋人《典型錄》之體，載明代名臣遺聞瑣事，大抵嚴操守、礪品行、存忠厚者為多。蓋明自嘉靖以後，開國敦龐之氣日遠日漓，士大夫怙權營賄，風尚日偷。定向陳先進懿行以救時弊，故所紀多居家行己之細事，而朝政罕及焉。考其著書之時，正分宜驕怙之日，定向其有微旨乎？其閒如曲譽李東陽之類，未免鄉曲之私；提唱姚江之學，亦未免門戶之見。然著書大旨不在是，略其小疵可也。此本為陳繼儒《祕笈》所刻，體例混淆，原書與續輯不甚可辨。閒有論斷，亦不知為誰語。以行款推之，殆每條第一字跳行者為定向之書，其第一字平書者為在之書歟？今未見定向之原本，不可考矣。

觚不觚錄一卷（安徽巡撫採進本）

明王世貞撰。世貞有《弇山堂別集》，已著錄。是書專記明代典章制度，於今昔沿革尤詳①。自序謂"傷觚之不復舊觚"，蓋感一代風氣之升降也。雖多紀世故，頗涉瑣屑，而朝野軼聞，往往可資考據。若徐學謨《博物典彙》載高拱考察科道，被劾者二十七人，並載名氏，說者謂其譖於故事。而是書并詳及諸人所以被劾之故，為學謨所不及載。於情事首尾，尤為完具。蓋世貞弱冠入仕，晚成是書，閱歷既深，見聞皆確，非他人之裨販耳食者可比。故所敘錄，有足備史家甄擇者焉。

【彙訂】

① "今昔"，殿本無。

何氏語林三十卷（安徽巡撫採進本）

明何良俊撰。良俊有《四友齋叢説》，已著錄。是編因晉裴啟《語林》之名，其義例、門目則全以劉義慶《世説新語》為藍本，而雜採宋、齊以後事蹟續之。併義慶原書共得二千七百餘條，其簡汰頗為精審①。其採掇舊文，翦裁鎔鑄，具有簡澹雋雅之致。視偽本李垕《續世説》翦掇《南》、《北》二史，冗沓擁腫，徒盈卷帙者，乃轉勝之②。每條之下又仿劉孝標例自為之註，亦頗為博贍。其閒擭拾既富，閒有牴牾。如王世懋《讀史訂疑》所謂以王莽時之陳咸為漢成帝時之陳咸者，固所不免。然於諸書舛互，實多訂正。如第二十二卷紀元載妻王韞秀事，援引考證，亦未嘗不極確核。雖未能抗駕臨川，並驅千古，要其語有根柢，終非明人小説所可比也。

【彙訂】

①　此書卷四云：“余撰《語林》，頗仿劉義慶《世説》。然《世説》之詮事也，以玄虛標準，其選言也，以簡遠為宗，非此弗錄。余懼後世典籍漸亡，舊聞放失，苟或泥此，所遺實多。故披覽羣籍，隨事疏記，不得盡如《世説》。其或辭多浮長，則稍為刪潤云耳。”則義例有所不同。又增言志、博識兩門，次序亦有調整，則門目有別。所採事蹟，自兩漢下迄宋元，並非限於“雜採宋、齊以後事蹟續之”。“二千七百餘條”係此書條目總數，非“並義慶原書”合計之數。（李裕民：《四庫提要訂誤》）

②　今傳本《續世説》確係宋人李垕所撰，非後人偽作，説詳卷一四三《續世説》條訂誤。

右小説家類“雜事”之屬，八十六部，五百八十一卷①，皆文淵閣著錄。

【彙訂】

① “五百八十一卷”，殿本作“五百八十卷”。

　　案，紀錄雜事之書，小說與雜史最易相淆。諸家著錄，亦往往牽混。今以述朝政軍國者入雜史，其參以里巷閒談、詞章細故者則均隸此門。《世說新語》古俱著錄於小說，其明例矣。

子部五十二

小説家類三

山海經十八卷（内府藏本）

晉郭璞註①。卷首有劉秀校上奏，稱為伯益所作。案《山海經》之名始見《史記・大宛傳》，司馬遷但云"《禹本紀》、《山海經》所有怪物，余不敢言"，而未言為何人所作。《列子》稱"大禹行而見之，伯益知而名之，夷堅聞而志之"，似乎即指此書，而不言其名《山海經》。王充《論衡・別通篇》曰："禹主行水，益主記異物，海外山表，無所不至，以所見聞作《山海經》。"趙煜《吳越春秋》所説亦同。惟《隋書・經籍志》云："蕭何得秦圖書，後又得《山海經》，相傳夏禹所記。"其文稍異，然似皆因《列子》之説推而衍之。觀書中載夏后啟、周文王，及秦漢長沙、象郡、餘暨、下雟諸地名，斷不作於三代以上。殆周、秦閒人所述，而後來好異者又附益之歟？觀《楚詞・天問》多與相符，使古無是言，屈原何由杜撰？朱子《楚詞辨證》謂其反因《天問》而作，似乎不然。至王應麟《王會補傳》引朱子之言，謂"《山海經》記諸異物飛走之類，多云'東向'，或曰'東首'，疑本因圖畫而述之。古有此學，如《九歌》、《天問》皆其類"云云，則得其實矣。郭璞註是書，見於《晉書》本傳。

《隋》、《唐》二志皆云二十三卷,今本乃少五卷。疑後人併其卷帙,以就劉秀奏中一十八篇之數,非闕佚也。《隋》、《唐志》又有郭璞《山海經圖贊》二卷,今其贊猶載璞集中,其圖則《宋志》已不著錄,知久佚矣。舊本所載劉秀奏中稱其書凡十八篇,與《漢志》稱十三篇者不合。《七略》即秀所定,不應自相牴牾,疑其贗託。然璞序已引其文,相傳既久,今仍併錄焉②。書中序述山水,多參以神怪,故《道藏》收入《太元部·兢字號》中。究其本旨,實非黃、老之言。然道里山川,率難考據,案以耳目所及,百不一真。諸家並以為地理書之冠,亦為未允。核實定名,實則小說之最古者爾。

【彙訂】

① 依《總目》體例,當補"璞有《爾雅註》,已著錄"。

② 姚振宗《漢書藝文志拾補》卷五引元刊本《山海經》篇目曰:"《大荒東經》第十四,《大荒南經》第十五,《大荒西經》第十六,《大荒北經》第十七,《海內經》第十八。註云:此《海內經》、《大荒經》本皆逸在外。"各本皆訛"逸"作"進",後人乃據誤本妄改劉秀奏中"十三篇"為"十八篇"。(徐鵬、劉遠遊:《四庫提要補正》)

山海經廣註十八卷(浙江巡撫採進本)

國朝吳任臣撰。任臣有《十國春秋》,已著錄。是書因郭璞《山海經》註而補之,故曰"廣註"。於名物訓詁、山川道里,皆有所訂正。雖嗜奇愛博,引據稍繁,如堂庭山之黃金、青邱山之鴛鴦,雖販婦傭奴,皆識其物,而旁徵典籍,未免贅疣。卷首冠《雜述》一篇,亦涉冗蔓。然掎摭宏富,多足為考證之資。所列逸文三十四條，自楊慎《丹鉛錄》以下十八條，皆明代之書，所見實無別本。其為裨販誤記，無可致疑。至應劭《漢書》註以下十四條，則或古本有異，亦頗足以廣見聞也。舊本載圖五卷，分為五類，曰靈祇，曰異域，曰獸族，曰羽禽，曰鱗介。云本宋咸平《舒雅舊槀》，雅本之張僧繇。其說影響依稀，未之敢據。其圖亦以意為之。無論不真出雅與僧繇，即說果確實，二人亦何由見而圖之？故今惟錄其註，圖則從刪。又前列引用書目五百三十餘種，多採自類書，虛陳名目，亦不瑣錄焉。

穆天子傳六卷（兩江總督採進本）

晉郭璞註。前有荀勗序。案《束晳傳》云："太康二年，汲縣人不準盜發魏襄王墓，得《竹書·穆天子傳》五篇，又雜書十九篇：《周食田法》、《周書》、《論楚事》、《周穆王美人盛姬事》。"案今盛姬事載《穆天子傳》第六卷，蓋即《束晳傳》所謂"雜書"之一篇也。尋其文義，應歸此《傳》。《束晳傳》別出之，非也[1]。此書所紀[2]，雖多夸言寡實，然所謂"西王母"者，不過西方一國君[3]；所謂"縣圃"者，不過飛鳥百獸之所飲食，為大荒之圃澤，無所謂神仙怪異之事；所謂河宗氏者，亦僅國名，無所謂魚龍變見之說，較《山海經》、《淮南子》猶為近實。郭璞註《爾雅》，於"西至西王母"句，不過曰"西方昏荒之國"；於"河出崑崙墟"句，雖引《大荒西經》而不言其靈異。其註此書，乃頗引志怪之談。蓋釋經不敢不謹嚴，而箋釋雜書則務矜博洽故也[4]。

案，《穆天子傳》舊皆入"起居注"類，徒以編年紀月，敍述西遊之事，體近乎起居注耳，實則恍惚無徵，又非《逸周書》之比。以為古書而存之可也，以為信史而錄之，則史體

雜，史例破矣。今退置於"小説家"，義求其當，無庸以變古
為嫌也。

【彙訂】

① 殿本此句下另有一段文字："此書記事，有月日而無年，
又文多斷缺。以今本《竹書紀年》較之：《紀年》載十二年冬，王
北巡狩，遂征犬戎；事在《傳》之第一卷。十四年夏，王畋於軍邱
〔丘〕，五月作范宮、作虎牢；事在《傳》之第五卷。十五年，作重璧
臺，冬，王觀於鹽澤；事在《傳》之第六卷。十七年，王西征崑崙
邱，見西王母；事在《傳》之第二卷、第三卷、第四卷。兩書同時並
出，荀勗等互校其文，不應牴牾如此。蓋今本《竹書紀年》乃明人
摭諸書以為之，非汲冢之舊簡。併郭璞註中所引《紀年》之文尚
掇拾未盡，況暇考其次第乎？是亦今本《紀年》出於依託之一證。
或乃謂當移五卷、六卷於二卷之前，以符《竹書》之次第，則削趾
適履矣。"

② "此書所紀"，殿本作"書中所紀"。

③ 《穆天子傳》卷三"西王母為天子謡，曰：'……將子無死，
尚能復來。'……'嘉命不遷，我為帝女……世民之子，唯天之
望。'"足見西王母乃可操人生死、主宰世民的天帝之女。（楊善
羣：《〈穆天子傳〉的真偽及其史料價值》）

④ 殿本此句下另有一段文字："《列子·周穆王篇》所載與
此《傳》相出入，蓋當時流俗有此記載，如後世小説野乘之類，故
列御寇得捃採其文耳。《道藏目錄》載入《洞元〔玄〕部·記傳
類·恭字號》，與杜光庭《錄異記》諸書同列，則牽附甚矣。世所
傳《汲冢書》'師春'之類久已亡佚，《逸周書》又屬誤入，《紀年》偽
妄顯然，其真存於今者，惟此《傳》矣。然文字既古，譌脱又甚，學

者多不究心。'封膜畫於河水之陽'，見第二卷，膜畫自是人名，封者錫以爵邑。張彥遠《歷代名畫記》誤以'畫'字為'畫'字，遂誤以封膜為畫家之祖。'邱陵自出'乃西王母謠，見第三卷。方回《瀛奎律髓》註陳子昂詩'邱陵徒自出'句，乃云'自出'二字疑誤。第二卷云'乃為銘蹟於縣圃石上'，第三卷云'乃紀其蹟於弇山之石'，其文甚明。朱珪《名蹟錄》乃謂'取《穆天子傳》為各蹟於弇茲石上'，全然舛迕。則其傳世亦在若存若亡之閒，固考古者所宜寶重也。"

神異經一卷（內府藏本）

舊本題漢東方朔撰。所載皆荒外之言，怪誕不經，共四十七條[①]。陳振孫《書錄解題》已極斥此書稱"東方朔撰，張茂先傳"之偽。今考《漢書》朔本傳，歷敘朔所撰述，言："凡劉向所錄朔書俱是，世所傳他事皆非。"其贊又言後世好事者取其奇言怪語附著之朔云云[②]，則朔書多出附會，在班固時已然。此書既劉向《七略》所不載，則其為依託，更無疑義。《晉書》張華本傳亦無註《神異經》之文，則併華註亦似屬假借[③]。振孫所疑，誠為有見。然《隋志》載此書，已稱東方朔撰、張華註，則其偽在隋以前矣。觀其詞華縟麗，格近齊、梁，當由六朝文士影撰而成[④]，與《洞冥》、《拾遺》諸記先後並出。故其中西北荒金闕銀盤明月珠事，陸倕《石闕銘》引用之；其中玉女投壺事，徐陵《玉臺新咏》序引用之。流傳既久，固不妨過而存之，以廣異聞。又考《廣韻》去聲四十一漾收"獌"字，《說文》、《玉篇》皆所不載。註稱："獸，似獅子。"實本此經"北方有獸焉，其狀如獅子，名曰獌"之文。則小學家已相援據，不但文人詞藻轉相採摭已也。《隋志》列之史部地理類,《唐志》又列之子部神仙類。今核所言,多世外恍惚之事,既有異於輿圖,亦無關於修鍊,其分隸均屬未安。今從《文獻通考》列"小説類"中,庶得其實焉。

【彙訂】

①《四庫全書》本實有四十九則。《廣漢魏叢書》本、《説郛》本、《增訂漢魏叢書》本、《龍威祕書》本等皆為六十三則,為諸輯本之最完者。(王國良:《神異經研究》;李劍國:《神異經提要》)

②"其",殿本無。

③"似",殿本無。

④《左傳·文公十八年》孔穎達疏:"服虔按:《神異經》云……"則《神異經》成書不晚於東漢。許慎《説文》木部"梟"字釋文云不孝鳥、東漢初郭憲《洞冥記》卷二載西王母適東王公事,皆出自《神異經》,亦為旁證。《神異經》卷三《西荒經》"有蛇名率然"條注與《御覽》卷三七八引《博物志》"鵠國"條注、張華《博物志》所記吻合,未可斷言張華注為偽託。(李劍國:《唐前志怪小説史》;李劍國:《神異經提要》)

海內十洲記一卷(兩江總督採進本)

舊本題漢東方朔撰。十洲者,祖洲、瀛洲、懸洲、炎洲、長洲、元洲、流洲、生洲、鳳麟洲、聚窟洲也。又後附以滄海島、方丈洲、扶桑、蓬邱〔丘〕、崑崙五條。其言或稱"臣朔",似對君之詞;或稱"武帝",又似追記之文。又盛稱武帝不能盡朔之術,故不得長生,則似道家夸大之語。大抵恍惚支離,不可究詰。考劉向所錄朔書無此名。書中載武帝幸華林園射虎事,案《文選》應貞《晉武帝華林園集》詩李善註引《洛陽圖經》曰:"華林園在城內東北隅,

魏明帝起名芳林園,齊王芳改為華林。"武帝時安有是號? 蓋六
朝詞人所依託。觀其引衛叔卿事,知出《神仙傳》,後引《五岳真
形圖》事,知出《漢武内傳》後也①。然自《隋志》已著於錄。李善
註張衡《南都賦》,宋玉《風賦》,鮑照《舞鶴賦》,張衡《思元〔玄〕
賦》,曹植《洛神賦》,郭璞《遊仙詩》第一首、第七首,江淹《擬郭璞
遊仙詩》,夏侯元〔玄〕《東方朔畫贊》,陸倕《新刻漏銘》並引其文
為證。足見其詞條豐蔚,有助文章。陸德明《經典釋文》亦於《莊
子·北冥》條下引此書曰:"水黑色謂之冥海,無風洪波百丈。"則
通儒訓詁,且據其文矣。唐人詞賦引用尤多,固錄異者所不能廢
也。諸家著錄,或入地理,循名責實,未見其然。今與《山海經》
同退置"小説家"焉。

【彙訂】

　　① 今本華林園乃上林苑之訛,《太平御覽》卷七六六引《十
洲記》作上林苑、《續談助》本作上林苑可證。《神仙傳》乃抄集仙
經百家之書而成,不得謂衛叔卿事定取自此書。《五岳真形圖》
流行很早,西漢緯書《河圖括地象》已提到,且《漢武内傳》亦非六
朝人作,乃東漢後期作品。張華《博物志》卷二西國獻異香、續弦
膠、卷三猛獸三事皆採自《十洲記》,則其書當成於晉前。(李劍
國:《唐前志怪小説史》)

　　漢武故事一卷(江蘇巡撫採進本)

　　舊本題漢班固撰。然史不云固有此書。《隋志》著錄傳記類
中①,亦不云固作。晁公武《讀書志》引張柬之《洞冥記》跋,謂出
於王儉。唐初去齊、梁未遠,當有所考也。所言亦多與《史記》、
《漢書》相出入,而雜以妖妄之語。然如《藝文類聚》、《三輔黃

圖》、《太平御覽》諸書所引甲帳珠簾、王母青雀、茂陵玉碗諸事稱出《漢武故事》者，乃皆無之。又李善註《文選・西征賦》，引《漢武故事》二條②，其一為柏谷亭事，此本亦無之，其一為衛子夫事，此本雖有之而文反略於善註。考《隋志》載此書二卷，諸家著錄並同。錢曾《讀書敏求記》亦尚作二卷，稱"所藏凡二本。一是錫山秦汝操繡石書堂本。一是陳文燭晦伯家本，又與秦本互異。今兩存之"云云。兩本今皆未見。此本為明吳琯《古今逸史》所刻，併為一卷，僅寥寥七八頁。蓋已經刊削，又非兩家之本。以其六朝舊帙，姑存備古書之一種云爾。

【彙訂】

①《隋書・經籍志》但有雜傳類，無所謂傳記類。且《漢武故事》二卷，乃著錄於舊事類。（余嘉錫：《四庫提要辨證》）

② 書中有"至今上元延中已百三十七歲矣"之句，元延乃西漢成帝年號，當為成書上限。東漢張衡（和帝時人）《思玄賦》引此書"顏駟三世不遇"的典故，《西京賦》又引"衛子夫"、"長樂宮"、"明光宮"、"桂宮"、"柏梁臺"等典故，則是書成於張衡之前，顯非王儉所撰。（師婧昭：《〈漢武故事〉研究》）

漢武帝內傳一卷（江蘇巡撫採進本）

舊本題漢班固撰。《隋志》著錄二卷，不註撰人，《宋志》亦註曰："不知作者。"此本題曰班固，不知何據。殆後人因《漢武故事》偽題班固，遂併此書歸之歟？《漢書・東方朔傳贊》稱好事者取奇言怪語附著之朔。此書乃載朔乘龍上昇，與《傳贊》自相矛盾。其不出於固，灼然無疑。其文排偶華麗，與王嘉《拾遺記》、陶宏景《真誥》體格相同。考徐陵《玉臺新咏序》有"靈飛六甲，高擅玉函”之句,實用此《傳》“六甲靈飛十二事,封以白玉函”語,則其偽在齊、梁以前。又考郭璞《遊仙詩》有“漢武非仙才”句,與《傳》中王母所云“殆恐非仙才”語相合。葛洪《神仙傳》所載孔元方告馮遇語,與《傳》中稱“受之者四十年傳一人,無其人,八十年可頓受二人。非其人謂之泄天道,得其人不傳是謂蔽天寶”云云相合。張華《博物志》載“漢武帝好道,西王母七月七日漏七刻乘紫雲車來”云云,與此《傳》亦合。今本《博物志》雖真偽相參,不足為證。而李善註《文選·洛神賦》已引《博物志》此語,足信為張華之舊文。其殆魏、晉間文士所為乎[①]?陸德明《莊子釋文》註《大宗師篇》“西王母”,亦引《漢武內傳》云:“西王母與上元夫人降帝,美容貌,神仙人也。”事與今本所載同,而文句迥異。或德明櫽括其詞歟?錢曾《讀書敏求記》曰:“《漢武內傳》一卷,屏守居士空居閣校本。案,屏守居士,常熟馮舒之別號也。《廣記》刪去《元〔玄〕靈》二曲及十二事篇目,又脫‘朱鳥窗’一段,對過始知此本為完書。”案李商隱詩曰:“玉桃偷得憐方朔,金屋修成貯阿嬌。”又曰:“如何漢殿穿鍼夜,又向窗前覷阿環。”皆用朱鳥窗事,知古本當有此一段。李善註《文選》郭璞《遊仙詩》,引《漢武內傳》西王母侍女歌曰“遂乘萬龍輔,馳騁眄九野”二句,正《元靈曲》中語。知古本當有此二曲,錢曾所云良是。今檢此本,亦無《元靈》二曲及“朱鳥窗”一段,而有十二事之篇目,與曾所說又不同。又《玉海》引《中興書目》曰:“《漢武帝內傳》二卷,載西王母事。後有淮南王公孫卿、稷邱〔丘〕君八事,乃唐終南元〔玄〕都道士游巖所附。”今亦無此八事。蓋明人刪竄之本,非完書矣。

【彙訂】

①《內傳》中武帝會西王母事源於《漢武故事》、《洞冥記》、

《十洲記》等，成書當在其後。《博物志》皆取古書舊説，卷八所記武帝會西王母事，多採《內傳》之文，則《內傳》當出於東漢末。（李劍國：《唐前志怪小説史》）

　　漢武洞冥記四卷（江蘇巡撫採進本）

　　舊本題後漢郭憲撰。憲字子橫，汝南宋人。官至光祿勳。事蹟具《後漢書·方術傳》。是書《隋志》止一卷，《唐志》始作四卷，《文獻通考》有《拾遺》一卷。晁公武《讀書志》引憲自序，謂："漢武明儁特異之主，東方朔因滑稽浮誕以匡諫，洞心於道教，使冥蹟之奧昭然顯著，故曰'洞冥'。"陳振孫《書錄解題》云其《別錄》又於《御覽》中鈔出。則四卷亦非全書，《別錄》當即《拾遺》也。今憲序與《拾遺》俱已佚，惟存此四卷。核以諸書所引，皆相符合，蓋猶舊本。考范史載憲初以不臣王莽，至焚其所賜之衣，逃匿海濱。後以直諫忤光武帝，時有"關東觥觥郭子橫"之語。蓋亦剛正忠直之士。徒以溉酒救火一事，遂抑之《方術》之中。其事之有無，已不可定。至於此書所載，皆怪誕不根之談，未必真出憲手。又詞句綷豔，亦迥異東京，或六朝人依託為之[1]。然所言影娥池事，唐上官儀用以入詩，時稱博洽。後代文人詞賦，引用尤多。蓋以字句妍華，足供採摭，至今不廢，良以是耳。若其中"伏生受《尚書》於李克"一條，悠謬支離，全乖事實。朱彝尊乃採以入《經義考》，則嗜博貪奇，有失別擇，非著書之體例矣[2]。

　　【彙訂】

　　[1] 郭憲作《洞冥記》不應有疑。唐時劉知幾《史通·雜述篇》、徐堅《初學記》、《日本國見在書目》、顧況《戴氏〈廣異記〉序》

皆云郭子橫撰《洞冥記》,段公路《北戶錄》引郭子橫語三則,均出
《洞冥記》。(李劍國:《唐前志怪小説史》)

　　②《經義考》卷七六伏勝《尚書大傳》條雖引《洞冥記》受《尚
書》於李克一段,但卷二八四"伏勝今文"條按語云:"郭子橫《洞
冥記》謂伏生受《書》於秦博士李克,然不見於他書,未敢深信。"
可見其態度審慎,並不盲從。"嗜博貪奇"或許有之,"有失別擇"
則未詳察其編撰體例,持論過當。(張宗友:《〈四庫全書總目〉
誤引〈經義考〉訂正》)

拾遺記十卷(内府藏本)

　　秦王嘉撰。嘉字子年,隴西安陽人。事蹟具《晉書·藝術
傳》。考舊本繫之晉代[①]。然嘉實苻秦方士,是時關中雲擾,與
典午隔絶久矣。稱晉人者,非也。其書本十九卷,二百二十篇。
後經亂亡殘闕[②],梁蕭綺搜羅補綴,定為十卷,并附著所論,命之
曰"錄",即此本也。綺序稱"文起羲、炎以來,事迄西晉之末",然
第九卷記石虎燋龍至石氏破滅,則事在穆帝永和六年之後,入東
晉久矣。綺亦約略言之也。嘉書蓋倣郭憲《洞冥記》而作,其言
荒誕,證以史傳皆不合。如皇娥宴歌之事、趙高登仙之説,或上
誣古聖,或下獎賊臣,尤為乖迕。綺錄亦附會其詞,無所糾正。
然歷代詞人,取材不竭,亦劉勰所謂"事豐奇偉,辭富膏腴,無益
經典而有助文章"者歟?《虞初》九百,漢人備錄。六朝舊笈,今
亦存備採掇焉。

【彙訂】

①　"考",殿本作"故"。

②　殿本"亡"下有"失"字。

搜神記二十卷（內府藏本）

舊本題晉干寶撰。寶字令升，新蔡人。元帝時以著作郎領國史，遷散騎常侍。事蹟具《晉書》本傳。史稱寶感父婢再生事，遂撰集古今靈異神祇、人物變化為此書。其自序一篇，亦載於傳內。《隋志》，新、舊《唐志》俱著錄三十卷。《宋志》作《搜神總記》十卷，亦云寶撰。《崇文總目》則云：“《搜神總記》十卷，不著撰人名氏，或云干寶撰，非也。”案，此條見《玉海》。此本為胡震亨《祕册彙函》所刻①，後以其版歸毛晉，編入《津逮祕書》者。考《太平廣記》所引，一一與此本相同。以古書所引證之，裴松之《三國志註·魏志·明帝紀》引其“柳谷石”一條，《齊王芳紀》引其“火浣布”一條，《蜀志·糜竺傳》引其“婦人寄載”一條，《吳志·孫策傳》引其“于吉”一條，《吳夫人傳》引其“夢月”一條，《朱夫人傳》引其“朱主”一條，皆具在此本中。劉孝標《世說新語註》引其“盧充金碗”一條②，劉昭《續漢志註·五行志》“荊州童謠”條下引其“華容女子”一條，“建安四年武陵充縣女子重生”條下引其“李娥”一條，“桓帝延熹七年”條下引其“大蛇見德陽殿”一條，《郡國志》“馬邑”條下引其“秦人築城”一條③，“故道”條下引其“旄頭騎”一條，李善註王粲《贈文叔良》詩引其“文穎字叔良”一條，註《思元賦》引其“張車子”一條，註鮑照《擬古詩》引其“太康帕頭”一條；劉知幾《史通》引其“王喬飛舄”一條，亦皆具在此本中。似乎此本即寶原書④。惟《太平寰宇記》“青陵臺”條下引其“韓憑化蛺蝶”一條，此本乃作“化鴛鴦”；郭忠恕《佩觿》上篇稱干寶《搜神記》以琵琶為頻婆，此本“吳赤烏三年，豫章民楊度”一條凡三見“琵琶”字，“安陽城南亭”一條亦有“琵琶”字，均不作“頻婆”；又《續漢志》註《地理志》“緱氏”條下引其“延壽亭”一條，“巴郡”

條下引其"澤中有龍,鳴鼓則雨"一條,《五行志》"建安七年,醴陵山鳴"條下引其"論山鳴"一條,李善《蜀都賦》註引其"澹臺子羽"一條,陸機《皇太子宴元圃詩》引其"程狷《説石圖》"一條,此本亦皆無之[5]。至於六卷、七卷全錄兩《漢書·五行志》,司馬彪雖在寶前,《續漢書》寶應及見,似決無連篇鈔錄、一字不更之理,殊為可疑[6]。然其書紋事多古雅,而書中諸論亦非六朝人不能作,與他偽書不同。疑其即諸書所引,綴合殘文,傅以他説,亦與《博物志》、《述異記》等。但輯二書者耳目隘陋,故罅漏百出。輯此書者則多見古籍,頗明體例,故其文斐然可觀,非細核之,不能辨耳。觀書中"謝尚無子"一條,《太平廣記》三百二十二卷引之,註曰出《誌怪錄》,是則捃拾之明證。胡震亨跋但稱謝尚為鎮西將軍,在穆帝永和中。寶此書嘗示劉惔,惔卒於明帝大寧中[7]。則書在尚加鎮西將軍之前二十餘年,疑為後人所附益,猶未考此條之非本書也。胡應麟《甲乙剩言》曰:"姚叔祥見余家藏書目中有干寶《搜神記》,大駭,曰'果有是書乎?'余應之曰:'此不過從《法苑》、《御覽》、《藝文》、《初學》、《書鈔》諸書中錄出耳,豈從金函石匱、幽巖土窟掘得耶?'大抵後出異書,皆此類也。"斯言允矣。

【彙訂】

①"祕册彙函",殿本作"祕册函"。

②《世説新語·方正》篇注引《孔氏志怪》"盧充者"云云,非《搜神記》。(汪紹楹:《搜神記校注》)

③"郡國志",殿本作"地理志",誤。《後漢書志》(劉昭補並注)卷二三《郡國五》"馬邑"條下注引干寶《搜神記》曰:"昔秦人築城於武州塞内以備胡,城成而崩者數矣。有馬馳走一地,周旋

反復,父老異之。因依以築城,城乃不崩。遂名之為馬邑。"

④ "似乎",殿本作"似"。

⑤《太平寰宇記》卷十四鄆城縣"青陵臺"條下,並未引《搜神記》,乃其後"韓憑冢"條所引。其文意實謂化蝶者韓妻所著之衣,化鴛鴦者其夫婦之精魂也。諸類書所引此書,皆作化鴛鴦。《佩觿》稱作"頻婆",特傳本有不同。"論山鳴"條稱"干寶曰",不言《搜神記》,安知不出於干寶所著《晉紀》?"澹臺子羽"條乃《吳都賦》注引,非《蜀都賦》注。(余嘉錫:《四庫提要辨證》)

⑥ 此書卷六、卷七尚記三國、兩漢事,其記後漢事者,文同於《續漢書·五行志》者僅得其半。(同上)

⑦ 劉惔終年三十六歲,若卒於太寧中(323—325),應生於武帝太康十年(289)左右。《晉書·劉惔傳》說他"尚明帝女廬陵公主",考《明帝紀》,晉明帝卒於太寧三年,年二十七,則劉惔反年長其岳父十歲左右。又《晉書·謝安傳》云:"安妻,劉惔妹也。"謝安卒於晉孝武帝太元十年(385),年六十六,其妻當與之年齡相仿。則劉氏兄妹年齡相差三十餘歲,皆與情理不合。(曹道衡:《晉代作家六考》)

搜神後記十卷(內府藏本)

舊本題晉陶潛撰。中記桃花源事一條,全錄本集所載詩序,惟增註"漁人姓黃名道真"七字。又載干寶父婢事,亦全錄《晉書》。剽掇之蹟,顯然可見。明沈士龍跋謂潛卒於元嘉四年,而此有十四、十六兩年事①;陶集多不稱年號,以干支代之,而此書題永初、元嘉。其為偽託,固不待辨。然其書文詞古雅,非唐以後人所能。《隋書·經籍志》著錄已稱陶潛,則贗撰嫁名,其來已久②。又陸羽《茶經》引其中"晉武帝時,宣城人秦精入武昌山採茗"一條,與此本所載相合;封演《聞見記》引其中"有人因病能飲一斛二斗③,後吐一物"一條,與此書"桓宣武督將"一條僅文有詳略;及"牛肺"字作"牛肚"④、"茗瘕"字作"斛二瘕",其事亦與此本所載相合,知今所傳刻猶古本矣⑤。其中丁令威化鶴、阿香雷車諸事,唐、宋詞人並遞相援引,承用至今。題陶潛撰者固妄,要不可謂非六代遺書也。

【彙訂】

① "兩",殿本無。

② 梁慧皎《高僧傳序》云:"陶淵明《搜神錄》",隋蕭吉《五行記》"柬甲"條引陶潛《搜神記》(見《太平廣記》卷四四三),唐釋法琳《破邪論》卷下、釋道宣《集神州三寶感通錄》卷下亦引作陶元亮《搜神錄》。不宜否定其著作權。(李劍國輯校:《〈新輯搜神記 新輯搜神後記〉前言》)

③ "聞見記",殿本作"見聞記",誤。此條載《封氏聞見記》卷六。

④ "牛肚",底本作"土肚",據殿本改。《北堂書鈔》卷一四四、《封氏聞見記》卷六、《太平御覽》卷七四三、八六七所引及此書卷三原文均作"牛肚"。

⑤ 今本此書與二十卷本《搜神記》皆為明胡應麟輯錄,並經胡震亨、姚士粦等修訂。古本早佚。(李劍國輯校:《〈新輯搜神記 新輯搜神後記〉前言》)

異苑十卷(江蘇巡撫採進本)

宋劉敬叔撰。敬叔,《宋書》、《南史》俱無傳,明胡震亨始採

諸書補作之。稱敬叔，彭城人。起家中兵參軍[①]，元嘉三年為給
事黃門郎，太始中卒。又稱嘗為劉毅郎中令，以事忤毅，為所奏
免官。今案書中稱毅"鎮江州，褊躁愈劇"，又載毅妻為桓元〔玄〕
所得，擅寵有身，多蓄憾詆毀之詞。則震亨之言當為可信。惟書
中自稱"義熙十三年，余為長沙景王驃騎參軍"，以《宋書·長沙
景王道憐傳》考之，時方以驃騎將軍領荊州刺史，與敬叔所記相
合。而震亨《傳》中未之及，則偶疏也。其書皆言神怪之事，卷數
與《隋書·經籍志》所載相合。劉知幾《史通》謂《晉書》載武庫
火，漢高祖斬蛇劍穿屋飛去，乃據此書載入，亦復相合。惟中閒
《太平御覽》所引"傅承亡餓"一條，此本失載[②]。又稱宋高祖為
宋武帝裕，直舉其國號、名諱，亦不似當時臣子之詞，疑已不免有
所佚脫竄亂。然核其大致，尚為完整，與《博物志》、《述異記》全
出後人補綴者不同[③]。且其詞旨簡澹，無小說家猥瑣之習，斷非
六朝以後所能作，故唐人多所引用[④]。如杜甫詩中"陶侃胡奴"
事，據《世說新語》但知為侃子小名。勘驗是書，乃知別有一事，
甫之援引為精切，則有裨於考證亦不少矣。

【彙訂】

①"中"，殿本作"小"，誤，參《津逮祕書》本此書卷首胡震亨
《劉敬叔傳》原文。

② 此條未失載，見今本卷三。（李劍國：《古小說文獻的甄
別、使用與整理——以〈異苑〉及〈搜神記〉為例》）

③ 今本《博物志》、《述異記》皆非後人補綴而成，說詳本卷
《博物志》、《述異記》條注文。

④ 今本乃胡震亨、姚士粦等在胡應麟輯本基礎上重加補訂
而成，但所輯頗為偽濫，紕漏極多。三百八十二條中竟有六七十

條濫取他書。(李劍國：《古小説文獻的甄別、使用與整理——
以〈異苑〉及〈搜神記〉為例》)

續齊諧記一卷(江蘇巡撫採進本)

梁吳均撰。均事蹟具《梁書》本傳。《唐藝文志》作吳筠。案
唐有道士吳筠,乃大曆時人。是書《隋志》著錄,杜公瞻《荆楚歲
時記》註、歐陽詢《藝文類聚》已先引其文,非筠明甚。《唐志》蓋
傳寫之譌。吳琯刊本有元陸友跋曰:"《齊諧》志怪,蓋莊生寓言。
今均所續,特取義云爾,前無其書也。"案《隋書·經籍志》雜傳
類,均書之前有宋散騎侍郎東陽無疑《齊諧記》七卷,《唐志》小説
家亦並載之,然則均書實續無疑。友謂前無其書,亦為失考。所
記皆神怪之説。然李善註《文選》,於陸機《豫章行》,引其"田氏
三荆樹"一條,於謝惠連《七月七日夜咏牛女》詩,引其"成武丁"
一條;韋絢《劉禹錫嘉話》引其"霍光金鳳轄"一條、"蔣潛通天犀
導"一條;張彥遠《歷代名畫記》引其"徐邈畫鯔魚"一條。是在唐
時已援為典據,亦小説之表表者矣。惟劉阮天台一事,徐子光註
李瀚《蒙求》,引《續齊諧記》之文,述其始末甚備,而今本無此條。
豈原書久佚,後人於《太平廣記》諸書內鈔合成編,故偶有遺
漏歟[①]?

【彙訂】

① 其實所佚尚多,如《太平御覽》卷五七九引王彦伯事、卷
七〇三引武昌小吏事等,今本皆未載,"鈔合成編,偶有遺漏"乃
屬臆測。(李劍國：《唐前志怪小説史》)

還冤志三卷(內府藏本)

隋顏之推撰。之推有《家訓》,已著錄。此書《隋志》不載,

《唐書・藝文志》作《冤魂志》三卷,《文獻通考》作《北齊還冤志》二卷。考《宋史・藝文志》作顏之推《還冤志》,《太平廣記》所引亦皆稱《還冤志》,與今本合,則《唐志》為傳寫之譌①。至書中所記,上始周宣王杜伯之事,不得目以北齊。即之推亦始本梁人,後終隋代。觀陸法言《切韻》序,則開皇之初,尚與劉臻等八人同時定韻,更不得目以北齊。殆因舊本之首題北齊黃門侍郎顏之推撰,遂誤以冠於書名上歟?觀《宋史》又載釋庭藻《續北齊還冤志》一卷,則誤稱北齊,亦已久矣。自梁武以後,佛教彌昌,士大夫率皈禮能仁,盛談因果。之推《家訓》有《歸心篇》,於罪福尤為篤信,故此書所述,皆釋家報應之説。然齊有彭生,晉有申生,鄭有伯有,衛有渾良夫,其事並載《春秋傳》;趙氏之大厲、趙王如意之蒼犬,以及魏其、武安之事,亦未嘗不載於正史。強魂毅魄,憑厲氣而為變,理固有之。尚非天堂、地獄幻杳不可稽者比也。其文詞亦頗古雅,殊異小説之冗濫。存為鑑戒,固亦無害於義矣。陳繼儒嘗刻入《祕笈》中,刊削不完,僅存一卷。此本乃何鏜《漢魏叢書》所刻,猶為原帙,今據以著錄焉②。

【彙訂】

①《隋書・經籍志》雜傳類有《冤魂志》三卷,顏之推撰,《舊唐書・經籍志》同。《法苑珠林》卷一百《傳記篇》雜記部錄顏之推撰《冤魂志》一卷,顏真卿《贈祕書少監顏君廟碑》敘顏之推所著書有《冤魂志》三卷。宋《崇文總目》卷二八始稱《還冤志》三卷。《太平廣記》引此書四十餘條,俱作《還冤記》。則原書本名《冤魂志》,《還冤志》等皆後人妄改。(余嘉錫:《四庫提要辨證》)

②《四庫》所收實為陳繼儒《寶顏堂祕笈》一卷本。(羅國

威：《四庫全書本〈還冤志〉提要獻疑》）

集異記一卷（江蘇巡撫採進本）

唐薛用弱撰。案《唐書·藝文志》載用弱字中勝，長慶光州刺史。其里籍則未言。此本卷首題曰河東。然唐代士族率題郡望，劉必彭城，李必隴西，其確生何地則未之知。《三水小牘》案此書今佚，此條見《太平廣記》三百十二卷所引。載其大和中自儀曹郎出守弋陽，為政嚴而不殘。蓋在當時稱良吏，其事蹟亦無考也。是書所記凡十六條。晁公武《讀書志》稱其首載徐佐卿化鶴事，此本正以此條為首，與晁氏所記合，蓋猶舊本。其敘述頗有文采，勝他小説之凡鄙。世所傳狄仁傑集翠裘、王維鬱輪袍、王積薪婦姑圍棊、王之渙旗亭畫壁諸事，皆出此書。其《良常山新宮銘》，洪邁《容齋隨筆》推為奇作。蘇軾與子過詩所謂"爾應奴隸蔡少霞，我亦伯仲山元卿"者，即用其事。卷帙雖狹，而歷代詞人恒所引據，亦小説家之表表者。陳振孫《書錄解題》謂是書一名《古異記》①。然諸家著錄俱無此名，不知振孫何本。又唐比部郎中陸勳亦有《集異記》二卷，與用弱此本名同。故《文獻通考》題勳書曰《陸氏集異記》，以別於用弱書焉。

【彙訂】

①《直齋書錄解題》未著錄《集異記》。實著錄於《郡齋讀書志》卷一三，謂"一題《古異記》"。（黃嬿婉：《〈四庫全書總目〉誤引〈直齋書錄解題〉訂正十七則》）

博異記一卷（江蘇巡撫採進本）

舊本題唐谷神子還古撰，不著姓氏。考晁公武《讀書志》載《老子指歸》十三卷，亦題谷神子註，不著姓氏。而《唐書·藝文志》有馮廓註《老子指歸》十三卷，與公武所言書名、卷數皆合，則谷神子其馮廓歟？胡應麟《二酉綴遺》則曰：“唐有詩人鄭還古，嘗為殷七七作傳。其人正晚唐，而《殷傳》文與事皆類，是書蓋其作也。”其說亦似有依據。然古無明文，闕所不知可矣。其書載敬元穎、許漢陽、王昌齡、張竭忠、崔元微、陰隱客、岑文本、沈亞之、劉方元、馬燧十人。《太平廣記》三百四十八卷載“李全質”一條，稱“會昌壬戌濟陰大水，谷神子與全質同舟”云云，此本無之。蓋亦鈔合而成，非完帙也①。所記皆神怪之事，敘述雅贍。而所錄詩歌頗工緻，視他小說為勝。惟“師曠鏡銘”一條，不似三代語爾。陳振孫《書錄解題》謂語觸時忌，故隱其名。前有自序，亦稱：“非徒但資笑語，抑亦粗顯箴規。或冀逆耳之詞，稍獲周身之戒。”今觀所載，殊不見觸忌之語。而證以《太平廣記》所引，又確為本書，非出依託。未審其寓言之旨何在也。

【彙訂】

①《舊唐書·藝文志》著錄羣書，悉本之開元時毋煚所修之《古今書錄》，則馮廓自是開元以前人，下至會昌壬戌已百餘年。而明刻本《剪燈叢話》卷二收有《博異志》，作者題唐鄭還古。（余嘉錫：《四庫提要辨證》）

杜陽雜編三卷（兩淮鹽政採進本）

唐蘇鶚撰。鶚有《演義》，已著錄。此編所記，上起代宗廣德元年，下盡懿宗咸通十四年，凡十朝之事，皆以三字為標目①。其中述奇技寶物，類涉不經，大抵祖述王嘉之《拾遺》、郭子橫之《洞冥》。雖必舉所聞之人以實之，殆亦俗語之為丹青也。所稱某物為某年某國所貢者，如日林、大林、文單、吳明、拘弭、大軫、南昌、涷東、條支、鬼谷、訶陵②、兜離，《唐書·外國傳》皆無此名，諸帝本紀亦無其事③。即如夫餘國久併於渤海大氏，而云武宗會昌元年夫餘來貢；罽賓地接蔥嶺，《漢書》、《唐書》均有明文，而云在西海，尤舛迕之顯然者矣。然鋪陳縟豔，詞賦恒所取材，固小説家之以文采勝者。讀者挹其葩藻，遂亦忘其夸飾，至今沿用，殆以是歟？其曰《杜陽雜編》者，晁公武《讀書志》謂鶚居武功之杜陽，蓋因地以名其書云。

【彙訂】

① 此書各本均無標目，蓋與范攄《雲溪友議》相淆。（湯華泉：《〈四庫提要〉訂正六則》）

② “訶陵”，底本作“河陵”，據殿本改。此書卷下載：“（咸通）十四年春，詔大德僧數十輩於鳳翔法門寺迎佛骨……上迎佛骨入內。道場即設金花帳、溫清牀、龍鱗之席、鳳毛之褥，焚玉髓之香，薦瓊膏之乳，皆九年訶陵國所貢獻也。”《新唐書》有《訶陵傳》。

③《舊唐書·真臘傳》：“陸真臘，亦謂之文單國。”《新唐書·真臘傳》亦云：“陸真臘或曰文單。”又云：“文單西北屬國曰參半。”其地在今柬埔寨北，老撾南。又《新唐書·訶陵傳》曰：“亦曰社婆，曰闍婆，在南海中。”其地即今印尼之爪哇。據此可知，文單、訶陵，非不見於《唐書》。又條支，見兩《漢書》之《西域傳》，亦見於《舊唐書·賈耽傳》，地在今西亞。雖非唐時國名，然非向壁虛造。以上三國，應從《總目》所舉十二誤國名中剔除。（楊武泉：《四庫全書總目辨誤》）

前定錄一卷續錄一卷（浙江鮑士恭家藏本）

唐鍾輅撰。輅，大和中人①，官崇文館校書郎。《唐書·藝文志》作鍾籍，未詳孰是也。是書所錄前定之事，凡二十三則，與《書錄解題》所言合。前有自序，稱"庶達識之士知其不誣，奔競之徒亦足以自警"，較他小說為有勸戒。高彥休《唐闕史》曰："世傳《前定錄》，所載事類實繁，其間亦有鄭委曲以成其驗者。"蓋即指此書。然小說多不免附會，亦不能獨為此書責也。《續錄》一卷，不題撰人名氏，《書錄解題》亦載之。觀其以唐明皇與唐元宗析為兩條，知為雜採類書而成，失於刪併。又"柳宗元"一條，乃全引《龍城錄》語。《龍城錄》為宋王銍偽撰②，則非唐以前書明矣。

【彙訂】

①《前定錄》記事最晚至文宗大和九年，鍾輅所撰《續前定錄》記事最晚至宣宗大中十年，當為文宗至宣宗時人。（李裕民：《四庫提要訂誤》增訂本）

②《龍城錄》非王銍所撰，說詳卷一四四《龍城錄》條訂誤。

桂苑叢談一卷（內府藏本）

案《新唐書・藝文志》載《桂苑叢談》一卷，註曰馮翊子子休撰，不著姓名。晁公武引李淑《邯鄲書目》云"姓嚴"，疑馮翊子其號，而子休其字也。陳繼儒刻入《祕笈》，乃題為"唐子休馮翊著"，顛倒其文，誤之甚矣。其書前十條皆載咸通以後鬼神怪異及瑣細之事，後為史遺十八條。其十二條亦紀唐代雜事，餘六條則兼及南北朝。然如高澂捕賊、高延宗縱恣、崔宏〔弘〕度酷虐諸事，齊、隋本史皆已載之①，又似摘鈔卷中未及刊削者。疑已經後人竄亂，非原書也。其"甘露亭"一條稱"吳王收復浙右之歲"者，當為昭宗天復二年。時始封楊行密為吳王，故子休以此稱之。然則作是書者，其江南人歟？

【彙訂】

① 崔弘度《北史》、《隋書》有傳，未見於《北齊書》。

劇談錄二卷（浙江巡撫採進本）

唐康騈撰。王定保《摭言》作唐軿，蓋傳寫之譌。《唐書·藝文志》作康軿，以其字駕言證之，二字義皆相合，未詳孰是。諸書引之皆作"騈"①，疑亦《唐志》誤也②。騈，池陽人。乾符四年登進士第③，官至崇文館校書郎。是書成於乾寧二年，皆記天寶以來瑣事，亦閒以議論附之，凡四十條。今以《太平廣記》勘之，一一相合。非當時全部收入，即後人從《廣記》鈔合也④。此本末有"臨安府陳道人書籍鋪刊行"字，蓋猶影鈔宋本。如"潘將軍"一條，註中疑為潘鶡碎字。今本《劍俠傳》從《廣記》剽掇，此條譌為"潘鶡碎"，遂不可解。知此本為善矣。其中載"元微之年老擢第，執贄謁李賀"一條，《古夫于亭雜錄》辨之曰："案元擢第，既非遲暮，於賀亦稱前輩。詎容執贄造門，反遭輕薄？小説之不根如此。"其論最當。然稗官所述，半出傳聞，真偽互陳，其風自古。未可全以為據，亦未可全以為誣，在讀者考證其得失耳，不以是廢此一家也。

【彙訂】

① 殿本"諸"上有"然"字。

②《新唐書》卷一八九《田頵傳》、《唐詩紀事》卷六八均作康軿，《宋史·藝文志》集部有康軿《九筆雜編》十五卷。《唐書·藝文志》不誤。（余嘉錫：《四庫提要辨證》）

③ 池陽一郡轄有四縣，《江南通志》載："康軿，字駕言，居黃老山。"即秋浦縣（今安徽池州市貴池區）黃老山人。據《大清一

統志‧池州府》記述：康軿死後也葬於黃老山，清時墓冢尚在。清徐松《登科記考》引《永樂大典》所收《池州府志》云："康軿，乾符五年登進士第。"（李暉：《〈劇談錄〉及其作者史實考辨》）

④ 文淵閣《四庫》本實收四十二條，卷上二十條，卷下二十二條。《太平廣記》共引三十三條，其中二十九條與今本互見，雖大體相同，但差異很多。（程毅中：《唐代小說瑣記》）

宣室志十卷補遺一卷（内府藏本）

唐張讀撰。陳振孫《書錄解題》稱讀字聖朋。《唐書‧藝文志》載讀《建中西狩錄》十卷，註曰讀字聖用。"朋"、"用"字形相近，義亦兩通，未詳孰是也①。深州陸澤人。《舊唐書》附見其祖張薦傳中，稱其"登進士第，有俊材。累官至中書舍人、禮部侍郎，典貢舉，時稱得士。位終尚書左丞"。《新唐書‧藝文志》則稱為僖宗時史部侍郎。高彦休《唐闕史》亦稱："張侍郎讀為員外郎張休復之子，案《舊唐書》作希復②。牛僧孺之外孫。年十九，登進士第。"不言其為吏部禮部。以"典貢舉"之文證之，蓋《新唐志》為誤矣。是書所記，皆鬼神靈異之事③。豈以其外祖牛僧孺嘗作《元〔玄〕怪錄》，讀少而習見，故沿其流波歟④？《補遺》一卷，舊本併題讀撰，然諸家書目皆無之。疑刊刻者摭他書所引，載於後也。"宣室"之義，蓋取漢文帝宣室受釐，召賈誼問鬼神事。然鬼神之對雖在宣室，而宣室之名實不因鬼神而立。取以題誌怪之書⑤，於義未當，特久相沿習不覺耳。今特附訂其失，庶讀者有考，無相沿用焉⑥。

【彙訂】

① 陳振孫《書錄解題》云："讀字聖用。"晁公武《郡齋讀書

志》袁本作"字聖朋",衢本作"字聖明"。《新唐書》卷一七四《張
薦傳》與《藝文志》均作"字聖用",應從。(葉德祿:《四庫全書提
要〈宣室志〉考證》)

②《新唐書·張薦傳》載:"(讀)大中時第進士,鄭薰辟署宣
州幕府。累遷禮部侍郎。中和初為吏部,選牒精允。調官丐留
二年,詔可,榜其事曹門。後兼弘文館學士,判院事,卒。"《新唐
書》卷一九〇《鄭薰傳》載:"歷考功郎中、翰林學士。出為宣歙觀
察使⋯⋯懿宗立,召為太常少卿。"可知張讀為宣州幕府在懿宗
即位之前,遷禮部侍郎則在咸通、乾符之間,僖宗中和初為吏部
侍郎。《唐闕史》獨言侍郎者,因讀先為禮部侍郎,後為吏部侍
郎。"張休復",諸本《唐闕史》皆作張希復。(同上)

③"鬼神",殿本作"神鬼"。

④ 張讀之祖張薦著有《靈怪集》,薦祖鷟著有《遊仙窟》,皆
志怪小説也。則讀著《宣室志》,毋寧謂家學淵源。(葉德祿:
《四庫全書提要〈宣室志〉考證》)

⑤"書",殿本作"事"。

⑥《郡齋讀書志》云:"纂輯仙鬼靈異事,名曰《宣室志》者,
取漢文召見賈生論鬼神之義。"《直齋書錄解題》云:"宣室者,漢
文帝問鬼神之處也。"是宣室之名雖不因鬼神立,而宣室實有鬼
神之對,取以名志鬼怪之書,固無不可。(葉德祿:《四庫全書提
要〈宣室志〉考證》)

唐闕史二卷(浙江鮑士恭家藏本)

舊本題唐高彥休撰。彥休始末未詳。書中"鄭少尹及第"一
條有"開成二年,愚江夏伯祖再司文柄"語。考《舊唐書·高鍇

傳》，鍇於大和三年以吏部員外郎奉詔審定敕試別頭進士明經，開成元年以中書舍人權知禮部貢舉，尋為禮部侍郎，掌貢部者三年。出為鄂岳觀察使而卒。鄂岳正江夏之地，所言官品、事蹟俱合。則彥休當為鍇之從孫。惟新、舊《書》皆失鍇之里籍，遂不知彥休為何地人耳。陳振孫《書錄解題》曰"彥休自號參寥子"，《唐藝文志》註亦同。《宋史·藝文志》載《闕史》一卷，註曰"參寥子述"，又載高彥休《闕史》三卷。分為兩書兩人，殊為舛誤。又黃伯思《東觀餘論》有此書跋云："敘稱'甲辰歲編次'，蓋僖宗中和四年。而其閒有已書僖號者，或後人追改之。"今考序中自言乾符甲子生，乾符無甲子，當為甲午之譌。下距中和四年僅十年，不應即能著書。由是以後，惟晉開運元年為甲辰，上推乾符元年甲午生[1]，年當七十一歲，尚有著書之理。然則彥休蓋五代人也[2]。是書諸家著錄皆三卷。今止上、下二卷，似從他書鈔撮而成，非其原本。張耒《宛邱〔丘〕集》稱賈長卿嘗辨此書所載白居易母墮井事，此本無之，是亦不完之一證。然自序言共五十一篇，分為上、下二卷，又似非有脫遺者。或後人併追改其序歟？王士禎《居易錄》讚其首載李師道之黨丁約獻俘闕下，臨刑幻化仙去事，以為導逆。其說甚當。然所載如周墀之對文宗、崔闆之對宣宗[3]、鄭薰判宦官之蔭子、盧攜之議鎮州，皆足與史傳相參訂。"李可及戲論三教"一條，謂伶人不當授官，持論尤正。他如皇甫湜作《福先寺碑》、劉蛻辨齊桓公器、單長鳴非姓單諸事[4]，亦足以資考證，不盡小説荒怪之談也。

【彙訂】

[1] "甲午"，殿本作"甲子"，誤。乾符元年(874)為甲午。

[2] 高彥休自序云："愚乾符甲午歲生唐世二十有一，始隨鄉

薦於小宗伯。"則乾符甲午巳二十一歲,十年後自可著書。唐亡時已五十四歲,其後不聞更仕五代,則是唐人,而非五代人。(余嘉錫:《四庫提要辨證》)

③"崔閬",殿本作"崔閬",誤。閬即閬帥。

④"姓單",底本作"姓單",據殿本改。此書卷上"單進士辨字"條云:"進士單長鳴者,隨計求試於春官,日袖狀訴吏云:'某姓單,會為筆引榜者易為單。誠姓氏之僻,而援毫吏得以侮易之,實貽宗先之羞也。'主司初不諭,久之方云:'方口、尖口,亦何畏耶?'長鳴屬聲曰:'不然。梯航所通,聲化所暨,文學之柄,屬在明公。公倘以尖、方口得以互書,則台州吳兒乃呂州矣兒也。'主文者不能對,詞場目為舉妖。"

甘澤謠一卷(江蘇巡撫採進本)

唐袁郊撰。晁公武《讀書志》云:"載譎異事九章,咸通中久雨臥疾所著。"陳振孫《書錄解題》述其自序云:"以春雨澤應,故有'甘澤成謠'之語,以名其書。"此本為毛晉所刊,云得之華陰楊儀。篇數與《讀書志》合,然但有儀序而無郊自序。儀序稱郊為唐祠部郎中。考《新唐書·宰相世系表》,郊字子乾,官至虢州刺史。不知儀何所據也。《書影》曰①:"《甘澤謠》別自有書。今楊夢羽所傳,皆從他書鈔撮而成,偽本也。或曰夢羽本未出時,已有鈔《太平廣記》二十餘條為《甘澤謠》以行者,則夢羽本又贗書中之重儓矣。"今考《書影》所稱夢羽②,即儀之字。其所稱先出之一本,今未之見。錢希言《獪園》"薄明經為魚"一條,稱:"嘗見唐人小說有《甘澤謠》,載《魚服記》甚詳。"今此本無《魚服記》,豈希言所見乃先出一本耶? 然據此本所載,與《太平廣記》所引者一一相符。則兩本皆出《廣記》，不得獨指儀本為重儓。又哀輯散佚，重編成帙，亦不得謂之贋書。所論殊為未允。其書雖小説家流，而瑣事軼聞，往往而在。如杜甫《飲中八仙歌》，葉夢得《避暑錄話》謂惟焦遂不見於書傳。今考此書"陶峴"條中實有布衣焦遂，而絕無口吃之説，足以證師古偽註之謬。是亦足資考證，不盡為無益之談矣。

【彙訂】

① 殿本"書"上有"周亮工"三字。

②"書影"，殿本作"亮工"。

開天傳信記一卷(浙江鮑士恭家藏本)

唐鄭棨撰。棨字蘊武，滎陽人。登進士第，累官右散騎常侍。好以詩謠託諷昭宗，意其有所蘊蓄，擢為禮部侍郎同中書門下平章事。所謂歇後"鄭五作宰相，時事可知"者，即其人也。《舊唐書》本傳稱棨嘗歷監察，殿中，倉、户二員外，金、刑、右司三郎。而是書原本首署其官為吏部員外郎，本傳顧未之及。或史文有所脱漏歟①？書中皆記開元、天寶故事，凡三十二條。自序稱"簿領之暇，搜求遺逸，期於必信"，故以"傳信"為名。其紀"明皇戲游城南，王琚延過其家，謀誅韋氏"一條，據《唐書》琚傳，乃琚選補主簿，過謝太子，乘機進説，以除太平公主，並無先過琚家之事。司馬光作《通鑑》，亦不從是書，惟《新唐書》兼採之。然韋氏稱制時，琚方以王同皎黨亡命江都，安得復卜居韋杜？棨所記恐非事實，宜為《通鑑》所不取。又如華陰見岳神、夢遊月宫、羅公遠隱形、葉法善符錄諸事，亦語涉神怪，未能盡出雅馴。然行世既久，諸書言唐事者多沿用之，故錄以備小説之一種焉。

【彙訂】

① 此書作者《新唐書·藝文志》等宋人書目皆作鄭棨，通行各本亦然，書下署銜吏部員外郎。而鄭綮昭宗時曾為宰相，兩《唐書》有傳，記其歷監察、殿中、倉、戶二員外郎，金、刑、右司三郎中，不言曾官吏部員外郎。似非一人。（嚴傑：《唐五代筆記考論》）

稽神錄六卷（內府藏本）

宋徐鉉撰。鉉字鼎臣，廣陵人。仕南唐為翰林學士。隨李煜歸宋，官至直學士院、給事中、散騎常侍。淳化初，坐累謫靜難軍司馬，卒於官。事蹟具《宋史》本傳。是編皆記神怪之事。晁公武《讀書志》載其自序，稱："自乙未歲至乙卯，凡二十年"。則始於後唐廢帝清泰二年，迄於周世宗顯德二年，猶未入宋時所作。書中惟乾寧、天復、天祐、開成、同光書其年號，自後唐明宗以後則但書甲子。考馬永卿《嬾真子》稱："南唐自顯德五年用中原正朔，士大夫以為恥，碑文但書甲子。"此書猶在李璟去帝號前三年，殆必原用南唐年號，入宋以後追改之。其稱楊行密曰偽吳，稱南唐曰江南，其官亦稱偽某官，亦入宋以後所追改歟？《讀書志》云所載一百五十事。陳振孫《書錄解題》云："元本十卷，此無卷第，當是他書中錄出者。"案今本止六卷，而反有一百七十四事①，末又有拾遺十三事。與晁氏、陳氏所云卷數、條數俱不合。案《楓窗小牘》云："太宗命儒臣修《太平廣記》，時徐鉉實與編纂。《稽神錄》，鉉所著也。每欲採擷，不敢自專，輒示宋白，使問李昉。昉曰：'詎有徐率更言無稽者。'於是此《錄》遂得見收。"疑是《錄》全載《太平廣記》中，後人錄出成帙。而三大書徵引浩博，門目叢雜。所列諸事，凡一名疊見者，《太平御覽》皆作"又"字，《文苑英華》皆作"前名"字，《廣記》皆作"同上"字。其閒前後相連，以甲蒙乙者，往往而是。或緣此多錄數十條，亦未可知也②。《讀書志》又云："楊大年云江東布衣蒯亮好大言誇誕，鉉喜之，館於門下。《稽神錄》中事，多亮所言。"考鉉《騎省集》中有《送蒯參軍亮》詩，前四句云："昔年聞有蒯先生，二十年來道不行。抵掌曾談天下事，折腰猶忤俗人情。"則鉉客實有蒯亮，然不言及說鬼事。又書中載破瘤得棋子、得鍼二章云"聞之於亮"。則不題亮名者，似非亮語。趙與旹《賓退錄》備載洪邁《夷堅志》諸序，稱其《三志》庚集序考徐鉉《稽神錄》，辨楊文公《談苑》所載蒯亮之事非是。其說必有所考，今不得而見之矣。

【彙訂】

① 書中卷三目錄《李宗》下缺《漁人》（《太平廣記》引作《漁人妻》）一則，或因與前目名重複而漏計，實有一百七十五事。（李劍國：《唐五代志怪傳奇敘錄》）

② 採之《太平廣記》可得二百二十餘條，即便徐鉉採錄已作有誤，亦不致與《郡齋讀書志》所載相差六七十事。疑《郡齋》所錄乃初稿六卷之鈔本，後又續增至十卷二百餘條。（同上）

江淮異人錄二卷（永樂大典本）

宋吳淑撰。淑有《事類賦》，已著錄。是編所紀多道流、俠客、術士之事，凡唐代二人，南唐二十三人。徐鉉嘗積二十年之力，成《稽神錄》一書。淑為鉉壻，殆耳孺目染，挹其流波，故亦喜語怪歟？鉉書說鬼，率誕漫不經。淑書所記，則《周禮》所謂怪民，《史記》所謂方士，前史往往見之，尚為事之所有。其

中如耿先生之類,馬令、陸游二《南唐書》皆採取之,則亦未盡
鑿空也。尤袤《遂初堂書目》載此書,作《江淮異人傳》,疑傳寫
之譌。又《宋史》淑本傳載是書三卷,而陳振孫《書錄解題》作
二卷,《宋藝文志》亦同。則《列傳》以"二"為"三",由字誤矣[1]。
其書久無傳本。今從《永樂大典》中掇拾編次,適得二十五人
之數,首尾全備,仍為完書。謹依《宋志》,仍分為上、下二卷,
以復其舊焉[2]。

【彙訂】

[1]《宋史·藝文志》亦作三卷。(李劍國:《宋代志怪傳奇
敘錄》)

[2] 此書今傳尚有一卷本,載於《道藏》洞玄部記傳類、《知不
足齋叢書》等,十分接近原書。而《四庫》輯《永樂大典》本缺《虔
州少年》、《瞿童》二傳,多《唐寧王》、《花姑》二傳。此二事實在
《龍城錄》中。宋人嘗擷取《龍城錄》與本書合為《異人錄》,《類
說》卷一二摘《異人錄》二十五事,即《大典》所引者。(李劍國:
《宋代志怪傳奇敘錄》;李劍國輯校:《宋代傳奇集》)

太平廣記五百卷(內府藏本)

宋李昉奉敕監修,同修者扈蒙、李穆、湯悅、徐鉉、宋白、王克
貞、張洎、董淳、趙鄰幾、陳鄂、呂文仲、吳淑十二人也。以太平興
國二年三月奉詔,三年八月表進,此據《宋會要》之文。《玉海》則作二年三
月戊寅所集,八年十二月庚子書成。未詳孰是。六年正月敕雕版印行[1]。
凡分五十五部[2],所採書三百四十五種[3],古來軼聞瑣事、僻笈遺文
咸在焉。卷帙輕者往往全部收入,蓋小説家之淵海也。《玉海》稱
"《廣記》鏤本頒天下,後以言者謂非後學所急,收版貯之太清樓",

故北宋人多未之睹④。鄭樵號為博洽，而《通志·校讎略》中乃謂《太平廣記》為《太平御覽》中別出《廣記》一書，專記異事，誤合兩書而一之，是樵亦未嘗見矣⑤。其書雖多談神怪，而採摭繁富。名物典故，錯出其閒，詞章家恒所採用，考證家亦多所取資。又唐以前書，世所不傳者，斷簡殘編，尚閒存其什一，尤足貴也。此本為明嘉靖中右都御史談愷所刊，卷頁閒有闕佚。胡應麟《二酉綴遺》曰："談於此書頗肆力校讎，第中闕'嗤鄙類'二卷，'無賴類'二卷，'輕薄類'一卷，而'酷暴類'闕'胡澍'等五事，'婦人類'闕'李誕'等七事⑥。談謂徧閱諸藏書家悉然，疑宋世已亡。"又曰："'輕薄類'劉祥、許敬宗等皆見六朝諸史及《唐書》、雜說，談已考補。餘目中有名姓者，尚多互見諸書。惟出小說中而其書今亡者，難悉究矣。"云云。則書在當時已非完帙，今亦姑仍舊本錄之焉。

【彙訂】

①《宋會要》與《太平廣記表》所載成書時間均為太平興國三年八月，六年詔令刻版印行。而據《太平御覽》原序及《玉海》卷五四引《實錄》，《太平御覽》編成於八年十二月。王應麟將《御覽》成書時間誤為《廣記》成書時間，四庫館臣沿襲其誤。（陳尚君、張金耀主撰：《四庫提要精讀》）

② 此書按題材分為九十二大類，又分一百五十多個細目，分五十五部者乃《御覽》。（李裕民：《四庫提要訂誤》）

③ 談愷刻本此書書前《引用書目》共錄書三百四十三種，實際引書四百七十九種。（同上）

④ "未之睹"，殿本作"未及睹"。

⑤《通志·藝文略》"類書"《太平廣記》條曰："《太平御覽》之外，採其異事而為《廣記》。"《校讎略》缺"之外"二字，以致文意含混。

鄭樵實未"誤合兩書而一之"。(李裕民:《四庫提要訂誤》增訂本)

⑥ 文淵閣《四庫》本有缺文無缺卷,胡應麟所舉十二事俱在,並多出"竇氏二女"一則。其底本實為清乾隆二十年黃晟槐陰草堂刻本。(張國風:《〈太平廣記〉版本考述》)

茆亭客話十卷(兩江總督採進本)①

宋黃休復撰。休復有《益州名畫錄》,已著錄。是編乃雜錄其所見聞。始王、孟二氏,終於宋真宗時,皆蜀中軼事,無一條旁涉他郡。陳振孫《書錄解題》稱其所記多蜀事,似未徧檢其書,但約略言之也。李畋作《益州名畫錄》序,稱其通《春秋》學,又稱其鬻丹養親。書中"李處士"一條極論杜預以《左傳》合經之誤,足徵其深於《春秋》。其他論燒鍊、服餌、導引之術,臚列道家靈蹟者,居全書之大半,足徵其嫻於丹法。餘雖多及神怪,而往往借以勸戒,在小說之中最為近理。其記吳王客省使高弼以王羲之石本《蘭亭》一軸獻偽蜀太子,當時識者謂是羲之撰序之後,刻石《蘭亭》之本。其說為自古錄金石者所未聞。案《賓退錄》引蔡絛之言曰:"定武本乃江左所傳晉會稽石也。"其說殆即因此事而附會。又記唐德宗疑韋皋有異志,陰遣僧行勤誘之餌丹。至貞元二十年,丹毒發而死。亦《唐史》所不載。又記雷琴所以為異者,"岳雖高而絃低,雖低而不拍,面按之,若指下無絃,吟振之,則有餘韻"。皆足以廣異聞。其駁《北夢瑣言》所記高駢鎮蜀時術士王劍換福感寺塔金相輪事,謂淳化五年相輪墜地,實銅鐵所鑄,證孫光憲為誣。亦足訂小說之譌也。

【彙訂】

① 底本此條與文淵閣庫書次序不符。文淵閣庫書及殿本

皆置"江淮異人錄二卷"條之後。

分門古今類事二十卷（浙江巡撫採進本）

不著撰人名氏,《宋史·藝文志》亦未著錄[1]。卷首題"蜀本"二字。第八卷內載有《先大夫龍泉夢記》一篇,《記》中稱"崇寧乙酉拔漕解,次年叨第",末署"政和七年三月宋如璋記"。是作此書者即如璋之子。特前後無序跋,其名已不可考矣。書分十二類,凡《帝王運兆門》二卷,《異兆門》三卷,《夢兆門》三卷,《相兆門》二卷,《卜兆門》二卷,《讖兆門》二卷,《祥兆門》一卷,《婚兆門》一卷,《墓兆雜志門》一卷,《為善而增門》一卷,《為惡而損門》一卷。大旨在徵引故事,以明事有定數,無容妄覬,而又推及於天人迪吉從逆之所以然。雖採摭叢瑣,不無涉於誕幻,而警發世俗,意頗切至,蓋亦《前定錄》、《樂善錄》之類。且其書成於南渡之初[2],中閒所引如《成都廣記》、《該聞錄》、《廣德神異錄》、《唐宋遺史》、《賓仙傳》、《蜀異記》、《搢紳脞說》、《靈驗記》、《靈應集》諸書,皆後世所不傳,亦可以資博識之助也。

【彙訂】

[1]《宋史·藝文志》類事類著錄:"《分門古今類事》二十卷,不著撰人。"（李劍國:《宋代志怪傳奇敘錄》）

[2]《十萬卷樓叢書》本此書有乾道乙丑（1169）序,時距南渡已四十多年,不得謂"成於南渡之初"。（李裕民:《四庫提要訂誤》）

陶朱新錄一卷（浙江鮑士恭家藏本）

宋馬純撰。純字子約,自號樸樕翁,單州城武人[1]。紹興中為江西漕使,隆興初以太中大夫致仕。居越之陶朱鄉,搜輯見聞著是書,因名曰《陶朱新錄》。純事蹟不概見[2]。惟《會稽志》載其題能仁寺壁一詩，以譏僧宗昂，有"黃紙除書猶到汝，定知清世不遺賢"之句，為當時傳誦。是書自宋以來，史志及各家書目亦皆不著錄。然周煇《清波雜志》引其中"韓南"一條，稱為"樸樕翁《陶朱集》"，又稱"樸樕翁，單父人，嘗宦於宣、政閒"，蓋即此書。知實出宋人，非後來依託也。所載皆宋時雜事，大抵涉於怪異者十之七八，亦洪邁《夷堅志》之流。末附《元祐黨籍》一碑，與全書體例頗為不類。考《錄》中所記馬默《思郭真人》詩，純蓋默之諸孫。默在神宗朝，以戶部侍郎、寶文閣待制致仕奉祠，後入黨籍。南渡以後，力反宣和之政，以收人心，凡黨人子孫皆從優敍。故張綱《華陽集》中有論其除授太濫一疏，然士大夫終以為勞。純載是碑，蓋以其祖之故，亦陸游自稱"元祐黨家"之意云。

【彙訂】

①　"城武"，底本作"武城"，據殿本乙。《宋史·地理志》載單州屬縣四：單父、碭山、成武、魚臺。史書"成"或作"城"，今作"成武"。

②　馬純紹興中為江西轉運副使（《茗溪集》卷四六《馬純除江西運副制》）。紹興五年時為直祕閣（《建炎以來繫年要錄》卷八九）。紹興十八年為右中大夫、直祕閣，以前任福建轉運副使，違法差官攝事等被降一官（《宋會要稿》職官七十之三三）。紹興二十一年五月己酉落職致仕（《建炎以來繫年要錄》卷一六二）。據書前紹興壬戌（十二年）自序，居陶朱鄉在紹興十二年之前。（李裕民：《四庫提要訂誤》增訂本）

睽車志六卷（內府藏本）

宋郭彖撰。彖字伯象，和州人，由進士歷官知興國軍。是書皆紀鬼怪神異之事，為當時耳目所見聞者。其名《睽車志》，蓋取

《易・睽卦》上六"載鬼一車"之語也。張端義《貴耳集》曰："憲聖在南内,愛神鬼幻誕等書①。郭彖《睽車志》始出,洪景盧《夷堅志》繼之。"似此書嘗經進御矣。《宋史・藝文志》小説家類載有是書一卷,陳振孫《書錄解題》作五卷,而明商維濬刻入《稗海》者又作六卷,參錯不一。考《夷堅志》載趙三翁得道事,有"張儁朋父為作傳,郭彖伯象得其文,載於《睽車志》末"云云。今勘檢此本,惟"張儁"作"張壽",傳寫異文,其在卷末,則與洪説相應。知猶舊本。特後人屢有分析,故卷目多寡互異耳②。書中所載,多建炎、紹興、乾道、淳熙間事,而汴京舊聞亦間為錄入。各條之末,悉分註某人所説,蓋用《杜陽雜編》之例。其大旨亦主於闡明因果,以資勸戒。特摭拾既廣,亦往往緣飾附會,有乖事實。如米芾本北宋名流,而疑為蟒精;程迥亦南渡宿儒,多所著述,而以為其家奉玉真娘子,由此致富;張彉能斥姦平亂,志操甚正,身後尚廟食邵武,而以為挾嫌殺人,白晝見鬼而卒。皆灼然可知其妄。其他亦多涉荒誕。然小説家言,自古如是,不能盡繩以史傳,取其勉人為善之大旨可矣。

【彙訂】

①"神鬼",《貴耳集》卷上原文及殿本作"神怪"。

②《説郛》(商務本)卷三三收《睽車志》,書目下註"五卷並續添"。今六卷本中,第六卷收十條,僅為其他各卷之半,當為續添。趙三翁條即在卷六,可見續添亦為郭彖本人所續。(李裕民:《四庫提要訂誤》增訂本)

夷堅支志五十卷(編修汪如藻家藏本)

宋洪邁撰。邁所著《容齋隨筆》,已著錄①。是書所記皆神怪之説，故以《列子》夷堅事為名。考《列子》謂"大禹行而見之，伯益知而名之，夷堅聞而志之"，正謂珍禽異獸，如《山海經》之類。邁雜錄仙鬼諸事，而名取於斯，非其本義。然唐華原尉張慎素已有《夷堅錄》之名，則邁亦有所本也。陳振孫《書錄解題》稱《夷堅志》甲至癸二百卷，支甲至支癸一百卷，三甲至三癸一百卷，四甲、四乙二十卷，共四百二十卷。趙與旹《賓退錄》亦載《夷堅志》三十二編，凡三十一序，不相重複。各節錄其序之大略，頗為詳備。此本僅存自甲至戊五十卷，標題但曰《夷堅志》。以其序文校與旹之所載，乃支甲至支戊，非其正集。惟與旹記"支丙"作"支景"，謂避其曾祖之嫌名，而此仍作"丙"，殆傳寫者所改歟？胡應麟《筆叢》謂所藏之本有百卷。核其卷目次第，乃支甲至三甲，共十一帙。此殆胡氏之本，又佚其半也。朱國楨《湧幢小品》不知為《志》中之一集，乃云："《夷堅志》本四百二十卷，今行者五十一卷，蓋病其煩蕪刪之。"則誤之甚矣[②]。陳振孫譏邁為"謬用其心"，其說頗正。陳櫟《勤有堂隨錄》則謂邁欲修國史，借此練習其筆，似乎曲為之詞。然其中詩詞之類往往可資採錄，而遺聞瑣事亦多足為勸戒，非盡無益於人心者。小説一家，歷來著錄，亦何必拘於方隅，獨為邁書責歟[③]？

【彙訂】

①　依《總目》體例，當作"邁有《史記法語》，已著錄"。

②　《湧幢小品》所記五十一卷本乃建安葉祖榮之《新編分類夷堅志》，其書雜取諸志，融冶為一，非原《夷堅志》中之一集。（張元濟：《輯校本〈夷堅志〉跋》）

③　據《夷堅乙志》序，洪邁撰寫《夷堅志》始於紹興十三年（1143）二十一歲。其年父洪皓出使被金人扣留十五年後歸國，

然立朝不滿三旬,因主張恢復,反對偏安,被貶黜出朝,不久又遠謫英州,至紹興二十五年方得平反。《容齋四筆》卷十六"漢重蘇子卿"條云:"漢世待士大夫少恩,而獨於蘇子卿加優寵,蓋以其奉使持節褒勸忠義也……先公縶留絕漠十五年……高宗皇帝有'蘇武不能過之'語。而厄於權臣,歸國僅升一職,立朝不滿三旬,訖於竄謫南荒惡地,長子停官。追誦漢史,可謂痛哭者已!"可見其時洪邁心中之憤懣不平。此書內容亦多借鬼事揭示現實,實為發奮憂患,而非遣性怡情之作。(李菁:《南宋四洪研究》)

右小說家類"異聞"之屬,三十二部,七百二十四卷,皆文淵閣著錄。

博物志十卷(內府藏本)

舊本題晉張華撰。考王嘉《拾遺記》稱:"華好觀祕異圖緯之部,捃採天下遺逸,自書契之始,考驗神怪及世間閭里所說[1],造《博物志》四百卷,奏於武帝。帝詔詰問:'卿才綜萬代,博識無倫,然記事採言,亦多浮妄,可更芟截浮疑,分為十卷。'"云云。是其書作於武帝時。今第四卷《物性》類中稱"武帝泰始中武庫火",則武帝以後語矣。《書影》有謂"《藝文類聚》引《博物志》'子貢說社樹'一條[2],今本不載"者[3]。案此條實在第八卷中,《書影》蓋偶然未檢[4]。然考裴松之《三國志註》,《魏志·太祖紀》、《文帝紀》、《滅傳》,《吳志·孫賁傳》引《博物志》四條,今本惟有《太祖紀》所引一條,而佚其前半,餘三條皆無之。又江淹《古銅劍贊》引張華《博物志》曰:"鑄銅之工,不可復得,惟蜀地羌中時有解者。"今本無此語。足證非宋、齊、梁時所見之本。又《唐會要》載顯慶三年太常丞呂才奏：“案張華《博物志》曰：‘《白雪》是泰帝使素女鼓五弦曲名，以其調高，人遂和寡。’”又張彥遠《歷代名畫記》引張華《博物志》曰：“劉褒，漢桓帝時人。曾畫《雲漢圖》，人見之覺熱，又畫《北風圖》，人見之覺涼。”今本皆無此語。李善註《文選》引張華《博物志》十二條，見今本者九條。其《西京賦》註引“王孫、公子皆古人相推敬之詞”一條，《閒居賦》註引“張騫使大夏，得石榴。李廣利為貳師將軍伐大宛，得蒲陶”一條，《七命》註引“橙似橘而非，若柚而有芬香”一條，則今本皆無此語。段公路《北户錄》引《博物志》五條，見今本者三條。其“鶬鶊一名雞鶊”一條、“金魚腦中有麩金，出邛婆塞江”一條⑤，則今本皆無此語。足證亦非唐人所見之本。《太平廣記》引《博物志》“鄭宏〔弘〕沈釀川”一條，趙彥衛《雲麓漫鈔》引《博物志》“黃藍，張騫得自西域”一條，今本皆無之。晁公武《讀書志》稱“卷首有理略，後有贊文”。今本卷首第一條為《地理》，稱“地理略，自魏氏日以前”云云⑥，無所謂“理略”。贊文惟《地理》有之，亦不在卷後⑦。又趙與峕《賓退錄》稱：“張華《博物志》卷末載湘夫人事，亦誤以為堯女。”今本此條乃在八卷之首，不在卷末。皆相矛盾，則并非宋人所見之本。或原書散佚，好事者掇取諸書所引《博物志》，而雜採他小説以足之。故證以《藝文類聚》、《太平御覽》所引，亦往往相符。其餘為他書所未引者，則大抵剽剟《大戴禮》、《春秋繁露》、《孔子家語》、《本草經》、《山海經》、《拾遺記》、《蒐神記》、《異苑》、《西京雜記》、《漢武內傳》、《列子》諸書，餖飣成帙，不盡華之原文也⑧。又劉昭《續漢志註·律曆志》引《博物記》一條，《輿服志》引《博物記》一條，《五行志》引《博物記》二條，《郡國志》引《博物記》二十九條⑨。《齊東野語》引其中“日南野女”一條，謂：“《博物記》當是秦、漢閒古書，張華取其名而為《志》。”楊慎《丹鉛錄》亦稱據《後漢書註》，《博物記》乃唐蒙所作⑩。今觀裴松之《三國志註》引《博物志》四條⑪，又於《魏志·涼茂傳》中引《博物記》一條⑫，灼然二書，更無疑義⑬。此本惟載“江河水赤”一條，又載“漢末關中女子”及“范明友奴發冢重生”，一條而分為兩條，又載“日南野女”一條，譌“羣行不見夫”句為“羣行見丈夫”⑭，譌“其狀皛且白”句為“狀晶目”。其餘三十一條，則悉遺漏。豈非偶於他書見此三條，以“博物”二字相同，不辨為兩書而貿貿採入乎？至於《雜説下》所載“豫章衣冠人有數婦”一條⑮，乃《隋書·地理志》之文。唐人所撰，華何自見之？尤雜合成編之明證矣⑯。書中閒有附註，或稱“盧氏”，或稱“周日用”。案《文獻通考》載周、盧註《博物志》十卷，又盧氏註《博物志》六卷。此所載寥寥數條，殆非完本。或亦後人偶為摘附歟⑰？

【彙訂】

①“説”，殿本作“記”，誤，參《拾遺記》卷九原文。

②“書影有謂”，殿本作“周亮工書影謂”。

③“者”，殿本無。

④“書影”，殿本作“亮工”。

⑤“邛婆塞江”，殿本作“功婆塞”，誤，參《北户錄》卷一“乳穴魚”條原文。

⑥“日”，底本作“曰”，據此書卷一原文及殿本改。按“魏氏日”當作“魏氏目”，指魏祕書郎鄭默所制《中經》，地理略乃其中目錄分類之一。（范寧校證：《博物志校證》）

⑦士禮居影宋本並無“泰始中武庫火”一條。袁州本《郡齋

讀書志》卷三下云"首卷有《地理略》,後有贊文",《玉海》卷五七所引同。影宋本贊文實在第一卷末,與《讀書志》並無不合。(余嘉錫:《四庫提要辨證》)

⑧ 此書今本或偶有竄亂,然謂全出後人剽剟則不可從。《藝文類聚》、《太平御覽》等書所引不見於今本者尤夥,設為好事者所輯,不應有此遺漏。其文與《異苑》所載互異,不得云剽竊後者。(范寧:《張華博物志校證後記》)

⑨ 《續漢志註·律曆志》實引《博物記》三條,《禮儀志》引一條,《五行志》引二條,《郡國志》引五十條,《百官志》引一條,《輿服志》引一條。

⑩ 《後漢書·郡國志》犍為郡下引《蜀都賦》注云:"斬鑿之蹟今存,昔唐蒙所造。"其下乃引《博物記》:"縣西百里有牙門山。"楊慎誤讀為唐蒙作《博物記》。(孫志祖:《讀書脞錄》)

⑪ "博物志",底本作"博物記",據殿本改。《三國志注》實引《博物志》五條,《總目》前文所列遺《明帝紀》所引一條。

⑫ 馬國翰輯劉昭《漢志注》所引《博物記》五十四條,裴松之《三國志注》亦引兩條。(王媛:《〈博物志〉的成書、體例與流傳》)

⑬ 《魏志·涼茂傳》注所引《博物記》,同文在慧琳《一切經音義》卷六二《根本毗奈邪雜事律》第一卷"緶襟"條下、《文選·魏都賦》李善注、嵇叔夜《憂憤》詩注、《論語·子路》邢昺疏稱《正義》並引作《博物志》。《後漢書·郡國志》琅琊郡下注引《博物記》"公冶長墓在城陽"云云,《史記·仲尼弟子列傳集解》引作"張華曰"云云。《後漢書·郡國志》漢中郡下注引《博物記》"沔陽縣北有丙穴",《太平御覽》卷九三七引作《博物志》。又廣陵郡注引《博物記》"女子杜姜"云云,宋羅願《爾雅翼·釋獸》引作《博

物志》。《史記・龜策列傳》引張華《博物記》曰"桀作瓦",而《太平御覽》卷一八八引作《博物志》。可見《博物志》、《博物記》實一書。(范寧:《張華博物志校證後記》)

⑭《後漢書・郡國志》日南國比景縣下劉昭補注引《博物記》、《太平御覽》卷七百九十引《博物志》並作"羣行不見夫",然當作"羣行覓夫"。"覓"字俗書作"覔",見《干祿字書》。蘇軾《雷州八首》之一云:"舊時日南郡,野女出成羣。此去尚應遠,東風已如雲。蚩氓託絲布,相就通殷勤。可憐秋胡子,不遇卓文君。"《齊東野語》卷七"野婆"條亦曰:"邕宜以西南丹諸蠻皆居窮崖絕谷間,有獸名野婆,黃髮椎髻,跣足裸形,儼然一媼也……其羣皆雌,無匹偶。每遇男子,必負去求合。"皆"野女覓夫"之證。(同上)

⑮"雜說下",殿本作"雜記下",誤。此書卷十為《雜說下》。

⑯《隋書・地理志》所記乃泛述豫章風俗,非特指有隋一代,安知非錄鈔《博物志》成文?(范寧:《張華博物志校證後記》)

⑰《玉海》卷五七引《中興書目》云:"有周日用、盧氏注釋,間見於下。"可知南宋之初傳本即無詳注,非後人所摘附也。(余嘉錫:《四庫提要辨證》)

述異記二卷(内府藏本)

舊本題梁任昉撰。昉字彥昇,樂安人,官至新安太守。事蹟具《梁書》本傳。此書《宋志》始著錄,卷數與今本相符。晁公武《讀書志》曰:"昉家藏書三萬卷。天監中採輯先世之事,纂新述異,皆時所未聞,將以資後來屬文之用,亦《博物志》之意①。《唐志》以為祖沖之所作,誤也。"案《隋志》先有祖沖之《述異記》十卷,《唐志》蓋沿其舊文。以為別自一書,則可;以為誤題祖沖之,則史不誤而公武反誤矣。其書文頗冗雜，大抵剽剟諸小説而成。如開卷"盤古氏"一條，即採徐整《三五曆記》。其餘"精衛"諸條，則採《山海經》；"園客"諸條，則採《列仙傳》；"龜曆"諸條，則採《拾遺記》；"老桑"諸條，則採《異苑》。以及防風氏、蚩尤、夜郎王之類，皆非僻事，不得云世所未聞。其"武陵源"一條，則襲陶潛所記，而於桃外增李，移其地於吳中。《周禮》孤竹之管、空桑之琴瑟二條，則附會竹生東海，空桑生大野山，尤為拙文陋識。考昉本傳稱著《雜傳》二百四十七卷，地志二百五十二卷②，文章三十三卷，不及此書。且昉卒於梁武帝時，而下卷"地生毛"一條云"北齊武成、河清年中"。案河清元年壬午，當陳天嘉三年、周保定二年、後梁蕭巋天保元年，距昉之卒久矣，昉安得而記之？其為後人依託，蓋無疑義。姚寬《西溪叢語》謂潘岳《閒居賦》"房陵朱仲之李"句③，李善註"朱仲，未詳"。此書中乃有其事，遽以補善註之逸。今考李善《閒居賦》註，此句下引《荊州記》曰："房陵縣有朱仲者，家有縹李，代所希有。"並無"未詳"之語。寬偶讀誤本，不知此書之剽《文選註》，反謂《選註》未見此書，舛誤甚矣。考《太平廣記》所引《述異記》，皆與此本相同，則其偽在宋以前；其中桃都天雞事，溫庭筠《雞鳴埭歌》用之，燕昭王為郭隗築臺事，白居易《六帖》引之，則其書似出中唐前；蛇珠、龍珠之諺乃剽竊《灌畦暇語》，則其書又似出中唐後。或後人雜採類書所引《述異記》，益以他書雜記，足成卷帙，亦如世所傳張華《博物志》歟④？

【彙訂】

①　"亦博物志之意"，《郡齋讀書志》原文作"亦博物之意"。
（江慶柏等：《四庫全書薈要總目提要》）

② "地志",《梁書》本傳作"地記",《隋書·經籍志》亦著錄任昉《地記》。(同上)

③ "謂",底本作"得",據殿本改。

④ 此書或即包括在任昉著《雜傳》二百四十七卷中。今本已經後人竄亂。其所取於他書者,皆在梁前,與唐人書相合者乃唐人取《述異記》。開元中徐堅等所撰《初學記》、天寶中人蘇師道《司空山志》(《全唐文》卷三七一)已引任昉(彥昇)《述異記》。且書中有幾處"昉按"字樣。(李劍國:《唐前志怪小說史》)

西陽雜俎二十卷續集十卷(內府藏本)

唐段成式撰。成式字柯古,臨淄人,宰相文昌之子。官至太常卿。事蹟具《唐書》本傳。是書首有自序云:"凡三十篇,為二十卷。"今自《忠志》至《肉攫》部,凡二十九篇,尚闕其一。考《語資》篇後有云:"客徵鼠蝨事,余戲撫作《破蝨錄》。"今無所謂《破蝨錄》者,蓋脫其一篇,獨存其篇首引語,綴前篇之末耳①。至其《續集》六篇十卷,合前集為三十卷,諸史志及諸家書目並同。而胡應麟《筆叢》云:"《酉陽雜俎》世有二本,皆二十卷,無所謂續者。近於《太平廣記》中鈔出《續記》,不及十卷,而前集漏軼者甚多。悉鈔入《續記》中為十卷,俟好事者刻之。"又似乎其書已佚,應麟復為鈔合者。然不知應麟何以得其篇目,豈以意為之耶?其書多詭怪不經之談,荒渺無稽之物。而遺文祕笈,亦往往錯出其中。故論者雖病其浮誇,而不能不相徵引。自唐以來,推為小說之翹楚,莫或廢也。其曰《酉陽雜俎》者,蓋取梁元帝賦"訪西陽之逸典"語。"二西",藏書之義也。其子目有曰《諾皋記》者,吳曾《能改齋漫錄》以為"諾皋,太陰神名,語本《抱朴子》",未知確否。至其貝編、玉格、天咫、壺史諸名,則在可解不可解之間,蓋莫得而深考矣。

【彙訂】

①《四庫》本內容版式與《津逮祕書》本全同,其正文中有《物革》一篇,共三十篇,而目錄缺此篇。《破蟲錄》乃條目,非篇名,見於今本卷十二《語資》門。又《諾皋記》分上下,《廣動植》分為羽、毛、鱗介、蟲、木、草六篇,實共三十六篇。(昌彼得:《說郛考》;方南生點校:《酉陽雜俎》;李劍國:《唐五代志怪傳奇敘錄》)

清異錄二卷(浙江巡撫採進本)

宋陶穀撰。穀字秀實,邠州新平人。本唐彥謙之孫,避晉諱,改陶氏。仕晉為知制誥、倉部郎中。仕漢為給事中。仕周為兵部侍郎、翰林承旨。入宋仍原官,加戶部尚書。事蹟具《宋史》本傳。是書皆採摭唐及五代新穎之語,分三十七門,各為標題,而註事實緣起於其下。陳振孫《書錄解題》以為不類宋初人語,胡應麟《筆叢》嘗辨之。今案穀雖入宋,實五代舊人,當時文格不過如是,應麟所云良是①。惟穀本北人,僅一使南唐,而“花九品九命”一條云:“張翊者世本長安,因亂南來,先主擢置上列。”乃似江南人語,是則稍不可解耳。豈亦雜錄舊文,刪除未盡耶?所記諸事,如出一手,大抵即穀所造,亦《雲仙散錄》之流。而獨不偽造書名,故後人頗引為詞藻之用。樓鑰《攻媿集》有《白醉軒》詩,據其自序,亦引此書。則宋代名流即已用為故實。相沿既久,遂亦不可廢焉。

【彙訂】

①《宋史》本傳載陶穀以開寶三年卒,而南唐亡於開寶八

年。此書第一條云“李煜在國時作祈雨文”，明明作於李煜入宋之後。餘如稱宋太祖之諡，違命侯之封，及鄭文寶、陳喬、張佖之子等，皆在南唐亡國之後，或更遠在太宗時，則陳振孫假託之說不誤。（王國維：《庚辛之間讀書記》）

續博物志十卷（江蘇巡撫採進本）

舊本題晉李石撰。然第二卷稱“今上於前朝作鎮睢陽，洎開國，號大宋”，是宋太祖時人矣。而又稱曾公亮得龍之脊，王安石得龍之睛，全摭陸佃《埤雅》之說。又引《子華子》、陳正敏《遯齋閒覽》、曾慥《集仙傳》，均南、北宋閒之書，則併非北宋初人。別本末有其門人迪功郎眉山簿黃宗泰跋[①]，稱為方舟先生。方舟為宋李石之號，所作《詩如例》，已著錄經部中[②]。則稱“晉李石”誤也。然石為紹興、乾道閒人，亦不應稱太祖為今上。殆亦剿掇說部以為之，仍其舊文，未及削改歟？其書以補張華所未備。惟華書首《地理》，此首《天象》，體例小異。其餘雖不分門目，然大致略同。故自序謂：“次第仿華，說一事[③]，續一事。”然“黿巢蓮葉”一條與華說複出，竟不及檢。又王士禎《香祖筆記》摘其既云：“劉亮合仙丹，得白蝙蝠，服之立死。”又云：“陳子真得蝙蝠，大如鴉，食之，一夕大泄而死。”乃更云：“丹水石穴蝙蝠，百歲者倒懸，得而服之，使人神仙。”自相矛盾。又摘其以文帝使掌故歐陽生受伏生《尚書》、以伏生墓為在漯水、以蟠溪為在汲郡，皆附會舛誤。特以宋人舊笈，軼聞瑣語，閒有存焉。姑錄以備參考云爾。

【彙訂】

①《百子全書》本末有黃公泰跋，則“黃宗泰”乃“黃公泰”之

誤。（李劍國：《宋代志怪傳奇敍錄》）

　　②　依《總目》體例，當作"所作《方舟易學》，已著錄經部中"。

　　③　"說"，殿本作"書"，誤，參自序原文。

　　右小説家類"瑣語"之屬，五部，五十四卷，皆文淵閣著錄。

子 部 五 十 三

小說家類存目一

燕丹子三卷（永樂大典本）

不著撰人名氏。所載皆燕太子丹事。《漢志》"法家"有《燕十事》十篇，註曰："不知作者。""雜家"有《荆軻論》五篇，註曰："司馬相如等論荆軻事。"無《燕丹子》之名。至《隋書·經籍志》，始著錄於"小説家"。唐李善註《文選》，始援引其文。是其書在唐以前。又《史記·刺客列傳》曰："世言荆軻，其稱太子丹之命①，'天雨粟，馬生角'也，太過。"其文見此書中，而裴駰《集解》不引此書。司馬貞《索隱》曰："《風俗通》及《論衡》皆有此説，仍云廄門木烏生肉足也。"②亦不引此書。註家引書，以在前者為據，知此書在應劭、王充後矣。《史記正義》引田光論夏扶、宋意、秦舞陽事，又引秦王乞聽琴事，均作《燕太子》，《索隱》引進金丸、膾馬肝等事，亦作《燕太子》，殆傳寫異文歟？《宋志》尚著於錄，至明遂佚③。故馬驌作《繹史》④，稱《魯連子》、《燕丹子》之類，或真或偽，今皆亡。其所輯秦事，引《燕丹子》凡十條⑤。大抵本之《文選註》、《太平御覽》諸書，字句亦頗多舛異。今檢《永樂大典》載有全本，蓋明初尚存。然其文實割裂諸書燕丹、荆軻事雜綴而成⑥。其可信者已見《史記》，其他多鄙誕不可信，殊無足採。謹仰遵聖訓，附存其目。《隋志》作一卷。《唐志》、《宋志》及《文獻通考》並作三卷。《永樂大典》所載併為一卷，而實作三篇。故今仍以三卷著錄焉。

【彙訂】

① "丹"，殿本脱，參《史記・刺客列傳》原文。

② "烏"，殿本作"象"，誤，參《史記・刺客列傳》注引《史記索隱》原文。

③ 此書著錄於明陳第《世善堂書目》卷上，則當明之中葉，猶未佚也。（余嘉錫：《四庫提要辨證》）

④ "繹史"，殿本作"驛史"，誤。《繹史》卷首《原書徵言》"若乃全書闕軼，其名僅見"句注文云："如《黃帝内傳》……《魯連子》、《燕丹子》……此等或真或偽，今皆亡矣。"

⑤ "燕丹子"，殿本作"燕太子"，誤。《繹史》卷一百四十八《秦并天下》注文引《燕丹子》十條。

⑥ 不論此書寫定於何時，荊軻刺秦王的故事曾廣泛流傳於秦漢之間是無可懷疑的。司馬遷删削"天雨粟，馬生角"等情節即是明證。今本《燕丹子》的文字可能經後人修飾增删，但的確是根據秦漢民間傳説記録的古小説。（程毅中：《燕丹子點校説明》）

漢雜事祕辛一卷（内府藏本）

不著撰人名氏。楊慎序稱得於安寧土知州萬氏①。沈德符《敝帚軒剩語》曰："即慎所偽作也。"敘漢桓帝懿德皇后被選及册立之事。其與史舛謬之處，明胡震亨、姚士粦二跋辨之甚詳。其文淫豔，亦類傳奇，漢人無是體裁也。

【彙訂】

①《香豔叢書》本《漢雜事祕辛》卷末楊慎《後記》云"得於安
寧土知州董氏"。（邱瑞中：《中國婦女纏足考》）

飛燕外傳一卷（內府藏本）

舊本題漢伶元〔玄〕撰。末有元自序，稱字子于，潞水人。由
司空小吏歷三署，刺守州郡，為淮南相。其妾樊通德，為樊嬺弟
子不周之子，能道飛燕姊弟故事，於是撰《趙后別傳》。其文纖
靡，不類西漢人語。序末又稱元為河東都尉時，辱班彪之從父
躅。故彪續《史記》，不見收錄。其文不相屬，亦不類元所自言。
後又載桓譚語一則，言更始二年劉恭得其書於茂陵卜理，建武二
年賈子翊以示譚。所稱埋藏之金縢漆匱者，似不應如此之珍貴。
又載荀勗校書奏一篇，《中經簿》所錄，今不可考。然所校他書，
無載勗奏者，何獨此書有之？又首尾僅六十字，亦無此體，大抵
皆出於依託。且閨幃媟褻之狀，嬺雖親狎，無目擊理。即萬一竊
得之，亦無娓娓為通德縷陳理，其偽妄殆不疑也。晁公武頗信
之。陳振孫雖有"或云偽書"之說，而又云："通德擁髻等事，文士
多用。而'禍水滅火'之語，司馬公載之《通鑑》。"夫文士引用，不
為典據，採淖方成語以入史，自是《通鑑》之失。乃援以證實是
書，紕繆殊甚。且"禍水滅火"，其語亦有可疑。王懋竑《白田雜
著》有《漢火德考》①，曰："漢初用赤帝子之祥，旗幟尚赤。而自
有天下後，仍襲秦舊，故張蒼以為水德。孝文帝時，公孫臣言當
改用土德，色尚黃，其事未行。至孝武帝改正朔，色尚黃，印章以
五字，則用公孫臣之說也。王莽篡位，自以黃帝之後，當為土德，

而用劉歆之説,盡改從前相承之序,以漢為火德。後漢重圖讖,以《赤伏符》之文改用火德。班固作志,遂以著之《高帝紀》。而後漢人作《飛燕外傳》,案,懋竑此語尚以此傳為真出伶元,蓋未詳考。有'禍水滅火'之語。不知前漢自王莽、劉歆以前,未有以漢為火德者。蓋其誤也。"云云。據此,則班固在莽、歆之後,沿誤尚為有因,淖方成在莽、歆之前,安得預有滅火之説? 其為後人依託,即此二語亦可以見,安得以《通鑑》誤引,遂指為真古書哉?

　　案,此書記飛燕姊妹始末,實傳記之類。然純為小説家言,不可入之於史部,與《漢武內傳》諸書同一例也。

【彙訂】

① 殿本"王"上有"考"字。

大業拾遺記二卷(江蘇巡撫採進本)

一名《南部煙花錄》。舊本題唐顏師古撰。末有跋語,稱"會昌中沙門志徹得之瓦棺寺閣,乃《隋書》遺稿"云云。王得臣《麈史》稱其"極惡,可疑"①。姚寬《西溪叢語》亦曰:"《南部煙花錄》文極俚俗。又載陳後主詩云:'夕陽如有意,偏向小窗明。'②此乃唐人方域詩,六朝語不如此。《唐藝文志》所載《煙花錄》,記幸廣陵事,此本已亡。故流俗偽作此書。"云云③。然則此亦偽本矣。今觀下卷記幸月觀時與蕭后夜話,有"儂家事一切已託楊素了"之語。是時素死久矣,師古豈疏謬至此乎? 其中所載煬帝諸作及虞世南贈袁寶兒作④,明代輯六朝詩者往往採掇,皆不考之過也。

【彙訂】

① 此語實出自王明清《揮麈錄餘話》卷一。(李裕民:《四庫

提要訂誤》)

②"向",殿本及蔡居厚《詩史》、《西溪叢語》卷下皆引作"傍"。

③ 姚寬《西溪叢語》此段全襲蔡居厚《詩史》(《詩話總龜》前集卷二引)。(李裕民:《四庫提要訂誤》)

④"所",殿本無。

海山記一卷迷樓記一卷開河記一卷(江蘇巡撫採進本)

三書並載明吳琯《古今逸史》中,不著撰人名氏。《海山記》述隋煬帝西苑事。所錄煬帝諸歌,其調乃唐李德裕所作《望江南》調。段安節《樂府雜錄》述其緣起甚詳,大業中安有是體? 考劉斧《青瑣高議》後集載有此《記》,分上、下二篇,其文較詳。蓋宋人所依託①。此本删併為一卷,益偽中之偽矣。《迷樓記》亦見《青瑣高議》②,載煬帝幸江都,唐帝入京見迷樓云云。竟以迷樓為在長安,乖謬殊甚。《開河記》述麻叔謀開汴河事,詞尤鄙俚。皆近於委巷之傳奇。同出依託,不足道也。

【彙訂】

①《青瑣高議》所收雖多為北宋作品,但如前集卷二《廣謫仙怨詞》中寰弘餘事出自唐末康軿《劇談錄》。不可據此斷為宋人之作。(李劍國:《宋代志怪傳奇敘錄》)

②《青瑣高議》未見《迷樓記》。(同上)

續世說十卷(兵部侍郎紀昀家藏本)

舊本題唐隴西李垕撰①。前有俞安期序,稱其書出自梁谿安茂卿,以宋本翻雕,未及印行而没。後三年,安期復得焦竑藏本,更為校正成完書。又稱其書《唐志》不經見。《通考》所列《續

世説》，載宋至五代事者，又孔平仲所撰，實非此書。何良俊撰
《語林》，文徵明為作序，王世貞又删《語林》、補《世説》，皆不言曾
見此書，疑其贋作②，而終以宋本紙墨古闇，中闕宋諱為據。今
考其書，惟取李延壽南、北二《史》所載碎事，依《世説》門目編之，
而增以博洽、介潔、兵策、驍勇、游戲、釋教、言驗、志怪、感動、癡
弄、凶悖十一門，別無異聞，可資考據。蓋即安期輩依託為之，詭
言宋本③。其序中所設之疑，正以防後人之攻詰。明代偽書往
往如是，所謂欲蓋而彌彰也。

【彙訂】

① 俞安期萬曆己酉序謂："劉宋臨川王撰《世説新語》盡於
兩晉，唐宗室李垕續之……"今據南宋人陳騤《南宋館閣錄》卷
七、卷八《官聯》所載，李垕字仲信，眉山人，制科出身。淳熙二年
(1175)任翰林院正字，同年兼任國史院編修官和實錄院檢討官。
次年正月任翰林院校書郎，九月任翰林院著作佐郎，次年七月任
翰林院著作郎，九月被罷免。可知垕系南宋眉山人，歷任修史之
官。題"隴西李垕撰"，乃自題祖籍，俞安期稱之為"唐宗室"，實
屬望文生義。(寧稼雨：《關於李垕〈續世説〉——〈四庫提要〉辨
誤一則》)

② 此書既為宋人所著，《唐志》自無記載。又俞氏從焦竑處
得之，時為萬曆己酉(1609)，上距焦氏《國史經籍志》萬曆庚寅
(1590)初刊已二十載，《國史經籍志》未載亦不足為奇。(同上)

③ 南宋人王應麟《困學紀聞》卷十三《考史》云："李仲信垕
為《南北史世説》，朱文公謂南、北史凡《通鑑》所不取者皆小説
也。"則南宋時已有其書，斷非俞氏偽託。(同上)

丁晉公談錄一卷（江蘇巡撫採進本）

不著撰人名氏，皆述丁謂所談當代故事。晁公武《讀書志》以其出於洪州潘延之家，疑即延之所作。延之，謂甥也。今觀所記謂事皆溢美，而敘澶淵之事歸之天象，一字不及寇準，又載準挾嫌私改馮拯轉官文字事。皆顛倒是非，有乖公論。即未必延之所作，其出於謂之餘黨，更無疑義也。然稱謂籌畫軍稍，決真宗東封之行，以為美談。則欲譽其才，適彰其附合時局。小人之情狀，終有不能自掩者矣。

殘本唐語林二卷（內府藏本）

不著撰人名氏。以《永樂大典》所載考之，即王讜之書，佚其八卷耳。前有明嘉靖間桐城齊之鸞序，亦稱所得非善本。今已採掇《永樂大典》，重為補綴成帙，別著於錄。此殘缺之本，已為土苴。以其為讜之原書，久行於世，故仍附存其目焉。

昨夢錄一卷（編修程晉芳家藏本）

宋康與之撰。與之字伯可，又字叔聞，號退軒。滑州人，故自署曰箕山①。此書末有小傳，乃稱為嘉禾人，蓋南渡後流寓也。建炎初，上中興十策，為汪伯彥、黃潛善所抑，不得用。及秦檜當國，乃附合求進，擢為臺郎。後遂專以歌詞供奉，廁身優伶之班，大為士論所不齒。所撰《頤菴樂府》五卷，為談藝者所輕，世不甚傳，今亦未見其本。其僅存者惟是編，皆追述北宋軼聞。以生於滑臺，目睹汴都之盛，故以“昨夢”為名。所記黃河卷埽事、竹牛角事、老君廟畫壁事，亦可資考證。其西北邊城貯猛火油事，《遼史》先有是說，然疑皆傳聞附會。終遼、宋之世，均未聞用此油火攻致勝。且所產之地在高麗東，高麗去中國至近，亦不聞產此異物也。至開封尹李倫被攝事,連篇累牘,殆如傳奇。又唐人小説之末流,益無取矣。

【彙訂】

① 今傳存有《昨夢錄》的明刻本、明抄本《説郛》及其他叢書,皆題康譽之撰(字叔聞,號退軒),乃與之(字伯可,號順菴)之弟。書中所記亦與康與之經歷不合。滑州實無箕山。《元豐九域志》卷一《四京・西京》曰:"縣一十三……畿,登封。京東南一百三十里……有嵩山、太室山、箕山、陽城山、潁泉。"《輿地廣記》卷五《四京・西京河南府》曰:"畿,登封縣……有箕山,昔堯將遜位,許由恥之,逃隱於此。"則與之兄弟原籍蓋西京登封縣也。宋周南《山房集》卷四《康伯可傳》曰:"康與之字伯可,家宛丘。"明張丑《清河書畫舫》卷六上《宋》錄《李建中楷行千文》後有"鄭圃李欣、宛丘康伯可獲覽"字,亦自署其籍貫曰"宛丘"。(顧國瑞:《〈昨夢錄〉作者考辨──訂正〈四庫全書總目提要〉的一則錯誤》;鍾振振:《〈全宋詞〉康與之小傳補正》)

談藪一卷(編修汪如藻家藏本)

舊本題宋龐元英撰。元英有《文昌雜錄》,已著錄。案元英為宰相籍子,乃元豐中人。此書乃多述南宋寧、理兩朝事,相距百載,其偽殆不足攻。書中凡載雜事二十五條,皆他説部所有。殆書賈鈔合舊文,詭立新目,售偽於藏書之家者。厲鶚等《南宋雜事詩》註亦誤採之,蓋偶未考。然尤侗《明史・藝文志》作於康熙己未,業已著錄,則其偽作自前明矣①。

【彙訂】

①《説郛》收有此書,則元代已流傳。且《祕書省續編到四

庫闕書目》已著錄,則為北宋人所作,南宋時事恐為後人竄入。(寧稼雨:《中國文言小説總目提要》)

月河所聞集一卷(浙江范懋柱家天一閣藏本)

宋莫君陳撰。君陳,湖州人。其始末未詳。書中稱"授知婺州,朝辭,有劄子權刑部郎中",則嘗以朝官典郡矣[1]。書中載郭璞錢塘讖[2],則似在南渡之初。而書中多載元祐事,又有"今左丞晦叔"之語。考呂公著為尚書左丞,在哲宗即位之年,則又及見北宋。周密《癸辛雜識》記當時藏書家有月河莫氏,或即其人歟[3]?所載皆當時雜事,篇頁寥寥,且繕寫譌脱,幾不可讀。蓋書賈從《説郛》鈔出,非其完本矣。

【彙訂】

[1] 殿本"嘗"上有"亦"字。

[2] "書",殿本無。

[3] 《癸辛雜識》記月河莫氏僅一條,未道及藏書,其文實見於周密《齊東野語》卷十二"書籍之厄"條。且列莫氏於石林葉氏之後,必非神、哲時人莫君陳本人,殆其子孫也。(余嘉錫:《四庫提要辨證》)

養疴漫筆一卷(編修汪如藻家藏本)

宋趙溍撰。溍字元晉,號冰壺,葵之子也。咸淳中,嘗知建寧府。是書雜記宋時瑣事,末附醫方數條。多捃摭他書而成,如《坦齋筆衡》、《鶴林玉露》、《瑞桂堂暇錄》、《譚淵》之類,亦閒註出處。寥寥數頁,殆非完書。亦書賈從説部錄出,託為舊本者也。

清夜錄一卷(浙江巡撫採進本)

宋俞文豹撰。文豹有《吹劍錄外集》,已著錄。是編所記皆宋時雜事。敘次頗叢雜,亦多他書所已見[1]。陶宗儀《説郛》第三十八卷載有此書,以此本相校,僅多出二三條。疑後人從《説郛》錄出,而稍附益之,未必盡原本也[2]。

【彙訂】

[1] 書中多自稱"文豹",亦非"多他書所已見"。(李劍國:《宋代志怪傳奇敘錄》)

[2]《顧氏明朝四十家小説》已收,而陶珽在顧元慶之後。(寧稼雨:《中國文言小説總目提要》)

翠屏筆談一卷(浙江范懋柱家天一閣藏本)

舊本題王應龍撰。不著時代。其書多記詩話,兼及神怪雜事,亦小説家流。然採摭冗碎,絕無體例。末一條獨有標題,記開禧閒邊釁甚悉。然以史文證之[1],如金人封吳曦為蜀王在開禧二年八月,此書則在七月之類,亦小有異同。他如《宋史》開禧二年十一月金圍和州之後,又破信陽軍,又圍襄陽,乃犯隨州。此書於犯隨州之前脫去二事。又《宋史》是年十二月金人圍德安府,又破成州之後,吳曦乃焚河池縣,退屯青野原。而是書於吳曦焚河池縣之前又脫去二事。則亦傳聞舛漏之言,不足盡據矣。

【彙訂】

[1]"然",殿本作"今"。

朝野遺記一卷(編修程晉芳家藏本)

舊本題宋無名氏撰。載南渡後雜事。稱寧宗為"今上",而又有"寧宗"字,又稱理宗為"今東宮",頗為不倫,亦似雜採小説為之[1]。曹溶《學海類編》所收,往往此類也。

【彙訂】

① 書中第十七條記王黼、第十八條記李邦彥,均為宋徽宗時事。第十四條稱寧宗為"今上",又稱其廟號"寧宗",其廟號疑為明人所改。第十六條所記"今東宮"當指趙詢,而非理宗。(李裕民:《四庫提要訂誤》增訂本)

三朝野史一卷(編修程晉芳家藏本)①

舊本題宋無名氏撰。記理、度、端三朝之事。然書中稱:"大兵渡江,賈似道出檄書。"又稱:"周有太后在上,禪位於太祖。宋亦有太后在上,歸附於大元。"則元人作矣。書僅十九條,率他説部所有,似雜摭成編之偽本①。然賈似道甲戌寒食一詩,屬鶚《宋詩紀事》即據此採入,所不可解。豈亦如鄭景望詩之誤採《蒙齋筆談》乎?

【彙訂】

①《總目》卷五二有《三朝野史》一卷:"記理、度、恭三朝軼事瑣言,僅十有九條。"與此著錄者實即一書,前後重出。(余嘉錫:《四庫提要辨證》)

幽居錄三卷(浙江范懋柱家天一閣藏本)

不著撰人名氏,諸家書目亦多未著錄。檢勘其書,乃全載今本周密《齊東野語》第六卷至第十卷之文,無一字異同,惟次第稍有顛倒。蓋書肆所偽託也。

至正直記四卷(兩淮鹽政採進本)

一曰《靜齋類稾》,元孔齊撰①。齊字行素,號靜齊,曲阜人。其父退之為建康書掾,因家溧陽。元末又避兵居四明。其仕履則未詳也。是書亦陶宗儀《輟耕錄》之類,所記頗多猥瑣。中一條記元文宗皇后事,已傷國體。至其稱:"年老多蓄婢妾,最為人之不幸。辱身喪家,陷害子弟,靡不有之。吾家先人,晚年亦坐此患。"則併播家醜矣。所謂"直記",亦證父攘羊之直歟?別一本題曰《靜齋直記》,其文並同。惟分四卷為五卷,而削去各條目錄。蓋曹溶《學海類編》所改竄也。今附著於此,不更存其目焉。

【彙訂】

① 此書作者名孔克齊,乃孔子五十五代孫,仕履見明弘治《溧陽縣志》及《開有益齋讀書志》。(周洪才:《孔子故里著述考》)

冀越集記二卷(浙江巡撫採進本)

元熊太古撰。太古,豐城人。熊朋來之子也①。登進士,官至江西行省郎中②。至正末,天下盜起,太古力陳守禦計。當事者不能從,遂棄官去。入明後不仕而終。此書自序題乙未歲,為至正十五年,猶在元代所作也。太古生平足蹟半天下,北涉灤河,西泛洞庭,東遊浙右,南至交、廣。故舉南北所至,以"冀越"名其集。雜記見聞,亦頗賅博。明李時珍薈撰《本草綱目》,頗援據之。然記載每不甚確。如《元史·天文志》言郭守敬為太史,四海測景之所凡二十有七。太古乃云奏遣使者十四輩,分隸十四處,殊未詳考。又河源之說,據翰林學士潘昂霄、道士朱思本所記,謂張騫所言乃蔥嶺支川。以今核之,亦多妄傳失實也。

【彙訂】

① "子",底本作"孫",據殿本改。參下條。

②《千頃堂書目》卷十七著錄有熊太古《資餘集》,云:"字鄰初,豫章人,熊朋來子,中元至順三年鄉舉,南臺御史平章趙子敬

辟為廣東廉訪司書吏，轉湖廣省掾，授翰林編修、國子助教、江南行省員外郎。元末隱稻山著書，洪武三年徵校雅樂，告老歸卒。"《江西通志》卷五十一《選舉三》，至順三年壬申鄉試有熊太古，云富州人，未云曾中進士。同書卷六十七《熊朋來傳》云："子太古，鄉貢士，為翰林編修、國子助教，後隱樀山。明初徵校雅樂，告老歸。"皆可證未中進士。（胡露：《〈四庫全書總目〉子部存目補正》）

農田餘話二卷（兩江總督採進本）

舊本題明長谷真逸撰，不著名氏。所記多元末及張士誠竊據時事。中一條記至正壬辰紅巾入寇，又一條記至正甲申流星墜地事，皆所親歷，則其人生於元末。而下卷內一條稱"正德庚午九月一日蘇臺張翼南伯志"云云，相距一百五十八年，年月殊為牴牾。或後人有所增入歟？

東園客談一卷（浙江范懋柱家天一閣藏本）

明孫道易撰。道易字景周，自號映雪老人，華亭人。其書皆錄名人嘉言懿行及近代聞見諸事。以據當時友朋所書輯之，故曰"客談"。於每條下各標其名，凡錢維善、全思誠、陶宗儀、趙宣晉、夏文彥、夏頤、朱武、郭亨、邵煥、孫中晉、孫元鑄、黃琦、費圜用、楊孫、李升、曾樸並道易，共十七人，多元之遺民也。後有景泰丙子金霽跋，稱："舊凡五十帙，散佚不全，幸存止此。"則已非完本矣。

東園友聞一卷（編修程晉芳家藏本）

不著撰人名氏。載曹溶《學海類編》中，所錄皆宋、元閒事。核檢其文，即剽剟孫道易《東園客談》，改題此名也。

可齋雜記一卷（浙江巡撫採進本）

明彭時撰。時字純道，安福人。正統戊辰進士第一，官至文淵閣大學士，謚文憲。事蹟具《明史》本傳。此書述其生平閲歷，始正統乙丑，在國子監肄業，多稱李時勉善教事。次敘廷試第一及入翰林事，多陳夢兆機祥及諸瑣事。次記景泰初入内閣事，所載英宗北狩、額森内侵、奪門復辟、曹吉祥謀逆，皆甚寥寥，王文入相事獨詳。敘周、錢二太后並尊及錢太后祔廟事，往返曲折甚悉①。蓋平生經濟在策項忠一事，平生大節則在此一事。證以本傳，一一相合，知非詭詞以自炫。惟稱景泰初内外防禦以于謙、陳循同功，似非公論。又記張英、劉長子之冤，以時方省親，自家至京，不及申救爲解。然其後時在内閣，亦未聞申攘功之誅，正弛法之罪，僅以筆記存公論，殊無謂也。時本賢相，殆以此自識其過乎？

【彙訂】

①“甚”，殿本作“尤”。

方洲雜言一卷（浙江鮑士恭家藏本）

明張寧撰。寧字靖之，方洲其號也，海鹽人。景泰甲戌進士，官至給事中。事蹟具《明史》本傳。是書所述皆見聞瑣屑之事，於登第夢兆記之尤詳，頗近猥雜。又祇二十餘則，篇幅寥寥，疑非足本也。

謇齋瑣綴録八卷（浙江范懋柱家天一閣藏本）①

明尹直撰。直有《明良交泰録》，已著録②。是書所載多明代掌故，於内閣尤詳。於同時仕宦黜陟，恩怨報復之由，亦頗縷悉。而好惡之詞，或所不免，其醜詆吳與弼不遺餘力。案《明史·儒林傳》載:"與弼至京師,李賢推之上坐,以賓師禮事之,編修尹直至,令坐於側。直大慍,出即謗與弼。及與弼歸,知府張瑄謁見不得,大恚。募人代其弟投牒訟與弼,立遣吏攝之,大加侮慢,始遣還。編修張元禎不知其始末,遺書誚讓,有'上告素王,正名討罪,豈容先生久竊虛名'語。"直復筆其事於《瑣綴錄》。又言與弼跋石亨族譜,自稱門下士,士大夫用此訾與弼。又載顧允成之言,以為好事者為之。然與弼求名太急,實有矜心作意,刻畫聖人之處。觀其《日錄》,約略可見。直之所記,當亦有所激而然歟?其論《續通鑑綱目》一條,謂宋太宗燭影斧聲之事,由陳桱誤增李燾之文,李燾又誤改文瑩之語,則考證頗詳云。

【彙訂】

① 明嘉靖七年家刻本等諸本書名皆作《謇齋瑣綴錄》,《浙江省第五次范懋柱家呈送書目》著錄亦同。尹直字正言,《楚辭·招魂》:"弱顏固植,謇其有意些。"王逸註:"謇,正言貌也。"則尹直應號謇齋。(杜澤遜:《四庫存目標注》)

② 依《總目》體例,當作"直有《名相贊》,已著錄"。

雙槐歲鈔十卷(浙江鮑士恭家藏本)

明黃瑜撰。朱國禎《湧幢小品》曰:"黃瑜字廷美,香山人。景泰丙子舉人,長樂縣知縣。有惠政,以勁直棄官。手植槐二,構亭吟嘯其閒。自稱雙槐老人,作《雙槐歲鈔》。"即此本也。所記洪武迄成化中事,凡二百二十條。黃虞稷《千頃堂書目》稱其孫佐以春坊諭德掌南京翰林院事,於院堂書籖中得吳元年故簡,因足成之。案佐有目錄跋語,則所補者為"洪武初科第"及"永樂庶吉士姓名"二條是也。其書首尾貫串,在明人野史中頗有體要。然亦多他書所載，無甚異聞。至於神怪報應之説，無關典故者，往往濫載，亦未免失於裁翦矣。

石田雜記一卷（編修程晉芳家藏本）

明沈周撰。周字啟南，長洲人，以繪事名一時。郡守欲以賢良薦，周筮得遯之九五，遂決意不出。年八十三而卒。事蹟具《明史·隱逸傳》。此編乃所記聞見雜事。末有伍忠光跋，稱“先生化後二十餘年，而是記存於糊工故紙之中，手墨宛然，疑即先生絕筆。友人何良輔持以示予，因命工梓之”云云。蓋本叢殘手稿，非有意於著書，故所記頗涉瑣屑云。

雙溪雜記無卷數（兩淮鹽政採進本）

不著撰人名氏。案焦竑《經籍志》載《雙溪雜記》二卷，王瓊撰，《續説郛》所載亦題曰王瓊。檢卷中所述並自署其名曰瓊，與二書所載合，蓋即瓊書矣。瓊在當時，以幹略稱。所著《晉溪奏議》，已著錄。是編其雜記見聞之作也。所載朝廷故事，於宏治以前頗有稽核，足與正史相參。即是非取予，亦不甚刺謬。至正、嘉之閒，則自任其私，多所污衊，不可盡據為實錄。考《明史》本傳，瓊督邊之功及薦王守仁以平宸濠，其功固不可没。然平日與江彬、錢寧等相比，而與楊廷和、彭澤等不協，故《記》中於廷和與澤詆諆尤甚。至於“大禮”一事，曲徇世宗之意，悉歸其過於廷和，尤非定論矣。

立齋閒錄四卷（浙江范懋柱家天一閣藏本）

明宋端儀撰。端儀有《考亭淵源錄》，已著錄。是編雜錄明代故事，自太祖吳元年迄於英宗天順，皆採明人碑誌、説部為之[1]，與正史閒有牴牾。體例亦冗雜無緒。

【彙訂】

① 書中卷四末條乃記成化二十三年事。除了碑傳序文、筆記野史,也不乏引用明朝政府機關檔案資料的內容。(張榮起:《關於明抄本〈立齋閒錄〉和明刻本〈宮閨祕典〉──為新版〈魯迅全集〉的注釋提供一些資料》)

寓圃雜記十卷(浙江范懋柱家天一閣藏本)

明王錡撰。錡字元禹,別號夢蘇道人,長洲人。是書載明洪武迄正統閒朝野事蹟,於吳中故實尤詳。然多摭拾瑣屑,無關考據。

復齋日記二卷(浙江范懋柱家天一閣藏本)

明許浩撰。浩有《宋史闡幽》,已著錄。此書皆紀敘明初以來朝野事蹟①,與葉盛《水東日記》頗相出入。前有自序,題"乙卯蒲節",蓋宏治八年也。其中如"楊榮料敵"、"于謙治兵"、"汪直亂政"諸條,敍述頗詳。然如謂"王振初時閑邪納誨,以成英廟盛德,不為無補",則紕繆殊甚。至於"兒能成名妾不嫁,良人瞑目黃泉下"一詩,乃明初高啟《張節婦》詞,載於本集,而以為章綸之母所作,亦失實也。

【彙訂】

① 其中亦記宋、元前朝事。(廖菊棟:《復齋日記提要》)

野記四卷(浙江鮑士恭家藏本)

明祝允明撰。允明有《蘇材小纂》,已著錄。是書所記多委巷之談。如記張太后遺詔復建文年號一事,張朝瑞《忠節記》已辨之。至謂《永樂大典》修輯未成而罷,則他事失實可知。朱孟震《河上楮談》亦稱允明所撰志怪及此書,可信者百中無一云。

前聞記一卷（浙江巡撫採進本）

明祝允明撰。是書雜載前明事實，散無統紀。大抵於所為
《野記》中別撮為一書，而小更其次第。如《野記》載洪武三年二
月命制四方平定巾，二十四年又諭禮部待郎張智申明巾義，其下
註云：「舊傳太祖召楊維楨問以所戴巾，對曰四方平定巾。」而是
書則取《野記》之小註為正文，後附以洪武三年、二十四年事，則
辭義全複也。又如《野記》載：「太祖聞危素履聲，笑曰：『我只道
是文天祥』。」是書則曰：「『我只道伯夷、叔齊來』，或云文天祥。」
蓋仍是一條而小變其語耳。明人欲誇著述之富，每以所著一書，
分為數種，往往似此，不足詰也。

明記略四卷（浙江范懋柱家天一閣藏本）

明皇甫錄撰。錄字世庸，號近峯，長洲人。宏治丙辰進士，
官至順慶府知府。《明史·皇甫涍傳》稱父錄官重慶府知府。案
錄《下陴紀談》載順慶事甚詳，則《明史》字誤。是編據嘉靖壬寅
其子沖序，稱「原本多冗談細故，命沖讎定。於是原始要終，掇洪
拾大，別為四卷」云云。則錄之稿本而沖所删定。所記皆正德以
前舊聞。然如鐵鉉二女在教坊作詩；建文帝騎騾在黔國公第；王
振嘗為教官，永樂末以年滿無功見閹；仁宗或云死於雷，或云為
宮人所毒，或云為内官擊殺之類，大抵委巷之傳聞，其删除猶有
未盡矣。

近峯聞略八卷（浙江鮑士恭家藏本）

明皇甫錄撰。此書亦其子沖所删定。於稗官雜說採摭頗
繁，而考證全疏，舛謬亦復不少。如《拾遺記》介子推之白鴉，《龍
城錄》李賀之赤虯，皆信為實事。又如楊溝事出《古今注》，乃引

《霏雪錄》為始；妻之父曰外舅，文本《爾雅》，而云始漢董承；"前進士"見《國史補》，而云出《唐會要》；甘草、苦草之説出《師曠占》，而云出《大戴禮》。他如以"龍生九子"為出《爾雅》，以李商隱《樂游原》詩為王建，以二喬為妓，皆不考之甚。至於陳善《捫蝨新語》記馬大師等在孔子上之類，皆謬妄之語[1]；袁宗徹《客座新聞》記元順帝為瀛國公子之類，亦誣罔之詞[2]。一概取之，尤冗濫矣。

【彙訂】

[1]《捫蝨新話》卷十儒釋類《儒釋迭為盛衰》條並未推尊佛氏於儒家之上，説詳卷一二七《捫蝨新話》條訂誤。

[2] 記元順帝為瀛國公之子者，為明宣德正統時人袁忠徹，《明史》有傳。所著書為《符臺外集》，著錄於《千頃堂書目》及《明史·藝文志》。《客座新聞》為沈周所撰，見《明史·藝文志》子部小説家類。（楊武泉：《四庫全書總目辨誤》）

下陴紀談二卷（浙江范懋柱家天一閣藏本）

明皇甫錄撰。是書乃其守四川順慶府時所作。或載時事，或考前聞，大抵皆有關於是地者也。時值藍鄢之亂，賊三犯順慶，錄授兵固守。以其登城則守陴，下陴則著書，故以"下陴"為名。末附《三峽山水記》一卷，為其子沖作。沖字子浚，嘉靖戊子舉人。《明史》附見《皇甫涍傳》，稱所著有《幾策》、《兵統》、《枕戈雜言》三書。今皆未見，惟此《書》附其父書以存耳。

延休堂漫錄三十六卷（浙江范懋柱家天一閣藏本）

明羅鳳撰。鳳字子文，號印岡，應天人。宏治丙辰進士，官至石阡府知府。此書徵引蒐輯，頗為繁富。然或錄漢、晉以來遺事,而錯以有明,或詳有明一朝人物典制,而復泛摭前代。古今混淆,巨細錯雜,此其失也。又其所載明一代事,如謂劉基識天子氣之類,皆雜取小説,不足徵信。惟辨袁忠徹《符臺外集》謂元順帝為瀛國公子之謬,謂:"瀛國公六歲降元,至元世祖崩時,年二十四。元順帝生於延祐庚申,其時瀛國五十矣。設使真有感夢涉疑,從釋奪后之事,在世祖未崩之前,其去順帝生時二三十年矣。"此論最善,可以釋千古之疑也。

蒯勝野聞一卷(浙江范懋柱家天一閣藏本)

不著撰人名氏。所記皆明太祖初年之事,亦多互見他書。陶珽《續説郛》、黃虞稷《千頃堂書目》皆載此書,題吳郡徐禎卿著[1]。然《明史》禎卿本傳及《藝文志》俱不載。書中所紀,亦往往不經。如謂徐達追元順帝,將及之而遽班師;常遇春愬於帝,達入自疑,拔劍斬闍而出。真齊東野人之語,禎卿似未必至是也。

【彙訂】

[1] "禎卿",底本作"楨卿",下同,據殿本改。徐禎卿字昌穀,《明史》卷二八六《文苑二》有傳,禎、穀均釋作善。

玉堂漫筆三卷(內府藏本)

明陸深撰。深有《南巡日錄》,已著錄。是書乃在翰林時[1],記其每日所得,而於考核典故為尤詳。其載楊士奇子稷得罪,為出於陳循所構陷,亦修史者所未詳也。

【彙訂】

[1] 殿本"林"下有"院"字。

金臺紀聞二卷(內府藏本)

明陸深撰。皆深官翰林時,雜記正德乙酉至戊子四年中朝廷故事及友朋論説①。

【彙訂】

① 正德無乙酉至戊子四年。乙酉乃成化元年或嘉靖四年。戊子為成化四年或嘉靖七年。據周中孚《鄭堂讀書記》卷六五《金臺紀聞》條，乃是"自乙丑之夏，迄於戊辰九月"。乙丑為弘治十八年，戊辰為正德三年。（楊武泉：《四庫全書總目辨誤》）

春風堂隨筆一卷（編修勵守謙家藏本）

明陸深撰。雜記聞見凡二十三條。末附所載《歙硯志》一篇。

知命錄一卷（編修勵守謙家藏本）

明陸深撰。蓋亦雜志之類，而所記秦蜀山川名勝為多。乃深於嘉靖十三年赴四川左布政使任時途次所編也①。其曰"知命"者，以初授陝藩，道經揚州蜀岡，異其名問之，則曰："由此可通蜀。"已而得入蜀之命，追數先徵，信由前定，因以為名。

【彙訂】

① 周中孚《鄭堂讀書記》卷六五《知命錄》條云："明陸深撰。(此書見)《四庫全書存目》，乃其於嘉靖乙未赴四川布政使任時，途次所作。"乙未為嘉靖十四年。《明實錄》嘉靖十四年二月己酉條云："升山東右布政使秦鉞、陝西右布政使陸深、江西右布政使陸傑，俱左布政使。鉞，江西；深，四川；傑，廣東。"可知陸深為四川左布政使，在嘉靖十四年二月以後，其前為陝西右布政使。（楊武泉：《四庫全書總目辨誤》）

谿山餘話一卷（編修勵守謙家藏本）

明陸深撰。所記一時名臣如劉健、章懋、劉大夏遺事頗詳。

又多談閩事，蓋其宦閩日所著也。

顧豐堂漫書一卷（編修勵守謙家藏本）

明陸深撰。深《年譜》載所著有《顧豐堂稿》，乃正德己巳成於家。今此卷末載正德壬申過蘭谿謁章懋一事，與《年譜》歲月不符。蓋《顧豐堂稿》乃其詩文，此則所著説部也。其書亦雜記故事，僅及七條，疑非完本。

見聞考隨錄無卷數（浙江范懋柱家天一閣藏本）

明韓邦奇撰。邦奇有《易學啟蒙意見》，已著錄。是書已載入所著《苑洛集》中。此乃明人鈔出別本，中多朱筆標識，上闌又閒加評語。如胡守中結交郭勛一條，則云傳聞之過；甲申大同之變一條，則云視各書所記為詳確；藩臬陞遷一條，則云銓法變自楊邃菴，蓋別有説。所論亦頗有見，特不知出誰手也。

碧里雜存二卷（兩江總督採進本）

明董穀撰。穀有《續澉浦志》，已著錄。是書雜記瑣聞，多齊東之語。如謂明太祖作鈔，用賢人心肝；馬皇后鑿雞鳴山石礎望太學；成祖甑蒸僧碧峯，皆不近事理。其以鄒衍為漢儒，亦殊疏舛。甚至以禮部壁上所見"讀書須努力，寫字莫糊塗"之句為"雜之《少陵集》中，亦不可辨"，尤不可解也。

苹野纂聞一卷（編修程晉芳家藏本）

明伍餘福撰。餘福有《成化陝西志》，已著錄。是書所紀僅二十條，皆吳中故實，閒及朝政。末有其子忠光跋，謂餘福"家食時所纂。没後始於笥中檢出，因鋟諸梓"云。

　　賢識錄一卷（浙江范懋柱家天一閣藏本）

　　明陸釴撰。釴有《山東通志》，已著錄。此書皆紀洪武中雜事，所採惟《餘冬序錄》、《野記》、《客座新聞》、《草木子》諸書。援據既寡，事蹟亦僅寥寥數則，不足以當"賢識"之目。

　　病逸漫記無卷數（浙江巡撫採進本）①

　　明陸釴撰。是書雜記當時事實。如《明史·高啟傳》稱啟歸居青邱〔丘〕，"知府魏觀為移其家，旦夕延見，甚歡。觀以改修府治，獲譴。帝見啟所作上梁文，因發怒，腰斬"。而是書則載啟因撰蘇州府上梁文，為巡按御史張度所奏，與知府魏觀俱被極典。本傳不載張度之奏，則是書為加詳。又《明志》載天子冠禮一加冕服，皇太子乃三加。初加折上巾，次加進賢冠，次加冕服。是書為天子三加，初折上巾，次遠遊冠、三九旒冕。則是釴猶及見天子三加，與《志》所載皇子儀同。蓋《志》舉成典，而是書據往制也。又若載三里河在天、地壇前，去通州五十里，形高通州一丈九尺。置二閘，可行舟，但有一二走沙處。大通橋去通州四十里，形高通州五丈。置十閘，方可行舟。今三里河湮塞，與二閘不通，是書猶可以備志乘之採。然其他多冗瑣之談，不盡足資考證也。

【彙訂】

　　①《四庫採進書目》中僅《浙江省第五次范懋柱家呈送書目》及《浙江採集遺書總錄》著錄此書，作"浙江巡撫採進本"誤。（杜澤遜：《四庫存目標注》）

　　孤樹裒談十卷（兩淮鹽政採進本）

　　明李默撰。默有《建陽人物傳》，已著錄。是書錄有明事蹟，起自洪武,迄於正德,所引用羣書凡三十種。例則編年,體則小説,大抵皆委巷之談。考《千頃堂書目》以是書爲趙可與作。註云:"可與字念中,安成人,正德癸酉舉人,福建鹽運司提舉[①]。舊作李默,誤也。"未審所據,姑兩存之[②]。

【彙訂】

① "福建鹽運司提舉",殿本作"福建鹽運使提舉"。《千頃堂書目》卷五別史類著錄趙可與《孤樹哀談》十卷,注云:"字會中,安成人。正德癸酉舉人,福建鹽運使。舊作李默,誤也。"

② 明凌迪知《國朝名世類苑》引用書目中有《孤樹哀談》,注曰:"建安李默著。"李氏門生葛守禮撰《明故太子少保吏部尚書兼翰林學士古沖李公墓誌銘》曰:"有《孤樹哀談》行於世。"其姻親楊肇撰《明故太子少保吏部尚書兼翰林學士古沖李公行狀》亦曰"公所著有……《孤樹哀談》"。(楊武泉:《四庫全書總目辨誤》;郭小霞:《〈孤樹哀談〉小考》)

吏隱錄二卷(浙江范懋柱家天一閣藏本)

明沈津撰。津有《鄧尉山志》,已著錄。明有兩沈津。知此爲蘇州沈津作者,是編所載朝野逸事,并及其先世善醫事蹟。蘇州沈津,家世業醫。正德中選入太醫院,充唐藩醫正。與之合也。

北窗瑣語無卷數(浙江范懋柱家天一閣藏本)

明余永麟撰。永麟,鄞縣人,嘉靖戊子舉人,官蘇州府通判。書中敘日本出處、土俗、朝貢三事頗詳,其餘紀載則頗多失實。如周岐鳳以邪術坐罪,而永麟以爲豪俠跌宕,力爲左袒。又謂明太祖殺徐中山王達夫人。太祖雖猜忌殘忍,何至如是?殆近於無稽之談。至所載淫辭瑣事，更不足觀矣。

　　螭頭密語一卷（兩江總督採進本）

　　舊本題明楊儀撰。儀字夢羽，常熟人。嘉靖丙戌進士，官至山東按察司副使。其書雜記明代時事，僅二十餘條，而語多不經。如建文帝從隧道出亡，仁宗中毒，宣宗微行，皆里巷無稽之談。所誌孝宗、武宗佚事，尤涉鄙俚。《常熟志》載儀所著有《南宮集》、《高坡異纂》，獨無此書。疑或出於偽託也。

　　病榻遺言二卷（安徽巡撫採進本）

　　明高拱撰。拱有《春秋正旨》，已著錄。是編備述與張居正先後構隙之端，一曰顧命紀事，二曰矛盾原由，三曰毒害深謀。以史考之，亦不盡實錄。

　　名世類苑四十六卷（浙江朱彝尊家曝書亭藏本）

　　明凌迪知撰。迪知有《左國腴詞》，已著錄。是編採洪武迄嘉靖凡十朝名臣，彙集成編。其前四卷先紀姓氏爵里，系以論贊。後四十二卷列其言行，分為九類，每類之中又各為小目。先是楊廉輯《名臣言行錄》，其後徐咸有《名臣後錄》，鄭曉《吾學編》有《名臣紀》，沈應魁有《名臣新編》。迪知裒合諸本，排纂成書。正德以前凡二百七十一人。嘉靖閒三十二人，則迪知摭諸書以補之，而建文末忠臣八十二人附焉。敘述名臣，類乎傳記，而斷裂分錄，非人自為傳。又兼及神異、詼諧、定數之類，體雜小說。故附之"小說家"焉。

　　邇訓二十卷（兩淮馬裕家藏本）

　　明方學漸撰。學漸有《桐彝》，已著錄。是書專載其鄉人物行誼及其先世事之可為法者。以近在桑梓,故名《邇訓》。凡分四十一類,門目繁碎,隸事亦不詳所出。

西吳里語四卷(浙江巡撫採進本)

明宋雷撰。雷自號市隱居士,湖州人。是編成於嘉靖中,皆記吳興軼事。前有自序,謂"予夙好博覽史傳乘載、稗官小說之書,不列歲代,不序倫理,信手雜錄。閒有犯孔氏'不語'之戒,踵史臣譌謬遺亡之失,冀就正於觀者"云云。故其書隨筆攟錄,皆不著所出,亦多涉荒誕,不盡可信。後有其子鑒跋。蓋雷既没後,鑒所裒集而付諸梓者也。

明朝典故輯遺二十卷(浙江巡撫採進本)[1]

不著撰人名氏。雜記洪武至正德十朝事。前有自序,作於嘉靖三十二年,自稱《東吳逸史》。又附載魯宗人當泗序一首。案當泗本輯有《國朝典故》,疑此即從當泗書採掇而成。大抵叢脞龐雜,全無義例。其紀明太祖微行,為巡軍所拘諸事,已屬不經。至以明宣宗為建文之子,更為荒誕也。

【彙訂】

①"明朝",殿本脫。《浙江省第十一次呈送書目》、《浙江採集遺書總錄》皆作《國朝典故輯遺》。

吳社編一卷(浙江孫仰曾家藏本)

明王穉登撰。穉登有《吳郡丹青志》,已著錄。是書專紀吳中里社之事。其神名五方賢聖,乃淫祀之尤者,而謂本於《搜神記》,殊屬附會不經。所列走會、舍會諸條,亦徵風俗之弊。末附顧文龍書,謂穉登是編"有憫時之懷,先事之慮"。然鋪張太過,不免諷一而勸百矣。

筆記一卷(江蘇巡撫採進本)

明連鑲撰。鑲字抑武,常熟人。嘉靖中,官安陸縣知縣。兹編就其生平聞見,隨筆紀載。其目曰《兩京舊聞》,曰《先輩故實》,曰《鄉邑舊事》,曰《宦遊約紀》,曰《隨手筆餘》。卷末附以《倭變紀略》九則[1],頗多傳聞失實之詞,不足據為徵信也。

【彙訂】

[1]"倭變紀略",底本作"倭蠻紀略",據殿本改。連鑲《連抑武雜記》稿本卷末記倭變事九條。

世說新語補四卷(江西巡撫採進本)

舊本題明何良俊撰補,王世貞刪定。良俊有《四友齋叢說》,世貞有《弇山堂別集》,皆已著錄。前有康熙丙辰富陽章綏序,稱"雲間何元朗仿《世說新語》為《語林》,甚為當時所稱。但其詞錯出,王弇州、麟洲又取而刪定之[1],改名《世說新語補》。幾百年來,梨棗不啻數十易。惟吳興凌初成原刻,悉遵古本,分為六卷,附以王世貞所訂,名曰《鼓吹》"云云。良俊《語林》三十卷,於漢、晉之事全採《世說新語》,而摭他書以附益之,本非補《世說新語》,亦無《世說補》之名。凌濛初刊劉義慶書,始取《語林》所載,削去與義慶書重見者,別立此名,託之世貞。蓋明世作偽之習[2]。綏從而信之,殊為不考。然綏序字句鄙倍,詞意不相貫屬,疑亦出書賈依託。觀其所刊目錄,列補編於前,列原書於後。而三十六門之名,一頁中重見疊出,不差一字,豈識黑白者所為哉!

【彙訂】

[1]"麟洲",底本作"麟州",據殿本改。麟洲乃王世貞弟王

世懋別號，見《弇州續稿》卷一百四十《亡弟中順大夫太常寺少卿敬美行狀》。世貞號鳳洲。

②　此書傳本有萬曆十三年張文柱校刻本、萬曆十四年重刻本，時凌初成方為五、六歲小兒，其刊刻《世説新語》與此書，當在萬曆至崇禎間。據萬曆刻本王世貞、王世懋序及凡例，王世貞確曾刪定《何氏語林》，其弟世懋曾刻《世説新語》於豫章，後張文柱彙校諸本，刊定為《世説新語補》二十卷。（崔富章：《四庫提要補正》）

樊川叢話八卷（浙江巡撫採進本）

明姜兆熊撰。兆熊字恂如，歸安人。是編皆紀錄雜事，分朝廟、山川、考證、詩話、閨秀、仙釋、怪異、數驗八門，每門僅十餘條。樊川即樊澤里，在湖州府城東，乃兆熊世居之地也。

西臺漫記六卷（浙江巡撫採進本）

明蔣以化撰。以化字仲學，常熟人。隆慶丁卯舉人，官至監察御史。是書雜記見聞，多及僻逸幽怪之事。其紀李贄之荒悖不經，卒以臺臣會訐下獄，前後端末頗詳，而不詳其所終。又誤以姚安府知府為姚州知州，所紀王大臣事與史所言馮保之説迥異，殆不可解。全書議論，每過於叫囂求快，似乎多恩怨之詞，不盡實錄也。

見聞雜記四卷（浙江吳玉墀家藏本）

明李樂撰。樂字彥和，號臨川，歸安人。隆慶戊辰進士，官至福建按察司僉事①。是書前二卷全錄董氏《古今粹言》及鄭曉《今言》，後二卷乃自記所見聞，凡一百八十六條②。

【彙訂】

① 光緒《歸安縣志》無此人。同治《湖州府志》卷一〇《選舉

志》進士篇,隆慶二年戊辰科“李樂,桐鄉人,乙卯舉人,尚寶司卿”。光緒《桐鄉縣志》卷一一《選舉表》,隆慶二年戊辰科,“李樂,三甲”。同書卷一五《人物·官績·李樂傳》云:“字彦和,臨川青鎮人,寄籍烏程。隆慶戊辰進士……出為福建按察司僉事……升江西布政司右參議……萬曆中赴補廣西布政司左參議,後復召為南京尚寶司卿,皆不赴。”光緒《烏程縣志》卷一五《人物·李樂傳》:“字彦和,號臨川,烏程人,居桐鄉之青鎮。隆慶戊辰進士……出為福建僉事,歷江西、廣西參議,累起尚寶卿不赴。”末據《浙江通志》、《嘉興府志》、《湖錄》等書云:“按,樂,烏程籍,而居他處,與他處人寓居烏程者正相反。乃府縣志亦列寓賢,未當也,今依吳秀例,改入《人物》。”是李樂乃烏程人,寄居桐鄉。此書今存明萬曆刻本,前有夏燦撰《臨川李先生傳》云:“戊辰成進士,起家新淦縣令……拜禮科給事中……歸而奉太孺人,優遊潘輿者三年……出為福建僉事……備兵延平者年餘,改分巡福寧……升江西東河河道參議……尋以太孺人思故里,乞致東還……起廣西參議,久而不赴,控辭復予告,尋起尚寶卿,不赴,已推太僕、太常少卿,皆未下,而先生老矣。”則其官至江西東河河道參議。參議為從四品官,而僉事為正五品。(楊武泉:《四庫全書總目辨誤》;胡露:《〈四庫全書總目〉子部存目補正》)

②明萬曆刻本正集九卷,續二卷。卷一全錄董氏《古今粹言》及鄭曉《今言》,卷二、卷三則所自記一百八十六條,可知《總目》所據底本僅為萬曆刻本前三卷內容。《浙江省第四次吳玉墀家呈送書目》亦著錄作三卷。(羅振玉:《大雲書庫藏書題識》;杜澤遜:《四庫存目標注》)

林居漫錄前集六卷畸集五卷(浙江鄭大節家藏本)[1]

明伍袁萃撰。袁萃字聖起,吳縣人。萬曆庚辰進士,官至廣東海北道按察司副使。事蹟附見《明史‧徐貞明傳》。史稱所撰《林居漫錄》《彈園雜志》,多貶斥當世公卿大夫,而於李三才、于玉立尤甚。今觀是書所載多朝野故實,往往引明初之事以證明季弊政,而詞氣過激,嫌於已甚。又因力排良知之説,與王守仁為難,遂并其事功而没之,不免矯枉過正。至臚載閭巷瑣事,多參以因果之説,尤失於龐雜矣。

【彙訂】

[1] 國家圖書館、臺灣"中央圖書館"藏萬曆刻本均為前集六卷別集九卷畸集五卷多集六卷。(寧稼雨:《中國文言小説總目提要》)

闇然堂類纂六卷(浙江巡撫採進本)

明潘士藻撰。士藻有《洗心齋讀易述》,已著錄。是書以所聞見雜事分類纂敘,大抵皆警世之意,一訓惇,二嘉話,三談箴,四警喻,五溢損,六徵異。成於萬曆壬辰。時當明季,正風俗彫弊之時。故士藻所錄,於驕奢橫溢,備徵果報,垂戒尤切。蓋所以鍼砭流俗也。

西山日記二卷(浙江巡撫採進本)

明丁元薦撰。元薦字長孺,長興人。萬曆丙戌進士,官至尚寶司少卿。事蹟具《明史》本傳。是編雜錄自洪武迄萬曆朝野事蹟。分英斷、相業、延攬、才略、深心、名將、循良、法吏、節烈、忠義、清修、直節、德量、器識、神識、正學十六類,為上卷,古道、友誼、義俠、格言、正論、清議、文學、師模、庭訓、母範、孝友、篤行、方術、高隱、恬退、持正、賢媛、耆壽、家訓、日錄二十類，為下卷。西山者，其所隱居處也。末附《避亂五箴》，蓋已刻於《拙存堂集》中者。以其切禆身世，故復入於是編云。

玉堂叢語八卷（江蘇巡撫採進本）

明焦竑撰。竑有《易筌》，已著錄。是編仿《世說》之體，採摭明初以來翰林諸臣遺言往行，分條臚載。凡五十有四類，而終以"釁隙"。案朱國楨《湧幢小品》曰："焦弱侯率直任真。元子初出閣，定講官六人。癸未則郭明龍，丙戌唐抑所、袁玉蟠、蕭元圃、全元洲，己丑則弱侯。太倉相公謂宜擇其近而易曉者，勒一書進覽。無何，太倉去國，諸公不復措意。惟弱侯纂《養正圖說》一冊。郭聞之不平，曰：'當衆為之，奈何獨出一手？'後其子攜歸，刻於南中，送之寓所。正在案頭，陳矩適至，取去數部呈御覽。諸老大恚，謂由他途進圖大拜。"又載其序呂坤《閨範》，鄭國泰乞取添入"后妃"一門。衆大譁，謂"鄭氏著書，弱侯交結作序"云云。竑作是書，以"釁隙"終篇，蓋感此二事，借以寓意。然陳矩為司禮太監，鄭國泰為貴妃之姪[①]，何以二書適入二人之手，俱得進於宮禁？當時物議，實有其因，未可盡委之排擠也。

【彙訂】

① 鄭國泰為貴妃之兄弟行，說見卷一三二《閨範》條訂誤。

貽清堂日鈔無卷數（浙江汪汝瑮家藏本）

明錢養廉撰。養廉字國維，仁和人。萬曆己丑進士，官至吏部考功司郎中。是書記萬曆中縉紳門戶甚詳。考養廉以爭范謙贈蔭，忤大學士張位，削籍。故是書之首即列"戊戌落職"一條，蓋所謂發憤著書者。於諸事往往醜詆，不免有恩怨之辭矣。

汝南遺事二卷（兩淮馬裕家藏本）

明李本固撰。案神宗時有兩李本固：其一臨清人，萬曆壬辰進士。此李本固字叔茂，汝寧人。萬曆甲戌進士，官至大理寺卿，以言事罷歸[1]。郡守黃鄰初屬修《汝南志》，其削草未經收錄者，復輯為是書。蓋當時志乘裁斷，或不能盡出己意，故以此續之，以示不忍割棄之意。然多涉神怪仙鬼，不免為小説家言。又《汝南遺事》乃元王鶚記金哀宗亡國之書。本固誤襲其名，亦未考也。

【彙訂】

[1] 李本固一為山東臨清人，萬曆二十年壬辰進士，一為河南固始人，萬曆八年庚辰進士，非“萬曆甲戌進士”。《河南通志》卷四十五《選舉二·進士》萬曆庚辰科張懋修榜有李本固，亦云：“固始人，大理卿。”固始為汝寧府屬縣，此當云固始人。（胡露：《〈四庫全書總目〉子部存目補正》）

客座贅語十卷（浙江鮑士恭家藏本）

明顧起元撰。起元有《説略》，已著錄[1]。是書所記皆南京故實及諸雜事，其不涉南京者不載。蓋亦《金陵瑣事》之流，特不分門目，仍為説部體例耳。雖頗足補志乘之闕，而亦多神怪瑣屑之語。至《前聞紀異》一百條，全錄舊文，取充卷帙，尤為無取矣。

【彙訂】

[1] 依《總目》體例，當作“起元有《金陵古金石考》，已著錄”。

崆桐載筆一卷（兩淮鹽政採進本）

明王象晉撰。象晉有《羣芳譜》，已著錄。是書因奉使冊封途中所作，故取義於"蔚桐"。所載皆嘉言善行，然多涉因果。其《四公厚德解》等篇，體近於戲。卷首列賀登極一表，賀惠王陞位一啟，尤不倫也。

金華雜識四卷（浙江吳玉墀家藏本）

明楊德周撰，德周有《澹圃芋記》，已著錄。是編乃其為金華教諭時所作。雜採軼文逸事，以補地志所未備。如潘良貴與陳瓘實非同母，無瓘父借妾生子事。良貴父有子六人，亦非晚年乏嗣。辨周密《癸辛雜識》之誤，亦閒有考證①。然多採小說神怪之語，自穢其書，則貪多嗜奇之過也。

【彙訂】

① 潘良貴與陳瓘同母，《癸辛雜識》各集均無此記載。其事載於《齊東野語》卷一六"潘陳同母"條。（楊武泉：《四庫全書總目辨誤》）

嶠南瑣記二卷（福建巡撫採進本）

不著撰人名氏。卷首有萬曆壬子湛盧山中人題詞云："彙篋中所錄西事，見《大荒經》所載神人有珥蛇者。珥，耳飾也，一曰瑱。又蠶弄絲於口亦曰珥，因以'珥'名。錄竟，尚有碎事及續聞者百餘種，因復理而存之，命曰《嶠南瑣記》。"考萬曆中閩人魏濬嘗作《西事珥》八卷，述粵西風土，已別著錄。以題詞證之，此書蓋亦濬作矣。然《西事珥》乃地志之屬，此書多記雜事，則小說家流也。

瑯嬛史唾十六卷（浙江巡撫採進本）

明徐象梅撰。象梅有《兩浙名賢錄》，已著錄。是書摭史傳及稗官事語，分類紀敘。其體一仿《世說》，而別創品目。起帝符、后瑞，訖靈畜、壬人，凡一百二十二類。分配既多未確，又每條下不註引用書名，亦無徵據。書成於萬曆己未。其曰"史唾"者，自以為拾史氏之唾餘。蓋亦何良俊《語林》之類，而持擇不及良俊多矣。

避暑漫筆二卷（兩淮鹽政採進本）

明談修撰。修有《惠山古今考》，已著錄。是編皆掇取先進言行可為師法，乃近代風俗澆薄可為鑒戒者，臚敘成篇。其書成於萬曆中。當時世道人心，皆極弊壞。修發憤著書，故其詞往往過激云。

明世説新語八卷（兩江總督採進本）

明李紹文撰。紹文有《藝林累百》，已著錄。是書全仿宋劉義慶《世説新語》，其三十六門亦仍其舊。所載明一代佚事瑣語，迄於嘉、隆，蓋萬曆中作也。前有《釋名》一則，詳列書中諸人名字、諡號、爵里。陸從平序謂紹文"近以文學受知於熊劍化，劍化復為釐其謬誤"。然今書"方正門"以文徵明論先人世誼語屬之對上相楊公，"品藻門"以王畿"貪嗔癡救戒定慧"語屬之對陸樹聲，皆與他説部不合。是傳聞異詞，未能盡確。又以楊士奇為東楊，楊榮為西楊，其釋名亦頗多舛互云。

管窺小識四卷（浙江巡撫採進本）

不著撰人名氏[①]。書中"世宗崇尚青詞"一條云："少年至都，猶及見之。"又稱張居正以橫肆敗。則其人在嘉靖、萬曆之間。又"九卿保留新鄭"一條云："先太保正在行河，不與其事。"則當時大臣之子。故其自序云："余少鮮具識，然於宦遊、過庭之間[②]，亦頗有一二識憶也。"其書記當時門戶傾軋，專權亂政之事，多史所未詳。其記會推有立推、坐推、行推之異，亦諸書所未及。然於高拱、張居正詆諆頗甚，而獨推尊徐階。殆亦恩怨之詞，不盡直筆矣。

【彙訂】

①《澹生堂書目》卷三《國朝史·雜記類》載：“《管窺小識》四卷，朱維京《徵信叢錄》本。”依其著錄體例，知撰人即維京。（王重民：《中國善本書提要》）

②“宦遊”，殿本作“遊宦”。

見聞錄八卷（副都御史黃登賢家藏本）

明陳繼儒撰。繼儒有《邵康節外紀》，已著錄①。此書排次明代朝士事實，間及典章制度。如蔣瑤之悟武宗，李充嗣之御宸濠，其事皆史所未詳。然敘次叢雜，先後無緒，仍不出其生平著述，潦草成編之習也。

【彙訂】

① 依《總目》體例，當作“繼儒有《建文史待》，已著錄”。

太平清話四卷（內府藏本）

明陳繼儒撰。是書雜記古今瑣事，徵引舛錯，不可枚舉。當時稱繼儒能識古今書畫。然如所載耐辱居士《墨竹筆銘》，證以《唐書·司空圖傳》，乖舛顯然，殊不能知其偽也。

西峯淡話四卷（浙江巡撫採進本）

明茅元儀撰。元儀有《嘉靖大政類編》，已著錄。是書多論明末時政。其論有明制度多本於元，尤平情之公議，非明人挾持私見，曲相排抑者可比。然其中憤激已甚之詞，亦不能免，仍當時訐爭之積習也。

蘭畹居清言十卷（浙江巡撫採進本）

明鄭仲夔撰。仲夔字龍如，江西人[1]。其書採錄僻事雋語，自漢、魏以迄嘉、隆，分門別類，一如劉義慶《世說》之例。其已見劉孝標註及王世貞所補者，<small>案《世說新語補》本何良俊《語林》之文，坊本託名於王世貞。此從原序之文，謹附識於此。</small>則不復載。又以一人編中錯見，名字爵諡不一其稱者，別為釋名，以附於前，亦仿汪藻校定《世說》之例。

【彙訂】

[1] 現存崇禎刻《耳新》八卷本（《總目》卷一四四著錄十卷本），題"信州鄭仲夔胄師撰"，信州即上饒，同治《上饒縣志》卷十九《孝友傳》云："鄭仲夔字胄師。"（王重民：《中國善本書提要》）

癸未夏鈔四卷（兩淮鹽政採進本）

明釋靜福撰。靜福，錢塘人。所謂癸未，蓋崇禎十六年也。其書鈔撮諸家說部，亦閒載其所見聞，頗無倫次。惟多載緇徒惡蹟，不為其教少諱，視儒家堅持門戶者為猶賢焉。

明遺事三卷（兩淮鹽政採進本）

不著撰人名氏。皆記明太祖初起之事。始於壬辰六月，為元順帝之至正十二年，止於洪武元年四月壬戌，至正之二十八年也。編年紀月，亦頗詳悉。而多錄小說瑣事，如以酒飲蛇之類，皆荒誕不足信，非史體也。

雲間雜記三卷（浙江巡撫採進本）

舊本題明人撰，不著名氏。下卷載顧氏東園、北園一條，稱"後遭鼎革，二園皆成榛莽"，則國朝人撰矣[1]。所記皆明萬曆以前松江軼事。中載徐階為首輔時，忤旨下獄。會地震，幸得赦免一條,其事為正史所未載②,殆委巷之談也。

【彙訂】

①《鄭堂讀書記》卷六五《雲閒雜記》八卷條云:"明李紹文撰。紹文字節之,松江人。《四庫全書存目》作《雲閒雜記》三卷,舊本題明人撰,不著名氏,蓋據《奇晉齋叢書》本,此乃足本,而有撰人名氏者也。《明史·藝文志》有紹文《明世說新語》八卷,疑即此書。此書專記松江一郡百年來瑣事異聞之有關世道者……前有凡例及萬曆乙卯宋自源懋澄、王洪洲圻二序,又有借洲等助梓公啟,助梓姓氏。"可知作者為明人李紹文。其有"後遭鼎革,二園皆成榛莽"云云,乃清人附加也。(楊武泉:《四庫全書總目辨誤》)

②"未",殿本作"不"。

讀史隨筆六卷(浙江巡撫採進本)

國朝陳忱撰。忱字遐心,秀水人①。是書前四卷雜論黃帝至宋、元事,後二卷皆論明事,敍述獨詳。蓋年遠則紀載多略,世近則見聞易悉,其勢然也。然其中多採掇瑣屑,類乎說部。如敍黃帝夢風后、力牧,武丁夢傅說事,斷之曰:"以夢求賢,為後世不能數有之事。"敍齊代女子婁逞事,斷之曰:"觀此則木蘭從軍不足異也。"又或但書其事。如敍成化十三年樂安王奏寧王奠培慘酷貪淫不軌等事,命太監羅吉祥往勘多實,擬罪姑從寬典,革去祿米一年。更不論斷一字,亦不知何所取。蓋其立名似乎史評,實則雜記之類也。

【彙訂】

①清初浙江有兩陳忱。一即雁宕山樵,字遐心,烏程人,即

《水滸後傳》作者。一字用豊，秀水人，著《誠齋詩集》、《不出戶庭錄》、《讀史隨筆》、《同姓名錄》諸書，見《兩浙軒錄補遺》及光緒《嘉興府志·秀水·文苑傳》。（魯迅：《小說舊聞鈔·水滸後傳》）

玉堂薈記一卷（副都御史黃登賢家藏本）

國朝楊士聰撰。士聰字朝徹，號鳧岫，濟寧人。前明崇禎辛未進士，官翰林院檢討。入國朝，官至諭德①。是書成於崇禎癸未之十二月，距明之亡僅百餘日。自序謂：“古來正史所闕，或得之雜錄漫記，以補其所不足，亦識其小者之意也。自余叨史局，不廢記存，且積有年歲。壬午再入春明，感興時事，乃取舊所編輯，更加撰次。不拘年月，惟有慨於中則書之，彙為一帙。凡十餘年來世局朝政，物態人情，約略粗載於此。而戲笑不經之事，亦往往而在。”今觀其書，於當日周延儒、薛國觀、溫體仁、王應熊諸人門戶傾軋之由，政刑顛倒之故，頗能道其委曲，多正史之所未及。然士聰為延儒門生，筆墨之間，頗為回護，而於黃道周、倪元璐皆有不滿之意。至謂道周不坐宦官之房，不以通家名剌與宦官，皆為太過。其記張溥試詩，亦詆諆已甚，皆不免於恩怨之詞。又孔有德之變，乃新城王氏所激，毛霦《平叛記》言之最詳。而以為由於誅袁崇煥，失遼人之心，殊非實錄。至於鄙諧穢語皆備載之，尤為猥雜，又非《歸田錄》諸書偶記俳諧之例矣。是書自序稱“一帙”，而書首題“卷一”字，則當有二卷。中閒“癸未九月經筵”以下，舊本別為一頁，與前不屬。疑為下卷之首，傳寫佚其標題也。

【彙訂】

① 吳偉業《左諭德濟寧楊公墓誌銘》（《吳梅村全集》卷四

二)云："公諱士聰，字朝徹，別號鳧岫。中辛未進士，選庶吉士……癸未，題補日講，升左諭德，管誥敕，修《大明會典》。甲申，得旨宣慰襄藩……未及行，寇陷京師。公投愛女於井，趣孔夫人與妾陽氏、祝氏縊，己則仰藥自殺，為防守者覺，水灌之，大吐復活……得閒棄家南奔，督輔請為監軍，護諸鎮帥，不果。過江，避兵武塘，既而轉徙於丹陽、金沙，終歸毘陵，鬱鬱不得志以死……生於丁酉七月十四日，卒於戊子七月十一日，享年五十有二。"據此可知，楊士聰並未投降清朝，甲申未死，棄家南奔，戊子為順治五年，除去弘光一年餘，混蹟清朝者，不過三四年耳，且未受其官爵。癸未即崇禎十六年，已官至左諭德矣。其人雖入清，然不受清祿，且時間短暫，當著明代。（楊武泉：《四庫全書總目辨誤》）

庭聞州世說　無卷數（兩江總督採進本）

題曰桃都漫士宮紫陽述，不著其名，亦不著作書年月。核其書中所言及卷首自序，蓋前明崇禎癸未進士，而是書則成於國朝康熙甲辰。檢《江南通志》，崇禎癸未進士有泰州宮偉鏐，官翰林，當即其人矣。所記皆泰州雜事，故曰"州世說"。又皆聞於庭訓，故曰"庭聞"。目錄分六段，似有六卷，而刊本則不標卷帙，未詳其體例云何也。

客途偶記一卷（山東巡撫採進本）

國朝鄭與僑撰。與僑字惠人，濟寧人，前明崇禎丙子舉人。是編述明末所見聞者二十五篇，多忠義節烈之事。所謂《義犬》、《義貓》、《義象》諸記，疑寓言以愧背主者。《敗節紀》一篇，亦為守義不堅者諷也。雜說十篇，多借事以寓憤激。遊記一篇，則遊河南所作，多敘流賊殘破之狀。其中《濟寧守禦紀》、《濟寧倡義紀》二篇，序當時方略頗詳。《折姦紀》則與無賴小人交易，偶失簿籍，復偶然得之。事至瑣瑣，殊不足記也。

玉劍尊聞十卷（左都御史張若溎家藏本）

國朝梁維樞撰。維樞字慎可，真定人，在前明由舉人官工部主事[①]。是書作於國朝順治甲午[②]。取有明一代軼聞瑣事，依劉義慶《世說新語》門目，分三十四類而自為之註，文格亦全仿之。然隨意鈔撮，頗乏持擇。如李贄嘗云"宇宙內有五大部文章。漢有司馬子長《史記》，唐有《杜子美集》，宋有《蘇子瞻集》，元有施耐菴《水滸傳》，明有《李獻吉集》"之類，皆狂謬之詞，學晉人放誕而失之者。其註尤多膚淺。如曹操、李白之類，人人習見，何必多累簡牘乎？至所以名書之義，吳偉業諸人之序及維樞自作小引均未之言，今亦莫得而詳焉。

【彙訂】

①《畿輔通志》卷七十五有其傳。云："梁維樞……尋授中書舍人，入本朝為工部郎，擢武德兵備。"《山東通志》卷二十七亦有其傳，云："梁維樞，字慎可，直隸真定人，順治初任武德道。"可知"工部主事"為"工部郎"之誤，而任此官時已入清朝，其官則終於山東武德道。（胡露：《〈四庫全書總目〉子部存目補正》）

② 清順治賜麟堂刻本此集前有順治甲午長夏梁維樞自撰《玉劍尊聞引》，云："竊見自元以來數百年間雅言韻事，幾同星鳳。凡有聞見，略類世說者，分部書之簡素，未敢參一意，隨所聞見即書，亦未得序時代之先後、名位之崇卑。壬午起復原官，漸經患難，此書遂置高閣。今年兩兒慮其日久散失，少為

刪益,刻之都門。"壬午為崇禎十五年,則其書之成乃在崇禎十五年之前,順治甲午年不過"少為刪益",非順治甲午年始作也。(同上)

明語林十四卷(安徽巡撫採進本)

國朝吳肅公撰。肅公有《讀禮問》,已著錄[1]。是書凡三十七類,皆用《世說新語》舊目。其德行、言志[2]、方正、雅量、識鑒、容止、俳調七類[3],又各有補遺數條,體格亦摹《世說》,然分類多涉混淆。若"夙慧類"載楊東里母改適羅理,東里從往,時方六歲。嘗私磨瓴土如主式,祀其三世,羅為之感泣。此至行也,與"德行類"所載劉謹六歲時事正相類。然劉入"德行",而楊入"夙慧",事同例異,莫知所從。所載亦多挂漏。

【彙訂】

① 依《總目》體例,當作"肅公有《詩問》,已著錄"。

② "言志",底本作"言語",據殿本改。清光緒巴陵方氏廣東刻宣統元年印《碧琳琅館叢書》本此集,"補遺"中"德行"下有"言志",錄章楓山、麻孟漩事各一則,無"言語"類。(胡露:《〈四庫全書總目〉子部存目補正》)

③ "俳調",《世說新語》作"排調",《碧琳琅館叢書》本此集亦作"排調"。(同上)

明逸編十卷(湖南巡撫採進本)

國朝鄒統魯撰。是編搜訪有明一朝逸事,以《世說新語》原目分錄,本名《明世說補》。會其友江有溶先著《逸編》一書,因次第補入,仍名《逸編》。自序云:"示弗自專也。"統魯之子定周,有溶之子度註之。前列《釋名》一篇,著諸人官爵、謚號稱名之不一者,蓋仿宋汪藻校《世說新語》例也。其書疏略太甚,誣妄尤多。如"仇隙"內載仁宗葛妃進毒一事,信《螭頭密語》所紀之言,遽筆之書。使洪熙令主遭此冤謗,又不止黃公酒壚作裴郎學矣。統魯字大系,衡陽人。有溶字谷尚,長沙人。

聞見集三卷(江西巡撫採進本)

國朝蔡憲陞撰。憲陞字江雲,南昌人。是書皆紀明末雜事,其偶及明中葉者,僅謝榛、桑懌、徐渭等數條耳[1]。所記多與史合。如劉綖之父顯,本龔氏子,其祖岷養以為子,遂冒其姓,則史所未及也。然中亦有傳聞失實之說。如云:"天啟辛酉,諸名士觴雪滕王閣,賦詩得'滕'字。一漁父往來閣下[2],若有所思。諸名士戲曰:'爾能詩耶?'曰:'公等吟咏,某適憶《滕王蛺蝶圖》耳。'即朗吟其句'鴨鵝夜亂功收蔡,蛺蝶春深戲試滕'。"云云。是乃宋末呂徽之事,載於陶宗儀《輟耕錄》中。但改易數字,即別撰一人,何其誣也。其云李贄官姚安時,以削髮為上官所劾,下詔獄,與明末李自成陷揚州,亦均無其事。

【彙訂】

① 桑懌乃桑悅(字民懌)之誤,說詳卷一二六《戲瑕》條訂誤。

② "漁父",殿本作"漁人"。

箑竹杖七卷(兩淮鹽政採進本)[1]

國朝施男撰。男字偉長,吉水人。順治初,隨征廣西,以軍功授廣西按察司副使[2]。是編前三卷為男官桂林時所作,記峒黎風土,并所自作詩句。卷四、卷五則游於江、浙、吳、楚間所作,多記山川名勝。卷六為自著詩集。卷七則錄劉湘客、楊廷麟、劉大璞、劉日襄、倪元璐五家之作。其所著詩文,詞多險僻,蓋猶沿明末公安、竟陵之餘習也。

【彙訂】

① 清初留羫堂刻本書名作《邛竹杖》,《兩淮鹽政李續呈送書目》、《兩江第一次書目》等著錄亦同。(杜澤遜:《四庫存目標注》)

② “司”,底本作“使”,據殿本改。

今世説八卷(浙江巡撫採進本)

國朝王晫撰。晫有《遂生集》,已著錄。是書全仿劉義慶《世説新語》之體,以皆近事,故以今名。其分類亦從舊目①,惟除自新、黜免、儉嗇、讒險、紕漏、仇隙六類,“惑溺”一類則擇近雅者存焉。其中刻畫摹擬,頗嫌太似,所稱許亦多溢量。蓋標榜聲氣之書,猶明代詩社餘習也。至於載入己事,尤乖體例。徐喈鳳序引漢黄憲爲説。然《天祿閣外史》本王逢年之僞書,烏足據乎?“文學門”中載吳百朋以殹、鄬二字問吳任臣,任臣對以“殹”、“也”同,本秦權古文,“鄬”、“許”同,本《説文長箋》,百朋嘆服。案“殹”字出秦權是矣。然《説文》自有“殹”字,註曰“擊中聲”。惟趙宧光《説文長箋》以《説文》“也”字訓義不雅,改從秦權,以“殹”字代“也”字。不得舉一遺一也。《説文》有“𨟍”字,即“鄬”字也,註:“甫侯所封,在潁川,今通作‘許’。”其正作“鄬”字者,則見《史記·鄭世家》“鄬公惡鄭於楚”,註“許靈公也”。是其字見於正史。任臣以爲出《説文長箋》,殊不得其本。晫遽以爲博洽而記之,亦爲不考。信乎空談易而徵實難也。

【彙訂】

① 殿本“亦”下有“皆”字。

秋谷雜編三卷（浙江巡撫採進本）

國朝金維寧撰。維寧有《垂世芳型》，已著錄。是編皆載同時瑣事。而維寧居鄉，頗忤於同里，居官又頗忤於同官，以浮躁罷歸。故詞旨憤激，多傷忠厚。其記董含鬻婢及作《三岡識略》諸條[1]，恐未必如是之甚也。至旁摭《山海經》、《拾遺記》諸書舊文，隱其出處，以足卷帙，亦非著述之體。

【彙訂】

[1] “三岡識略”，殿本作“三岡識”，誤。董含撰《三岡識略》，今存多部。

隴蜀餘聞一卷（山東巡撫採進本）

國朝王士禎撰。士禎有《古懽錄》，已著錄。是編皆記隴蜀碎事。如吳山、岍山之類，亦閒有考證。以其奉使時所記，多非親見之事，且多非所經之地，故曰“餘聞”。兼及趙州、介休者，則以往隴蜀時驛路所必經也。

皇華紀聞四卷（山東巡撫採進本）

國朝王士禎撰。康熙甲子，士禎以少詹事奉使，祭告南海。因綴其道途所經之地，搜採故事為此書。多採小說、地志之文，直錄其事，無所考證。不及其《池北偶談》諸書也。

硯北叢錄無卷數（編修勵守謙家藏本）

國朝黃叔琳撰。叔琳有《研北易鈔》，已著錄。是編卷首有魏兆龍序，稱為叔琳巡撫浙江時罷官以後所偶錄。皆雜採唐、宋、元明及近時說部，亦益以耳目所聞見。大抵多文人嘲戲之詞，如《諧史》、《笑林》之類。或著出處，或不著出處，為例不一，亦未分卷帙。蓋憂患之中借以遣日而已，意不在於著書也。

漢世説十四卷（浙江巡撫採進本）

國朝章撫功編。撫功字仁豔，錢塘人。是書仿劉義慶《世説新語》體例，以紀漢人言行。大抵以《史記》、《漢書》為主，而雜以他書附益之。分十四門，曰德行，曰言語，曰政事，曰文學，曰方正，曰雅量，曰識鑒，曰賞譽，曰品藻，曰清介，曰才智，曰英氣，曰義烈，曰寵禮。與義慶原本小異，其採摭亦備。然事皆習見，無他異聞。又分類往往不確。如龔遂刺昌邑王過，自宜入"方正"；鄧禹師行有紀，自應入"政事"，乃俱入之"德行"。至射的山仙人取箭，自是誌怪之説，入之此書，尤無體例也。其凡例云："書以'語'名，始《論語》也。《國語》紀言，不參以事。陸賈《新語》，馬上翁每奏稱善[1]。臨川《世説》一書，諸名士所共撰述[2]。始自竹林，迄於江左，風流簡遠，少許勝多，最為可貴。兹編獨尊兩漢，意專敍事，故不以《新語》名篇。"云云。案劉向先有《世説》，故義慶所撰，別名《世説新書》，後人乃改為《新語》。黄伯思《東觀餘論》考之最詳。非以記言而謂之《新語》，撫功之説殊誤。至義慶所述，上接東漢，何得云"始自竹林"，益為失檢矣。

【彙訂】

[1]　"奏"，殿本作"卷"，誤。今存此書凡例已缺佚。《漢書·陸賈傳》："賈凡著十二篇。每奏一篇，高帝未嘗不稱善，左右呼萬歲。稱其書曰《新語》。"盧照鄰《結客少年場行》詩："歸來謝天子，何如馬上翁。"乃用漢高祖"吾用馬上得天下"之語。

[2]　"名士"，底本作"多士"，據殿本改。

過庭紀餘三卷（編修汪如藻家藏本）

國朝陶越撰。越字艾村，秀水人。是書乃雜綴聞見瑣事。

以多聞之其父口述，故以"過庭"為名。閒有志乘所遺佚，足裨考核者，而大抵過涉冗碎。又所載生平遊幕事蹟，亦未免近於自誇。

　　右小説家類"雜事"之屬，一百一部，四百七十五卷，內七部無卷數。皆附存目。

子 部 五 十 四

小說家類存目二

山海經釋義十八卷圖二卷（通行本）

明王崇慶撰。崇慶有《周易議卦》，已著錄。是書全載郭璞註，崇慶閒有論說，詞皆膚淺。其圖亦書肆俗工所臆作，不為典據。

幽怪錄一卷續幽怪錄一卷（兩淮鹽政採進本）

《幽怪錄》，唐牛僧孺撰。僧孺事蹟具《新唐書》本傳。《唐書·藝文志》作《元〔玄〕怪錄》。朱國楨《湧幢小品》曰：“牛僧孺撰《元怪錄》，楊用修改為《幽怪錄》，因世廟時重‘元’字，用修不敢不避。其實一書，非刻之誤也。”然《宋史·藝文志》載李德裕《幽怪錄》十四卷，則此名為複矣①。《唐志》作十卷，今止一卷，殆鈔合而成，非其舊本。晁公武《讀書志》云：“僧孺為宰相，有聞於世，而著此等書②。《周秦行紀》之謗，蓋有以致之也。”末附唐李復言《續錄》一卷。考《唐志》及《館閣書目》皆作五卷，《通考》則作十卷，云分仙術、感應二門。今僅殘篇數頁，並不成卷矣。然志怪之書，無關風教，其完否亦不必深考也。

【彙訂】

①《宋史·藝文志》僅載李德裕《幽怪錄》,無牛僧孺書,而李著《幽怪錄》,《唐志》以下書目均不載,當即係牛僧孺之書而致誤,且卷數譌為十四。宋尤袤《遂初堂書目》載有《幽怪錄》,明天順刻本《紺珠集》及明抄本《類説》均節錄此書,亦名《幽怪錄》,則改稱非始於楊慎。(昌彼得:《説郛考》)

② 牛氏兩次為相皆當政局動盪複雜、朋黨鬭爭激烈之時,恐無暇"著此等書"。據書中標明發生故事與聽到故事的時間,可知非一時一地所作,當係長期積累而成。元和年間外放與大和六年到開成三年任淮南節度副使和東都留守兩段大概是創作較為集中的時期。(于天池:《牛僧孺和他的〈玄怪錄〉》)

續元〔玄〕怪錄四卷(浙江范懋柱家天一閣藏本)

唐李復言撰。是書世有二本。其附載牛僧孺《幽怪錄》末者,蓋從《説郛》錄出①。一即此本,凡二十三事,與《唐志》卷數亦不符。蓋從《太平廣記》錄出者②,雖稍多於《説郛》本,然亦非完帙也③。

【彙訂】

① 國家圖書館藏書林松溪陳應翔刻本《幽怪錄》(避始祖玄朗諱改)四卷附《續幽怪錄》一卷,與存世南宋臨安府尹家書籍鋪刻本《續玄怪錄》四卷前兩卷篇目次序全同,恐非從《説郛》錄出。(程毅中:《〈玄怪錄 續玄怪錄〉點校説明》)

② 二十三事中《辛公平上仙》一篇他書(包括《太平廣記》)不載,亦有與《太平廣記》所收同名而文字差異甚多者。(同上)

③ 衢本《直齋書錄解題》著錄《續玄怪錄》十卷,分三門。此

四卷本不分門類，與《太平廣記》相核，尚有佚文。則既非原帙，亦非原帙之自然殘闕。（李劍國：《唐五代志怪傳奇敘錄》）

龍城錄二卷（浙江巡撫採進本）

舊本題唐柳宗元撰。宋葛嶠始編之柳集中，然《唐藝文志》不著錄。何薳《春渚紀聞》以為王銍所偽作。《朱子語錄》亦曰：「柳文後《龍城錄雜記》，王銍之為也。子厚敘事文字，多少筆力。此《記》衰弱之甚，皆寓古人詩文中不可知者於其中，似暗影出。」今觀《錄》中所載帝命取書事，似為韓愈《調張籍》詩「天官遣六丁，雷電下取將」二句作解；趙師雄羅浮夢事，似為蘇軾梅花詩「月下縞衣來扣門」作解。朱子所論，深得其情①。莊季裕作《雞肋編》，乃引此《錄》駁《金華圖經》。季裕與銍為同時人，或其書初出，偽蹟未露，故不暇致詳歟？然自南宋以來，詞賦家已沿為故實，不可復廢。是亦王充所謂「俗語不實，流為丹青」者矣。

【彙訂】

① 據清曾釗《面城樓集鈔》卷二考，與王銍同時或稍前之許彥周、樊汝霖已引錄《龍城錄》。另孔傳《續六帖》亦引，顯非王銍所撰。宋洪邁《夷堅志·支戊》卷五云：「柳子厚《龍城錄》，蓋劉無言所作，皆寓言也。」元吳師道《敬鄉錄》卷一亦謂：「昔人謂《龍城錄》，《唐志》無之，乃王銍偽撰。或云劉燾。」劉無言即劉燾，則除王銍之外，尚有劉燾一說。又書中所記對唐代典制頗為隔膜，如卷上「神堯皇帝破龍門賊」、卷下「尹知章夢持巨鑿破其腹」等條；對歷史地理較為陌生，如卷下「太宗沉書於滹沱」、「老叟講明種藝之言」等條；對唐代文獻不熟，如卷下「高皇帝宴賞牡丹」、

"開元藏書七萬卷"等條；所記唐代人物與史籍不合；所記唐人著作如王知遠《易總》、王漸《孝經義》等不見於史志目錄，亦無人道及；所記有柳宗元身後事。唐五代人著作皆未引錄《龍城錄》，宋初編撰之《太平御覽》、《太平廣記》亦未引，仁宗慶曆元年（1041）成書之《崇文總目》始有著錄，但未著錄作者、卷數。託名唐鍾輅之《續前定錄》、佚名編《異人錄》始引錄其文。當係北宋初至仁宗初年間人所撰。（昌彼得：《説郛考》；李劍國：《唐五代志怪傳奇敘錄》；陶敏：《柳宗元〈龍城錄〉真偽新考》）

獨異志三卷（江蘇巡撫採進本）[①]

唐李冗撰。《唐藝文志》作李元[②]，未詳孰是。其書雜錄古事，亦及唐代瑣聞，大抵語怪者居多。如女媧兄妹為夫婦事，皆齊東之語。又如《列子》海人狎鷗、愚公移山事，皆摭寓言為實事，尤為膠固。至王涯為仇士良所害，本非文宗之命，乃稱涯為天兵梟戮，則悖謬甚矣。

【彙訂】

① "三卷"，底本作"二卷"，據殿本改。《稗海》本作三卷，疑即所據。（王重民：《跋新印本〈四庫全書總目〉》）

② 此書《新唐書・藝文志》、《宋史・藝文志》皆署作者為李冗。（陶紹清：《〈唐摭言〉研究》）

陸氏集異記四卷（兩江總督採進本）

舊本題唐比部郎中陸勳撰。《書錄解題》及《宋史・藝文志》並作二卷。陳振孫曰："語怪之書也。凡三十二事，言犬怪者居三之一。"[①]此書較陳氏所載多二卷，而事較振孫所記之數多三四倍，亦不多言犬怪。豈後人附會，非其本書歟？

【彙訂】

① "語怪之書也。凡三十二事，言犬怪者居三之一"乃《郡齋讀書志》小說類所云。（孫猛：《郡齋讀書志校正》）

劍俠傳二卷（江蘇巡撫採進本）

舊本題為唐人撰，不著名氏，載明吳琯《古今逸史》中①。皆紀唐代劍俠之事，與《太平廣記》一百九十三卷至一百九十六卷所載"豪俠"四卷文盡相同。次序及句下夾註如"潘將軍"條下所附"忘其名，疑為潘鶻硉也"九字，亦復吻合，但謠"鶻硉"為"鶴碎"耳。蓋明人剿襲《廣記》之文，偽題此名也②。

【彙訂】

① 明刻《古今逸史》本此書作四卷，每卷僅題明新安吳琯校，並未題為唐人撰。惟汪士漢《祕書二十一種》本題唐亡名氏撰。（余嘉錫：《四庫提要辨證》）

② 此書尚載春秋、宋代時事，非"皆紀唐代"。全書共三十三條，其出《太平廣記》"豪俠"者只十九條，而又顛倒其次序，或改易其篇題，不盡與《廣記》相合。王世貞《弇州山人四部稿》卷七一錄其自著書之序十六篇，中有《劍俠傳》小序，原未依託古人。（同上）

錄異記八卷（兩江總督採進本）

蜀杜光庭撰。光庭有《了證歌》，已著錄。此書《宋志》作十卷，與今本異。白雲霽《道藏目錄》收於《洞元〔玄〕部・記傳類・恭字號》中。然光庭雖道士，而此書所述實無與於道家。卷首沈士龍題辭謂光庭以方術事蜀孟昶，故成此書以取悅。考陶岳《五代史補》，光庭以唐僖宗幸蜀時入道，其後歷事王建、王衍，未入後蜀。即以此書而論，其記"蜀丁卯年，會昌廟城壕側龜著金書玉字大吉字"，則王建天復七年也；又稱"蜀皇帝乾德元年己卯七月十五日庚辰降誕廣聖節，王彥徽得白龜以進"，則王衍元年也。凡此皆為前蜀王氏誕陳符瑞，以云悅昶，失考甚矣。其言皆荒誕不足信。《冶城客論》曰："廣成先生杜光庭撰《仙傳錄異》等書，率多自作，故人有'無稽之言謂之杜撰'。"然則光庭之妄，前人已言之矣。

括異志十卷（內府藏本）

舊本題宋張師正撰。師正字不疑，熙寧中為辰州帥[1]。《文獻通考》載師正擢甲科後，"宦遊四十年，不得志。於是推變怪之理，參見聞之異，得二百五十篇，魏泰為之序"[2]。此本不載魏序，蓋傳寫佚之。然王銍《默記》以是書即魏泰作。蓋泰為曾布之婦兄，而銍則曾紆之壻，猶及識泰，其言當不誣也[3]。

【彙訂】

① 文瑩《玉壺清話》卷五云："文瑩丙午歲訪辰州帥張不疑師正，時不疑方五十……後熙寧丁巳，不疑帥鼎……已六十二矣。"丙午為治平三年（1066），可知張師正在熙寧前已為辰州帥。（李裕民：《四庫提要訂誤》）

② 所引《文獻通考》之語實出自《郡齋讀書志》。（同上）

③ 殿本"當"下有"必"字。王銍《默記》未提及魏泰，當係其《跋范仲尹墓誌》之誤。然此書卷二云"余任渭州推官，親承楊公之說"，而魏泰未曾擔任任何官職。《玉壺清話》卷五明言張師正"著《括異志》數萬言，《倦遊錄》八卷"。（同上）

青瑣高議前集十卷後集十卷（兩淮鹽政採進本）

不著撰人名氏。晁公武《讀書志》及《宋史·藝文志》皆著錄,亦皆不云誰作[1]。趙與峕《賓退錄》稱為劉斧《青瑣高議》,當必親見其標題。前有孫副樞序,不稱名而舉其官。他書亦無此例,其為里巷俗書可知也[2]。所紀皆宋時怪異事蹟及諸雜傳記,多乖雅馴,每條下各為七字標目,如張乖崖明斷分財、回處士磨鏡題詩之類,尤近於傳奇。閒有稱"議曰"者,寥寥數言,亦多陳腐。《讀書志》稱其詞意鄙淺,良非輕詆。公武所錄作十八卷,《宋史・藝文志》亦同。此本乃多兩卷,或坊賈傳刻,又有所竄入歟?蔡絛《鐵圍山叢談》稱所載孫沔射鼉被追,見韓琦為紫府真人事,其說不謬。然稱為《青瑣小說》,或又其別名也。孫沔事,《魏公別錄》、《魏公家傳》皆載之。周煇《清波雜志》又考其同異,謂當以《家傳》為正。其所引"王老志別"一說,即蔡絛語也[3]。韓琦名德[4],何必死作閻羅王乃足取重。斧作小說,侈談神怪可矣。士大夫以為實事而記於《家傳》、《別錄》,好事者又校正其異同。相率說夢,不亦傎乎?

【彙訂】

①《宋史・藝文志》小說類著錄劉斧撰。(陳樂素:《宋史藝文志考證》)

② 孫副樞序明云:"劉斧秀才……求余為序。"《賓退錄》即據此序。序末結銜署"資政殿大學士孫副樞",是副樞乃其名,非其官也。(胡玉縉:《四庫全書總目提要補正》)

③ "也",殿本無。

④ 殿本"韓"上有"夫"字。

雲齋廣錄八卷後集一卷(內府藏本)

宋李獻民撰。獻民字彥文,延津人。是書前有政和辛卯獻民自序。所載皆一時豔異雜事，文既冗沓，語尤猥褻。晁公武《讀書志》、陳振孫《書錄解題》俱云"十卷，分九門"①。今止存六門，曰《士林清話》，曰《詩話錄》，曰《靈怪》，曰《麗情》，曰《奇異》，曰《神仙》，共八卷。末有《後集》一卷，曰《盈盈傳》，乃作者自述所遇。然首稱皇祐中，中稱嘉祐五年，皆仁宗年號，與獻民時代不相及。則《傳》中所謂"余"者乃別一人，而佚其名，非獻民自稱也②。其書大致與劉斧《青瑣高議》相類。然斧書雖俗，猶時有勸戒，此則純乎誨淫而已。以向來諸家著錄，今姑存其目焉。

【彙訂】

① 輯本《直齋書錄解題》未錄此書。《郡齋讀書志》卷一三著錄《雲齋廣錄》十卷，云"分九門"。（黃嬿婉：《〈四庫全書總目〉誤引〈直齋書錄解題〉訂正十七則》）

② 據五十卷本《夷堅志》卷二六所記，可知《盈盈傳》乃宋王山所撰，原載於王山《筆奩錄》中。後人誤添入《雲齋廣錄》中。（馮一：《〈雲齋廣錄〉版本源流考》）

五色線二卷（內府藏本）

不著編輯者名氏，載毛晉《津逮祕書》中。考《中興館閣書目》有此書名。然是書雜引諸小說新誕之語，或不紀所出，割裂舛謬，不可枚舉。至謂楚襄王夢神女事出《史記》，其庸妄可知。未知果宋時舊本否也。

峽山神異記一卷（永樂大典本）

宋王輔撰①。輔里籍未詳。是書作於嘉定戊寅，輔時辟為瀧水縣令。自序謂："予備員西征，始聞峽山非常可駭之事，始猶未敢以為然。及觀前賢所記,由東坡以來,連篇累牘,悉出於名公巨卿之口。以其人之可信,則事必可信矣。訪《峽山集》舊版散失②,於是裒集傳之。"然其敍述飛來殿,謂至德元年,峽有三神人化為方士,夜扣潁州貞俊禪師曰:"本峽居清遠上流,吾欲建道場,師能去否?"俊諾之。是夕風雨驟作。黎明薄霽,啟戶而觀,則佛殿與神像已運至山中矣,俊師乃於峯前石上安坐。本淮南西路舒州延祚寺之所移,其事涉於語怪,是小說之支流,非地志之正體也。

【彙訂】

①"王輔",殿本作"黃輔"。

②"散失",殿本作"失散"。

閒窗括異志一卷(浙江鄭大節家藏本)①

宋魯應龍撰。自署東湖,蓋嘉興人。書中稱"淳祐甲申,館於沈氏",則理宗時也。其書皆言神怪之事,而多借以明因果。前半帙皆所聞見,後半帙則雜採古事以足之。大半與唐、五代小說相出入。

【彙訂】

① 此書未著錄於《浙江省第五次鄭大節呈送書目》及《二老閣呈送書》,"浙江鄭大節家藏本"誤。(江慶柏:《四庫全書私人呈送本中的鄭大節家藏本》)

續夷堅志二卷(浙江巡撫採進本)

金元好問撰。好問字裕之,號遺山,太原人①。官至左司郎中②。事蹟具《金史》本傳。是編蓋續宋洪邁《夷堅志》而作,所紀皆金泰和、貞祐閒神怪之事。前有自序,見於《遺山集》,而此本無之,蓋傳寫佚脱也③。

【彙訂】

①《總目》卷一六六《遺山集》提要云:"金元好問撰。好問字裕之,秀容人。"為得其實。(《金史·元德明傳》:"太原秀容人。"太原為府名,德明即好問之父。惟據《金史·地理志》,太原並不轄秀容。)(楊武泉:《四庫全書總目辨誤》)

②《金史·百官志一》:"左司郎中一員,正五品;員外郎一員,正六品。"惟據《金史·文藝下》:"(元)好問字裕之……中興定五年(進士)第,歷內鄉令。正大中為南陽令,天興初擢尚書省掾。頃之,除左司都事,轉行尚書省左司員外郎,金亡不仕。"則官未至左司郎中也。(同上)

③ 元好問《遺山先生文集》四十卷諸本皆無《續夷堅志》自序。(丁丙:《善本書室藏書志》)

異聞總錄四卷(內府藏本)

不著撰人名氏,亦不著時代。其中"林行可"一條稱"大德丁酉",則元人矣。然所載"臨安倡女儀珏"一條稱其編隸鄱陽,"予嘗於席閒與紙筆,即賦詞。大略美吾兄弟,有'鄱江英氣鍾三秀'之語",乃洪邁《夷堅志》原文。所謂"予"者,即邁,所謂"弟兄"①、"三秀",即邁、适、遵也。此本剿襲其言,併其自稱亦未改,則亦剽刻而成者矣。

【彙訂】

①"弟兄",殿本作"兄弟"。

效顰集三卷(兩淮鹽政採進本)

明趙弼撰。弼有《雪航膚見》,已著錄。是編皆紀報應之事,意寓勸懲而詞則近於小說。第三卷中闕《疥鬼對》、《夢遊番陽傳》二篇，殆傳寫佚之。

談纂二卷（浙江鮑士恭家藏本）

明都穆撰。穆有《壬午功臣爵賞錄》，已著錄。是書記錄元、明以來逸事。然多涉神怪，不足徵信。書中龔泰、軒輗、張仙三條註稱"采曰"者，乃其門人陸采附記。蓋此書采所編次，故原本題曰《都公談纂》云。

陸氏虞初志八卷（浙江范懋柱家天一閣藏本）

舊本題《陸氏虞初志》，不著其名。惟第一卷中《續齊諧記》有跋，稱得於外舅都公家，疑為都穆壻也①。其書所收諸家小說，惟吳均為梁人。餘皆唐人雜傳，不出《太平廣記》之中，殊乏異聞。《白猿傳》舊題江總，雖曰託名，然既為謗歐陽詢而作，則出於隋末唐初更無疑義。乃以殿唐末，未免失倫。則亦隨手鈔合，取足卷帙，無所銓次之本矣。

【彙訂】

①《續齊諧記》跋語云："是書（《續齊諧記》）亦罕得佳本，惟外舅都公家藏有之，命余鋟梓以傳焉。"今重編《說郛》本《續齊諧記》跋題"至元甲子吳郡陸友記"，則陸氏即元代人陸友，其外舅顯非都穆，更與《虞初志》無干。（寧稼雨：《中國文言小說總目提要》）

志怪錄五卷（兩淮鹽政採進本）

明祝允明撰。允明有《蘇材小纂》，已著錄。是編所載皆怪誕不經之事。觀所著《野記》諸書，記人事尚多不實，則說鬼者可知矣。朱孟震《河上楮談》謂允明所作志怪凡數百卷，疑無此事。"卷"字殆"條"字之誤歟？

西樵野記四卷（兩淮鹽政採進本）

明侯甸撰。甸，蘇州人[①]。《明史·藝文志》載是書作十卷。此本卷數不符，疑有散佚。然原序稱一百七十餘條，計數無闕，或《明史》誤也。序又稱所載悉幽怪之事，此本所載乃有不涉幽怪者二十三條，為例未免不純。其女子咏錢一詩，見沈括《筆談》，摭為近事，尤疏舛矣。

【彙訂】

①《弇山堂別集》卷二十七云："《西樵野記》言'吾郡中蔣閣老冕歷仕三朝，而始告歸田里，朝廷慕其賢，使使三聘之不至'。"云云，且考辨曰："按蔣閣老冕，全州人，嘉靖三年以議禮不合而乞致仕，豈有三聘之說？"則侯甸亦當為全州人。（胡露：《〈四庫全書總目〉子部存目補正》）

廣夷堅志二十卷（兩江總督採進本）

舊本題明楊慎撰。慎有《檀弓叢訓》，已著錄。是編前有嘉靖二十年慎門人夏林序，文詞猥陋，舛誤疊出。如云宋洪邁有《夷堅志》二十卷。考邁書甲集至癸集二百卷，支甲至支癸一百卷，三甲至三癸一百卷，四甲、四乙二十卷，乃四百二十卷，非二十卷也。又稱："因宣和皇帝喜長生不死之術，一時士大夫相習成風，爭為此類言語以媚於上。洪故賢者，亦不能免。"考邁乃高宗紹興十五年進士，孝宗時官端明殿學士，非徽宗宣和時人也。又稱慎"著述已滿天下，晚年學《莊子》之厄言，拾《齊諧》之剩語，仿洪氏之例而推廣之"。考慎以正德六年辛未登第，年二十四，至嘉靖二十年辛丑僅五十四歲，非晚年也。其為依託，已無疑義。及核其書，乃全錄樂史《廣卓異記》，一字不異，可謂不善作偽矣。

見聞紀訓一卷（兩江總督採進本）

明陳良謨撰。良謨字中夫，安吉人。正德丁丑進士，官至貴州布政司參政①。是書雜記見聞，多陳因果。雖大旨出於勸戒，而語怪者太多。

【彙訂】

①《貴州通志》卷十七《秩官》貴州布政使司左、右參政，皆無陳良謨。《浙江通志》卷一百九十有其傳，云：“陳良謨，《分省人物考》：字中夫，湖州人。嘉靖壬辰進士，工部主事，改刑部郎，再改儀部。逡巡郎署者十年，始得湖廣參議，遷副臬。考滿，參政貴州，致仕歸。御史先後薦數四，竟弗起。”疑其未任而致仕也。（胡露：《〈四庫全書總目〉子部存目補正》）

耳鈔祕錄一卷（浙江巡撫採進本）①

舊本題上元壬午南贍部洲二十八年林之東無名氏撰述②。考書中所紀，其人當在嘉靖時。壬午即嘉靖元年，而稱二十八年。其詞詭誕，未之詳也。所紀皆明代雜事，然無一非委巷之談。如謂明成祖發劉基之墓，得一朱匣，中有賀永樂元年登極表；元順帝為明所敗，匿於古寺而死，即以寺梁為棺；寧王權為許遜後身；邱濬為蝦蟆精；凡孔氏襲衍聖公者，其相必口露雙齒如孔子；明太祖以公主嫁朝鮮國世子；劉基對明太祖稱白鬍子變紅鬍子；明孝宗為牟尼佛降生，故年號上、下二字皆取“牟”字字頭。其鄙俚荒唐，殆不足與辨。至於以危素為姓魏，以于謙為姓余，殆市井略識字人妄聽之而妄記之。不知何以得傳至今也。

【彙訂】

① 此書在《各省進呈書目》中僅著錄於《浙江省第五次鄭大節呈送書目》及《二老閣呈送書》，則應為浙江鄭大節家藏本，作"浙江巡撫採進本"誤。（江慶柏：《四庫全書私人呈送本中的鄭大節家藏本》）

②《浙江採集遺書總錄》："《耳鈔祕錄》一册，署楚東無名子述。"《千頃堂書目》卷五別史類著錄此書云"題楚東無名子"。（杜澤遜：《四庫存目標注》）

高坡異纂二卷（江西巡撫採進本）

明楊儀撰。儀有《螭頭密語》，已著錄。是編乃志怪之書。前有自序，謂高坡者京邸之寓名。案明張爵《坊巷衚衕集》，東城有高坡衚衕，蓋即所居也。錢希言《獪園》稱："楊儀禮部素不信元〔玄〕怪之談，因聞王維賢親見仙人騎鶴事，始遂傾心，著有《高坡異纂》行於世。"然書中所記，往往誕妄。如黃澤為元末通儒，趙汸之所師事，本以經術名家。而儀謂劉基入石壁得天書，從澤講授，真可謂齊東之語。至謂織女渡河，文曲星私窺其媟狎，織女誤牽文曲星衣。上帝醜之，手批牽牛頰，傷眉流血。竟公然敢於侮天矣。小説之誕妄，未有如斯之甚者也。

冶城客論二卷（浙江范懋柱家天一閣藏本）

明陸采撰。采字子元，長洲人，粲之弟也。是編乃其肄業南雍時記所聞見，大抵妖異不根之言。其"胡銓後身"一條云聞之祝允明。又云："初聞祝子之言，以為祝好奇，必記此，不暇詳叩。因近閱《語怪》兩編無之，追書於册。"是允明有所不記，而采記之，其誕更甚於允明矣。乃譏沈周作《客座新聞》多信門客妄言，何也？卷末《鴛鴦記》一篇，述施氏婦閨閣幽會之事，淫媟萬狀，如身歷目睹。此同時士大夫家也，誰見之而誰言之乎？尤有乖名教矣。

祐山雜説一卷（兩淮鹽政採進本）

明馮汝弼撰。汝弼字惟良，平湖人。嘉靖壬辰進士，官工科給事中。以言事謫潛山縣丞，遷知太倉州。調揚州府同知，不赴。隆慶中追贈布政司參政。是書自記生平瑣事，率涉夢卜機祥。其所記他人事，亦多不出此。末載種植數方，尤與全書不類。

古今奇聞類記十卷（兩淮鹽政採進本）

明施顯卿撰。顯卿字純甫，無錫人。嘉靖壬子舉人，官新昌縣知縣。是書成於萬曆丙子。分天文、地理、五行、神祐、前知、凌波、奇遇、驍勇、降龍、伏虎、禁蟲、除妖、鹹毒、物精、仙佛、神鬼十六門，兼及明代近事。頗取史傳，而掇拾稗官小説者為多。

二酉委談一卷（兩淮鹽政採進本）

明王世懋撰。世懋有《卻金傳》，已著錄。此編乃隨筆雜記，多説神怪之事，亦閒作放達語。蓋其時山人習氣漸染及於士大夫也。卷頁頗寥寥。其“西山雲霧茶”一條云：“追憶夜來風味，書一通以贈先生。”案，先生指蔡琳泉也。“五月十二日歸自郡城”一條云：“坐心遠堂中命筆伸紙，作數行記之。”“萬曆十二年”一條云：“第三子士騄年十三，書此付之。”“三月晦日”一條云：“歸而記之，以示兩兒。”殆平時所作雜帖，其後人錄之為帙歟？

燃犀集四卷（通行本）

不著撰人名氏，自稱茂苑樹瓠子，有嘉靖辛酉自序。摘取小説家所錄神怪之事，彙錄成編。大都與他書複出，無可採也。

異林十六卷（河南巡撫採進本）

明朱睦㮮撰[1]。睦㮮有《易學識遺》，已著錄。此乃摘百家雜史中所載異事，分為四十二目，頗為雜糅。如防風、僬僥之類，世所習聞，不足稱異，而他書稍僻者仍不無挂漏。惟詳註所出書名，在明末説家中體例差善耳。

【彙訂】

① 明萬曆帥廷鑣刻本此書題“南州朱謀㙏鬱儀纂”，前有其子壻帥廷鑣序。（杜澤遜：《四庫存目標注》）

快雪堂漫錄一卷（浙江巡撫採進本）

明馮夢禎撰。夢禎有《歷代貢舉志》，已著錄。是編為陸烜奇晉齋所刻，皆記見聞異事。語怪者十之三，語因果者十之六，記翰林舊例、大同米價、回回人、義僕、節婦、虞長孺、漢印、吳茂昭品龍井茶、李于麟棄芥茶，以及栽蘭、藏茶、炒茶、茉莉酒、造印色、鑄鏡、造糊、造色紙諸法，為雜家言者十之一。故從其多者，入之“小説家”焉。

孝經集靈一卷（編修程晉芳家藏本）

明虞淳熙撰。淳熙字長孺，錢塘人。萬曆癸未進士，官至吏部稽勳司郎中。《經義考》載淳熙有《孝經邇言》九卷，《今文孝經説》一卷，今皆未見。此書專輯《孝經》靈異之事，如赤虹化玉之類，故曰“集靈”。夫釋氏好講福田，尚非上乘，況於闡揚經義而純用神怪因果之説乎？其言既不詁經，未可附於經解，退居小説,庶肖其真。至其採錄顛舛,如張角作亂,向詡上便宜,不欲國家興兵,但遣將於河上北向讀《孝經》,則賊當自消滅一條,乃嗤鄙之事,古來傳以為笑者。亦收為靈蹟,殆信為賊果消滅乎?

前定錄二卷(浙江鮑士恭家藏本)

明蔡善繼編[1]。善繼字伯達,烏程人。萬曆辛丑進士,官至福建左布政使。其書皆載古來前定之事。上卷凡七十八事,下卷凡九十三事。前有善繼自序,後有泉州府訓導張啟睿跋。細核所錄,乃全剽《太平廣記》第一百四十六卷至第一百六十卷"定數"一門之文,名姓次序,一字無異。惟上卷之末增延陵包赮一人,下卷之首增竇易直至劉逸二十人,為原書所無,然亦自《廣記》他門移掇竄入者。《廣記》為習見之書,乃取其中十五卷別立書名,攘為己有。作偽之拙,於是極矣。

【彙訂】

① 明空有齋刻本此書題"吳興蔡善繼伯達父校",蔡氏但署校,未嘗據為己有。著錄作蔡善繼編,未知何據。(杜澤遜:《四庫存目標注》)

仙佛奇蹤四卷(内府藏本)

明洪應明撰。應明字自誠,號還初道人。其里貫未詳。是編成於萬曆壬寅。前二卷記仙事,後二卷記佛事。首載老子至張三丰六十三人,名曰《消搖墟》,末附《長生詮》一卷。次載西竺佛祖自釋迦牟尼至般若多羅十九人,中華佛祖自菩提達摩至船子和尚四十二人,曰《寂光境》,末附《無生訣》一卷。仙、佛皆有繪像,殆如兒戲。考釋、道自古分門,其著錄之書亦各分部。此編兼採二氏,不可偏屬。以多荒怪之談,姑附之"小説家"焉。

獪園十六卷（浙江巡撫採進本）

明錢希言撰。希言有《戲瑕》，已著錄①。是書成於萬曆癸丑②，皆記當時神怪之事。一仙幻，二釋異，三影響，四報緣，五冥蹟，六靈祇，七淫祀，八奇鬼，九妖孽，十璅聞。其以"獪園"名書者，獪者狡獪之意，狡獪者戲弄之意也。其中記陳祖皋陷冤獄，出金資營救，反為人所紿事。"影響類"中作其姻家錢日省因其從子朗生誘祖皋妻鏹三百緡及金鳳釵諸物，為沈儒宗所脅致敗，祖皋妻死而為厲。"靈祇類"中作指揮採成文構成其獄，因其同里沈瑞徵誘祖皋母鏹六百緡，後瑞徵獨匿其賂，成文無所得，因陷祖皋大辟，祖皋父與郊為厲。兩卷之中，姓名事蹟自相矛盾。記所見如是，記所聞者可知矣③。

【彙訂】

① 依《總目》體例，當作"希言有《劍筴》，已著錄"。

② 書中記萬曆甲寅年事十四則，最晚一則為該年十一月，則成書當在癸丑後一年或稍後。（陳國軍：《明代志怪傳奇小說研究》）

③ "靈祇類"所載陳與郊事本據金三枝傳說，"影響類"所載祖皋妻死為祟事乃先據王穉登所為傳，是其傳聞不同，不免有出入。又卷七"影響類"尚載廉察劉庚事，為定祖皋罪案之人，其事聞之嘉定何秀才，亦涉冤報，是所記乃有三條。蓋祖皋一案本當時冤獄，傳之者多，而其事既非目睹，據所聞分別書之，亦事之常。古人著書原有並存二說之例，亦不必以此責希言也。（孫楷第：《〈獪園雜志〉提要》）

耳新十卷（兩淮鹽政採進本）

明鄭仲夔撰。仲夔有《蘭畹居清言》，已著錄。是書雜記瑣事,多及仙鬼因果,亦《輟耕錄》之流亞。中記魏忠賢事,蓋明末人也。

王氏雜記十四卷(浙江巡撫採進本)

明王兆雲撰。兆雲有《詞林人物考》,已著錄。是編凡《湖海搜奇》二卷,《揮塵新談》二卷,《白醉璅言》二卷,《説圃識餘》二卷,《漱石閒談》二卷,《烏衣佳話》四卷。皆雜記新異之事,本各自為書。後人裒為一帙,總題曰《王氏雜記》,非其本名也。其中《烏衣佳話》,《明史・藝文志》作八卷。此本僅前後二集,每集分上、下卷,或為合併,或為闕佚,均不可知。然志怪之書,無關學問,其完否亦無容深考。惟其中記張孚敬晚遇一條,謂“廷臣議追封大禮,拘於俗説濮園之非”云云。則意存左袒,不為公論,有不可不糾正者耳。

燕山叢錄二十二卷(浙江巡撫採進本)

明徐昌祚撰。昌祚字伯昌,常熟人。是編蓋其官刑部時所作。多載京畿之事,故以“燕山”為名。凡分二十二類,大抵多涉語怪。末附以長安里語,尤為鄙俚,又多失其本字本音,不足以資考證。書成於萬曆壬寅。有昌祚自序,謂因輯《太常寺志》得徽州縣志書,因採其所記成此書。則亦剽掇之學也。

芙蓉鏡孟浪言四卷(浙江巡撫採進本)

明江東偉撰。東偉字青來,自號壺公,開化人。萬曆丙午舉人。其書分元〔玄〕部、幻部、靈部、幽部為四集,皆摘錄諸書神仙鬼怪之事,各系評語,而佻纖殊甚。如幻部中載張南軒“晚得奇疾,没時就殮,通身透明,腑臟筋骨,歷歷可數,瑩徹如水晶”云云,本説部無稽之談。東偉乃為之評曰:“此明明德之本體。”可謂無所不戲侮矣。其曰“孟浪言”者，蓋取《莊子·齊物篇》語，殆亦自知其不經歟？

敝帚軒剩語三卷補遺一卷（兩淮鹽政採進本）

明沈德符撰。德符有《飛鳧語略》，已著錄①。是書雜記神怪俳諧，事多猥鄙。至記林潤劾嚴世蕃論死，世蕃為厲鬼以報潤，則又顛倒是非之甚矣。

【彙訂】

① 依《總目》體例，當作“德符有《秦璽始末》，已著錄”。（胡玉縉：《四庫全書總目提要補正》）

耳談十五卷（安徽巡撫採進本）

明王同軌撰。同軌字行父，黃岡人，由貢生官江寧縣知縣①。其書皆纂集異聞，亦洪邁《夷堅志》之流。每條必詳所說之人，以示徵信，則用蘇鶚《杜陽雜編》之例。前有陶冶序，稱“其事不必盡核，理不必盡合，文不必盡諱”②，亦小說家之定評也。然其中推重方士陶仲文，稱“漫加削奪，時論大乖”，則其他曲筆諒多矣。

【彙訂】

① 嘉慶《重修江寧府志》卷二十二《秩官表》明江寧縣知縣無王同軌，天啟間有王同鼎，湖廣黃岡人。《湖廣通志》卷五十二有王同鼎傳，云：“字調甫，少保廷瞻第三子，以歲薦廷試第一人授順天司訓，勤懇造士，遷沐陽令，調江寧。有廉明聲，入為刑部主事。”光緒《黃州府志》卷十六《選舉志·科貢表·貢生上》明黃岡縣貢生無王同軌，有王同鼎，云：“江寧知縣，擢刑部主事。”同書卷十八《仕進》有王同軌，云：“太僕寺主簿。”卷十九《文苑》有其

傳,云:"王同軌,高才博學,以貢為南太僕寺主簿……著《耳談》二十四卷,備載明代嘉言懿行及幽隱神怪之事。"可知《總目》誤混王同軌與王同鼎。(胡露:《〈四庫全書總目〉子部存目補正》)

②　此句引文出自明萬曆三十一年刻本此書李維禎序,末署"秀水陶冶書"。《總目》誤書者為序者。(陳國軍:《明代志怪傳奇小說研究》)

聞見錄一卷(浙江鄭大節家藏本)

明姚宣撰。宣字懋昭,應天人。是書所記雜事,多涉神怪。舊事則註出某書,新事則註聞之某人,而序述冗拙,亦或失於詮次。如"祿薄儉常足,官卑廉自尊"一聯,一以為正德閒浙江巡檢題,一以為洪武中御史劉子敏左遷侯官典史時題。一頁之中相隔三行而複出兩條,可知其雜鈔無緒也。

逸史蒐奇無卷數(兩江總督採進本)

明汪雲程編。雲程,徽州人。其書雜採漢、唐迄宋小說一百四十種,彙為一編,中分十集。大抵皆猥鄙荒怪之語。

四明龍薈一卷(兩淮鹽政採進本)

明聞性道撰。性道有《賀監記略》,已著錄。是書專載四明諸井潭神龍見伏靈蹟,紀錄寥寥。惟所載《蜥蜴考》一篇,於蠑螈、蝘蜓、蠦蠪等名辨證詳審。然紀四明龍事而泛濫及之,於體裁亦未協也。

才鬼記十六卷(浙江鮑士恭家藏本)

明梅鼎祚撰。鼎祚字禹金,宣城人,嘗作《三才靈記》,一為《才神記》,一為《才幻記》,一即此書。所載上自周①,下至明代。

末二卷則箕仙之語,皆從諸小説採出。然如《左傳》所載渾良夫夢噪之詞,偶成韻語,目以才鬼,似乎未然。又如《搜神記》之段孝直、《水經注》之鮮于冀,但有辨枉之詞,亦不得以才論。至《搜神記》之劉伯文寄一家書,即謂之才,尤為非理。小説家語怪之書汗牛充棟,鼎祚捃拾殘剩,以成是編。本無所取義,而體例龐雜又如是,真可謂作為無益矣。

【彙訂】

①“自”,殿本作“至”。

蚓菴瑣語一卷(大學士英廉購進本)

國朝李王逋撰。王逋字肱枕,嘉興人①。是編記明末及國初見聞,皆其鄉里中事,大抵語怪者多。末述屠象美、陳梧據嘉興作亂始末及白頭賊之事頗詳②。

【彙訂】

① 此書收入《説鈴》叢書,著者署王逋。光緒《嘉興府志》卷八一經籍二“小説家類”,有王逋《蚓菴瑣語》一卷之著錄,作者無“李”姓字。周中孚《鄭堂讀書記》卷六六《蚓菴瑣語》條云:“國朝王逋撰。逋,字肱枕,嘉興人。”亦無“李”姓字。蓋作者署名“檇李王逋”,檇李即嘉興之古名。(鄭雪耘:《關於重印中國人名大辭典的一些考證》;陸林:《〈中國文言小説總目提要〉初讀——有關作者史實缺誤商兑補苴》;楊武泉:《四庫全書總目辨誤》)

②“之”,殿本無。

矩齋雜記二卷(江西巡撫採進本)

國朝施閏章撰。閏章仕履已附見《青原志略》條下①。是書多記見聞雜事,兼涉神怪,舊載閏章《外集》中。蓋《河東集》後附

《龍城錄》之例。然終為不類，今析出別著錄焉。

【彙訂】

①"閔章仕履已附見青原志略條下"，殿本作"閔章字尚白號愚山宣城人順治己丑進士官至江西布政司參議康熙己未召試博學鴻詞授翰林院侍讀"，與《總目》卷七七《青原志略》條所載施閔章仕履重複。

冥報錄二卷（大學士英廉購進本）

國朝陸圻撰。圻有《新婦譜》，已著錄。此編皆記冥途因果之事，意主勸善。其真妄不可究詰也①。

【彙訂】

① 殿本"不"上有"則"字。

雷譜一卷（浙江巡撫採進本）

國朝金侃撰。侃字亦陶，吳縣人。其書雜錄雷之典故與雷之果報。雖意主戒惡，而所摭皆小說家言。

史異纂十六卷（浙江巡撫採進本）

國朝傅燮詷撰。燮詷字去異，靈壽人。工部尚書維鱗子，官至汀州府知府。是書雜纂災祥怪異之事。自上古至元，悉據正史採入。凡外傳雜記①，皆不錄。分天異、地異、祥異、人異、事異、術異、譯異、鬼異、物異、雜異十門。

【彙訂】

①"雜記"，殿本作"雜說"。

有明異叢十卷（浙江巡撫採進本）①

國朝傅燮詷撰。是書記明一代怪異之事，亦分十類，與《史異纂》門目相同。皆從小説中撮鈔而成,漫無體例。如尹蓬頭騎鐵鶴上升;正德中上蔡知縣霍恩為流賊所殺,頭出白氣,及天啟丙寅王恭廠災之類,往往一事而兩見。又有實非怪異而載者。如"事異門"内胡壽昌毀延平淫祠而絕無妖、任高妻女三人罵賊沒水,次日浮出面如生;"術異門"内汪機以藥治狂癇;"物異門"内蕭縣岳飛祠内竹生花;"雜異門"内漳州火藥局災,大石飛去三百步之類,皆事理之常,安得別神其説? 至如"譯異門"内謂黑婆在嘉峪關西,近土魯番,其地山川草木禽獸皆黑,男女亦然。今土魯番以外咸入版圖,安有是種類乎? 其妄可知矣。

【彙訂】

①《浙江省第九次呈送書目》、《浙江採集遺書總錄》皆作《明異纂》十卷。(杜澤遜:《四庫存目標注》)

　　觚賸八卷續編四卷(浙江巡撫採進本)

　　國朝鈕琇撰。琇字玉樵,吳江人。康熙壬子拔貢生,歷官至陝西知府①。是編成於康熙庚辰,皆記明末國初雜事。隨所至之地,錄其見聞。凡《吳觚》三卷,《燕觚》、《豫觚》、《秦觚》各一卷,《粵觚》二卷。《續編》成於康熙甲午,分類排纂為《言觚》、《事觚》、《人觚》、《物觚》四卷,體例與初編略殊。各有琇自序②。琇本好為儷偶之詞,故敍述是編,幽豔淒動,有唐人小説之遺。然往往點綴敷衍,以成佳話,不能盡核其實也。

【彙訂】

① 鈕琇康熙十九年任河南項城知縣(《河南通志》卷三十七《職官八》),二十七年任陝西白水知縣(《陝西通志》卷五十三《名宦四》),三十七年任廣東高明知縣(《廣東通志》卷二十九《職官

志四》），卒於官。（胡露：《〈四庫全書總目〉子部存目補正》）

②康熙三十九年臨野堂刻本此集，《觟觥續編》前有其自序，末署："壬午閏六月立秋日鈕琇書。"壬午為康熙四十一年，甲午為康熙五十三年。《總目》言"《續編》成於康熙甲午"，乃"壬午"之誤。（同上）

曠園雜志二卷（大學士英廉購進本）

國朝吳陳琬〔琰〕撰[1]。陳琬有《春秋三傳同異考》，已著錄[2]。是書皆記見聞雜事，而涉神怪者十之七八。惟所記楊維垣偽題樞字，棄城夜遁，為劫盜所殺，非死於國事，及葬明莊烈帝始末，二事足備考證耳。

【彙訂】

①"陳琬"，當作"陳琰"，乃避嘉慶諱改。殿本作"陳琰"。

②書名當作《春秋三傳異同考》，說詳卷三一《春秋三傳同異考》條注。

述異記三卷（大學士英廉購進本）

舊本題東軒主人撰，不著名氏。所記皆順治末年康熙初年之事，多陳神怪，亦閒及奇器。觀其述《江村雜記》一條，其人尚在高士奇後也。

鄂署雜鈔十四卷（浙江巡撫採進本）

國朝汪為熹撰。為熹字若木，桐鄉人。康熙末，官鄂陵知縣。欲修縣志而未果，因摭其地之遺聞瑣事綴為此書。自序稱："事涉鄂陵者十之六七，涉省郡別州縣者十之三四，合以身之所歷，目之所睹，得十四卷。"大抵多採稗官說部一切神怪之言，蓋本儲地志之材。而翻閱既多，捃摭遂濫。又嗜奇愛博，不忍棄

去，乃裒而成帙，別以"雜鈔"為名。是特説部之流，非圖經之體
也。今存目於"小説家"中，庶從其類。至卷首冠以康熙五十二
年覃恩敕命，莫喻其理。殆見唐、宋文集有以告身冠集首者，故
亦效之歟？不知彼乃後人所加，非所自編，又皆施於專集，非施
於筆記之類也。

果報見聞錄一卷（大學士英廉購進本）

國朝楊式傳撰[1]。式傳字雪崖，鄞縣人。是編皆述善惡之
報，而大旨歸心於二氏。其"逆婦小善免死"一條，雖意主戒殺，
然婦欲殺姑，罪通於天矣，豈偶救數鳥之命，即可以贖乎[2]？殆
不可訓也。

【彙訂】

① 清康熙四十一年刻《説鈴》後集本作《果報聞見錄》一卷，
題"古鄞楊式傳雪崖著"。（杜澤遜：《四庫存目標注》）

② "以"，殿本無。

信徵錄一卷（大學士英廉購進本）

國朝徐慶撰。慶字賓溪[1]，自署曰烏山人，不知何地之烏山
也。是編雜記果報，語多荒誕。夫福善禍淫，天有顯道，即明神
胁饗，亦當在杳冥之閒。至於人鬼對言，幽明相接，指陳獄牘，判
決是非，如虞山孫振先《竊銀因果記》之類，何其怪而不經也。命
曰"信徵"，豈其然乎？

【彙訂】

① 清康熙四十一年刻《説鈴》後集本此書題"烏山徐慶濱溪
輯"，前有康熙四十年辛巳烏石山人徐慶濱溪自序。（杜澤遜：
《四庫存目標注》）

見聞錄一卷（大學士英廉購進本）

國朝徐岳撰。岳字季方，嘉善人。是編皆記怪異之事，亦《夷堅》、《睽車》之流。

簪雲樓雜説一卷（大學士英廉購進本）①

國朝陳尚古撰。尚古字雲瞻，德清人。是編雜記瑣聞，多涉語怪。其足資考證者，惟述魏忠賢養女任氏冒稱明熹宗皇后張氏一事耳。

【彙訂】

① "説"，底本作"記"，據殿本改。英廉所進《説鈴》本及傳世他本均作《簪雲樓雜説》。（杜澤遜：《四庫存目標注》）

右小説家類"異聞"之屬，六十部，三百五十二卷，內一部無卷數。皆附存目。

笑海叢珠一卷（永樂大典本）

舊本題唐陸龜蒙撰。然書中有蘇軾、黃庭堅、僧了元及黨進事。龜蒙生於唐末，何得預知？其為妄人依託可知矣。

牡丹榮辱志一卷（內府藏本）

舊本題宋邱〔丘〕璿撰。考宋邱璿字道源，黟縣人。天聖五年進士，官至殿中丞。邵博《聞見後錄》記當時有邱濬者，以《易》卦推驗歷代，謂元豐正當豐卦。《靖康要錄》記欽宗以郭京為將，蓋取邱璿詩"郭京楊式劉無忌，皆在東南卧白雲"之讖，其字皆從"睿"從"水"。此本亦題曰"字道源"，蓋即其人。而名乃作"璿"，殆傳寫誤歟？尤侗《明藝文志》乃以是書為明邱濬作，又誤中之誤矣。厲鶚《宋詩紀事》稱濬有《洛陽貴尚錄》，今未見。此書亦品題牡丹，以姚黃為王，魏紅為妃，而以諸花各分等級役屬之，又一一詳其宜忌，其體略如李商隱《雜纂》。非論花品，亦非種植，入之"農家"為不倫，今附之"小說家"焉。

東坡問答錄一卷（內府藏本）

舊本題宋蘇軾撰。所記皆與僧了元往復之語，詼諧謔浪，極為猥褻。又載佛印疊字詩及東坡長亭詩，詞意鄙陋，亦出委巷小人之所為。偽書中之至劣者也。

漁樵閒話二卷（內府藏本）

舊題宋蘇軾撰。明陳繼儒刻入《普祕笈》中，名為《漁樵閒話錄》。案晁公武《讀書志》中有此書，作《漁樵閒話》，無"錄"字。公武又云："設為問答及史傳雜事，不知何人所為。"亦不言出自軾手。書中多引唐小說，議論皆極淺鄙。疑宋時流俗相傳有是書，而明人重刻者復假軾以行耳[①]。

【彙訂】

①《說郛》本已題蘇軾撰，則假軾以行，自元已然。（昌彼得：《說郛考》）

開顏集二卷（浙江范懋柱家天一閣藏本）

宋周文玘撰。文玘嘗官試祕書省校書郎，其里籍未詳。此書《通考》作三卷，此本僅上、下二卷，而所載三十五事與自序合，疑《通考》誤"二"為"三"也。文玘，《通考》作"文規"，《書錄解題》謂文規未知何人。然此刻本"玘"字甚分明，亦疑《通考》傳寫之誤。其書皆古來詼諧事，各註出典。然其中如《世說》"濟尼"一條，無可笑者。《列子》"攫金"一條，增"吏大笑之"四字；《後漢書》"袁隗婦"一條，增"隗大笑之"四字。皆非本文，亦一病也。

談諧一卷（兩淮鹽政採進本）

宋陳日華撰。日華不知何許人[1]。《文獻通考》載所著《金淵利術》八卷，亦不著時代[2]。別有《詩話》一卷，中引朱子之語。考姜夔《白石詩集》有陳日華《侍兒讀書》詩，又張端義《貴耳集》稱：“淳熙閒有二婦人，足繼李易安之後，曰清菴鮑氏[3]、秀齋方氏。秀齋即陳日華之室。”則孝宗時人也。所記皆俳優嘲弄之語，視日華所作《詩話》[4]，尤為猥雜。然古有《笑林》諸書，今雖不盡傳，而《太平廣記》所引數條，體亦如此。蓋小說家有此一格也。

【彙訂】

[1] 都穆《南濠文跋》有《瑣碎錄》二十卷，宋古靈陳曄日華著。（朱家濂：《讀〈四庫提要〉札記》）

[2]《文獻通考》未載《金淵利術》八卷，《宋史》卷二百七《藝文六》有陳日華《金淵利術》八卷。（胡露：《〈四庫全書總目〉子部存目補正》）

[3]“清菴”，底本作“清安”，據《貴耳集》卷下原文及殿本改。

[4]“日華”，殿本無。

諧史一卷（編修程晉芳家藏本）

舊本題宋沈俶撰。俶始末未詳。書中載有趙師睪為臨安尹時事，則嘉定以後人矣。所錄皆汴京舊聞，以多詼嘲之語，故名曰《諧史》。其載吳興項羽廟事，謂鬼神之於人，但侮其命之當死及衰者。又謂魑魅罔兩假羽名以興禍福。所論頗正。然與書名殊不相應，疑亦後人雜鈔成編也。

古今諺一卷（永樂大典本）

宋周守忠撰。守忠有《養生雜纂》，已著錄。是編前有自序①，稱："略以所披之編，採摘古今俗語，又得近時常語。雖鄙俚之詞，亦有激諭之理。漫錄成集，名《古今諺》。"古諺多本史傳，今諺則鄙俚者多矣。

【彙訂】

① "自序"，殿本作"守忠序"。

滑稽小傳二卷（永樂大典本）

一名《滑稽逸傳》，不著撰人名氏。自序稱"烏有先生"，亦借司馬相如之語，非其本號也。序稱："《史記》特為滑稽立傳，以俳諧之中自有箴諷，是以取之。余游士大夫閒，街談巷語，輒取而書之。"然所載皆《毛穎傳》、《容成侯傳》之類，大抵寓言，無事實也。

笑苑千金一卷（永樂大典本）

舊本題張致和撰。致和未詳何許人。中一條稱"周益公罷相"云云，則亦南宋時人也。

醉翁滑稽風月笑談一卷（永樂大典本）

不著撰人名氏。其書首條為"二勝環"，刺高宗不迎徽、欽。又有"韓信娶三秦"之謔，以刺秦檜。蓋亦南宋人所為。

文章善戲一卷（兩淮馬裕家藏本）

元鄭持正撰。仿韓愈《毛穎傳》例，於筆墨紙硯悉加封號，而擬為制表之詞。又益以宋无《文房十八學士制》、吳必大《歲寒三友》、無腸公子《除授集》、鄭楷《擬封花王冊》，而張敏《頭責子羽文》、沈約《修竹彈甘蕉文》諸篇，亦附載焉。末有元統元年古雍樊士寬後序一首，謂："集文房茶具圖贊、羅氏十夫八仙為一卷，籤曰《房闈羣珍》，刻之介然堂。"與書名不相應，未詳何故也。

　　拊掌錄一卷（編修程晉芳家藏本）

　　舊本題元人撰，不著名氏。後有至正丙戌華亭孫道明跋，亦不言作者為誰。《説郛》載此書題為宋元懷[①]。前有自序，稱"延祐改元立春日，醺然子書"，蓋元懷自號也。此本見曹溶《學海類編》中，失去前序，遂以為無名氏耳[②]。書中所記皆一時可笑之事。自序謂補東萊呂居仁《軒渠錄》之遺，故目之曰《拊掌錄》云。

　　【彙訂】

　　①"宋元懷"，殿本作"元宋懷"，誤。

　　②《説郛》原本未題撰人，《總目》所據乃明末重編本《説郛》，題為宋元懷撰，並無所本。（昌彼得：《説郛考》）

　　古杭雜記詩集四卷（浙江汪啟淑家藏本）

　　不著撰人名氏。皆載宋人小詩之有關事實者，各為詳其本末，如《本事詩》之例。目錄末有題識云："已上係宋朝遺事，一新繡梓。求到續集，陸續出售，與好事君子共之。"其書目又別題"一依廬陵正本"六字[①]，蓋元時江西書賈所刊也。所記凡四十九條，多理宗、度宗時嘲笑之詞，不足以資考核。案陶宗儀《説郛》內亦載有是書，題作元李東有撰。然與此本參較，僅首二條相同，餘皆互異，未喻其故。觀書首標題，殆《古杭雜記》為總名，而《詩集》為子目，乃其全書之一集，非完帙也。

　　【彙訂】

　　①"廬陵"，底本作"盧陵"，據殿本改。

　　玉堂詩話一卷（永樂大典本）

　　不著撰人名氏。所採皆唐、宋人小説，隨意雜錄，不拘時代先後，又多取鄙俚之作，以資笑噱。此《諧史》之流，非《詩品》之體，故入之"小説家"焉。

埤雅廣要二十卷（内府藏本）

明牛衷撰。衷里貫未詳，官蜀府護衛千户[1]。蜀王以陸佃《埤雅》未為盡善，令衷補正為此書。然佃雖以引用王安石《字説》，為陳振孫等所譏，而其博奥之處要不可廢。衷所補龐雜餖飣，殆不成文。甚至字謎、小説，雜然並載，為薦紳之所難言。乃輕詆佃書，殊不知量。今退而列於"小説家"，俾以類從。衷序所稱蜀王，不著其名。考《明史·諸王年表》，蜀和王悦菼以宣德十年進封，薨於天順五年。衷序為天順元年作[2]，則王當為悦菼審矣。

【彙訂】

① 明天順元年吳從政刻本《增修埤雅廣要》四十二卷，首卷題"蜀府護衛百户昭信校尉後學牛衷奉教增修廣要"。書後吳從政《增修埤雅廣要跋》亦云："遂命侍衛百户臣牛衷纂而輯之"，可證《總目》"千户"乃"百户"之誤。（胡露：《〈四庫全書總目〉子部存目補正》）

② 明天順蜀藩刻本、萬曆刻本《增修埤雅廣要》均為四十二卷。（王重民：《中國善本書提要》）

十處士傳一卷（浙江巡撫採進本）[1]

明支立撰。立字中夫，嘉興人。天順中，官翰林院孔目。是編乃其為常州學官時作。取布衾、木枕、紙帳、蒲席、瓦鑪、竹牀、杉几、茶甌、燈檠、酒壺十物，仿《毛穎傳》例，各為之姓名里貫。蓋冷官游戲，消遣日月之計。末有自跋，稱"初為九傳。夜夢酒壺詬爭,乃補為十",則滑稽太甚矣。

【彙訂】

① 此書在《各省進呈書目》中僅著錄於《浙江省第五次鄭大節呈送書目》及《二老閣呈送書》,則應為浙江鄭大節家藏本,作"浙江巡撫採進本"誤。(江慶柏:《四庫全書私人呈送本中的鄭大節家藏本》)

蓬窗類記五卷(浙江范懋柱家天一閣藏本)

明黃暐撰。暐字日昇,號東樓,吳縣人。宏治庚戌進士,官至刑部郎中。此書雜記舊事,上自朝廷典故,下及詼諧鬼怪之屬,無所不錄。分功臣紀、科第紀、賦役紀、國初紀、妖人紀、災異紀、異人紀、厚德紀、政績紀、忠烈紀、高士紀、異行紀、固介紀、穎慧紀、德怨紀、節婦紀、著作紀、詩話紀、技藝紀、冠衲紀、夢紀、果報紀、滑稽紀、怪異紀、黠盜紀、祛惑紀、商販紀、釋冤紀諸目。所載吳事尤多。然頗蕪雜,不盡可據。前有王鏊序,稱:"故友黃君,少攻舉業,未甚賅洽。及筮仕,乃始泛觀博取。此書所紀,雖不能無猥瑣,而崇正之意亦寓其閒。"可謂得是非之公矣。

博物志補二卷(兩江總督採進本)

明游潛撰。潛字用之,豐城人。宏治辛酉舉人,官雲南賓州知州①。是編補張華之書,體例略如李石所續。而猥雜冗濫,無一異聞,又出石書之下。

【彙訂】

① "賓州",底本作"賓川",據殿本改。《廣西通志》卷五十六《秩官》,賓州知州有游潛,江西豐城人,舉人,即此人也。(胡露:《〈四庫全書總目〉子部存目補正》)

古今文房登庸錄一卷（浙江巡撫採進本）

明黃謙撰。謙，江寧人。昔曹植《鵾表》，加以爵位，為俳諧游戲之祖。嗣後作者日繁，曼衍及於諸物。宋林洪有《文房圖贊》一卷，元羅先登又為《圖贊續》一卷，各繫以職官名號。此書因而衍之。所擬諸文，更加徵拜詔贊諸名。陳陳相因，皆敝精神於無用之地者也。

香奩四友傳二卷（編修勵守謙家藏本）

明陸奎章撰。奎章字子翰，武進人。前四友曰金亮、木理、房施、白華，乃鏡、梳、脂、粉也；後四友曰周準、齊銛、金貫、索紉，乃尺、翦、鍼、線也。蓋仿韓愈《毛穎傳》而作。後附《偶人說》一篇，皆詞意儇薄，了無可取。蓋明初淳實之風，至是已漸漓矣。

居學餘情三卷（浙江巡撫採進本）

明陳中州撰。中州字洛夫，青田人。宏治中，由貢生官廬江縣教諭。初號太鶴山人，久而落拓不得志，占得尢悔之象，復自號亢惕子①。佯狂恣肆，蕩然於禮法之外。嘗琢石為冠，刻太極兩儀五行八卦之象。是編首載其圖，并繫以詩，有“圈子不須龍馬背，老夫頭上頂羲皇”之句，其妄誕可想。其餘諸篇，亦皆踵《毛穎》、《革華》之窠臼，無非以游戲為文。雖曰文集，實則小說，故今存其目於“小說家”焉。

【彙訂】

①“亢惕子”，底本作“亢惕子”，據殿本改。《易·乾》九三：“君子終日乾乾，夕惕若，厲無咎。”上九：“亢龍有悔。”

古今諺二卷古今風謠二卷（浙江汪啟淑家藏本）

明楊慎編。是書採錄古今謠諺各為一編。然《賈子》及《太公兵法》引黃帝語，自屬《巾机銘》之遺文，或《列子》所謂《黃帝書》者，不得謂之為諺。且是書成於嘉靖癸卯，即載正德、嘉靖時諺，然則慎自造數語亦可入之矣。此蓋久居戍所，借編錄以遣歲月，不足以言著書。其孫宗吾誤刻之耳。

梨洲野乘<small>無卷數</small>（浙江范懋柱家天一閣藏本）

明舒纓撰。纓字振伯，餘姚人。嘉靖乙未進士，官王府長史①。是書乃其游戲之作。為太極氏本紀者一，為性書、學書者二，為歲、月、日、時表者四，為悅翁、愚隱君、何有先生、逋盜、魚言、達觀居士、中虛子、浣公等列傳者八，皆仿史例為之。蓋欲仿《莊》、《列》之寓言。實則詞旨淺陋，尚遠出《革華》諸傳下也。

【彙訂】

① 康熙《鄞縣志》卷一〇《選舉志》，嘉靖十四年乙未科進士有舒纓，官長史。雍正《浙江通志》卷一三二《選舉志·進士篇》所載同。而光緒《餘姚縣志》之《選舉志》與《人物志》均無舒纓。（楊武泉：《四庫全書總目辨誤》）

六語三十卷（浙江鮑士恭家藏本）

明郭子章編。子章有《蠙衣生易解》，已著錄。是編凡《謠語》七卷，《諺語》七卷，《讔語》二卷，《讖語》六卷，《譏語》一卷，《諧語》七卷。皆雜採諸書為之，頗足以資談柄。而所錄明代近事，往往猥雜。蓋嗜博之過，失於翦裁也。

廣滑稽三十六卷（浙江巡撫採進本）

明陳禹謨編。禹謨有《經籍異同》，已著錄。是編採掇諸書瑣事雋語，不分門目，仍以原書為次第，仿曾慥《類說》之例。其原書久佚，僅從他書所引，裒輯數條，仍標原目，則仿陶宗儀《説郭》例也。

諧史集四卷（兩淮鹽政採進本）

明朱維藩編。維藩，淮安人。是書成於萬曆乙未。取徐常吉《諧史》、賈三近《滑稽耀編》删削補綴，共為一集。凡明以前游戲之文，悉見採錄。而所錄明人諸作，尤為猥雜。據其體例，當入總集。然非文章正軌，今退之“小説類”中，俾無涴大雅。據其自序，稱題於豫章官署，則非遊食山人流也。讀聖賢之書，受民社之寄，而敝精神於此種，明末官方士習均可以睹矣。

古今寓言十二卷（兩淮馬裕家藏本）

明陳世寶撰。世寶字介錫，鉅鹿人。萬曆中官監察御史，巡按江西。其書鈔撮諸家文集中託諷取譬之作，分十二類。體近俳諧，頗傷猥雜。

廣諧史十卷（内府藏本）

明陳邦俊編，邦俊字良卿，秀水人。先是，徐常吉嘗採錄唐、宋以來以物為傳者七十餘篇，彙而錄之，名曰《諧史》。邦俊因復為增補得二百四十餘首。夫寓言十九，原比諸史傳之滑稽，一時游戲成文，未嘗不可少資諷諭。至於效尤滋甚，面目轉同，無益文章，徒煩楮墨。搜羅雖富，亦難免於疊牀架屋之譏矣。

清異續錄三卷（編修程晉芳家藏本）

明李琪枝撰。琪枝字雲連，號奇峯，嘉興人。李肇亨之子，李日華之孫。書中“卵色天”一條稱“先太僕有詩”云云，“囊雲”一條稱“先冏卿筮仕江州司理，被讒拂衣”云云，“畫隱”一條稱“黄魯直詩‘李侯畫隱百僚底’，冏卿用下五字鎪一圖記，自作畫則識之"云云,皆指日華也。是書續陶穀《清異錄》而作。穀書皆載唐末五代近事,此則皆採古書。穀書分三十七門,此則併為天文、地理、君道、官志、君子、女行、幺麽、釋族、仙宗、人事、詞苑、藝能、肢體、居室、衣服、妝飾、陳設十七門,《女行》之末又附載"婦女雙名"一門,體例頗不相同。而採摭故事,或佚脫其出典,或舛誤其字句。如開卷"天笑"一條,出東方朔《神異經》,人人習見,而題曰《莊子》;"四雨"一條,自是詩話,而入之《天文》;"舊雨"一條,本出《杜甫集》,而註曰《白孔六帖》;"影娥池"本出《洞冥記》,而註曰《三輔黃圖》;"蕊女"一條,引《關尹子》是也,而又引漢童謠"河間蕊女工數錢"句,不知《續漢志》實作"姹女";"蝦蟆更"一條,據郎瑛《七修類稿》指為宋事,而不知唐張泌詩已有"蝦蟆更急海城寒"句,先載蜀韋穀《才調集》中。是雖蒐羅實事,轉不如陶穀之多構虛詞矣。

小窗自紀四卷豔紀十四卷清紀五卷別紀四卷(內府藏本)

明吳從先撰[1]。從先爵里未詳。《自紀》皆俳諧雜說及游戲詩賦,詞多儇薄。《豔紀》採錄漢至明雜文,分體編錄,蹖駁殊甚。《清紀》摹仿《世說》,分清語、清事、清韻、清享四門[2]。《別紀》兼涉志怪。總明季纖詭之習也。

【彙訂】

[1]"吳從先",殿本作"吳經先",下同,誤。今存諸本皆署吳從先。

[2]"清享",底本作"清學",據明萬曆刻本此書及殿本改。

豆區八友傳一卷(兩淮鹽政採進本)

國朝王蓍撰。蓍字宓草,秀水人。以製造菽乳,其名有八,因呼"八友",各為寓名而傳之。蓋游戲之小品。後有胡奉衡跋,題己卯年。蓋其書成於崇禎十二年也①。

【彙訂】

① 據《茨村咏史樂府跋》,王著生於順治六年己丑(1649)。又據《高鳳翰年譜》,著雍正十年(1732)與高氏會於金陵,為作松石幀子。胡奉衡為康熙二十三年(1684)舉人。則己卯年當為康熙三十八年(1699)。(寧稼雨:《中國文言小説總目提要》;江慶柏:《〈四庫全書總目〉考訂十七則》)

筆史二卷(兩淮鹽政採進本)

國朝楊忍本撰①。忍本字因之,南城人。其書内編一卷,分原始、定名、屬籍、結撰、效用、膺秩、寵遇、引退、考成九門②,外編一卷,分徵事上、下及述贊三門。大旨由韓愈《毛穎傳》而推衍之。雜引故典,鈔撮為書,不以著作論也。

【彙訂】

① 清鈔本(《四庫》進呈原本)題"盱郡楊思本因之纂",前有萬曆乙卯丘兆麟序。《兩淮鹽政李呈送書目》亦作楊思本。可知著者名楊思本,乃明人。(杜澤遜:《四庫存目標注》)

② "考成"乃"告成"之誤。(同上)

青泥蓮花記十三卷(兩淮鹽政採進本)

明梅鼎祚撰。是編記倡女之可取者,分七門:一曰記禪,二曰記元〔玄〕,三曰記忠,四曰記義,五曰記孝,六曰記節,七曰記從。又附外編五門:一曰記藻,二曰記用,三曰記豪,四曰記遇,五曰記戒。自謂"寓維風於諧末,奏大雅於曲終"。然狹斜之遊,人情易溺,懲戒尚不可挽回,鼎祚乃捃摭瑣聞,謂治蕩之中亦有節行，使倚門者得以藉口，狎邪者彌為傾心。雖意主善善從長，實則勸百而諷一矣。

板橋雜記三卷（大學士英廉購進本）

國朝余懷撰，懷字無懷，號澹心，閩縣人①。自明太祖設官伎於南京，遂為冶遊之場，相沿謂之舊院。此外又有珠市，亦名倡所居。明季士氣儇薄，以風流相尚，雖兵戈日警，而歌舞彌增。懷此書追述見聞，上卷為雅遊，中卷為麗品，下卷為軼事。文章悽縟，足以導欲增悲，亦唐人《北里志》之類。然律以名教，則風雅之罪人矣。

【彙訂】

①《清史列傳》卷七〇《余懷傳》云：“字澹心，福建莆田人，僑居江寧。”所言籍貫不同。考李桓《國朝耆獻類徵初稿》卷四二八載陳壽祺撰《余懷傳》云：“興化莆田人，僑居江寧。”錢林《文獻徵存錄·余懷傳》亦云：“莆田人，流寓建康。”（楊武泉：《四庫全書總目辨誤》）

右小說家類“瑣語”之屬，三十五部，二百卷①，內一部無卷數。皆附存目。

【彙訂】

①“二百卷”，殿本作“二百二十七卷”，誤。

子部五十五

釋 家 類

梁阮孝緒作《七錄》，以二氏之文別錄於末。《隋書》遵用其例，亦附於志末，有部數、卷數而無書名。《舊唐書》以古無釋家，遂併佛書於道家，頗乖名實。然惟錄諸家之書為二氏作者，而不錄二氏之經典，則其義可從。今錄二氏於子部末，用阮孝緒例；不錄經典，用劉昫例也。諸志皆道先於釋，然《魏書》已稱《釋老志》，《七錄》舊目載於釋道宣《廣宏〔弘〕明集》者，亦以釋先於道。故今所敘錄，以釋家居前焉。

宏〔弘〕明集十四卷（兵部侍郎紀昀家藏本）

梁釋僧祐編。僧祐姓俞氏，彭城下邳人。初出家揚都建初寺，武帝時居鍾山定林寺。《唐書·藝文志》載僧祐《宏明集》十四卷，此本卷數相符，蓋猶釋藏之舊。末有僧祐後序，而首無前序，疑傳寫佚之①。所輯皆東漢以下至於梁代闡明佛法之文。其學主於戒律，其說主於因果，其大旨則主於抑周、孔，排黃、老，而獨伸釋氏之法。夫天不言而自尊，聖人之道不言而自信，不待夸，不待辨也。恐人不尊不信而囂張其外以彌縫之，是亦不足於中之明證矣。然六代遺編，流傳最古，梁以前名流著作，今無專集行世者，頗賴以存，終勝庸俗緇流所撰述。就釋言釋，猶彼教中雅馴之言也。

【彙訂】

① 嘉興藏本與頻伽本皆有前序，惟吳惟明刻本無。後序固非自序，亦非後序，實乃《弘明論》。（陳垣：《中國佛教史籍概論》）

　　廣宏明集三十卷（兵部侍郎紀昀家藏本）

　　唐釋道宣撰。道宣姓錢氏，丹徒人。隋末居終南白泉寺，又遷豐德寺淨業寺，至唐高宗時乃卒①。持戒精苦，釋家謂之宣律師。《唐志》載《廣宏明集》三十卷，與此本合，然二十七卷以後每卷各分上下，實三十四卷也。其書續梁僧祐《宏明集》而體例小殊，分為十篇：一曰《歸正》，二曰《辨惑》，三曰《佛德》，四曰《法義》，五曰《僧行》，六曰《慈濟》，七曰《戒功》，八曰《啟福》，九曰《悔罪》，十曰《統歸》。每篇各為小序，大旨排斥道教，與僧祐書相同。其中如《魏書·釋老志》本於二氏，神異各有紀錄，雖同為粉飾，而無所抑揚。道宣乃於敘釋氏者具載其全文，敘道家者潛刪其靈蹟。然則冤親無等，猶為最初之佛法。迨其後世味漸深，勝負互軋，雖以叢林古德，人天瞻禮如道宣者，亦不免於門戶之見矣。其書採摭浩博，卷帙倍於僧祐，如梁簡文帝被幽述志詩及《連珠》三首之類，頗為泛濫。然道宣生隋、唐之間，古書多未散佚，故墜簡遺文往往而在。如阮孝緒《七錄》序文及其門目部分，儒家久已失傳，《隋志》僅存其說，而此書第三卷內乃載其大綱，尚可推尋崖略。是亦禮失求野之一端，不可謂無裨考證也②。

《神僧傳》稱僧祐前身爲南齊剡溪隱獄寺僧護，道宣前身即爲僧祐。殆因道宣續僧祐之書，故附會是説。又稱道宣卒於乾封二年，而書末有《遊大慈恩寺》詩，乃題高宗之諡，殊不可解③。又註曰：“一作唐太宗。”蓋知其牴牾，爲之遷就。考《雍錄》載慈恩寺貞觀二十二年高宗在春宫時爲文德皇后立，則太宗猶及見之。然大慈恩之名可以出高宗之口，不可以出太宗之口。殆原本題爲御製，後人追改歟④？

【彙訂】

① 宣公一生居止，前在終南，後在京師西明寺。西明寺初就，即詔宣充上座，玄奘法師至止，又詔與翻譯，遇敕令僧拜王者等事，宣上啟爭持甚力，又所撰著及刪補律儀等二百二十餘卷，皆在西明寺。故不言豐德、淨業二寺則已，如言豐德、淨業，則不可不及西明寺。（陳垣：《中國佛教史籍概論》）

② 明人如胡應麟所著《經籍會通》卷一尚知有阮孝緒《七錄》序，則並非久已失傳，不過見者不多罷了。（張滌華：《〈別錄〉考索》）

③《神僧傳》乃明初撰集之書，其《道宣傳》全採自《宋高僧傳》十四。原本《廣弘明集》唐高宗皆作“今上”，頻伽所據高麗本尚可爲證。且卷二十二《述三藏聖教序》及《答法師玄奘謝啟書》，卷二十五《沙門致拜君親敕》及《停沙門拜君詔》，原本皆稱“今上”。（陳垣：《中國佛教史籍概論》）

④ “追”，殿本作“誤”。

法苑珠林一百二十卷（大理寺卿陸錫熊家藏本）

唐釋道世撰。道世字元惲，上都西明寺僧。是書成於高宗總章元年，朝散大夫蘭臺侍郎隴西李儼為之序，稱"事總百篇，勒成十帙"。此本乃一百二十卷。蓋百篇乃其總綱，書中則約略篇頁而分卷帙。如《千佛篇》、《十惡篇》則一篇分七八卷，《善友篇》、《惡友篇》、《擇交篇》則兩三篇共一卷。故書凡一百一十八卷，而目錄二卷亦入卷數，與陸德明《經典釋文》例同①，合之共為百二十也②。每篇各有述意，如史傳之序。子目之首則或有述意，或無述意，為例不一。大旨以佛經故實分類排纂，推明罪福之由，用生敬信之念。蓋佛法初興，惟明因果，暨達摩東邁，始啟禪宗。譬以《六經》之傳，則因果如漢儒之訓詁，雖專門授受，株守師承，而名物典故，悉求依據，其學核實而難誣；禪宗如宋儒之義理，雖覃思冥會，妙悟多方，而擬議揣摩，可以臆測，其說憑虛而易騁。故心印之教既行，天下咸避難趨易，辨才無礙，語錄日增，而腹笥三藏之學，在釋家亦幾乎絕響矣。此書作於唐初，去古未遠，在彼法之中，猶為引經據典。雖其閒荒唐悠謬之說，與儒理牴牾，而要與儒不相亂，存之可考釋氏之掌故。較後來侈談心性，彌近理，大亂真者，固尚有閒矣。

【彙訂】

①　此本以目錄二卷為第一、二卷，以第一卷為第三卷，變亂古法。《經典釋文》第一卷乃敍錄，非目錄。（陳垣：《中國佛教史籍概論》）

②　此書宋《磧砂藏》、明《南藏》、《北藏》、清《龍藏》諸本皆一百卷，惟《嘉興藏》改為一百二十卷。（崔富章：《四庫提要補正》）

開元釋教錄二十卷（江西按察使王昶家藏本）

唐釋智昇撰。智昇開元中居長安西崇福寺。是編以三藏經論編為目錄，不分門目，但以譯人時代為先後。起漢明帝永平十年丁卯，迄開元十八年庚午，凡六百六十四載。中閒傳經緇素總一百七十六人，所出大、小二乘三藏聖教及聖賢集傳并及失譯，總二千二百七十八部，合七千四十六卷，分為二錄。一曰《總括羣經錄》。皆先列譯人名氏，次列所譯經名、卷數及或存、或佚，末列小傳，各詳其人之始末，凡九卷。其第十卷則載列代佛經目錄①，凡古目錄二十五家，僅存其名，新目錄十六家，具列其數。首為《古經錄》一卷，謂為秦始皇時釋利防等所齎，其説恍惚無徵。次為《舊經錄》一卷，稱為劉向校書天祿閣所見，蓋依據向《列仙傳》序稱“七十二人已見佛經”之文，至稱為孔壁所藏，則無庸置辨矣。餘自漢時佛經目錄以後，則固皆有實徵者也。一曰《別分乘藏錄》。凡為七類，一曰有譯有本，二曰有譯無本，三曰支派別行，四曰删略繁重，五曰拾遺補闕，六曰疑惑再譯②，七曰偽邪亂真。則各以經論類從，州列部分，與《總錄》一經一緯，凡八卷。其第十九卷則大乘經律論入藏目錄，第二十卷則小乘經律論、聖賢集傳入藏目錄也。佛氏舊文，茲為大備，亦茲為最古。所列諸傳，尤足為考證之資③。朱彝尊作《經義考》，號為善本，而核其體例，多與此符④。或為規仿，或為闇合，均未可定，然足見其為緇流之中嫻於著作者矣。考《隋書》載王儉《七志》，以道、佛附見，合為七門。阮孝緒《七錄》則以佛錄第六，道錄第七，共為七門⑤。《隋志》則於四部之末附載道經、佛經之總數，而不列其目。《唐志》以下頗載經目，而挂漏實多。今於二氏之書，皆擇體裁猶近儒書者略存數家，以備參考。至經典敘目則惟錄此書及白雲霽《道藏目錄》以存梗概，亦猶《隋志》但列總數之意云爾。

【彙訂】

① "列代"，殿本作"歷代"。

② "疑惑再譯"，當作"疑惑再詳"。

③ 提要撰者蓋未見《出三藏記集》及《歷代三寶記》等，故以《開元錄》為最古。其諸傳實採自皎、宣二家之書（慧皎、道宣等《高僧傳》），智昇所自撰者無幾也。（陳垣：《中國佛教史籍概論》）

④《經義考》實際取法自梁釋僧祐撰《出三藏記集》。（同上）

⑤ 七門當為九門，王儉《七志》，道、佛固在《七志》外也。（同上）

宋高僧傳三十卷（內府藏本）

宋釋贊寧撰。贊寧有《筍譜》，已著錄。是書乃太平興國七年奉太宗敕旨編撰。至端拱元年十月書成，遣天壽寺僧顯忠等於乾明節奉表上進。有敕獎諭，賜絹三十匹，仍令僧錄司編入《大藏》。而《宋史·藝文志》不著錄，蓋史志於外教之書粗存梗概，不必求全，於例當然，亦於理當然也。《高僧傳》之名起於梁釋惠皎，分譯經、義解兩門。釋慧皎復加推擴，分立十科①。至唐釋道宣《續高僧傳》，蒐輯彌博，於是分譯經、義解、習禪、明律、護法、感通、遺身、讀誦②、興福、雜科十門，所載迄唐貞觀而止③。贊寧此書，蓋又以續道宣之後，故所錄始於唐高宗時，門目亦一仍其舊。凡正傳五百三十三人，附見一百三十人。傳後附以論斷，於傳授源流，最為賅備。中間如武后時人皆系之周朝，殊乖史法。又所載既託始於唐，而《雜科篇》中乃有劉宋、元魏二人，亦為未明限斷④。然其於誄銘記志摭採不遺，實稱詳博，文格亦頗雅贍。考釋門之典故者，固於茲有取焉。

【彙訂】

① 梁僧未聞有惠敏，更未聞有惠敏著之《高僧傳》。《晁志》衢本傳記類著錄《高僧傳》二部：一為六卷，梁僧惠敏撰，分譯經、義解兩門；一為十四卷，梁僧慧皎撰，分譯經、義解等十科。六卷本，袁本《晁志》入釋書類，蓋一不全本。因慧皎《高僧傳》向分二函，可洪《藏經音義隨函錄》二十七，載《高僧傳》一部，上帙六卷，下帙八卷，慧琳《音義》八十九、九十同。《晁志》著錄釋書類者，蓋僅得前帙，因敘目在後，不知其不全，著錄時又誤慧皎為惠敏，衢本乃將兩部並列。《通考·經籍考》釋氏類因之。周中孚《鄭堂讀書記》、丁丙《善本書室藏書志》，均循此誤。（陳垣：《中國佛教史籍概論》）

② "讀誦"，底本作"誦讀"，據《續高僧傳》及殿本乙。

③ 道宣自序稱："始梁之初運，終唐貞觀十有九年，一百四十四載。"此初成書之序也。今考本書記載，有至麟德二年者：卷四《玄奘傳》，奘卒於麟德元年；明藏本卷廿八《明導傳》，麟德元年猶未卒；《曇光傳》敘事稱"今麟德二年"；又卷卅五《法沖傳》云："今麟德，年七十九矣。"其他卒於貞觀十九年後，永徽、顯慶、龍朔年間者，二十餘人。則是書實止於麟德二年，即宣公之卒前二年，距初成書之時，已二十年矣。（陳垣：《中國佛教史籍概論》）

④ 本書繼道宣書而作，固非斷代之書也。前傳有闕，後書補之，奚為不可，安得以"未明限斷"譏之乎！且本書載唐以前人，不始於《雜科》，卷十八《感通篇》已有後魏、陳、隋五人，卷二十四《讀誦篇》又有隋二人。（同上）

法藏碎金錄十卷（內府藏本）

宋晁迥撰。迥有《昭德新編》，已著錄。迥受學於王禹偁，以文章典贍擅名，而性耽禪悅，喜究心於內典。是編乃天聖五年退居昭德里所作。皆融會佛理，隨筆記載，蓋亦宗門語錄之類。其曰"碎金"，取《世說新語》"安石碎金"義也。孫覿謂其宗向佛乘，以莊、老、儒書彙而為一。蓋嘉祐、治平以前，濂、洛之說未盛，儒者沿唐代餘風，大抵歸心釋教。以范仲淹之賢，而手製疏文，請道古開壇說法，其他可知。迥作是書，蓋不足異。南宋初年，迥五世孫公武作《郡齋讀書志》，乃附載迥《道院集》後，列之"別集門"中，殊為不類。殆二程以後，諸儒之辨漸明，公武既不敢削其祖宗之書，不著於錄，又不肯列之釋氏，貽論者口實，進退維谷，故姑以附載回護之。觀其條下所列，僅敘迥仕履始末、行誼文章，而無一字及本書，其微意蓋可見矣。然自阮孝緒《七錄》以後，釋氏之書久已自為一類[①]，歷朝史志，著錄並同，不必曲為推崇，亦不必巧為隱諱。今從陳振孫《書錄解題》入之釋氏類中，存其實也[②]。其書傳本頗稀，明嘉靖乙巳迥裔孫翰林院檢討瑮始從內閣錄出，鋟版以行。改其名曰《迦談》，殊為無謂。今仍從迥原名著於錄焉[③]。

【彙訂】

① 蓋自齊王儉《七志》以來，釋氏即已自為一類，不自孝緒始也。（陳垣：《中國佛教史籍概論》）

② 此書蓋雜錄儒、釋、道三家之言，以為修身養性之助。其卷二有曰："今有文士目《莊子》曰碎金，多採先生之語以資應用章句耳。予亦耽味其言，求理綴文，以為助道之品，入此《法藏碎金錄》中，名同而實異者也。"則此書應入雜家類。（同上）

③ 晁瑮父子所撰《寶文堂書目》佛藏類中有《法藏碎金》，並

未改名。且《迦談》為四卷，許是書商割裂原書，亂改書名所致。（張劍、王義印：《〈寶文堂書目〉作者晁瑮、晁東吳行年考》）

道院集要三卷（兩淮馬裕家藏本）

舊本題為《道院集》，宋晁迥撰。《宋史·藝文志》載《道院集要》三卷，註曰不知作者。考晁公武《讀書志》載《道院別集》十五卷，稱五世祖文元公撰。文元即迥諡也。又別載《道院集要》三卷，稱元祐中侍從王古編①。併載古序曰："文元晁公博觀内書，復勤於著述。其書曰《道院別集》，曰《自擇增修百法》，曰《法藏碎金》，曰《隨因紀述》，曰《髦智餘書》②。余嘗遍閱之，以為名理之妙，雖白樂天不逮也。輒删去重複，總集精粹，以便觀覽。"則此書乃王古選錄迥書，故名《集要》。舊本以為即《道院集》者，誤也。《文獻通考》列之"別集門"中。今檢其書，乃語錄之流，實非文集。改隸釋家，庶不失其旨焉③。

【彙訂】

① 王古為元祐中侍從是實，但《道院集要》編於英宗治平間。（崔富章：《四庫提要補正》）

② "髦"，底本作"耄"，據衢本《郡齋讀書志》卷十九"晁文元《道院別集》十五卷《法藏碎金錄》一十卷《髦智餘書》三卷《昭德新編》三卷《理樞》一卷"、"晁文元《道院集要》三卷"條及殿本改。

③ 《道院集要》三卷，《晁志》入別集類，陳氏改入釋氏類。《文獻通考》卷二二七採陳氏，既入之釋氏，卷二三四採晁氏，又入之別集。（陳垣：《中國佛教史籍概論》）

僧寶傳三十二卷（安徽巡撫採進本）

宋釋惠洪撰。惠洪有《冷齋夜話》，已著錄。禪宗自六祖以後,分而為二。一曰青原,其下為曹洞、雲門、法眼;一曰南岳,其下為臨濟、潙仰,是為五宗。嘉祐中,達觀曇穎嘗為之傳,載其機緣語句,而略其終始行事。惠洪因綴輯舊聞,各為之傳,而系以贊,凡八十一人。前有寶慶丁亥臨川張宏敬序,稱舊本藏在廬阜,後失於回祿。錢塘風篁山僧廣遇慮其湮没,因校讎鋟梓。然卷末題"明州府大慈名山教忠報國禪寺住持比邱寶定刊版",又似刻於四明者,疑為重鋟之本也[1]。陳氏《書錄解題》作三十卷,《文獻通考》作三十二卷,蓋原書本三十卷,後有《補禪林僧寶傳》一卷,又有《臨濟宗旨》一卷,共為三十二卷[2]。《臨濟宗旨》亦惠洪所撰,《補禪林僧寶傳》題舟峯菴僧慶老,蓋亦北宋人也[3]。

【彙訂】

①《四庫》所據者,即洪武六年明州刻本,卷首應有戴良序。《總目》只見寶慶三年張宏敬序,因未見戴序,故不能定為何時重刻,不知戴序見《九靈山房集》二十一。或書估去之,欲以洪武本充宋本耳。(陳垣:《中國佛教史籍概論》)

② 殿本"共"上有"故"字。

③ 舟峯菴在泉州,曉瑩撰《雲臥紀談》上云"泉州北山之頂,有橫石如舟,世以舟峯名之。大比丘諱慶老,字龜年,結茅山麓,號舟峯菴主。大慧遷徑山,舟峯為掌記室,詞章華贍,殊增叢林光潤,紹興十三年癸亥委順"云云,即此書卷末撰補傳之人也。(陳垣:《中國佛教史籍概論》)

林間錄二卷後集一卷(浙江巡撫採進本)

宋釋惠洪撰。晁公武《讀書志》稱是書所記皆高僧嘉言善行,然多訂贊寧《高僧傳》諸書之譌,又往往自立議論,發明禪理,不盡敘錄舊事也。前有大觀元年謝逸序，稱惠洪與林閒勝士抵掌清談，每得一事，隨即錄之。本明上人以其所錄析為上、下二帙，刻之於版。是其書乃惠洪劄記，而本明為之編次者。《文獻通考》作四卷，以原序“上、下二帙”之語證之，殆《通考》字誤歟[①]？《後集》一卷，載惠洪所作贊、偈、銘三十一首，《漁父》詞六首。逸序未言及之，不知何人所附入也。惠洪頗有詩名，其所著作，多援引黃庭堅諸人為重。然喜遊公卿閒，初以醫術交結張商英，復往來郭天信之門。政和元年，張、郭得罪，遂連坐決配朱崖。又吳曾《能改齋漫錄》記其作《上元宿嶽麓寺》詩有“十分春瘦緣何事，一掬鄉心未到家”句，為蔡卞之妻所譏，有“浪子和尚”之目。則既役志於繁華，又溺情於綺語，於釋門戒律，實未精嚴，在彼教中未必據為法器[②]。又書中載杜衍、張咏同居睢陽事，晁公武《讀書志》嘗辨其疏，胡應麟《筆叢》亦稱其載杜衍呼張咏為安道，安道乃張方平字，非咏之字，益證其所記之誣[③]。蓋與所作《冷齋夜話》同一喜作妄語。然所作《石門文字禪》，釋家收入《大藏》，又普濟《五燈會元》亦多採此書[④]。蓋惠洪雖僧律多疏，而聰明特絕，故於禪宗微義，能得悟門。又素擅詞華，工於潤色，所述釋門典故，皆斐然可觀，亦殊勝粗鄙之語錄。在佛氏書中，固猶為有益文章者矣。

【彙訂】

①《晁志》著錄，衢本四卷，袁本二卷，分卷不同，其實一也。《通考》據衢本。（陳垣：《中國佛教史籍概論》）

②“據”，殿本作“遽”，誤。

③張咏字復之，號乖崖，諡忠定，大中祥符八年卒，年七十，見《宋史》二九三及《五朝名臣言行錄》三，《宋景文集》六二有張

尚書行狀,韓琦《安陽集》五十有神道碑。杜祁公衍以慶曆六年告老,七年致仕,嘉祐二年卒,年八十。《宋史》三一〇及《五朝名臣言行錄》七、《歐陽文忠集》三一墓誌皆同。張安道方平,元豐末請老,元祐初致仕,元祐六年卒,年八十五。二人致政,相去凡四十年,不止如《晁志》袁本所云二十年也。胡應麟《少室山房筆叢》卷四八言:"《林間錄》,《五燈會元》多採之,然其中率不可信,如謂杜祁公、張文定同居睢陽之類,前人辨駁已明。又載杜公呼文定字為安道,安道乃方平字,非文定也,則此事之誣灼然。"按張方平字安道,諡文定,《宋史》三一八、《東坡後集》十七墓誌銘、《三朝名臣言行錄》三,所載無異詞。宋張文定本有兩人,安道之前,張齊賢字師亮,亦諡文定,大中祥符七年卒,年七十二,見《宋史》二六五及《琬琰集刪存》三,又《五朝名臣言行錄》一。兩文定相距凡七十餘年,師亮下距杜祁公,亦三十餘年,且好佛,淳化中曾刻僧肇等註《維摩詰經》,見袁本《晁志》。胡氏心目中之文定,指師亮耶?(陳垣:《中國佛教史籍概論》)

④《五燈會元》全部採此書者,僅卷四"槃和尚"一條。(同上)

五燈會元二十卷(內府藏本)

宋釋普濟撰①。普濟字大川,靈隱寺僧也。其書取釋道原《景德傳燈錄》、駙馬都尉李遵勖《天聖廣燈錄》、釋維白《建中靖國續燈錄》、釋道明《聯燈會要》②、釋正受《嘉泰普燈錄》,撮其要旨彙為一書,故曰《五燈會元》。以七佛為首,次四祖、五祖、六祖③,南嶽、青原以下,各按傳法世數載入焉。蓋禪宗自慧能而後,分派滋多。有良价號洞下宗,文偃號雲門宗,文益號法眼宗,靈祐、慧寂號溈仰宗,義元〔玄〕號臨濟宗。學徒傳授,幾遍海內,宗門撰述,亦日以紛繁。名為以不立語言文字為不二法門,實則轇轕紛紜,愈生障礙。蓋唐以前各尊師説,儒與釋爭;宋以後機巧日增,儒自與儒爭,釋亦自與釋爭。人我分而勝負起,議論所以多也。是書删掇精英,去其冗雜,敘録較為簡要。其考論宗系,分篇臚列,於釋氏之源流本末,亦指掌瞭然。固可與《僧寶》諸傳同資釋門之典故,非諸方語録掉弄口舌者比也。

【彙訂】

① 據元至正甲辰(1364)釋廷俊序,此書為"宋季靈隱大川禪師濟公""集學徒作","板毁",故重刊。然據南宋寶祐本所載淳祐十二年壬子(1252)冬普濟《題詞》、寶祐元年(1253)正月元旦沈淨明跋,及元年清明王櫧序,乃安吉州武康縣崇仁鄉禺山里人沈淨明"命諸禪人,集成一書",並"爰竭己資,及慕同志,選工刻梓","捐財鳩工,鋟梓於靈隱山","就文挑别"。首座慧明"萃五燈為一集,名曰《五燈會元》"。大川老都盧寺僅"贊成之"。因舊板已毁,至正間重刊者未見且不載舊序跋等,歷來皆以為出自普濟之手。(周生春:《〈四庫全書總目〉子部釋家類、道家類提要補正》)

② 按《聯燈會要》卷首序,其作者為悟明而非道明,悟明事蹟附見喻謙《新續高僧傳》卷一三《慧暉傳》。(同上)

③ 此書以七佛為首,次述西土祖師和東土祖師,之後方言及四祖、五祖、六祖。(同上)

羅湖野録四卷(浙江鮑士恭家藏本)①

宋釋曉瑩撰。曉瑩字仲温,江西人。頗解吟咏。其《南昌道中》一律,載《宋高僧詩選》中。紹定閒釋紹嵩作《江浙紀行詩》,

廣集唐、宋名句,曉瑩亦與焉。則在當時亦能以詞翰著也。是書卷首有紹興乙亥自序,謂"以倦遊歸憩羅湖之上,因追憶昔所聞見,錄為四卷"。其中多載禪門公案及機鋒語句,蓋亦《林閒錄》之流。而緇徒故實,紀述頗詳,所載士大夫投贈往來篇什尤夥。遺聞逸事,多藉流傳,亦頗有資於談柄。末有紹興庚辰後跋一首,不署姓名,而跋中自稱曰妙總,則亦僧作也[2]。近厲鶚撰《宋詩紀事》,多採此書。然如普首座詩,取其《別衆》絕句,而《山居》一絕反不見錄。則鶚所捃摭,尚未盡其菁華矣。

【彙訂】

① 底本此條與文淵閣庫書次序不符。文淵閣庫書及殿本皆置"林閒錄二卷後集一卷"條之後。

② 嘉興藏本跋尾年月下原有"毘陵無著道人妙總謹書"十字,而《寶顏堂祕笈》本無之,知《四庫》所據者與《祕笈》本同。又藏本均作二卷,《四庫》著錄四卷,知所據即《祕笈》本也。妙總為丞相蘇頌孫女,見《大慧年譜》紹興八年條,《嘉泰普燈錄》十八及《五燈會元》二十有傳。(陳垣:《中國佛教史籍概論》)

釋氏稽古略四卷(編修汪如藻家藏本)[1]

元釋覺岸撰。覺岸字寶洲,烏程人。其書皆敍述釋氏事實,用編年之體。以歷代統系為綱,而以有佛以來釋家世次行業為緯,始於太昊庖犧氏,終於南宋瀛國公德祐二年。初名《稽古手鑑》,既以所載尚未賅備,復因舊輯而廣之,始改今名。書成於至正初,中山李恒為之序[2]。覺岸記誦該博,故所錄自內典以外,旁及雜家傳記、文集、志乘、碑碣之類,多能搜採源流派別,詳贍可觀。惟於列朝興廢盛衰絕無關於釋氏者,亦復分條摘列,參雜成文，未免傷於枝贅③。且據《藏經》所記佛生於周昭王九年，既欲甄敘宗門，自當斷以是歲為始。顧乃侈談邃古，遠引洪荒，於體例亦為氾濫。又唐代紀年於昭宣帝後別有少帝濮王綑一代，謂為朱全忠所立，年號天祐④，旋復被鳩。求之正史，全無事實，尤不知其何所依據。然其援據既富，亦頗有出自僻書，足資考證者。其於叢林古德記荺流傳，亦多考覈詳明，備徵典故。錄存其說，未始非緇林道古之一助也。

【彙訂】

① 此書亦編年體，後出於《通載》十餘年，其中且有引《通載》者，如卷三貞元九年條是。《四庫》以此書列《通載》前，因此書止於南宋，而《通載》則止於元元統元年也。（陳垣：《中國佛教史籍概論》）

② 李恒當作李桓，桓見《元詩選》癸之丙。（同上）

③ 此書本為釋子之欲稍通世史者而作，《總目》譏其傷於枝贅，未中此書之失。（同上）

④ 天祐當作天壽，書中於唐代前後均載。（同上）

佛祖通載二十二卷（兩淮鹽政採進本）

元釋念常撰。念常姓黃氏，號梅屋，華亭人。延祐中，居嘉興大中祥符禪寺。是編前有至正元年虞集序。所敘釋氏故實，上起七佛，下迄元順帝元統元年，皆編年紀載。念常於至治癸亥嘗驛召至京師，繕寫金字佛經，因受法於帝師帕克巴。原作發合思巴，今改正①。是以卷首《七佛偈》後，即繼以派克巴所撰《彰所知論》。又所謂莊嚴劫、賢劫不知當中國何年，不能編次，故盤古以至周康王但略存帝王統系，自周昭王二十五年釋迦牟尼佛誕生以後，始據內典編年。每條之後，多附論斷[2]。大旨主於侈神異，陳罪福，起人敬畏之心，以自尊其教。然知儒者之禮、樂、刑、政必不可廢，故但援儒入墨，與闢佛者力爭，而仍尊孔子；又知道家清淨與佛同源，故但攻擊齋醮、章咒、服餌、修鍊之術，而仍尊老子。其論唐憲宗、懿宗之迎佛為崇奉太過；論王縉、杜鴻漸但言福業報應，故人事置而不修，為泥佛太過，亦時能自彌其罅漏。其立言頗巧。至韓愈為一代偉人，乃引西蜀龍氏之書，詆其言行悖戾；扎木楊喇勒智<small>原作楊璉真伽</small>。窮凶極惡，乃沒其事蹟，但詳述其談禪之語，竟儼然古德宗風[3]。尤不免顛倒是非，不足為據。然念常頗涉儒書，在緇流之中較為賅洽，於佛教之廢興、禪宗之授受，言之頗悉。於唐以來碑碣、誌傳之類，採掇尤詳，亦足以資考訂。其黨同伐異，負氣囂爭，乃釋、道二氏之通例。心知其意，置而不論可也。

【彙訂】

①“原作發合思巴今改正”，殿本無。八思巴，《釋老傳》謂其至元十六年卒，《通載》謂其十七年卒，皆在念常未生之前。八思巴卒後，終元之世，嗣為帝師，名見《釋老傳》者，尚十餘代。至治三年，念常至京時，八思巴卒後四十餘年矣，何由向之受法？（陳垣：《中國佛教史籍概論》）

②《通載》前數卷，二十八祖悉抄《景德傳燈錄》，自漢明帝至五代十餘卷，悉抄《隆興通論》，其所自纂者，僅宋、元二代耳。其抄《通論》，不獨史料抄之，即敘論亦抄之。（同上）

③江南釋教總統楊璉真加，發掘有宋諸陵，事載《元史·釋老傳》及《世祖紀》至元二十一年九月條，而《通載》不載。惟至元廿五年楊璉真加集江南禪教朝覲登對事，《通載》載之，凡二千餘

言。此徑山長老雲峯妙高與教家在元世祖面前辯論禪宗之旨，與楊璉真加無涉。《總目》徒見卷端有“楊輦真加”四字，遂誤認雲峯妙高之言為楊璉真加之言。（同上）

右釋家類十三部，三百十二卷，皆文淵閣著錄。

釋家類存目

迦談四卷（浙江巡撫採進本）

宋晁迥撰。迥有《昭德新編》，已著錄。是編即迥《法藏碎金錄》也。明代久無傳本。嘉靖乙巳，其裔孫瑮以翰林院檢討兼管誥敕，得此編於內府而刻之，改題此名[1]。前載迥逸事數條及瑮所為跋。跋稱十卷，與《宋志》合。此本止四卷，蓋又佚闕矣。

【彙訂】

① 此本應非晁瑮改題，說詳本卷《法藏碎金錄》條訂誤。

佛祖統紀五十四卷（浙江巡撫採進本）

宋僧志磐撰。志磐咸淳中住四明東湖。是書詳載天台一宗源流。其凡例稱政和中僧元穎作《宗元錄》，慶元中吳克己作《釋門正統》，嘉定閒僧景遷因克己之書作《宗源錄》，嘉熙初僧宗鑑又取《釋門正統》重修之。志磐以其皆未盡善，乃參取諸書，撰為此編。以諸佛諸祖為本紀八卷，以諸祖旁出為世家二卷，以諸師作列傳十三卷，又作表二卷，志三十卷，全仿正史之例[1]。大旨以教門為正脈，而蓮社淨土及達摩、賢首、慈恩、灌頂、南山諸宗僅附見於志。斷斷然分門別戶，不減儒家朱、陸之爭。至所稱上稽釋迦示生之日，下距法智息化之年，一佛二十九祖通為本紀，以繫正統,如帝王正寶位而傳大業。如謂已超方外,則不宜襲國史之名;如謂仍在寰中,則不宜擬帝王之號。雖自尊其教,然僭已甚矣。

【彙訂】

① 此書宋咸淳五年(1269)初刻本為五十五卷,計本紀八卷,世家二卷,列傳十三卷,表二卷,志三十卷。然《總目》所著錄五十四卷者乃明萬曆以後刊《嘉興藏》本,缺卷十九、二十、二十一,卷十九、二十有目無書,而取消原卷二十一《諸師列傳》末卷之標目,改標為原卷二十二之《諸師雜傳》,故終卷為五十四。(崔富章:《四庫提要補正》)

武林西湖高僧事略一卷(浙江巡撫採進本)

宋僧元敬、元復同撰。初,西湖僧了性採自晉至宋高僧卓錫錢塘者二十四人,建閣祀之,功未竟而去。元敬嗣藏其事,因屬東嘉僧元復撼二十四人行實為此書。後又續得六人,元敬補為傳贊。寶祐丙辰,吳郡莫子文為之序。

神僧傳九卷(通行本)

不著撰人名氏。焦竑《國史經籍志》載此書,卷帙相符,亦不云誰作。所載始於漢明帝時摩騰、法蘭,終於元世祖時國師帕克巴,凡二百八人。蓋元人所撰①。《帕克巴傳》稱大德七年卒,皇慶間追號大覺普惠廣照無上帝師,則書成於仁宗以後也。二百八人中,宋僧僅十六人,十六人中北宋十三人,南宋僅三人,似為北僧所著。然遼、金竟無一人,又不知其何意矣。大旨自神其教,必有靈怪之蹟者乃載,故以"神僧"為名。而諸方古德談禪持律者,則概不錄焉。

【彙訂】

① 此書明成祖撰，卷首有永樂十五年御製序，《四庫》所據本蓋闕之。膽巴見《元史·釋老傳》，大德七年卒，《總目》誤為八思巴，八思巴乾隆時改譯為帕克巴。（陳垣：《中國佛教史籍概論》）

大藏一覽十卷（內府藏本）

明陳實原編①。實原，寧德人。始末未詳。是編以《藏經》浩繁，難於尋覽，因錄其大要，括為一書。分八門六十品，系以因緣一千一百八十一則。

【彙訂】

① 嘉興續藏本題"寧德陳實原編，秀水姚舜溫重輯"，原編者，對重輯而言。（陳垣：《中國佛教史籍概論》）

覺迷蠡測三卷剩言一卷附錄一卷（浙江巡撫採進本）

明管志道撰。志道有《孟義訂測》，已著錄。是編皆闡發佛理。前有自序，稱："江陽段侯幻然子傳來一劄，詢大覺起迷之生相及老、釋差殊之教相，俱是儒書率性修道以上事。不容不答，亦不忍不答，乃草勒數款，而命之曰《覺迷蠡測》。"末有瞿汝稷題語。其《剩言》一卷，皆闡發此書餘義。《附錄》一卷，則與諸人往返論禪書也。

法喜志三卷（浙江巡撫採進本）

明夏樹芳撰。樹芳有《棲真志》，已著錄。是編取歷代知名之人，摭其一事一語近乎佛理者，皆謂得力於禪學，凡二百餘人，至於韓愈、程子、周子、朱子亦羅織入之。姚江末派，至明季而橫流，士大夫無不以心學為宗。故有此援儒入墨之書，以文飾其謬,可謂附會不經。前有萬曆六年顧憲成序①。憲成所見必不如是,殆亦樹芳嫁名耳②。

【彙訂】

① 據《顧端文年譜》,此序作於萬曆三十四年三月。明萬曆夏氏清遠樓刻本此書前有萬曆三十四年丙午顧憲成序。(陳垣:《中國佛教史籍概論》;杜澤遜:《四庫存目標注》)

② 此序明見《涇皋藏稿》十五,名《法喜志題詞》,稿為憲成手自編次,以萬曆三十九年十二月刻之,四十年五月憲成始卒。(陳垣:《中國佛教史籍概論》)

長松茹退二卷(浙江孫仰曾家藏本)

明釋可真撰。可真字達觀,吳江人。世號紫柏大師①。始居蘇州楞嚴寺。既而游大房石經,進隋僧淨琬所藏佛舍利。慈聖太后迎入宮中,特賜紫伽黎。俄以獄詞牽連論死。著有《茹退集》②。是書乃其別撰語錄,間及物理,不盡為釋氏之言。惟其以“茹退”為名,殊不可解。李日華《六研齋筆記》稱“佛經以牛糞為茹退”,其名甚新,其自謙之詞歟? 然謙亦不應至此,或別有取義也。

【彙訂】

① 紫柏大師法號真可。(杜澤遜:《四庫存目標注》)

②《山西通志》卷一百六十《仙釋二》有其傳,述其始末甚詳。可知真可始居蘇州虎丘僧舍,非楞嚴寺。楞嚴寺在嘉禾,即浙江嘉興府。卒於“癸卯之十二月”,癸卯為 1603 年(萬曆三十一年)。《檇李詩系》卷三十二其傳云:“萬曆壬辰,至京,於石經山得佛舍利玉函。聞於慈聖太后,賜紫伽黎,迎供,因奏請興復

楞嚴。"萬曆壬辰為萬曆二十年(1592)，與其因妖書獄遇害，相隔十一年之多。(胡露：《〈四庫全書總目〉子部存目補正》)

吳都法乘十二卷(兩淮鹽政採進本)

明周永年撰。永年有《鄧尉聖恩寺志》，已著錄。是書皆輯吳中釋氏典故，分十二篇①。

【彙訂】

① 周永年(1582—1647)，字安期，江蘇吳江人，家世奉佛，刻藏飯僧，晚年撰《吳都法乘》百餘卷(見錢謙益《有學集》卷三一載《周安期墓誌銘》)。民國間，李根源得抄本於怡親王祠。1936年，葉恭綽為影印敔而行之，即所謂上海石印本。"書為志乘體，輯錄法門文獻之有涉於吳者。分三十篇，篇冠以韻語小序，所引多註出典，間附己作，卷帙厚者復分子卷，故名為三十卷，實有四十二卷，誠吳門法典之大觀也。《四庫》釋家類附存目作十二卷，分十二篇，蓋僅得前半部耳。"(陳垣：《中國佛教史籍概論》)

正宏集一卷(編修周永年家藏本)

國朝釋本果撰。本果字曠圓，潮州靈山寺僧。是編皆述唐僧大顛事蹟。而大旨主於誣韓愈歸依佛法，以伸彼教。首列寺圖，次為元大德辛丑僧了性所作大顛本傳，次為韓愈《與大顛三書》，次為歐陽修《別傳跋》，次為虞集《別傳贊》，次為諸家詩文，而終以本果自跋。據朱子《韓文考異》，以《與大顛書》為真。而陳振孫《書錄解題》力辨其偽，且言其因仍方崧卿所編《外集》之誤。然崧卿所刻《韓集舉正》①，今尚有淳熙舊刻。考其《外集》所列二十五篇之目，實無此三書，疑不能明也。愈與大顛往返

事,見《與孟簡書》中,而所傳《大顛別傳》即稱簡作,其為依託,灼
然可見。《韓文考異》亦引之,不知何所證驗。考陳善《捫蝨新
話》引《宗門統要》所載憲宗詰愈佛光及愈皈依大顛屢參不悟事,
一一與此書相合。《宋史‧藝文志》載《宗門統要》十卷,僧宗永
所撰。蓋緇徒造作言語以復闢佛之讎,不足為怪。至儒者亦採
其說,則未免可訝矣。

【彙訂】

① "刻",殿本作"作"。

南宋元明僧寶傳十五卷(浙江巡撫採進本)

國朝釋自融撰,其門人性磊補輯。始自宋建炎丁未,至國
朝順治丁亥,凡五百二十一年,採錄共九十七人①。不載禪門
宗系,人自為傳,並系之以贊。蓋續宋僧惠洪所撰《僧寶
傳》也。

【彙訂】

① 融自序稱九十七人,今本實得九十四人,然性磊後序言
融所集者五十三人,磊所補者四十一人,則融序字之誤也。九十
四人中,目錄明標為補輯者僅二十七人,又與磊序不合,則目有
漏標。(陳垣:《中國佛教史籍概論》)

現果隨錄一卷(大學士英廉購進本)

國朝僧戒顯撰。戒顯字悔堂①,順治間居杭州靈隱寺②。是
編凡九十一則③,每則附以論斷,皆陳善惡之報。而大旨歸於持
戒奉佛,懺除惡業,仍彼教之說而已。

【彙訂】

① 戒顯俗名王瀚,字原達,太倉人。崇禎甲申國變後,慟哭

別文廟,棄諸生為僧,改今名。字願雲,號晦山。(陳垣:《中國佛教史籍概論》)

②　此書題"靈隱罷翁晦山樵筆記",記事至康熙十年止,當是住靈隱時撰。(同上)

③　續藏經本為四卷,百三則。(同上)

右釋家類十二部,一百一十七卷,皆附存目。

子部五十六

道家類

後世神怪之迹，多附於道家。道家亦自矜其異，如《神仙傳》、《道教靈驗記》是也①。要其本始，則主於清淨自持，而濟以堅忍之力，以柔制剛，以退為進。故《申子》、《韓子》流為刑名之學，而《陰符經》可通於兵。其後長生之說與神仙家合為一，而服餌、導引入之；房中一家，近於神仙者亦入之；鴻寶有書，燒鍊入之；張魯立教，符籙入之；北魏寇謙之等又以齋醮章咒入之。世所傳述，大抵多後附之文，非其本旨。彼教自不能別，今亦無事於區分。然觀其遺書源流遷變之故，尚一一可稽也。

【彙訂】

①《隋書·經籍志》、《舊唐書·經籍志》均將葛洪《神仙傳》列入史部雜傳類，《新唐書·藝文志》始列入子部道家所附釋氏神仙類，此皆編目者所為，並非作者存心附道。杜光庭《道教靈驗記》，《宋史·藝文志》亦僅列入子部道家所附釋氏神仙類。（李致忠：《三目類序釋評》）

陰符經解一卷（浙江鮑士恭家藏本）

舊本題黃帝撰，太公、范蠡、鬼谷子、張良、諸葛亮、李筌六家註。《崇文總目》云：“《陰符經敘》一卷，不詳何代人敘。集太公以後為《陰符經註》者凡六家，并以惠光嗣等傳附之。”蓋即此書而佚其傳也。晁公武《讀書志》引黃庭堅跋，稱《陰符》“糅雜兵家語，又妄託子房、孔明諸賢訓註”。則是書之註，以此本為最古矣。案《隋書·經籍志》有《太公陰符鈐錄》一卷，又《周書陰符》九卷，皆不云黃帝。《集仙傳》始稱唐李筌於嵩山虎口巖石室得此書，題曰：“大魏真君二年七月七日，道士寇謙之藏之名山，用傳同好。”已糜爛，筌鈔讀數千遍，竟不曉其義。後於驪山逢老母，乃傳授微旨，為之作註。其說怪誕不足信。胡應麟《筆叢》乃謂蘇秦所讀即此書，故書非偽，而託於黃帝則李筌之偽。考《戰國策》載蘇秦發篋得《太公陰符》，具有明文。又歷代史志皆以《周書陰符》著錄兵家，而《黃帝陰符》入道家，亦足為判然兩書之證。應麟假借牽合，殊為未確。至所云唐永徽初褚遂良嘗寫一百本者，考文徵明《停雲館帖》所刻遂良《小字陰符經》，卷末實有此文。然遂良此帖，自米芾《書史》、《寶章待訪錄》、《宣和書譜》即不著錄，諸家鑒藏亦從不及其名。明之中葉，忽出於徵明家①。石刻之真偽尚不可定，又烏可據以定書之真偽乎②？特以書雖晚出，而深有理致，故文士多為註釋，今亦錄而存之耳。註中別有稱“尹曰”者③，不知何人。卷首有序一篇，不著名氏，亦不著年月④，中有“泄天機者沈三劫”語，蓋粗野道流之鄙談，無足深詰。惟晁公武《讀書志》中所引筌註，今不見於此本。或傳寫有所竄亂，又非筌之原本歟？

【彙訂】

① 殿本“家”上有“之”字。

② 宋樓鑰《攻媿集》卷七二有《褚河南陰符經跋》，與停雲館石刻悉合。岳珂《寶真齋法書贊》卷五著錄有歐陽詢《陰符經帖》，陳隨隱《隨隱漫錄》卷五云常州澄清觀有褚遂良《陰符經》，歐陽詢等編《藝文類聚》卷八八亦引《陰符經》。可證此書非自稱天寶布衣之李筌所偽託。（余嘉錫：《四庫提要辨證》）

③ "尹曰者"，底本作"尹者曰"，據殿本乙。此書下篇引"尹曰"者五條。

④ 二"著"字，殿本皆作"署"。

陰符經考異一卷（江西巡撫採進本）

宋朱子撰①。《陰符經》出於唐李筌。晁公武《讀書志》引黃庭堅跋，定為筌所偽託，《朱子語錄》亦以為然。然以其時有精語，非深於道者不能作，故為考定其文。其定"人以愚虞聖"而下一百十四字，皆為經文，蓋用褚氏、張氏二註本也。《語錄》載間邱次孟論《陰符經》"自然之道靜"數語，雖《六經》之言無以加。朱子謂間邱此等見處儘得，而楊道夫以為《陰符經》無此語。蓋道夫所見乃驪山老母註本，以"我以時物文理哲"為書之末句，故疑其語不見於本經也。書中有黃瑞節《附錄》，徵引亦頗賅備。考《吉安府志》，瑞節字觀樂，安福人。舉鄉試，授泰和州學正。元季棄官隱居。嘗輯《太極圖》、《通書》、《西銘》、《易學啟蒙》、《家禮》、《律呂精義》、《皇極經世》諸書，并加釋註，名曰《諸子成書》②。此及《參同契》，蓋亦其中之二種。志蓋以其學涉道家，故諱而不載云。

【彙訂】

① 宋、元目錄中未見著錄有朱熹注釋《陰符經》的著作，今

傳《陰符經考異》實為蔡元定《陰符經注》。（王鐵：《〈陰符經注〉非朱熹著作》）

②元刊《朱子成書》，書名非《諸子成書》，所注為《律呂新書》，非《律呂精義》，標題為"盧陵後學黃瑞節附錄"，則非安福人。（胡玉縉：《四庫全書總目提要補正》）

陰符經講義四卷（浙江巡撫採進本）

宋夏元鼎撰。元鼎字宗禹，自號雲峯散人，永嘉人。是編以丹法釋《陰符》之旨。卷末附內外三關圖、日月聖功圖、奇器萬象圖、三教歸一圖、先天後天圖、上下鵲橋圖、七十二候圖、五行生成圖，各繫以說。案《漢志》道家、神仙家截然兩派，《陰符》三百八十四字，本李筌自撰而自註之。筌註不言鑪火，則為道家之言而非神仙家言可知。後人註筌之書，乃不用筌之自註，郢書燕說，殆類鑿空。然《參同契》不言《易》，陳搏引以言《易》，遂自為一家。《陰符經》不言丹，此書引以言丹，亦遂自為一家，遞相傳授而不能廢。故今於《陰符》一書，錄六家之註以存其初義，復錄此書以備其旁支，所謂從同同也。其餘衍此兩派者，則不更錄焉。二氏之書，姑存崖略而已，不必一一窮其說也。是書前有寶慶二年樓昉序，稱元鼎"少從永嘉諸老遊，好觀《陰符》，未盡解。後遇至人於祝融峯頂，若有所授者。後取《陰符》讀之，章斷句析，援筆立成，若有神物陰來相助"云云。蓋方術家務神其說，往往如是也。又有寶慶丙戌留元剛《雲峯〈入藥鏡箋〉》序一篇，及元鼎自記、自序二篇，寶慶丁亥王九萬後序一篇。俞琰《席上腐談》稱元鼎註《陰符》、《藥鏡》、《悟真》三書，真西山為之序，與諸序所言悉合。今未見其《入藥鏡》、《悟真篇》二註，而此本已無德秀序,殆傳寫佚之。然德秀《西山文集》亦不載其文,則莫喻何故矣[1]。

【彙訂】

[1] 俞琰所稱真西山之序蓋指《夏宗禹〈悟真講義〉跋》,載《西山文集》卷三三。(孫詒讓:《溫州經籍志》)

老子註二卷(江西巡撫採進本)[1]

舊本題河上公撰。晁公武《讀書志》曰:“太史公謂河上丈人通《老子》,再傳而至蓋公。蓋公即齊相曹參師也。而葛洪謂河上公者莫知其姓名,漢孝文時居河之濱。侍郎裴楷言其通《老子》,孝文詣問之,即授《素書道經》。兩説不同,當從太史公。”云云。案晁氏所引乃《史記·樂毅列傳贊》之文,敍述源流甚悉。然《隋志》“道家”載老子《道德經》二卷,漢文帝時河上公註。又載梁有戰國時河上丈人註《老子》經二卷,亡。則兩河上公各一人,兩《老子註》各一書。戰國時河上公書在隋已亡,今所傳者實漢河上公書耳。明朱東光刻是書,題曰秦人,蓋未詳考。惟是文帝駕臨河上,親受其書,無不入祕府之理。何以劉向《七略》載註《老子》者三家,獨不列其名?且孔穎達《禮記正義》稱馬融為《周禮註》,欲省學者兩讀,故具載本文。後漢以來,始就經為註。何以是書作於西漢,註已散入各句下?《唐書·劉子元傳》稱《老子》無河上公註,欲廢之而立王弼。前此陸德明作《經典釋文》,雖《敍錄》之中亦採葛洪《神仙傳》之説,頗失辨正,而所釋之本則不用此註而用王弼註。二人皆一代通儒,必非無據。詳其詞旨,不類漢人,殆道流之所依託歟? 相傳已久,所言亦頗有發明,姑存以備一家可耳。

【彙訂】

①"江西巡撫採進本"，殿本作"江蘇巡撫採進本"。《四庫採進書目》未著錄此書。(江慶柏：《殿本、浙本〈四庫全書總目〉著錄圖書進獻者主名異同考》)

道德指歸論六卷(江蘇巡撫採進本)

舊本題漢嚴遵撰。《隋志》著錄十一卷。晁公武《讀書志》曰："《唐志》有嚴遵《指歸》四十卷，馮廓註《指歸》十三卷。"今考新、舊《唐書》均載嚴遵《老子指歸》十四卷，馮廓《老子指歸》十三卷，無嚴遵書四十卷之説。疑公武所記為傳寫誤倒其文也。此書為胡震亨《祕册彙函》所刻①，後以版歸毛晉，編入《津逮祕書》，止存六卷。錢曾《讀書敏求記》云："曾得錢叔寶鈔本，自七卷至十三卷，前有總序，後有'人之饑也'至'信言不實'四章，今皆失夫。"又引谷神子序云："《道德指歸論》，陳、隋之閒已逸其半，今所存者止《論德篇》。""近代嘉興刻本，列卷一之卷六，與序文大相逕庭。"云云。此本亦題卷一之卷六。然則震亨所刻，即據嘉興本也②。曹學佺作《元羽外編》序，稱："近刻嚴君平《道德指歸論》，乃吳中所偽作。"今案《通考》引晁氏之言，案，此條《通考》所引與今本《讀書志》不同。稱"其章句頗與諸本不同，如'以曲則全'章末十七字為次章首之類"，則是書原有經文。《陸游集》有是書跋，稱為"《道德經指歸》古文"，亦以經文為言。此本乃不載經文，體例互異。又谷神子註本，晁氏尚著錄十三卷，不云佚闕。此本載谷神子序，乃云："陳、隋之閒已逸其半，今所存者止《論德篇》，因獵其譌舛，定為六卷。"與晁氏所錄亦顯相背觸。且既云佚其上經，何以《説目》一篇獨存？至於所引《莊子》，今本無者十六七,不應遵之所取皆向、郭之所棄。此必遵書散佚,好事者撫吳澄《道德經註》跋中"莊君平所傳章七十有二"之語,造為上經四十,下經三十二之《説目》。又因《漢志》"《莊子》五十二篇",今本惟三十三篇,遂多造《莊子》之語,以影附於逸篇。而偶未見晁公武説,故谷神子偽序之中牴牾畢露也③。以是推求,則學佺之説不為無據,錢曾所辨殊逐末而遺其本矣。以其言不悖於理,猶能文之士所贋託。故仍著於錄,備道家之一説焉④。

【彙訂】

① "此書為胡震亨祕册彙函所刻",殿本作"此本為胡震亨祕册函所刊"。

② 據《絳雲樓題跋》,"近代嘉興刻本"實即趙琦美藏《祕册彙函》本。(冉旭:《〈祕册彙函〉考》)

③ 谷神子注曰:"嚴君平者,蜀郡人也,姓莊氏,故稱莊子。"書中所稱,多設為問難之辭,莊子蓋君平自謂,非引莊周書也。(陸心源:《儀顧堂題跋》)

④ 《道藏》著錄《道德真經指歸》十三卷(缺一至六卷,存《德經》七卷),胡震亨所刻即此書卷七至卷十二,原非偽書。書中用字用詞,時與《文子》、《淮南子》及《史記》等書所見之《老子》西漢古本相合。無論用字用詞,或字詞之有無,又往往有與《莊子》及《韓非子》所見之《老子》先秦古本及帛書《老子》屢屢相合。而所引完全不同,甚至與後來傳本也有不同處,適足以證明非後人偽造。唐傅奕本及宋范應元本《老子》往往與其他晚出傳本不同,而與此書相合,應是受其影響。(鄭良樹:《〈老子〉嚴遵本校記》;冉旭:《〈祕册彙函〉考》)

老子註二卷(兵部侍郎紀昀家藏本)

魏王弼撰①。案《隋書·經籍志》載老子《道德經》二卷,王弼註。《舊唐書·經籍志》作《元〔玄〕言新記道德》二卷,亦稱弼註,名已不同。《新唐書·藝文志》又以《元言新記道德》為王肅撰,而弼所註者別名《新記元言道德》,益為舛互。疑一書而誤分為二,又顛錯其文也。惟《宋史·藝文志》作王弼《老子註》,與此本同。今從之。錢曾《讀書敏求記》謂弼註《老子》已不傳。然明萬曆中華亭張之象實有刻本②,證以《經典釋文》及《永樂大典》所載,一一相符。《列子·天瑞篇》引"谷神不死"六句,張湛皆引弼註以釋之。雖增損數字,而文亦無異。知非依託,曾蓋偶未見也。此本即從張氏《三經晉註》中錄出,亦不免於脫譌,而大致尚可辨別。後有政和乙未晁說之跋,稱文字多謬誤。又有乾道庚寅熊克重刊跋,稱"近世稀有,蓋久而後得之"。則書在宋時,已希逢善本矣。然二跋皆稱不分《道經》、《德經》。而今本《經典釋文》實上卷題《道經音義》,下卷題《德經音義》,與此本及跋皆不合,豈傳刻《釋文》者反據俗本增入歟③?考陳振孫《書錄解題》尚稱不分《道經》、《德經》。而《陸游集》有此書跋曰:"晁以道謂王輔嗣《老子》題曰《道德經》,不析乎道、德而上下之,猶近乎古。此本乃已析矣,安知其他無妄加竄定者乎?"其跋作於慶元戊午,已非晁、熊所見本,則《經典釋文》之遭妄改,固已久矣④。

【彙訂】

① 依《總目》體例,當補"弼有《周易註》,已著錄"。

② 王弼《老子註》現存《道藏》中,明刻尚有孫鑛刻本,非僅有張之象刻本傳世。(余嘉錫:《四庫提要辨證》)

③《老子》河上公、王弼注本皆分《道經》、《德經》,蓋漢時已

如此,《經典釋文》正用王弼本。(同上)

④《漢書》顏師古注、《周禮》賈公彥疏、《後漢書》章懷太子注等所引皆有以道、德分篇者,其必襲自晉、宋舊本如此,《經典釋文》所分題固有據也。(武億:《金石三跋》)

道德經解二卷(内府藏本)

宋蘇轍撰。轍有《詩傳》,已著錄。蘇氏之學本出入於二氏之閒,故得力於二氏者特深,而其發揮二氏者亦足以自暢其説。是書大旨主於佛、老同源,而又引《中庸》之説以相比附。蘇軾跋之曰:"使漢初有此書,則孔、老為一;使晉、宋有此書,則佛、老不為二。"朱子謂其援儒入墨,作《雜學辨》以箴之。然二氏之書,往往陰取儒理而變其説。儒者説經明道,不可不辨別毫釐,剖析疑似,以杜學者之岐趨。若為二氏之學,而註二氏之書,則為二氏立言,不為儒者立言矣。其書本不免援儒以入墨,註其書者又安能背其本旨哉?故自儒家言之,則轍書為兼涉兩岐;自道家言之,則轍書猶為各明一義。《雜學辨》所攻四家,攻其解《易》,解《中庸》,解《大學》者可也。攻及此書,則不揣其本而齊其末,不如徑攻《老子》矣。

道德寶章一卷(内府藏本)

宋葛長庚撰。長庚字白叟,閩清人。為道士,居武夷山。舊本題紫清真人白玉蟾。白玉蟾其別號,紫清真人則嘉定閒徵赴闕下所封也。其書隨文標識,不訓詁字句,亦不旁為推闡。所註乃少於本經,語意多近於禪偈,蓋佛、老同源故也。此本為元趙孟頫手書,鉤摹雕版,字畫絕為精楷。明陳繼儒亦嘗刻之《彙祕笈》中,改題曰《蟾仙解老》,非其本目。又前有萬曆癸未適園居士跋二則,其前一則稱董逌《藏書志》述張道相集古今註《老子》四十餘家,不載是編。案晁氏《讀書志》,張道相乃唐天寶後人,安能以南宋寧宗時書著之於錄?且道相所集凡二十九家,併其自註為三十家,亦無所謂四十餘家者。跋所云云,殆於道聽塗說矣。長庚世傳其神仙。而《劉克莊集》有王隱居《六學九書》序,稱所見丹家四人,鄒子益不登七十,曾景建、黃天谷僅六十,白玉蟾夭死。又陳振孫《書錄解題》《羣仙珠玉集》條下云:“白玉蟾葛其姓,福之閩清人。嘗得罪亡命,蓋姦妄流也。余宰南城,有寓公稱其人云:‘近嘗過此,曾相識否?’余言:‘此輩何可使及吾門。’”云云。二人與長庚同時,其說當確,流俗所傳,殆出附會。然道家自尊其教,往往如此。其書既頗有可取,則其人亦不足深詰矣。

道德真經註四卷(兩淮鹽政採進本)

元吳澄撰。澄有《易纂言》,已著錄。據《澄年譜》稱大德十一年澄辭疾歸,自京南下,留清都觀,與門人論及《老》、《莊》、《太元》等書,因為正厥譌偽而著其說。澄學出象山,以尊德性為本,故此註所言,與蘇轍指意略同。雖不免援儒入墨,而就彼法言之,則較諸方士之所註,精邃多矣。篇末有澄跋云:“莊君平所傳,章七十二,諸家所傳,章八十一,然有不當分而分者,定為六十八章。上篇三十二章,二千三百六十六字,下篇三十六章,二千九百六十二字。凡五千二百九十二字。”[1]然大抵以意為之,不必於古有所考。蓋澄好竄改古經,故於是書亦多所更定,殆習慣成自然云。

【彙訂】

[1] “二千三百六十六字”,殿本作“三千三百六十六字”;“二

千九百六十二字”，殿本作“二千九百二十六字”；“凡五千二百九十二字”，殿本作“凡五千二百九十三字”。按：《正統道藏》洞神部玉訣類收此書，書末吳澄跋原文曰：“上篇三十二章，二千三百六十六字，下篇三十六章，二千九百二十六字。總之五千二百九十二字云。”

老子翼三卷老子考異一卷（浙江巡撫採進本）

明焦竑撰。竑有《易筌》，已著錄。是編輯韓非以下解《老子》者六十四家，而附以竑之《筆乘》，共成六十五家，各採其精語，裒為一書①。其首尾完具，自成章段者，仿李鼎祚《周易集解》之例，各標舉姓名，列本章之後。其音義訓詁但取一字一句者，則仿裴駰《史記集解》之例，聯貫其文，綴本章末句之下。上、下篇各為一卷，附錄及《考異》共為一卷。不立《道經》、《德經》之名，亦不妄署篇名，體例特為近古。所採諸説，大抵取諸《道藏》，多非世所常行之本。竑之去取，亦特精審。大旨主於闡發元言，務明清淨自然之理。如葛長庚等之參以道家鑪火、禪學機鋒者，雖列其名，率屏不錄，於諸家註中為博贍而有理致。蓋竑於二氏之學本深於儒學，故其説儒理者多涉悠謬，説二氏之理者轉具有別裁云。

【彙訂】

① 實際所引並不止六十四家。（李慶：《明代的〈老子〉研究》）

御註道德經二卷

順治十三年世祖章皇帝御撰。《老子》載《漢書・藝文志》，而不載其有註。《隋書・經籍志》以下，註其書者著錄日繁。焦竑《老子翼》作於明萬曆中，所採尚六十四家。竑所未見者不知凡幾，竝以後之所註又未知凡幾也。蓋儒書如培補榮衞之藥，其性中和，可以常餌；《老子》如清解煩熱之劑，其性偏勝，當其對證，亦復有功。與他子書之偏駁悠謬者異，故論述者不絕焉。然諸家舊註，多各以私見揣摩，或參以神怪之談，或傅以虛無之理，或岐而解以丹法，或引而參諸兵謀。羣言淆亂，轉無所折衷。惟我世祖章皇帝此註，皆即尋常日用，親切闡明，使讀者銷爭競而還淳樸，爲獨超於諸解之上。蓋聖人之道大，兼收並蓄，凡一家之書，皆不没所長；聖人之化神，因事制宜，凡一言之善，必旁資其用。固非拘墟之士所能仰窺涯涘矣。

　　老子説略二卷（編修周永年家藏本）

　　國朝張爾岐撰。爾岐有《儀禮鄭註句讀》，已著錄①。《道德經》解者甚多，往往繳繞穿鑿，自生障礙。爾岐是編獨屏除一切，略爲疏通大意。其自序謂“流覽本義，讀有未通，輒以己意占度，稍加一二言於句讀隙閒，覺大意犁然。迴視諸註，勿計不能讀，亦已不欲讀”云云。又有自跋，稱：“人問朱子‘道可道’如何解，應之曰：‘道而可道則非常道，名而可名則非常名。’朱子生平未嘗解《老》。使其解《老》，此即其解《老》之法，亦即可謂解一切諸書之法。要在不執解求解，反之是書，以解是書而已。”云云。蓋其大旨在於涵泳本文，自得理趣。故不及縱横權譎之談，亦不涉金丹黄白之術。明白簡當，頗可以備參覽焉。

【彙訂】

　　① 依《總目》體例，當作“爾岐有《周易説略》，已著錄”。

　　道德經註二卷附陰符經註一卷（洗馬劉權之家藏本）

　　國朝徐大椿撰。大椿有《神農本草經百種錄》，已著錄。是編以《老子》舊註人人異說，而本旨反晦，乃尋繹經文，疏通其義。仍分上、下二篇，而削其《道經》、《德經》之目。仍分八十一章，而削其章名，但以每章第一句標題。其字句參考諸本，取其詞意通達者；其訓詁推求古義，取其上下融貫者。其所詮釋，主於言簡理該，大旨與張爾岐《老子說略》相同，而研索較深，發揮較顯。在《老子》註中，尚為善本。附載《陰符經註》一卷，詁以《易》理，義亦可通。惟其凡例詆呵古人，王弼註謂之膚近，河上公註謂之文理不通，未免過當。又謂"老氏之學與《六經》旨趣各有不同。《六經》為中古以後文物極盛之書，老氏所云養生修德、治國用兵之法，皆本上古聖人相傳之精意。故其教與黃帝並稱，其用甚簡，其效甚速。漢時循吏，師其一二，已稱極治"云云，亦未免務為高論。夫老子生乎亂世，立清淨之說以救之，特權宜拯弊之一術，猶曰不藥得中醫耳。蓋公以是術教曹參，亦適當秦虐之後，人思休息，猶適當靜攝可愈之病耳。必謂老氏欲以此術治萬世，非老氏之本意。至於黃帝以七十戰定天下，一切禮樂刑政，無一非其所制作。古書具在，班班可考，必謂黃帝以無為治天下，尤非黃帝之實事。大椿此書於《老子》之學不為無見，而躋《老子》於《六經》上，則不可以訓。故錄存其書，而附辨其說如右。

關尹子一卷（兩淮鹽政採進本）

舊本題周尹喜撰。案《經典釋文》載喜字公度，未詳何本。然陸德明非杜撰者，當有所傳。李道謙《終南祖庭仙真內傳》稱終南樓觀為尹喜故居，則秦人也[①]。考《漢志》有《關尹子》九篇，劉向《列仙傳》作《關令子》，而《隋志》、《唐志》皆不著錄，則其佚久矣。南宋時徐蒇子禮始得本於永嘉孫定家，前有劉向校定序，

後有葛洪序。向序稱蓋公授曹參，參薨，書葬。孝武帝時有方士
來上，淮南王祕而不出。向父德治淮南王事，得之。其説頗誕。
與《漢書》所載得淮南《鴻寶祕書》，言作黄金事者不同，疑即假借
此事以附會之。故宋濂《諸子辨》以爲文既與向不類，事亦無據，
疑即定之所爲。然定爲南宋人，而《墨莊漫録》載黄庭堅詩“尋師
訪道魚千里”句，已稱用《關尹子》語②，則其書未必出於定，或
唐、五代間方士解文章者所爲也。至濂謂：“其書多法釋氏及神
仙方技家，如變識爲智，一息得道，嬰兒蕊女，金樓絳宫，青蛟白
虎，寶鼎紅鑪，誦咒土偶之類，老聃時皆無是言。”又謂：“其文峻
潔，而頗流於巧刻。”則所論皆當。要之，其書雖出於依託，而核
其詞旨，固遠出《天隱》、《無能》諸子上，不可廢也。此本分《一
宇》、《二柱》、《三極》、《四符》、《五鑑》、《六匕》、《七釜》、《八籌》、
《九藥》九篇，與濂所記合。俞琬〔琰〕《席上腐談》稱舊有陳抱一
註③，又元大德中有杜道堅註，名曰《闡元〔玄〕》。今皆未見云。

【彙訂】

①　只稱故居，未得便爲秦人也。（余嘉錫：《四庫提要辨
證》）

②　《墨莊漫録》卷三原文作“爭名朝市魚千里”。句出《山谷
集》卷五《王稚川既待官都下有所盼未歸予戲作林夫人欸乃歌二
章與之》，並見《山谷外集》卷十四《去賢齋》詩。（余嘉錫：《四庫
提要辨證》；江慶柏：《四庫全書薈要提要校議》）

③　“俞琬”，當作“俞琰”，乃避嘉慶諱改。殿本作“俞琰”。

列子八卷（江蘇巡撫採進本）

舊本題周列御寇撰。前有劉向校上奏，以御寇爲鄭穆公時

人。唐《柳宗元集》有《辨列子》一篇，曰：“穆公在孔子前幾百歲。《列子》書言鄭國，皆言子產、鄧析，不知向何以言之如此。《史記》鄭繻公二十四年、楚悼王四年圍鄭，殺其相駟子陽。子陽正與列子同時，是歲魯穆公十年。不知向言魯穆公時，遂誤為鄭耶？其後張湛徒知怪《列子》書言穆公後事，每不能推知其時。然其書亦多增竄非其實，其言魏牟、孔穿皆出列子後，不可信。”云云。其後高似孫《緯略》遂疑列子為鴻濛、雲將之流①，並無其人。今考第五卷《湯問篇》中併有鄒衍吹律事，不止魏牟、孔穿。其不出御寇之手，更無疑義。然考《爾雅疏》引《尸子·廣澤篇》曰：“墨子貴兼，孔子貴公，皇子貴衷，田子貴均，列子貴虛，料子貴別囿，其學之相非也數世矣，而已皆异於私也。天帝、皇后、辟公、宏〔弘〕廓、宏溥、介、純、夏、幠、冢、晊、皈，皆大也，十有餘名而實一也。若使兼、公、虛、均、衷、平易、別囿一實也，則無相非也。”云云。是當時實有列子，非莊周之寓名。又《穆天子傳》出於晉太康中，為漢、魏人之所未睹。而此書第三卷《周穆王篇》所敘駕八駿，造父為御，至巨蒐，登崑崙，見西王母於瑤池事，一一與《傳》相合。此非劉向之時所能偽造，可信確為秦以前書②。考《公羊傳·隱公十一年》“子沈子曰”何休註曰：“子沈子，後師沈子，稱子冠氏上，著其為師也。”然則凡稱“子某子”者，乃弟子之稱師，非所自稱。此書皆稱“子列子”，則決為傳其學者所追記，非御寇自著。其雜記列子後事，正如《莊子》記莊子死，《管子》稱吳王、西施，《商子》稱秦孝公耳，不足為怪。晉光祿勳張湛作是書註，於《天瑞篇》首所稱“子列子”字知為追記師言，而他篇復以載及後事為疑，未免不充其類矣。書凡八篇，與《漢志》所載相合。趙希弁《讀書附志》載：“政和中宜春彭瑜為積石軍倅③，聞高麗國《列子》十卷,得其第九篇曰《元瑞》於青唐卜者。"云云。
今所行本皆無此卷,殆宋人知其妄而不傳歟? 其註自張湛以外,
又有唐當塗丞殷敬順《釋文》二卷,此本亦散附各句下。然音註
頗為淆亂,有灼然知為殷説者,亦有不辨孰張孰殷者。明人刊本
往往如是,不足訝也。據湛自序,其母為王弼從姊妹,湛往來外
家,故亦善談名理,其註亦弼註《老子》之亞。葉夢得《避暑錄話》
乃議其雖知《列子》近佛經,而逐事為解,反多迷失。是以唐後五
宗之禪繩晉人,失其旨矣。

【彙訂】

①《緯略》乃《子略》之誤。《子略》卷二"列子"條稱:"御寇
之説獨見於寓言耳……豈御寇者其亦所謂鴻蒙、列缺者歟?"(陳
尚君、張金耀主撰:《四庫提要精讀》)

②《穆天子傳》未必只有汲冢所埋一種傳本,列子早於魏襄
王或安釐王,也有可能見到。(同上)

③據《郡齋讀書志附志》原文及《明一統志》卷五七、《萬姓
統譜》卷五四,彭瑜當作彭俞。(同上)

沖虛至德真經解八卷(內府藏本)

宋江遹撰。遹自署"杭州州學內舍生",始末未詳。是書乃
所註《列子》。據舊刻標題,蓋經進之本。其稱《沖虛至德真經》
者,案《唐書‧藝文志》,天寶元年詔號《莊子》為《南華真經》,《列
子》為《沖虛真經》,《文子》為《通元〔玄〕真經》,《亢倉子》為《洞靈
真經》,故有是名。其兼稱"至德",據晁公武《讀書志》,宋景德中
所加也。《老》、《莊》二子自王弼、郭象作註後,著錄者不下百家。
《列子》今尚僅存註本之行於世者,張湛、殷敬順以外,惟林希逸

《口義》及逌此書而已。此書焦竑《國史經籍志》作二十卷，與今本不符。然今本首尾完具，不似闕佚。竑所著錄，大抵雜鈔史志書目，舛漏相仍，偽妄百出，所記卷數，不足憑也。張湛註詞旨簡遠，不尚繁詞。逌此註則仿郭象註《莊》之體，擺落訓詁，自抒會心，領要標新，往往得言外之旨。其間如《周穆王篇》註云："穆王亦丹臺之舊侶也，謫降人閒，塵俗之氣尚未深染，故能安栖聖境。此雖下乘之所居，豈胎生肉人所能到哉？"殆似杜光庭、林靈素輩語，未免自穢其書。考諸《宋史》，徽宗時始立三舍法。逌自稱曰"內舍生"，其當道君上號之日，作此以附和方士之局乎？又如《楊朱篇》謂"《列子》以御寇為名，蓋以閑先聖之道為己任"，《湯問篇》解魏黑卵、邱〔丘〕邴章、來丹之名曰"黑者陰之色，卵者陰之類，魏者高顯之所，魏黑卵者老陰之象也。邴者明之盛，章者文之成，邱者中高之地，邱邴章者老陽之象也。丹含陽，來丹則少陽之方浸而長也"云云，亦未免於穿鑿。然大致文詞都雅，思致元遠，迴在林希逸書之上也。

莊子註十卷（江蘇巡撫採進本）

晉郭象撰。象字子元〔玄〕，河南人。辟司徒掾，稍遷至黃門侍郎。東海王越引為太傅主簿。事蹟具《晉書》本傳。劉義慶《世說新語》曰："註《莊子》者數十家，莫能究其旨統。向秀於舊註外別為解義，妙演奇致，大暢元〔玄〕風。惟《秋水》、《至樂》二篇未竟而秀卒。秀子幼，其義零落，然頗有別本遷流。象為人行薄，以秀義不傳於世，遂竊以為己註。乃自註《秋水》、《至樂》二篇，又易《馬蹄》一篇，其餘眾篇，或點定文句而已。其後秀義別本出，故今有向、郭二《莊》，其義一也。"《晉書》象本傳亦採是文，絕無異語。錢曾《讀書敏求記》獨謂：“世代遼遠，傳聞異詞。《晉書》云云，恐未必信。”案向秀之註，陳振孫稱宋代已不傳，但時見陸氏《釋文》。今以《釋文》所載校之，如《逍遙遊》“有蓬之心”句，《釋文》郭、向並引，絕不相同。《胠篋篇》“聖人不死，大盜不止”句，《釋文》引向註二十八字；“又為之斗斛以量之”句，《釋文》引向註十六字，郭本皆無。然其餘皆互相出入。又張湛《列子註》中凡文與《莊子》相同者，亦兼引向、郭二註。所載《達生篇》“痀僂丈人承蜩”一條，向註與郭一字不異。《應帝王篇》“神巫季咸”一章“皆棄而走”句，向、郭相同。“列子見之而心醉”句，向註曰：“迷惑其道也。”“而又奚卵焉”句，向註六十二字，郭註皆無之。“故使人得而相汝”句，郭註多七字。“示之以地文”句，向註：“塊然如土也。”郭註無之。“是殆見吾杜德機”句、“鄉吾示之以天壤”句、“名實不入”句，向、郭並同。“是殆見吾善者機也”句，向註多九字。“子之先生坐不齋”句，向註二十二字，郭註無之。“鄉吾示之以太沖莫勝”句，郭改其末句。“淵有九名，此處三焉”句，郭增其首十六字，尾五十一字。“鄉吾示之以未始出吾宗”句、“故逃也”句、“食豨如食人”句，向、郭並同。“於事無與親”以下，則並大同小異。是所謂竊據向書，點定文句者，殆非無證。又《秋水篇》“與道大蹇”句，《釋文》云：“蹇，向紀輦反。”則此篇向亦有註。併《世說》所云象自註《秋水》、《至樂》二篇者，尚未必實錄矣。錢曾乃曲為之解，何哉？考劉孝標《世說註》，引《逍遙游》向、郭義各一條，今本無之。《讓王篇》惟註三條，《漁父篇》惟註一條，《盜跖篇》惟註三十八字，《說劍篇》惟註七字，似不應簡略至此，疑有所脫佚。又《列子》“生物者不生，化物者不化”二句，張湛註曰：“《莊子》亦有此文。”併引向秀註一條。而今本《莊子》

皆無之，是併正文亦有所遺漏。蓋其亡已久，今不可復考矣。

南華真經新傳二十卷（兩淮鹽政採進本）

宋王雱撰。雱字元澤，臨川人，王安石子也。未冠登進士，累官龍圖閣直學士。事蹟附見《宋史》安石傳。是書體例略仿郭象之註，而更約其詞，標舉大意，不屑屑詮釋文句。大旨謂內七篇皆有次序綸貫，其十五外篇、十一雜篇，不過藏內篇之宏綽幽廣①。故所說內篇為詳。後附拾遺雜說一卷，以發揮餘義，疑其書成後所補綴也。史稱雱"睥睨一世，無所顧忌"，其很愎本不足道。顧率其傲然自恣之意，與莊周之滉漾肆論，破規矩而任自然者，反若相近，故往往能得其微旨。孫應鰲序謂："取言不以人廢"，諒矣。是書《宋志》不著錄，晁公武《讀書志》作十卷，此本倍之，疑《讀書志》誤脫"二"字。或明人重刊，每卷分為二歟？王宏撰《山志》曰："註《道德》、《南華》者無慮百家，而呂惠卿、王雱所作頗稱善，雱之才尤異。使當時從學於程子之門，所就當不可量。"又曰："竊又疑惠卿之姦詔，雱之恣戾，豈宜有此。小人攫名，或倩門客為之，亦未可知。"案小人凶狡，其依憑道學，不過假借聲名。邢恕何嘗不及程子之門，見《伊洛淵源錄》。章惇何嘗不及邵子之門，見《聞見錄》。而一旦決裂，不可收拾。安見雱一從程子，必有所就？至於雱之材學，原自出羣。王安石所作《新經義》，惟《周禮》是其手稿，其餘皆雱所助成，蔡絛《鐵圍山叢談》言之甚詳。又何有於《莊子註》，而必需假手乎？宏撰所言，不過好為議論，均未詳考其實也②。

【彙訂】

① "蔵"，殿本作"藏"，誤。參孫應鰲序原文。

②此書與《南華真經義海纂微》所引王雱《莊子註》內容不同，顯非一書。（簡光明：《嚴靈峯所錄〈宋代莊子知見書目〉的幾個問題》）

莊子口義十卷（安徽巡撫採進本）

宋林希逸撰。希逸有《考工記解》，已著錄。是編為其《三子口義》之一。前有自序，大意謂“讀《莊子》有五難，必精於《語》、《孟》、《學》、《庸》等書，見理素定；又必知文字血脈，知禪宗解數，而後知其言意。少嘗聞於樂軒，因樂軒而聞艾軒之說，文字血脈，頗知梗概。又嘗涉獵佛書，而後悟其縱橫變化之機，於此書稍有所得，實前人所未盡究者”云云。蓋希逸之學本於陳藻，藻之學得於林光朝。所謂樂軒者，藻之別號，艾軒者，光朝之別號。凡書中所稱先師，皆指藻也。序又謂“郭象之註，未能分章析句；王雱、呂惠卿之說，大旨不明，愈使人有疑於《莊子》”云云。今案郭象之註，標意旨於町畦之外，希逸乃以章句求之，所見頗陋。即王、呂二註，亦非希逸之所及。遽相詆斥，殊不自量。以其循文衍義，不務為艱深之語，剖析尚為明暢，差勝後來林雲銘輩以八比法詁《莊子》者。故姑錄存之，備一解焉。

南華真經義海纂微一百六卷（浙江巡撫採進本）

宋褚伯秀撰。伯秀，杭州道士。是書成於咸淳庚午，前有劉震孫、文及翁、湯漢三序。下距宋亡僅六年①。周密《癸辛雜識後集》載至元丁亥九月，與伯秀及王磐隱游閬古泉，則入元尚在也。其書纂郭象、呂惠卿、林疑獨、陳祥道、陳景元、王雱、劉概、吳儔、趙以夫、林希逸、李士表、王旦、范元應十三家之說②，而斷以己意，謂之管見。中多引陸德明《經典釋文》，而不列於十三家中,以是書主義理,不主音訓也。成元〔玄〕英《疏》、文如海《正義》、張潛夫《補註》皆閒引之,亦不列於十三家,以從陳景元書採用也。范元應乃蜀中道士,本未註《莊子》,以其為伯秀之師,故多述其緒論焉。蓋宋以前解《莊子》者,梗概略具於是。其閒如吳儔、趙以夫、王旦諸家,今皆罕見,實賴是書以傳。則伯秀編纂之功,亦不可没矣。

【彙訂】

① 庚午為咸淳六年(1270),而宋亡於祥興二年己卯(1279)。三序皆作於咸淳元年(1265),且據其文意,乃寫於書成之後,則成書應在咸淳元年乙丑。(簡光明:《嚴靈峯所錄〈宋代莊子知見書目〉的幾個問題》)

② 書中所引皆作"范應元","范元應"誤。(同上)

莊子翼八卷莊子闕誤一卷附錄一卷(安徽巡撫採進本)

明焦竑撰。是編成於萬曆戊子,體例與《老子翼》同。前列所載書目,自郭象註以下凡二十二家,旁引他説互相發明者,自支遁以下凡十六家,又章句音義自郭象以下凡十一家。今核其所引,惟郭象、呂惠卿、褚伯秀、羅勉學、陸西星五家之説為多,其餘特閒出數條,略備家數而已。又稱"褚氏《義海》引王雱註内篇,劉概註外篇,《道藏》更有雱《新傳》十四卷,豈其先後所註不同,故並列之歟? 今採其合者著於編,仍以《新傳》別之"云云。今考書中所引,自雱《新傳》以外,別無所謂雱註。而《養生主》註引劉概一條,則概註亦有内篇,其説殆不可解。蓋明人著書,好誇博奧,一核其實,多屬子虛。萬曆以後,風氣類然,固不足深詰也。至於支遁註莊,前史未載。其《逍遥遊》義本載劉孝標《世説

新語註》中，乃没其所出，竟標支道林註。亦明人改頭換面之伎
倆，不足為憑。然明代自楊慎以後，博洽者無過於兹。其所引
據，究多古書，固較流俗註本為有根柢矣。末附《莊子闕誤》一
卷，乃全錄宋陳景元《南華經解》之文，亦足以資考證。又附刻一
卷，列《史記·莊子列傳》，阮籍、王安石《莊子論》，蘇軾《莊子祠
堂記》，潘佑《贈別》，王雱《雜説》，李士表《莊子九論》。考南唐潘
佑以直諫見殺，而此列蘇軾、王雱之閒，未審即其人否？李士表
自陳振孫《書錄解題》已不知為何許人，《宋史·藝文志》載其《莊
子十論》一卷。此惟存其九，亦未喻何故。又此九論書中已採其
《解牛》、《壺子》、《濠梁》三篇，而仍全錄之於末，亦為例不純。殆
隨手編纂，未及删併之故歟？

文子二卷（兩淮鹽政採進本）①

案《漢志》“道家”《文子》九篇，註曰：“老子弟子，與孔子並
時。而稱周平王問，似依託者也。”案，此班固之原註，《讀書志》以為顏師
古註，誤也。《隋志》載《文子》十二篇，註曰：“老子弟子。《七略》有
九篇，梁十卷亡。”二志所載，不過篇數有多寡耳，無異説也。因
《史記·貨殖傳》有“范蠡師計然”語，又因裴駰《集解》有“計然姓
辛字文子，其先晉國公子”語，北魏李暹作《文子註》，遂以計然、
文子合為一人。文子乃有姓有名，謂之辛鈃。案，暹註今已不傳，此
據《讀書志》所引。案，馬總《意林》列《文子》十二卷，註曰：“周平王
時人，師老君。”又列《范子》十三卷②，註曰：“並是陰陽曆數也。”
又曰：“計然者，葵邱〔丘〕濮上人，姓辛名文子，其先晉國公子也。
其書皆范蠡問而計然答。”是截然兩人兩書，更無疑義。暹移甲
為乙，謬之甚矣。《柳宗元集》有《辨文子》一篇，稱：“其旨意皆本

老子,然考其書,蓋駁書也。其渾而類者少,竊取他書以合之者多。凡孟子輩數家皆見剽竊,嶢然而出其類,其意緒文詞又互相牴而不合。不知人之增益之歟,或者衆為聚斂以成其書歟?今刊去謬惡濫雜者,取其似是者,又頗為發其意,藏於家。"是其書不出一手,唐人固已言之。然宗元所刊之本,高似孫《子略》已稱不可見,今所行者仍十二篇之本。別本或題曰《通元〔玄〕真經》,蓋唐天寶中嘗加是號,事見《唐藝文志》云。

【彙訂】

①"二卷",殿本作"十二卷",誤。據文淵閣庫書。

②《意林》卷一實著錄作《范子》十二卷。(江慶柏等整理:《四庫全書薈要總目提要》)

文子纘義十二卷(永樂大典本)

元杜道堅撰①。道堅字南谷,當塗人②,武康計籌山昇元〔玄〕觀道士也。其始末無考。是書諸家書目亦罕著於錄,惟考牟巘《陵陽集》有為道堅所作序,又別有《計籌峯真率錄序》,稱"洞微先生常主昇元觀席,德壽宮錫之寶翰,至今歲某甲道堅實來。上距祖君十二化,然才百年"云云。案自高宗內禪居德壽宮時,下至景定壬戌,正一百年,則道堅當為理宗時人。而李道純《久和集》序乃道堅所作,題大德丙午,則入元久矣。《文子》一書,自北魏以來,有李暹、徐靈府、朱元三家註,惟靈府註僅存,亦大半闕佚③。道堅因所居計籌山有文子故蹟,因註其書。凡自為說者題曰"纘義",其餘裒輯衆解,但總標曰"舊說",不著姓名,頗嫌掠美。然杜預《左傳集解》先有此例,朱子註《四書》已用之,亦無責於道堅也。自元以來,傳本頗稀,獨《永樂大典》尚載其文。其《精誠》、《符言》、《上德》、《下德》、《微明》、《自然》、《上義》七篇，首尾完備，惟《道原》、《九守》、《道德》、《上仁》、《上禮》五篇，原本失載。或修《永樂大典》之時已散佚不完歟？今檢校原目次第，排錄成帙，所闕之五篇，亦仍載其原文。釐為十有二卷，仍符《隋》、《唐志》《文子》舊數。書中字句與世傳明代道潛堂刊本多所同異，其閒文義兩通者不可勝舉。其顯然譌脱者，如《符言篇》“求為而寧，求為而治”句，明刊本作“無為”，與上下文義全反；又“知言不知上也，不知言知病也”四句，明刊本無“言”字，於義難通；又“時之去不可追而援也”句，明刊本“追”字作“足”；又“內在己者得”句，明刊本“內”字作“則”；又“夫氣者可以道而制也”句，明刊本“夫”字作“二”；又《微明篇》“聖人見福於重關之內”句，明刊本“見”字作“先”；又《微言篇》“奇伎逃亡”句，明刊本“逃亡”作“天長”。均譌誤不可解，當以此本為正。又《符言篇》“故能以眾不勝成大勝者，惟聖人能之”二句，明刊本脱下一句；又“能成王者必德勝者也”句，明刊本脱“德”字；又《上義篇》“故天下可一也”句，明刊本“一”字下衍“人”字，此類甚多，皆可以證傳刻之誤。蓋道堅生當宋季，猶見諸家善本，故所載原文，皆可正後來譌誤。不但註文明暢，足以宣通疑滯也。

【彙訂】

①“元”，底本作“宋”，據殿本改。趙孟頫《松雪齋文集》卷九有《隆道沖真崇正真人杜公碑》，可知杜道堅卒於延祐五年，入元約四十載，且據至大三年吳全節序，此書實作於元時。（余嘉錫：《四庫提要辨證》）

②《杜公碑》載杜道堅字處逸，當塗采石人，自號南谷子。（陸心源：《儀顧堂題跋》）

③《通志・藝文略》、《宋史・藝文志》著錄《文子》尚有朱弁注十二卷。徐靈府、朱弁注完本皆存《道藏》本，徐靈府注另有宋刻本傳世。（余嘉錫：《四庫提要辨證》）

列仙傳二卷（兩淮鹽政採進本）

舊本題漢劉向撰。紀古來仙人自赤松子至元〔玄〕俗凡七十一人①，人係以讚，篇末又為總讚一首。其體全仿《列女傳》。陳振孫《書錄解題》謂不類西漢文字，必非向撰。黃伯思《東觀餘論》謂是書雖非向筆，而事詳語約，詞旨明潤，疑東京人作。今考是書《隋志》著錄，則出於梁前。又葛洪《神仙傳》序亦稱此書為向作，則晉時已有其本。然《漢志》列劉向所序六十七篇，但有《新序》、《說苑》、《世說》、《列女傳》圖頌，無《列仙傳》之名。又《漢志》所錄，皆因《七略》。其《總讚》引《孝經援神契》，為《漢志》所不載；《涓子傳》稱其《琴心》三篇有條理，與《漢志》"《蜎子》十三篇"不合；《老子傳》稱作《道德經》上、下二篇，與《漢志》但稱《老子》亦不合，均不應自相違異。或魏、晉閒方士為之，託名於向耶②？振孫又云《館閣書目》作二卷，七十二人③。李石《續博物志》亦云劉向傳列仙七十二人，皆與此本小異。惟葛洪《神仙傳》序稱七十一人④，此本上卷四十人，下卷三十人，內"江斐二女"應作二人，與洪所記適合。檢李善《文選註》及唐初《藝文類聚》諸書所引，文亦相符，當為舊本。其篇末之讚，今概以為向作。《隋志》載《列仙傳讚》三卷，劉向撰，瓚續，孫綽讚案，"瓚續"上似脫一字，蓋有《續傳》一卷，故為三卷也。今無從校補，姑仍舊文⑤。又《列仙傳贊》二卷，劉向撰，晉郭元祖讚。此本二卷，較孫綽所讚少一卷。又劉義慶《世說新語》載孫綽作《商邱〔丘〕子胥贊》曰："所牧何物,殆非真豬。倘遇風雲,為我龍攄。"此本《商邱子胥贊》亦無此語。然則此本之讚,其郭元祖所撰歟? 以舊刻未列郭名,疑以傳疑,今亦姑闕焉。

【彙訂】

① 據郭元祖《總讚》佚文,當是七十二人。陶弘景《真誥·握真輔》、杜臺卿《玉燭寶典》卷四、《歷代三寶記》、法琳《破邪論》等均引作此數。宋《崇文總目》亦言七十二人。今本非足本。(姚振宗:《隋書經籍志考證》;余嘉錫:《四庫提要辨證》;昌彼得:《說郛考》;李劍國:《唐前志怪小說史》、《列仙傳提要》)

②《隋書·經籍志》惟注中所謂"梁有某書,亡"者,可信其為梁時所有。至其本志之所著錄,則本之武德時所得隋時目錄,而又有所刪去增益,且所載陳、隋人書甚多,安得以其所著錄為出於梁以前之證乎?《漢書·藝文志》所錄西漢著作並非囊括無遺。且古書無定名,篇數不一。《七略》著錄之例,不盡用本書之名,又合中外之書,除其複重,別加編次,故篇數亦不必與原書合。東漢末王逸《楚辭章句》及應劭《漢書音義》已稱引《列仙傳》。(余嘉錫:《四庫提要辨證》;李劍國:《唐前志怪小說史》、《列仙傳提要》)

③《直齋書錄解題》卷十二子部神仙類《列仙傳》條解題原文作"《館閣書目》三卷六十二人。《崇文總目》作二卷,七十二人,與此合。"可知《總目》所引《館閣書目》乃《崇文總目》之誤。(楊大忠:《〈四庫全書總目提要〉訂誤十則》)

④ 此序原文云"劉向所撰又七十餘人"。(余嘉錫:《四庫提要辨證》)

⑤ 䂮是姓非名,此蓋䂮下脫去一字。(姚振宗:《隋書經籍志考證》)

周易參同契通真義三卷（浙江巡撫採進本）

後蜀彭曉撰。曉字秀川，永康人，自號真一子。仕孟昶為朝散郎，守尚書祠部員外郎，賜紫金魚袋。其事蹟未詳。楊慎序古本《參同契》，則以曉為道士。考王建之時，杜光庭嘗以道士授官。曉為道士，亦事理所有，但未知其據何書也。葛洪《神仙傳》稱“魏伯陽作《參同契》、《五行相類》凡三卷。其說是《周易》①，其實假借爻象以論作丹之意。世之儒者不知神丹之事，多作陰陽註之，殊失其旨”云云。今案其書多借納甲之法，言坎離、水火、龍虎、鉛汞之要，以陰陽五行、昏旦時刻為進退持行之候，後來言鑪火者皆以是書為鼻祖。《隋書·經籍志》不著錄，《舊唐書·經籍志》始有《周易參同契》二卷，《周易五相類》一卷，而入之“五行家”，殊非其本旨。曉序謂伯陽先示青州徐從事，徐乃隱名而註之。至桓帝時，復以授同郡淳于叔通，遂行於世，而傳其訣者頗尠。其或然歟？至鄭樵《通志·藝文略》，始別立《參同契》一門，載註本一十九部，三十一卷。今亦多佚亡，獨曉此本尚傳。共分九十章，以應陽九之數。又以《鼎器歌》一篇字句零碎，難以分章，獨存於後，以應水一之數。又撰《明鏡圖訣》一篇，附下卷之末。曉自作前、後序，闡發其義甚詳。諸家註《參同契》者，以此本為最古。至明嘉靖中，楊慎稱南方有發地中石函者，得古文《參同契》，以為伯陽真本，反謂曉此本淆亂經註。好異者往往信之。然朱子作《參同契考異》，其章次並從此本。《永樂大典》所載《參同契》本，亦全用曉書，而以俞琬〔琰〕諸家之註分隸其下②。則此本為唐末之書，授受遠有端緒。慎所傳本，殆豐坊古《大學》之流，殊荒誕不足為信。故今錄《參同契》之註，仍以此本為冠焉。

案，《唐志》列《參同契》於“五行”類，固為失當，朱彝尊《經義考》列《周易》之中，則又不倫。惟葛洪所云得魏伯陽作書本旨，若預睹陳摶以後牽異學以亂聖經者。是此書本末源流，道家原了了，儒者反憒憒也。今仍列之於“道家”，庶可知丹經自丹經，《易》象自《易》象，不以方士之說淆羲、文、周、孔之大訓焉②。

【彙訂】

① “其說是周易”，《神仙傳》原文作“其說似解周易”。（江慶柏等整理：《四庫全書薈要總目提要》）

② “俞琬”，當作“俞琰”，乃避嘉慶諱改。殿本作“俞琰”。

③ 《經義考》卷七九有魏伯陽《周易參同契》條，朱氏按語云：“《參同契》本道家之言，不當列於經義。然朱子嘗為之作注，且謂‘無害於《易》’，故附載之。”既為“附載”，自與歸入《周易》各條有別。（張宗友：《〈四庫全書總目〉誤引〈經義考〉訂正》）

周易參同契考異一卷（江西巡撫採進本）

宋朱子撰。考陳振孫《書錄解題》稱朱子以《參同契》“詞韻皆古，奧雅難通，讀者淺聞，妄輒更改，比他書尤多舛誤。因合諸本，更相讎正”。朱子自跋亦稱“凡諸同異，悉存之以備考證”，故以“考異”為名。今案書中註明同異者，惟“天下然後治”之“治”字，云“或作‘理’”；“威光鼎乃熺”之“熺”字，云“本作‘喜’，一作‘熺’”，參證他本者不過二處。又如“修”字疑作“循”，“六五”疑作“廿六”，“鉛”字疑作“飴”，“與”字疑作“為”之類，朱子所自校者，亦祇六七處。其餘每節之下隨文詮釋，實皆箋註之體，不盡訂正文字。乃以“考異”為名，未喻其旨。跋末自署“空同道士鄒訢"。蓋以鄒本邾國，其後去邑而為朱，故以寓姓；《禮記》鄭氏註謂"訢"當作"熹"，又《集韻》"熹"虛其切，"訢"亦虛其切，故以寓名。殆以究心丹訣非儒者之本務，故託諸廋辭歟？考《朱子語錄》，論《參同契》諸條頗為詳盡。《年譜》亦載有慶元三年蔡元定將編管道州，與朱子會宿寒泉精舍，夜論《參同契》一事①。《文集》又有《與蔡季通書》曰②："《參同契》更無縫隙，亦無心思量，但望他日為劉安之雞犬耳。"云云。蓋遭逢世難，不得已而託諸神仙，殆與韓愈謫潮州時邀大顛同遊之意相類。故黃瑞節《附錄》謂其師弟子有脫屣世外之意，深得其情。黃震《日鈔》乃曰："《參同契》者上虞人魏伯陽作，其說出神仙不足憑。近世蔡季通，學博而不免於雜，嘗留意此書。而晦菴與之遊，因為校正。其書頗行於世，而求其義則絕無之。"云云。其持論固正，然未喻有託而逃之意也。

【彙訂】

① "一"，殿本無。

② "與"，據《晦菴續集》卷二《書·答蔡季通》及殿本補。

周易參同契解三卷（浙江巡撫採進本）

宋陳顯微撰。顯微字宗道，自號抱一子，淮陽人。嘉定、端平閒臨安佑聖觀道士也。是書乃端平元年其弟子王夷所刊，顯微自為序。書中次第，悉依彭曉之本。其《鼎器歌》一首，亦從彭本附於卷末。惟分上、中、下三篇而不分章，則從葛洪《神仙傳》之說。"象彼仲冬節"以下七十字，彭本、陳致虛本俱在"枝莖華葉"之下，而是本移在"太陽流珠"一節之下，則顯微據經中"別亭四象"之語，更其舊次也。蓋其時錯簡之說盛行，王柏諸人遞相

煽動，流波所汩，併及於方以外矣。以其詮釋詳明，在《參同契》
諸註之中猶為善本，故存備言内丹者之一家，猶經解之中錄吳澄
諸書之意云爾。

周易參同契發揮三卷釋疑一卷（浙江鮑士恭家藏本）

宋俞琰〔琰〕撰[①]。琰有《周易集說》，已著錄。是書以一身
之水火陰陽發揮丹道，雖不及彭曉、陳顯微、陳致虛三註為道家
專門之學，然取材甚博。其《釋疑》三篇，考核異同，較朱子本尤
詳備。明白雲霽《道藏目錄》謂二書共十四卷[②]，焦竑《國史經籍
志》則作十二卷。毛晉《津逮祕書》以琰註與曉等三家註合為一
編，已非其舊，又併其《釋疑》佚之。此本每卷俱有圖，乃至大三
年嗣天師張與封所刻[③]，實祇三卷，附以《釋疑》一卷。考琰《易
外別傳》自序亦稱：“丹道之口訣，細微具載於《參同契發揮》三
篇。”白雲霽所記，或並其他書數之。焦竑所記，悉輾轉販鬻於他
書，沿譌襲謬，益不足據矣。

【彙訂】

① “琬”，當作“琰”，下同，乃避嘉慶諱改。殿本作“琰”。

② 白雲霽《道藏目錄詳註》卷四太玄部載“止字號計十卷：
《周易參同契發揮》，卷一之九俱有圖，林屋山人全陽子俞琰述，
清靜虛無。《周易參同契釋疑》，全陽子”。以下為“若字號計十
四卷”。（郭彧：《續四庫提要辯證（經部易類）》）

③ 張與封乃張與材之誤，其人係正一道第三十八代天師。
（劉韶軍：《〈道藏〉〈續道藏〉〈藏外道書〉中易學著作提要》）

周易參同契分章註三卷（浙江巡撫採進本）

元陳致虛撰。致虛字觀吾，自號上陽子。年四十，始從趙友

欽學道，講神仙鍊養之術。其説以金丹之道當以《陰符》、《道德》為祖，《金碧》、《參同》次之。又稱丹書多不可信，得真訣者要必以《參同契》、《悟真篇》為主。所作《醒眼詩》有云；"端有長生不死方，常人緣淺豈承當。鉛銀砂汞分斤兩，德厚恩深魏伯陽。"蓋於伯陽之書尤所研討也。此乃所作《參同契》註，凡分為三十五章，與彭曉註本分九十章者不同。又謂曉以《鼎器歌》一篇移置於後為非，仍依原本置之"法象成功"章之後。其所疏解，亦皆明白顯暢。近時李光地註《參同契》，謂諸本之中惟《漢魏叢書》所載朱長春本為最得古意。今以朱本相勘，惟首篇"乾坤者易之門户"云云，不立章名。故自"乾坤設位"以下祇分為三十四章，視此較少一章，其餘章次，悉與此本相同。蓋朱本即鈔此本而去其註，光地未考其淵源也。

古文參同契集解三卷（内府藏本）

明蔣一彪撰。一彪自號復陽子，餘姚人。魏伯陽作《參同契》，原本三篇。自彭曉分章作解，後來註家雖遞有併析，而上、中、下篇之次序俱仍舊目。至明楊慎，始別出一本，稱南方掘地得石函中有古文《參同契》上、中、下三篇，敍一篇，徐景休《箋註》亦三篇，後序一篇，淳于叔通《補遺三相類》上、下二篇，後序一篇，合為十一篇。自謂得見朱子所未見。一彪此註即據慎本而作，故謂之"古文"。其彭曉、陳顯微、陳致虛、俞琬〔琰〕四家之註①，悉割裂其文，綴於各段之下，故謂之"集解"。今考其書，於舊文多所顛倒。以原本所有讚一篇，則指為景休後序。原本"補塞遺脱"一章，亦析出為叔通後序。案《參同契》一書，自虞翻註《易》，引其"日月為《易》"一語外，見李鼎祚《周易集解》。他家罕所稱引。其授受源流，諸書亦不具載。所可據者，惟彭曉之序為古。曉序但稱魏君示青州徐從事，徐隱名而註之。鄭樵《通志·藝文略》有徐從事註《陰陽統略參同契》三卷，亦不言為徐景休。何以越二千年至慎，而其名忽顯②？其贊序一首，朱子嘗謂其文意是註之後序，恐是徐君註而註不復存。今此本乃適與相合，豈非因朱子之語而附會其說歟？若淳于叔通，不過傳授此書。舊時道家有"徐從事、淳于叔通各序一篇"之語，彭曉已據唐時劉知古《日月元〔玄〕樞論》極辨其誤。慎乃復以《三相類篇》為出叔通，是又借曉所駁之說，證成其為唐以前本也。不知《參同契》本末，漢、魏遺書雖無文可證。若晉以來書，則葛洪《神仙傳》固云伯陽作《參同契》、《五行相類》，凡三卷。唐以來書，則《舊唐書·經籍志》案，《舊唐書》著錄之書，並據《開元內外經錄》。固云《周易參同契》二卷，魏伯陽撰，《周易五相類》一卷，魏伯陽撰矣。慎所謂古本，何代之古本乎？一彪此本，於諸註原稱"魏君"者，輒改作"徐君"，以就其說，尤非闕疑之義。然自慎以後，世遂別有此本，諸家所註，往往沿之，亦遂不可磨滅。今姑依其篇第，各分子卷，與彭曉諸本並著於錄。以著作偽變亂之由，俾來者無惑焉。

【彙訂】

①"俞琬"，當作"俞琰"，下同，乃避嘉慶諱改。殿本作"俞琰"。

② 魏伯陽以書示徐從事，在東漢桓帝時，見《總目》本卷《周易參同契通真義》條。楊慎卒於嘉靖三十八年，年七十，見《明史》本傳。由漢桓帝即位至楊慎卒，僅一千四百一十三年。（楊武泉：《四庫全書總目辨誤》）

抱朴子內外篇八卷（江蘇巡撫採進本）

晉葛洪撰。洪有《肘後備急方》，已著錄。是編乃其乞為句漏令後，退居羅浮山時所作①。抱朴子者，洪所自號，因以名書也。自序謂內篇二十卷，外篇五十卷。《隋志》載內篇二十一卷，音一卷，入“道家”，外篇三十卷，入“雜家”。外篇下註曰：“梁有五十一卷。”《舊唐志》亦載內篇二十卷，入“道家”，外篇五十一卷，入“雜家”，卷數已小不同。《新唐志》“道家”載內篇十卷，“雜家”載外篇二十卷，乃多寡迥殊。《宋志》則均入“雜家”，內篇作二十卷，與《舊唐書》同，外篇作五十卷，較《舊唐書》又少一卷。晁公武《讀書志》作內篇二十卷，外篇十卷，內、外篇之卷數與《新唐書》互異。陳振孫《書錄解題》但載內篇二十卷，而云：“《館閣書目》有外篇五十卷，未見。”其紛紜錯互，有若亂絲。此本為明烏程盧舜治以宋本及王府、《道藏》二本參校，視他本較為完整。所列篇數，與洪自序卷數相符。知洪當時蓋以一篇為一卷。以《永樂大典》所載互校，尚多《丹砂法》以下八篇，知為足本矣。其書內篇論神仙吐納、符籙剋治之術，純為道家之言，外篇則論時政得失，人事臧否，詞旨辨博，饒有名理。而究其大旨，亦以黃、老為宗。故今併入之“道家”，不復區分焉。

【彙訂】

① 書中《自敘篇》中稱元帝為晉王，又言“至建武中，乃定凡著內篇二十卷，外篇五十卷”，明在建武元年（317）元帝稱王而未即帝位之時，葛洪三十四歲。而退居羅浮山約在五十餘歲時，說參卷一〇三《肘後備急方》條訂誤。（曹道衡、沈玉成：《〈晉書·葛洪傳〉誤敍〈抱朴子〉成書年代》）

神仙傳十卷（兩淮鹽政採進本）

晉葛洪撰。是書據洪自序，蓋於《抱朴子內篇》既成之後，因其弟子滕升問仙人有無而作。所錄凡八十四人。序稱："秦大夫阮倉所記凡數百人，劉向所撰又七十一人。今復鈔集古之仙者見於仙經服食方百家之書，先師所說，耆儒所論，以為十卷。"又稱劉向所述，殊甚簡略，而自謂此傳有愈於向。今考其書，惟容成公、彭祖二條與《列仙傳》重出，餘皆補向所未載。其中如黃帝之見廣成子、盧敖之遇若士，皆莊周之寓言，不過鴻濛、雲將之類，未嘗實有其人；淮南王劉安謀反自殺，李少君病死，具載《史記》、《漢書》，亦實無登仙之事。洪一概登載，未免附會。至謂許由、巢父服箕山石流黃丹，今在中岳中山，若二人晉時尚存，洪目睹而記之者，尤為虛誕。然後《漢書·方術傳》載壺公、薊子訓、劉根、左慈、甘始、封君達諸人，已多與此書相符。疑其亦據舊文，不盡偽撰，又流傳既久，遂為故實。歷代詞人轉相沿用，固不必一一核其真偽也。諸家著錄皆作十卷，與今本合。惟《隋書·經籍志》稱為葛洪《列仙傳》，其名獨異。考新、舊《唐書》並作葛洪《神仙傳》，知今本《隋志》殆承上《列仙傳讚》之文，偶然誤刊，非書有二名也。此本為毛晉所刊。考裴松之《蜀志·先主傳》註引李意其一條，《吳志·士燮傳》註引董奉一條，《吳範劉惇趙達傳》註引介象一條，併稱："葛洪所記[①]，近為惑衆。其書文頗行世，故撮舉數事，載之篇末。"是徵引此書，以《三國志註》為最古。然悉與此本相合，知為原帙[②]。《漢魏叢書》別載一本，其文大略相同，而所載凡九十二人。核其篇第，蓋從《太平廣記》所引鈔合而成[③]。《廣記》標題，閒有舛誤，亦有與他書複見，即不引《神仙傳》者，故其本頗有譌漏。即如盧敖、若士一條，李善註《文選》江淹《別賦》、鮑照《升天行》,凡兩引之,俱稱葛洪《神仙傳》,與此本合。因《太平廣記》未引此條,《漢魏叢書》本遂不載之,足以證其非完本矣。

【彙訂】

①"記",殿本作"述"。

②《文苑英華》卷七三九載唐梁肅《神仙傳論》云:"《神仙傳》凡一百九十人。"五代道士王松年編《仙苑編珠》自序云:"葛洪更撰《神仙傳》一百一十七人。"毛晉本顯非原帙。(周國林:《〈神仙傳〉全譯前言》)

③《漢魏叢書》未收《神仙傳》,《廣漢魏叢書》本收錄九十二人,其中五十七人輯自《太平廣記》,非盡出自《廣記》。此本所收有十五篇為四庫本所無。其中老子,曾為《藝文類聚》、《初學記》引錄,李仲甫、陳子皇,見引於《藝文類聚》,孔安國,見引於《仙苑編珠》,可信確為《神仙傳》原文。(同上)

真誥二十卷(兩淮馬裕家藏本)

梁陶宏〔弘〕景撰。宏景有《刀劍錄》,已著錄。是書凡《運象篇》、《甄命授》、《協昌期》、《稽神樞》、《闡幽微》、《握真輔》、《翼真檢》等七篇。其《運象篇》書末宏景敘錄又作《運題象》。前後必有一譌,然未詳孰是也。《文獻通考》作十卷,此本乃二十卷,蓋後人所分析也。所言皆仙真授受真訣之事。《朱子語錄》云:"《真誥·甄命篇》,卻是竊佛家《四十二章經》為之。至如地獄託生妄誕之說,皆是竊佛教中至鄙至陋者為之。"①黃伯思《東觀餘論》則云:"《真誥》'眾靈教戒'條後'方圓'諸條,皆與佛《四十二章經》同,後人所附。"然二氏之書,亦存此一家於天地閒耳。固不必一一別是非，亦無庸一一辨真偽也。伯思又云“小宋太乙宮詩‘瑞木千尋聳，仙圖幾弔開’，註云‘《真誥》謂一卷為一弔’。殊不知《真誥》所云‘弓’即‘卷’字，蓋從省文。《真誥》音亦爾，非‘弔’字也”。然則此書諸卷，皆原作“弓”字，陶宗儀《説郛》蓋本於此。今皆作卷幾，亦非宏景之舊矣。

【彙訂】

①《朱子語類》卷一二六《跋真誥衆靈教戒條後》云：“道書中有《真誥》，末後有《道授篇》，卻是竊《四十二章經》之意為之。非特此也，至如地獄託生妄誕之説，皆是竊他佛教中至鄙至陋者為之。”

亢倉子一卷（衍聖公孔昭焕家藏本）

舊本題庚桑楚撰，唐柳宗元嘗辨其偽。晁公武《讀書志》曰：“案唐天寶元年詔號《亢桑子》為《洞靈真經》，然求之不獲。襄陽處士王士元謂《莊子》作《庚桑子》，太史公、《列子》作《亢倉子》，其實一也，取諸子文義類者補其亡。今此書乃士元補亡者。宗元不知其故而遽詆之，可見其鋭於譏議也。”今考《新唐書·藝文志》載王士元《亢倉子》二卷，所註與公武所言同，則公武之説有據。又考《孟浩然集》首有宣城王士元序，自稱修《亢倉子》九篇。又有天寶九載韋滔序，亦稱“宣城王士元藻思清遠，深鑒文理，常遊山水，不在人間，著《亢倉子》數篇，傳之於代”云云，與《新唐書》所言合。則《新唐書》之説亦為有據。宋濂作《諸子辨》，乃仍摘其以“人”易“民”，以“代”易“世”，斷為唐人所偽，亦未之考矣。惟是庚桑楚居於畏壘，僅見《莊子》，而《史記·莊周列傳》則云周為書如《畏壘》、《亢倉子》，皆空言無事實。則其人亦鴻濛、雲將之流,有無蓋未可定。其書《漢志》、《隋志》皆不著錄。至於唐代,何以無所依據,憑虛漫求?毋亦士元先有此本,而出入禁中之方士如葉法善、羅公遠者轉相煽惑,預為之地,因而詔求歟?觀士元自序稱"天寶四載,徵謁京邑",適在書成之後,是亦明證也。劉恕《通鑑外紀》引封演之言曰:"王巨源採《莊子‧庚桑楚》篇義補葺,分為九篇。云其先人於山中得古本,奏上之。敕付學士詳議。疑不實,竟不施行。今《亢桑子》三卷是也。"_{案此條《封氏聞見記》不載①,蓋今本乃殘闕之餘。其以王士元為王巨源,以《亢倉子》為《亢桑子》,以二卷為三卷,則傳聞異詞也。}然則士元此書,始猶偽稱古本。後經勘驗,知其不可以售欺,乃自承為補亡矣。然士元本亦文士②,故其書雖雜剟《老子》、《莊子》、《列子》、《文子》、《商君書》、《呂氏春秋》、劉向《說苑》、《新序》之詞,而聯絡貫通,亦殊亹亹有理致,非他偽書之比。其多作古文奇字,與衛元嵩《元包》相類。晁公武謂"內不足者必假外飾",頗中其病。《宋史‧藝文志》別有《亢倉子音》一卷,殆即釋其奇字歟?《崇文總目》作九篇,晁、陳諸家皆同。《宋志》作二卷,宋濂《諸子辨》則作五卷。此本僅有一卷,而篇數與《崇文總目》合,蓋又明人所併云。

【彙訂】

①"聞見記",殿本作"見聞記",誤。

②"本",殿本無。

亢倉子註九卷(衍聖公孔昭煥家藏本)①

舊本題何粲撰,不著時代。柳宗元《讀〈亢倉子〉》稱:"劉向、班固錄書無《亢倉子》,而今之為術者,乃始為之傳註,以教於世。"則註自宗元時已有。然宗元不著註者姓名,晁公武《讀書

志》乃作"《亢倉子》二卷，何璨註"。公武當南、北宋之間，則何璨
當在北宋以前。惟"璨"字從"玉"，與今本小異，或傳寫異文歟？
註文簡質，不類宋以後語，疑即宗元所見也。註中又雜以音釋，
為明黄諫所補。卷末有諫跋。諫喜作古字，所著有《從古正文》，
頗迂怪不可行用。《亢倉子》多用奇字，與諫所學合，故諫喜而為
之音釋。然與註糅雜，不復識別，是則明人竄亂古書之惡習也。
《亢倉子》為王士元所補，高似孫《子略》誤以士元為王褒，紕謬殊
甚。諫跋亦以為王褒所作，不能考正。蓋諫平生之精力主於以
篆改隸，以駭俗取名，其他皆未能深究，固其所矣。

【彙訂】

① 文淵閣《四庫》本所收為一卷，內載《全道篇》等九篇。書
前提要亦作《亢倉子註》九篇。（修世平：《〈四庫全書總目〉訂誤
十四則》）

　　元〔玄〕真子一卷附天隱子一卷（兵部侍郎紀昀家藏本）

　　《元真子》，唐張志和撰。志和字子同，婺州人。初名龜齡。
肅宗時以明經擢第，待詔翰林。坐事貶南浦尉，後遇赦還，放浪
江湖以終。自號曰煙波釣徒，又號曰元真子。事蹟具《新唐書·
隱逸傳》。沈汾《續仙傳》載其行事甚怪。大抵好事者附會之，實
則恬退自全之士而已。其書據《書錄解題》稱本十二卷，陳振孫
時存三卷，已非完帙。此本僅存三篇，一曰《碧虛》，二曰《鸑鷟》，
三曰《濤之靈》，併為一卷，與振孫所言又異。或當時之本以一篇
為一卷歟？其言略似《抱朴子外篇》，但文采不及其藻麗耳。《天
隱子》亦唐人撰，不知其姓名。前有司馬承禎序，則元宗時人。
晁公武、陳振孫皆疑為承禎所託名①。然承禎自有《坐忘論》，已

自著名，又何必託名為此書也。書凡八篇，一曰《神仙》，二曰《易簡》，三曰《漸門》，四曰《齋戒》，五曰《安處》，六曰《存想》，七曰《坐忘》，八曰《神解》。《讀書志》稱一本有《三宮法》附於後，此本無之，殆傳寫佚脱矣。書寥寥僅兩三紙，不能自成卷帙。今以與《元真子》同時，即附之《元真子》後，俾從其類焉。

【彙訂】

① 晁公武《郡齋讀書志》(衢本)卷十六著錄《天隱子》一卷，唐司馬子微為之序："天隱子不知何許人，著書八篇……王古以為天隱子即子微也。"則疑天隱子即承禎者，乃王古而非晁氏也。陸游《渭南文集》卷二十六《跋天隱子》云："東坡先生以為《天隱子》真司馬子微所著也。"則其説始於蘇軾。(余嘉錫：《四庫提要辨證》)

無能子三卷(浙江范懋柱家天一閣藏本)

不著撰人名氏。序稱光啟三年天子在褒，則唐僖宗時人也。《崇文總目》列之於道家。晁公武《讀書志》云："書三十篇，明老、莊自然之旨。"今考其書，實三十四篇，與序所言篇數合。而卷上註闕第六篇，卷中註闕第五篇，卷下註闕第七、第九、第十、第十二、第十三、第十四等六篇，是其全書具在，實四十二篇，與序又不相應。豈序為後人追改，以就所存之篇數耶？《唐書·藝文志》以為光、啟閒隱民。考序中有"不述姓名、游宦"語，則亦嘗登仕籍，非隱民也。其書多竊《莊》、《列》之旨，又雜以釋氏之説，詞旨頗淺。第以唐代遺書漸少①，姑以舊本錄之耳。

【彙訂】

①"漸少"，殿本作"漸佚漸少"。

續仙傳三卷（兩淮鹽政採進本）

舊本題唐溧水令沈汾撰[①]。陳振孫《書錄解題》曰："汾，或作玢。"案吳淑《江淮異人錄》載有侍御沈汾游戲坐蛻事，亦道家者流，疑即其人。書中記及譚峭，而稱楊行密曰吳太祖，則所謂唐者南唐也[②]。其書上卷載飛昇一十六人，以張志和為首。中卷載隱化十二人，以孫思邈為首。下卷載隱化八人，以司馬承禎為首。雖其中附會傳聞，均所不免，而大抵因事緣飾，不盡子虛烏有。如張志和見《顏真卿集》，藍采和見《南唐書》，謝自然見《韓愈集》，許宣平見《李白集》，孫思邈、司馬承禎、譚峭各有著述傳世，皆非鑿空。他如馬自然、許碏、戚逍遙、許宣平、李昇、徐釣者、譚峭、李陽冰諸詩，亦頗藉其採錄。惟泛海遇仙使，歸師司馬承禎事，上卷以為女貞謝自然，下卷又以為女貞焦靜真，不應二人同時均有此異。是其虛構之詞，偶忘其自相矛盾者矣。

【彙訂】

① 書中卷下《轟師道傳》稱楊吳為朝廷，是沈汾應作五代楊吳人。（陳國符：《道藏源流考·引用傳記提要》）

② 卷下《譚峭》條云："字景升，國子司業洙之子……一旦告父出遊終南山，父以南山近京都，許之。"則其學道尚在唐世。《江淮異人錄》亦稱唐末沈汾。（李劍國：《唐五代志怪傳奇敘錄》）

雲笈七籤一百二十二卷（浙江孫仰曾家藏本）

宋張君房撰。君房，岳州安陸人[①]。景德中進士及第[②]，官尚書度支員外郎，充集賢校理[③]。祥符中自御史臺謫官寧海。適真宗崇尚道教，盡以祕閣道書付杭州，俾戚綸、陳堯臣校正。

綸等同王欽若薦君房主其事④。君房乃編次得四千五百六十五
卷，進之。復撮其精要，總萬餘條，以成是書⑤。其稱《雲笈七
籤》者，蓋道家之言，以天寶君說洞真為上乘，靈寶君說洞元〔玄〕
為中乘，神寶君說洞神為下乘。又太元〔玄〕、太平、太清三部為
輔經，又正一、法文、遍陳三乘，別為一部。統稱"三洞真文"，總
為七部，故君房取以為名也。其詮敘之例，自一卷至二十八卷總
論經教宗旨及仙真位籍之事。二十九卷至八十六卷則以道家服
食鍊氣、內丹外丹、方藥符圖、守庚申、尸解諸術，分類纂載。八
十七至一百二十二卷則前人文字及詩歌傳記之屬，凡有涉於道
家者，悉編入焉。大都摘錄原文，不加論說。其引用《集仙錄》、
《靈驗記》等，亦多有所刪削。然類例既明，指歸略備，綱條科格，
無不兼該。《道藏》菁華，亦大略具於是矣。《文獻通考》作一百
二十卷。此本為明中書舍人張萱所刊，中多二卷，蓋《通考》脫
誤也⑥。

【彙訂】

①　據《宋史》卷八八《地理四》，宋之安陸係荊湖北路安州
（宣和六年升為德安府）之郡名，該郡轄下又有一同名縣。該縣
元至清均隸德安，而岳州自宋及清未轄安陸。宋祝穆《方輿勝
覽》卷三一《德安府・人物》載君房為真宗時安陸人，《輿地紀勝》
卷七七《德安府・人物》、《寰宇通志》卷五一《德安府・人物》亦
作安陸人。安陸人王得臣《麈史》卷三稱君房為"鄉先生"。可證
君房乃安州人，非岳州人。（周生春：《〈四庫全書總目〉子部釋
家類、道家類提要補正》；楊武泉：《四庫全書總目辨誤》）

②　《湖廣通志》卷三十二《選舉志・進士》宋代無張君房之
名，而見於卷三十一《選舉志・前朝薦舉》，卷五十七本傳亦未言

曾中進士。（胡露、周錄祥：《〈四庫全書總目〉道家類補正》）

③ 據《默記》卷下，君房仕至尚書祠部郎中，集賢校理。（周生春：《〈四庫全書總目〉子部釋家類、道家類提要補正》；楊武泉：《四庫全書總目辨誤》）

④ 據《續資治通鑑長編》卷八六，大中祥符九年三月戊申條及張君房《雲笈七籤》序，修校《道藏》係由王欽若“總統其事”，非由君房主其事。實際參加修校者為張君房、朱益謙、馮德之等，不包括戚綸、陳堯臣，且“陳堯臣”係“陳堯佐”之誤。（同上）

⑤ 張君房《雲笈七籤》序稱“今翰林學士陳堯佐”，堯佐天聖六年九月拜翰林學士，七年二月除樞密副使（《宋學士表》），則成書時間當在天聖六年。（同上）

⑥ 按君房自序，此書“總為百二十卷”，後逐漸衍為卷數各異的數種傳本，明清後多為百二十二卷本。《文獻通考》卷二二五係據《郡齋讀書志》著錄，並非“脫誤”。（同上）

悟真篇註疏三卷附直指詳說一卷（浙江巡撫採進本）

宋張伯端撰，翁葆光註，元戴起宗疏。伯端一名用成，字平叔，天台人①。自云熙寧中游蜀，遇異人傳授丹訣。元豐中卒於荊湖②。世俗傳以為仙，亦無可考驗也。是書專明金丹之要，與魏伯陽《參同契》道家並推為正宗。其中所云“要知產藥川源處，只在西南是本鄉”者，即《參同契》“三日出為巽，震生庚西方”之旨。其云“藥重一斤須二八”者，即《參同契》“上弦兌數八，下弦艮亦八”之旨。其云“三五一都三個字，古今明者實然稀”者，即《參同契》“三五與一，天地至精，可以口訣，難以書傳”之旨。其云“木生於火本藏鋒，要須制伏覓金公”者，即《參同契》“河上姹女,得火則飛,將欲制之,黃芽為根"之旨。其餘亦皆彼此闡發。然其書初出,第道家自相授受,儒家罕有傳述者。至乾道中,翁葆光始析為三篇,作註以申繹其義,又附以《悟真直指詳說》一篇。傳之既久,或譌為薛道光撰,而葆光之名遂不顯。逮元至順閒,戴起宗訪得舊本,重加訂正,於是定為葆光之註,而復為疏以發明之。是二人者皆未聞其羽化飛昇,亦未聞其長生久視。但據其書而論,則所云"假真陰、真陽之二物,奪天地之一氣,以為丹餌,歸丹田氣海之中,以御一身。後天地之氣,則一身之氣翕然歸之,若眾星之拱北辰",其說亦似乎近理。故錄而存之,以備丹經之一種。葆光字淵明,號無名子,象川人。起宗字同甫,集慶路人,延祐中嘗官紹興儒學教授③。其始末則均無可考云。

【彙訂】

① 張伯端,《嘉定赤城志》卷三五云"郡人"。康熙《台州府志》作"臨海人"。又《嘉定赤城志》、《輿地紀勝》卷一二均云名"用誠"。(李裕民:《四庫提要訂誤》增訂本)

②《歷代真仙體道通鑑》卷四九云:馬默"出為廣南漕,紫陽(伯端號紫陽真人)復從之游,於元豐五年三月十五日趺坐而化"。則卒地非荊湖。(同上)

③ "嘗",底本作"常",據殿本改。

古文龍虎經註疏三卷(江蘇周厚堉家藏本)

宋王道撰。前有道自序及太乙宮道士周真一奏進劄子,又有道後序一篇。道本末不可考。自題稱"保義郎差充恩平郡王府指揮使",自序又云:"一介武弁,隸職王府。"蓋本藩邸環衛官,而依附道流者也。陳振孫《書錄解題》載《古文龍虎上經》一卷,不著名氏。道推衍其義為之註，又申註意自為之疏。其經分三十三章，上卷十三章，中卷六章，下卷十四章，末又載《攢簇周天火候》、《金火相交生藥》二圖，以明用功之法。大旨謂真鉛、真汞止取天地之精、日月之華，混合造化，以成神丹。辨藥材之真偽，抉金石之異同。又稱得真師口訣，以《龍虎經》行世之本謬誤為多，故釐而正之，分章定句，於淳熙閒奏進。所謂“龍虎”者，即水火之義，道家丹訣，例用寓名耳。註疏中多引《參同契》語，蓋鑪火之說自魏伯陽始有書，猶彼法中之《六經》也。道又有《補註參同契》，見所作後序。今佚不傳，然大意亦不過如此矣。此書《宋史·藝文志》不著錄，或疑出羽流依託。然《龍虎經》之為古書，尚無確驗，亦何必究註之真偽。且服氣養生，山林隱逸之事也。因方士以奏於朝，此何意乎？其人殊不足道，姑以其言成理存之爾。

易外別傳一卷（浙江吳玉墀家藏本）

宋俞琬〔琰〕撰①。其書以邵子《先天圖》闡明丹家之旨。考《先天圖》傳自陳摶。南宋以來，無不推為伏羲之祕文、卦爻之本義。袁樞、林栗雖據理以攻之，然不能抉其假借之根，口衆我寡，無以相勝也。迨元延祐閒，天台陳應潤始指為《參同契》鑪火之說，其言確有根據。然宗河、洛者深諱之，巧辨萬端，繆轕彌甚。惟琬作此書，絕無文飾。其後序有曰：“名之曰《易外別傳》，蓋謂丹家之說雖出於《易》，不過依仿而託之者，非《易》之本義也。”可謂是非皎然，不肯自誣其心者矣。後序稱是書附《周易集說》後。其子仲溫跋亦云：“《易外別傳》一卷，先君子之所著，而附於《周易集說》後者。”今通志堂所刊《集說》，納喇性德序中雖稱《易圖纂要》一卷,《易外別傳》一卷附焉,而印本實無此卷。豈初鋟於木,後覺其不類而刪之耶？白雲霽《道藏目錄》以此書與《易圖通變》、《易筮通變》同載於太元部若字號中,並題曰雷思齊撰。考揭傒斯為思齊作序,稱所著有《老子本義》、《莊子旨義》、《和陶詩》,吳全節序又稱其別有文集,而均不及此書。殆雲霽以三書同函而誤歟？

　　案,此書純為道家之説,自序中已明言之。舊雖附於《周易集説》之後,今移置於"道家"。蓋一家之書,可以不分品目,自相繫屬。若區別門類,則宗旨各殊,不容以黃、老之談參義、文之笈矣。

【彙訂】

① "俞琰",當作"俞琰",乃避嘉慶諱改。殿本作"俞琰"。又依《總目》體例,當補"琰有《周易集説》,已著錄"。

席上腐談二卷(兩淮鹽政採進本)①

宋俞琰〔琰〕撰②。是書乃其劄記雜説。惟上卷前數十條為考證名物之語,詞意多膚淺無稽。如謂婦人俗稱"媽媽",乃取坤卦"利牝馬之貞"意；謂觓觺之名因出於渠搜；謂羆貅之名取於蹠以登狀,多附會穿鑿不足據。其餘則皆辟容成之術,及論《褚氏遺書》胎孕之説。下卷則備述丹書,而終以黃白為戒。大旨皆不出道家,而在道家之中持論獨為近正。由其先明儒理,故不惑方士之詭説也。朱存理《樓居雜著》有是書跋語二條。其一稱"石澗先生註《易》外,別有《席上腐談》。《易》説既有刻,此編特手筆存於家。黃巖林公守郡時,持之而去,其家別無副本,至今吳中失其傳。庚戌秋,與海昌董子壬會於逆旅,偶談家有是書,又已失去。遂同過祝秋官處轉為假之歸,幸此書又復來吳中"云云。
是此書之傳出於存理。其一稱"俞氏家集云'《腐談》四卷',今止
二卷。今本曰《輔談》者,雖聲相近而字畫轉譌不同,必有據也"
云云。考《永樂大典》所引或作"輔",或作"腐",參差不一。觀存
理跋,知當時本自異文,非有兩書矣。

【彙訂】

①"兩淮鹽政採進本",殿本作"兩江總督採進本"。(江慶
柏:《殿本、浙本〈四庫全書總目〉著錄圖書進獻者主名異同
考》)

②"俞琬",當作"俞琰",下同,乃避嘉慶諱改。殿本作"俞
琰"。

道藏目錄詳註四卷(兵部侍郎紀昀家藏本)

明道士白雲霽撰。雲霽字明之,號在虛子,上元人。是書
成於天啟丙寅。以《道藏》之文,分門編次。大綱分三洞、四
輔、十二類。三洞者,一洞真部,元始天尊所流演,是為大乘上
法;二洞元部,太上老君所流演,是為中乘中法;三洞神部,亦
出太上老君,是為小乘初法。四輔者,其一太元部,洞真之輔
也;二太平部,洞元之輔也;三太清部,洞神之輔也;四正一部,
三洞、三輔所會歸也。所分七部,與《雲笈七籤》一一相合,蓋
歷代道家之舊目。其七部子目①,則各分本文、神符、玉訣、靈
圖、譜錄、戒律、威儀、方法、眾術、記傳、讚頌、表奏十二類。其
書則以《千字文》為次,以一字當一函,函各具其卷數,自"天"
字至"羣"字為舊藏之目,自"英"字至"將"字為明人新續之目。
每條各有解題,如《崇文總目》、《郡齋讀書志》之例。所列諸

書,多捃拾以足卷帙。如劉牧《易數鉤隱圖遺論九事》、張理《易象圖說內外篇》、雷思齊《易外別傳》、<small>案此本俞琬〔琰〕之書②,雲霽誤以為思齊。</small>《易筮通變》、《易圖通變》,舊皆入《易》類,《穆天子傳》舊入起居注類,《山海經》舊入地理類,揚雄《太元經》、邵子《皇極經世》、鮑雲龍《天原發微》舊皆入儒家類,《墨子》舊入墨家類,《素問》、《靈樞經》、《八十一難》、孫思邈《千金方》、葛洪《肘後備急方》、《急救仙方》、《仙傳外科祕方》、寇宗奭《本草衍義》舊皆入醫家類,《公孫龍子》、《尹文子》舊入名家類,《韓非子》舊入法家類,《孫子》舊入兵家類,《鬼谷子》舊入縱橫家類,《鶡子》、《鶡冠子》、《淮南子》、《子華子》、《劉子》、馬總《意林》舊皆入雜家類,《錄異記》、《江淮異人錄》舊皆入小說家類,《黃帝宅經》、《龍首經》、《金匱玉衡經》、《元〔玄〕女經》、《通占大象曆》、《星經》、《靈棋經》舊皆入術數家類,陶宏景《華陽隱居集》、邵子《擊壤集》、吳筠《宗元集》舊皆入別集類。雖配隸或有未安,門目或有改易,然總無以為道家言者。今一概收載,殊為牽強。蓋二氏之書,往往假借附會,以自尊其教,不足深詰。雲霽所註,不能甚詳,而亦頗具崖略。考道家之源委,茲編亦其總彙也。羣字號之末,附以《道藏闕經目錄》二卷,則亦多所散佚,不盡完備矣。考《漢志》所錄道家三十七部,神仙家十部,本截然兩途。黃冠者流,惡清靜之不足聳聽,於是以丹方符籙炫耀其神怪,名為道家,實皆神仙家也。黃、老之學,漢代並稱。然言道德者稱老子,言靈異者稱黃帝,名為述說老子,實皆依託黃帝也。其恍惚誕妄,為儒者所不道,其書亦皆不足錄。顧其書名則歷代史志皆著於錄,故今亦存其總目,見彼教之梗概焉。

【彙訂】

① "子目"，殿本作"子部"，誤。

② "俞琬"，當作"俞琰"，下同，乃避嘉慶諱改。殿本作"俞琰"。

右道家類四十四部，四百三十二卷，皆文淵閣著錄。

子部五十七

道家類存目

陰符經三皇玉訣三卷（浙江范懋柱家天一閣藏本）

其書述黃帝得《陰符經》，問於廣成子及天真皇人。皆稱黃帝問而二人答，詞旨鄙淺。前有黃帝御製序一首，文尤謬陋。蓋粗知字義道士所為也。然金明昌中范懌作《陰符經註》序已引之，則其偽亦久矣。

陰符經註一卷（浙江范懋柱家天一閣藏本）

舊本題金陵道士唐淳撰。前有至大己丑孟綽然序，稱不知淳為何代人。其說皆主於内丹。中稱“天性人也，人心機也，立天之道，以定人也”十六字為杜光庭所加。則五代後人矣。

陰符經集解三卷（浙江巡撫採進本）

宋袁淑真撰。是書前有淑真銜，稱朝散郎行潭州長沙縣主簿。其里貫則未詳也。其本亦分三篇，引驪山老姥百言演道、百言演法、百言演術之說。惟末附一段祇五十八字，又與諸本不同。

陰符經註一卷（江蘇巡撫採進本）

宋俞琬〔琰〕撰①。琬有《周易集說》，已著錄。琬本文士，故是編所註較他家俱有條理，其闢詹谷以容成之術釋强兵戰勝之義，尤為正論。其本亦合為一篇，而"人以愚虞"一百十四字②，則兩存經文、註文之説。

【彙訂】

① "俞琬"，當作"俞琰"，乃避嘉慶諱改。殿本作"俞琰"。

② "人以愚虞"，殿本作"人以慮愚"，誤。《陰符經》末段云："人以愚虞聖，我以不愚虞聖；人以奇期聖，我以不奇期聖。"

陰符經註一卷（江蘇巡撫採進本）

金劉處元〔玄〕撰。處元即王重陽七弟子之一也。其説參以佛經。前有明昌辛亥寧海州學正范懌序。

陰符經註一卷（江蘇巡撫採進本）

舊本題姑射山太元〔玄〕子侯善淵註，不知何許人。其本合三篇為一，而末有"人以愚虞"以下一百十四字①。註較他本頗有文義，而傷於簡略。

【彙訂】

① "人以愚虞"，殿本作"人以慮愚"，誤。

陰符經解一卷（兩江總督採進本）

明焦竑撰。竑有《易筌》，已著錄。考《戰國策》稱蘇秦得太公《陰符》之謀，其書《漢志》、《隋志》皆不著錄，蓋已不傳。今世所行之本，出唐李筌。宋黃庭堅以為即筌所託。註其書者自筌而後凡數十家，或以為道家言，或以為兵家言，或以為神仙家言。竑此註雖引張永叔"真土擒真鉛，真鉛制真汞"之説，似乎神仙家言。而核其宗旨，實以佛理解之，與劉處元註相近。蓋竑與李贄友善，故氣類薰染，喜談禪悦。其作此註，仍然三教歸一之旨也。

陰符經質劑一卷（江蘇周厚堉家藏本）

明方時化撰。時化有《易引》，已著錄。是編大旨以《陰符》與《易》理相合。前有自序，謂：“已有《易》引百篇，不可不質劑於《陰符》。”末又附《陰符質劑問》，設為問答以暢其説，大都不離乎禪學。

陰符經註一卷（安徽巡撫採進本）

國朝李光地撰。光地有《周易觀象》，已著錄①。《陰符經》文意刻酷，“五賊”、“三盜”之名，尤為奇險。光地註義純粹，頗能補苴其罅漏。其註“禽之制在炁”，謂：“以心制目，以目制心，如禽鳥之以氣相制，雖雄鷙者不敢動。”似較李筌註為順。然此書本筌所偽撰，自作之而自註之，自必不失其本意，可不必與立異同。況此《註》“禽之制在炁”句②，次在“心生於物，死於物，機在目”之下，故此《註》會通四語以立義。《漢魏叢書》本次此句於“天之至私，用之至公”二句下，則義有難通矣。傳寫互異，莫可究詰。楚失齊得，輾轉安窮。既非儒書要義，亦聽其各存一説於天地閒耳。

【彙訂】

① 依《總目》體例，當作“光地有《周易通論》，已著錄”。

② “註”，殿本作“本”。

古老子二卷（浙江汪啟淑家藏本）

舊本題許劍道人手刊。卷首有自題絕句一首云：“道人自昔不談元〔玄〕，何事幡然繪此篇。料得浮雲無掛礙，欲從牛背學長年。”稱“壬子閏五題於申州傳舍”。末有二小印，一曰“史垂名”，一曰“青史”，蓋其名字。次為所畫老子像，亦有二小印，一曰“許

劍道人",一曰"別號題橋生"。又書首二小印,一曰"垂名原名
南",一曰"兩江一字青史",不知何許人也。考《石墨鐫華》有元
至元閒螯匡樓觀說經臺篆書《古老子》及正書釋文,與此無異。
末刻夷門天樂道人李道謙跋,云:"魯之大儒高翿文舉者,善古
篆。嘗為會真宮提點張志偉壽符書《道德》五千言,筆法精妙,古
今罕有。至元庚寅,承命祀香嶽瀆,駐於終南山重陽萬壽宮。遂
摹諸經臺,垂之永久。"然則高翿所書,李道謙摹刻於石,而是册
又從石刻摹出耳。字體怪異,不合六書。趙崡謂其"雜出頡籀、
款識、古文、大小二篆,沾沾自喜,尚不堪郭忠恕一噱",非過論
也。考翿自識有云:"《老子》舊有古本,歷歲滋久,不可復見。於
《古文韻海》中檢討綴緝,越月乃成。"據此,則翿所書篆體,徒本
之《古文韻海》耳。其文視今本《老子》惟增減數虛字,亦不足以
資考校也。

道德經說奧二卷(兩江總督採進本)

舊本題朱孟嘗撰。附刻朱翊鈏《廣讌堂集》後。明宗室命
名,每府以二十字為次,其下一字則偏旁取五行相生。此曰孟
嘗,蓋其字號。惟未審即翊鈏作,或其子孫所作耳。其書於每章
之後寥寥各贅數言,殊未盡老氏之旨。

道德經編註二卷(安徽巡撫採進本)

國朝胡與高撰。與高字岱瞻,黟縣人,雍正癸卯舉人。是書
謂《老子》今本相沿,章句多舛。乃遍訪古本,考正其文,併註釋
其義。而篇中分合增改之處,絕不註所據者何本,未免無徵。其
謂《老子》與《六經》相發明,亦蘇轍之緒論。每章註釋之後又有
附解,則其弟與宗所續。與高之註成於雍正甲寅,與宗之解成於

乾隆戊辰。據與宗自跋，仍其兄之餘意云。

　　讀道德經私記二卷（江蘇巡撫採進本）

　　國朝汪縉撰。縉字大紳，吳縣人。是書以《易》義解《老子》。前有自序曰："釋《老子》者多矣，別於諸子方外與《易》相出入者私記之。"蓋其大意欲於諸註之外獨標新義。然晉人清談，實合《老》、《莊》與《易》為一。王弼以《老子》解《易》，人人類能言之。即"三語掾"之故實，亦非僻事也。

　　道德經懸解二卷（編修周永年家藏本）

　　國朝黃元御撰。元御有《周易懸象》，已著錄。是書多以養生家言訓釋《老子》，於原文章次多所變更，字句亦多有竄亂。謂之"改本《老子》"可也。

　　列子辨二卷（江蘇巡撫採進本）

　　不著撰人名氏。前有康熙後壬寅自序，署其號曰復堂，不知何許人也。其註用林希逸《口義》本稍為刪削，而閒附以劉辰翁評。卷首凡例稱"《列子》刻本，書肆絕少。此特借鈔，其中必多譌字"云云。則亦寒鄉之士，罕睹舊籍者矣。其辨論大旨，謂《漢藝文志》載《列子》八篇，典午之禍，典籍蕩然。六朝清談之士，依傍《藝文志》所云而妄託之。然其所證據，特以文句臆斷之耳。考《柳宗元集》有《辨列子》一篇，摘其言魏牟、孔穿皆出列子後。然特謂其不免增竄，不以為偽也。高似孫《緯略》頗以《史記》無傳為疑，又疑其出於後人之薈萃，然未敢定為誰氏作也。是編漫無所據，竟毅然斷其出於六朝。極詆其文詞之惡，以朱筆勒其旁者，不一而足。文詞工拙，姑置無論。第考東晉光祿勳張湛所註，已疑其言鄭穆公以後事，與劉向所云鄭穆公時人者不合，則書在東晉以前審矣。作者未見湛註，遂以為出自六朝耳。觀其批篇首"將嫁於衛"句云："'嫁'字諸書所無。但此書率多譌字，'嫁'或'家'字之譌。"不知《爾雅釋詁》曰："嫁，往也。"郭璞註引《方言》曰："自家而出謂之嫁，猶女出為嫁。"古訓炳然。乃橫生揣度，其空言臆斷可知矣。

莊子通義十卷（兩江總督採進本）

明朱得之撰。得之有《宵練匣》，已著錄。此書以為《莊子》之書命辭跌宕，設喻險奇，人多謂其荒唐謬悠，不知異者辭也，不異者道也。故為作《通義》，併加旁註以詳釋之。先是，宋咸淳閒錢塘道士褚伯秀嘗作《義海纂微》，未行於世。王潼錄其遺槀以授得之。得之因附刻於每段之下，先列《通義》，次及《義海》。前有得之自序。案伯秀《義海纂微》採掇詳博，今原本尚存，已著於錄。得之所解，議論陳因，殊無可採。至於評論文格，動至連篇累牘，尤冗蔓無謂矣。

解莊十二卷（內府藏本）

明陶望齡撰。望齡字周望，號石簣，會稽人。萬曆癸丑進士[①]，官至國子監祭酒，諡文簡。事蹟附見《明史·唐文獻傳》。是編僅寥寥數則，歸安茅兆河取與郭正域所評合刻之，均無所發明。

【彙訂】

① 癸丑為萬曆四十一年，然《明史》本傳謂"舉萬曆十七年（己丑）會試第一，殿試一甲第三"。《弇山堂別集》卷八四科試考四、《列朝詩集小傳》丁集下、《明儒學案》卷三六、乾隆《紹興府志》卷五二、道光《會稽縣志稿》卷一七所載均與史傳同。（楊武

泉:《四庫全書總目辨誤》)

南華經副墨八卷(兩江總督採進本)

明陸西星撰。西星字長庚,號方壺外史,不知何許人。焦竑作《莊子翼》,引西星之説頗多,則其人在竑以前。書首有其從子律序,作於萬曆戊寅,則與竑相距亦不遠也。是書編次,一依郭象本,而以《天道篇》"虛靜恬淡寂寞無為"八字分標八卷,每篇逐節詮次。末為韻語,總論一篇之旨。其名"副墨",即取《大宗師篇》"副墨之子"語也。大旨謂《南華》祖述《道德》,又即佛氏不二法門。蓋欲合老、釋為一家。其言博辨恣肆,詞勝於理。其謂《天下篇》為即《莊子》後序,歷敘古今道術,而以己承之,即《孟子》終篇之意,則頗為有見。故至今註《莊子》是篇者,承用其説云。

讀莊小言一卷(江西巡撫採進本)

明文德翼撰。德翼有《宋史存》,已著錄。此書就《莊子》諸篇隨筆記其所得,然未能拔奇於舊註之外。

藥地炮莊九卷(內府藏本)

明方以智撰。以智有《通雅》,已著錄。是編乃所作《莊子解》。藥地者,以智僧號也。以《莊子》之説為藥,而己解為藥之炮,故曰"炮莊"。大旨詮以佛理,借滉洋恣肆之談,以自攄其意。蓋有託而言,非《莊子》當如是解,亦非以智所見真謂《莊子》當如是解也。

古今南華內篇講錄十卷(浙江巡撫採進本)[①]

題"林屋洞藏書",不著撰人名氏,亦不著時代。卷一為《南華旨要》，皆言註《莊》之大旨。其第五節云："洞庭今日首提虛用，其言何徵，亦惟得宗印於雲莊先師。"卷二以莊子《寓言》一篇升冠於諸篇。前有小序云："洞庭山縹緲峯林屋洞天夢蝶易師從蕙溪老農學《易》於天都峯，嘗會門弟子詳説《南華》，反約旨要，弟子三林輩因記錄師語，著為成書。"而《南華旨要》中又有"《莊子》至今二千年"語，以長曆推之，當為明末國初人也。卷三為《逍遙遊》，卷四為《齊物論》，卷五為《養生主》，卷六為《人閒世》，卷七為《德充符》，卷八為《大宗師》，卷九為《應帝王》，卷十為《天下》。蓋以《寓言》為《莊子》前序，以《天下》為《莊子》後序，而内七篇之次第亦先後不同。其説以郭象註為今本，以向秀註為古本。然秀註《經典釋文》尚引之，而陳氏《書錄解題》已稱亡佚，宋以來諸家書目皆不著錄，不知何由見之。且古人一書無兩序，其有序者必附於末。最可考者，《吕氏春秋》之序在十二紀末，《史記》自序、《漢書》序傳、揚雄《太元》、《法言》、王符《潛夫論》、袁康《越絶書》，下至劉勰之《文心雕龍》諸序，亦皆在書末。此以前序、後序指為古本，是用後世之例推測三代，其為依託無疑。又《唐書·藝文志》稱，唐天寶元載尊《莊子》為《南華真經》，而此乃云"加之'南華'之名，吾兹未之聞焉。意者郭子歟，向子歟，其在後之人歟？吾無聞焉耳矣"。烏在其見古本也。

【彙訂】

①《浙江省第十二次呈送書目》、《浙江採集遺書總錄》均著錄書名作《古本南華内篇講錄》。（杜澤遜：《四庫存目標注》）

南華評註無卷數（山東巡撫採進本）

國朝張坦撰。坦字方平，號一菴，泰安人。是書成於康熙戊午。自序謂："廣求古註數十餘家，採其簡當，刪其繁蕪，又參以己意，為之評釋，別為《或問》十條列於卷首。"今案其書，分段加評，逐句加註，皆不言本某家之古註。其註似徐增之説唐詩，其評亦如金人瑞之評《西廂記》、《水滸傳》而已。觀其《或問》第二條以莊子為風流才子，可知其所見矣。

　　莊子解三卷（內府藏本）

　　國朝吳世尚撰。世尚，貴池人。是編成於康熙癸巳[①]，所説止《莊子》內七篇。大旨引《莊子》而附之儒家，且發揮其文字之妙。觀其目錄後附記稱"向來解《莊子》者惟林西仲可觀，但有不盡洽乎文義者"，是不知古有向、郭。又開卷即云《莊子》自名其書曰《南華經》，是併《唐書‧藝文志》亦未考也。

【彙訂】

　　① 清康熙五十四年刻本光裕堂刻本書前自序署："康熙甲午夏六月癸巳，貴池吳世尚序"，可知此書成於康熙甲午（1714），而非癸巳（1713）。（胡露：《〈四庫全書總目〉子部存目補正》）

　　南華通七卷（陝西巡撫採進本）

　　國朝孫嘉淦撰。嘉淦有《春秋義》，已著錄。是編取《莊子》內篇，以時文之法評之。使起承轉合，提掇呼應，一一易曉，中亦頗以儒理文其説。

　　南華本義二卷（山東巡撫採進本）

　　國朝林仲懿撰。仲懿不知何許人。是編衹註《莊子》內篇，語多附會。如釋《逍遙遊》，以"北冥有魚"為太極靜而生陰，"化而為鵬"為太極動而生陽，以"南冥"、"北冥"為無極而太極，太極本無極之類，皆強生意見。其餘詮釋，亦多類金人瑞、徐增之流。

南華簡鈔四卷(浙江巡撫採進本)

國朝徐廷槐撰。廷槐字立三,號笠山,會稽人。雍正庚戌進士。是編於《莊子》内篇全錄其文,外篇、雜篇頗有刊削,《漁父》、《盜跖》、《讓王》、《説劍》之屬則全篇删之。每篇各為詳註。其論文論理,純以妙悟不測為宗。大抵原本禪機,自矜神解也。

南華模象記八卷(浙江巡撫採進本)①

國朝張世犖撰。世犖字無夜,錢塘人,乾隆甲子舉人②。其學以禪為宗,因以禪解《莊子》。以《天下篇》為《莊子》自序,以《寓言篇》為開宗第一為首卷,如《林屋洞南華講錄》之説。其下則悉取外篇之文附内七篇之後,亦明人移掇《管子》、《晏子》之意。其篇目皆依佛經之例,以内篇之名標曰某品某品,删去《盜跖》、《漁父》、《説劍》三篇,又删去蔣閭葂數段。每篇之首,各為宗旨,敘其所以分併之故。昔蘇軾撰《莊子祠堂記》,欲删《漁父》、《盜跖》等篇,然不過託之文字,非真有删本。今則分割併附,又多所芟薙,是直修改《莊子》,非註釋《莊子》矣。

【彙訂】

①《浙江省第十一次呈送書目》、《浙江採集遺書總錄》均著錄書名作《南華摸象記》。(杜澤遜:《四庫存目標注》)

② 清修民國鉛印本《杭州府志》卷一一二《選舉六·舉人》乾隆九年甲子科有張世犖,云"解元,仁和人",同書卷八九《藝文四》著錄有《莊子續編》,亦題"仁和張世犖撰"。(胡露:《〈四庫全書總目〉子部存目補正》)

觀老莊影響論一卷(浙江巡撫採進本)

明釋德清撰。德清字登印,全椒人①。即當時所稱憨山大師者也。其書多引佛經以證《老》、《莊》，大都欲援道入釋，多惝恍恣肆之言。以其借《老》、《莊》為名，故姑附之道家。其曰"影響論"者，取"空谷傳聲，衆響斯應"之義也。

【彙訂】

①《江南通志》卷一七五《人物志·方外二》、《山西通志》卷一百六十《仙釋二》、《明詩綜》卷九一有其傳，皆云"字澄印，全椒人"。（胡露：《〈四庫全書總目〉子部存目補正》）

周易參同契註解三卷（江蘇周厚堉家藏本）

明張位撰。位有《問奇集》，已著錄。是書章次，一依陳致虛本而別為之註。大抵參取諸家之説，以己意發明之。其震庚、兌丁諸圖及上、下弦諸圖，則皆位所補入也。

參同契章句一卷（安徽巡撫採進本）

國朝李光地撰①。是書前有自序，謂"《參同契》者，參之而同契也，《三相類》者，三字之義疏爾。魏氏作《參同契》，自以為闕略未備，復作《三相類》一篇，互相解剝，而二千年來未有知者。心之不達，則竊易舊簡以就膚見。故此書獨無完編，惟《漢魏叢書》所載似是原本，閒有竄互，不多也。獨其不知中斷二書及截立標題，亦庸末者之妄"云云。蓋據篇末"《參同契》者"以下有"今更作此，命《三相類》"之文。考《舊唐書·經籍志》載《周易參同契》二卷，《周易五相類》一卷，並註魏伯陽撰。"三"、"五"字形相近，未詳孰是，然足知伯陽原有此二書也。明楊慎稱或掘地得石函，中有古文《參同契》，魏伯陽所著上、中、下三篇，後序一篇，徐景休《箋註》亦三篇，後序一篇，淳于叔通《補遺三相類》二篇，後序一篇，合為十一篇。其説頗怪。慎好偽託古書，疑其因《唐

志》之言，別《三相類》於《參同契》，造為古本，光地是書又陰祖其
說。惟慎以《三相類》為淳于叔通補遺，光地則以為亦伯陽著，與
《唐志》相合，較為有本耳。書中分章，大概亦與楊本同。惟不載
徐景休《箋註》，又釐《三相類》為三篇，而於二書之後各列《鑪火
說》一篇，與楊本異。則不知光地又何所據也②。

【彙訂】

① 殿本此句下有"光地有《周易觀象》，已著錄"十字。本卷
李光地撰《陰符經註》條已言之。

②"又何所據也"，殿本作"何據也"。

參同契註二卷（江蘇巡撫採進本）

國朝陳兆成撰。兆成字宜赤，上虞人。案《浙江遺書目錄》
載有兩陳兆成。其作《太極圖說註解》者，稱為常熟陳兆成，康熙
初人。作此書者，稱為上虞陳兆成。然《太極圖說註解》末有乾
隆戊辰兆成子魯附記凡例，稱是書"與《參同契》互有異同，是刻
可分為二，可合為一"云云。則似乎二書又出一人，疑不能明
也①。其書盡廢諸家舊註，獨以文義推尋，分《參同契》為三篇。
以"補塞遺脫"為後篇，亦分為三，與前篇相配。又統分為二十九
章。大旨謂首篇專明《易》理，《御政章》乃言人君治世之事，即
《易》之神化流通處。其後乃配以服食之法，而總不外乎《易》之
中。又自作《釋例》一篇附於末，反覆推闡，其說頗詳。

【彙訂】

①《浙江採集遺書總錄》著錄"《太極圖說解》一冊，刊本，國
朝上虞陳兆成撰"，是二書撰人皆上虞陳兆成，非二人也。（杜澤
遜：《四庫存目標注》）

古文周易參同契註八卷（陝西巡撫採進本）

國朝袁仁林撰。仁林字振千，三原人。是編以《參同契》舊註往往各自為説，反增障礙。因為隨文解義，凡書中借喻之語，悉以身所自具者指明之。書成於雍正壬子。其曰“古文”者，蓋據楊慎所稱石函本云。

古參同契集註六卷（江西巡撫採進本）

國朝劉吳龍撰。吳龍字紹聞，南昌人。雍正癸卯進士，官至都察院左都御史①。是集前有自序，稱《參同契》自明楊慎掘地得原本，經傳始分，因本元俞琬〔琰〕《發揮》而為是註②。前載慎序，謂《參同契》書，隋、唐《經籍志》是書原未著錄，蓋據《讀書志》之説。考《舊唐書·經籍志》“五行類”有《周易參同契》二卷，魏伯陽撰，《周易五相類》一卷，亦魏伯陽撰。《新唐書·藝文志》同。晁氏所説，未免失考。慎述之，亦為沿誤。至慎所稱古本，云掘地得之石函。夫文字託於金石，尚不免剝蝕銷泐。石函所藏，如在彭曉以後，則五代至宋，不應無一人見之，至明始出。如在彭曉以前，則絹素紙札，入土五六百年尚完全無闕，有是理耶？至俞琬之《發揮》，實不及彭曉、陳致虛所註，獨據以為本，亦未為確論也。

【彙訂】

①《皇朝文獻通考》卷二百三十著錄此書，云“官至刑部尚書”，《清史稿》卷三十、《大清一統志》卷二百三十九本傳皆作“刑部尚書”。（胡露：《〈四庫全書總目〉子部存目補正》）

②“俞琬”，當作“俞琰”，乃避嘉慶諱改。殿本作“俞琰”。

枕中書一卷（江蘇巡撫採進本）

舊本題晉葛洪撰。考隋、唐、宋《藝文志》但有《墨子枕中記》

及《枕中素書》，而無葛洪《枕中書》。此本別載《說郛》中，一名《元始上真眾仙記》。而《通志》所列《元始上真記》無"眾仙"字，似亦非此書。書中說多謬悠。若稱太昊氏治岱宗山，顓頊治恒山，祝融氏治衡霍山，黄帝治嵩高山，金天氏治華陰山，堯治熊耳山，舜治積石山，禹治蓋竹山，湯治元〔玄〕極山，武王為田極明公，漢高祖、光武為四明賓友之類，已屬不經。至謂元始天尊與太元〔玄〕玉女通氣結精，遂生扶桑大帝、九天元〔玄〕女，誕妄尤甚，又在《真靈位業圖》諸書之下。其出後人偽撰無疑也。

真靈位業圖一卷（内府藏本）

舊本題梁陶宏〔弘〕景撰。宏景有《真誥》，已著錄[①]。《真誥》見於唐、宋《志》，朱子謂其竊佛家至鄙至陋者。此書杜撰鑿空，又出《真誥》之下。其用緯書靈威仰、赤熛怒、曜魄寶、含樞紐之名，已屬附會，而易叶光紀為隱侯局，尤為無據，至以孔子為第三左位太極上真公，顏回為明晨侍郎，秦始皇為酆都北帝上相，曹操為太傅，周公為西明公、比少傅[②]，周武王為鬼官北斗君，則誕妄殆不足辨。王世貞、胡震亨乃取《真誥》及《玉檢大錄》諸書詳為考核，殆亦好奇之過矣。

【彙訂】

① 依《總目》體例，當作"宏景有《古今刀劍錄》，已著錄"。

② "比"乃"北"之訛。

冥通記四卷（内府藏本）

梁周子良撰[①]。《隋志》作一卷，《宋志》作十卷，與今本皆不同。然第四卷目錄末云："大凡四卷，真本書雜色，合六十五番，或真或草行。"所言乃與今本合，則《隋志》、《宋志》均誤也。首有陶宏景所作《子良傳》，稱：「子良字元歟，本汝南縣人，寓居丹陽。年十二，從宏景於永嘉，受仙靈籙《老子》五千文、西嶽公禁虎豹符。十一年從還茅山，受《五岳圖》、《三星内文》。十四年乙未歲五月二十三日，遂通真靈。後一年卒，年二十。」其説荒誕不經。此書所記遇仙之事，起乙未五月十三日，至丙申七月末，逐日縷載，亦宏景《真誥》之流也。然其文頗古雅，時有奧字。黃生《義府》第二卷末附此書《訓釋》一篇，如「治堂」為道士之居；「彌淪」為夢魘；「道義」為道友；「婁羅」一作「覩縷」，猶言委曲；水湯讀為「盪」，謂以水滌器；「道子」為弟子；「約尺」為壓書尺；「五尺」為牀之別名；「忛忛」為夢魘鼻中作聲；「堀」字即「甌」字；「角家」為風角家；「壇靖」皆為修道之所；「攣屖」之「攣」音洛官反，為二屖相疊；「庹」為橫展兩臂；「乙」為以墨滅字；「甲乙告之」為次第；「脆請」為以財事神；「登」為登時；「棚檔」為安置，傳寫誤從「木」；「畔等」為同伴；「扇削」為起屋犯鬼神禁忌；「靖櫺」為道室之窗；「輔病」為口煩病。各有考證，亦頗賅洽。惟薰陸為乳香，則可不必箋註耳。

【彙訂】

①《道藏》尊字號《陶隱居集》有《進周氏冥通記啟》，云：「某啟，去十月末，忽有周氏遺蹟真言，既在齋禁，無由即得啟聞，今謹撰事蹟凡四卷如別上呈。」並附梁武帝答書。可知此書實為陶弘景所撰。（余嘉錫：《四庫提要辨證》）

金丹詩訣二卷（兩江總督採進本）

舊本題唐純陽真人呂巖撰，宋雲峯散人夏元鼎編。元鼎即作《陰符經講義》者也。卷中詩句皆言坎離交媾，嬰兒姹女，道家

修養之術。其上卷末附載留題詩六首,厲鶚《宋詩紀事》亦採錄
之。然巖本唐人,其詩殊不類唐格。下卷歌行尤鄙俚。且唐人
棋路,黑白各百五十,故《棋經》有"枯棋三百"之語。此所載《下
棋歌》中乃稱"因看黑白,愕然悟頓,曉三百六十路"。又《窰頭坯
歌》內有"君不見洛陽富鄭公,說與還丹如盲聾。又不聞三衢趙
閱道,參禪作鬼終不懊"之句,是直為入宋作矣。殆羽流所依託
歟? 下卷末附《南嶽遇師本末》,亦題夏元鼎編,述元鼎遇赤城周
真人指示得道事。考《蓬萊鼓吹》附錄稱元鼎博極羣書,屢試不
第。應賈、許二帥幕,出入兵閒。至上饒,夜感異夢,棄官入道。
至南嶽祝融峯,得遇異人傳授。亦道家荒誕之言,不足信也。

韓仙傳一卷(兩江總督採進本)

舊本題唐瑤華帝君韓若雲撰。篇中自序,祖為韓仲卿,父為
韓會,叔父為韓愈。即世俗所傳韓湘事。然湘字北渚,不識何以
稱韓若雲也。《傳》中自稱遇呂洞賓傳授得道。考呂巖為呂渭之
孫,當在湘後,何以湘轉師之? 又《太平廣記》載解造逡巡酒,能
開頃刻花,及牡丹瓣上現"雲橫秦嶺家何在,雪擁藍關馬不前"
句,稱為愈之疏從,自江淮來者,不云即湘。而愈集《秦嶺藍關》
一詩題云"示姪孫湘",亦不云姪,與此《傳》皆不合,其為偽託明
矣。元陳櫟《跋韓昌黎畫圖》一篇,辨湘事甚詳,見所作《定宇
集》中。

西山羣仙會真記五卷(兩淮鹽政採進本)

舊本題華陽真人施肩吾撰。肩吾字希聖,洪州人①,唐元和
十年進士②。隱洪州之西山,好事者以為仙去。此書中引海蟾
子語。海蟾子劉操,遼時燕山人,在肩吾之後遠矣。殆金、元閒

道流所依託也③。其書凡五卷,卷各五篇。曰識道、識法、識人、識時、識物;曰養生、養形、養氣、養心、養壽;曰補內、補氣、補精、補益、補損;曰真水火、真龍虎、真丹藥、真鉛汞、真陰陽;曰鍊法入道、鍊形化氣、鍊氣成神、鍊神合道、鍊道入聖。其大旨本於《參同契》,附會《周易》,參以醫經。戒人溺房帷,餌金石,收心斂氣,存神固命,有合於清淨之旨。猶道書之不甚荒唐者。

【彙訂】

①《新唐書·藝文志》稱施為睦州人,"隱洪州西山"。張籍《送施肩吾東歸》云"世業偏臨七里瀨",七里瀨在睦州。此即肩吾世居睦州之明證。《歷世真仙體道通鑑》卷四五亦云"睦之分水人,世家嚴陵七里瀨"。(傅璇琮主編:《唐才子傳校箋》)

②《唐才子傳》卷六、《唐語林》卷六、《輿地紀勝》卷八"嚴州人物"條、《郡齋讀書志》(袁本)卷四、《直齋書錄解題》卷一九等,均作元和十五年。《唐才子傳》且謂"盧儲榜進士"。徐松《登科記考》卷一八,元和十五年進士科狀元為盧儲,榜中有施肩吾名。證以元稹、白居易等詩,以元和十五年說為確。(同上)

③《郡齋讀書志》卷四已著錄此書,當為五代至宋初時另一施肩吾(華陽子)所撰。(尹占華:《唐代詩文作家考辨六則》)

仙苑編珠三卷(浙江汪啟淑家藏本)

舊本題唐王松年撰。松年,天台道士。《文獻通考》作唐人,然書中有梁開成二年事,則已入五代矣①。是書以古來聖帝明王並在仙籍,與後世修真好道者並數,得三百餘人。倣《蒙求》體,以四字比韻,撮舉事要,而附箋註於下。《通考》作二卷,又序文及《通考》所舉人數,皆與今書不符。或後人有所附益歟?

【彙訂】

① 此書《道藏八種》本有敍梁開平三年事，則"開成"當"開平"之誤。（孫猛：《郡齋讀書志校正》）

道教靈驗記十五卷（兩淮鹽政採進本）

蜀杜光庭撰。光庭有《了證歌》，已著錄。其書歷述奉道之顯應，以自神其教。凡《宮觀靈驗》三卷，《尊像靈驗》二卷，《天師靈驗》一卷，《真人王母等神靈驗》一卷，《經法符籙靈驗》三卷①，《鐘磬法物靈驗》一卷，《齋醮拜章靈驗》二卷。以光庭自序及宋徽宗序考之，尚闕五卷。張君房《雲笈七籤》亦載此書，僅六卷一百十八條，又節刪之本，更非其舊矣。陶岳《五代史補》載："光庭，長安人，僖宗時應九經舉不第，嘗從道士潘尊師遊。會僖宗求可領蜀中道教者，潘薦光庭。遂奉詔披戴，賜號廣成先生。"而《青城山志》載元符中彭崇一序，則云："光庭字賓聖，京兆杜陵人。與鄭雲更應百篇舉不第，入天台為道士。扈僖宗入蜀，留居青城以卒。"其説小異，未詳孰是，然其為由儒入道則同。故所述皆嫻於文字，較他道家之書詞采可觀。惜其純為神怪之説，不足據為典要耳。舊本題曰唐人。考朱子《通鑑綱目》書王建以道士杜光庭為諫議大夫，而光庭《廣成集》中又有《謝户部侍郎表》，則非惟入蜀，且仕蜀矣。故今改題焉。

【彙訂】

①"符籙"，殿本作"附錄"，誤。正統《道藏》本此書卷十至十二為《經法符籙靈驗》。

神仙感遇傳五卷（兩淮鹽政採進本）

蜀杜光庭撰。記古來遇仙之事。《雲笈七籤》所載凡四十四條,此本凡七十五條。然第五卷末尚有闕文,不知凡佚幾條也。

墉城集仙錄六卷(兩淮鹽政採進本)

蜀杜光庭撰。記古今女仙凡三十七人。云"墉城"者,以女仙統於王母,而王母居金墉城也。張君房《雲笈七籤》所載,與此本互異。然此本前數卷皆襲《漢武內傳》、陶宏景《真誥》之文,真偽蓋不可知。疑君房所錄為原本,而此本為後人雜摭他書砌合成編。然均一荒唐悠謬之談,真偽亦無足深辯耳。

洞天福地嶽瀆名山記一卷(兩淮馬裕家藏本)

蜀杜光庭撰。首仙山,次五岳,次十大洞天,附以青城山,次五鎮海瀆,次三十六精廬,次三十六洞天,次七十二福地,次靈化二十四,皆神仙幻宵之言。故雖紀山川,不隸之"地理類"焉。

洞仙傳一卷(浙江汪汝瑮家藏本)

不著撰人名氏。晁、陳諸家書目皆未著錄,然《太平廣記》嘗引之,《雲笈七籤》第十卷、第十一卷亦全載其文[①],則宋以前人作也。所錄自元君迄姜伯,凡為傳七十有七。

【彙訂】

①《洞仙傳》載《雲笈七籤》卷一一〇、卷一一一。(李劍國:《唐前志怪小說史》)

集仙傳十五卷(江蘇巡撫採進本)

不著撰人名氏。《書錄解題》載《集仙傳》十二卷,曾慥撰。稱其書記岑道願而下一百六十二人。今《說郛》所載,雖非完本,然與此書體例迥殊,知非慥作。焦竑《國史經籍志》載《集仙傳》十卷,亦不著撰人名氏。竑書鈔本、刊本皆多譌誤,豈"十"字下脫一"五"字歟？此書所載皆唐事，每條各註出典，如《太平廣記》之例。以《廣記》核之，無不符合。蓋即好事者從《廣記》鈔出耳。

无上祕要一卷（浙江孫仰曾家藏本）

不著撰人名氏。案晁公武《讀書志》載此書，稱："元始天尊說。《藝文志》止七十二卷，不知何時析出二十三通。"此本僅數十則，前後雜亂無次第，不特非七十二卷之舊，即所謂二十三通者亦不可復辨。卷內引司命東鄉君語，又列張子房、司馬季主諸人。疑非晁公武所見之本，或後人襲原書之名，剿他書以成編也①。其大旨推演尸解之術，而尸解之術在鍊錄形靈丸。又云："尸解者，當遺腳一骨以歸三官，餘骨隨身而遷。男留左骨，女留右骨。"又有火解、兵解諸術，俱怪誕不經。

【彙訂】

① 此書確為北周時編，兩《唐志》和宋代幾種公私書目都有著錄。除《正統道藏》本存六十八卷，敦煌遺書中發現存有九個寫本，其中伯2861且存有全書一百卷的總目。（陳尚君：《〈先秦漢魏南北朝詩〉再檢討》）

胎息經一卷（內府藏本）

舊本題幻真先生註，不著名氏，亦不著時代。經與註似出一人。大旨本《老子》"谷神不死"一章，而暢發其義。

疑仙傳三卷（兵部侍郎紀昀家藏本）

舊本題隱夫玉簡撰，不著名氏。諸書或引作"王簡"，字形相似，莫能詳也。亦不著時代。中卷"朱子真、趙穎"一條，稱："鑾輿將幸蜀，忽失子真。穎服其藥，果得二百餘歲。"考唐元宗、僖宗皆嘗幸蜀。即以元宗幸蜀計之，自天寶十四載乙未下推二百餘年，亦當乾德、開寶之間，知為宋人所撰矣①。所錄凡二十二人，皆開元以後事。前有自序，稱“不敢便以神仙為名，因目之曰《疑仙傳》”。其詞皆冗沓拙陋，或不成文，殆粗知字義者所為。雖宋人舊本，無足採錄也。

【彙訂】

① 二百餘歲乃謂其年壽，非服藥後又歷二百餘年。書中多載玄宗時事，自天寶十四載（755）玄宗幸蜀下推二百年，仍為後周顯德二年（955），尚未入宋。（李劍國：《唐五代志怪傳奇敘錄》）

翊聖保德傳三卷（兩淮鹽政採進本）

宋王欽若撰。欽若爵里事蹟具《宋史》本傳①。初，澶淵之役，欽若忌寇準功，以孤注之説進。真宗以為恥，乃謀以符命誇四裔。於是天書之事起，東封西祀，諸説並興。欽若嘗自言少時見天中赤文成“紫薇”二字。復於褒城道見異人，告以他日當位至宰相。視其刺，乃唐裴度。自以為深達道教，遂創修醮儀，領校道書，凡增六百餘卷。復自著道書數種，此《傳》其一也。《傳》中所言翊聖真君降蓋屋民張守真家，太祖、太宗皆崇信之，事殊怪妄。蓋自張魯之教有三官，天、地之外獨有水官，而木、金、火、土不與，故道家獨尊元〔玄〕武。此所謂翊聖真君，即元武也。欽若小人，借神怪之説以固寵，不足多責，至著而為書，則無忌憚之甚矣。

【彙訂】

①《總目》卷一三一《帝皇龜鑑》條云：“舊本題宋王欽若撰，欽若事蹟具《宋史》本傳”，此條當作“欽若有《帝皇龜鑑》，已著

錄"。

案節坐功法一卷(編修程晉芳家藏本)

舊本題宋陳摶撰①。所論坐功治病之法,分案節氣行之。《宋史·藝文志》不著錄,蓋後人託名也。

【彙訂】

① 依《總目》體例,當補"摶有《河洛真數》,已著錄"。

極没要緊一卷(浙江巡撫採進本)

舊本題公是先生撰。公是先生,宋劉敞別號也。錢曾《讀書敏求記》曰:"《極没要緊》一卷,即劉原父弟子記也。於時人或書名,或書字,蓋以微旨別其人之賢否。"案,《公是先生弟子記》載晁公武《讀書志》,曾所述,即公武之語。然其書尚有傳本。今別著錄此書,皆採掇郭象《莊子註》語,聯綴成文,與《弟子記》迥别,不知曾何以合為一書。豈曾所見別一本,而此為好事者所依託歟?《弟子記》本屬儒家,此書既剽《莊子註》,則道家言矣。故附存其目於"道家",而辨其偽妄焉。

三洞羣仙錄二十卷(浙江吳玉墀家藏本)

宋陳葆光撰。葆光,江陰道士。是書採摭古來仙人事實集為四字儷語,而自註之。蓋王松年《仙苑編珠》之續。然所載但取怪異,不盡仙人事也。

道門定制十一卷(安徽巡撫採進本)

前五卷為西蜀道士吕元素撰。所載皆齋醮中表狀文牒之式,兼及符籙,有淳熙戊申自序。後六卷為元素門人吕太焕所補,兼錄政和玉音長吟法事、短吟法事及道君自製道詞,有嘉泰辛酉自序。皆道流以意為之,自神其教者也。元素書作於孝宗時,太煥書作於寧宗時。而第五卷中有"大元國鄉貫"字樣,殆元代刊刻,又有所附益,非復二呂之舊。然本書既純構虛詞,則增竄亦不足詰,同歸於誕而已矣。

梅仙觀記一卷(浙江汪汝瑮家藏本)

宋楊智遠編。智遠,仙壇觀道士,其始末未詳。是編記漢梅福仙迹。首列梅仙事實,不著撰人。稱"自漢至今,凡二十二丙寅,自元始中至今貞元二年丙申,計一千二百五十九年",則當為唐人作。然其文前列福王莽時所上書,全錄漢史,自"變名為吳門市卒"以下,備言鍊丹遇魔,逢師昇舉之事,其詞甚鄙。至稱王莽為國舅,殆粗野道流所依託也。次列羅隱碑及蕭山明、蕭泰來題後。次列宋敕誥。次列宋人贊詞及題咏,有後林李義山詩一首。考厲鶚《宋詩紀事》,宋別有李義山,非唐之商隱也。蕭山明碑陰文稱"咸淳六年六月朔",則此書成於度宗時矣。

延壽第一紳言一卷(編修程晉芳家藏本)

舊本題宋愚谷老人撰,不著名氏。其論攝生以絕慾為第一義,力闢三峯採戰之術。所引前人緒論居多,中及儲泳《袪疑說》,則其人當在南宋末也。

廣胎息經二十二卷(兩淮鹽政採進本)

不著撰人名氏,但題為宋人。然第二十一卷中引羅洪先、陳獻章語,則明代道流所作,題宋人者妄矣。其書皆稱養浩生問而丹庭真人答,分卻病、延年、成真、了道四部,論吐納之法兼及容成之術,非道家正傳也。

元〔玄〕學正宗二卷（江蘇巡撫採進本）

宋俞琬〔琰〕撰①。上卷列經傳及儒先之説，以闡明《周易》坎離水火之旨。下卷載賦、詩各一首，名《易外別傳》，附於《周易集説》之後。後又附以琬所解吕巖《沁園春》調及《陰符經》。總名《元學正宗》。案宋張伯端《悟真篇》自序曰："世之人以心腎為坎離，配肝肺為龍虎。皆曰月失道，鉛汞異鑪。欲望還丹，必無所就。"今琬之言乃曰："子時曰坎卦，腎氣生；午時曰離卦，心氣生。"又曰："內鍊之道至簡至易，惟欲降心火於丹田耳。"與伯端之言乃截然相反。又琬《陰符經註》本自為一書，《易外別傳》亦別有一書。今以《陰符經註》併入此編②，而所謂《易外別傳》者又止一詩一賦，不應兩書同名。蓋道流採合琬書，餖飣成帙，非所手著也。

【彙訂】

①"俞琬"，當作"俞琰"，乃避嘉慶諱改。殿本作"俞琰"。

②"經"，殿本脱。

鑪火鑒戒錄一卷（編修程晉芳家藏本）

宋俞琬〔琰〕撰①。琬所著書，多闡明元學。此書專為言外丹鑪火者而發。以為為之者未必成，而致禍者十居八九。歷引古今事蹟及前人議論以為鑒戒。自序謂："兵後稿不復存，姑舉其略。"今核其文，即所作《席上腐談》第二卷之下半卷。曹溶割裂其文，別為一書，收之《學海類編》中。然琬原有此書，特以散佚不完，附其大概於《席上腐談》中。溶摘出別行，較所收鑿空贋造之書，別立書名、人名者，尚屬偽中之真矣。

【彙訂】

①"俞琬"，當作"俞琰"，下同，乃避嘉慶諱改。殿本作"俞

瑛"。

華山志一卷（浙江汪汝瑮家藏本）

金王處一撰。處一始末未詳。前有大定癸卯泥陽劉大用序。其書皆載華山神仙故事。蓋《道藏》之餘文，非地志之正體。故隸之"道家類"焉。

海瓊傳道集一卷（兩淮鹽政採進本）

舊本題廬山太平興國宮道士洪知常集[1]。前有陳守默、詹繼瑞序，稱"乙亥之秋，遇其師白玉蟾於武夷山。戊寅之春，復於廬山相會，有道友洪知常，字明道，號故離子"云云[2]。白玉蟾即葛長庚，宋末道士。則所謂乙亥者為宋德祐元年，所謂戊寅者為元至元十五年，知常蓋元人矣[3]。其書稱白玉蟾所傳凡二篇，一曰《金丹捷徑》，一曰《鉤鎖連環經》。文詞鄙倍，殆村野黃冠所依託。前有錢曾名字二印，篆刻醜惡，亦庸劣書賈所贗造也。

【彙訂】

[1] "山"，殿本脫。

[2] 明天啟四年刻崇禎十五年修補《一化元宗》卯集本此書題"宋太平興國宮道士坎離子洪知常輯"，陳守默、詹繼瑞序亦曰"號坎離子"，作"故離子"誤。（杜澤遜：《四庫存目標注》）

[3] 劉克莊《後村詩話》前集卷二："黃天谷名春伯，白玉蟾姓葛名長庚，皆自言得道，後死乃無他異。"可知劉後村及見白玉蟾之死，劉於《後村集》卷二四《王隱居六學九書序》且言白玉蟾"夭死"。劉後村卒於宋咸淳五年，年八十三，見宋林希逸《鬳齋續稿》卷二三《後村劉公行狀》。劉卒後六年為德祐元年，又三年為元至元十五年。白玉蟾既卒於後村生前，豈能於後村死後與弟

子相遇於武夷山又相會於廬山?《總目》卷一四六《道德寶章》條謂葛長庚(白玉蟾)於宋嘉定間徵赴闕下,受封紫清真人;白玉蟾等又與劉後村同時代,可知陳、詹《序》所言乙亥,乃宋嘉定八年;戊寅乃嘉定十一年。白、陳、詹、洪皆南宋末人。(楊武泉:《四庫全書總目辨誤》)

攝生消息論一卷(編修程晉芳家藏本)

舊本題元邱〔丘〕處機撰。處機,登州棲霞道士。為全真之學,自號長春子。嘗應元太祖召,入西域。還燕,居長春宮。事蹟具《元史·釋老傳》。此書皆言四時調攝之法,其真出處機與否無可證驗。考處機答元太祖之問,亦止以節慾保躬、無為清淨為要,與此書頗相發明。或有所受之,亦未可知。然曹溶《學海類編》所收偽本居十之九,不能不連類疑之耳。

中和集三卷後集三卷(浙江巡撫採進本)

元李道純撰。道純字元素,號清菴,都梁人,又自號瑩蟾子。是書乃其門人蔡志頤所編次。題曰《中和集》者,蓋取其師靜室名也。前集上卷曰《元〔玄〕門宗旨》,曰《畫前密意》,中卷曰《金丹祕訣》,下卷曰《問答語錄》,曰《全真活法》。後集上卷曰論,曰說,曰歌,中卷曰詩,下卷曰詞,曰隱語。大旨盡闢一切鑪鼎服食修鍊之說,歸於沖虛渾化[①],與造化為一。前有大德丙午杜道堅序,蓋世祖時人也。

【彙訂】

① 殿本"歸"上有"而"字。

三元參贊延壽書五卷(浙江巡撫採進本)

元李鵬飛撰。鵬飛,至元閒人,自稱九華澄心老人。所言皆攝生之事。凡節嗜欲、慎飲食、神仙導引之法、俚俗陰陽之忌、因果報應之說，無不悉載。其說頗為叢雜。要其指歸，則道家流也。前有自序，亦稱得之飛來峯下道士云。

修真捷徑九卷（內府藏本）

元余覺華撰。覺華字榮甫，建安人。其書成於至元中。輯道家服氣鍊神歌訣，論皆篤實。大旨闡發"谷神不死"之說者也。

金丹大要十卷（浙江巡撫採進本）

元陳致虛撰。致虛有《周易參同契分章註》，已著錄。"金丹"二字，其源即出於《參同契》"巨勝尚延年，還丹可入口。金性不敗朽，故為萬物寶"之語。自唐人專以金石鑪火為丹藥，服之反促其生，是循名而失其實也。致虛是書，猶不失魏氏之本旨。其牽合老、莊、佛氏之書，皆指為金丹之說，則未免附會。學術各有源流，非惟佛、道異塗，即道家不能概以一軌也。

清微仙譜一卷附錄三卷（兩淮鹽政採進本）

元陳采撰。采，建安道士。是書自序，道教啟於元始，一再傳至老君，分為四派，曰真元，曰太華，曰關令，曰正一。十傳至清微侍元昭凝元君，復合於一。元君，零陵女子也。繼是八傳，至混隱真人南公。南公傳雷困黃先生，黃傳之於采，因著是譜。其所序四派傳授，亦不甚明了。大概今所云全真者，乃關令派，張道陵者乃正一派。四派皆可以有清微之名，而采又自以會合四派別為清微派也。後附《道蹟靈仙記》一卷，《上清後聖道君列記》一卷，《洞元〔玄〕靈寶三師記》一卷。每卷各編為一、致一、有一、有二等號，蓋自《道藏》鈔出別行者也。

終南山祖庭仙真内傳三卷附終南山説經臺歷代仙真碑記一卷（兩淮鹽政採進本）[①]

《終南山祖庭仙真内傳》，元道士李道謙編。《終南山説經臺歷代仙真碑記》，元道士朱象先編。終南山樓觀為尹喜故居，故其徒目曰祖庭。是編載歷代羽流居是觀者。道謙所編，皆金、元人。象先所纂，則自尹喜而下，周、漢以來人也。象先自跋云《樓觀先師傳》者，尹喜之弟尹軌所撰。至唐有尹文操者，續紀三十人，各列一傳，為書三卷。今《碑記》僅一卷，而有三十五人。蓋象先節錄文操所傳，又增入文操等五人耳。所言多涉神怪。異學之徒，自尊其教，不足與辨真偽也。

【彙訂】

① 清鈔本（《四庫》進呈原本）《終南山祖庭仙真内傳》原缺卷下，實僅二卷。（杜澤遜：《四庫存目標注》）

甘水仙源錄十卷（兩淮鹽政採進本）

元道士李道謙撰。自老子言清靜，佛言寂滅，神仙家言養生術，而張魯等教人以符籙祈禱之事，四者各別。至金源初，咸陽人王嘉棄家學道，狀若狂疾。正隆中，自稱遇仙人於甘河鎮，飲神水，疾愈，遂自號重陽子。大定中聚徒寧海州，立三教平等會，以《孝經》、《心經》、《老子》教人諷誦，而自名其教曰全真。元興之後，其教益盛。都卬《三餘贅筆》曰："今之道家，有南、北二宗。其南宗者謂自東華少陽君得老聃之道，以授漢鍾離權，權授唐進士吕巖、遼進士劉操，操授宋張伯端，伯端授石泰，泰授薛道光，道光授白玉蟾，玉蟾授彭侶。其北宗者謂吕巖授金王嘉。嘉授七弟子，其一邱〔丘〕處機，次譚處端，次劉處元，次王處一，次郝大通,次馬珏及珏之妻孫不二。此外又有所謂全真者,其名始嘉。蓋嘉大定中抵寧海州,馬珏夫婦築菴事之,題曰全真。由是四方之人凡宗其道者,皆號全真道士。"云云。其説甚詳。然孰見其授受乎?厥後三教歸一之説,浸淫而及於儒者。明代講學之家秘為祕密,實則嘉之緒餘耳。是書作於至元中,集文士所為碑記、詩歌,合為此編。以其源出重陽子,故取甘河鎮神水之事名焉。

元〔玄〕品錄五卷(兩淮鹽政採進本)

元張雨撰。雨字伯雨,一字天雨,別號貞居子,錢塘人,宋崇國公九成後也。年二十餘,棄家為道士。往來華陽、雲右閒,自稱句曲外史。能詩詞,工書翰,當時虞集、楊維楨亟稱之。是編載歷代道家者流,起周訖宋,列為十品,曰道品、道權、道化、道儒、道術、道隱、道默、道言、道質、道華[1],得百三十五人[2]。然書名"元品",自應以清淨為宗,故曹參、張良之流可以類入。至於神仙方士,別自成家;隱士逸人,各為一傳,溷而一之,已昧老氏之宗。乃至范蠡權謀之士,鬼谷捭闔之師,亦復借材,未知其可。蒐羅雖富,難免蕪雜之譏矣。又雨自序中稱題曰《元史》,今標題之目與序不同,豈書後改名,而序則偶未及改歟?

【彙訂】

[1] 此書首錄周道家諸子傳,題曰道德品。自秦迄宋,則曰道品、道權、道化、道儒、道術、道隱、道默、道言、道質、真隱、道華。(陳國符:《道藏源流考·引用傳記提要》)

[2] 實收百四十人。(潘雨廷:《道藏書目提要》)

徐仙翰藻十四卷附贊靈集四卷（浙江范懋柱家天一閣藏本）

不著編輯者名氏。前有至元乙未福州教諭周壯翁序，似元時舊本矣。所載皆唐末徐溫二子知證、知諤詩文，稱降神於閩所作，然不言其所自來。考第三卷《塞謗文》中有"今之箕筆"語，乃知皆附乩書也。考倪岳集有《正祀典疏》，其第十條云"金闕上帝、玉闕上帝"。謹案《大明一統志》，福州府閩縣南舊有洪恩靈濟宮一所，"祀二徐真人，即今之金闕、玉闕二真人也。真人五代時徐溫子，曰知證，封江王；曰知諤，封饒王。常提兵定福建，父老戴之，圖像以祀。宋賜今額"。又考御製碑文云"太宗文皇帝臨御之十有五年，適遇疾弗愈，百藥罔效。或有言神靈驗者，禱之輒應，脫然卒復。於是大新閩地廟"云云。又《春明夢餘錄》載劉健《革除濫祀疏》云"謹案正史載徐溫養子知誥篡偽吳王，楊氏諸子皆為節度使。知證夭死，知諤病死。五代石晉時無故立廟，稱之為神。成化末年，加為上帝"云云。是徐仙之祀肇於晉，顯於宋，而大盛於明。此書元人輯之，明人刊之，蓋有以矣。後附《贊靈集》四卷，皆頌神之文，其中無一知名者。蓋未有端人正士肯列名於此等書也。

周顛仙傳一卷（戶部尚書王際華家藏本）

明太祖高皇帝御製，紀周顛仙事蹟。顛仙，建昌人。少得狂病[①]，其蹤蹟甚怪。初謁太祖於南昌，隨至金陵。後從征陳友諒，旋即辭去。友諒既平，太祖遣使往廬山求之不得。洪武二十六年，太祖親製此《傳》，命中書舍人詹希庾書之，勒石廬山。後人錄出別行，并附以太祖御製《祭天眼尊者文》一首，《羣仙詩》及《赤腳僧詩》各一首。《明史·方技傳》敘周顛事，即據此文也。

【彙訂】

① "病"，殿本作"疾"。

神隱志二卷（江西巡撫採進本）

明寧王權撰。權有《漢唐祕史》，已著錄。此書多言神仙隱逸攝生之事。權本封大寧，為燕王所劫，置軍中，使草檄。永樂元年，改封南昌。會有謗之者，乃退講黃、老之術。自號臞仙，別構精廬，顏曰"神隱"，併為此書以明志。永樂六年上之。蓋借此韜晦以免患，非真樂恬退者也。

修齡要指一卷（編修程晉芳家藏本）

舊本題明冷謙撰。謙字啟敬，嘉興人。洪武初，官太常協律郎。世或傳其仙去，無可質驗也。此本載曹溶《學海類編》中。所言皆養生調攝之事，如十六段錦、八段錦之類，彙輯成編。疑亦依託。

鶴林類集無卷數（浙江鮑士恭家藏本）

明道士郭本中、步履常同編。以述其師周元〔玄〕真之靈異者也。元真字元〔玄〕初，吳縣人，居元〔玄〕妙觀。以雨暘祈禱頗有應驗，故一時文士多以詩文投贈。本中等因萃為是編。又以元真所授五雷法本於宋道士王文卿、莫起炎二人，故卷首先列二人繪像及事蹟、碑傳、像贊，以明淵源所自云。

龍門子凝道記二卷（內府藏本）

明宋濂撰。濂有《洪武聖政記》，已著錄①。是書乃元至正間濂入小龍門山所著。有四符、八樞、十二微，總二十有四篇，蓋道家言也。舊載《潛溪集》中。嘉靖丙辰與劉基《郁離子》合刻於開封,李濂爲之序②。

【彙訂】

① 依《總目》體例,當作"濂有《篇海類編》,已著錄"。

② 是書明代凡四刻,皆三卷。(沈津:《中國珍稀古籍善本書錄》)

實地論二卷(編修勵守謙家藏本)

不著撰人名氏。有永樂乙酉自序,稱養和子題,不知何許人也。上卷二篇,曰《一宗》,闡寡欲延年之旨;曰《二要》,言導引服食之事。下卷二篇,曰《辨惑》,斥燒鍊之妄;曰《破邪》,詆御女之非。大旨謂清淨以葆元神爲道家之實地,一切異術皆虛幻之談云。

霞外雜俎一卷(浙江范懋柱家天一閣藏本)

舊本題鐵脚道人撰。有敖英序,稱嘉靖丁酉泊舟空舲灘,遇仙翁所授。又有後跋,稱鐵脚道人姓杜氏,名巽才,魏人。亦未詳其信否也。所言皆養生術,大旨闡黃、老恬靜之理。

至游子二卷(浙江巡撫採進本)

不著撰人名氏。上卷凡十有三篇,下卷凡十有二篇。大旨主於清心寡欲,而歸於坎離配合,以保長生,且力闢容成御女之術,言頗近正。惟上篇多取佛經,而復附會以儒理,故謂顏子之不改其樂與莊子、竺乾氏皆殊塗而同歸。《朱子語錄》謂今世佛經皆六朝文士剽剟莊、老以潤色之,此編又撮釋典以爲道書。蓋二氏本出一源,宜相假借。至援儒以入之,則陋見也。前有嘉靖丙寅姚汝循序,謂原書不著名氏。考宋曾慥號至游子,慥嘗作《集仙傳》,蓋亦好爲道家言者,則似乎當爲慥作。然《玉芝篇》首引《朝元子》註曰："陳舉寶，元人。"則明人所撰矣[1]。毛漸傳《三墳》，世以為即出於漸；張商英傳《素書》，世以為即出於商英。然則是書也，其亦汝循所託名歟[2]？

【彙訂】

[1]《玉芝篇》"《朝元子》"下注云："陳舉，寶元中人。"寶元為宋仁宗年號。（徐時棟：《煙嶼樓讀書志》）

[2]《至游子》二卷二十五篇與《正統道藏》本曾慥撰《道樞》一至七卷二十五篇內容一模一樣，與《重刊道藏輯要》本《道樞》內容也一致，只是篇目順序上略有不同。（黃永鋒：《〈至游子〉考析》）

諸真元〔玄〕奧集成九卷（浙江巡撫採進本）

明朱載埻編。第一卷為宋張伯端《金丹四百字》，解者為黃自如。第二卷為石泰《還源篇》。泰字得之，號杏林。第三卷為薛式《還丹復命篇》。式字道源，又號紫賢，嘗受訣於石泰。第四卷為陳楠《翠虛篇》。楠號泥丸。第五卷為《金液還丹印證圖》。序稱龍眉子，不著名氏。據林淨後序，龍眉子之師為翁葆光，即註《悟真篇》者。第六卷為白玉蟾《指元〔玄〕篇》，白玉蟾即葛長庚[1]，嘗受訣於陳楠，楠受之於薛式。第七卷為蕭廷之《金丹大成集》，廷之號紫虛。第八卷為趙友欽《仙佛同源》，友欽即趙緣督，嘗作《革象新書》者。第九卷為許遜《石函記》上、下篇，遜即道家所謂旌陽真人也。宋、元之間以仙佛著稱者，若石泰、薛式、陳楠、葛長庚之流，其源皆出於張伯端、蕭廷之、趙友欽，所言亦皆《悟真篇》之旨。其《仙佛同源》一篇，繁稱博引，謂仙佛皆有入室求丹之事。再傳為陳致虛《金丹大要》，其發明仙佛同源之義尤詳。但以為即釋氏“教外別傳，不立文字”之旨，則未知其果合否也。

【彙訂】

①“白”，殿本無。

羣仙珠玉集成四卷（浙江巡撫採進本）

不著編輯者名氏。第一卷賦二十二篇，第二卷論十七篇，第三卷歌詞六十六首，第四卷為錢道華《敲爻歌註》、李光元《海客論》。大概怳忽不可究詰，其詞亦多涉於鄙俚①。

【彙訂】

①“多”，殿本無。

悟真篇註解三卷（江蘇周厚堉家藏本）

明張位註。位有《問奇集》，已著錄。是編前有位序，謂《悟真篇》自葉文叔著《外傳》，紊亂真經，使學者愈增惑誤。故分此書為三，而又撰《直指》、《詳說》、《三乘祕要》諸論，附於卷末。

玉洞藏書四卷（浙江巡撫採進本）

明李堪撰。堪號楚愚，應城人。書首何思沛序，稱其屢失利於棘闈，則嘗為諸生也。是書成於萬曆壬子。前二卷取宋張伯端《悟真篇》，句為箋釋，而附以諸仙修鍊之說，後二卷則註漢魏伯陽《參同契》、《三相類》。其以《三相類》為淳于叔通作，用楊慎本也。

黃白鏡一卷續黃白鏡一卷（兩淮鹽政採進本）①

明李文燭撰。文燭字晦卿，自號夢覺道人，丹徒人。其第一卷專言丹汞之術，謂土稟中央之氣，色象故黃；鉛稟西方之氣，色象故白。黄者為藥,白者為丹。一藥一丹,是謂黄白。自取藥以至成仙,案其次序,分二十六條。前後有自序、自跋。其續編一卷則《醒醒歌》二十七則,《水心篇》五十則。卷末亦有自跋云:“昔余遭劉青田累,幾成孔北海禍。姑蘇拙老獨不避去,由是多老遂欲以修鍊胎仙之法告之,故續此《鏡》。”題“萬曆辛丑午月”,然距劉基二百餘年,而稱受其累,為不可解。大抵荒誕之談也。

【彙訂】

①“兩淮鹽政採進本”,殿本作“兩江總督採進本”。《四庫採進書目》未著錄此書。(江慶柏:《殿本、浙本〈四庫全書總目〉著錄圖書進獻者主名異同考》)

觀化集一卷(浙江范懋柱家天一閣藏本)

明朱約佶撰。約佶號雲仙,又號弄丸山人,靖江王守謙之裔。居於廣西。集中所載詩,皆論內丹之旨。篇首有三圖,亦內養之法。原序稱其得僧古光之傳,蓋專以修鍊為事者。前有刑部郎中袁福徵序,稱其別有詩集行世,又精於繪素云①。

【彙訂】

①“繪素”,殿本作“繪畫”。

含元〔玄〕子十二卷(浙江巡撫採進本)

明趙樞生撰。樞生字彥材,太倉人。是書倣《莊子》體例,自一卷至八卷為內篇,九卷、十卷為外篇,十一卷、十二卷為餘篇。其內篇大旨皆言習靜養生,修仙修佛之說。謂:“心中真靈種子,毫末不許外佚,則吾身之氣與天地之氣淡漠而合一。”前後立言,皆本此意。然衍為八卷,不免有繁冗重複之弊。外篇多言歷代帝王之事，閒及於飲食、植物之類，則隨筆雜記也。餘篇意主發明《五經》，而究多剿襲，亦時傷穿鑿。如論《易》之諸卦，聖王純乾也，佛純坤也，仙復也，水仙姤也，僧剝也，道士夬也。於義亦難通矣。

香案牘一卷（浙江孫仰曾家藏本）

明陳繼儒撰。繼儒有《邵康節外紀》，已著錄[①]。是書述神仙故事，自軒轅以下凡七十二人，皆自《列仙傳》、《集仙傳》諸書中鈔撮成編，了無義例。末有王衡跋，稱"乙未正月繼儒以此書寄衡"云云。蓋衡嘗以書抵繼儒，約為楊許碧落之遊，故繼儒以此相報也。然繼儒聲氣通天下，與棲神山澤、吐納清虛者，其趣固不同矣。

【彙訂】

① 依《總目》體例，當作"繼儒有《建文史待》，已著錄"。

養生膚語一卷（編修程晉芳家藏本）

明陳繼儒撰。以寡慾保神及起居調攝諸法為養生之要。雜採史說部及前人緒論，大抵習見語也。

化機彙參五卷（江蘇巡撫採進本）

明段元一撰。元一字思真，號涵虛子，又號永明道人，自稱北郡人。明無北郡，不知為何地也。自云"一行作令，遂歸林下"，則嘗官知縣矣。其書成於崇禎元年。摭拾《道藏》之言，以端、的、上、天、梯五字為號，列為五卷。凡六十四篇，皆內丹訣也。其序稱親請正於呂洞賓，殆為乩仙幻術所惑。所列編次姓名，有新安呂維祺，自稱純陽子二十六世從孫。維祺儒者，且殉節名臣，不知何以如是也。其託名耶？

含素子麈譚十卷（江西巡撫採進本）

明朱清仁撰。清仁號懷白，別號含素子，黃州人。流寓南昌為道士。此書分條劄記，而以類分為十篇，曰《行品》，曰《元〔玄〕真》，曰《聖居》，曰《佛説》，曰《審世》，曰《博論》，曰《迂言》，曰《地形》，曰《雜記》，曰《疣批》。《疣批》即諸篇之自評，彙之於末，其實九篇也。其説有頗切事理者，然大旨出於黄、老。艾南英序取其闢佛。然清仁為道士，自爭釋、老之勝負，非儒者之闢佛。其《地形》一篇雜採《山海經》、《神異經》及道家附會之説，繪為地圖，尤為謬誕。

引年錄二卷（兩江總督採進本）[1]

舊本題靖江朱應鼎撰。前有自敍，不著時代年月。書中引李時珍《本草綱目》，則萬曆後人也[2]。大旨講養生之術，故以"引年"為名。上卷分天地、時令、居處、服飾、人事五類，下卷分飲饌、穀、菜、果、草、木、鱗、介、禽、獸、蟲、服餌、病之藥忌十三類。其中如"以狗肝合土泥竈，令婢妾孝順"諸條，亦不盡關於養生也。

【彙訂】

①"兩江總督採進本"，底本作"兩淮鹽政採進本"，據殿本改。《四庫採進書目》中僅"兩江第一次書目"著錄此書。（江慶柏：《殿本、浙本〈四庫全書總目〉著錄圖書進獻者主名異同考》）

②《總目》列此書於明朱清仁《含素子麈譚》之後，明彭在份《讀丹錄》之前，蓋以朱應鼎為明末人。然《江南通志》卷一六八《人物志·隱逸一·常州府·國朝》有其傳，光緒《靖江縣志》卷十三《孝友》亦有傳，亦作清朝人。（胡露：《〈四庫全書總目〉子

部存目補正》）

　　讀丹錄無卷數（浙江巡撫採進本）

　　明彭在份撰。在份號從野逸人，莆田人。是書論道家鍊丹養生之法。前列道宗，起漢欒巴以下寥寥數則，次總論，次錄杜道堅歌，次錄白玉蟾《元〔玄〕關祕論》。自是以下，皆所自著。詳論修鍊之法，自《習靜》至《崑崙》，共分四十四篇。其大旨以斷慾清淨為宗，以鍊氣凝神為要云。

　　道書類鈔無卷數（浙江巡撫採進本）

　　不著編輯者名氏。前後無序跋，亦無卷數。蓋偶於《道藏》摘取，以備觀覽，非欲勒為成書者也。

　　攝生要語一卷（編修程晉芳家藏本）

　　舊本題明息齋居士撰。不著名氏①。所載調攝之方，皆雜引舊文，無所論斷。

　　【彙訂】

　　①《江南通志》卷一九二《藝文志·子部》雜說類及醫家類皆著錄有《攝生要語》，皆云明嘉定宣光祖撰，康熙《嘉定縣志》卷二四《書目》亦著錄此書，云宣光祖撰。（胡露：《〈四庫全書總目〉子部存目補正》）

　　二六功課一卷（編修程晉芳家藏本）

　　舊本題明石室道人撰，不著名氏。所錄自辰至卯凡十二節，各有調攝事宜。蓋道家導引術也。

　　列仙通紀六十卷（江蘇巡撫採進本）

　　國朝薛大訓撰。大訓字六詁，吳縣人。是書採摭《道藏》神仙故實，始於黃帝，次為《穆天子傳》，次為《廣黃帝本行記》，次為《元始上真眾仙記》，次為《老子史略》，次關尹子以下至孫仙姑，凡八百七十七人。往往時代參錯，莫明其例。次以《文昌化書》，次以《元〔玄〕天上帝啟聖錄》，次以《金蓮正宗》，次以《純陽神化妙道通紀》，次以《六仙外傳》、《桓真人昇仙記》、《洞天福地記》、《十洲記》、《閻祖師傳》、《吳許二真君傳》、《羣仙總會錄》。前有華亭王宗熙、王辰熙二序，並稱親見許旌陽。辰熙又稱見潛山司命神與其兄宗熙對談。其言尤怪異無稽。二序皆不署年月。考此書先刊於崇禎庚辰，名《神仙通鑑》，卷數相符。則序中所謂壬午者，崇禎壬午，己丑者，順治己丑。蓋先刊於明，名《神仙通鑑》。至國朝版毀重刊，改此名云[1]。

【彙訂】

[1]《千頃堂書目》道家類收有元趙道一《歷代真仙體道通鑑》前集三十八卷，後集四卷。是書前集起於軒轅黃帝、後集終於孫仙姑。則崇禎庚辰本《神仙通鑑》即用道一書增補而成。（莫伯驥：《五十萬卷樓藏書目錄初編》；朱家濂：《讀〈四庫提要〉劄記》）

真詮二卷（浙江巡撫採進本）

不著撰人名氏[1]。前有自序，稱"葆真子所留《真詮》，余舊嘗刪節之，猶病其多。今重為訂正，撮其要旨"云云。後跋題"丁酉立秋前二日夢覺子書"，亦不知為誰。又一行署"酉巖山人"四字，知為無錫秦氏鈔本，則丁酉當為順治十四年也。其書皆言鍊氣還丹之術，大旨依傍《道德經》、《陰符經》而傅合以《易》義。較道家荒誕之說，頗為近理。

【彙訂】

① 明孫承恩《文簡集》卷五十三有《太子太保禮部尚書榮簡程齋盛公墓誌銘》,云:"生平好學,至老手不釋卷,著述甚富……解《道德經》為《老子真詮》二卷。"疑即此書。《墓誌銘》又云:"公諱端明,字希道,程齋其別號也。"則此書作者或即明盛端明。(胡露:《〈四庫全書總目〉子部存目補正》)

果山修道居誌二卷(江蘇周厚堉家藏本)

國朝葉鈴撰。鈴有《續小學》,已著錄。果山在嘉興,鈴卜居其地,創修道居。此其所自為誌也①。其所居以釋教、道教與儒教合為一堂,殊為乖誕。後一卷為同時諸人贈言,亦大抵荒謬之談。蓋明林兆恩等之流亞也。

【彙訂】

① 光緒《嘉善縣志》卷二四《文苑·葉鈴傳》云:"拂衣返里,築茅屋數椽,壘土成阜,曰果山,布衣黃衲以終。"則果山乃葉鈴自壘之假山,非本有其山。(胡露:《〈四庫全書總目〉子部存目補正》)

得一參五七卷(浙江巡撫採進本)

國朝姜中貞撰。中貞,會稽人。卷末有許尚質所作中貞小傳,稱嘗遇紫清真人白玉蟾,因得仙術。蓋妄人也。是書闡明修鍊之旨,所註《陰符經》、《道德經》各一卷,《參同契》三卷,《黃庭經》、《悟真篇》各一卷。為書凡五,故以《得一參五》名。案《陰符經》、《道德經》皆黃、老之言,無所謂丹法也。自宋夏尚鼎始以《陰符》言內丹①,葛長庚又以《道德經》言內丹,而宗旨大變。中貞以《陰符經》所言"九竅三要"為火候之訣,《道德經》所言"有物混成,先天地生”為金丹之母。蓋因二家之書而衍之,即在道家亦旁支別解而已。

【彙訂】

① 宋夏元鼎以丹法釋《陰符》,見《總目》卷一四六《陰符經講義》條。《陰符經講義》之《道藏》本,署作者亦為夏元鼎。其人為南宋後期永嘉人,見劉克莊《後村題跋》卷二《跋夏元鼎〈悟真篇〉〈陰符經〉〈入藥鏡〉註》,亦見《總目》本卷《金丹詩訣》條。(楊武泉:《四庫全書總目辨誤》)

萬壽仙書四卷(浙江巡撫採進本)

國朝曹無極編。無極字若水,金壇人。是書裒輯調息導引之法,而崔子玉《座右銘》、范堯夫《布衾銘》之類亦採入焉。蓋守靜默、寡嗜慾,為黃、老養生之本。其文雖似不倫,而其理實一家之學也。

右道家類一百部,四百六十三卷①,內四部無卷數。皆附存目。

【彙訂】

① “四百六十三卷”,底本作“四百六十四卷”,據殿本改。